제 6 판

The Modern Public Finance

현대재정학

김동건 | 원윤희

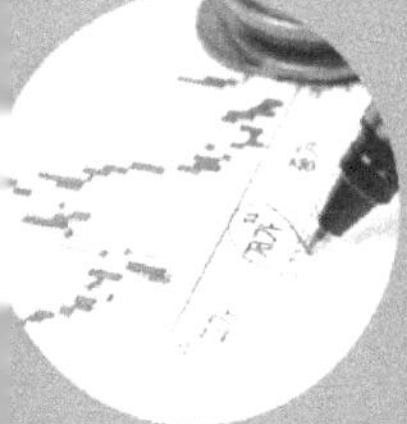

박영사

제 6 판 서문

제 5 판을 2005년에 출판한 지 7년이 되었다. 이 기간 동안에 우리나라뿐 아니라 전 세계 경제에 커다란 변화가 있었다. 2008년 미국의 서브프라임 모기지 사태는 세계적인 금융위기를 초래하였고 이를 타개하는 과정에서 각국의 재정상황은 크게 악화되었으며, 그 여파는 유럽의 재정위기로 이어지고 있다. 또한 연속되는 경제위기와 함께 각국의 사회와 경제에서 양극화 현상이 전례 없이 확대됨에 따라 자율과 경쟁을 바탕으로 하는 시장경제에 대한 신뢰가 약화되는 결과가 초래되었으며, 정부가 담당해야 하는 합리적인 역할에 대한 활발한 논의가 진행되고 있다.

이번 개정판에서는 현대사회에서 정부재정이 수행하여야 하는 바람직한 기능들과 그것을 수행하는 데 필요한 다양한 정책수단들을 논의하는 재정학 연구의 핵심 골격에 보다 분명히 초점을 맞추고자 노력했다. 이 책은 총 6편으로 구성되고 있는데, 그 중 세 편에서는 재정의 기능을 중심으로 자원의 효율적 배분(제 1 편), 소득재분배(제 2 편), 경제의 안정과 성장(제 5 편)에 대해서 서술하고 있으며, 다른 세 편에서는 공공지출(제 3 편), 조세(제 4 편), 기타 세입조달수단 등(제 6 편)과 같이 정부가 그 기능을 수행하는 데 있어 사용하는 정책수단이라고 할 수 있는 세입과 세출 과정의 제반 수단들을 중심으로 서술하고 있다. 물론 그동안 이루어진 제도개편들을 반영하고 또 가용한 최신의 자료를 사용하도록 노력하였다.

이번 개정은 공동 작업으로 이루어졌다. 원윤희 교수는 30여 년전 이 책의 초판 서문에서 언급하였던 것처럼 당시 대학원생으로 교정 작업에 참여하였으며 그동안 재정학강의와 연구에 매진하여 왔다. 이번 제 6 판을 집필하는 데 두 사람이 함께 공동저술하였다는 점에서 남다른 감회를 느낀다. 한편 이번 개정작업에서 조세론 분야는 여러 부분에서 노형규 · 원윤희, 「재정학」(한국방송통신대학교 출판부, 2009)의 관련부분을 수정 · 보완하였다는 점을 밝힌다. 이 개정판을 작업하는 데 있어 기획과 편집을 담당해주신 박영사의 이정은 대리와 우석진 부장에게 큰 감사의 말씀을 드린다.

2012년 2월

김동건 · 원윤희

서 문

현대의 재정학은 종래의 재정이론에 비하여 크게 그 면모를 달리하고 있다. 1950년대와 1960년대에는 케인즈이론을 구심점으로 하는 거시분석이 재정학의 중요한 연구과제였다면, 1970년대에 들어와서는 후생경제학을 바탕으로 한 조세 및 공공지출의 미시분석이 많은 각광을 받고 있다. 또한 재정학이 공공부문의 경제활동에 대한 정책분석에 중점을 두고 전개되어 왔기에 이제는 순수경제이론의 범위를 넘어서 정치·행정·사회의 제 이론들과의 결합이 다시 모색되었고, 이런 결과로 재정학이 공공경제학 혹은 정치경제학의 영역 속에서 연구·발전되고 있음이 최근의 경향이다. 본서는 이러한 재정학의 최근의 발전경향을 가능한 한 많이 반영하도록 꾸며졌으며, 특히 장과 장을 연결시키는 데 주안을 두어 재정학이 취급하고 있는 제 분야를 체계적으로 일관성 있게 엮어 보려고 노력하였다.

본서는 총 6편으로 구성되어 있다. 제 1 편 「공공경제」에서는 재정의 기본개념을 소개하고 공공경제와 민간경제간의 구별을 분명히 하기 위하여 자원배분을 중심으로 한 시장경제의 특성을 설명하였다. 그리고 공공경제하의 공공재분석과 정치경제학적 측면에서의 공공선택이론을 비교적 상세히 고찰하였다. 제 2 편 「공공지출」에서는 정부의 세출면을 분석하고 있는데, 예산제도에 대한 개략적인 설명이 있은 후 공공지출의 경제분석으로서 비용-편익분석의 이론 및 기법을 다루었다. 또한 지출정책과 관련시켜서 적정분배의 제 기준 및 재분배효과를 분석하였다. 제 3 편 「조세」에서는 정부의 세입면을 취급하고 있다. 조세에 대한 기초이론으로서 조세의 개념 및 원칙이 소개되었으며, 조세의 공평성과 효율성에 입각하여 조세의 귀착과 초과부담에 관하여 분석하였다. 그리고 조세각론으로서 4대조세인 소득세, 법인세, 소비세 및 재산세에 대하여 각각 설명하였다. 제 4 편 「경제안정과 성장」에서는 경제안정과 성장을 위한 거시적 재정정책을 다루고 있다.

케인즈의 거시재정이론이 소개되었고, 재정정책과 금융정책의 효과비교가 이루어졌다. 이에 따라 안정과 성장을 위한 바람직한 정책수단과 재정의 역할이 분석되었다. 제 5 편에서는 「기타의 재정이론과 정책」을 소개하고 있는데, 공채론, 공공요금책정이론, 지방재정, 재정투융자 등이 분석되었다. 마지막으로 제 6 편에서는 재정헌법의 의미와 중요성을 지적하였다.

이러한 내용을 가진 본서는 독자들의 입장에 서서 가능한 한 쉽게 이해할 수 있도록 서술하였다. 경제학을 전공하는 학부수준의 학생들은 물론이고 행정학·정치학을 전공하고 있는 학생들에게도 경제원론수준의 한 과목만 이수한 사람이라면 본서를 이해하는 데 아무런 불편이 없도록 작성하였다. 대학원수준에서도 본서가 타교재와의 보완 속에서 교재 혹은 참고서로 사용될 수 있으리라 믿으며, 정부 및 기타 공공기관에서 일하고 있는 일반행정가들에게도 도움이 될 수 있기를 희망한다. 물론 아직도 내용면에서나 체계면에서 미흡한 점이 하나둘이 아니다. 좀더 최근의 학문을 소개하는 데 정력을 쏟았어야 했고, 분석의 질적 수준도 훨씬 깊었어야 한다고 생각하고 있다. 그러나 이 한 권의 책이 향후의 발전을 위한 하나의 토대가 되기를 바라며, 앞으로 계속 노력하여 본서의 부족함을 보완시켜 나갈 작정이다.

본서를 집필하는 데 있어서 국내외의 많은 서적을 참고로 하였다. 특히 R. A. Musgrave 교수와 J. M. Buchanan 교수의 저서들은 본서의 집필에 지대한 영향을 끼쳤음을 밝힌다. 한편 많은 교과서가 그러하듯이 본서도 저자의 국내외 강의경험을 바탕으로 집필되었다. 이런 뜻에서 미국 Georgia대학교, Tennessee대학교의 동료교수들과 서울대학교의 여러 은사 및 동료교수들에게 감사를 드린다. 또한 본서가 출판되기까지 여러 가지 조력을 아끼지 않은 서울대학교 행정대학원 석사과정의 원윤희 군과 한국개발연구원의 최병호 석사에게 감사하며, 박영사 이명재 기획상무를 비롯한 임직원의 수고에도 사의를 표한다. 끝으로 본서를 집필하는 동안 항상 정신적인 협조가 되어 준 저자의 가족에게도 무한한 고마움을 느낀다.

1984년 갑자원단에서
관악캠퍼스 연구실에서
저 자 씀

목　　차

제 1 편　공공경제

제 2 편 재정의 소득재분배 기능

제 3 편 공공지출

제 4 편 조 세

제 5 편 경제안정과 성장

제 1 편 공공경제

CHAPTER 01 The Modern Public Finance

재정의 기능과 기초이론

제 1 절 재정의 개념과 재정학 연구

1. 재정의 개념

재정이란 정부 및 공공기관 등 공공부문이 사회후생의 극대화를 위한 제반 기능을 수행하기 위하여 필요한 재원을 조달하고 지출하는 과정이다. 재정학(public finance) 또는 공공경제학(public sector economics)은 이러한 재정과정을 경제학적인 시각에서 연구하는 학문분야로서, 우리 사회 전체에 가용한 자원이 한정되어 있는 상황에서 사회후생을 극대화할 수 있는 재원의 배분과 그 조달방식을 찾으려고 노력하는 것이다.

재정학을 통해서 우리가 무엇을 공부하는지는 여러 기준에 따라 구분할 수 있다. 우선 정부의 예산지출 등을 통해 공공서비스를 공급하고 그에 필요한 재원을 조달하는 소위 세출과 세입이라는 재정과정과 그 구체적인 내용을 중심으로 살펴볼 수 있다. 공공서비스의 공급은 기본적으로 예산이나 기금의 형식에 의한 정부지출을 통해서 이루어지게 되지만, 공기업과 같은 공공기관도 정부의 업무를 대행하는 등 많은 역할을 담당하고 있다. 세입 측면에서 정부의 재원조달을 위한 가장 기본적인 수단은 조세이지만, 부담금과 같은 준조세, 국공채 발행 등을 통한 정부차입이나 공공요금과 같은 사용자가격도 광범위하게 활용되고 있다. 또한 지방정부의 경우 중앙정부나 상위 지방정부로부터의 재정지원도 중요한 재원조달 방식이다.

재정학의 분석대상을 파악하는 또 다른 기준은 정부가 수행하는 기능을 중심으로 하는 것이다. 오늘날 정부는 사회후생의 극대화를 위하여 매우 다양한 기능을 수행하고 있는데, Musgrave[1)]는 이를 자원의 효율적 배분기능, 소득재분배 기능, 그리고 경제의 안정과 성장 기능 등 세 가지로 요약하고 있다.

우리 사회의 한정된 자원을 가장 효율적으로 사용하기 위하여 정부는 필요한 선택과 조정을 하게 된다. 크게는 전체 국민경제의 가용한 자원 중에서 정부부문이 얼마나 사용할 것인지, 즉 정부부문의 크기를 정하는 것에서부터 작게는 개별 공공사업의 지출규모를 결정하는 것 등 다양한 선택이 이루어지게 된다. 또한 재원조달의 측면에서도 필요한 재원을 어떤 수단을 통해서 조달할 것인지, 또 그 부담을 국민 각자에게 어떻게 배분할 것인지 등 여러 가지의 선택이 필요한 것이다. 정부는 또한 공평한 소득분배를 위하여 노력하게 되는데, 저소득층 지원을 위한 각종 복지지출 프로그램이나 누진세율의 적용 등이 그 대표적인 정책수단이라고 할 수 있다. 거시경제적인 측면에서 물가를 안정시키고 높은 고용수준과 경제성장을 지속할 수 있도록 하는 것도 정부의 중요한 기능 중의 하나이다. 최근의 세계적인 경제위기 극복과정에서 나타나는 바와 같이 정부는 재정정책과 금융정책 등을 통해서 총수요를 관리하고 또 우리의 성장잠재력 확충 등을 통해서 경제의 안정과 성장을 촉진할 수 있도록 노력하는 것이다.

결국 재정학은 자원의 효율적 배분, 소득재분배, 경제의 안정과 성장이라는 세 가지의 재정기능을 사회후생의 극대화라는 관점에서 살펴보고, 이러한 기능들을 수행하는 구체적인 정책수단이라고 할 수 있는 조세와 공공요금, 차입 등의 세입과 예산과 기금 등을 통한 세출이 이루어지는 기본원리와 그 내용들을 연구하는 것이다.

2. 이 책의 구성

이 책에서는 앞에서 살펴보았던 재정학의 연구대상을 바탕으로 재정의 세 가지 기능들과 이를 달성하는 데 활용되는 세입과 세출이라는 정책수단들을 복합적으로 연계하여 6개의 편으로 나누어 기술하고 있다. 이 책의 구성은 다음과 같다.

---

1) Richard A. Musgrave, *The Theory of Public Finance,* McGraw-Hill, 1959.

제 1 편에서는 공공경제의 기본이론과 함께 자원의 효율적 배분기능을 중심으로 살펴본다. 제 2 장에서는 완전경쟁 시장에서 달성되는 자원의 효율적 배분상태인 파레토 최적에 대해서 살펴보고, 제 3 장과 제 4 장에서는 각각 공공재나 외부효과 등이 존재하는 현실의 경제에서 시장이 왜 이러한 최적상태를 유지할 수 없는지, 그리고 이러한 시장실패가 있을 때 정부가 어떻게 자원의 효율적 배분을 달성할 수 있는지 등에 대해서 살펴본다. 또한 제 5 장에서는 현실에서 자원의 배분에 대한 결정이 투표라는 정치과정을 통해서 이루어지는데 그 의미와 효과 등을 공공선택이론이라는 경제학적 분석방법을 통해서 살펴본다.

제 2 편은 재정의 소득재분배 기능에 대해서 살펴본다. 6장에서 적정분배의 개념과 제반 기준 등에 대해서 살펴보며 재분배정책의 내용을 살펴본다. 7장에서는 사회보장제도의 제도적 취지 등과 함께 우리나라의 사회보장제도에 대해서 살펴본다.

제 3 편 공공지출에서는 정부가 그 제반 기능을 수행하는 핵심 정책수단으로서 정부지출에 대해서 살펴본다. 제 8 장에서는 정부 재정의 범위에 대한 논의에서 출발하여 예산제도의 개혁, 우리나라의 통합재정과 예산제도 등에 대해서 논의한다. 제 9 장에서는 정부가 수행하는 공공사업의 경제적 타당성을 평가하는 방법으로서 비용편익분석에 대해서 살펴본다.

제 4 편에서는 조세에 대해서 살펴본다. 조세는 본질적으로 정부의 재원조달 수단으로서 역할을 담당하는 것이지만 동시에 자원의 효율적 배분과 소득재분배, 경제의 성장과 안정이라는 재정기능을 수행하는 가장 핵심적인 정책수단의 하나이다. 제10장에서 조세의 기초개념 등에 대해서 살펴보고, 제11장과 제12장에서는 부담의 공평성과 경제적 효율성이리는 조세가 가져야 하는 가장 핵심적인 가치들에 대해서 살펴본다, 과연 그 개념은 무엇이며 이러한 가치들을 조세제도를 통해서 어떻게 구현할 수 있는지 등에 대해서 살펴본다. 제13장에서는 조세의 부담이 실제로 누구에게 귀착되는지를 살펴본다. 특히 조세제노를 통해서 의도된 부담구조가 어떻게 다른 대상으로 전가되는지를 살펴본다. 제14장에서는 조세의 이상적인 조건들을 갖춘 최적조세이론을 살펴본다. 제15장에서는 조세가 근로의욕이나 저축, 투자 그리고 위험선택 등 각종 경제활동에 미치는 유인효과를 살펴본다. 이러한 조세의 유인효과는 공급중시경제학을 통해서 강조되었으며 현실의 조세정책에서 매우 중요한 의미를 가지는 것이다. 그리고 16장에서는 소득세와

법인세, 부가가치세 그리고 재산세 등 개별 조세의 주요 특징과 정책과제 등에 대해서 살펴본다.

제 5 편은 재정의 또 다른 기능인 경제의 안정과 성장 기능에 대해서 논의한다. 일부 재정학 교과서들에서는 이 부분을 거시경제학의 영역으로 하여 제외하고 있지만 본 교과서에서는 재정이 수행하는 매우 중요한 기능의 하나라는 점에서 포함하고 있다. 제17장에서는 기본적인 거시재정이론을 요약하고 있으며, 제18장에서는 이를 바탕으로 경제의 성장과 안정을 위한 재정정책의 주요 내용을 설명한다.

마지막 제 6 편에서는 조세 이외의 정부의 재원조달 방법이라고 할 수 있는 정부차입(제19장)과 공공요금(제20장)에 대해서 살펴본다. 또한 제21장에서는 지금까지는 주로 국가재정 전체를 대상으로 논의하였다면 지방정부의 재정이 가지는 특징에 대해서도 살펴본다.

제 2 절 재정이론의 역사적 전개

1. 전통적 재정이론의 형성

재정이론의 기원을 따져 보면 16~18세기에 독일과 오스트리아에서 결실되었던 관방학으로 거슬러 올라가게 된다. 이 관방학의 주된 관심사는 그 당시 절대군주국가의 재산을 능률적으로 관리하고 국민경제를 강화하는 것이었다. 또한 18세기 프랑스를 중심으로 형성된 중상주의(mercantalism)는 무역과 산업을 진흥시키기 위하여 정부가 적극적인 역할을 담당해야 한다고 주장하였다.

한편 시민사회의 성립과 함께 탄생한 18세기의 고전경제학은 재정이론의 제 2의 근원이 되었고 영국에서의 전통적 재정이론을 형성하는 계기가 되었다. 그러나 고전학파의 학문적 관심이 자유방임주의적인 시장경제 원리를 기초로 하였던 관계로, 정부의 재정활동은 근본적으로 시장에서의 교란요인으로 취급되었다.

고전학파의 창시자로 불리는 아담 스미스(Adam Smith)는 재정학의 영역에 있어서 종래의 여러 학설을 종합하여 자유주의적 재정이론을 체계화하였는데, 그

는 바람직한 정부활동으로서 다음과 같은 네 가지를 열거하였다.[2)]

첫째, 자기 나라를 외부의 침략으로부터 보호하는 의무, 둘째 사회구성원 한 사람 한 사람을 다른 구성원의 부정과 횡포에서 보호하는 의무, 셋째 유익한 공공시설이나 공공토목사업을 확충하거나 유지하는 의무, 넷째 주권을 유지하는 데 필요한 경비를 충족하는 의무 등이다. 요컨대 국가의 의무는 ① 국방, ② 사법제도, ③ 공공토목사업(도로, 교량, 항만 등)의 유지, ④ 주권유지를 위한 재정권의 행사에 국한시켜야 한다고 스미스는 주장하면서, 국가경비는 비생산적인 경비이므로 가능한 한 '安價의 정부'(cheap government)를 유지하여야 한다고 주장하였다.

스미스가 소개하고 있는 네 가지 정부의 기능 중에서 가장 뜻있는 것은 공공토목사업에 관한 기능이다. 스미스는 도로·교량·운하·항만과 같은 규모가 큰 사회간접자본은 사회에 크게 유익함에도 불구하고 그러한 사업에서 얻게 되는 사적 이윤이 실제의 비용을 보상할 수 없기 때문에 개인 또는 소수의 개인으로서는 그러한 사업을 할 수가 없고 또 그렇게 기대할 수도 없다고 서술하고 있다. 이러한 그의 주장을 바꾸어 말하면 "공공토목사업은 외부경제효과가 크지만 외부효과의 특징 때문에 시장의 가격메커니즘을 통해서는 공급되지 못한다"는 것을 뜻하고 있다는 것이다. 이상과 같은 공공토목사업 및 공공시설의 성질은 바로 오늘날 우리가 공공재라고 부르는 공공재화 및 공공서비스의 정의와 일치하는 개념이다.

이와 같은 스미스의 재정이론은 리카도(D. Ricardo)[3)]와 밀(J. S. Mill)[4)]에 와서 더욱 정밀화되었으며, 마샬(A. Marshall)[5)]에 의하여 재정학이 경제학과 보다 긴밀히 결합하게 되는 계기가 마련되었다. 그러나 리카도, 밀, 마샬 등의 정부에 대한 관심은 정부의 경비지출 측면보다도 정부의 수입 측면, 즉 조세이론에 관한 것이었다. 리카도(Ricardo)는 조세를 통한 재정자금의 조달은 생산적인 사업으로부터 자금을 거두어들이는 것과 같기 때문에 그 사업을 위축시킨다고 생각하였다. 따라서 정부경비를 가능한 절약하여 그만큼 조세징수를 감소시키면 납세자들의 전체소득은 도리어 증가하게 될 것이라고 보았다. 밀(Mill)은 아담 스미스가 제시한

2) Adam Smith, *An Inquiry into the Nature and Causes of the Wealth of Nations*(1776).

3) David Ricardo, *Principles of Political Economy and Taxation*(1817).

4) J. S. Mill, *Principles of Political Economy with Some of Their Applications to Social Philosophy*(1847).

5) Alfred Marshall, *Principles of Economics*, 8th ed.(New York: Macmillan & Co., 1920).

조세의 4원칙(평등, 확실, 편의, 절약)을 계승하면서 과세에 있어서 정치적 자유주의와 경제적 자유주의를 함께 실현하기 위하여 과세의 평등을 주장하였다. 밀에 의하면 과세의 평등은 희생의 균등(equal sacrifice)을 의미한다. 즉 조세부담의 공평한 배분이란 모든 사람에게 균등한 희생이 이루어지도록 과세할 때 비로소 달성된다고 보았던 것이다. 마샬(Marshall)은 조세부담의 전가와 귀착문제에 관한 실증이론을 마련하는 데 크게 공헌하였다. 마샬은 조세전가를 설명하는 데 있어 가격이론 속의 부분균형분석의 원리를 적용하였으며, 이렇게 함으로써 공공부문의 각종 현상을 가격이론의 틀 속에서 응용할 수 있는 기반을 마련하였다.

2. 재정의 사회정책적 기능

아담 스미스의 '보이지 않는 손'에 의한 자유방임주의적 시장경제는 큰 빈부격차와 함께 사회적 불평등을 야기하였다. 이러한 상태는 찰스 디킨스의 소설 등을 통해서도 극적으로 묘사되었으며, 시스몽디(Sismondi)나 오웬(Robert Owens)과 같은 사회사상가는 물론 막스의 공산주의(K. Marx)와 같은 급진적인 개혁사상을 불러일으키게 되었다. 시스몽디는 경제학은 부(wealth)를 증가시키는 수단에 대해 너무 많이 연구하는 반면 행복을 만들어내기 위해서 그 생산된 부를 어떻게 활용할 것인지에 대해서는 너무 관심을 두지 않는다고 비판하였다. 또한 그는 자유방임적 시장에 의해서 완전고용을 달성하는 균형이 자동적으로 달성된다는 아담 스미스의 이론을 비판하고 오랜 시간이 걸리는 그 과정에서 많은 고통들이 수반된다는 점을 지적하였다. 1800년대 초반 독점자본주의의 폐해가 심각해지는 상황에서 바그너(A. Wagner)는 정부는 소득재분배 등 사회정책적 기능도 담당하여야 한다고 주장하였다. 정부는 보다 적극적으로 시장경제에서 발생하는 소득불평등 등의 제반 문제들에 보다 적극적으로 대응할 필요성을 제기하였던 것이다.

3. 재정이론의 근대적 접근

20세기에 들어서면서 재정학은 새로운 전환과정에 접어들었는데, 그 발전방향은 대체로 두 가지로 나누어 살펴볼 수 있다. 그 하나는 케인즈(J. M. Keynes)이론이 재정학 분야에 접목됨으로써 전통적인 재정이론과는 다른 문제의식을 갖는 거시적 재정이론 및 재정정책이 형성되게 된 것이고, 또 다른 하나는 종래의 재정학이 등한시하여 왔던 공공경비분석(즉 공공재분석) 및 공공의사결정과정에 대한 이론적 분석이 정밀화되어 공공경제학(public economics)으로서의 이론체계가 정비되기 시작한 것이다.

1930년대 전반기에 발생한 세계적 대공황은 기존 전통적 재정이론의 실천적 기반을 상실하게 만들었다. 이를 배경으로 탄생한 케인즈의 『일반이론』[6]은 현대 자본주의경제를 안정적으로 유지하고 발전시킬 수 있는 정부 재정정책을 제시하였고, 재정지출의 경제적 효과를 파악하는 데 유용한 이론을 제시하였다. 케인즈의 재정이론과 재정정책은 제17장과 제18장에서 자세히 언급될 것이다. 따라서 여기서는 또 다른 형태의 재정이론 접근방향이면서 본장의 주요 관심사인 공공경비(공공재) 연구의 발전에 대하여만 간략히 살펴보기로 한다.

앞에서 언급한 바와 같이 영국의 전통적 재정학자들은 공공경비에 대한 관심이 결여되었는데, 그것은 정부지출의 규모와 구조에 대한 결정은 정치과정을 통하여 이루어지는 것인만큼 경제이론에 의한 분석이 불가능하거나 또는 무의미하다고 하는 인식에서 연유한 것이다. 그러나 영국의 전통적 재정이론과는 달리 북구 및 기타 유럽대륙의 일부 학자들은 서로간의 견해에 다소 차이가 있기는 하나, 1850년대부터 이미 공공지출 및 조세의 결정을 시장에서의 가격기능과 유사한 메커니즘에서 찾으려고 하는 접근방법을 시도하였다.

이와 같은 유럽대륙의 대표적인 재정학자로서는 이탈리아의 판탈레오니(Pantaleoni), 마르코(De Viti De Marco), 마졸라(Mazzola) 등과 스웨덴의 빅셀(K. Wicksell)과 린달(E. Lindahl) 등을 들 수 있는데,[7] 이들은 공공재의 적정규모 결정 내지 사회선택(social choice)에 관한 현대이론의 개척자라고 하겠다. 이들은 조세를 납세자가 자신의 수요에 따라 지불하는 공공서비스의 가격으로 보았으며, 따라서 공공재로부터 향수하는 이익에 상응하는 조세(가격)의 결정은 마치 시장에서 민간재의 균형가격이 결정되는 것과 유사한 과정을 통해 이루어지며 이에 따라 공공재의 적정규모(균형량)가 결정될 수 있다고 생각하였다.

---

6) John M. Keynes, *General Theory of Employment, Interest and Money*(Macmillan & Co., 1936).
7) 이들의 영문판 논문은 R. A. Musgrave and A. Peacock(eds.), *Classics in the Theory of Public Finance*(New York: Macmillan, 1958)에서 참조할 수 있음.

이들 유럽대륙계 학자 중에서 특히 빅셀(Wicksell)의 공헌이 높이 평가되고 있다. 빅셀은 정부지출과 조세가 동시에 결정되어야 하며 과세는 능력설이 아닌 이익설에 따라야 한다고 주장하였는데, 그것이 근대의 의회민주주의에 더 한층 적합하다고 생각하였다. 더욱이 특정한 공공재와 그 공급비용의 부담배분을 결부시킨 매년의 예산안을 '전원일치의 규칙'(unanimity rule)에 의거하여 결정·통과시킬 때, 경쟁적 민간시장에서의 파레토최적과 동일한 결과를 얻을 수 있다고 생각하였다. 물론 전원일치의 동의를 얻어 조세와 경비규모를 결정한다는 것은 현실적으로 불가능한 것이므로, 비록 100%의 전원일치를 보지 못하더라도 과반수(51%)를 훨씬 초과하는 '3 분의 2' 이상 혹은 '4 분의 3' 이상의 주권자들의 동의를 통하여 공공재의 규모가 결정되어야 한다는 것이다. 이와 같은 정치적 과정을 통해 결정된 재정활동의 규모는 바로 시장기구 속에서 결정된 민간재의 최적규모와 비슷한 의미를 가지고 있다고 빅셀은 주장하게 된 것이다.

한편 린달(Lindahl)은 빅셀의 논리를 일반화시켜 이익의 대가로서의 과세를 자발적 교환(voluntary exchange)으로 보고 그러한 교환문제를 시장기구에 가까운 형태 속에서 해결하고자 하였다. 그는 사회에 있어서 공정한 소득분배가 달성되고 있다는 것을 전제로 각 개인이 공공재에 대한 각자의 한계효용에 상응한 조세를 자발적으로 지불함으로써 시장의 가격형성과 유사하게 공공재의 비용부담이 해결되는 모형을 명확히 정식화하였다. 그러나 린달의 모형은 어디까지나 부분균형분석에 해당되는 것이었고, 일반균형분석에 의한 해결은 1954년 사무엘슨(P. Samuelson)에 의하여 이루어졌으며, 이것이 다시 머스그레이브(R. Musgrave)에 의하여 보강되었다.[8)]

---

8) Wicksell과 Lindahl 이후 이와 관련된 주요 참고문헌을 소개하면 다음과 같다.
H. R. Bowen, "The Interpretation of Voting in the Allocation of Resources," *Quarterly Journal of Economics*, 58(Nevember 1943), pp. 27~48; J. M. Buchanan, "The Pure Theory of Government Finance: A Suggested Approach," *Journal of Political Economy*, 57(December 1949), pp. 496~505; P. A. Samuelson, "The Pure Theory of Public Expenditure," *Review of Economics and Statistics,* 36(November 1954), pp. 387~389; Richand A. musgrave and Paggy B. musgrave, *Public Fimance in Theory and Practice*, 3rd ed.(New York: McGrow-Hill, 1980), pp. 70~73.

제 3 절 재정의 3대 기능

앞에서 논의한 바와 같이 현대 국가는 자원의 효율적 배분, 소득재분배, 경제의 성장과 안정 등의 기능을 수행하고 있는데, 국가가 어떠한 기능을 수행하여야 하는가에 대한 생각은 오랜 기간에 걸쳐 형성된 것이라 할 수 있다. 1776년 국부론을 통해서 자유로운 시장경제를 주창한 아담 스미스(A. Smith)는 정부의 역할을 국방과 치안유지 등 공정한 사회질서의 확립과 함께 도로와 교량 등의 건설과 운영과 같은 공공사업을 수행하는 것 등 제한적으로 규정하였다. 이러한 개념에서 본다면 정부는 일부 필수적인 공공서비스의 공급이라는 제한적인 범위의 자원배분 기능을 수행하는 것이다. 19세기 초반 자유방임주의적 독점자본주의가 가져온 심각한 소득 불평등과 사회문제들은 소득재분배라는 정부의 적극적인 기능을 요구하게 되었다. 1929년 미국의 대공황은 케인즈 경제학의 대두와 함께 경제의 안정과 성장을 위한 정부의 적극적인 재정정책의 유용성을 보여주었다. 또한 2008년 미국의 서브프라임 사태로 촉발된 세계적인 금융위기와 그 이후의 경제불황에 대처하는 과정에서 적극적인 재정정책은 매우 유효한 정책수단으로 작용하였지만, 그 여파로 초래된 각국의 재정위기는 재정정책의 한계를 동시에 보여주는 계기가 되고 있다.

1. 자원의 효율적 배분기능

정부의 모든 정책은 정도의 차이는 있을지라도 자원의 배분에 어느 정도의 영향을 끼치게 마련이다. 어떠한 재화와 용역을 얼마만큼 생산할 것인가 혹은 민간재(private goods)와 공공재(public goods)간의 상대적 비율을 얼마로 할 것인가 등은 모두 정부정책에 의하여 영향을 받게 된다. 전체 가용한 재원이 한정되어 있는 상황에서 만약 정부가 군사장비의 생산에 재원을 더 많이 배분한다면 다른 재화와 용역의 생산과정에서 사용되는 인력과 자본을 줄여야 하며, 따라서 그만큼 다른 재화와 용역의 생산은 감소할 수밖에 없다. 경제적 자원은 희귀한 것이고 어느 특정재화의 생산은 타재화의 생산을 포기해야만 가능한 것이므로 여기서 자원의 적정한 분배를 위한 선택의 문제가 발생하는 것이다.

재정에 관한 연구에 있어서 가장 중요한 과제 중의 하나는 정부의 조세 및 지출정책들이 이와 같은 자원의 배분에 어떠한 영향을 끼치는가를 정확히 파악하고 분석하는 것이다. 어떠한 재화와 용역이 우리들에게 더 많이 필요하며 또 이를 위해 어떤 재화와 용역을 포기해야 하는가를 결정하는 것은 재정이 갖고 있는 중요한 기능이요 정책문제인 것이다.

자본주의의 시장경제체제에 있어서 자원의 배분은 가격기능을 중심으로 소비자와 생산자들간의 자발적인 교환과 경쟁을 통하여 이루어진다. 시장기구가 경쟁적인 상태로 유지되고 있는 한 사적 욕구(private wants)를 충족시켜 주는 방향으로 효율적인 자원의 배분이 달성된다.

그러나 현실의 경제에서는 그러한 자원배분이 반드시 최적인 상태로 실현되는 것은 아니다. 오히려 현실적으로 독점적인 요인이나 경쟁의 불완전성이 존재하고 있으며, 이러한 독점요인은 비용체감(decreasing cost) 조건하에서 운영하는 기업, 즉 규모의 경제(economies of scale)가 발생하는 기업들에 의해 더욱 심화되어 가고 있는 경향이다. 이러한 불완전경쟁 하에서는 다른 기업의 자유로운 시장진입이 배제되므로 자원배분의 효율성은 순수경쟁 상태에서 확보되는 적정수준에 미치지 못하게 되는 것이다.

또 한편 개인이나 기업이 그들의 경제활동을 통해 외부경제(external economies) 혹은 외부불경제(external diseconomies)를 창출할 경우에는 시장기구를 통한 자원의 배분은 비효율적이 된다. 더욱이 자원배분이 공공재의 공급 등 공적 욕구(public wants)를 충족시키는 방향으로 이루어져야 할 때에는 그 특유한 성질로 시장경제가 자원의 최적배분 실현에 실패하는 상태에 빠지게 된다. 이와 같이 외부성(externality) 내지 공공재 생산과 관련되어 발생하는 시장의 실패(market failure) 때문에 정부의 개입이 요구되는 것이며, 자원의 배분을 다시 최적상태로 접근시킬 수 있는 정부재정의 기능이 중요시되는 것이다.

정부가 경제적·정치적 내지 사회적 여러 여건을 모두 고려한 후에 적정한 공공재 생산의 규모를 파악하고 그것을 생산하기로 결정하였다고 하자.[9] 이러한

---

9) 공공재의 특성과 적정규모결정은 제 3 장에서 상세히 고찰될 것이다. 그러나 현실적으로 공공재의 규모는 선거 등 정치적 과정을 통해 결정될 수밖에 없는데, 정치적 과정 속에서의 공공재분석은 제 5 장에서 취급된다.

공공재를 제공하기 위해서는 우선 필요한 자원을 확보하지 않으면 안 된다. 이제 문제는 자원확보를 위한 비용을 누가 부담하느냐 하는 것이다. 일반적으로 자원 조달방법으로 과세를 생각하게 된다. 과세는 자원을 민간부문에서 공공부문으로 이전시키며, 정부부문이 민간부문의 구매력을 흡수하게 된다. 그런데 여기서 유의할 것은 공공재 생산에 의하여 혜택을 받는 수혜자와 공공재 생산의 비용부담자가 서로 일치하는가이다. 양자가 만약 동일인이라면 수익자부담원칙에 따른 생산이므로 큰 문제를 발생시키지 않는다. 그러나 일반과세에서는 양자가 동일인이 아닌 경우가 일반적이므로 여기서 소득분배의 문제가 발생하며, 따라서 자원배분에 있어서의 과세기능과 소득분배에 있어서의 과세기능은 서로 유기적인 관계를 갖게 되는 것이다.

자원배분에 대한 정부정책의 효과는 그 정책의 성격에 따라 매우 분명하게 파악될 때도 있고 그렇지 못할 경우도 있다. 정부의 보조금 정책(subsidy policy) 같은 것을 예로 들어 보자. 정부가 저소득층에 식료품을 무료로 배급한다면 식료품 수혜자들은 시장에서 식료품 구입을 그만큼 줄일 것이므로 전체적인 입장에서 식료품의 총소비량에는 변화가 없을 것이며, 따라서 식료품 총생산량에도 변동이 없게 되고 자원배분에도 영향이 미약하다. 그러나 정부가 공공주택에 대한 조건부 특정지원과 같은 형태로 저소득층에 혜택을 줄 때는 특정재화에 대한 총소비량이 감소할 수도 있으므로(반대로 증가하는 경우도 물론 있을 것이다) 자원배분에 상당한 영향을 끼칠 수밖에 없다.

자원의 배분효과를 보다 잘 이해하기 위하여는 정책에 의하여 사람들의 경제행위가 어떻게 변하는가를 알아야 한다. 정부의 복지사업은 수혜자들의 노동의욕을 위축시킬 수도 있다. 만약 이러하다면 정부가 빈민들을 도와 줌으로 말미암아 국가 전체의 소득수준은 도리어 감소하게 될지도 모르는 것이다. 정부의 연금계획(pension plan) 같은 것을 보더라도 사람들의 저축의욕을 도리어 위축시킬 수도 있는데, 이게 사실이라면 연금과 같은 사회보장사업은 자본축적을 저해하고 나아가서 경제성장에 악영향을 끼칠 수도 있는 것이다. 지금까지의 연구결과는 이러한 여러 문제들을 정확히 파악하는 데 아직 미흡한 것이 사실이나, 그 동안의 꾸준한 노력 덕분에 효과에 대한 일반적인 윤곽은 많이 규명되어 왔다고 하겠다. 앞으로 더욱 유익한 정책을 수립하고 평가하기 위하여서는 재정의 자원배분기능에 대한 연구가 한층 발전되어야 할 것이다.

2. 소득재분배기능

정부의 각종 정책은 어떤 재화와 용역이 얼마만큼 생산되는가의 자원배분에 영향을 미칠 뿐만 아니라 이러한 재화와 용역이 어떻게 분배되는가, 즉 실질소득분배에도 지대한 영향을 미치게 된다.

소득재분배정책이 없는 순수한 시장경제 아래에서의 소득분포는 대개 두 가지의 요인에 의하여 결정되게 된다. 하나는 개인이 소유하고 있는 자원(생산요소)의 양이며, 다른 하나는 그러한 자원(생산요소)에 대한 시장의 평가, 다시 말하여 그 자원의 한계생산력인 것이다. 각자가 소유하고 있는 자원의 양에는 유산·상속 등에 따라 차이가 있고 또 시장의 평가도 자원의 종류와 질에 따라 차이가 생기기 때문에 각자의 소득에는 상당한 격차가 생기기 마련이다. 뿐만 아니라 소득은 그 일부가 축적됨에 따라 소유하고 있는 자원의 양은 더욱 증가되며, 교육기회가 얼마만큼 주어졌는가 등의 주위 환경의 변화에 따라 시장의 평가 역시 달라지기 때문에 소득분배의 격차는 시장경제 아래서 더욱 커지는 경향이 있다.

자원의 배분은 소비자들의 선택(혹은 수요)에 의하여 재화 및 용역의 상대적 산출량이 결정되는 것을 의미한다. 그런데 여기서 말하는 소비자들의 선택(혹은 수요)이란 소비자들의 선호(preferences)와 그들에게 분배된 소득에 따라 정해지기 때문에 시장경제에서 자원의 최적배분이 이루어진다 함은 이미 일정한 소득분배상태가 주어졌고 그 분배상태는 가장 바람직하고 최적의 상태라는 것을 가정하고 있는 것이다. 그러나 시장경제에 있어서 소득분배는 바로 위에서 지적한 바와 같이 개인의 능력, 상속 여부, 교육기회 여부 등과 같은 여러 가지 요인에 의하여 결정되므로 시장기구에 의한 소득분배가 항상 바람직하고 적정상태라는 보장은 없는 것이다. 도리어 현실사회에서 실현되는 분배상태는 어느 정도 일정한 불평등도를 갖게 마련이다.

따라서 자원의 최적배분을 위해서도 소득 및 부의 분배상태를 조정하는 일이 필요하며, 그러한 조정이 재정적 수단이나 그 밖의 여러 정책수단에 의하여 이루어지지 않으면 안 되는 것이다. 그런데 소득분배상태를 조정할 때 제기되는 가장 어려운 문제는 바람직하고 적정한 분배상태란 어떤 상태를 가리키는가를 판단하는 문제이다. 소득분배의 평등 또는 불평등에 관한 개개인의 평가가 다르듯이, 바람직하거나 적정한 소득분배상태에 대한 각자의 견해는 모두 다르다고 보아야 할 것이다. 적정분배상태에 대한 기준은 여러 가지가 있을 수 있는데, 그 중에서 어떤 것을 선택할 것인가는 가치판단의 문제인 것이다.[10] 현실적으로 무엇이 적정한 분배상태인가를 판단하는 것은 경제분석의 범위를 넘어선 어쩌면 정치적 과정을 통하여 결정되어야 할 개념이라고 할 수 있겠다.

각종 정부정책의 소득배분 효과를 파악한다는 것은 결국 그 정책에 의하여 누가 혜택을 받고 누가 피해를 보는지의 이해득실 관계를 살펴보는 것이다. 어느 특정정책을 사람들이 평가할 때 "이 정책은 국가 전체에 득이 된다"라고 주장하는 그룹이 있는가 하면, 동일한 정책에 대하여 반대로 "우리가 이 정책 때문에 피해를 입는다"라고 반론을 제기하는 그룹이 있는 것을 자주 보게 된다. 그러나 사실 어느 정책을 막론하고 전부에게 득이 되거나 혹은 반대로 전부에게 해가 되는 극단적인 경우는 거의 없으며, 대개 어느 일부 그룹의 희생하에 어느 특정그룹이 득을 보는 것이 일반적인 현상이라 할 것이다.

따라서 정책의 소득분배효과를 정확히 파악하기 위해서는 어느 특정그룹에게 어느 정도의 분배가 이루어지는가를 알아봐야 하는데, 이러한 분석이 항상 분명한 해답을 제공해 주고 있는 것은 아니다. 예를 들어, 정부의 복지사업들은 분명히 저소득층에게 대부분의 혜택을 부여하고 있으므로 분배에 대한 분석이 비교적 용이하다. 그러나 한편 법인세의 진정한 부담이 누구에게 귀착되는가, 사회보장제도에 의하여 궁극적으로 득을 보는 사람은 누구이고 해를 보는 사람은 누구인가 등의 질문은 분명한 해답을 구하기가 매우 어렵다. 그럼에도 불구하고 이러한 질문에 답을 구하고 이에 따른 적절한 조치를 취해야 하는 것이 재정이 갖고 있는 주요 과제인 동시에 기능인 것이다.

3. 경제안정화 기능

정부지출 및 조세의 규모나 구조는 고용, 산출량, 물가 등에 중요한 영향을 끼친다. 높은 고용과 생산수준을 유지하면서 물가를 안정시키는 것은 현대정부의 중요한 책임인 것이며, 따라서 재정이 수행하는 가장 중요한 기능 중의 하나인

---

10) 적정분배기준에 관한 구체적인 설명은 제 6 장에서 다시 언급된다.

것이다.

재정의 경제안정화 기능이 각광을 받기 시작한 동기는 1930년대의 세계 대공황과 불경기를 극복하기 위한 정부의 제반 조치에서 발단하였다. 케인즈이론[11]을 기초로 하는 보정적 재정정책(compensatory fiscal policy)이 그 당시 처음으로 등장하였고, 그 뒤 계속적으로 표면화된 인플레이션의 압력 때문에 경제안정화는 재정정책의 일차적인 목표가 되었다.

자유시장경제 체제는 사실상 상당히 불안정하며 적절한 조정이 가해지지 않는 한 물가와 고용의 단기적 변동은 피하기 어렵다. 또한 시장구조의 불균형이라든가 국제수지의 불균형과 같은 장기적 성격의 경제불안정 때문에 실업이나 인플레이션이 심화되는 경우도 흔하다. 이와 같은 장단기의 경제불안정이 자유경제 체제의 자동적인 조정능력에 의해 해소될 것이라는 기대는 대공황을 경험하고 그 후 스태그플레이션(stagflation)에 직면하는 등 주기적인 경기침체가 발생하고 있는 현실에서 사실상 실현되기 어려운 것이다. 여기에 정부개입에 의한 재정의 경제안정화 기능의 중요성이 인정되는 것이다.

전통적으로 경제안정화 정책은 완전고용과 물가안정이라는 이원적 내용의 테두리 안에서 수립되었다. 이 두 가지 목표가 상호간에 서로 양립할 수 있는가에 대해서는 논쟁의 여지가 크며, 정책의 어려움이 여기에 있다. 그런데 장기적인 관점에서 경제안정화 정책은 물가안정과 완전고용이라는 상호 배타적인 목표에 부가하여 적정한 경제성장을 달성해야 한다는 목표마저 내포시키고 있는 것이다. 계속적인 경제성장이 이루어지지 않는 한 유효수요조작에 의해 완전고용을 달성하고 유지한다는 것이 거의 불가능하다는 점에서 경제의 안정화라는 의미는 물가의 안정 속에 적정한 성장률을 유지해야 한다는 뜻을 내포하고 있다.[12]

제4절 정책평가의 기준

정부는 앞 절에서 설명된 재정의 3대 기능 또는 목표를 원만하게 달성하기

11) J. M. Keynes, *General Theory of Employment, Interest and Money*(Macmillan & Co., 1936).
12) 재정정책과 경제안정 및 경제성장의 관계는 제17장과 제18장에서 상술된다.

위하여 많은 정책들을 수행하게 되는데, 어떠한 정책이 바람직한 것인가를 평가하는 데는 재정의 기능과 관련된 몇 가지의 기준을 근거로 하게 된다. 어느 기준이 더 중요하고 우선하느냐는 사실상 가치판단(value judgement)의 문제이므로 정책평가 자체가 가치판단에 근거를 두고 있다고 하겠다. 대략 다음과 같은 세 가지의 기준을 열거할 수 있겠는데, 이에 대하여 하나씩 살펴보기로 하자.

1. 경제적 효율성

효율성(efficiency)이란 흔히들 최소비용으로 최대효과를 발생하는 것을 의미하는 다분히 물질적이고 공급 측면만을 지적하는 경우가 있는데, 이것은 잘못된 이해에서 생긴 것이다. 효율성이란 공급 측면만을 고려하는 기술적 효율성(technical efficiency)이 아니라 소비(수요) 측면까지를 고려한, 다시 말하여 소비자들에게 최대의 만족을 줄 수 있는 그런 방향으로 생산이 이루어지고 자원이 배분되는 경제적 효율성(economic efficiency)을 의미한다. 아무리 값싸고 질 좋은 물건을 많이 생산한다고 하더라도 그것이 소비자들의 욕구에 부합되지 못하는 것이라면 자원이 효율적으로 사용되었다고는 할 수 없는 것이다.

효율성은 사실 국민들의 후생이라는 측면에서 규정되어야 한다. 자원이 가장 효율적으로 배분된 상태, 즉 자원의 최적배분상태를 파레토최적(Pareto optimality)[13]라고 칭하고 있다. 파레토최적상태란 다른 사람의 후생을 감소시키지 않고서는 어느 한 사람의 후생을 증가시키는 것이 불가능하도록 그렇게 자원이 배분되어 있는 상태이다. 바꾸어 말하여 자원의 배분을 변경함으로써 어느 특정사람(혹은 어느 특정그룹)의 후생이 다른 사람에게는 해를 끼침이 없이 증가될 수 있다면 그것은 지금까지 자원이 최적인 상태로 사용되지 아니하였기 때문이며 낭비가 있음을 뜻하고 있는 것이다.

파레토최적상태에 근거한 효율성의 개념을 다음의 그림을 통하여 살펴보기로 하자. 설명을 단순화하기 위하여 사회가 갑과 을의 2인으로 구성되어 있다고 가정한다. [그림 1-1]은 갑의 후생을 횡축에 표시하고, 을의 후생을 종축에 표시하고 있다. 그림의 원점에서 오른쪽으로 멀어질수록 갑의 후생은 증가하게 되

13) 파레토최적조건 및 이와 관련된 후생경제학적 분석은 제 2 장에서 다시 설명된다.

그림 1-1 | 효용가능경계선(혹은 후생가능경계선)

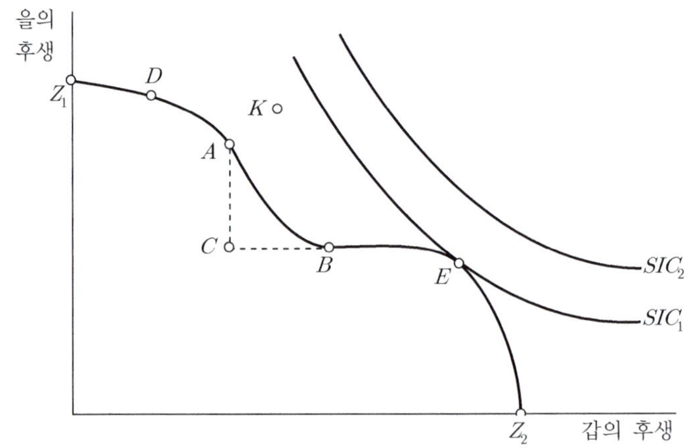

며, 원점에서 위쪽으로 이동할수록 을의 후생은 증가하게 된다. 갑과 을의 후생은 경제적 자원을 적절히 사용하여 이들에게 필요한 여러 가지 재화와 용역을 생산함으로써 증가되는 것인데, 그러한 경제적 자원은 항상 제한되어 있으므로 갑과 을이 달성할 수 있는 후생의 수준은 또한 제한되어 있기 마련이다. 이러한 갑과 을의 후생의 경계를 밝히는 선이 그림의 Z_1Z_2선이며, 이 선을 우리는 효용가능경계(utility possibility frontier) 혹은 후생가능경계(welfare possibility frontier)라고 부른다.

효용가능경계의 바깥부분은 경제가 도달할 수 없는 부분이다. 즉 그림의 K 점은 주어져 있는 자원상태에서는 갑과 을이 도달하기에 불가능한 후생수준인 것이다. 반면에 효용가능 경계상의 어느 점이나 또는 그 안쪽부분은 경제가 도달 가능한 부분이다. Z_1Z_2선상의 어느 점에서도 자원은 효율적으로 배분되며, 이 점은 바로 파레토최적 배분상태에 있는 점이다. 예를 들어, Z_1Z_2선상의 A 점은 효율적인 자원배분을 표시하고 있다. 왜냐하면 이 점에서 어느 다른 점으로 이동하여 어느 한 사람의 후생을 증가시키려 할 때는 다른 한 사람의 후생을 감소시키지 않고서는 그것이 불가능한 상황으로 자원이 최선으로 배분되었기 때문이며, 따라서 A 점은 파레토최적수준이 되는 것이다. 이와 같은 논리는 Z_1Z_2선상의 B

점에 대하여서도 똑같이 적용될 수 있는 것이다. 이렇게 볼 때 파레토최적 배분상태에 해당되는 점은 Z_1Z_2선상에 무수히 존재하고 있으며, 어느 특정한 점을 가리켜 그것만이 유일한 최적배분상태라고 얘기할 수는 없는 것이다.

효용가능경계상의 각 점들은 갑과 을간의 각기 서로 다른 소득분배상태를 내포하고 있다. 자원배분과 소득배분의 관계를 살펴보기 위해 이제 이 사회가 식료품 한 가지만을 생산한다고 하고 자원을 가장 효율적으로 사용하여 식료품 100개를 생산하였다고 하자. [그림 1-1]의 A점은 갑에게 40개의 식료품을, 을에게는 60개의 식료품을 제공해 주는 점이라 하고, 한편 그림의 B점은 갑에게 60개의 식료품을, 을에게는 40개의 식료품을 제공해 주는 점이라 상상해 보자. A점과 B점 모두 자원을 가장 효율적으로 배분하고 있는 점이며, 따라서 사회후생의 측면에서 보면 갑과 을에게 주어져 있는 여건 속에서 모두 극대후생을 제공해 주고 있는 점이다. 오직 다른 것이 있다면 갑과 을간의 소득분배가 두 점에서 서로 다름으로 말미암아 그들에게 돌아가는 재화의 몫이 다르다는 것이다. A점과 B점 중에 어느 것이 더 바람직한 상태인가는 결국 두 점에 각기 내포되어 있는 소득분배의 상태가 사회 전체의 입장에서 어느 쪽이 더 바람직한 것인가에 좌우된다고 볼 수 있다. 그러나 앞에서 이미 언급된 바와 같이 바람직한 소득배분의 기준은 여러 가지가 있을 수 있으므로 결국 A점과 B점 중 어느 것을 택하느냐는 가치판단의 문제로 귀착되는 것이다.

그러면 그림의 C점을 살펴보자. 이 점은 분명히 비효율적인 점이다. 왜냐하면 C점에서는 자원의 배분방향을 바꿈으로써 어느 누구에게도 해를 끼침이 없이 특정인의 후생을 증가시킬 수 있고 따라서 C점은 파레토최적수준이 아니기 때문이다. 예를 들어 C점에서 A점으로 이동함으로써 갑에게는 아무런 해가 없이 을의 후생을 증가시킬 수 있으며, 반대로 C점에서 B점으로 이동함으로써 을에게는 아무런 해가 없이 갑의 후생을 증가시킬 수 있는 것이다. 따라서 C점에서부터 삼각형 ABC 내의 이동은 갑과 을 모두에게 득이 되며 사회 전체의 후생도 증가된다. 이처럼 C점에서부터 삼각형 ABC 내의 이동을 파레토 개선(Pareto improvement)이라고 부른다.

그런데 여기서 유의할 것은 Z_1Z_2선상의 효율적인 모든 점들이 Z_1Z_2선 안쪽의 비효율적인 모든 점들에 비해 항상 월등히 우수하다고 생각해서는 안 된다는 것이다. 예를 들어 어떤 정책의 변경에 의해 자원배분의 방향이 효율적인 D점에서 비효율적인 C점으로 이동한다고 상상해 보자. 이것은 분명히 효율성이라는 기준하에서는 바람직하지 못한 정책임에 틀림없다. 그러나 이러한 정책은 을의 후생을 희생시키면서 갑의 후생을 증가시키고 있으므로 만약 을이 고소득층이고 갑이 저소득층이라면 소득분배효과는 분명히 저소득층에 유리하게 되고 있는 것이다. 따라서 정책평가의 기준을 효율성보다는 다음에서 얘기하고자 하는 공평성에 더 많은 비중을 두고 있다면 D점에서 C점으로의 이동도 바람직한 정책이라 평가될 수 있는 것이다. 물론 D점에서 시작하여 을에게서부터 갑으로 소득을 재분배시키고자 할 때 C점으로 이동하기보다는 Z_1Z_2선상의 A점이나 B점, 혹은 AB 사이의 어느 점으로 이동하는 것이 효율성이라는 측면에서 더 바람직할 것이다. 즉 D점에서 A점으로 이동함으로써 C점에서와 같은 혜택이 갑에게 주어지는 것은 물론이고, 을에게 있어서는 C점에 비해 더 유리한 상태에 놓여지게 되기 때문이다.

이상과 같이 정책평가의 기준으로서 경제적 효율성에 관하여 살펴보았는데, 적정소득분배의 문제 때문에 효율성에만 입각한 정책평가에 많은 어려움이 있음을 알았다. 더욱이 모든 사람들의 후생은 각자가 주관적으로 측정하고 평가하는 것이므로 후생이 증가하느냐 감소하느냐의 측정도 현실적으로 매우 어려운 일이다. 후생측정을 위한 여러 가지 정보가 충분히 주어져 있어야 하는데, 현실사회에서는 이것이 여의치 않는 것이다. 그러나 이러한 여러 가지 약점에도 불구하고 정책평가의 기준으로서의 효율성은 경제학자들에게는 가장 널리 사용되고 있는 기준이다.

2. 공 평 성

정책을 평가하는 기준으로서 공평성(equity)은 효율성과 더불어 널리 적용되고 있는 기준이다. 정부의 정책이 공평해야 한다는 것에는 아무도 이의를 제기하지 않을 것이다. 그런데 여기서 문제가 되는 것은 '공평'이란 무엇이며 어떠한 상태를 가리키는 것이냐이다.

경제적인 입장에서의 공평성(혹은 공정성)이란 일반적으로 소득분배상의 공평을 뜻하는 것이며, 소득분배를 향상시키는 정책을 공평한 정책이라 칭한다.[14)]

14) 제11장에서는 조세부담의 배분이라는 측면에서 공명성의 개념을 자세하게 논의하고 있다.

그런데 우리는 이미 앞에서의 설명을 통하여 파레토최적조건이 성립되면 자원배분의 효율성은 확보되지만 공평한 소득분배상태가 아울러 확보된다는 보장은 없음을 알았다. 정부가 재분배정책을 통하여 최초의 분배상태를 바꾸고 경쟁시장을 유지하면 새로운 파레토 효율을 달성할 수 있지만 과연 어떠한 분배상태가 바람직한 것인가에 대해서는 답을 할 수 없는 것이다. 이하에서는 보상원칙과 사회후생함수를 중심으로 살펴본다.

(1) 보상원칙에 따른 기준

설령 어떤 공공정책에 의해 이득을 보는 사람과 피해를 보는 사람이 함께 공존할 때라도 그 이득의 크기가 피해의 크기보다 크고 그래서 이득자가 피해자를 보상해 줄 수 있다면 이 정책은 바람직한 것이다. 이를 우리는 보상원칙(compensation principle) 또는 이를 주창한 칼도(N. Kaldo)와 힉스(J. Hicks)에 따라 칼도-힉스 기준(Kaldo-Hicks criterion)이라고 부른다.

칼도-힉스 기준에 의하더라도 실제로 이득자가 피해자를 금전으로 보상해 준다는 것은 아니며, 정부가 조세정책 등 여러 수단을 활용함으로써 보상의 원칙이 적용될 수 있다는 잠재성을 밝히고 있는 것이다. 득이 해보다 많게 되어 사회에 순이득이 발생할 때 이는 사회적 잉여로서 보상의 원칙에 합당한 역할을 할 수 있다는 것을 지적하고 있다. 그런데 보상의 원칙을 분명하게 하기 위해서는 칼도-힉스 기준을 이중으로 적용해 볼 필요가 있을 것이다. 즉, 어떤 정책에 대해 칼도-힉스 기준을 적용하여 그것이 바람직함이 판명되고 동시에 그 반대의 경우에는 칼도-힉스 기준에 의해 바람직한 것이 아니라는 것이 확인되었을 때에 한하여 그 정책을 바람직한 것으로 규정하는 것이다. 이를 스키토브스키(T. Scitovsky)가 제안했다고 하여 스키토브스키 기준(Scitovsky criterion)이라고 한다.

(2) 사회후생함수에 의한 기준

앞에서 언급된 파레토원칙은 이득자와 피해자를 적절히 비교할 수 있는 방안을 제공해 주지 않고 있으며, 보상원칙은 이득자가 피해자를 실제로 보상하는 것이 아니라 가상적인 보상이 이루어지는 것을 상정하고 있다. 그러면 실제로 이득과 피해를 어떻게 평가할 수 있는가? 이 문제를 풀기 위해서는 사회후생함수(social welfare function)를 도출할 필요가 있다.

사회후생함수란 사회구성원의 효용수준이 사회전체의 효용수준과 어떤 함수관계를 갖고 있는가를 보여 주는 함수이다. 즉,

$$SW = f(U_A, U_B, \cdots, U_N)$$

여기서 U_A, U_B, ⋯, U_N은 사회구성원 A, B, ⋯, N의 효용함수이며 SW는 사회 전체의 효용수준을 가리킨다. 사회구성원 각자의 효용수준이 변할 때 이것이 종합적으로 사회 전체의 효용에 어떤 영향을 주는가를 밝힐 수 있기 때문에 사회후생함수를 알면 어떤 공공정책이 바람직한가가 판명되며 자원배분의 효율성 및 소득분배상의 공평성을 함께 추구하는 정책을 도출할 수 있다. 문제는 사회후생함수가 개개인의 효용함수로 구성되어 있기 때문에 주관적인 가치판단이 개입될 수밖에 없고 따라서 모든 사람이 동의하는 그런 객관적인 함수관계의 설정이 어렵다는 데 있다.

사회후생함수를 구성하는 데 있어서도 다음과 같은 두 가지의 서로 상이한 접근방법에 따라 그 성격과 내용이 달라지게 된다.[15]

1) 공리주의적 사회후생함수

벤담(J. Bentham)으로 대표되는 공리주의자(utilitarian)들의 최대의 관심은 사회 전체의 효용(후생)을 어떻게 하면 극대화시켜 유토피아 사회를 건설하느냐에 있었다. 사회후생은 단순히 개인들의 효용의 합에 의해서만 결정되는 것이고, 개인들간의 효용이 어떻게 배분되는가는 사회후생과 무관한 것으로 이들은 생각하였다. 따라서

$$SW = U_A + U_B + \cdots + U_N$$

이였다.

공리주의적 사회후생함수에 따른 기준에서는 모든 사람들의 효용에 대한 평가(가중치)가 동일하다. 따라서 측정이 가능하다는 전제하에 빈자들의 효용을 줄임으로써 부자들의 효용을 더욱 크게 증대시킬 수 있는 경우에도 사회후생을 증

15) 이에 관해서는 제 8 장 적정분배의 기초이론에서 다시 언급된다.

가시키므로 그런 정책도 수용가능한 것으로 평가되게 된다.

2) 평등주의적 사회후생함수

모든 사람들의 효용을 동일한 가중치로 평가하는 데는 사회정의상 문제가 될 수 있다. 소득이 낮은 빈자들이 갖는 한 단위 효용의 가치는 부자들이 갖는 한 단위 효용의 가치보다 크다고 보는 것이 평등주의적(egalitarian) 사고방식이다. 따라서 같은 규모의 효용이라도 빈자에게 돌아가는 정책이라면 이를 더 선호할 수 있으며 사회후생함수도 이러한 기준하에서 구성되는 것을 평등주의적 사회후생함수라 하겠다.

이것의 극단적인 경우가 롤즈적 사회후생함수(Rawlsian social welfare function)이다. 철학자 롤즈(J. Rawls)는 한 사회에서 가장 최저수준에 놓여 있는 극빈자들의 효용을 가능한 가장 크게 향상시키는 것이 사회 전체의 효용을 극대화시키는 길이라고 주장한다. 이를 소위 최소최대화원칙(maximin principle)이라고 부르는데, 롤즈에 의하면 사회의 최저빈민그룹의 후생과 다른 그룹의 후생간에는 상호충돌관계(trade-off)란 존재하지 않으며 다른 그룹의 후생증대가 아니라 오로지 최저빈민그룹의 후생증대를 통해 사회는 개선된다고 보고 있다. 이렇게 볼 때 롤즈의 사회후생함수는 다음과 같이 표시될 수 있다.

$$SW = \min(U_A,\ U_B,\ \cdots,\ U_N)$$

즉, 사회후생은 가장 빈곤한 사람의 후생에 의해 결정되는 것으로서, 사회후생을 극대화하기 위해서는 가장 빈곤한 사람의 후생을 극대화하는 정책이 추진되어야 하는 것이다.

3. 개인의 경제적 자유

자본주의 경제체제하에서는 많은 사람들이 개인의 자유를 무엇보다 존중하고 있으며 정부에 의해 개인의 자유가 가능한 한 침해받지 않기를 바라고 있다. 자유라는 개념은 실제로 여러 가지 방향에서 규정될 수 있는데, 자유라는 뜻을 경제적인 측면에서 정의한다면 이것은 각종 경제적 선택행위가 타인으로부터 구속받음이 없이 자발적으로 이루어지는 것을 의미한다. 경쟁시장에서의 물품은 반드시 판매자와 구매자간의 상호 동의에 의하여 매매가 이루어지며, 이 때 각자의 의사를 자발적으로 표현함으로써 가장 적절한 상거래가 형성되는 것이다.

어느 정책을 막론하고 개인의 경제적 자유는 그 정책에 의하여 어느 정도 영향을 받게 된다. 이렇게 볼 때 정부의 정책을 평가하는 데 있어서 개인의 자유를 얼마만큼 보호하느냐(혹은 얼마만큼 적게 손상시키느냐)가 중요한 정책평가의 기준이 될 수 있는 것이다. 정부가 조세를 거두어들인다는 것은 납세자가 자기의 소득을 자유롭게 소비할 수 있는 그런 자유의 일부를 박탈하는 것을 의미한다. 정부보조금 정책만 하더라도 현금에 의한 이전지출 프로그램과 식료품이나 공공주택 등에 대하여 직접 지원해 주는 프로그램을 비교할 때 개인의 경제적 자유에 끼치는 영향은 판이하게 차이가 생기는 것이다.

그러나 조세를 비롯한 상당수의 정책에 있어서 이것이 개인의 자유에 얼마만큼 영향을 줄 것인가를 판명하기란 그리 용이하지 않다. 따라서 개인의 자유는 분명히 중요한 기준인 것임에 틀림없으나 실제로 정책을 평가하는 데의 구체적인 지침을 제공해 주는 데에는 미약하다고 하겠다.

4. 기준간의 상호대립

이상으로 정책을 평가하는 데 고려해야 할 세 가지의 기본적인 기준을 살펴보았는데, 사실상 어느 한 정책에 대한 총괄적인 평가를 내린다는 것은 매우 어려운 과제임에 틀림없다. 정책이 모든 기준을 동시에 만족시킨다는 것은 거의 불가능하다. 각 정책이 각각의 기준을 얼마만큼 만족시키고 있느냐를 확인하는 것이 중요함은 물론이고, 각 개별기준에 대하여 얼마만큼의 비중(weight)을 두어야 하는가의 결정도 정책평가에 지극히 중요하다.

이것은 바로 효율성과 공평성의 기준간에는 서로 상충관계(trade-off)가 있기 때문이다. 매우 공평한 정책은 동시에 매우 비효율적인 정책일 수도 있는 것이며, 보다 더 효율적인 정책을 추구하고자 할 때 그것은 공평성의 희생을 동반함으로써만이 가능할 수도 있는 것이다. 따라서 정책의 평가는 각각의 기준에 얼마만큼 잘 부합하느냐에 좌우될 뿐만 아니라 각 기준의 상대적 중요성이 얼마만큼 인식되느냐에 따라 좌우된다고 하겠다.

이 모든 것은 앞에서도 수차 지적된 바와 같이 가치판단의 문제이며, 보다 합리적인 판단을 위해서는 경제분석뿐만 아니라 사회과학 전반에 걸친 분석이 함께 이루어져야 할 것이다.

제 5 절 우리 재정의 구조와 특징

1. 우리나라의 재정규모

현대 자본주의경제에서 정부재정의 크기는 어떻게 측정되는 것일까? 정부재정의 크기는 국민총생산액(GNP) 혹은 국내총생산액(GDP)에 대한 정부재정의 수입 혹은 지출의 비율로서 측정되는 것이 일반적인 방법이다. OECD는 정부의 규모를 일반정부 총지출(general government total outlays)이라는 지표를 사용하여 측정하고 있다. 이는 기본적으로 경상지출(current outlays)와 자본지출(capital outlays)로 구성되며, 중앙정부와 지방정부, 사회보장을 포함하는 통합재정 기준으로 측정된다.

[표 1-1]은 OECD 주요 국가들의 일반정부 총지출의 크기와 변화추세를 GDP에 대비한 비율로 보여 주고 있다. 이 표에서 보는 바와 같이 재정지출의 대 GDP비율은 미국 · 영국 · 독일 등 주요 선진국에서는 1970년대에는 대략 30~40%선을 맴돌았으나, 1980년대 이후에는 대 GDP비율이 40%를 초과하는 현상을 보여 주고 있다. 물론 일본과 미국의 경우 유럽국가들에 비해서 재정지출의 크기가 상대적으로 적은 것으로 나타나고 있다.

OECD 평균을 기준으로 볼 때 1970년 32.8%이던 재정규모는 이후 80년대 초반까지 약 40% 수준으로 점차 증가하였는데, 이후 2008년 세계적인 금융위기로 초래된 경기침체가 발생하기 전까지는 거의 비슷한 수준을 유지하여 왔다. 이러한 OECD 국가들의 재정규모는 2008년의 41.5%에서 2009년에 45.2%로 크게 증가하여 2011년 현재까지 비슷한 수준에서 유지되고 있는데, 앞으로 점차 하락할 것으로 예상되고 있다.

우리나라의 경우 1970년 대 후반까지 20% 이하 수준을 유지하였으나 1980년

표 1-1 | 주요 선진국의 재정규모[1](재정지출 대 GDP 비율)

(단위: %)

	1970	1980	1990	2000	2010
우리나라	18.7[2]	21.1	19.5	22.4	30.9
캐 나 다	36.0	41.6	48.8	41.1	44.1
프 랑 스	..	46.0	49.6	51.6	56.7
그 리 스	..	..	..	47.1	50.2
이탈리아	32.3	40.6	52.6	45.9	50.3
일 본	20.2	33.5	31.6	39.0	40.4
스 웨 덴	43.0	62.7	59.8	55.1	52.9
영 국	41.8	45.9	41.5	36.5	50.6
미 국	32.3	34.3	37.2	33.9	42.5
유로국가 평균	36.3	45.4	47.9	46.2	51.0
G7 평균	32.4	38.3	39.8	38.5	45.0
OECD 평균	32.8	39.1	40.2	38.8	44.6

주 1) 일반정부 총지출(general government total outlays)로서 경상지출과 자본지출의 합계이며, 중앙정부, 주/지방정부 및 사회보장을 포함하는 통합재정 기준임.

2) 1975년 자료임.

자료: OECD, OECD Economic Outlook, No.90, General government total outlays. OECD.StatsExtracts, http://stats.oecd.org/

21.1% 수준으로 점진적으로 증가하였고 이 수준은 1998년 IMF 외환위기 이전까지 비교적 일정하게 유지되었다. 1998년 재정규모는 24.1%로서 전년도의 21.8%에서 크게 증가하였고, 이후 참여정부가 출범한 2003년 28.9%로 증가하였으며, 세계적 경제위기가 초래된 2009년에 33.1%로 다시 크게 증가하였고 이후 다소 하락하는 추세를 보이고 있다.

[표 1-2]는 주요 선진국들의 재정지출과 국민부담률을 비교하여 보여주고 있다. 2010년 현재 우리나라의 국민부담률은 25.1%로서 전체 재정지출의 81.1%에 이르고 있다. 즉 전체 재정지출 중에서 조세와 사회보장부담금 등의 수입으로 조달하는 재원비율이 상당히 높은 수준으로 나타나고 있다. 다른 주요국들을 살펴보면 스웨덴과 이탈리아의 경우 이 비율이 각각 86.5%와 85.5%로 매우 높게 나타나고 있는 반면 미국과 그리스의 경우 각각 58.4%와 61.6%로서 상대적으로 낮게 나타나고 있다. 즉 이들 국가들의 경우 조세나 사회보장부담금 이

표 1-2 | 주요 선진국의 재정지출과 국민부담률(2010, 대 GDP 비율)

(단위: %)

	재정지출(A)	국민부담률(B)	B/A*100
우리나라	30.9	25.1	81.1
캐 나 다	44.1	31.0	70.2
프 랑 스	56.7	42.9	75.6
그 리 스	50.2	30.9	61.6
이탈리아	50.3	43.0	85.5
일 본	40.4	26.9[1)]	66.6
스 웨 덴	52.9	45.8	86.5
영 국	50.6	35.0	69.2
미 국	42.5	24.8	58.4

주 1) 2009년 수치임.
자료: OECD, OECD Economic Outlook, No.90, General government total outlays. OECD.StatsExtracts, http://stats.oecd.org/
_____, OECD Tax Statistics, http://stats.oecd.org/

외의 수입으로 조달하는 정부지출의 비중이 상대적으로 높다는 것을 의미하는 것이다.

[표 1-3]는 우리나라의 재정규모를 세분하여 보여주고 있다. 제 8 장에서 살펴보고 있는 바와 같이 우리나라의 재정은 일반회계와 특별회계로 구분되는 예산과 기금으로 구성되는데, 재정규모는 통합재정규모와 총지출규모 두 가지 개념을 사용하여 측정하고 있다. 두 개념 모두 모두 일반회계, 특별회계, 기금으로 구성되는 정부 지출에서 내부거래와 채무상환 등을 차감하여 계산하는데, 다만 전자의 경우 순재정활동 규모를 측정하기 위하여 융자거래와 기업특별회계를 총계개념이 아닌 순계 개념으로 파악하는 반면 후자는 융자회수를 차감하지 않는 지출규모로 계산된다.[16)] 한편 지방정부의 경우에도 2003년부터 통합재정규모가 측정되고 있는데, 아직 중앙정부와 지방정부를 합한 일반정부 기준의 재정규모는 발표되고 있지 않다.[17)]

---

16) 통합재정규모=지출(경상지출+자본지출)+순융자(융자지출－융자회수)
총지출 규모=지출(경상지출 +자본지출)+융자지출
따라서 통합재정규모를 통해서는 순수한 재정활동의 규모를 파악할 수 있는 반면, 총지출규모의 경우 국민의 입장에서 느끼는 정부의 지출규모를 파악할 수 있다.

표 1-3 | 우리나라의 재정규모

(단위: 10억원, %)

		1995	2000	2005	2010
GDP		409,654	603,236	865,241	1,172,803
중앙정부	통합재정규모	71,579	129,284	187,946	264,277
	총지출규모	–	–	209,600	292,800
	일반회계	51,498	87,464	134,208	197,137
지방정부	통합재정규모	–	–	91,714	132,849
	일반회계	24,816	48,593	74,636	110,122
(GDP에 대한 비율)					
중앙정부	통합재정규모	17.5	21.4	21.7	22.5
	총지출규모	–	–	24.2	25.0
	일반회계	12.6	14.5	15.5	16.8
지방정부	통합재정규모	–	–	10.6	11.3
	일반회계	6.1	8.1	8.6	9.4
일반정부 통합재정규모[1)]		20.4	22.4	26.6	30.9

주 1) OECD 자료로서 다른 수치들과 기준이 상이할 수 있음.
자료: 기획재정부, 디지털예산회계시스템, http://www.digitalbrain.go.kr
행정안전부, 재정고, 지방재정연감, http://lofin.mopas.go.kr/
OECD, OECD Economic Outlook, No.90, General government total outlays. OECD.StatsExtracts, http://stats.oecd.org/

중앙정부의 재정규모를 통합재정규모의 GDP에 대한 비중으로 살펴보면 1995년 17.5%이던 것이 2000년 21.4%, 그리고 2010년 현재는 22.5%에 이르고 있다. 총지출규모는 2010년 현재 GDP 대비 25.0%로 나타나고 있다. 일반회계의 경우 1995년 12.6%에서 2005년 15.5%, 그리고 2010년에는 16.8%로 증가하였다. 지방정부의 경우 2010년 통합재정규모는 GDP의 11.3%로서 중앙정부의 절반수준에 이르고 있으며, 일반회계는 9.4%로 나타나고 있다.

---

17) [표 1-2]에 제시된 우리나라의 일반정부 재정규모는 OECD 자료로서 일부 기준상의 불일치는 있을 수 있지만 전체적인 재정규모를 파악하는 데 유용한 자료가 될 수 있다.

2. 우리나라 재정구조

[그림 1-2]는 2011년 현재 우리나라 중앙정부의 재정구조를 보여주고 있다. 일반회계를 비롯하여 18개의 특별회계, 그리고 64개의 기금으로 구성되어 있으며 총지출규모는 309.1조원으로 나타나고 있다.

[표 1-4]는 우리나라의 2011년 통합재정기준 재정수입과 재정지출 구조를 보여주고 있다. 세입 측면에서는 전체 세입 314조원의 약 60%인 188조원을 국세수입을 통해서 조달하고 있으며, 32.5%인 약 102조원은 기금에서 조달하고 있다. 세출 측면에서는 전체 재정지출 309조원의 70%를 예산에서 지출하고 있으며 나머지 30%는 기금을 통해서 지출하고 있는 것으로 나타나고 있다. 한편 재정수입에서 지출을 차감한 통합재정수지는 5.3조원의 흑자를 보이고 있다. 그러나 이 수치에서 국민연금 등 사회보장기금에 대한 적립분을 제외한 관리대상수지는 25조원의 적자를 보이고 있는데, 이는 전체 재정지출의 8.1%에 해당하며 또 GDP에

그림 1-2 | 우리나라의 재정구조(2011년 예산)

<table>
<tr><td rowspan="2">구분</td><td colspan="4">예산</td><td colspan="2" rowspan="2">기금</td></tr>
<tr><td colspan="2">일반회계</td><td colspan="2">특별회계</td></tr>
<tr><td>개수</td><td colspan="2">1개</td><td colspan="2">18개</td><td colspan="2">64개</td></tr>
<tr><td>규모</td><td colspan="6">총지출 기준 309조 1천억원</td></tr>
<tr><td rowspan="4">내용</td><td>세입</td><td>세출</td><td rowspan="2">기업 특별 회계 (5개)</td><td rowspan="2">• 양곡관리
• 조달
• 책임운영기관
• 우편사업
• 우체국예금</td><td>사회 보험성 (6개)</td><td>• 국민연금기금
• 고용보험기금 등</td></tr>
<tr><td rowspan="3">• 내국세
• 관세
• 교통세
• 교육세
• 종합부동산세
• 세외수입</td><td rowspan="3">• 사회복지
• 교육
• 교통및물류
• 국방
• 일반공공행정
• 농림수산식품등</td><td>금융성 (10개)</td><td>• 신용보증기금
• 수출보험기금 등</td></tr>
<tr><td rowspan="2">기타 특별 회계 (13개)</td><td rowspan="2">• 교통시설
• 농어촌구조개선
• 광역지역발전
• 에너지 및 자원사업 등</td><td>계정성 (5개)</td><td>• 공공자금관리기금
• 공적자금상환기금 등</td></tr>
<tr><td>사업성 (43개)</td><td>• 국민주택기금
• 남북협력기금 등</td></tr>
</table>

자료: 기획재정부, 『2011~2015년 국가재정운용계획』, p. 24.

표 1-4 | 재정수입과 재정지출(2011 예산)

(단위: 조원, %)

재정수입			재정지출 및 재정수지		
구분	금액	비중	구분	금액	비중
합계	314.4	100.0	합계	314.4	100.0
예산	212.1	67.5	예산	216.3	68.8
국세	187.6	59.7			
세외수입	24.5	7.8			
기금	102.2	32.5	기금	92.7	29.5
			통합재정수지	5.3	1.7
			(관리대상수지)	-25.0	-8.0

자료: 기획재정부, 『2011~2015년 국가재정운용계획』, pp. 28~36.

표 1-5 | 재정수지(대 GDP 비중)

(단위: %)

	1997	1998	1999	2000	2005	2006	2007	2008	2009	2010	2011[1)]
통합재정수지	-1.4	-3.9	-2.5	1.1	0.6	0.7	3.8	1.5	-1.7	1.4	0.4
관리대상수지	-2.6	-5.1	-3.9	-1.0	-0.8	-0.9	0.7	-1.1	-4.1	-1.1	-2.0

주 1) 2011년은 예산수치임.
자료: 기획재정부, e-나라지표.

대비 2.0% 수준이다.

[표 1-5]는 1997년 이후 우리나라의 재정수지 추이를 보여주고 있다. 관리대상수지를 기준으로 볼 때 1997년 -2.7%이던 재정수지는 IMF 외환위기에 따른 경제위기에 대응하기 위한 공적자금 투입 등으로 1998년 -5.1%로 크게 증가하였다. 그러나 2년 뒤인 2000년 재정수지는 -1.0%로 빠르게 정상화되었으며 이후 2008년까지 안정적인 수치를 유지하였다. 2009년 세계금융위기에 따른 경기침체에 대처하기 위하여 재정지출을 크게 확대함에 따라 관리대상수지는 -4.1%까지 확대되었는데 다시 빠른 속도로 안정화되었음을 알 수 있다.

이하에서는 우리나라 재정의 세부적인 모습을 [표 1-6]에 제시된 2011년도의 중앙정부 일반회계 예산을 토대로 하여 간략하게 살펴본다. 우선 세입 측면에서는 국세수입이 86.1%, 국채발행 10.0%, 그리고 나머지 세외수입이 3.9%를 점

표 1-6 | 우리나라 재정구조(2011년 일반회계 예산)

(단위: 조원, %)

세 입			세 출		
	금액	비중		금액	비중
합 계	209.9	100.0	합 계	209.9	100.0
국세	180.8	86.1	일반공공행정	46.7	22.2
내국세	151.4	72.1	공공질서 및 안전	12.9	6.1
직접세	84.4	40.2	외교통일	2.3	1.1
간접세	62.4	29.7	국방	31.6	15.1
기타	4.5	2.1	교육	40.8	19.4
관세	11.4	5.4	문화및관광	1.8	0.9
교통세	12.4	5.9	환경	2.9	1.4
교육세	4.6	2.2	사회복지, 보건	29.4	14.0
종합부동산세	1.1	0.5	농림수산	5.1	2.4
세외수입	29.2	13.9	산업중소기업에너지	4.4	2.1
국채발행	21.0	10.0	교통및물류	14.6	7.0
재산수입 등	8.2	3.9	국토및지역개발	10.5	5.0
			과학기술	4.1	2.0
			통신	0.4	0.2
			예비비	2.4	1.1

자료: 기획재정부, 「2011년도 나라살림 예산개요 참고자료」, 2011.

하고 있다. 국세 중에서는 소득세와 법인세 등 직접세가 전세 세입의 40.2%를, 그리고 부가가치세와 개별소비세 등 간접세가 29.2%를 점하고 있음을 알 수 있다.

세출 측면에서는 기능별로 볼 때 일반공공행정의 비중이 전체 일반회계 세출의 22.2%로 가장 큰 비중을 점하고 있으며, 다음으로는 교육과 국방, 사회복지 및 보건 등이 각각 19.4%, 15.1%, 14.0%로 다음을 점하고 있다. 한편 이러한 지출구조는 특별회계와 기금을 포함한 전체 통합예산의 지출구조와는 상당히 다른 모습을 보이고 있는데, 통합예산을 기준으로 할 때는 사회복지 및 보건 분야가 전체 총지출 309.1조원의 28.0%인 86.4조원을 점하고 있으며, 다음으로는 일반공공행정 17.0%, 교육 13.3% 등의 순으로 나타나고 있다.[18]

---

18) 기획재정부, 『2011~2015 국가재정운용계획』, 2011, p. 50.

CHAPTER 02

The Modern Public Finance

시장경제와 자원배분

제 1 절 시장활동의 전제 : 재산권과 교환규칙

시장경제의 가장 중요한 특징은 가계와 기업간의 자원 및 재화의 교환이 시장에서 이루어진다는 것이다. 그러나 시장이 그 기능을 원만히 수행하기 위해서는 교환 자체가 자발적이어야 하며, 교환과정에서 계약의 이행과 같은 교환규칙(rules of exchange)들이 지켜지지 않으면 안 된다. 또한 재산권(property rights)이 확보되어야 하는데, 여기서 말하는 재산권이란 재산을 소유할 수 있다는 소유권을 의미할 뿐만 아니라 자기의 의사대로 그 재산을 처분할 수 있는 권리를 뜻하는 것이다. 다시 말하여 희귀한 경제적 자원을 자신이 택한 방향으로 사용할 수 있는 권리를 말한다. 재산권과 교환의 규칙이 규정됨으로써 희소한 자원을 누가 사용하고 조정할 수 있으며 또한 누가 재화나 용역을 생산할 수 있는 권리를 가지고 있느냐 등과 같은 문제가 원만히 해결될 수 있는 것이다.

여기서 우리는 정부의 역할을 다시 한 번 강조할 필요가 있다. 정부가 재산권과 교환의 규칙을 분명히 규정해 놓고 있을 때에는 더 이상의 불필요한 논쟁 없이 모든 자원은 시장경제하에서 시장기능에 따라 효율적으로 배분될 수 있는 것이다. 그러나 만약 정부가 이러한 제도적 장치를 마련하고 있지 않을 때에는 사람들은 외부로부터 자신의 재산을 보호하기 위하여 불필요한 경제행위를 해야 할 것이며, 이것은 결국 자원의 낭비를 가져오게 될 것이다. 예를 들어, 정부가 확고한 사법제도를 마련하고 있지 않으면 사람들은 사기꾼으로부터 자신을 보호하기 위하여 여러 가지 불필요한 서류 및 절차를 요구하게 될 것이며, 이것은 그만큼 경제활동을 위축시키게 될 것이다.

결론적으로 말하여 정부의 역할이 완전히 배제된 순수한 민간경제만으로는 자원의 효율적 배분은 불가능한 것이며, 시장의 원활한 기능을 위해서는 정부는 최소한 시장 질서유지를 위한 제반 조치를 취해야 한다는 전제가 필요하다. 정부는 사법제도 혹은 질서유지라는 공공재를 생산함으로써 시장경제가 그 기능을 유지하도록 하는 것이다.

제 2 절 단순시장경제하의 자원배분(부분균형분석)

위에서 언급한 정부의 역할을 전제로 하면서, 단순시장경제에서 자원배분은 과연 어떻게 이루어지는 것인가에 관한 설명에 앞서 단순경제에 대한 몇 가지 가정을 세워 놓을 필요가 있다.

첫째, 시장은 충분한 소비자와 공급자가 존재하고 있는 완전경쟁상태에 놓여 있다고 가정한다. 따라서 어느 한 사람이 시장가격을 조작할 수는 없고, 시장가격은 일단 주어져 있는 것으로 간주하며 사람들은 여기에 순응적인 행동을 하게 된다.

둘째, 시장은 오직 민간재만을 생산한다고 가정한다.

셋째, 가계(소비자)는 그들의 효용을 극대화하는 방향으로 소득을 사용한다.

넷째, 각자의 효용의 크기는 자신들에게 가용한 재화량의 크기에 전적으로 좌우되는 것이며 다른 사람들에게 가용한 재화량과는 무관하다고 가정한다.

다섯째, 생산자는 그들의 이윤을 극대화하는 방향으로 생산요소를 사용한다.

1. 가치와 수요

소비자들은 여러 상품들을 구입할 때 자신의 효용(utility)을 극대화할 수 있도록 그들의 구매력을 상품간에 배분한다. 여기서 효용이란 소비자가 상품을 구매하여 소비함으로써 느끼는 만족감인데, 모든 소비자들은 자기의 소득을 사용할 때 최대의 만족을 얻을 수 있도록 노력할 것이다. 물론 더 많은 상품을 구입하면 더 큰 만족을 얻을 수 있겠지만, 그가 쓸 수 있는 소득은 한정되어 있기 때문에 그 범위 안에서 최대의 만족을 얻으려 할 것이다.

그러면 소비자가 일정한 소득을 가지고 두 재화 X와 Y를 구입하고자 할 때 자신의 효용을 어떻게 하면 극대화시킬 수 있을까? 이것에 대한 답을 구하기 위하여서는 다음과 같은 세 가지 가정이 필요하다.

첫째, 소비자의 소득은 일정불변이다.

둘째, 각 재화들의 가격도 일정불변이다.

셋째, 소비자의 각 재화에 대한 한계효용(즉 재화 한 단위의 추가적인 소비에서 얻게 되는 추가적인 효용)은 이미 알려져 있다.

이러한 세 가지 가정하에서 소비자가 다음과 같은 등식이 성립하도록 소득을 X재와 Y재의 구입에 사용한다면 그의 효용은 극대화가 된다. 즉,

$$\frac{MU_X}{P_X} = \frac{MU_Y}{P_Y} = \lambda \text{ (화폐 1 단위의 한계효용)}$$

여기서 MU_X/P_X는 X재의 한계효용(MU_X)을 X재의 가격(P_X)으로 나눈 것이므로 X재에 지불한 화폐 1단위의 한계효용이라고 하겠다. 한편 MU_Y/P_Y 역시 Y재에 지불한 화폐 1단위의 한계효용을 가리킨다. 위의 식은 결국 MU_X/P_X와 MU_Y/P_Y가 서로 같아지도록 X재와 Y재를 구입할 때 소비자의 총효용은 극대가 된다는 것을 지적하고 있다.

위 식에서

$$P_X = \frac{1}{\lambda} MU_X$$

$$P_Y = \frac{1}{\lambda} MU_Y$$

로 된다. X재와 Y재의 한계효용에 $\frac{1}{\lambda}$을 곱한 것을 각각의 한계가치(marginal value: MV)라고 부를 수 있겠는데, 위에서의 식을 통하여 볼 때 각 재화의 가격은 바로 그 재화의 한계가치와 같다고 하겠다. 한편 소비자들의 소득은 고정되어 있기 때문에 화폐 한 단위의 한계효용(λ)은 일정하며, 따라서 $\frac{1}{\lambda}$도 일정한 상수

그림 2-1 | 수요곡선 및 한계가치곡선

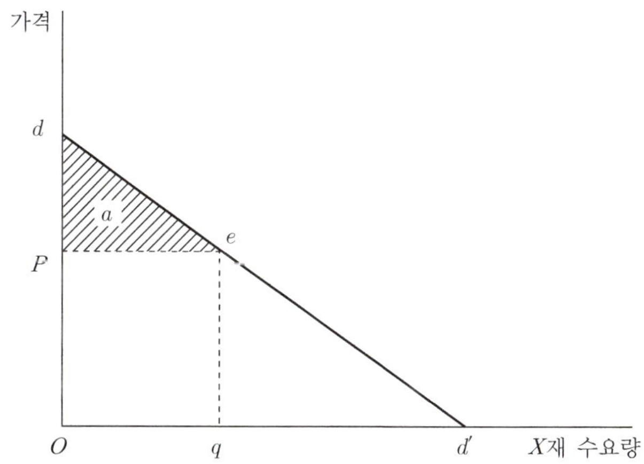

이다. 여기서 $\frac{1}{\lambda}$은 한계효용을 화폐단위로 변환시키는 매개변수의 역할을 하게 된다.

이제 [그림 2-1]을 통하여 X재의 수요곡선에 대하여 살펴보자. 수요곡선 dd'는 두 가지 측면에서 설명될 수 있다. 첫째, X재의 가격을 P라고 할 때 소비자는 자신의 소득수준하에서 q만큼 구매할 수 있다는 능력(ability to pay)과 의사를 보여 주고 있다. 둘째, X재를 q만큼 소비하고 있을 때 마지막 q 단위째의 소비에 대해서 소비자가 지불할 의사가 있는 단위가격은 P라는 것이다. 후생경제학적 측면에서는 두 번째의 설명이 더 중요하게 취급된다. 즉 dd'곡선은 X재 한 단위당 한계가치를 표시하고 있으며, 따라서 X재 한계소비 한 단위에 대하여 소비자가 지불하고자 하는 의사(willing to pay)를 표시하는 것이다. X재 소비량이 0이면 그 때의 한계가치는 상대적으로 높아 X재의 첫 번째 단위에 대해서는 d만큼 지불할 의사가 있다. 그러나 X재의 소비가 증가함으로써 X재의 한계가치는 상대적으로 떨어지고 X재의 소비량이 d'로 늘어나면 이 때의 한계가치는 0에 가까워진다. 그런데 소비자들은 가격이 한계가치와 같아지도록 재화를 구입함으로써 자신들의 효용을 극대화시킴을 앞의 식을 통해 우리는 알고 있다($P=MV$). 즉 가격이 P라면 소비량 q에서의 X재 한계가치와 가격이 서로 일치하며, 따라서 가격이 P일 때 q만큼의 구입에 의해 소비자의 효용은 극대가 되는 것이다.

한편 소비자에게 있어서 한 재화의 한계가치는 그에게 가용한 다른 재화의 양과도 밀접한 관계가 있음을 항상 명심하여야 한다. 소비자는 한 재화를 구입할 때 이 재화를 구입함으로써 얻는 마지막 한 단위의 추가적인 효용이 이 재화의 구입 때문에 포기하지 않으면 안 되는 타재화의 효용과 일치할 때까지 재화의 구입을 계속하게 된다. 예를 들어, X재의 가격이 200원이 되는 수준에서 X재를 구입했다고 하자. 이 가격수준에서 소비자의 효용이 극대가 되었다면 그것은 X재의 마지막 한 단위의 효용과 200원을 타 재화에 사용했다면 얻을 수 있었을 효용이 서로 일치함을 뜻하게 된다.

[그림 2-1]에서 빗줄친 면적 a를 소비자잉여(consumer's surplus)라고 한다. 소비자잉여란 경쟁적인 시장에서 일정한 단위의 재화를 얻기 위하여 소비자가 지불할 의사가 있는 최대한의 지불용의액과 그가 실제로 지불하는 지불액간의 차이라고 규정하고 있다. 수요곡선 dd'에서 X재를 q만큼 소비할 때 소비자가 느끼는 총효용(총가치)은 수요곡선의 아랫부분인 사각형 $Odeq$의 면적인데, 이것이 소비자가 지불할 의사가 있는 최대한의 지불용의액인 것이다. 그러나 소비자가 실제로 지불하는 지출액은 사각형 $Odeq(= OP \times Oq)$이므로 그 차액인 삼각형 Ped가 바로 소비자잉여가 된다.

소비자잉여는 후생경제분석에서 매우 중요한 개념이다. 예를 들어, 정부가 농업용수개발을 위하여 댐을 건설할 것인가를 결정한다고 하자. 이 때 댐의 총건설비용과 댐에 의하여 발생하는 편익을 비교 평가하여야 하는데, 소비자잉여의 증가분이 건설비용보다 크면 이것은 댐으로부터의 편익이 비용보다 큼을 의미하므로 댐건설은 정당화된다(비용·편익분석에 관한 내용은 제 9 장에서 상세히 설명된다). 그러나 댐의 건설은 건축자재, 노임 등에 대한 수요를 증가시켜 다른 가격들에 영향을 미치게 된다. 따라서 좀더 전반적인 분석을 위해서는 모든 파급효과를 함께 고려한 일반균형분석이 필요한데 여기에는 많은 어려움이 따르게 된다. 또한 편익이 더 크다 하더라도 어느 소비자가 이득을 보고 어느 소비자가 손실을 보는지를 분별하기가 어렵다는 결함 때문에 소비자잉여 개념의 현실적 적용은 사실 매우 어렵다고 하겠다.

이제 소비자들의 개별수요곡선을 합쳐 총수요곡선(시장수요곡선)을 도출하는 과정을 살펴보자. [그림 2-2]에서 총수요곡선 DD'는 개별수요곡선 d_A와 d_B를

그림 2-2 | 총수요곡선(시장수요곡선)

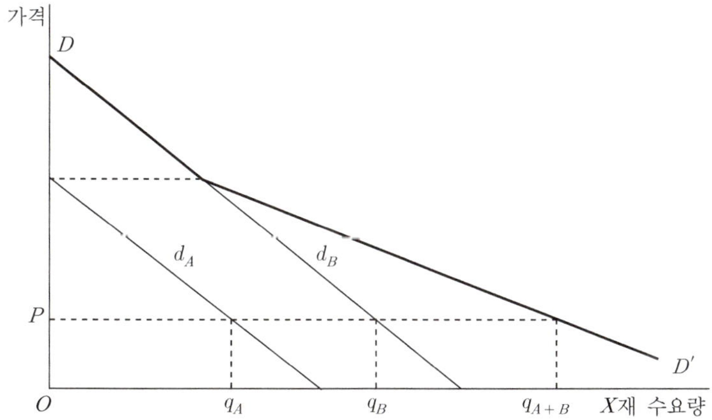

수평적으로 합함으로써 구해진다.

수평적으로 합하는 이유는 경쟁시장에서는 시장가격은 일단 주어져 있는 것으로 간주하고 여기에 각자가 순응할 수밖에 없으며 이 시장가격에서 각자의 능력(소득)수준에 맞추어 서로 상이한 구매를 하기 때문이다. 시장에서의 총수요량은 바로 각자의 수요량을 합친 것이다(즉 $q_{A+B}=q_A+q_B$). 따라서 X재의 한계가치(marginal value)는 사회구성원 A와 B에게 각기 공히 P만큼이며, 사회 전체(시장)로 봤을 때도 한계가치는 동일하게 된다. 만약 X재가 q_{A+B}보다 적은 양으로 생산된다면 사회 전체로 본 한계가치는 P보다 크게 될 것인데, 그 이유는 A, B 혹은 양자 모두가 P에서 소비하고자 희망하는 양보다 적게 소비하지 않으면 안 되기 때문이다.

지금까지의 설명을 통하여 결론지을 수 있는 것은 경쟁시장에서 재화의 구매와 소비는 개별소비자 내지 사회구성원 전체의 효용을 극대화시켜 주는 방향에서 이루어지며, 이것이 바로 수요 측면에서 자원이 효율적(efficient)으로 사용되고 있음을 뜻하는 것이다.

2. 비용과 공급

시장경제에서 상품의 공급자(경쟁기업)는 이윤을 극대화시키는 방향에서 상품을 생산한다. 이윤을 극대시키기 위해서는 한계수입(marginal revenue)과 한계비용(marginal cost)을 서로 비교하여야 하며, 이 두 가지가 서로 일치할 때까지 생산함으로써 이윤은 극대화된다. 그런데 경쟁기업에서는 재화로부터의 한계수입(재화의 한 단위를 추가적으로 판매함으로써 추가적으로 얻어진 수입)은 바로 그 재화의 가격과 같다. 즉 한 재화의 시장가격이 100원이라면 경쟁기업은 그 주어진 시장가격에서 얼마든지 생산된 재화를 판매할 수 있는데, 한 단위 더 판매함으로써 경쟁기업의 수입은 100원 증가하게 되는 것이며 이것이 바로 한계수입인 것이다. 따라서 이윤극대를 추구하는 경쟁기업들에게는 가격(즉 한계수입)이 한계비용보다 높은 한 생산을 계속 늘리는 것이 타당할 것이며, 가격과 한계비용이 일치할 때 생산확장은 비로소 중단하게 된다.

위의 결과를 식으로 표시하면 경쟁시장에서의 이윤극대조건은

$$P_X(=MR_X)=MC_X$$

으로 되며, 그림으로 표시하면 [그림 2-3]과 같이 표시할 수 있다.

[그림 2-3]은 한계비용곡선(MC_X)과 한계수입곡선(MR_X)을 보여 주고 있다. 그런데 경쟁시장에서는 시장가격 P는 주어져 있는 가격이며, 따라서 한계수입곡선은 P수준과 동일한 수평선이 된다. 한계비용곡선은 생산량의 증가에 따라서 한계비용이 처음에는 하락하다가 나중에는 상승하는 U자모양을 하고 있는 것이 일반적인 형태이다. 이제 이윤극대가 가능한 생산량은 MR곡선과 MC곡선이 교차하는 점에 의하여 q_1으로 결정된다.

경쟁시장에서의 가격은 개별 기업이 이를 조정할 수는 없지만 시장의 여러 요인(예 : 수요변동)에 의하여 변하게 된다. 그것은 MR곡선의 이동을 의미하게 되는데, 가격이 P_1에서 P_2로 상승하면 MR곡선도 MR_{X1}에서 MR_{X2}로 이동하게 된다. 이제 시장가격이 P_1에서 P_2로 상승함으로써 X재를 생산하는 기업의 이윤극대생산량은 주어진 MC곡선과 이동하는 MR곡선이 교차하는 q_2가 된다.

그림 2-3 | 공급곡선(한계비용곡선)

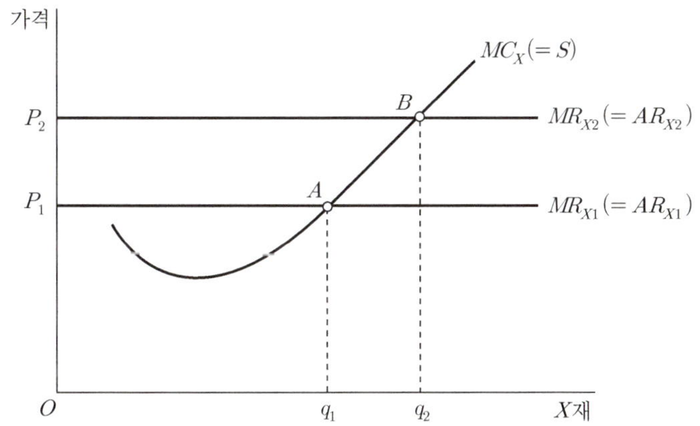

즉 이윤극대를 위한 적정생산량은 MC선 위의 점을 따라 결정되므로 MC선은 경쟁기업의 공급곡선과 같은 성격을 가지고 있는 것이다.

모든 자원은 대체적인 이용성을 가지고 있다. 완전고용경제에서 X재의 생산에 더 많은 자원이 사용된다면 결국 X재가 아닌 타재화의 생산에 상대적으로 적은 양의 자원이 이용될 수밖에 없다. X재의 한계비용이 100원이라 한다면 그것은 X재 한 단위를 더 생산하기 위하여 사용되는 동일한 자원을 타재화의 생산에 사용함으로써 발생시킬 수 있는 타재화의 최대가치가 100원이라는 얘기이다. 따라서 X재의 한계비용은 X재 한 단위의 생산에 드는 기회비용(opportunity cost)인 것이다.

상품의 가격과 한계비용이 일치한다는 의미를 소비자의 입장에서 한번 고찰해 보자. 이해를 간단히 하기 위하여 노동과 같은 가변요소의 소유자(즉 노동자)가 바로 소비자를 대변하고 있다고 상상해 보자. 상품의 가격이란 비로 소비자가 지불하여야 하는 부담액을 표시하고 있을 뿐만 아니라 앞에서도 언급한 바와 같이 그 상품이 소비자에게 얼마나 중요하고 바람직한 것인가를 나타내는 척도라고 하겠다. 한편 한계비용은 생산을 한 단위 증가시키는 데 발생하는 추가적인 비용으로서 단기적으로 임금 같은 것이 주요 형태라고 할 수 있다. 따라서 소비자인 노동자가 생산증가에 기여함으로써 기업으로부터 임금 등의 형태로 받은 보상액이 한계비용이라고 하겠다. 결국 가격과 한계비용이 일치한다는 것은 소비자가 상품을 구입하기 위하여 지불하여야 할 부담의 정도와 그 상품생산에 기여함으로써 얻는 보상의 정도가 서로 같다는 뜻으로서 사회후생적인 측면에서 매우 바람직한 결과라고 하겠다(독점기업에서 보는 것처럼 가격이 한계비용보다 크다면 그것은 소비자의 지불부담이 생산증가에 기여한 보상보다 더 크다는 얘기이며, 불공정한 독점이윤을 기업에게 줌으로써 자원의 효율적 배분을 저해하게 될 것이다).

경쟁기업이 장기균형상태에 도달하게 되면 이 기업의 한계수입곡선은 장기평균비용곡선의 최저점에서 한계비용곡선과 교차한다. 즉 장기균형상태에서 $P = MR = MC = SRAC$(단기평균비용)$= LRAC$(장기평균비용)가 성립된다.[1] 이것은 어떠한 기업이라도 생산방법을 가장 효율적으로 선택하지 않을 경우 그 기업은 장기적으로 존립할 수 없으며 따라서 각 기업들은 자기들의 생산수준에 적합한 시설규모를 조심스럽게 결정하여야 한다는 것을 의미하고 있다. 여기에서 생산자원의 낭비라든가 불필요한 기업자금의 방출을 방지할 수 있는 것이다. 이러한 기업가의 행동은 소비자들에게 분명히 유리한 현상이다. 왜냐하면 시장이 경쟁적이라면 장기에 가서는 어떠한 상품의 가격도 최저수준으로 떨어진다는 것이 보장되기 때문이다.

3. 시장의 균형 : 수요와 공급

지금까지의 설명을 통하여 수요 측면에서는 가격(P)=한계가치(MV)의 등식이 이루어짐으로써 소비자의 만족이 극대가 되고, 공급 측면에서는 가격(P)=한

1) 경쟁적 장기균형상태를 그림으로 표시하면 다음과 같다.

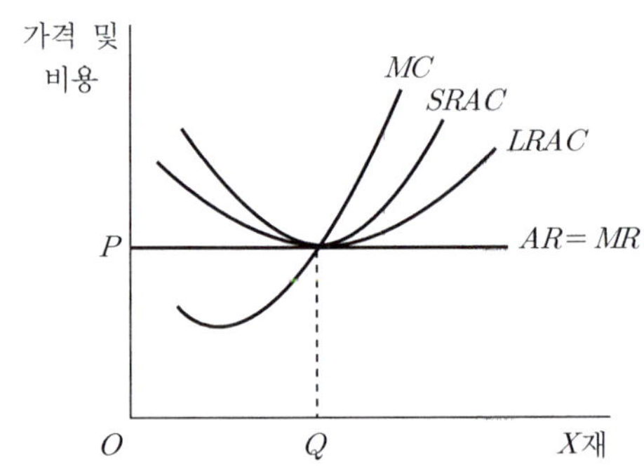

그림 2-4 | 시장의 균형(부분균형)

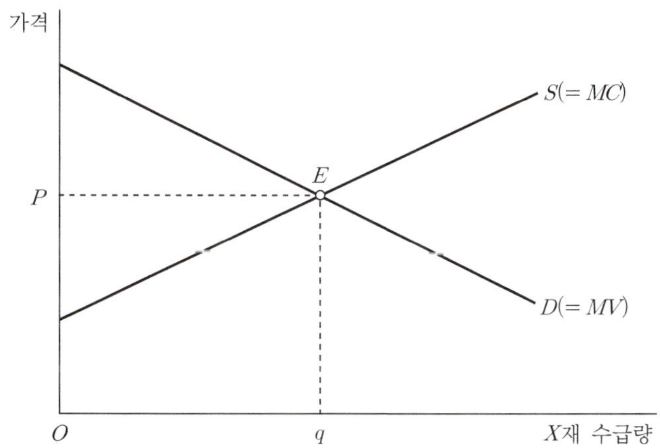

계비용(MC)의 등식이 이루어짐으로써 공급자의 이윤이 극대가 됨을 알았다. 이제 이 양 측면을 서로 통합시켜 $MV = P = MC$가 되도록 한다면 소비자와 공급자 공히 만족할 수 있는 상태에 도달될 수 있다.

[그림 2-4]에서 보는 바와 같이 소비자의 한계가치를 표시하고 있는 수요곡선 D선과 생산자의 한계비용을 표시하고 있는 공급곡선 S선이 서로 교차하는 E점에서 균형가격과 균형량이 결정되며, 이것은 소비자와 생산자 공히 만족하는 가격과 양인 것이다. 즉 가격 P에서 생산량(소비량) q를 생산(소비)함으로써 사회구성원 모두에게 최대의 후생을 제공할 수 있다. 우리들이 지금까지 규정하여 온 효율성의 개념에 비추어 효율적인 자원배분이 바로 이 균형상태에서 이루어진다고 하겠다. 이 상태는 다음 절에서 다시 설명하게 될 이른바 파레토최적상태이기도 한 것이다. 결국 경쟁시장에서의 모든 경쟁균형점은 파레토최적점에 해당된다고 하겠다.

[그림 2-4]는 X재의 경쟁균형상태를 설명하고 있는 부분균형분석에 불과하나, 이 속에는 타재화에 대한 수요·공급을 이미 충분히 고려하고 있음을 상기할 필요가 있다. X재의 수요곡선은 사회가 X재의 소비를 위해 타재화의 소비를 포기할 용의가 있음을 보여 주고 있으므로 D선은 타재화의 수요를 고려하지 않고

그림 2-5 | 두 재화간의 효율적 생산

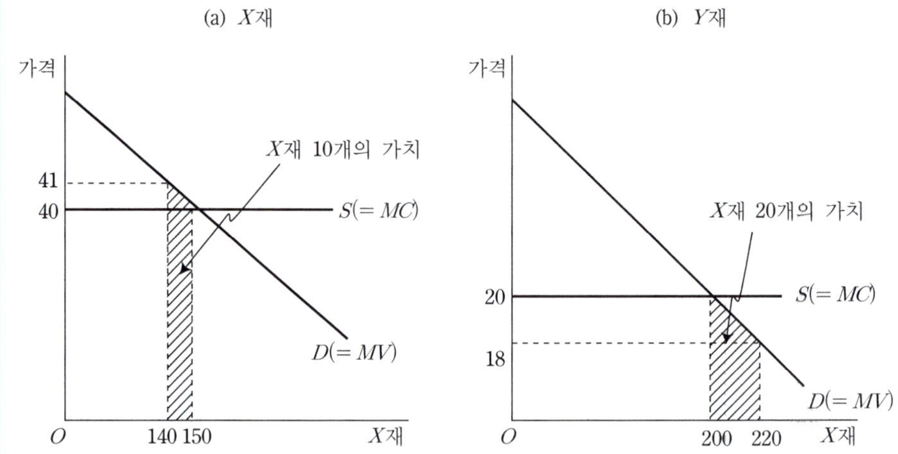

서는 형성될 수 없는 것이다. 공급곡선의 경우도 마찬가지이다. *S*선은 *X*재의 생산을 위해 타재화의 생산을 얼마만큼 포기할 것인가를 보여 주고 있는 만큼 타재화의 공급이 고려되었음을 함축하고 있는 것이다. 따라서 *X*재시장이 균형하에 있다면 그것은 타재화들의 시장도 역시 균형하에 있다는 얘기이며, 타재화시장이 균형하에 있지 않는 한 *X*재시장의 균형은 이루어질 수 없다.

수요와 공급이 서로 일치하는 균형점에서 사회후생이 극대가 됨을 확인하기 위하여 두 가지의 재화 *X*와 *Y*의 균형상태를 다시 관찰하여 보자. [그림 2-5]에 *X*재의 균형점과 *Y*재의 균형점이 각각 나타나 있다. 설명의 편의를 위해 양 재화의 한계비용이 일정하다고 가정하면 각 재화의 공급곡선은 수평선이 된다. 한계비용(*MC*)이 일정하므로 평균비용(*AC*)도 일정하게 된다. 양 재화의 수요곡선 기울기는 서로 동일하며 10단위 양에 대하여 1원씩 변동한다고 가정한다.

[그림 2-5]에서 *X*재와 *Y*재는 각각 40원과 20원의 가격에서 150개와 200개를 생산(소비)하는 균형상태에 있다. 이제 자원의 배분방향을 바꾸어 *X*재생산을 140개로 10개 감소시키고 그 대신 *Y*재생산에 자원을 돌린다고 하자. *Y*재생산의 평균비용은 *X*재의 경우보다 절반 밖에 되지 않으므로 *Y*재생산을 20개 증가시킬 수 있어 *Y*재는 220개로 될 것이다. *X*재를 10개 덜 생산함으로써 *X*재의 한

계가치는 한계비용보다 높은 41원이 됐으며, 포기한 X재 10개의 가치를 금액으로 계산해 보면 405원이 된다(이 금액은 그림의 빗줄친 면적에 해당됨). 한편 Y재를 20개 더 생산함으로써 Y재의 한계가치는 한계비용보다 낮은 18원이 됐으며, 증가한 Y재 20개의 가치를 금액으로 계산하면 380원이 된다(빗줄친 면적). 결국 MV와 MC가 일치하지 않은 상태에서 자원이 배분되면 생산물의 가치에 25원의 순손실(405－380=25)을 가져오게 되고 사회후생은 그만큼 감소하게 된다. 정반대의 경우로 X재를 10개 증가시키고 Y재를 20개 감소시킨다고 해도 사회의 후생은 여전히 감소하게 된다(독자들이 직접 그림을 통해 확인해 보기 바란다).

제 3 절 단순시장경제하의 자원배분(일반균형분석)

지금까지 우리는 한 가지의 재화(X재)를 취급하는 상품시장에서 이 시장의 균형을 가져오는 부분균형분석을 행하였으며, 가격과 수급량간의 균형관계를 알기 위하여 "다른 모든 요인들은 불변하다"(other things being equal 혹은 *ceteris paribus*)는 가정을 세웠었다. 이제 우리는 하나의 상품시장이 아니라 한 개 이상의 상품시장들을 대상으로 하고, 재화뿐만 아니라 생산요소도 고려하면서 생산과 소비의 일련의 균형관계를 파악하는 일반균형분석에 대하여 고찰하고자 한다. 일반균형모형 가운데 가장 단순한 형태인 두 가지 재화(X재와 Y재), 두 사람의 소비자(A와 B), 두 가지 생산요소(노동과 자본)로 이루어지는 완전경쟁적 경제체계를 분석의 대상으로 한다.

1. 파레토최적조건

우리는 제 1 장에서 다른 사람을 더 나쁘게 하지 않고서는 어느 누구도 더 좋게 할 수 없는 경제상태를 파레토최적상태라고 함을 설명하였다. 이제 파레토최적을 위한 세 가지 조건을 차례로 살펴봄으로써 일반균형분석의 균형조건을 터득해 보기로 하자.

[조건 1] 소비자간 재화의 효율적 배분

두 재화(X재와 Y재)간의 한계대체율(marginal rate of substitution)이 두 소비자(A와 B)에게 있어서 동일해지도록 소비가 이루어질 때 재화의 배분은 효율적이 된다. 즉, $MRS_{XY}^{A}=MRS_{XY}^{B}$가 성립되어야 한다.

위의 [조건 1]을 [그림 2-6]을 통하여 살펴보자. [그림 2-6]의 '소비의 상자그림'에서는 소비자 A와 B의 무차별곡선(indifference curve)들이 서로 접하는 점들을 연결시킨 소비의 계약곡선(contract curve)이 그려져 있다. 계약곡선 위의 모든 점은 파레토최적점에 해당되는데, 그 이유는 이 점에서 $MRS_{XY}^{A}=MRS_{XY}^{B}$가 이루어지기 때문이다[한계대체율($MRS$)이란 바로 무차별곡선의 기울기를 의미하고 있다]. 예를 들어 H점은 A의 무차별곡선 I_{a1}과 B의 무차별곡선 I_{b2}가 서로 접하는 점인데, H점에서의 I_{a1}의 기울기인 MRS_{XY}^{A}와 I_{b2}의 기울기인 MRS_{XY}^{B}가 서로 일치하게 되는 것이다.

계약곡선을 따라 위 혹은 아래로 움직이면, 한 사람의 후생은 증가하게 되는 반면에 다른 사람의 후생은 감소되지 않으면 안 된다. 다시 말하면 H점에서 J점으로 이동하면 A의 후생은 분명히 증가되는 것을 의미하지만 이것은 B의 후생을 감소시킴으로써 가능한 것이다. 따라서 H점과 J점 중 어느 점이 더 바람직한 파레토최적점인지는 판단하기 무척 어렵게 된다. 그러나 계약곡선 밖의 어느 점

그림 2-6 | 소비의 상자그림

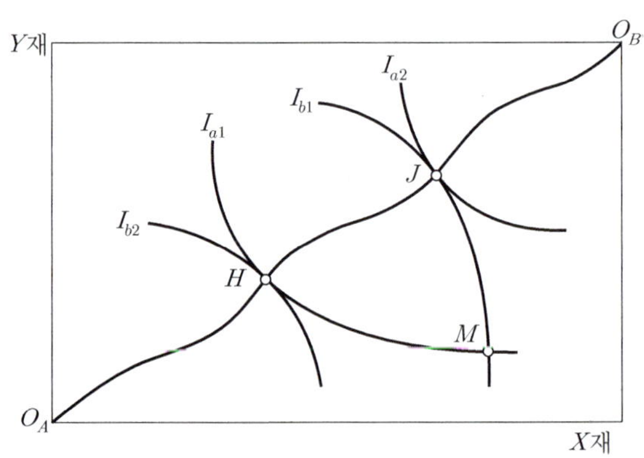

에서 계약곡선쪽으로 움직일 때에는 적어도 한 사람 또는 두 사람 모두의 후생을 '더 좋게' 만드는 결과를 가져오게 한다. 예를 들어 M점에서 출발하여 H점으로 이동하면 A의 후생은 변하지 않더라도 B의 후생은 분명히 향상되므로 이러한 변화는 사회적으로 바람직한 것이다. 또한 M점에서 출발하여 J점으로 이동하면 B의 후생은 불변이지만 A의 후생은 분명히 향상되므로 이것 역시 사회적으로 바람직한 것이다(즉 M점에서 H점과 J점의 구간의 어느 점으로 옮기더라도 A와 B는 보다 더 높은 상위의 무차별곡선에 도달할 수 있다).

경쟁적 균형상황에서의 소비자는 자신의 예산(소득)제약과 양 재화의 시장가격을 고려하면서 양 재화를 선택하게 되는데, 이 때의 소비자균형 조건은 재화간의 가격비율 $\frac{P_X}{P_Y}$(가격선의 기울기)와 재화간의 한계대체율 MRS_{XY}(무차별곡선의 기울기)이 서로 일치하도록 재화를 결합시키는 것이다.[2] 완전경쟁하에서는 재화의 가격은 모든 소비자들에게 공통적으로 동일하게 적용되므로 파레토최적을 위한 위의 조건 1은 다음과 같이 된다. 즉,

$$MRS_{XY}^{A} = \frac{P_X}{P_Y} = MRS_{XY}^{B}$$

다시 말하여 모든 소비자가 공통된 가격으로 재화의 결합을 자유로이 선택하게 되면 소비자들간의 재화의 배분은 효율적으로 이루어진다.

[조건 2] 생산자간 생산요소의 효율적 배분

두 생산요소(노동 L과 자본 K)간의 한계기술대체율(marginal rate of technical substitution)이 동일하게 되도록 두 재화(X재와 Y재)의 생산이 이루어질 때 생산요소의 배분은 효율적이 된다. 다시 말하여 X재를 생산하는 데 사용되는 노동과 자본의 한계기술대체율과 Y재를 생산하는 데의 노동과 자본의 한계기술대체율이 서로 일치하도록 생산요소를 배분하여야 한다. 즉, $MRTS_{LK}^{X} = MRTS_{LK}^{Y}$

2) 소비자균형을 그림으로 표시하면 아래와 같다.

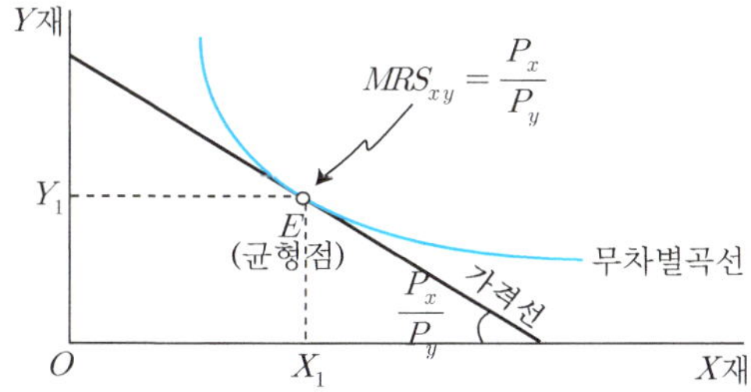

그림 2-7 | 생산의 상자그림

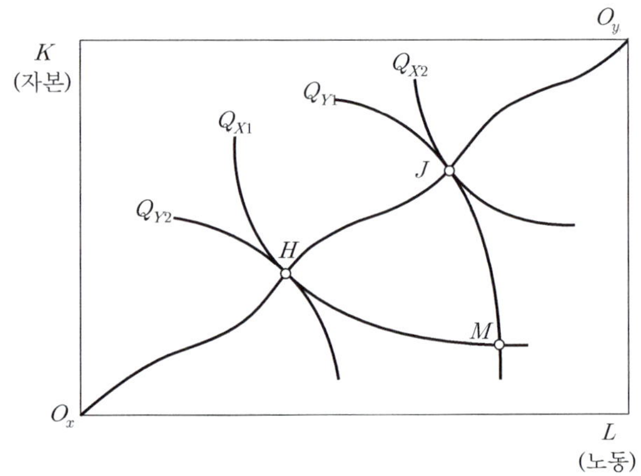

[그림 2-7]의 '생산의 상자그림'은 [그림 2-6]을 그대로 생산 측면에 적용시킨 것이다. 그림에서는 X재와 Y재의 등량곡선(iso-quant curve)들이 서로 접하는 점들을 연결시킨 생산의 계약곡선(contract curve)이 그려져 있다. 즉, Q_{X1}, Q_{X2} 등은 X재의 등량곡선들이며 Q_{Y1}, Q_{Y2} 등은 Y재의 등량곡선들이다. 이 곡선들이 서로 접하는 점들을 연결시킨 선 O_XO_Y가 생산의 계약곡선인 것이다. 생산의 계약곡선상의 모든 점은 등량곡선의 기울기인 한계기술대체율($MRTS$)이 서로 일치하므로 기술적 효율점이며, 따라서 생산 측면에서의 파레토최적을 나타낸다. 계약곡선 밖의 어느 점(예로 M점)에서 계약곡선쪽(예로 H점과 J점의 구간)으로 이동하면 다른 재화의 산출량은 감소시키지 않고 한 재화의 산출량을 증가시킬 수 있으므로 이 때에는 경제적 후생이 증가된다. 그러나 생산의 계약곡선 위를 따라 움직이면 한 재화의 산출량을 증가시키기 위해서는 다른 재화의 산출량을 감소시킬 수밖에 없게 된다.

생산의 경쟁적 균형상황에서 생산자는 최저비용의 원칙에 따라 생산요소간의 가격비율 $\frac{w}{r}$(등비용곡선의 기울기)와 생산요소간의 한계기술대체율 $MRTS_{LK}$(등량곡선의 기울기)가 일치하도록 생산요소를 결합시킨다.[3] 완전경쟁적인 요소시

3) 생산자균형을 그림으로 표시하면 아래와 같다.

그림 2-8 | 생산가능곡선

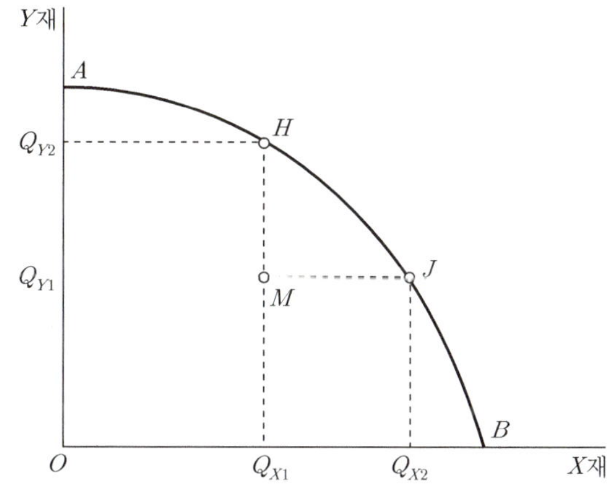

장에서는 생산요소의 가격은 모든 생산자에게 공통적으로 동일하게 적용되므로 파레토최적을 위한 위의 조건 2는 다음과 같이 된다.

$$MRTS_{LK}^{X} = \frac{w}{r} = MRTS_{LK}^{Y}$$

여기서 w는 노동가격(임금)을 의미하며, r은 자본가격(이자율)을 가리킨다. 위 조건은 모든 생산자가 공통된 가격으로 생산요소를 자유로이 구입한다면 생산자간에 자원배분이 효율적으로 이루어진다는 것을 보여 주고 있다.

한편 생산의 계약곡선으로부터 생산가능곡선이 유도될 수 있다. 생산가능곡선(production possibility curve)이라 함은 국민경제에서 모든 가용자원(여기서는 노

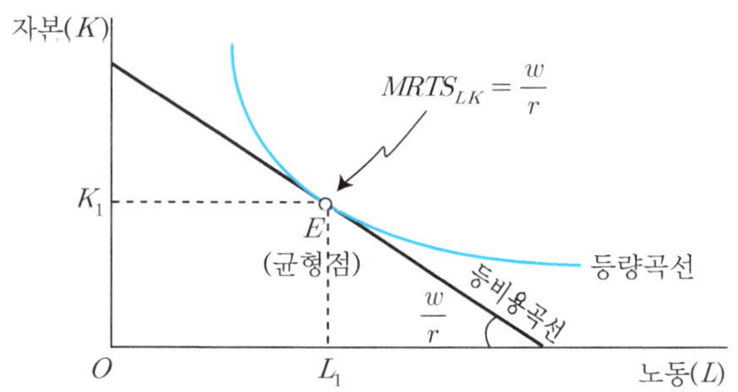

동과 자본)을 전부 사용하여 오직 두 가지 재화(X재와 Y재)를 생산할 때 양 재화의 최대의 생산배분을 나타내는 곡선이다. [그림 2-8]에 생산가능곡선이 그려져 있는데, 모든 생산요소를 전부 투입하여 X재를 생산하면 그 생산량은 OB이며, 반대로 Y재를 생산하면 그 생산량은 OA이다. A와 B를 연결하는 곡선 $AHJB$가 바로 생산가능곡선이다.

[그림 2-7]의 '상자그림'에서의 계약곡선상의 H점과 J점은 [그림 2-8]의 생산가능곡선상의 H점 및 J점과 동일한 의미를 갖고 있다. 그러나 '상자그림'의 M 점은 X재를 Q_{X1}만큼 생산하고 Y재를 Q_{Y1}만큼 생산하고 있는 점이므로 생산가능곡선의 선상에 있는 것이 아니고 생산가능곡선의 내부에 있게 된다. 결국 M 점은 X재와 Y재의 비효율적인 생산방법을 나타내고 있다. 오직 생산의 계약곡선상의 점들, 즉 생산가능곡선상의 점들만이 기술적 효율이 있는 것이다.

[조건 3] 재화의 최적구성

재화의 소비와 생산이 모두 효율적이라고 하면 재화의 최적구성은 생산에 있어서의 두 재화간의 한계변환률(marginal rate of transformation)이 소비에 있어서의 두 재화간의 한계대체율(marginal rate of substitution)과 같아질 때 이루어진다. 즉,

$$MRT_{XY} = MRS_{XY}^{A} = MRS_{XY}^{B}$$

한계변환률(MRT)이란 생산가능곡선의 기울기를 뜻하고 있는데, 이 기울기는 두 재화의 한계생산비용의 비율 $\left(\text{즉 } \dfrac{MC_X}{MC_Y}\right)$이기도 한 것이다. 그런데 완전경쟁적 균형하에서는 두 재화의 한계생산비용의 비율이 두 재화의 시장가격의 비율 $\left(\text{즉 } \dfrac{P_X}{P_Y}\right)$과 같아지는 데서 산출량이 결정되며, 이것이 바로 이윤극대의 조건이기도 하다.[4] 그리고 조건 1에서 밝혔듯이, 두 재화의 가격비율은 두 재화의 한계대체율과 일치하게 되므로 이것들을 모두 연결시키면 위의 조건 3에 자연스럽게 도달하게 된다. 즉,

4) 완전경쟁시장에서 주어져 있는 자원으로 한 재화를 생산할 때의 이윤극대조건은 $P=MC$이며, 두 가지 재화를 생산할 때의 이윤극대조건은 $\dfrac{P_X}{P_Y}=\dfrac{MC_X}{MC_Y}$ 가 되는 것이다.

그림 2-9 | 재화의 최적구성(일반균형)

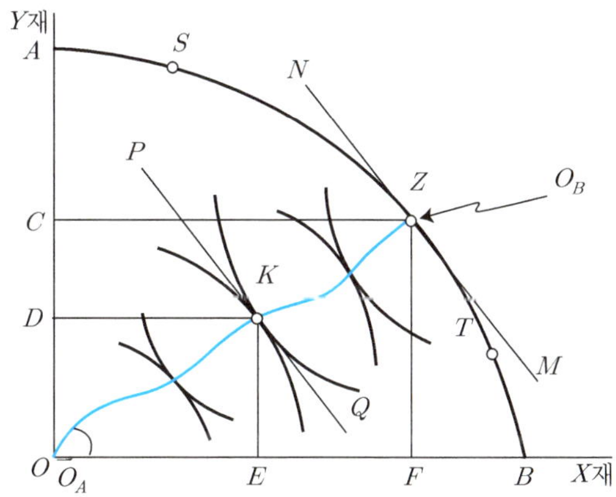

$$MRT_{XY} = \frac{MC_X}{MC_Y} = \frac{P_X}{P_Y} = MRS^A_{XY} = MRS^B_{XY}$$

[그림 2-9]를 통해 조건 3이 제시하고 있는 의미를 살펴보기로 하자. 조건 3은 조건 1과 조건 2가 서로 결합됨으로써 형성된 것이다. 이제 조건 2에 따라 모든 생산요소가 효율적으로 사용됨으로써 X재와 Y재간의 생산가능곡선은 AB곡선과 같다고 하자. 이 때 AB곡선상의 Z점이 실제의 생산량배합점이라고 한다면 이것은 X재는 OF만큼, Y재는 OC만큼 생산하도록 생산요소가 배분되었음을 뜻한다. 그러면 이제 소비의 측면에서 소비자 A와 B는 두 재화를 얼마나 소비(구입)하는 것이 효율적인 것인가? 여기에 대한 답을 위해서는 $OCZF$에 해당되는 '소비의 상자그림'을 생산가능곡선 안에 그려넣어 볼 필요가 있다. 즉 조건 1에 따른 소비의 계약곡선 OZ선을 그려놓고 Z점에서의 기울기(접선 NM의 기울기)와 같은 기울기를 가지고 있는 점을 OZ선상에서 찾아봄으로써 재화의 최적구성을 얻을 수 있는 것이다. [그림 2-9]에서 이와 같은 점이 바로 K점인 것이다. K점에서의 PQ선의 기울기와 Z점에서의 NM선의 기울기가 서로 같다. 이것은 K점에서의 한계대체율(MRS)과 Z점에서의 한계변환률(MRT)이 서로 일치하게 됨을 뜻하는 것이므로 조건 3이 충족되는 것이다. 따라서 A가 X재를 OE만큼, Y

재를 OD만큼 소비(구매)하고, B는 X재를 EF만큼, Y재를 CD만큼 소비(구매)하며, 이를 위하여 X재와 Y재의 생산이 각각 OF와 OC만큼 이루어질 때 양 재화의 소비와 생산이 모두 효율적으로 되는 파레토최적상태에 놓이게 되는 것이다.5)

이제 우리는 후생경제학적 시각에서 중요한 결론에 도달하게 되었다. 즉, 시장경제에서 생산자 및 소비자 모두가 경쟁상태에 있을 때 일정조건하에서 파레토효율(Pareto efficiency)이 이루어진다는 것이다. 이러한 결과를 통상 후생경제학의 제1원칙이라고 부른다. 즉, 선호의 단조성(monotonicity) 등 표준적인 선호체계가 가정되고 생산과 소비에 있어 외부성이 존재하지 않는다면 완전경쟁 시장은 파레토최적의 자원배분을 달성한다는 것이다.

2. 무수한 파레토최적점

그러면 [그림 2-9]의 K점만이 오직 유일한 소비 측면의 파레토최적점인 것인가? 우리는 이미 제 1 장의 [그림 1-1]의 효용가능경계(utility possibility frontier) 곡선의 설명을 통해 무수한 파레토최적배분상태가 존재함을 지적하였다. 이와 동일한 결론이 [그림 2-9]에서도 내려지게 된다. 생산가능곡선상의 Z점은 순전히 임의로 정한 것이며, Z점 대신에 S점이나 T점을 선정할 수 있는 것이므로, 어느 점을 선정하느냐에 따라 새로운 '소비의 상자그림'을 그려넣게 되어 소비자간의 새로운 재화구성이 결정될 수 있는 것이다.

S점이냐, T점이냐 혹은 Z점이냐 하는 것은 사회구성원(A와 B)의 최초 소득분배상태가 어떠했느냐에 연관되어 있다. 만약 정부가 재분배정책을 통하여 구성원들의 최초 분배상태를 바꾸고 이후에는 완전경쟁의 시장체제에 맡겨두면 새로운 파레토최적상태의 자원배분을 달성할 수 있다. 이것을 후생경제학의 제2원칙이라고 한다. 그런데 과연 어느 점이 가장 바람직한 점인가 하는 것은 어떤 상태의 소득분배가 더 바람직하느냐 하는 문제와 직결된다. 무수한 수의 파레토최적점들 중의 최상의 한 점, 소위 지복점(bliss point)을 구하기 위하여서는 사회후생함수(social welfare function)에 바탕을 둔 사회적 무차별곡선(social indifference curve)을 알아야 하는데, 애로우(K. Arrow)가 이야기하는 것처럼 이것은 사실상 거의 불

5) Francis M. Bator, "The Simple Analytics of Welfare Maximization," *American Economic Review*(March 1957), pp. 22~59.

가능한 과제라 하겠다.

한편 정부가 재분배정책을 통하여 분배상태를 바꾸는 경우에는 이것은 경제 내 재화나 생산요소간 상대가격의 변화를 초래하지 않는 방식이어야 하며, 재분배과정에서 상대가격의 변화가 발생하는 경우 파레토최적의 상태를 달성하기 어렵게 되는 것이다.

제 4 절 시장의 실패

지금까지의 분석을 통하여 우리는 일련의 조건들이 충족될 때 완전경쟁적 시장경제에서는(비록 그 수는 무수하더라도) 파레토최적수준이 달성됨을 밝혔다. 그러나 여기서 우리는 여러 가지 의문을 제기하게 된다. 과연 시장경제를 기반으로 하는 현실 경제에서 이러한 파레토최적상태가 달성되고 있다고 할 수 있는가? 그렇지 않다면 왜 그러한가? 자원의 배분문제와 관련하여 정부의 역할은 무엇인가? 등 여러 가지 질문이 제기될 수 있을 것이다.

결론적으로 어느 시장경제 체제라 하더라도 시장기구만을 통해서 자원배분에 있어 파레토최적수준을 달성하는 것은 현실적으로 불가능할 것이다. 시장기구만으로 자원의 최적배분(파레토최적)을 달성할 수 없는 것을 흔히 시장의 실패(market failure)라고 하는데, 이러한 시장실패는 발생원인이나 성격에 따라 몇 가지 유형으로 나누어 볼 수 있다.

첫째, 완전경쟁 시장이 가져야 하는 조건 자체를 충족하지 못하는 경우를 들 수 있다. 앞에서 논의한 바와 같이 시장이 최적의 자원배분을 달성하기 위해서는 우선 재산권이 존중되고 개인간 사적계약이 충실히 이행되는 등 시장이 존립할 수 있는 전제조건이 충족되어야 한다. 또한 무수한 수요자와 공급자가 시장에 대한 완전한 정보를 바탕으로 시장에 자유롭게 진입하고 퇴출하면서 경제활동을 영위하는 등 완전경쟁 시장의 조건이 충족되어야 한다. 그러나 현실에서 이러한 조건이 다 충족되기는 매우 어려운 것이다. 시장에서 적정한 수요자나 공급자가 많지 않은 경우나 독과점 현상은 매우 빈번하게 나타나고 있으며, 새로운 기업들의 진입을 억제하는 많은 규제나 행태들도 계속 유지되고 있다. 또한 소비자와 생산자들이 갖는 시장에 대한 정보도 완전하지 않은 것이 현실이다.

둘째, 비록 완전경쟁 조건이 충족되는 시장이 존재하더라도 자원의 최적배분을 이룰 수 없는 경우로서, 좁은 의미의 시장실패라고 할 수 있다. 공공재의 경우를 예로 들 수 있는데, 공공재는 우리가 시장이론에서 대상으로 하는 민간재와는 아주 다른 특성을 보이는 재화로서 가격을 매개로 작용하는 시장에서는 적정한 수요와 공급이 이루어질 수 없다. 경제적 효과가 있으면서도 가격에 반영되지 않는 외부효과가 존재하는 경우, 또 생산비용이 지속적으로 하락하는 규모의 경제(economies of scale)가 존재하는 경우에도 시장실패가 발생하게 된다.

셋째, 공평성 등과 같이 자원배분의 효율성 이외의 가치가 중시되는 경우 시장은 이를 추구하기 위한 효과적인 메커니즘이 아닐 수가 있다. 오히려 투표나 협상 등 정치과정 등이 이를 위한 효과적인 메커니즘으로 작용할 수 있다. 예를 들어, 무엇이 적정한 소득재분배인가를 파악하고 이를 달성하는 것은 시장의 가격기구라기 보다는 투표 등을 통한 구성원들의 합의와 이를 바탕으로 하는 정부의 적극적인 재분배 정책이라고 할 수 있다. 물가가 오르고 실업이 발생하는 등 경제가 불황에 빠지는 경우 시장의 가격기능을 통해서 이를 회복하기 위해서는 시간이 오래 소요될 수 있기 때문에 통화정책이나 재정정책 등 정부의 적극적인 정책개입이 필요하게 된다.

1. 불완전한 시장

시장이 효율적인 자원배분을 이끌어낼 수 있기 위해서는 시장메커니즘이 잘 작동할 수 있게 하는 제반 조건들이 잘 갖추어져야 한다는 점은 여러 차례 언급하였다. 그러나 현실에서 시장이 이러한 제반 조건들을 완전하게 갖추기는 어려운 것이다. 우선 시장에서는 개인들의 재산권이 존중되고 또 사인간의 계약이 동등한 조건에서 자유롭게 체결되고 잘 지켜져야 하지만, 불공정한 거래행위들이 관행처럼 이루어지고 있는 것이 현실이다. 따라서 각종 등기 · 등록제도나 사법제도, 공정거래유지제도 등 기본적인 시장질서를 확보하고 유지하는 것은 정부가 수행해야 하는 가장 기본적인 기능 중의 하나인 것이다.

수많은 수요자와 공급자가 존재하며 이들이 자유롭게 시장에 진입하고 또 퇴출될 수 있어야 하지만 현실에서는 이를 저해하는 많은 요인들로 인하여 독과점 등 경쟁이 제한되는 현상이 발생하고 비효율적인 결과가 도출된다. 시장에 독과점이나 경쟁제한 현상이 발생하는 원인은 다양하다. 특허나 자격제한 등을 통한 경쟁제한은 그를 통하여 보다 장기적인 경제적 효율성이나 사회후생의 극대화를 추구한다는 점에서 정책적 타당성을 가지게 된다. 규모의 경제 현상이 발생하는 산업의 경우 자연독점 현상이 나타나게 되는데, 특히 공기업 부문에 나타나는 경우 국가는 가격정책 등을 통해서 사회후생과 기업이윤간의 조화를 추구하게 된다(이에 대해서는 아래에서 보다 자세히 설명한다). 어떠한 이유에서든지 독과점 현상이 발생하는 경우 시장이 경제적 효율성을 달성하지 못하는 시장실패가 발생하게 되고 따라서 정부는 다양한 경쟁촉진 정책을 시행하게 되는 것이다.

시장이 스스로 정보(information)를 충분히 제공해 주지 못하면 시장의 실패가 어쩔 수 없이 발생한다. 완전경쟁이란 정보가 완벽하게 제공된다는 것을 전제로 형성되는 것이다. 근래에 와서 시장에서의 생산공급자들은 자신들의 제품에 대한 정보를 충분히 공개하지 않으려는 성향을 강하게 나타내고 있는데 이것은 소비자보호 측면에서 바람직하지 못하다. 따라서 정부가 충분한 정보공개를 위한 규제(regulation)를 행하고 있는데 간혹 이러한 정부규제조치가 논란을 불러일으키기도 한다. 정부규제에 반대하는 사람들은 기업에게 정보공개를 강요하는 규제는 불필요한 일이며 정부나 기업에게 경제적 비용부담만 가중시킨다고 비판한다. 반면에 정부규제를 지지하는 사람들은 규제를 효과적으로 운영하는 것이 어렵다고 하더라도 이러한 조치는 궁극적으로 시장경제에 유용하다는 견해를 갖고 있다.

시장에서 불확실성(uncertainty)이 존재하게 되면 시장의 기능이 제대로 작동하기 어렵다. 불확실성의 존재는 사람들에게 위험부담을 느끼게 하고 따라서 경쟁상황을 왜곡시킨다. 불확실성이 존재하더라도 일정한 조건이 충족되면 효율적 자원배분이 가능할 수는 있다. 그러나 이 일정한 조건이란 쉽게 말하여 앞으로 일어날 수 있는 모든 가능성에 대한 완벽한 보험(insurance)이 제공될 수 있어야 한다는 것이다. 현실적으로 이러한 완벽한 보험제도를 마련하여 모든 불확실성을 완전히 제거한다는 것은 불가능한 일이다.

완벽한 보험제도의 성립을 방해하는 요인으로 두 가지를 지적할 수 있다. 첫 번째로 도덕적 해이(moral hazard)를 들 수 있다. 즉 일단 보험에 가입한 사람들은 스스로 최선을 다하면서 살아가는 것이 아니라 도덕적으로 해이해져서 문제를 야기하는 현상이다. 두 번째로 역선택(adverse selection)이라고 불리는 현상이다.

즉 보험에 가입하는 사람들은 정상적인 활동을 하는 사람이기보다는 높은 위험성을 가진 사람들로 구성될 가능성이 크다는 것이다. 이와 같은 위의 두 가지 현상 때문에 보험가입료는 높아지게 되고 결국 완벽한 보험제도를 유지하는 것이 어렵게 되는 것이다.

2. 규모의 경제와 자연독점

경쟁시장에 있어서 각 기업은 그 생산시설을 최선의 방법으로 이용하여 최소한 총수입=총비용의 상태에 있게 함으로써 경제적 초과이윤은 없으나 손실 또한 없는 장기적 균형에 도달하게 된다. 그런데 만일 어떤 기업의 생산조건이 비용을 계속 감소시키는 그런 상황에 있다면 이 기업은 생산시설을 확장함으로써 평균생산비를 더욱 절감할 수 있다. 다시 말하여 이 기업은 경쟁시장에서 비용감소를 통해 이윤을 남길 수 있고 또 이윤이 있는 한 계속하여 생산규모를 확대해 나갈 것이다. 이처럼 생산의 평균비용이 규모의 확대에 따라 장기적으로 계속 감소하고 있는 현상을 ‘규모의 경제’라 칭하고 있다.

규모의 경제가 크게 작용하여 한 개 혹은 몇 개의 기업체가 공급하는 생산품이 시장 전체에서 차지하는 비중이 커지면 커질수록 이들 기업체는 가격순응적(price-taking)인 수동적인 자세에서부터 가격설정적(price-making)인 능동적인 입장으로 전환하게 되며, 따라서 완전경쟁은 결국 붕괴되고 만다. 이 경우에는 궁극적으로 자연독점(natural monopoly)이 출현하게 되는 것이다.

그러면 규모의 경제는 무엇에 연유하는 것인가? 대략 두 가지 원인을 생각할 수 있다. 첫째, 분업(division of labor)에 의한 생산요소의 전문화(specialization)를 들 수 있다. 기업의 규모가 작으면 한 사람이 여러 가지 일을 겸하여 일인다역을 하게 된다. 그러나 기업의 규모가 커짐에 따라서 각자는 특정분야의 일역만을 담당하여 효율적인 생산증가를 기할 수 있는 것이다. 둘째, 대량생산의 결과로 생산요소간의 대체가 가능한 것이다. 예를 들어 소규모업체가 사용하는 기계나 장비는 별로 전문화되지 않은 것이어서 이들을 운용하기 위해서는 많은 노동을 필요로 하는 반면에, 대규모의 기업체는 매우 전문화된 기계나 장비를 구비하고 있으므로 노동의 자본에 대한 비율이 매우 낮다. 물론 자본을 많이 사용하고 노동을 적게 사용하는 방법이 항상 비용을 절감한다고 할 수 없으나 대부분의 대규모 생산에 있어서는 자본이 노동을 대체함으로써 평균생산비를 절감할 수 있다. 선진경제에서 자동화(automation), 전산화(computerization) 등이 이루어지고 있는 것은 이러한 사실에 대한 좋은 예라고 하겠다.

규모의 경제 때문에 독점 혹은 과점과 같은 불완전경쟁산업이 발생한다면 이러한 불완전경쟁하에서 자원의 배분이 어떻게 이루어지는가를 이제 살펴보자. [그림 2-10]에서 보는 바와 같이 독점기업의 이윤극대점은 MR과 MC가 일치하는 점 a에서 결정되며, 이에 따른 균형산출량은 OA이며 균형가격은 OP이다. 이 때 물론 독점이윤이 발생하는데, 이 독점이윤이 경쟁기업의 이윤과 다른 것이 있다면 무엇일까? 독점기업이나 경쟁기업에서 이윤극대의 목표를 달성하는 균형조건은 $MR=MC$로서 서로 동일하다. 다만 경쟁기업에서는 앞 절의 [그림 2-3]에서 보는 바와 같이 한계수입(MR)곡선이 수평선이며, 이것은 바로 평균수입(AR)곡선이 되기도 한다. 따라서 균형점에서 $P=AR=MR=MC$의 관계가 성립되며, 이 점에서 사회구성원의 총수요를 충족시킬 수 있는 사회적 최적배분이 이루어지는 것이다.

그러나 독점기업의 경우 시장의 유일한 공급자이기 때문에 가격순응자가 아니라 가격설정자로서 역할을 하게 된다. 우하향하는 시장수요곡선이 이 기업이

그림 2-10 | 독점기업의 균형과 사회적 최적배분

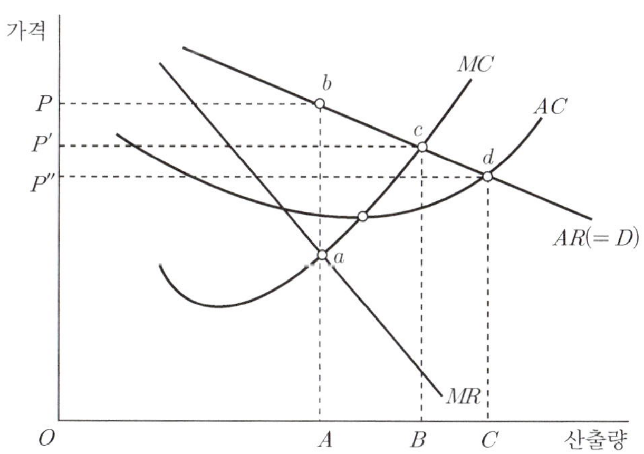

직면하는 수요곡선이며 동시에 평균수입(AR)곡선이 되고, 따라서 한계수입(MR) 곡선도 우하향하게 된다. 이것은 결국 [그림 2-10]에서 보는 바와 같이 독점기업이 균형상황에 놓여 있을 때 상품의 가격이 한계비용보다 높게 되도록 한다. 즉, $P > MC$로 되는 것이다. 독점기업이 $P = MC$가 될 때까지 생산량을 늘리지 아니하고 $P > MC$의 상태에서 생산을 정지한다는 것은 이 점에서 독점기업의 이윤이 극대화되기 때문이다. 만약 이 기업이 독점기업이 아니라 경쟁기업이라면 $P = MC$가 되도록 생산량을 OB까지 확대하고 가격을 OP'까지 하락시킬 것이며, 어느 정도의 이윤을 확보할 수 있을 것이다. 더욱이 이 기업이 만약 이윤을 전혀 추구하지 아니하고 총수입=총비용이 되도록 생산을 조정한다면 그 때의 산출량은 OC로 더욱 확대되고 가격은 OP''로 더욱 하락할 수 있는 것이다. 이와 같은 사실에서 이제 분명해진 것은 기업이 독점기업이기 때문에 소비자의 입장에서는 경쟁적일 경우보다 생산물의 공급량은 적고 그 생산물의 가격은 더 높은 불리한 상황에 처하게 되고, 사회적인 관점에서는 자원이 그만큼 비효율적으로 배분되어진다는 것이다.

독점기업이라고 하더라도 이 기업이 산출량을 확대만 시킨다면 사회적으로 바람직한 자원의 효율적 배분을 달성할 수 있다. 그러나 이 때 이 독점기업이 비

그림 2-11 | 비용체감하의 독점기업의 균형과 사회적 최적배분

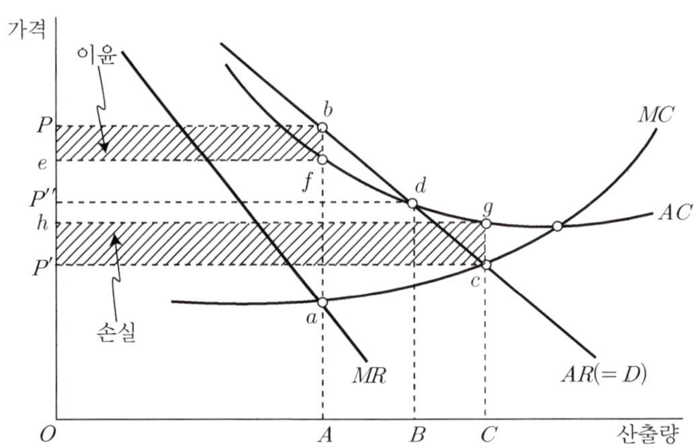

용체감(decreasing cost)하에 있다면 사회적으로 바람직한 수준의 산출량을 마련하기 위해서는 이 기업이 손실을 감수하여야 하는 경우가 발생하게 된다. [그림 2-11]이 이러한 경우를 보여 주고 있다.

[그림 2-11]에서 사회적으로 요망되는 최적산출량은 가격(평균수입 또는 수요곡선)과 한계비용이 일치하는 c점에 의한 OC량이다. 그러나 이 독점기업이 OC만큼을 생산하게 된다면 이윤은 기대할 수가 없고 도리어 사각형 $hgcP'$만큼의 손실이 불가피하다. 왜냐하면 산출량 OC에서 단위당 가격은 OP'인데 평균비용은 $Oh(=Cg)$이므로, 기업이 거두어들일 수 있는 평균수입보다 지출로 나가는 평균비용이 더 크기 때문이다. 물론 수요곡선을 나타내는 평균수입(AR)곡선이 평균비용(AC)곡선보다 상방에 위치하고 있으면 이 기업이 손실은 보지 않을 것이다.

기업이 최소한 손실을 보지 않게 하기 위하여서는 평균수입(AR)곡선과 평균비용(AC)곡선이 일치하는 d점에서의 산출량 OB를 택하는 것이고, 이 때의 가격을 OP''로 하는 것이다. 이 수준에서 기업은 초과이윤(excess profit)은 없으나 정상이윤(normal profit)은 실현하게 되는 것이다. 그러나 기업은 산출량 OB에서 만족하지는 않을 것이다. 기업이 만족하는 산출량은 이윤(초과이윤)을 극대화시켜 주는 산출량인 것이며, 이것은 한계비용(MC)선과 한계수입(MR)선이 교차하는 a점에 의하여 결정되는 산출량 OA이며, 이 때의 가격은 OP로 된다는 것을 이미 우리는 잘 알고 있다. 생산은 OA만큼 할 때 AR곡선과 AC곡선의 차이는 bf가 되며, 이것은 단위당 이윤의 크기를 말한다. 이 때 이 기업이 얻을 수 있는 초과이윤의 크기는 사각형 $Pbfe$로서 바로 최대이윤에 해당되는 것이다.

따라서 비용체감하의 불완전시장기구에서 사회적 최적생산량이 자발적으로 조달될 것이라고 기대하기는 어렵고, 꼭 OC만큼의 산출량을 마련하고자 한다면 정부가 직접 그 부족분을 생산하여 공급하든가 그렇지 않으면 정부가 기업에다 $hP''(=gc)$만큼의 단위당 손실을 보상(subsidy)해 줌으로써 기업이 사회적 최적생산량을 생산하도록 유도할 수밖에 없다. 다시 말하여 시장기구의 미비점을 시정하기 위하여 공공정책을 통한 정부의 시장개입이 요구되는 것이다.

다음으로 한계비용이 0인 경우의 재화는 어디에서 맡아 생산하는 것이 더 유리한가에 대하여 생각해 보자. [그림 2-12]에서 보는 바와 같이 어떤 재화의 한계생산비가 0이라고 할 때 한계비용곡선 MC는 횡축과 함께 수평선으로 나타나

그림 2-12 | 한계비용이 영(0)일 때의 사회적 최적산출

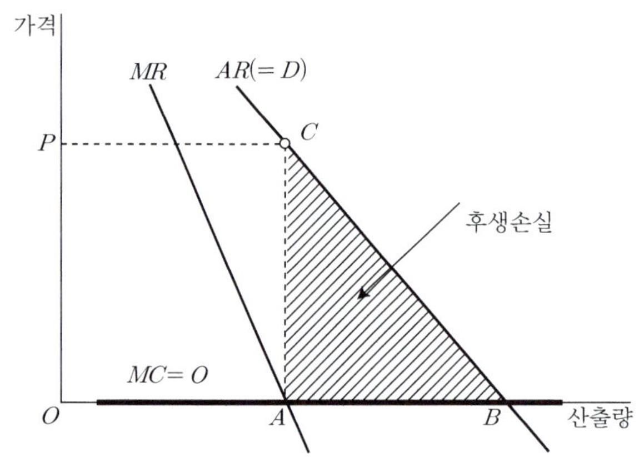

게 된다. 민간기업이 이 재화를 생산하고자 한다면 MC선과 MR선이 일치하는 점 A에서 생산량을 결정할 것이고, 이 때의 가격은 OP가 된다. 그러나 생산량(또는 사용량) OA는 결코 사회적으로 바람직한 산출량이 될 수 없고 가격 OP를 부과할 때는 사회적으로 적정산출량 B에서 생산하는 것에 비해서 삼각형 ABC 면적만큼의 후생손실(welfare loss)이 발생하게 된다.

따라서 사회적으로 바람직한 산출량은 수요곡선 $D(=AR)$선과 MC선이 일치하는 점 B인 것이며, 이 때의 가격은 바로 0이 된다. 가격수준이 0인 상태에서 민간기업의 생산이 이루어질 것을 기대할 수는 없는 것이다. 이처럼 한계비용이 0인 재화의 경우에는 공공부문에서 이를 생산하고 소비자에게 무상으로 제공한다면 자원배분의 효율면에서 훨씬 유리하게 된다. 이와 같은 재화의 예로서 '국방'(순수공공재)이나 '혼잡하지 않은 교량'(비순수공공재)을 들 수 있겠다. 이런 재화는 더 이상 민간재가 될 수 없고 공공재의 영역 속에 들어가게 된다.

3. 공공재와 외부효과

독점과 같은 불완전한 시장이 아니라 시장이 비록 완전하다고 하더라도 시장의 기능이 제대로 작용하지 못하는 경제영역이 존재하고 있다. 시장에서 외부

효과(external effects)가 발생할 때가 이런 경우이다. 외부효과가 있다는 것은 어떤 소비자나 또는 생산자가 타경제주체의 소비활동 또는 생산활동에 의하여, 시장의 매개를 통하지 않은 채(즉, 자기는 소비 또는 생산활동에 직접 참여하지 않았는데도), 무상으로 유리 혹은 불리한 영향을 받게 되는 효과를 의미한다. 이 때 유리한 영향을 받는 것을 외부경제(external economy)라고 하며, 불리한 영향을 받는 것을 외부불경제(external diseconomy)라고 한다.

시장에서의 경쟁적 균형이 성립하기 위하여는 외부효과가 존재하지 않는다는 전제가 필요하다. 외부효과는 시장기구를 통하여 일어나는 효과가 아니며, 따라서 외부효과가 존재하면 시장이 자원을 효율적으로 배분하는 데 있어서 실패하게 된다. 외부효과를 일으키는 재화로서 공공재(public goods)를 생각할 수 있는데, 경찰·소방과 같은 공공재는 외부경제를 창조하고 있는 반면에, 환경의 오염과 공해현상은 외부불경제를 창조하고 있는 '負의 공공재'(public bads)라 하겠다. 외부경제 혹은 외부불경제를 창출시키는 공공재는 시장기구 속에서 사회가 원하는 양만큼 공급되기가 거의 불가능하다. 외부경제가 있는 재화는 시장기구를 통할 경우 사회가 원하는 양보다 훨씬 적은 양의 공급이 이루어지며, 반대로 외부불경제가 있는 재화는 정부의 통제 없이 시장기구에 맡길 경우 사회 전체에 해가 되는 과다생산이 이루어지는 것이다. 공공재와 외부효과에 대하여는 다음의 제 3 장과 제 4 장에서 좀더 상세히 언급될 것이다.

4. 소득분배의 불평등성

시장기구속에서 근본적으로 제대로 수행하기 어려운 과제가 소득분배상의 형평성 유지이다. 주택이나 교육 같은 재화는 그 공급을 전적으로 시장기구에 맡길 경우 저소득층에 충분히 보급되지 못할 가능성이 크며 소득분배상황을 악화시킨다. 주택이나 교육은 그 가치의 중요성 때문에 가치재(merit goods)라고 부르며 충분한 공급을 위해 정부개입이 요청되고 있다. 이러한 소득분배의 문제는 제7장과 제8장에서 자세히 다루고 있다.

5. 실업, 물가고 등의 시장불안

시장에서의 수요 · 공급은 수시로 변동하는 것이므로 자본주의경제에서의 시장은 자칫 질서가 문란해지고 안정이 파괴되는 현상을 맞이하게 된다. 그래서 실업이 증가하고 물가가 상승하게 되는데 정부가 개입하여 적절한 거시적 정책수단을 사용하지 않으면 이러한 시장불안은 빈번히 발생할 수 있는 것이다. 이에 대해서는 제17장과 제18에서 자세히 다루고 있다.

제 5 절 시장실패와 정부실패, 자본주의의 새로운 패러다임

앞에서 우리는 시장실패의 제반 요인들을 살펴보았다. 이러한 시장실패를 교정하기 위하여 다양한 정책수단들을 활용한 정부의 개입이 이루어지는데 과연 정부개입이 시장실패를 충분히 교정하고 우리가 기대하는 자원배분의 효율성과 공평한 소득분배, 그리고 안정적인 경제성장 등을 회복하고 있는가에 대한 질문에 직면하게 된다. 이 문제에 대해서는 앞으로도 계속 논의하겠지만 그 대답이 부정적인 경우가 많이 발견된다. 즉 정부는 그 제반 활동 등을 통해서 시장의 실패를 치유하고 국민의 후생수준을 제고하는 중요한 역할을 담당해왔지만, 동시에 그 과정에서 지나치게 비대해짐에 따라 구축효과를 통해서 민간부문을 위축시키고 또 공공부문이 가지고 있는 본질적인 결함 등으로 인하여 문제를 치유하기 보다는 오히려 더 키우는 경우도 빈번히 발생하게 되었다. 이를 소위 정부의 실패(government failure)라고 하는데, 아래에서는 이러한 정부실패의 발생원인과 함께 정부와 시장의 역할에 대한 논의의 변천에 대해서 살펴본다.

1. 정부실패의 원인

공공경제가 시장의 실패를 교정하여 파레토효율(Pareto efficiency)을 달성시킨다는 것을 보장할 수 없다는 이유로서 다음과 같은 세 가지를 들 수 있다. 첫째,

공공경제에서 제일 큰 취약점으로 지적되는 것이 정보의 부족이다. 정보제공의 불충분함은 공공경제가 시장경제보다 더 심각할 수가 있다. 왜냐하면 공공경제에서는 소비자들의 선호가 자발적으로 표출되지 못하는 문제점을 항상 지니고 있기 때문이다.

둘째, 공공경제가 자원배분을 향상시켜 사회후생을 증대시킨다고 하더라도 현실적으로 정부의 어떠한 조치에도 대부분의 경우 득을 본 그룹과 해를 입는 그룹이 발생한다는 점이다. 그런데 공공경제에서 득을 본 그룹의 혜택과 해를 입은 그룹의 피해를 적절히 평가하고 비교할 수 있는 기준이 마련되어 있지 않기 때문에 합리적으로 정책을 결정하는 데 큰 어려움을 겪게 된다.[6)]

셋째, 공공경제에서의 의사결정은 통상 정치적 과정(political process)을 통하여 이루어지는데 이 과정 속에는 다양한 이해관계자(투표권자, 정치가, 관료, 이해집단 등)가 서로 연계되어 있기 때문에 효율적인 최종선택이 어렵게 된다. 더욱이 정책결정자들의 사익추구와 같은 비합리적 행동 그리고 경직적인 관료조직에서 오는 비능률성 등은 정부의 실패를 더욱 가속시키는 요인으로 작용하게 되는 것이다.[7)]

2. 정부와 시장 관계 패러다임의 변화

1980년대 이후 지난 30여 년간 세계경제의 패러다임은 미국의 레이건 대통령과 영국의 대처 수상으로 상징되는 신자유주의로서, 자유로운 시장경제 체제에 대한 신뢰를 바탕으로 경쟁과 효율을 핵심가치로 추구하였다. 이러한 신자유주의의 철학은 기본적으로 대공황 이후 지속적으로 증가해온 정부의 기능과 크기로 인해 초래된 낭비와 비효율에 대한 반성에서 출발한 것이었다.

1929년 대공황에 대처하기 위한 경제정책으로서 정부의 적극적 재정정책을 주장한 케인즈 경제학이 대두한 이래 정부의 역할과 규모는 지속적으로 증가하여 왔다. 물론 일차적으로는 전쟁이 매우 중요한 역할을 하였다. 제 2 차 세계대전을 거치면서 1939년 불과 15% 수준에 불과하던 미국의 소득세 납부가구 비율은 전쟁이 끝날 무렵 80% 수준까지 이르게 됨으로써 1917년 일종의 계급세로 도입

6) 제 9 장 비용 · 편익분석에서 이 문제를 본격적으로 다루게 된다.

7) 제 5 장 공공선택이론에서 이 문제를 심층적으로 다루게 된다.

되었던 소득세가 대중과세로 확대되었던 것이다. 제2차 세계대전이 끝난 이후에도 유럽의 경제재건을 위한 마샬플랜이 진행되었고 냉전(Cold War)시대의 지속적인 군비확충은 물론 베트남 전쟁 등을 수행하면서 정부지출의 크기는 계속 커져갔던 것이다. 1960년대 이후에는 세계의 주요 국가들이 복지확충과 재분배정책을 적극적으로 추진하였는데, 이로 인해 정부지출의 규모와 함께 국민들의 조세부담과 세율의 누진도가 지속적으로 증가하였던 것이다.

이러한 정부지출의 지속적인 증가추세에 대한 비판과 함께 80년대 신자유주의의 추세의 출발점으로 작용한 사건이 1978년 미국 캘리포니아주의 Proposition 13이다. H. Jarvis 등이 주도한 이 운동은 중산층 납세자들이 조직적으로 반발한 조세저항 운동으로서, 흑백차별 철폐 등을 위해 크게 증가한 지방정부의 교육지출 재원 마련을 위해 재산세 부담이 계속 인상되자 이에 대한 반발이 표면화한 것이었다. 결국 재산세의 세율을 1%를 한도로 억제하고 과표증가율도 물가상승율과 3% 중에서 작은 수치로 제한하는 주 헌법 개정안이 주민투표를 통해서 확정되었던 것이다. 80년대 초반 동시에 등장한 레이건과 대처는 조세개혁을 강력하게 추진하였는데 1986년 미국의 조세개혁법(Tax Reform Act of 1986)은 비과세감면 등의 축소를 통해서 세원을 확대하고 50%이던 소득세 최고세율을 28%로 인하하였다. 이러한 세율인하 정책은 전세계적인 추세로 확대되고 지속되었는데, 이는 높은 누진세율이 초래하는 시장왜곡현상을 줄이고 경제적 효율성을 제고하기 위한 것으로서 시장에 대한 규제완화 등과 함께 신자유주의 정책의 대표적인 정책으로 자리매김하였던 것이다.

그러나 2008년 미국의 서브프라임 모기지 사태에서 출발한 세계적인 금융위기는 적절한 규제가 수반되지 않은 시장경제가 야기할 수 있는 문제들을 극명하게 보여주었다. 경제참여자들이 각각의 이익을 추구하는 과정에서 경제적 효율성이 달성될 수 있다는 시장경제의 논거는 정보의 투명한 공개나 자유로운 진입과 퇴출 등 기본적으로 완전경쟁 상황을 전제하는 것이며 정부는 이러한 시장의 조건이 충실히 지켜질 수 있도록 적절한 책임과 역할을 다해야 하는 것이다. 이러한 적절한 정부의 역할이 없이 시장참여자들이 자신의 사익만을 추구하는 경우 그 결과는 지금까지 우리가 보아왔던 바와 같이 시장의 붕괴가 초래될 수 있는 것이다.

2008년 미국의 서브프라임 사태로 초래된 세계적인 금융위기와 그 이후의 경기침체, 그리고 오늘날 세계경제의 뜨거운 감자가 되고 있는 유럽 재정위기는 1980년대 이후 전세계의 경제흐름을 주도했던 신자유주의 경제질서와 체제에 대한 심각한 반성과 함께 자본주의의 새로운 패러다임을 모색하게 하는 계기가 되고 있다. 2011년 이후 미국을 중심으로 출발하여 세계적으로 확산되고 있는 Occupy Wall Street 운동은 좁게 본다면 이익은 사유하고 책임은 사회와 납세자들에게 전가하는 금융자본에 대한 비판이지만 더 크게는 새로운 자본주의 질서에 대한 요구인 것이다.

기본적으로 시장에서 개인의 잠재력과 능력을 존중되고 충분히 계발되고 발휘될 수 있도록 하면서도 동시에 이 과정에서 뒤떨어지게 되는 계층에 대한 적절한 지원 등 사회적인 책임을 지켜가는 자본주의 체제가 요구되고 있다. 이러한 시장과 함께 국가는 자율적인 경쟁과 사회적 책임이라는 두 가지의 기본적인 가치가 균형 있게 유지될 수 있도록 적정한 수준의 규제와 지원을 해가야 할 것이다.

CHAPTER

The Modern Public Finance

03 공공재이론

제 1 절 공공재의 성질

공공재(public goods)란 민간재(private goods)와 구별되는 말로서, 일반적으로 정부나 공공기관을 통하여 공급되는 재화와 서비스를 칭하기도 한다. 그러나 공공재를 단순히 공공기관에서 공급되는 재화나 서비스에 국한시킨다는 것은 분석상 의미가 없고, 시장의 기능을 저해하는 요인을 갖고 있는 재화의 성격에 입각하여 공공재를 규명해야 한다. 공공재는 아래와 같은 두 가지의 성질을 가지고 있는 재화이며, 이러한 성질이 바로 '시장의 실패'를 가져오게 하는 요인이기도 한 것이다.

1. 비경합적 소비

비경합적 소비(non-rivalrous consumption)란 한 개인이 소비에 참여함으로써 얻는 이익이 다른 개인들이 얻는 이익을 감소시키지 않는다는 것을 의미한다. 다시 말하여 많은 사람들이 동일한 재화를 동시에 소비하며 동등한 이익을 서로 얻을 수 있음을 뜻한다. 이러한 의미에서 비경합적 소비를 집합적 소비(collective consumption) 혹은 공동소비(joint consumption)라고 한다.

민간재의 경우 주어져 있는 공급량에서 한 사람의 소비가 증가되면 그것은 분명히 다른 사람의 소비량에 영향을 끼치기 마련이고 이런 의미에서 경합적이다. 그러나 국방의 경우에는 사정이 다르다. 국방은 이를 튼튼히 함으로써 외세의 침략을 방지할 수 있으며, 따라서 인명과 재산의 피해를 미연에 방지하게 된다. 이와 같은 국방은 한 개인이 이를 얼마만큼 소비하였든(즉 이로부터의 이익이 얼마만큼 되었든) 다른 사람의 소비와는 아무런 관련이 없는 비경합적인 특성을 가지고 있다. 이와 같은 비경합적인 소비를 가지고 있는 예는 국방 이외에도 많이 찾아볼 수 있다. 홍수방지시설이라든가 치안유지제도 등은 동일한 지역에 살고 있는 모든 사람들에게 공동의 소비를 제공해 주고 있는 것이다.

비경합적 소비의 성격을 가지고 있는 재회라 히더라도 그 소비수준이 모든 사람에게 항상 균등(equal)하다는 보장은 없다. 각 개인이 살고 있는 지역 혹은 각자가 처해 있는 상황에 따라서 소비수준(이익의 정도)이 다를 수 있는 것이다. 그러나 만일 어떤 재화로부터 발생하는 이익의 정도가 모두 균등하다면 이와 같은 균등소비를 제공해 주는 재화를 우리는 순수공공재(pure public goods)라고 칭한다. 이는 공공재의 극단적인 경우(polar case)라 하겠다.

순수한 민간재의 경우에는 각 개인의 소비량은 그들의 소비능력과 선호에 따라 다르며, 이와 같이 서로 상이한 개인들의 소비량을 합함으로써 사회(시장) 전체의 소비총량이 결정된다. 즉,

$$X = X_1 + X_2 + \cdots + X_n$$

으로 표시된다. 여기서 X는 사회 전체의 X재 소비총량이고, X_1, X_2, …, X_n은 각자의 소비량을 표시한다. 그러나 순수공공재의 경우에는

$$X = X_1 = X_2 = \cdots = X_n$$

으로 표시된다. 다시 말하여 모든 소비자는 균등한 양의 공공재를 소비하고 있다는 뜻이다.

2. 비배제성

공공재가 가지고 있는 또 다른 성질은 비배제성이다. 비배제성(non-excludability)

이란 특정그룹의 사람들을 재화의 소비로부터 배제할 수 없는 것을 가리킨다. 시장경제에서 생산되고 소비되는 모든 민간재는 각각의 시장가격을 가지고 있으며 소비자가 시장에서 그 가격을 지불하지 않으면 소비혜택에서 배제되고 만다. 이것을 우리는 배제원칙(exclusion principle)이라고 부르며, 시장경제에서는 이 배제원칙이 적용되므로 이에 따라 자원의 배분이 결정되는 것이다. 그런데 이 배제원칙이 적용되지 못하는 그런 종류의 재화가 바로 공공재이다. 공공재의 경우 소비자(이용자)가 그 재화에 대하여 가격을 지불하건 지불하지 않건간에 소비혜택에서 배제되지 않는다.

그러면 여기서 비경합적 소비와 소비의 비배제성 사이의 개념상의 차이는 무엇인가를 살펴보자. 비경합적 소비란 한 사람의 소비가 다른 사람들의 소비에 영향을 주지 않는다는 개념이다. 그러나 비경합적 소비라고 하여 다른 사람들의 소비를 전혀 배제시킬 수 없다는 의미는 아닌 것이다.

예를 들어 텔레비전(TV)방송의 경우를 보자. 텔레비전 프로그램이 방영될 때에는 해당지역에 살고 있는 사람이라면 어느 누구나 모두 시청할 수 있는 것이며, 어느 몇 사람이 시청을 많이 한다고 하여 다른 사람들의 시청에 영향을 주는 일은 없는 것이다. 따라서 텔레비전방송은 비경합적 소비의 성질을 가지고 있는 공공재이다. 그러나 텔레비전방송에 있어서 사람들의 시청을 배제시키는 배제의 원칙이 어느 정도 적용될 수 있다는 사실을 인식하여야 한다. 즉 텔레비전 세트(set)를 구입한 사람만이 시청할 수 있다든가 혹은 유선시설(cable TV)을 하여 일정한 가격을 지불한 사람들만이 시청이 가능한 경우이다. 이처럼 유선텔레비전방송은 공공재의 두 가지 성질 가운데서 한 가지의 성질만을 가지고 있는 공공재라고 하겠고 이를 비순수공공재라 부른다.

공공재의 두 가지 성질을 모두 가지고 있는 재화는 순수공공재의 범위에 속한다. 국방의 경우를 보자. 이것은 분명히 비경합적 소비의 성질을 가지고 있을 뿐만 아니라, 사람들을 소비혜택에서 배제시키는 것이 불가능한 것은 아니라 할지라도 배제시키기 위하여서는 엄청난 비용이 발생하므로 결국 비배제성을 내포하고 있는 것이다.

우리는 위에서 유선텔레비전방송을 예로 들면서 비경합적 소비이지만 배제의 원칙이 적용될 수 있음을 지적하였다. 그런데 경우에 따라서는 배제의 원칙이 적용될 수 있으나 비경합적 소비 때문에 이 배제의 원칙을 적용해서는 안 되는 그런 경우가 있다. 여기에 대한 예로서 통행이 혼잡하지 않은 교량의 경우를 들 수 있다.

교량통행에 있어 대부분의 경우에는 이용하는 사람수가 많아짐에 따라 소비에 경합적인 성격이 나타난다. 그러나 교량통행이 혼잡하지 않을 경우에는 한 사람의 교량이용은 다른 사람에게 아무런 불편을 주지 않으므로 이 때에는 비경합적 소비가 존재하고 있다. 이 때 교량통행료를 징수하여 배제의 원칙을 적용할 수도 있으나 교량이 혼잡하지 않은 한 그러한 배제원칙의 적용은 교량의 사용도를 감소시킬 것이므로 도리어 비능률적이 된다. 요약하면 배제원칙의 적용이 가능하다 하더라도 소비행동이 비경합적이기 때문에 이를 적용할 필요가 없다는 뜻이며, 이렇게 볼 때 혼잡하지 않은 교량은 비순수공공재이면서도 정부가 무료로 공급함이 바람직하다.

지금까지의 공공재 성질을 요약하면 다음과 같다.

소 비	배제 가능	배제 불가능
경 합 적	(1)	(2)
비경합적	(3)	(4)

사례 (1)은 경합적 소비와 배제성이 결합되어 있는 경우로서 순수민간재가 여기에 해당된다. 이와 같은 재화는 시장기구를 통하여 공급하는 것이 가능할 뿐만 아니라 그렇게 하는 것이 자원배분상 효율적이다. 사례 (2)는 소비는 경합적이나 배제에 따른 비용부담이 과중하여 배제의 원칙이 적용되기가 어려운 경우이다. 이는 어장이나 산림과 같은 자연자원 등에서 그 예를 발견할 수 있는데, 통상 공유재(common pool goods)라고 일컬어진다. 이들 재화는 소비에 의해서 자원이 소진된다는 점에서 소비가 경합적이지만 불법어로 등의 문제에서 볼 수 있는 것처럼 가격을 지불하지 않거나 허가받지 않은 소비를 배제시키는 것이 매우 어렵거나 비용이 많이 소요되는 것이다. 사례 (3)은 배제 자체는 가능하나 비경합적인 소비가 이루어지는 경우로서 앞에서 지적한 케이블TV방송 혹은 교통이 혼잡하지 않은 교량의 예가 여기에 해당될 수 있다. 그러나 이들 재화는 대부분 일정한 수준의 소비까지는 소비의 경합성이 발생하지 않거나 발생하더라도 그 정도가 크지 않지만 수영장이나 공연장과 같이 소비가 일정한 수준을 넘어서게 되면 혼잡

이 발생하는 점에서 적정한 소비인원을 설정하는 것이 중요해지는데, 이들 재화를 클럽재(club goods)라고 한다. 사례 (4)는 비배제성과 비경합성이 모두 적용되는 경우로서 순수공공재가 여기에 속하게 된다.

만일 시장의 실패로 인하여 공공기관(정부)이 예산을 통해 재화를 공급하여야 한다면 사례 (2), (3), (4)가 모두 여기에 포함될 것이다. 그러나 사례 (2)와 (3)은 또한 시장경제(민간부문)에서도 생산공급이 가능한 소위 준공공재(quasi public goods)의 범주에 속한다고 하겠다.

한편 소비가 경합적이고 배제의 원칙도 적용되는 민간재이지만 시장기능의 결함을 보완하기 위하여 정부가 관여하는 것이 바람직한 재화를 가치재(merit goods)라 한다.[1] 예로서 교육 · 주택 등을 들 수 있겠는데, 교육이나 주택사업은 민간부문에서 생산하여 공급할 수 있으나 보다 적절한 수준을 유지하기 위하여 정부로부터 행정적 급부가 요구되는 재화인 것이다. 현대국가에서는 이 가치재의 역할이 더욱 증대되고 있으며 이것이 복지국가로서의 특징을 뒷받침하고 있다고 하겠다.

제 2 절 시장의 실패

이상에서 본 바와 같이 공공재는 비경합적 소비와 비배제성의 성질을 가지고 있는데, 이러한 재화를 과연 시장의 가격원리에 따라 공급하는 것이 가능한가? 왜 공공재는 시장이 아닌 별도의 공급메커니즘이 필요한가?

1. 비경합적 소비와 0의 한계비용

공공재 소비의 비경합성에 따라서 일단 공공재가 공급되면 소비자가 추가되더라도 기존의 소비자가 누리는 효용을 줄이지 않고 새로운 소비자도 공공재 소

1) R. A. Musgrave는 준공공재 대신에 가치재라는 용어를 사용하면서 주택공급의 예를 들어 정부가 민간경비에 간섭하는 특례적인 경우로 이를 분석하고 있다. 그의 저서 *The Theory of Public Finance*(McGraw-Hill, 1959) 참조.

비로부터 효용을 얻을 수 있게 된다. 예를 들어, 일단 방송이 송출되고 나면 기존의 방송 시청자에 추가하여 새로운 시청자가 생기더라도 추가적인 방송 서비스의 공급 없이도 방송을 시청할 수 있는 것이다. 이를 비용의 측면에서 본다면 추가적인 소비자에 공공재를 공급하기 위한 한계비용이 0이라는 의미가 되는 것이다.

이러한 상황에서 이 공공재를 시장에서 공급한다면 어떠한 문제가 발생할까? 잘 알다시피 시장에서는 수요와 공급이 일치하는 점에서 소비량과 가격이 결정되고 그 균형점은 파레토 최적이 된다. 시장에서 공급곡선은 바로 개별 기업들의 한계비용곡선의 합으로 나타나는데, 한계비용이 0인 이러한 공공재가 시장에서 공급된다면 그 균형가격은 0이 되는 것이며, 가격이 0이 되는 이러한 재화는 시장에서 공급되기 어려운 것이다.

2. 비배제성과 무임승차자의 문제

소비자들이 재화에 대하여 값을 지불하건 지불하지 않건 간에 소비혜택에서 배제되지 않는다면 그들은 결코 자발적으로 그 재화의 가격을 지불하려고 하지 않을 것이다.

다음의 예를 통하여 이 문제에 대하여 좀더 분명히 이해하도록 해 보자. 만약 어느 소비자가 양복 한 벌을 사려고 한다고 하자. 이 사람은 옷을 사기 위하여는 가격을 지불하여야 하며, 그 가격을 지불하지 않는 한 옷을 사 입을 수 있는 혜택에서 분명히 배제된다. 따라서 옷을 사 입기 위해서는 그는 가격을 '자발적'으로 지불하지 않으면 안 된다. 그러나 한편 이 소비자가 국방이라는 공공재를 구입하기 위하여 가격을 '자발적'으로 지불할 것인가를 한번 생각해 보라. 국방이라는 공공재가 다른 사람들에 의하여 구입되었다면(즉, 이에 따라 공급되었다면) 이 소비자는 자신이 비록 이에 대한 가격을 지불하지 않아도 남들과 동일한 혜택을 받게 되므로 자발적인 지불을 하지 않을 것이다. 다시 말하여 사람들은 타인들의 부담에 의해 확보된 공공재를 무임승차자(free- rider)로 획득하려고 할 것이다.

시장경제에서는 모든 소비자들의 자발적인 지불의사가 수요로서 나타나게 되며, 이에 맞추어 생산자들은 재화의 공급량을 결정하게 됨을 우리는 잘 알고 있다. 그러나 만약 국방을 시장경제에 맡겨 공급하고자 한다면 아무도 자신들의 수요를 자발적으로 표시하지 않을 것이고 무임승차자의 기회만 엿보게 될 것이므로 사회적으로 필요한 양만큼의 공급이 불가능하게 되어 시장의 실패가 발생하게 되는 것이다. 따라서 공공재는 정부에 의하여서 적절히 공급될 수밖에 없으며, 공공재의 비용부담(가격)도 조세를 통한 강제적 징수에 의하여 결정될 수밖에 없다.

사회의 구성원이 소수에 불과하다면 공공재에 대한 무임승차문제는 그리 심각하지 않을 수도 있다. 예를 들어, 서로 이웃하고 있는 양가 사이에 죽은 고목이 놓여 있고 이것을 제거하는 문제가 제기되었다고 생각해 보자. 이 때에는 오직 양가의 동의가 있으면 되는 것이고, 고목을 제거하는 것이 각자에게 유리함을 잘 알고 있으므로 양가는 스스로 비용부담에 합의를 보게 되어 고목은 제거될 것이다. 결국 고목을 제거하는 공적인 서비스가 자발적인 합의에 의하여 제공된 것이다.[2)]

그러나 사회구성원의 수가 많아지면 많아질수록 무임승차의 문제는 더욱 심해지고 공공재는 시장경제하에서 충분히 공급되지 못하게 된다. 무임승차문제를 원만히 자발적으로 해결할 수 있는 사회조직의 적정규모가 어느 정도의 크기로 될 것인가를 파악하기란 무척 힘든 연구과제이다. 이러한 규모는 사회구성원의 성향, 협상능력과 비용 그리고 구성원들의 각종 전략에 의해 좌우될 성질의 것이기 때문이다.[3)]

이처럼 공공재에 대한 무임승차문제는 정부로 하여금 공공재의 생산 및 소비과정에 개입하여 사회적 욕구(social wants)를 충족시키도록 하는 당위성을 마련해 주고 있다. 그러나 이와 같은 정부개입의 당위성에도 최소한 두 가지의 문제점이 내포되어 있다.

첫째, 전술한 바와 같이 소비자는 자기의 선호를 자발적으로 시현하지 아니하므로 정부는 공공재에 대한 각 개인의 올바른 선호를 정확히 파악하기 무척 힘들다는 것이다. 더욱이 정부가 설사 각 개인의 소비자선호를 정확히 알고 있다고

---

2) Ronald H. Coase는 그의 논문에서 소집단에서 재산권이 명백히 규정되어 있는 한 비록 외부효과가 발생하고 있는 경우라도 정부의 간여 없이 자발적인 협상을 통하여 효율적인 생산공급이 가능케 될 수 있다고 역설하고 있다. 이를 Coase정리라고 부른다. 이에 대해서는 제4장에서 자세히 살펴본다. R. H. Coase, "The Problem of Social Cost," *Journal of Law & Economics*, 301(Oct. 1960) 참조.

3) 사회구성원의 크기와 무임승차문제와의 관계분석은 James M. Buchanan, *The Demand and Supply of Public Goods*(Chicago: Rand McNally, 1968), Ch. 5를 참조할 것.

하더라도 개인적인 욕구와 사회적인 욕구간의 조화가 항상 용이한 것이 아닌 것이다. 때에 따라서는 개인적인 욕구와 사회적인 욕구가 서로 일치하지 않게 되는데, 이때 양면의 욕구를 원만히 충족시킬 수 있는 가장 효율적이고 절대적인 기준이 없다는 것이다.

둘째, 정부는 공공재를 제공하기 위하여 필요한 자원을 확보하지 않으면 안 되는데, 문제는 자원확보에 대한 비용부담을 누가 얼마만큼 지느냐 하는 것이다. 일반적으로 이 문제는 일반과세방법으로 해결한다고 하더라도, 그 과세방법이 어떠하냐에 따라서 공공혜택의 수혜자와 비용부담자가 반드시 동일인이 아닐 수도 있는 것이며 여기에 공평성의 문제가 발생하는 것이다. 또한 과세에 의하여 자원이 민간부문에서 정부부문으로 이전함으로써 민간부문에서의 자원사용이 감소하게 되는데, 이때 과연 정부부문에서 자원이 더 효율적으로 사용될 수 있는가 하는 문제도 신중히 분석·평가되어야 하는 것이다.

제3절 순수공공재의 적정규모결정

그러면 이처럼 비경합적 소비와 비배제성을 가지고 있는 순수공공성의 최적규모는 어떻게 결정되는 것인가를 고찰하여 볼 때가 되었다. 이를 부분균형분석과 일반균형분석으로 나누어 살펴보자.

1. 부분균형분석

보웬(H. R. Bowen)은 빅셀과 린달의 이론을 토대로 공공재의 적정규모의 결정을 설명하는 기본적인 모형을 작성하였는데 이 모형을 편의상 린달(Lindahl)모형이라고 부른다.4)

린달의 모형은 부분균형분석을 바탕으로 각 개인이 자발적으로 자기의 선호를 표시한다는 가정 위에서, 개별적이고 자발적인 교섭에 의해 공공재의 균형가격(조세)과 균형공급량을 해결할 수 있고, 따라서 적정공공경비규모를 결정할 수

4) H. R. Bowen, *Toward Social Economy*(New York: Rinehart, 1948).

그림 3-1 | 민간재 및 공공재의 적정규모결정(린달모형)

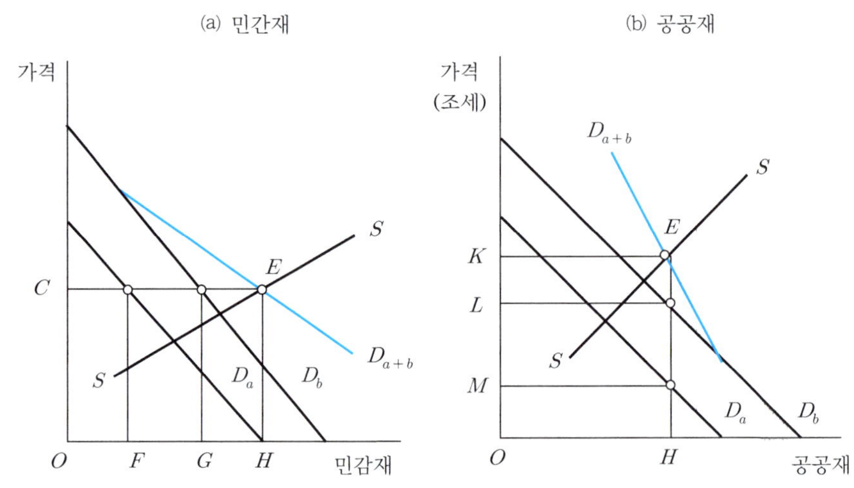

있음을 보여 주고 있다. 이러한 이유로 린달의 이론을 자발적 교환이론(theory of voluntary exchange)이라고 부르고 있다. 또한 소비자는 공공재의 소비로부터 얻는 혜택(한계효용)의 크기에 해당되는 가격을 조세의 형태로 지불하기 때문에 린달모형은 이익설적 과세론(benefit theory of taxation)에 근거를 두고 있다고 하겠다.

이제 린달의 모형을 [그림 3-1]을 통하여 설명해 보자. 그림에서는 공공재와 민간재의 차이를 서로 용이하게 비교하기 위하여 (a)에 민간재의 경우를, (b)에 공공재의 경우를 각각 표시하고 있다.

[그림 3-1]의 (a)는 우리들에게 친근한 민간재의 수요곡선과 공급곡선을 보여 주고 있다. D_a와 D_b는 일반소비자 a와 b의 개별수요곡선이다. 시장수요곡선 D_{a+b}는 D_a와 D_b를 수평적으로 합산한 것으로, 주어져 있는 시장가격에서 a와 b가 구입하고자 하는 수요량을 합산함으로써 구해진다. SS선은 시장공급곡선이며, 균형상태는 D_{a+b} 곡선과 SS곡선이 교차하는 E점에서 결정된다. 균형가격은 OC이며, 균형생산량은 OH가 되는데 이 중 a는 OF만큼 구입하고 b는 OG만큼 구입하게 됨을 가리키고 있다. 즉 $OF+OG=OH$ 이다.

그러면 공공재의 경우는 어떠한가? [그림 3-1]의 (b)에서 보는 바와 같이 민간재와 마찬가지로 종축에 공공재의 가격, 횡축에 공공재의 수급량을 표시하고 있다. D_a와 D_b는 일반소비자 a와 b의 개별수요곡선이다. 개별수요곡선은 소비자 a와 b가 공공재에 대하여 자신의 진실한 선호를 자발적으로 표시하고 있다는 가정 아래에서 그려진 것이다. 총(시장)수요곡선 D_{a+b}는 D_a와 D_b를 합함으로써 얻어지는데, 이때 D_a와 D_b를 수평적으로 합하는 것이 아니라 수직적으로 합해야 한다는 것이 민간재의 경우와 다른 점이다. 공공재는 비경합성, 비배제성의 성질을 가지고 있으므로 소비자 a와 b의 소비는 균등하게 될 수 있음을 우리는 앞에서 시적하였나. 따라서 이렇게 균등한 공공재의 소비량에 대하여 소비자 a와 b가 지불하려고 하는 가격은 각자의 선호(수요)에 따라 다를 것인데, 이 가격을 합산하여 D_{a+b}곡선이 얻어지는 것이다. 균형상태는 D_{a+b}곡선이 공급곡선인 SS 선과 서로 교차하는 E점에서 형성된다. 즉 균형생산량은 OH이며, 이것은 소비자 a와 b가 공동으로 소비하는 양이다. 공공재의 균형가격은 OK가 되며, 이것은 a가 OM을 지불하고 b가 OL만큼을 지불함으로써 이루어진다. 즉 $OM+OL=OK$이다.

수요곡선이란 앞 장에서 이미 밝혔듯이 개인이 소비로부터 향수하는 한계가치 또는 한계이익(marginal value 혹은 marginal benefit)을 반영하고 있다. 다시 말하여 재화 1단위를 추가적으로 얻기 위해 소비자들이 포기할 의사가 있는 타재화의 가치를 수요곡선이 보여 주고 있는 것이다. 공급곡선이란 그 재화를 생산하는데 들어간 한계비용(marginal cost)을 반영하고 있다. 따라서 양 곡선이 교차하는 균형점에서는 한계이익과 한계비용이 일치하는 것이다. 만약 생산량이 균형생산량인 OH에 미달하면 사람들의 한계이익이 그 재화에 들어간 한계비용보다 더 큰 상태이므로 생산량을 증가시킴으로써 후생을 증가시킬 수 있다. 반면에 생산량이 OH수준을 초과하였을 때는 한계비용이 한계이익보다 더 큰 상태이므로 이때에는 후생의 손실이 발생하게 되므로 생산을 OH수준으로 감소시켜야 한다. 결국 생산량이 OH수준에서 이루어질 때에만 후생은 극대가 된다고 하겠다.

이처럼 [그림 3-1]에서 민간재와 공공재의 공급방법은 매우 유사한데, 그러면 양 재화 사이의 근본적인 차이는 무엇인가? 민간재의 경우에 있어서는 자원의 효율적 배분 및 적정생산을 위해서는 각 개인이 향수하는 한계이익(MB)과 한계비용(MC)이 서로 일치하기를 요구하고 있다. 즉,

$$MB_a = MB_b = MC$$

이다. 그러나 공공재의 경우에는 자원의 효율적 사용과 이에 따른 적정규모의 생산을 위해 각 소비자들의 한계이익(MB)의 합이 한계비용(MC)과 일치하는 것을 조건으로 하고 있다. 즉,

$$MB_a + MB_b = MC$$

이다. 다른 말로 표현하면 민간재에 있어서는 소비자 a와 b가 동일한 가격을 지불하면서 상이한 양을 소비하고 있는 반면에, 공공재에 있어서는 소비자들이 동일한 양을 소비하면서 상이한 가격을 지불하는 것이다.

공공재에 대한 가격이란 바로 각자가 내는 세금이다. 소비자 a와 b는 동일한 양 OH를 균등소비하면서 각기 OM과 OL만큼의 조세를 지불함으로써 균형상태에 도달한다. 이렇게 할 때 각 개인은 자기가 자발적으로 표현한 한계가치에 따라 적정가격을 지불하고 있는 셈이며, $OK = OM + OL$이 되어 조세는 시장에서 형성된 가격과 그 성격을 같이하게 된다. 또한 공공재의 생산을 위해 소요된 총경비는 $OKEH$만큼인데 이 경비를 위해 조달된 총조세수입액 역시 $OKEH$이므로, 균형예산 속에서 공공재의 생산이 이루어지고 있음을 보여 주고 있다.

린달(Lindahl)의 모형을 빅셀(Wicksell)이 제창한 '전원일치의 원칙'(unanimity rule)에 적용시켜 보면, 이 모형 속에서는 모든 소비자(납세자)의 완전합의가 가능하게 됨을 알 수 있다. 즉, 정부가 OH만큼의 공공재생산에 대해 납세자 a와 b에게 각각 OM과 OL만큼 세금을 부과한다면 이것은 바로 납세자들이 지불할 의사가 있는 금액이므로 아무도 이에 반대하지 않을 것이다. 따라서 공공재 OH량은 가장 최적의 생산규모임이 분명해지며 바로 파레토최적수준인 것이다.

우리는 앞 절에서 공공재에는 무임승차의 문제가 있어 정부의 개입이 필요하지만, 만약 사회구성원이 소수일 때에는 정부의 개입 없이 자발적 협상에 의하여 적정한 규모의 공공재생산이 가능하다고 하였다(우리는 이를 Coase정리라고 부르고 있다). 그러나 사회구성원의 규모가 소수라 하더라도 공공재의 공급이 자발적 교환에 의하여 [그림 3－1]에서 보는 바와 같은 OH수준에 항상 도달된다는 보장이 없다는 것에 유의할 필요가 있다. 이러한 현상은 소비자 a와 b의 상호전

그림 3-2 | 공공재와 전략적 행태

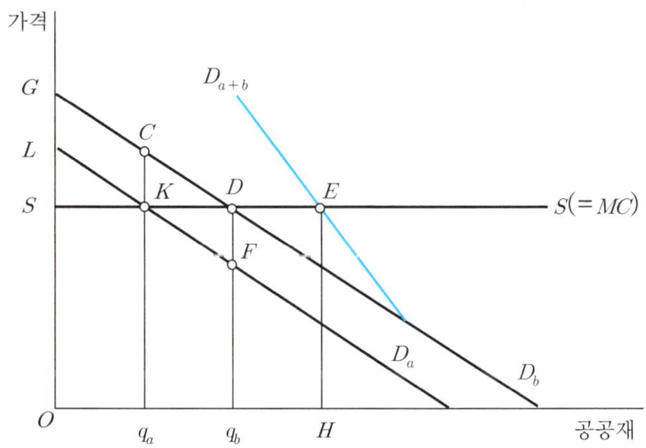

략적인 행태(strategic behavior) 때문에 발생하는 것이다. 소비자들은 그들의 수요곡선에 따라 소비량을 결정하기보다는, "전부가 아니면 無다"(all or nothing)라는 식의 협상을 하려고 할지도 모르는 것이다.

예로서 [그림 3-2]를 가지고 설명해 보자. 이 그림은 [그림 3-1]의 (b)를 다시 반복한 것이며, 다른 것이 있다면 한계비용이 일정하다는 가정하에 공급곡선이 수평선으로 표시되어 있다는 점뿐이다.

소비자 a와 b의 전략적 행태가 어떠한지를 b의 입장에서 생각해 보자. b는 만약 a가 존재하지 않다면 q_b만큼의 공공재를 구입할 것이다.

그러나 b가 만약 a의 행동을 계산하고 있다면 얘기가 달라진다. b는 자기 자신이 아무런 공공재를 구입하지 않는다면 a가 q_a만큼 공공재를 구입할 것이나, 만약 b자신이 q_b만큼 공공재를 구입하면 a는 아무런 구입도 하지 않을 것으로 생각하고 있을 것이다. 이러한 상황 아래에서 b는 공공재를 전혀 구입하지 않기로 결정할 것인데, 그 이유는 a가 q_a만큼의 공공재를 구입함으로써 b가 공짜로 얻을 수 있는 혜택(Oq_aCG의 면적으로 측정)이 b가 스스로 OS만큼 지불하면서 q_b만큼의 공공재를 구입함으로써 얻는 혜택(SGD의 면적으로 측정)을 초과하고 있기 때문이다. 비슷한 입장에서 a 역시 자기 스스로 q_a만큼 공공재를 구입하려고 하지 않을 것이다. 왜냐하면 a가 아무 것도 구입하지 않으면 b가 q_b만큼 구입할 것으로 a는 생각하고 있기 때문에 b의 q_b만큼의 구입에서 a가 공짜로 얻을 수 있는 혜택(Oq_bFL의 면적으로 측정)이 a가 스스로 OS만큼 지불하면서 q_a만큼 구입함으로써 얻는 혜택(SLK의 면적으로 측정)을 초과하고 있기 때문이다. 결국 두 사람 모두 아무 것도 구입하지 않으려고 할 것이고, 어느 한 사람의 행동을 통하여 공공재는 어느 정도 생산되겠지만 그 생산량은 q_b만큼은 될 수 있을지언정 OH수준에는 도달되지 못할 가능성이 높은 것이다.[5)]

그러나 아무튼 자발적 교환접근에 의하여 형성된 린달의 모형은 공공재에 대한 개별수요곡선을 도입함으로써 공공재배분이론에 새로운 계기를 마련해 주었으며, 이것은 곧 후생경제학(welfare economics)적인 최적배분이론의 출발점을 제시하였다는 데 그 의의가 있다고 할 수 있다. 그러나 이 모형에도 몇 가지 문제점이 따르고 있는데, 세 가지 정도를 지적하면 다음과 같다.

첫째의 문제점으로서는 공공재의 개별수요곡선을 과연 그림에서처럼 얻어낼 수 있겠느냐의 의문이다. 우리가 잘 알고 있듯이 비배제성의 원리가 적용되는 공공재선택에 있어서는 무임승차의 문제가 발생하고 있는만큼, 소비자들에 의한 공공재에 대한 자발적 선호표시는 거의 불가능한 것이라 하겠다.

둘째, 정부가 비록 각 개인의 선호를 파악하여 이에 따른 조세를 결정하였다고 하더라도, 현실적으로 각 개인의 선호에 따른 차별적인 조세징수가 가능하겠느냐의 의문이다. 정부의 조세행정에도 항상 한계가 있으므로 개개인에게 각기 다른 조세액을 부과하기란 불가능할지도 모르는 것이다. 도리어 행정편의상 일률적인 기준에 따른 조세액을 부과하게 되는 경우가 흔한데, 이때에는 납세자 모두가 불만스럽게 느끼는 조세액 내지 공공재생산량이 결정될 가능성이 농후하다.

셋째, 린달의 모형은 공공재만을 독립적으로 다룸으로써 민간재가 고려되어지지 않고 있으므로 총가용자원 중 얼마만한 규모가 민간재를 위해 배분되어져

---

5) 만약 사람들이 원만한 합의에 도달하여 이를 계속 지켜 나간다면 모든 사람들은 더 나아질 것이다. 그러나 각 개인은 여기서 이탈하려는 동기를 가지고 있다. 이것은 소위 '수인의 딜레머'(prisoner's dilemma)라는 개념에서 명쾌히 설명될 수 있다. 만약 두 수인 모두가 자백하지 않기로 합의하여 이를 고수하면 두 사람 모두 증거불충분으로 가벼운 실형을 언도받을 것인데, 두 사람 중 한 사람만 자백하고 다른 사람은 자백하지 않는다면 자백한 사람은 훨씬 감형되고 자백하지 않는 사람은 최고형을 받게 된다는 이유 때문에 결국 두 사람 모두 자백하여 최고형은 아니더라도 상당한 중형을 언도받게 됨을 뜻한다.

야 하는가를 알 수 없다. 다시 말하여 린달의 모형은 특정공공재만을 고려한 부분균형하의 해결이므로 민간재와 공공재를 함께 고려하는 일반균형하에서의 해결이 요구된다. 진정한 사회적 균형을 가져올 수 있는 공공경비는 일반균형분석을 통해 결정된다고 하겠다.

2. 일반균형분석

[그림 3-1]에서 우리가 행한 분석은 정부의 예산이 일단 주어져 있는 상황에서 어느 특정공공재를 얼마만큼 공급해야 하는가의, 소위 부분균형분석(partial equilibrium analysis)에 불과하다. 이제 공공재의 적정공급문제를 국민경제 전반으로 확대시켜 국가자원을 민간재와 공공재 사이에 어떻게 배분시켜야 할 것인가라는 일반균형분석(general equilibrium analysis)을 살펴볼 필요가 있다. 공공재에 대한 일반균형분석은 사무엘슨(Paul A. Samuelson) 교수의 1954년과 1955년에 발표된 논문에 의해 처음으로 정립되었다. 그런데 사무엘슨 교수의 모형을 소개하기 전에 우선 공공부문과 민간부문 사이에 자원이 어떻게 배분되어야 하는가의 원칙적인 면을 먼저 생각하여 보자.

우리는 제 2 장의 [그림 2-8]에서 생산가능곡선의 개념을 소개하였다. [그림

그림 3-3 | 한 사회의 생산가능곡선

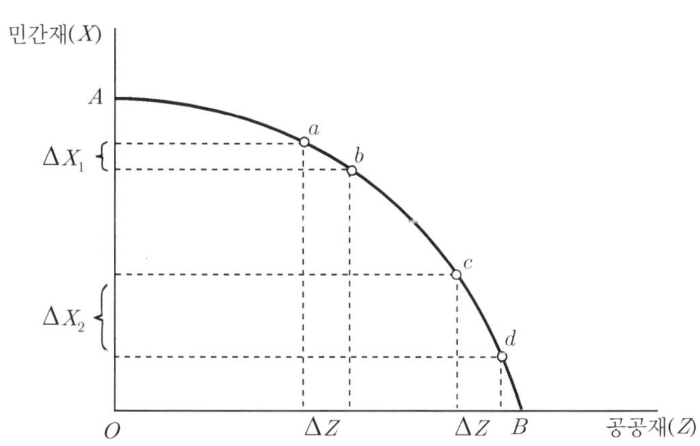

2-8]에서는 두 가지 종류의 민간재간의 생산가능관계를 보여 주고 있지만, 이제 두 가지의 민간재 대신에 하나는 민간재이고 다른 하나는 공공재인 경우를 생각해 보자. 이와 같은 생산가능곡선이 [그림 3-3]에 나타나 있다. 즉 그림의 횡축은 공공부문에서 생산되는 재화 및 용역의 양을 나타내며, 종축은 민간부문에서 생산되는 재화 및 용역의 양을 가리킨다.

한 사회의 생산가능곡선(production possibility curve)은 사회적으로 가용한 모든 자원을 총동원하여 공공부문과 민간부문에 배분시켜 가장 효율적이고 최대의 생산을 달성할 수 있는 공공재(Z)와 민간재(X)의 여러 가지 생산가능조합을 보여 주고 있는 곡선이다. 그림의 A점은 총가용자원을 민간재 생산에 배분했을 경우이고, B점은 총가용자원을 공공재 생산에 배분했을 경우이다.

사회의 생산가능곡선은 원점에 대하여 오목(凹)한데, 그 이유는 다음과 같이 설명할 수 있다. 생산가능곡선상의 자원배분점이 a점에서 b점으로 이동하여 공공재를 ΔZ 단위만큼 더 생산하는 경우를 생각해 보자. 공공재를 더 생산하기 위해서는 자원, 즉 생산요소를 민간재의 생산에서 공공재 생산으로 이전해야 하는데 가급적 민간재 생산에 적합하지 않으면서 공공재 생산에 보다 적합한 생산요소를 이전하게 될 것이다. 이러한 전환 과정에서 민간재의 생산량 ΔX_1 만큼이 포기되는 것인데 이것이 공공재 생산의 기회비용이다. 이제 공공재 생산이 계속 증가하여 c점에서 d점으로 역시 공공재를 ΔZ 단위만큼 더 생산한다고 하자. 이를 위해서는 역시 자원이 민간재 부문에서 공공재 부문으로 이전되어야 하는데 이미 공공재 생산이 상당히 많은 수준이기 때문에 상대적으로 공공재 생산에 유리한 생산요소는 상당부분 소진되어 적은 반면 민간재 생산에 적합한 생산요소가 많은 상태가 될 것이다. 따라서 같은 ΔZ 단위만큼의 공공재를 추가로 생산하더라도 더 많은 생산요소가 투입되어야 하며 그에 따라 포기해야 하는 민간재의 규모는 ΔX_2로서 a점에서 b으로 이동할 때의 ΔX_1에 비해서 커지게 되는 것이다. 즉 공공재 생산이 증가함에 따라 그 기회비용이 체증하게 되기 때문에 생산가능곡선은 원점에 대하여 오목한 형태를 취하고 있다.

이제 부문간 최적배분점을 얻기 위해 다음에는 사회적 무차별곡선을 도입하여야 할 필요가 있다. 사회적 무차별곡선(social indifference curve)은 제1장의 [그림 1-1]에서 이미 소개된 바 있는데, 전체 사회구성원의 공공재와 민간재에 대한 선호를 집계한 총계적인 효용수준을 밝혀 주고 있는 곡선이다. 이러한 사회적 무차별곡선은 한 사회의 소득분배의 상태는 물론이고 공공부문의 의사결정에 있어서의 정치적 영향력도 반영하고 있는 것이다. 사회적 무차별곡선은 원점에 대하여 볼록(凸)하게 되는데 이는 양 재화간의 한계대체율(marginal rate of substitution)이 체감하기 때문이다. 잘 알다시피 한계대체율이 체감하는 원인은 한 재화가 보다 희소해질수록 그 재화의 소비에서 오는 한계효용은 크며, 그 반대로 한 재화의 소비가 많아질수록 그의 한계효용은 감소하는 데 기인한다.

공공재와 민간재 사이의 자원의 최적배분은 주어져 있는 생산가능곡선과 사회적 무차별곡선이 서로 접하는 점에서 이루어진다. 이 접점에서는 생산가능곡선의 기울기인 한계변환률(MRT)과 사회적 무차별곡선의 기울기인 한계대체율(MRS)이 서로 일치하고 있으므로 우리가 제 2 장 제 3 절에서 살펴보았던 파레토 최적조건을 충족시키는 것이다(즉 MRT=MRS).

[그림 3-4]에서 보면 SIC_2 곡선이 E점에서 생산가능곡선(AB선)과 접하고 있다. 이에 따라 민간부문에서는 OC만큼의 생산이 이루어지며, 공공부문에서는 OD만큼의 생산이 이루어지도록 자원이 배분되어야 하며, 이렇게 됨으로써 사회적 균형(social balance)이 달성된다. 민간부문 내지 공공부문에서 기술의 혁신이 생긴다면 생산가능곡선은 위로 이동하게 될 것이며, 이때는 사회후생수준이 증

그림 3-4 | 공공부문과 민간부문의 균형(사회적 균형)

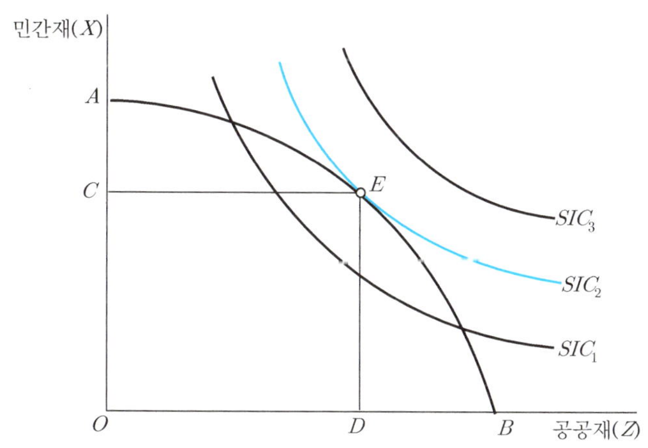

가한 상태에서 새로운 사회적 균형이 이루어질 것이다.

그런데 여기에서 주의할 것은 현실적으로 배분점이 반드시 최적배분점인 E 점과 일치한다는 보장은 없다는 것이다. 현실적인 견지에서 생산가능곡선은 어느 정도 측정이 가능하다고 하더라도 과연 우리가 사회적 무차별곡선을 어떻게 확인·측정할 수 있을 것인가의 문제가 생긴다. 사회구성원의 선호는 그들의 소득배분상황과 정치적 행사력 등에 의하여 다양하게 얽혀 있기 때문에 그 실체를 파악하기란 매우 힘든 일이다. 더욱이 사회적 선호가 개개인의 선호와 반드시 같은 방향으로 형성된다는 보장도 없으므로 사회적 무차별곡선의 측정은 더욱 어려운 작업이라 하겠다. 따라서 사회적 균형점을 발견하기란 현실적으로 매우 어렵고 어쩌면 불가능한 일이라고도 하겠다.

(1) 사무엘슨의 모형

그러면 이제 사무엘슨(P. A. Samuelson) 교수의 모형에 대하여 고찰하여 보자.[6] 사무엘슨모형은 린달모형과 마찬가지로 공공재에 대한 자원배분은 소비자의 개인적 선호에 의해 좌우되는 것이며, 이러한 개인적 선호가 이미 알려져 있는 것으로 가정하고 있다. 이와 같은 전제하에서 사무엘슨모형은 공공재와 민간재의 생산량을 소비자 A와 B라는 두 개인에게 어떤 방법으로 배분할 때 파레토최적이 실현되는가를 보여 주고 있다.

[그림 3-6]은 세 가지 그림으로 구성되어 있다. 상단에 있는 그림 (a)는 사회의 생산가능곡선이며 DC 선으로 나타나 있다. 중단부분의 그림 (b)는 소비자 A의 공공재와 민간재에 대한 무차별곡선 IA_1, IA_2 및 IA_3를 보여 주고 있으며, 하단부분의 그림 (c)는 소비자 B에 대한 것이다. 공공재의 특성에 따라 A와 B는 동등한 공공재를 소비하며 그 양은 그림의 횡축 위에서 똑같은 점으로 표시될 수 있다. 그러나 그들은 상이한 분량의 민간재를 소비하므로 그림의 종축 위에서 상이한 점으로 표시되며, A와 B의 각기 상이한 민간재 소비량을 서로 합칠 때 이는 민간재의 총생산량과 같아지게 된다. 예를 들어 그림 (b)의 IA_2 선상의 G점 위에 있는 소비자 A는 OF 만큼의 공공재와 FG 만큼의 민간재를 소비한다. 그

6) Paul A. Samuelson, "The Pure Theory of Public Expenditures," *Review of Economics and Statistics*(November 1954), pp. 387~389; "Diagrammatic Exposition of a Pure Theory of Public Expenditures," *ibid.*(November 1955), pp. 350~356.

그림 3-5 | 민간재와 공공재의 최적규모결정(사무엘슨모형)

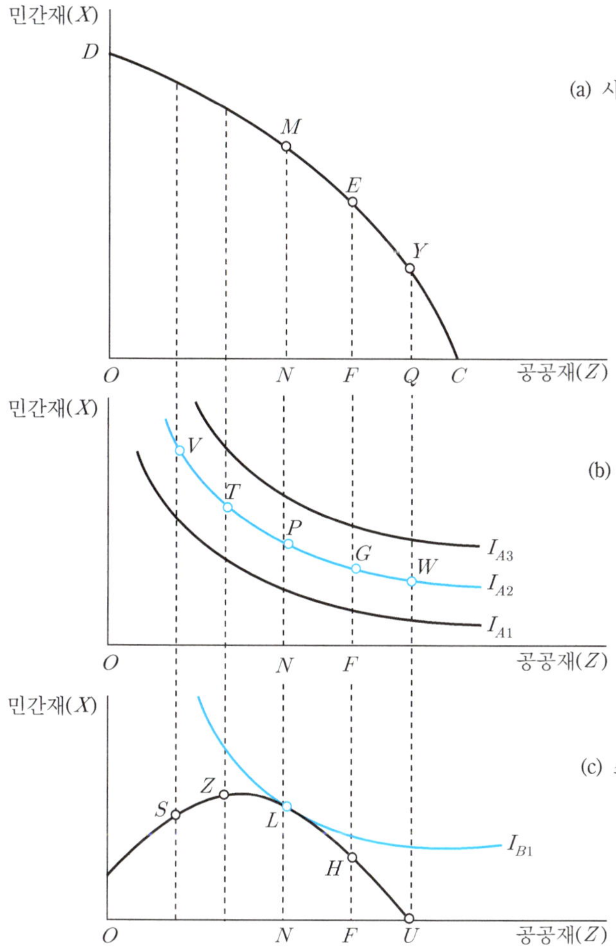

런데 공공재를 OF 만큼 생산할 때의 민간재생산은 그림 (a)에서 보여 주는 바와 같이 FE가 된다. 따라서 민간재의 총생산량 FE에서 소비자 A가 소비하는 FG를 뺀 후의 여분 $FH(=FE-FG)$가 바로 소비자 B의 소비량이 되며, 이것은 그림 (c)에서 보여 주는 바처럼 H점이 된다.

이제 A의 특정한 효용수준을 V, T, P, G 및 W를 통과하는 무차별곡선

I_{A2}를 가정하자. 바로 위에서 지적한 것처럼 이 무차별곡선 위의 G점에 대응하는 점은 B의 경우에 있어서 H점이 된다. 이와 똑같은 방법으로 A의 V, T, P 및 W점에 대응하는 B의 점을 찾으면 각기 S, Z, L 및 U가 될 것이다. A가 W에서 I_{A2}를 따라 좌측으로 움직일 때 B는 $UHLZS$를 따라 같은 방향으로 움직인다. A의 효용은 I_{A2}위의 어느 점에서도 동등하게 되므로, 사회 전체의 후생의 극대화는 B에게 가장 높은 효용을 가져다 주는 점을 선택함으로써 구할 수 있게 된다. 이 점은 바로 $SZLHU$ 선이 무차별곡선 I_{B1}과 접하는 L점이며, 이에 대응한 A의 위치는 P점이 된다. 이제 우리는 최적의 해결방법을 찾은 것이다. 공공재를 ON 만큼 공급하고 민간재를 NM 만큼 생산하는 것이다. ON 만큼의 공공재는 A와 B에게 균등하게 소비되며, NM 만큼의 민간재 총생산량은 A에게 NP 분량을, B에게 NL 분량으로 나누어짐으로써 파레토최적상태에 도달하는 것이다.

이 최적상태에서 공공재의 민간재에 대한 한계변환율(MRT)이 A와 B의 공공재의 민간재에 대한 각각의 한계대체율(MRS)의 합과 동일하다는 것에 유의해야 한다. 즉 $MRT_{ZX} = MRS^A_{ZX} + MRS^B_{ZX}$의 관계가 성립된다.7) 이것은 [그림 3-5]에서 M점에서의 기울기가 P점과 L점에서의 기울기의 합과 같다는 것을 의미한다.

---

7) 민간재들만의 경우에는 파레토최적조건으로서 $MRT_{XY} = MRS^A_{XY} = MRS^B_{XY}$의 관계가 성립됨을 우리는 제 2 장에서 이미 설명하였다(파레토최적조건 3을 참조).

그러면 공공재(Z)가 고려된 경우에 $MRT_{ZX} = MRS^A_{ZX} + MRS^B_{ZX}$가 됨을 수리적으로 증명하여 보자. 만약 소비자 A의 효용함수를 U_1, 소비자 B의 효용함수를 U_2라고 하면

$$U_1 = U_1(X_1, Z_1)$$
$$U_2 = U_2(X_2, Z_2)$$

이다. 이제 제약조건으로는

$\overline{U_1} = U_1(X_1, Z_1)$ (A의 효용수준은 주어져 있다)

$X_1 + X_2 = X$(민간재는 가분된다)

$Z_1 = Z_2 = Z$(공공재는 균등소비된다)

$F(X, Z) = 0$(사회 전체의 생산기회는 X와 Z의 생산함수로 표시)

가 된다.

이와 같은 제약조건 아래서 B의 효용함수인 $U_2 = U_2(X_2, Z_2)$를 극대화하는 것이 파레토최적상태를 만족하게 하는 해결이므로, 이를 극대화하기 위하여서는 다음 식을 극대화해야 된다.λ_1

$$H = U_2(X_2, Z) - \lambda_1\{\overline{U_1} - U_1(X_1, Z)\} - \lambda_2 F(X, Z) = 0 \quad (\lambda_1\text{과 } \lambda_2\text{는 라그랑제승수})$$

따라서

그런데 지금까지의 설명을 통한 최적점의 해결은 어디까지나 소비자 A의 효용수준이 I_{A2}수준에 있다는 가정 아래에서 얻어진 것이다. 만약 A가 다른 효용수준(예를 들어 I_{A1}혹은 I_{A3})에 처하게 된다면 이에 대응하여 소비자 B의 새로운 위치를 표시하는 궤적을 구할 수 있으며, 따라서 새로운 최적점을 얻게 된다. 결국 A가 어느 효용수준(어느 무차별곡선상)에 처하느냐에 따라 무수한 수의 최적점을 얻을 수 있게 된다. A의 효용수준은 그의 소득상태가 어떠한가에 좌우되는 만큼, 어떠한 소득분포상태가 가장 바람직한가에 따라서 A의 최초의 효용수준이 결정될 수 있나고 하겠나. 따라서 이제 남은 과제는 동등한 효율성을 가진 수많은 해결점(최적점) 가운데 어떤 하나를 선택하는 문제이며, 이 선택은 바람직한 소득분포상태의 규정을 요구하는 가치판단의 문제로 남게 된다.

$$\frac{\partial H}{\partial X_1}=\lambda_1\frac{\partial U_1}{\partial X_1}-\lambda_2\frac{\partial F}{\partial X}=0$$

$$\frac{\partial H}{\partial X_2}=\frac{\partial U_2}{\partial X_2}-\lambda_2\frac{\partial F}{\partial X}=0$$

$$\frac{\partial H}{\partial Z}=\frac{\partial U_2}{\partial Z}+\lambda_1\frac{\partial U_1}{\partial Z}-\lambda_2\frac{\partial F}{\partial Z}=0$$

그러므로

$$\lambda_1\frac{\partial U_1}{\partial X_1}=\lambda_2\frac{\partial F}{\partial X}\cdots\cdots\cdots\cdots\cdots\cdots①$$

$$\frac{\partial U_2}{\partial Z}+\lambda_1\frac{\partial U_1}{\partial Z}=\lambda_2\frac{\partial F}{\partial Z}\cdots\cdots\cdots\cdots\cdots\cdots②$$

식 ②를 식 ①로 나누면

$$\frac{\frac{\partial U_2}{\partial Z}}{\lambda_1\frac{\partial U_1}{\partial X_1}}+\frac{\frac{\partial U_1}{\partial Z}}{\frac{\partial U_1}{\partial X_1}}=\frac{\frac{\partial F}{\partial Z}}{\frac{\partial F}{\partial X}}$$

그런데

$$\lambda_1\frac{\partial U_1}{\partial X_1}=\lambda_2\frac{\partial F}{\partial X}=\frac{\partial U_2}{\partial X_2}$$

이므로 따라서

$$\frac{\frac{\partial U_1}{\partial Z}}{\frac{\partial U_1}{\partial X_1}}+\frac{\frac{\partial U_2}{\partial Z}}{\frac{\partial U_2}{\partial X_2}}=\frac{\frac{\partial F}{\partial Z}}{\frac{\partial F}{\partial X}}$$

즉 $MRS^A_{ZX}+MRS^B_{ZX}=MRT_{ZX}$이다(이를 사무엘슨조건이라고 부른다).

(2) 머스그레이브의 모형

사무엘슨 모형은 공공재이론을 후생경제학적 일반균형이론에 통합시킴으로써 선구자적인 개척을 한 셈이다. 그러나 이 모형은 실제로 이것이 어떻게 집행될 수 있는가에 대하여 아무런 것도 제공하지 못하고 있다. 예로서 소비자 A와 B의 조세부담액이 얼마인지에 대하여서는 아무런 언급이 없다. 이러한 약점을 보완하기 위하여 머스그레이브(R. A. Musgrave)교수는 공공재 최적배분이론을 재정립하였다.[8] 머스그레이브 모형 속의 가정은 앞에서의 자발적 교환이론(린달모형)에서의 가정과 대동소이하다. 즉, 최초의 소득분배상황은 주어져 있다고 하고, 공공재는 소비자들의 소득수준에 기초를 둔 선호에 따라서 공급된다고 가정한다. 공공재 생산에 소요된 비용은 조세수입으로 메워지며, 조세는 이익세에 근거를 둔다고 가정한다. 각 소비자의 선호는 이미 잘 알려져 있다는 것을 가정하며, 민간재에 대하여서는 균등한 가격을 지불하면서 각자의 선호에 따라 각기 상이한 양을 소비하나, 공공재의 경우는 동등한 양을 소비하지만 각자의 선호에 따라 각기 상이한 가격(조세)을 지불하게 된다.

이제 머스그레이브 모형이 [그림 3-6]에 나타나 있다. 이 그림에서도 세 가지의 그림으로 나누어졌는데, 상단의 그림 (a)는 사회적 생산가능곡선인 CD선을 보여 주고 있다. CD선이 직선인 것은 공공재와 민간재의 생산비의 비율이 일정하다는 것을 가정하고 있기 때문이다(따라서 한계변환률이 일정하다).[9] 중단의 그림 (b)는 소비자 A에 관한 것으로서 양 재화에 대한 무차별곡선, 가격선 그리고 가격소비곡선(price-consumption curve) 등을 보여 주고 있고, 하단의 그림 (c)는 소비자 B에 관한 것으로서 중단의 그림 (b)와 같은 내용을 가지고 있다.

이제 A와 B 사이의 소득분포상황을 민간재의 생산규모로 표시하여 A에게는 OM/OC 만큼 되고 B에게는 ON/OC 만큼 되어 사회 전체의 총소득은 $OM+ON=OC$로 된다고 하자. 민간재의 가격은 경쟁가격이므로 일정한 상태로 있으며 소비자 A와 B에게는 공공재가격만 변동되는 것이다. 따라서 A에 대한 가

8) Richard A. Musgrave and Peggy B. Musgrave, *Public Finance in Theory and Practice*, 3rd edition(New York: McGraw—Hill, 1980), pp. 70~73.

9) 생산가능곡선(CD)이 직선인 것으로 가정함으로써 나중에 증명할 조세수입액과 공공재생산비가 일치함을 가능케 한다.

그림 3-6 | 민간재와 공공재의 최적규모결정(머스그레이브 모형)

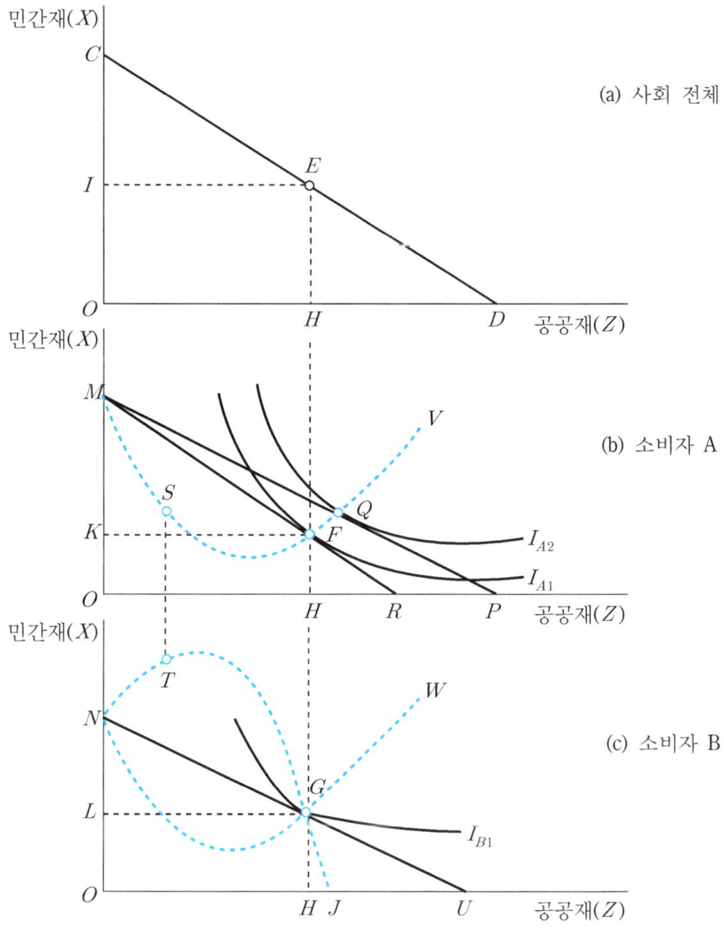

격선이 MR에서 MP로 이동하는 것이 가능하며, 이에 따라 가격소비곡선 MV(점선)를 작성할 수 있다. 점선 MV선은 무차별곡선과 가격선의 접점들을 연결시킨 선으로서, A가 주어져 있는 소득하에서 자신에게 최대만족을 가져다 주는 양 재화간의 소비균형을 보여 주고 있는 선이다. 이와 똑같은 원리에 따라 그림 (c)에서 B에 대한 가격소비곡선 NW(점선)를 그릴 수 있게 된다.

가격소비곡선 MV를 따라 A의 위치가 바꾸어지면 이에 상응한 B의 위치는 그림 (c)의 점선 NJ를 따르게 된다. 점선 NJ는 A가 소비하고 난 후의 B에게 남게 되는 민간재의 양을 보여 주고 있다. A의 위치가 MV상의 S점이라면 이에 대응한 B의 위치는 NJ상의 T점이 된다. 서로 상응하는 양 점에서 A와 B는 동등한 양의 공공재를 소비하지만, 민간재에 대하여서는 민간재 총생산량(CD 선으로 표시)에서 A가 소비하는 몫(MV선으로 표시)을 빼고 난 여분을 B가 소비(NJ선의 표시)하게 된다. 그러나 공공재와 민간재의 가격비율이 변함에 따라 B가 진정으로 선호하고 극대만족을 얻는 소비조합은 B의 가격소비곡선인 NW 선상에 있으므로, 이 NW선이 NJ선과 서로 교차되는 점에서 B의 실제적인 소비곡선이 이루어진다고 하겠다. 이 점이 바로 그림 (c)의 G점이다. 이에 대응한 A의 소비균형점은 그림 (b)의 F점이 되며, 동시에 공공재와 민간재 사이의 자원배분은 그림 (a)의 E점에서 이루어진다. 다시 말하여 소비자 A와 B는 OH만큼의 공공재를 균등소비하고, 민간재는 A가 OK만큼 소비하고 B가 OL만큼 소비함으로써 민간재총생산량은 $OK+OL=OI$가 되는 것이다. 공공재의 적정공급량은 물론 OH가 되는 것이다.

이와 같은 머스그레이브의 최종해결은 다음과 같은 네 가지의 특징을 가지고 있다.

첫째, 위의 해결점은 최초의 소득분포상황을 다시 확인시키고 있다. 즉, A에게는 OM/OC의 소득몫이, B에는 ON/OC의 소득몫이 분배된다.

둘째, 소비자 A와 B는 조세(공공재의 가격)를 지불하는데, 각자의 균형상태에서 공공재(Z)와 민간재(X)의 가격비율(P_Z/P_X)은 공공재의 민간재에 대한 한계대체율(MRS_{ZX})과 일치하게 된다. 즉, 소비자 A에게는 $MRS_{ZX}^A = P_Z^A/P_X = OM/OR$의 균형관계가 성립되며, 소비자 B에게는 $MRS_{ZX}^B = P_Z^B/P_X = ON/OU$의 균형관계가 성립된다. A가 지불하는 공공재 가격 P_Z^A는 B가 지불하는 공공재가격 P_Z^B와 상이할 것이나, 민간재 가격 P_X는 A와 B에게 동일하다.

셋째, 소비자 A와 B가 지불한 조세액의 합계는 공공재생산에 들어간 총비용과 일치하게 된다. 이것은 다음과 같이 증명될 수 있다. A가 지불하는 조세를 T^A라고 하고 B가 지불하는 조세를 T^B라고 하자. 그러면 $T^A = P_Z^A \cdot OH$이 되고, $T^B = P_Z^B \cdot OH$가 된다. 그런데 $P_Z^A/P_X = OM/OR$에서 P_X를 1로 잡으면(즉 $P_X=1$) $P_Z^A = OM/OR$이므로, 따라서 $T^A = (OM/OR) \cdot OH$가 된다. 이제

$OM/OR = KM/KF = KM/OH$이므로 $T^A = (KM/OH) \cdot OH = KM$이 된다. 이와 똑같은 방법으로 $T^B = LN$을 얻게 된다. 우리는 이미 $OM + ON = OC$이고 $OK + OL = OI$인 것을 알고 있었으므로, 결국 $T^A + T^B = KM + LN = IC$임을 알 수 있다.

공공재의 총생산비는 단위당 비용 P_Z에다가 생산량 OH를 곱함으로써 얻어질 것이다. [그림 3-6]의 생산가능곡선이 직선이므로 $P_Z/P_X = OC/OD$가 되고, 여기서 $P_X = 1$로가정하면 $P_Z = OC/OD$로 된다. 따라서 총비용은 $P_Z \cdot OH = (OC/OD) \cdot OH = (IC/OH) \cdot OH = IC$가 됨으로써 이것은 총소세수입 $T^A + T^B$와 일치하게 되는 것이다.

넷째, 위의 해결점은 사무엘슨 모형에서의 파레토 최적조건과 동일한 조건을 보여 준다. 즉 A와 B의 한계대체율의 합이 한계변환률과 일치한다($MRS^A_{ZX} + MRS^B_{ZX} = MRT_{ZX}$). 이것은 다음과 같이 증명될 수 있다. $(OM/OR) + (ON/OU) = (KM/OH) + (LN/OH) = IC/OH$인 것으로, 바로 A와 B의 무차별곡선의 기울기의 합과 생산가능곡선(CD)의 기울기가 서로 같게 됨을 뜻하는 것이다.

제 4 절 비순수공공재의 적정규모와 적정이용도

앞 절에서의 공공재의 논의는 주로 순수공공재(pure public goods)에 대한 것인데, 사실 완전한 공동소비(joint consumption)라는 조건을 충족시킨다는 것이 현실적으로 그리 용이한 일이 아니다. 이보다도 현실적으로는 사람들이 공공재의 소비에 참여하지만 소비대열에 참가하는 사람이 많으면 많을수록 여기서 얻는 혜택은 감소되는 것이 일반적 현상이다. 즉 혼잡현상이 발생하게 되는데, 이러한 공공재를 비순수공공재(impure public goods) 또는 혼잡재(congested public goods)라고 부를 수 있다. 혼잡재의 적정규모와 적정이용도에 대하여 검토하기로 한다.

1. 혼잡재(Type I): 비경합적 소비

우선 혼잡재 중에서 각자가 소비에 참여하지만 기본적으로 소비가 비경합적인 경우를 생각해 보자. 다시 말하여 공공재의 이용도에 있어서 이용자수에 따라 절대이용수준은 변화하지만 일단 결정된 이용자수 아래서는 소비의 비경합성이 적용되는 경우로서 좋은 예로 클럽하우스와 같은 클럽재(club goods)를 생각할 수 있다.[10]

클럽재는 배제성 원칙이 적용되면서 비경합적 소비의 성질을 가지고 있는 혼잡재이다. 왜냐하면 시설규모가 결정되고 이에 따른 적정한 이용자수가 결정되고 나면 그 이후의 소비는 비경합적이 되기 때문이다. 이러한 형태의 혼잡재에는 만약 이용자수(즉, 회원가입수)가 결정되어 있는 상태에서는 공동소비의 조건이 충족될 수 있으므로 사무엘슨 조건($\Sigma MRS = MRT$)에 의하여 시설의 적정규모 문제가 해결될 수 있다. 따라서 우리에게 더욱 흥미 있는 것은 주어져 있는 시설규모(size) 아래에서 혼잡 없이 비경합적 소비가 가능해질 수 있는 적정이용자수를 어떻게 결정할 수 있고 이들에게 필요하다면 얼마만큼의 비용을 부담시킬 수 있을 것인가이다. 다음의 [그림 3-7]을 통하여 이를 설명한다.

[그림 3-7]은 이용자 개인의 입장에서 본 것으로서 횡축에 이용자수(N), 종

그림 3-7 | 혼잡재의 적정이용도(Type Ⅰ)

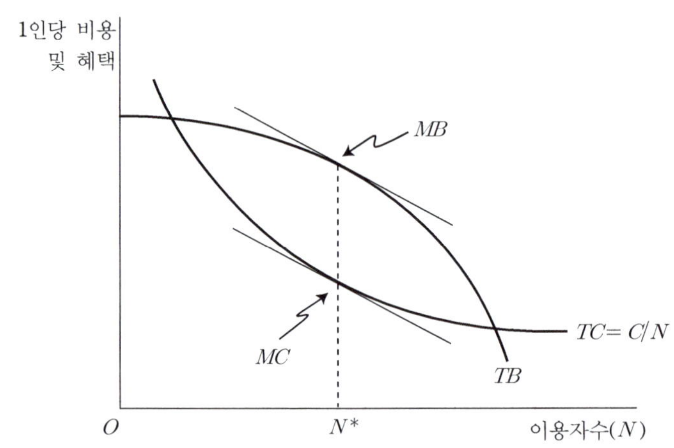

10) James Buchanan, "An Economic Theory of Clubs," *Economica*, 32, February 1965, pp. 1~14.

축에 1인당 비용(및 혜택)을 표시하고 있다. TC선은 개인의 입장에서 본 총비용곡선으로서, 클럽재(club goods)의 규모가 주어졌으므로 총비용(C)도 고정되어 있어 개인의 입장에서 $TC=C/N$과 같게 되며 C/N선은 직각쌍곡선의 형태를 취하게 된다. TB선은 역시 개인의 입장에서 본 총편익곡선으로서 원점에 대하여 오목한 형태를 취하고 있다. 그 이유는 TB선의 기울기가 한계편익(MB)으로서 이용자의 수가 증가함에 따라 개인의 한계편익은 혼잡 탓으로 체감하기 때문이다.

이제 이 클럽재의 적정이용수준은 두 곡선의 기울기가 같아지는 점, 즉 $MB=MC$가 되는 N^* 수준에서 결정된다. 이를 다시 설명하면,

$$MB=MC=-C/N^2$$

따라서

$$-N\cdot MB=C/N$$

임을 알 수 있다. 여기서 $-N\cdot MB$란 사회 전체의 입장에서 보아 한 사람의 추가적인 이용에 의하여 발생된 전체후생의 감소를 의미하며 이것은 사회적 측면에서의 한계혼잡비용(marginal congestion cost)을 의미하게 된다. C/N은 각 개인이 부담해야 할 비용이므로 결국 각 개인의 부담몫은 한계혼잡비용과 같아야 함을 나타내고 있다.

이제 클럽재의 적정시설규모를 G라고 하고 이를 반영한다면 사무엘슨 조건에 의해 $N\cdot MRS_{GX}=MRT_{GX}$가 성립된다. 그리고 클럽재의 한계비용(MC_G)을 불변인 것으로 가정할 때 클럽재의 총비용은 $C=G\cdot MC_G=G\cdot MRT_{GX}$가 될 것이다. 그러므로

$$\begin{aligned}-N\cdot MB&=C/N\\&=(G\cdot MRT)/N\\&=G\cdot MRS,\ \text{여기서 } MRS=MRT/N\end{aligned}$$

가 된다. 결론적으로 혼잡재의 형태인 클럽재가 적정규모로 제공되고, 이용자수

도 혼잡이 발생되지 않는 적정수준인 상태에서는 이용자 각 개인이 지불해야 할 부담몫(C/N)은 적정규모(G)를 한계대체율(MRS_{GX})에 곱한 것과 같으며 이것은 또한 이용자의 증가에 의해 추가된 한계혼잡비용과 일치하게 된다. 이러한 상황에서 각 이용자들의 순편익은 물론 극대에 달하게 될 것이다. 결론은 혼잡재의 적정이용수준에 도달하기 위해서는 각자가 한계혼잡비용을 부담해야 한다는 것이며, 이런 공공재는 지방공공재에 잘 적용될 수 있다는 점이다.

2. 혼잡재(Type II): 경합적 소비

이번에는 혼잡재 중에서 소비에 참여하는 각자에게 어느 정도 소비가 경합적인 경우를 생각해 보자. 여기서도 배제성의 원칙은 적용 된다. 이런 경우의 가장 대표적인 예로서 도로 혹은 교량 등을 들 수 있다.

사실 도로 혹은 교량이라고 하여 앞의 클럽재와 본질적으로 크게 다른 것은 없다. 다만 도로 혹은 교량의 경우 소비(이용)가 좀더 경합적이라는 것뿐이다. 그러면 이러한 재화의 적정시설규모는 어떻게 결정될까? 이 경우에는 사무엘슨 조건에 의한 해결은 적절치 못한 것이고 우리가 나중에 공부할 비용-편익분석(cost-benefit analysis) 등에 의하여 적정시설규모가 도출되어야 할 것이다. 예산의 제약 때문에 시설규모는 어쩔 수 없이 이미 결정되기 때문에 여기서도 시설규모는 일단 주어져 있는 것으로 전제하고 그 규모 아래에서 혼잡을 제거할 수 있는 적정이용수준의 결정을 검토하기로 한다.

도로의 규모가 주어져 있다면 이의 건설비도 일단 고정되어 있는 것으로 간주된다. 도로이용에 있어서의 가변비용이라면 두 가지를 생각할 수 있다. 첫째의 가변비용은 도로를 이용하는 데 드는 연료소모비 등의 수송비이다. 이러한 비용을 C라고 하고 한 번 여행하는 데 대개 일정하다고 간주한다. 둘째의 가변비용은 도로를 이용하여 여행하는 데 발생하는 시간비용이다. 우리는 지금 혼잡현상을 분석하고 있기에 우리에게 관심이 있는 것이 바로 시간비용이다(도로사업의 타당성 여부를 결정할 때 가장 중요한 편익이 바로 이 시간비용의 절약임을 상기하길 바란다). 이 시간비용을 $T(N, K)$로 표시하자. N은 여행자수(혹은 여행빈도)를 가리키고, K는 도로의 규모를 가리킨다. N이 많을수록 $T(N, K)$가 증가하고, 반대로 K가 클수록 $T(N, K)$가 감소할 것은 자명하다. 주어져 있는 도로규모 K에서

그림 3-8 | 혼잡재의 적정이용도(Type II)

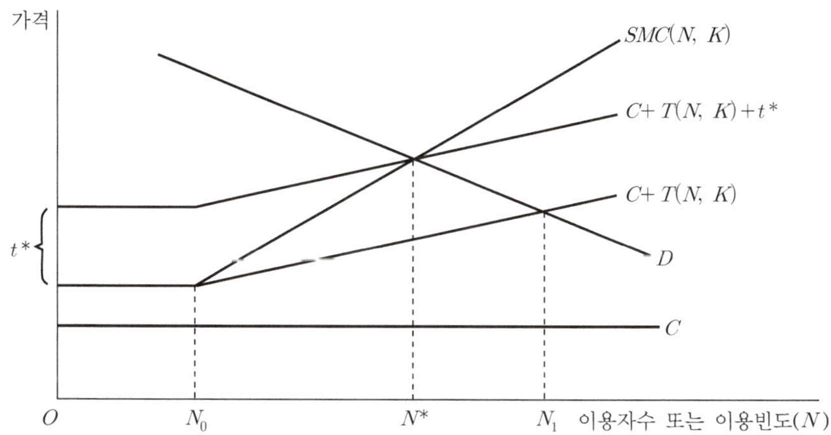

여행자 N명이 한 번 여행하는 데(혹은 한 사람이 N번 만큼 여행하는 데)드는 총가변비용은 $TVC=N\cdot[C+T(N,\ K)]$이며 여행별 평균비용은 $C+T(N,\ K)$ 만큼 발생하게 된다. 이 관계를 그림으로 표시하면 [그림 3-8]과 같게 된다.

그러면 이제 여행을 한 번 하는 데 드는 사회적 한계비용(social marginal cost)을 생각해 보자. 여행빈도가 증가할수록 혼잡현상이 심화되어 모든 여행자들에게 여행시간이 연장될 것이고 따라서 추가적인 시간비용이 발생할 터인데 이를 $\Delta T(N,\ K)/\Delta N$로 표시할 수 있다. 이는 여행 한 단위가 추가되는 데 드는 추가적인 시간비용을 의미한다. 따라서 모든 여행자들에 대하여 추가적인 여행에 따른 비용은 $C+T(N,\ K)+N\cdot\Delta T(N,\ K)/\Delta N=SMC(N,\ K)$가 된다. 이것은 통상적인 평균비용을 초과하는 것이며 그 초과분 $N\cdot\Delta T(N,\ K)/\Delta N$이 바로 추가적인 여행에 의하여 발생한 한계혼잡비용(marginal congestion cost)이라고 볼 수 있겠다.

[그림 3-8]에서 D선은 여러 가지 여행비용에 대한 여행자(여행빈도)의 여행수요곡선을 표시하고 있다. 이제 혼잡상황을 고려하지 않았을 경우의 여행적정빈도(여행자수)는 N_1이라고 하겠다. 그러나 이 수준은 사회적 관점에서 바람직한 수준이라고 보기 어렵고 한계혼잡비용을 고려한 후의 N^*가 적정이용수준이라고

하겠다. 즉 수요곡선 D와 공급곡선 $SMC(N, K)$가 교차하는 점에서 적정이용도가 결정된다. 만약 주어져 있는 도로의 시설규모 속에서 적정이용수준을 유도하기 위하여 통행료(toll)를 징수한다고 할 때 그 징수액은 어느 정도가 될 것인가? 이에 대한 해답은 [그림 3-8]에서 자연스럽게 도출될 수 있다. 적정통행료(t^*)는 한계혼잡비용인 $N \cdot \Delta T(N, K)/\Delta N$와 같게 되며 t^*만큼 징수함으로써 도로이용량을 N^*로 조정할 수 있는 것이다.

3. 정부의 비순수공공재 공급

지금까지의 논의에서 혼잡을 야기시키는 혼잡재의 경우 적절한 혼잡료를 징수함으로써 혼잡을 제거할 수 있음을 밝혔다. 이제 정반대의 경우를 생각해 보자. 우리는 앞에서 교량을 예로 들어 교량 자체는 민간재의 성격을 갖고 있으나 '혼잡하지 않은 교량'은 공공재(비순수공공재)로서 정부가 무료로 제공함이 타당하다고 지적한 바 있다. 이 점을 그림으로 설명하면 [그림 3-9]와 같다.

그림에서의 교량은 총용량이 Q_c까지이나 사용자의 최대수요량은 Q_m이므로 혼잡하지 않다. 이때에는 추가적인 교량사용에 의해 발생하는 한계비용이 영

그림 3-9 | '혼잡하지 않은 교량'의 경우

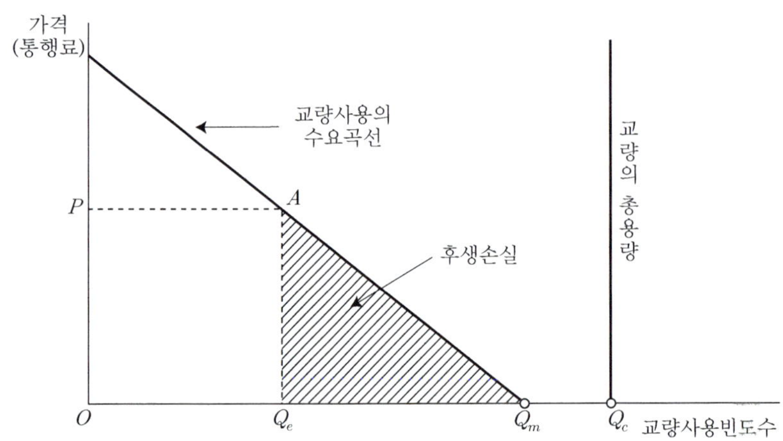

(0)이다. 만약 민간기업이 이러한 교량을 건설하여 운영한다면 통행료를 부과할 수밖에 없으며 통행료 P에서의 수요량은 Q_e에 불과하다. 즉 통행료 때문에 Q_eQ_m 만큼의 교량사용빈도가 감축되었다. 사회 전체로 보아서 빗금친 면적 AQ_eQ_m 만큼의 후생손실이 발생하는 것이다. 결국 민간기업이 참여하기보다는 정부가 참여하여 통행료부과 없이 Q_m 만큼 공급하는 것이 바람직하다.

경우에 따라서는 약간의 혼잡 때문에 추가적인 사용에 따른 한계비용이 영(0)보다 클 경우가 발생한다. 한계비용이 영(0)보다 클 경우에는 교량사용자는 오직 이 한계비용만을 부담하는 것이 원칙이다. 한계비용보다 높은 통행료를 부과하거나 반대로 한계비용보다 낮은 통행료를 부과한다면 어떤 경우에도 후생의 손실이 발생한다.

[그림 3-10]에서는 OP만큼이 한계비용이 발생하여 한계비용곡선이 MC와 같은 경우이다. 따라서 이 때의 적정통행료는 P이며 적정사용빈도는 Q_e이다. 만약 정부가 교량을 무료로 제공하여 사용빈도가 Q_m이 됐다면 이 때에는 초과사용이 야기되어 빗금친 면적 ABQ_m 만큼의 후생손실이 발생하는 것이다. 정부가 통행료를 P만큼 부과한다고 해도 교량건설비가 전액 회수되는 것은 아니기 때문에 어차피 국민들의 세금으로 교량을 건설하고 운영할 수밖에 없을 것이다.

근래에 와서는 정부가 공공재 공급을 책임지지만 효율성 향상을 위해 그 생

그림 3-10 | '혼잡이 발생하는 교량'의 경우

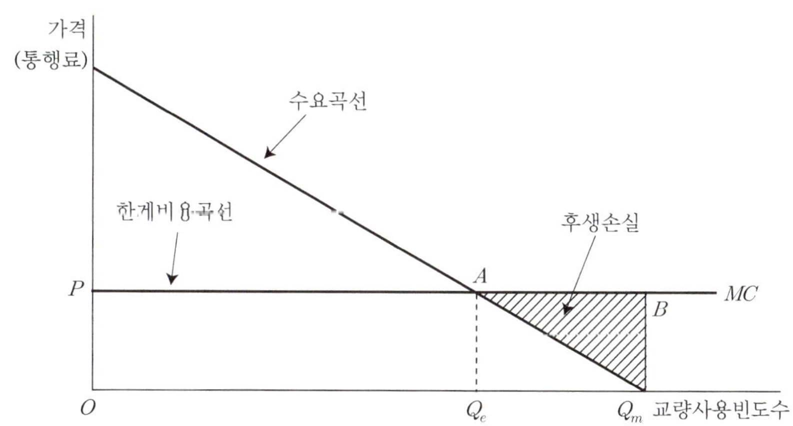

산과 관리를 민간기업에 위탁하는 경우가 빈번해지고 있다. 실제로 수많은 공공재가 정부와의 계약(contract)을 통해 민간분야에서 생산되고 있는데, 대표적인 예가 군수산업에서의 군사무기생산이다. 지방정부에서도 쓰레기수거, 공원관리 등 많은 지방공공서비스가 민간기업에 의해 관리되고 있다. 혼잡이 발생하는 교량의 경우에도 정부가 민간에게 운영을 위임할 수 있다. 그러나 공공재의 질관리가 항상 중요하고 또 정부와 계약을 맺는 과정에서 부조리가 발생하여 비용이 엄청나게 불어나는 사례가 종종 있으므로 민간에게의 위탁운영에 신중함이 요구된다. 따라서 경우에 따라서는 민간에게 위탁운영하는 것보다 아예 민영화(privatization)하는 것이 더 효율적일 수도 있다.

제5절 공공재 이론의 발전

이상에서 순수공공재와 비순수공공재를 대상으로 그 적정한 공급량과 사회구성원들의 부담이 결정되는 과정을 보여 주고 있다. 이러한 기본 논의들 이외에도 공공재 이론은 다양한 방향으로 전개되어 왔는데, 무임승차의 문제가 있는 공공재에 대한 개인들의 자발적인 선호 표출이 이루어질 수 있도록 하는 메커니즘을 찾는 노력, 일정한 지역에만 그 편익이 미치는 지방공공재의 효율적 공급조건을 찾는 노력, 그리고 의회에서의 투표 등 정치과정을 통해서 공공재의 공급이 결정되는 현실의 과정에 대한 연구 등을 대표적인 것으로 들 수 있다.

1. 자발적 선호표출 메커니즘

무임승차의 문제로 인하여 공공재에 대한 자발적인 선호표출이 이루어지지 않는다는 점은 앞에서 살펴본 바 있다. 그런데 이러한 공공재에 대한 선호를 참여자들로 하여금 자발적으로 표출할 수 있도록 하는 메커니즘을 제시하려는 노력도 여러 학자들에 의해서 이루어져 왔는데, 대표적으로 Clarke(1971), Tideman and Tullock(1976), Groves and Ledyard(1977) 등을 들 수 있다.

이러한 메커니즘들은 그 구체적인 내용은 다소 다르게 제시되고 있지만 기본적으로 개개인들이 자신의 선호, 즉 공공서비스에 부여하는 한계가치를 중앙계획자에게 보고하도록 하고 이러한 선호를 바탕으로 공공재의 공급이 이루어지도록 하는 것이다. 즉 중앙계획자들은 보고된 개개인들의 선호가 진실된 것인지 여부는 알 수 없지만 표출된 이들 선호를 합하여 공공재에 대한 수요곡선을 도출하고 이것이 공공재 공급의 한계비용곡선과 교차하는 점에서 공급량을 결정하는 것이다. 따라서 만일 개개인들이 자신의 진정한 선호를 표출하지 않는 경우 이렇게 결정된 공공재의 규모는 최적수준이 아니게 되기 때문에 개개인들로 하여금 사신의 신성한 선호를 표출할 수 있도록 하는 조세부과 방식을 설정하는 것이 중요하다. 이러한 조세를 클라크(Clarke) 조세라고 부르는데 기본적으로 개개인들이 표출하는 공공재에 대한 선호를 바탕으로 공공재의 공급이 이루어지도록 하면서,

그림 3-11 | 클라크 조세

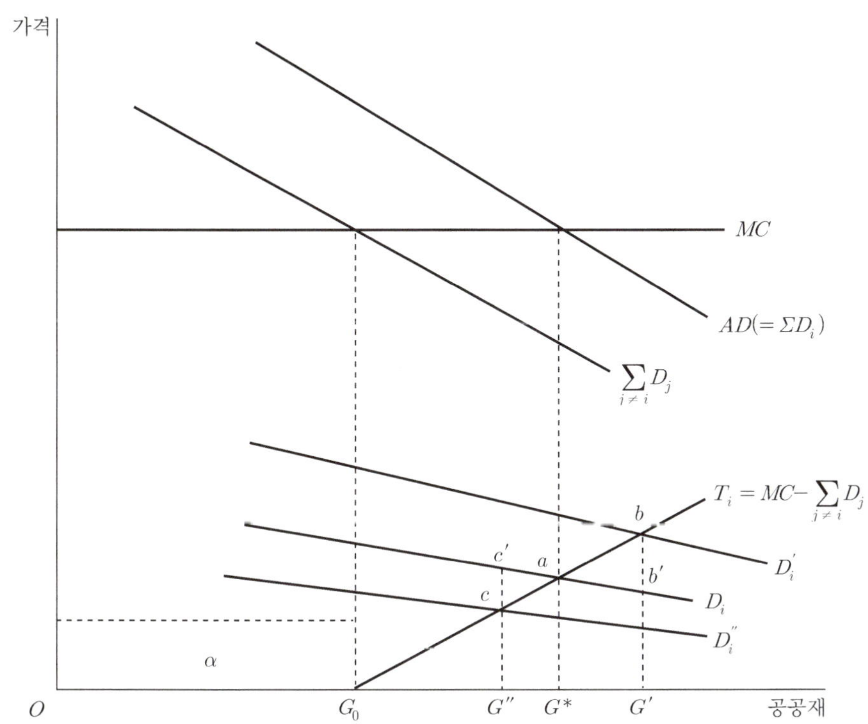

개개인들의 부담은 그들이 제시한 선호의 정도와 무관하게 결정하도록 한다는 점을 특징으로 한다. [그림 3-11]은 그 작동원리를 보여주고 있다.

그림에서 $AD(=\Sigma D_i)$는 모든 참여자들이 신고한 선호를 합하여 도출한 공공재에 대한 시장수요곡선이며, $\sum_{j \neq i} D_j$는 i이외 참여자들의 선호를 합하여 도출한 수요곡선이다. 공공재의 공급은 전체 수요곡선(AD)과 한계비용(MC)가 교차하는 G^*에서 이루어지게 된다. 그런데 과연 이 수준이 적정한 수준일 것인가? 만약 모든 참여자들이 자신들의 진정한 수요를 보고하였다면 이 수준은 적정한 공급수준이 되지만 과연 모든 참여자들이 그렇게 할 유인이 있는지가 문제인 것이다.

클라크 조세는 정액부분과 함께 공공재 공급의 한계비용(MC)에서 본인 이외의 다른 사람들의 한계편익의 합을 뺀 수준으로 설정하는 부분 등 두 부분으로 이루어지게 된다. 우선 참여자 i가 공공재에 대한 자신의 선호를 0으로 신고했다고 하자. 그렇다면 공공재의 공급수준은 다른 참여자들의 선호에 의해서 G_0에서 결정되는데, 그 공급 비용은 참여자들의 선호 표출에 관계없이 정액으로 징수한다. 이 그림에서는 α로 표시되어 있다. 두 번째 부분은 참여자 i로 인하여 다른 참여자들에게 야기된 후생의 손실분을 징수하는 것으로서 그 크기는 i 자신이 표출한 선호와는 관계없이 결정되고 있다 . 즉,

$$T_i = MC - \sum_{j \neq i} D_j$$

이렇게 조세를 설정하는 경우 균형은 참여자 i가 신고한 수요(D_i)와 그 부담 T_i가 교차하는 a점에서 이루어지며, 공공재는 G^* 수준에서 공급되게 된다. 이 수준에서 자신의 공공재소비로부터의 한계효용과 한계비용으로서의 조세부담이 같게 되기 때문에 효용이 극대화되는 적정소비량이 되는 것이다.

이제 만약 i가 자신의 선호를 D_i'와 같이 과다하게 신고한다고 하자. 이 경우 공공재는 G' 수준에서 공급되게 되는데, 이 마지막 단위의 공공재 소비에서 자신의 진정한 한계효용은 $G'b'$인 반면 지불해야 하는 조세는 $G'b$가 되고 적정소비량 수준인 G^*에 비해서 abb'만큼의 효용감소가 발생하는 것이다. 반대로 D_i''와 같이 자신의 선호를 과소신고한다고 하자. 이 경우 균형은 c점에서 이루어지고 공공재는 G''만큼에서 공급되게 된다. 이 수준에서 자신의 진정한 한계효

용은 $G''c'$인 반면 조세부담은 $G''c$이기 때문에 적정소비량 G^*에 비해서 acc'만큼의 효용감소가 결과되는 것이다. 따라서 위에서 제시한 클라크 조세의 메커니즘하에서 각 참여자들은 자신의 진정한 선호를 표출하여 신고하는 것이 가장 바람직한 결과를 이끌어내는 것이다.

그러나 이러한 선호표출 메커니즘을 현실에서 적용하기에는 여러 문제점들이 있다고 할 것이다. 과연 수많은 사회구성원들이 자신의 영향력이 매우 작은 상황에서 과연 그 선호를 보고하는 것과 같은 노력을 기울일 것인가 의문시되며, 또 이러한 메커니즘을 운영하는데 많은 행정비용이 소요될 것이다.

2. 지방공공재의 효율적인 공급

공공재의 편익이 미치는 범위가 국가전체가 아니라 일정한 지역에 국한되는 소위 지방공공재(local public goods)의 효율적인 공급조건에 대한 연구도 활발히 이루어져 왔다. Tiebout(1956)[11]는 사뮤엘슨이 공공재의 효율적 공급조건을 제시하면서도 무임승차의 문제로 인하여 시장에서는 효율적인 공공재 공급이 이루어질 수 없다고 주장한 것에 대해서, 지방공공재의 경우 시장 메카니즘에 의한 효율적인 공급이 가능하다고 주장하였다. 즉 한 국가 내에 서로 다른 지방공공서비스-세금부담의 조합을 제시하는 많은 지방정부가 존재하고, 주민들은 별도의 비용 없이 자유롭게 자신들이 원하는 지역으로 이사할 수 있다면 그 결과는 효율적인 것이라고 주장하였다. 즉 주민들이 자신의 선호에 부합하는 지역에 거주하는 결과는 지방공공서비스가 최적상태로 배분되어 있다는 것을 의미한다는 것이다. 이에 대한 보다 자세한 내용은 제21장에서 다루고 있다.

3. 공공선택이론으로서의 발전

예산이나 조세 등 재정에 관한 결정이 현실에서는 투표 등의 정치과정을 통하여 이루어진다는 것은 아무도 부인할 수가 없다. 그러므로 재정현상의 분석은 정치와 경제의 양면에서 접근할 필요가 있는 것이다. 투표 등 정치과정을 통해서

11) Charles M. Tiebout, "A Pure Theory of Local Expenditures," *Journal of Political Economy* (October 1956), pp. 416~424.

이루어지는 재정선택 현상을 경제학적인 분석방법을 이용하여 접근하는 소위 '비시장적 의사결정에 관한 경제학적 연구' 또는 단순히 '정치경제학'은 1960년대부터 하나의 연구분야로서 전개된 비교적 새로운 것으로서 공공선택(public choice), 집단선택(collective choice), 또는 사회적 선택(social choice)이라고 한다.

공공선택의 주제는 정치학에서와 같이 투표자의 행태, 정당정치, 관료제 등이지만 그의 방법론은 경제학의 방법론과 같다. 즉 일반경제학의 경우와 같이 사람은 이기적이고 합리적이며 효용극대화를 추구한다고 본다. 다시 말하여 현실의 정치과정을 경제사회에 있어서와 같이 이기적인 개인의 합리적 행동에 의하여 설명하고자 하며, 전통적인 가격이론과 같은 해답(즉 균형, 안정, 파레토최적 등)을 구하고자 하는 것이다. 공공선택에 관한 이론은 제 5 장에서 논의될 것인데, 최근 이 분야의 대표적 학자로서는 애로우(K. Arrow), 블랙(D. Black), 다운즈(A. Downs), 뷰캐넌과 툴록(J. M. Buchanan & G. Tullock), 올슨(M. Olson) 그리고 니스카넌(W. A. Niskanen) 등을 들 수 있다.[12)]

12) K. J. Arrow, *Social Choice and Individual Values*, 2nd ed., 1963; D. Black, *The Theory of Committees and Elections*, Cambridge: Cambridge University Press, 1958; A. Downs, *An Economic Theory of Democracy,* New York: Harper & Row, 1957; J. M. Buchanan & G. Tullock, *The Calculus of Consent*, Ann Arbor, MI: The University of Michigan Press, 1962; M. Olson, *The Logic of Collective Action : Public Goods and the Theory of Groups*, Harvard University Press, 1965; W. A. Niskanen, *Bureaucracy and Representative Government*, Chicago: Aldine-Atherton, 1971.

CHAPTER 04

The Modern Public Finance

외부효과

제 1 절 외부효과의 개념

우리는 제 2 장에서 외부효과의 개념을 간략히 설명하면서 이것이 자원배분에 관한 '시장의 실패'를 가져오게 하는 원인 중의 하나임을 지적하였다.

외부효과(externalities)란 어느 한 경제주체의 소비 · 생산 또는 분배 등의 경제활동이 시장교환과정에 참여하지 않는 제 3 자에게 의도하지 않게 끼치게 되는 유리 혹은 불리한 효과를 말한다. 따라서 외부효과의 특징은 바로 가격기구 내에서는 해명될 수 없는 비가격효과(nonprice effects)라고 할 수 있으며, 때로는 파급효과(spillover effects) 혹은 인근효과(neighborhood effects)라고 부르기도 한다.

외부효과를 발생시키는 사람은 소비자일 수도 있으며 생산자일 수도 있다. 또 외부효과를 받는 사람이 소비자일 수도 있고 생산자일 수도 있다. 만일 외부효과를 받는 사람이 그로부터 이득을 보았다면 소비자의 경우 효용의 증대를 가져올 것이고, 생산자의 경우에는 비용감소를 통해 이윤의 증대를 가져올 것이다. 또 반대의 경우로 외부효과로부터 손해를 보았다면 그것은 소비자에게는 효용상실을 뜻하며, 생산자에게는 비용증대 또는 이윤감소를 의미한다. 외부효과가 이득을 가져올 때 이를 외부경제(external economies)라고 하며, 반대로 손해를 가져올 때 이를 외부불경제(external diseconomies)라고 한다. 외부경제의 대표적 예는 질병에 대한 예방접종을 들 수 있으며, 외부불경제의 대표적 예는 환경오염이라고 하겠다.

모든 공공재는 유리하든 불리하든 외부효과를 발생시킨다. 이렇게 볼 때 공공재와 외부성은 같은 개념으로 파악될 수 있다.[1)] 예방접종을 예로 생각해 보자. 한 사람의 예방접종은 여러 사람들에게 동시적인 혜택을 부여하게 된다. 따라서 이러한 외부적 편익은 비경합적인 동시에 비배제적인 것이다. 대기오염의 경우도 마찬가지이다. 대기가 오염되면 이로부터 많은 사람들이 해를 공동으로 입게 되는데, 같은 지역에 살고 있는 사람들 가운데서 어느 그룹만을 피해에서 벗어나게 하기란, 즉 배제하기란 용이한 것이 아니므로 결국 비경합적이고 비배제적인 외부적 비용이 발생하게 된다.

공공재와 외부효과의 관계를 다음의 간단한 수식으로 설명할 수 있겠다. 공공재는 모든 사람들이 동일한 재화를 공동으로 소비하므로 각자들의 한계편익(MB)의 합과 공공재 생산의 한계비용(MC)이 일치하는 상태에서 적정규모가 공급된다. 즉,

$$MC = \sum_{i=1}^{n} MB_i$$

으로 표시된다. 외부효과가 존재하는 경우 사회적으로 적정한 공공재의 규모를 달성하기 위한 조건은 이 외부효과를 반영하여 달라지게 되는데, 외부경제와 외부불경제로 구별하여 표시하면 다음과 같다.

$$MC = MB_A + \sum_{j=1}^{h} MB_j$$

혹은

$$MC + \sum_{j=1}^{h} MC_j = MB_A$$

---

1) 공공재와 외부성에 대한 논리적 구별을 명확히 파헤친 논문으로서는 S. E. Holterman, "Externalities and Public Goods," *Economica*, 39 : 78(Feb. 1972), 그리고 E. J. Mishan, "The Relationship between Joint Products, Collective Goods, and External Effects," *Journal of Political Economy*, 72 : 329(May 1969) 등이 있다.

여기서 A는 외부경제 혹은 외부불경제를 발생시키는 특정집단을 가리킨다. MB_j는 A 때문에 혜택을 받는 j집단의 외부적 한계편익(marginal external benefit)을 뜻하며, MC_j는 A 때문에 피해를 입는 j집단의 외부적 한계비용(marginal external cost)을 가리킨다.

만약 A가 경제활동을 하는데 있어서 다른 사람들이 받게 되는 외부효과인 $\sum_{j=1}^{h} MB_j$ 또는 $\sum_{j=1}^{h} MC_j$를 의사결정에 반영하지 않는다면 그 경제활동은 사회적으로 바람직한 수준에 비해서 과소상태 또는 과잉상태에 놓여지게 되고 결과적으로 자원배분에 있어 비효율이 초래될 것이다. 따라서 A의 의사결정에 이러한 외부효과를 반영하도록 하는 것이 문제를 해결하는 방법인데 이를 내부화(internalization)라고 한다. 외부효과를 내부화하는 방법은 크게 참여자들간의 자발적인 협상에 의하도록 하는 방식과 정부의 개입에 의한 방식으로 구분할 수 있다.

제 2 절 외부성의 해결방법

1. 참여자간의 자발적 협상(Coase 정리)

만약 정부의 개입 없이 이해당사자들간의 자발적인 합의를 통해 외부효과 문제를 해결할 수 있다면 바람직할 것이다. Coase(1960)는 외부효과가 존재하는 상황에서도 관련되는 재산권(property rights)이 명확히 부여되어 있고 거래비용(transaction cost)이 없다면 그 재산권이 누구에게 부여되는가에 관계없이 당사자간 협상을 통해서 효율적인 결과가 도출된다고 주장하였다.[2] 이를 코즈정리(Coase theorem)라고 하는데 기본적으로 해당 경제활동과 관련하여 더 높은 가치를 부여하는 당사자의 입장에서 결과가 도출되는 것이다.

이를 그림을 통해 살펴보자. [그림 4-1]에서 X_A는 A가 행하는 특정행위인

---

2) R. H. Coase, "The Problem of Social Cost," *Journal of Law & Economics*(October 1960). 이 논문에서 Coase는 여러 방송국이 같은 주파수 대역에서 방송함으로써 서로 간섭이 일어나는 경우에도 당사자간 협상이 이루어진다면 해당 주파수의 사용권을 누구에게 부여하는가와 관계없이 가장 높은 효용을 도출하는 방송국이 해당 주파수를 사용하게 된다는 점을 제시하였다.

그림 4-1 | Coase 정리

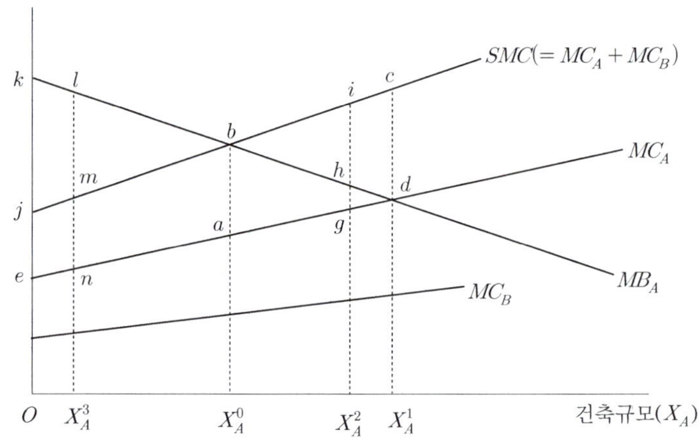

데, 이 행위 X_A에 의하여 B가 피해를 입게 되어 외부적 비용이 발생한다고 하자. 예를 들어, A는 자기 땅에 건물을 신축하려하고 B는 A의 땅 북쪽에 인접한 집의 소유자로서 A의 건물신축으로 인하여 일조권을 침해받는 경우이다. 그림에서 MB_A는 X_A에 대한 A의 수요곡선이며 MC_A는 X_A를 생산하는 데 드는 한계비용이다. B에게 발생하는 피해를 고려하지 않는다면 A에게 있어서 X_A^1가 적정수준이 될 것이다. 한편 B에 발생하는 피해는 MC_B로 표시되며 따라서 건축으로 인한 사회전체의 비용은 MC_A와 MC_B를 합한 SMC가 되고 사회적으로 바람직한 건축행위의 규모는 X_A^0가 될 것이다.

우선 A에게 재산권(property rights)이 부여되어 있는 경우를 살펴보자. 즉 A가 자기 땅에 건물을 신축할 권리가 B의 일조권에 우선하는 경우라고 할 수 있다. 이 경우 A는 B에 대한 피해를 고려하지 않고 자신의 후생이 극대화되는 수준, 즉 자신의 한계효용(MB_A)과 한계비용(MC_A) 곡선이 교차하는 X_A^1까지 건축을 진행하게 될 것이다.[3] 이때 피해자인 B가 A의 건축규모 등을 줄이도록[4] 협상을 할 수 있는지의 여부는 피해를 줄이기 위해서 제의할 수 있는 보상의 크기

---

3) 즉 자신이 후생이 극대화될 수 있도록 건물의 높이나 위치를 결정하게 될 것이다.

4) 물론 B에게 가장 좋은 대안은 A로 하여금 건축을 아예 하지 않도록 하는 것일 것이다.

가 A가 건축규모를 줄이기 위해서는 받아야 하는 보상의 크기보다 큰 경우일 것이다. 그림에서 현재의 건축규모인 X_A^1에서 X_A^2로 한 단위를 줄이는 경우를 살펴보자. 한 단위의 건축을 줄일 경우 B가 받게 되는 이익, 즉 줄어드는 피해의 크기는 $cdgi$로서 바로 이것이 B가 A에게 제의할 수 있는 보상의 최대치라고 할 수 있다. 한편 A의 경우 건축규모를 줄임으로써 잃게 되는 효용의 크기가 받아야 하는 최소한의 보상이라고 할 수 있는데 이는 위의 그림에서 dgh의 크기로 나타나게 된다. 따라서 양자간에는 협상이 가능하게 되는 것이다. 이러한 과정은 여기서 그치는 것이 아니라 건축규모가 X_A^0에 이르기까지 계속될 것이다. 한편 X_A^0 수준 이하에서는 협상이 이루어지지 않게 되는데 이는 B가 제시할 수 있는 보상의 크기가 A가 받아야 하는 보상의 크기에 비해서 작아지게 되기 때문이다(왜 그런지 독자들이 스스로 따져보기 바란다).

이상에서 X_A^1에서 X_A^0로 건축규모를 줄이는 자발적인 협상이 가능하게 된다는 점을 보였다. 이러한 협상에 의해서 발생하는 사회적 순편익은 bcd가 된다. 한편 피해자인 B가 재산권이 부여되어 있는 A에게 제시할 수 있는 보상의 최대크기는 $abcd$이고, A가 건축규모를 줄이기 위해서 요구하는 보상액의 최대치는 abd라고 할 수 있는데, 실제 양자간에 어느 수준에서 보상이 이루어지는가는 양자의 협상력에 따라 달라진다고 할 수 있다.

이제 반대의 경우를 살펴보자. 즉 B에게 재산권이 부여된 경우로서 B의 일조권이 A의 토지이용권, 즉 건축권에 비해서 우선하는 경우이다. 권리를 가진 B가 선택하는 최선의 선택은 A로 하여금 아예 건축을 하지 못하게 하는 것이다. 즉 최초의 건축규모는 0이 될 것이다. 이제 한계적으로 X_A^3까지 한 단위의 건축을 증가시키는 경우를 살펴보자. A가 권리자인 B에게 제시할 수 있는 최대의 보상액은 건축을 함으로써 발생하는 순편익을 한도로 하는데 그림에서는 $ekln$으로 표시된다. 한편 B가 받아야 하는 최소의 보상액은 건축이 이루어짐으로써 발생하는 피해의 크기인데 그림에서는 $ejmn$으로 표시된다. 따라서 받아야 하는 보상액보다 줄 수 있는 금액이 크다는 점에서 협상이 가능한 것이다. 이러한 협상과정은 건축규모가 X_A^0에 이르기까지 가능하며 그 이후에는 협상의 여지가 없어지게 된다(이 부분도 독자들이 스스로 따져보기 바란다).

결국 협상을 통해서 X_A^0에서 균형이 이루어지게 되는데, 원래는 B의 이익을 극대화하는, 즉 피해를 최소화한다는 점에서 건축을 허용하지 않는다는 점을 고려할 때 협상과정을 통하여 bjk 만큼의 사회후생의 증가가 이루어지게 된다. 한편 A가 제시할 수 있는 최대의 보상액은 $baek$이며 권리자인 B가 받아야 하는 최소의 보상액은 $baej$로서 실제 어느 정도의 보상이 이루어지는 지는 양자의 협상력에 따라 달라지게 된다.

이상에서 살펴본 바와 같이 외부효과가 존재하더라도 재산권이 명확히 부여된다면 당사자간의 자발적인 협상에 의해서 사회적으로 바람직한 균형점이 달성될 수 있다는 점을 알 수 있다. 또한 이때 이러한 결과는 재산권이 누구에게 부여되는가와 관계 없이 달성되고 있다는 점에 주목할 필요가 있다.

코오스(Coase) 정리는 이처럼 양측이 자발적 협상을 통해 외부성에 따른 문제를 스스로 해결함으로써 사회적으로 바람직한 규모의 생산이 가능하다 함을 지적하고 있으며, 나아가서 정부의 개입이 반드시 꼭 필요한 것은 아니라는 것을 암시하고 있다. 그러나 코오스 정리는 현실성에서 몇 가지 취약점을 갖고 있다. 첫째, 이 정리는 관련되는 당사자가 소수일 때에나 가능한 것이고 대규모의 이해당사자들이 관련된 경우에는 자발적 협상에 의한 해결이란 기대하기 어렵다. 우선 협상대상자가 누구인지가 모호하고 또한 많은 사람들이 협상에 참여하기 보다는 무임승차자의 위치에 있으려는 경향이 크기 때문이다. 둘째, 이 정리에서는 이해 당사자들간의 거래비용(transaction costs)을 고려하지 않고 있다. 그러나 실제로 협상과정에서 발생하는 거래비용은 상당할 것이다. 비록 재산권이 설정되어 있다고 하더라도 그것이 누구에게 어느 정도의 범위나 수준으로 부여된 것인지를 명확히 하는 것도 현실적으로 상당한 비용을 필요로 하는 것이다. 셋째, 좀더 현실적인 문제로서 이해당사자들이 과연 공정한 해결을 위해 적법한 행동을 할 것인가이다. 만약 두 사람이 합법적인 밀실거래를 한다면 자원배분은 더욱 왜곡될 수 있다.

2. 정부의 개입을 통한 해결방법

(1) 직접적 규제

외부효과에 대한 정부의 조치로서 가장 먼저 들 수 있는 것이 바로 직접적 규제(direct regulation)이다. 정부의 직접적 규제는 다양한 형태로 행해질 수 있는데 가장 쉽게 생각할 수 있는 것으로는 외부효과 자체에 대하여 적절한 기준을 마련하고 당사자들로 하여금 이 기준을 준수하도록 하는 것이다. 오염물질의 방출량에 대한 허용기준을 설정하거나 오염발생을 억제하는 정화시설의 설치를 의무화하는 것 등을 예로 들 수 있다.

직접적 규제는 정부가 법령을 통해서 각종 오염의 배출허용기준를 설정하고 이를 강제하는 것이기 때문에 다른 정부조치들에 비해서 그 효과가 분명하고 또 빠를 수 있다. 따라서 많은 나라에서 전통적으로 이 방법을 즐겨 채택하고 있다고 할 수 있다. 그러나 직접적 규제는 실제 운영과정에서 상당한 어려움에 봉착할 가능성이 크다. 오염발생자가 무수히 존재하고 있는 상황에서 이들이 허용기준을 제대로 지키고 있는지 확인하고 처벌하는 것이 용이하지 않다. 또한 오염발생 정도를 정확히 측정하는 일도 쉬운 일이 아니기 때문에 이를 집행하는 정부의 행정비용이 크게 발생할 수 있는 것이다.

한편 경제적인 측면에서 본다면 이러한 직접적 규제는 환경오염 등 외부효과를 줄이는 효율적인 방법이 아니라고 할 수 있다. 즉 오염을 발생시키는 공장 등 오염원의 경우 그 생산설비의 노후도 등에 있어 차이가 있기 때문에 오염을 줄이는 한계비용도 차이가 나타나게 된다. 이러한 상황에서 동일한 기준에 따라 오염을 줄이도록 한다면 사회전체로 본다면 가장 효율적인, 즉 비용이 최소화되는 방식이 채택되지 못하는 것이다.

(2) 경제적 유인을 통한 외부효과의 내부화

외부효과를 야기하는 경제주체가 그 효과를 자신의 가격체계에 반영하지 않는 경우 정부가 조세를 부과하거나 보조금을 지급하는 등의 경제적 유인을 통해 가격체계내로 내부화(internalization)되도록 함으로써 사회적으로 효율적인 결과를 유도할 수 있다. 이러한 유형의 조세나 보조금을 피구조세(Pigouvian tax) 또는 피구보조금(Pigouvian subsidy)이라 하는데, 왜곡된 자원배분상태를 바람직한 상태로 교정한다는 의미에서 교정적 조세 또는 보조금(corrective tax or subsidy)의 성격을 가진다. 기본적으로 외부적 비용을 야기하는 행위에 대해서는 조세를 부과하고 외부적 편익을 야기하는 행위 또는 공해 등 외부 비용을 줄이는 행위에 대해서는 보조금을 지급함으로써 외부효과의 내부화가 이루어지도록 하는 것이다.

1) 조세부과

대기오염을 초래하는 생산이 이루어지는 경우를 [그림 4-2]을 통해 살펴보자. 그림에서 D_P는 민간재(X)에 대한 시장수요곡선이며, S_P는 시장공급곡선이다. S_P는 외부효과를 고려하지 않은 기업의 자체비용인 사적한계비용(marginal private cost)만을 반영하고 있다. D_P와 S_P가 교차하는 점에서 결정되는 Q_1이 경쟁시장에서의 X재 생산량이며, 이때 그 가격은 5원으로 표시되어 있다. 그런데 X재의 생산과정에서 대기오염 같은 외부효과가 발생되었다고 가정하자. S_O곡선이 이러한 외부효과를 반영하고 있는데 대기오염을 야기하는 기업의 사적한계비용에 포함되어 있지 않다는 점에서 외부적 한계비용(marginal external cost)이라고도 한다.

생산량 Q_1에서 외부적 한계비용은 2원으로 나타나고 있는데, 이는 X재 생산을 한 단위 줄인다면 일반사람들은 대기오염의 감축으로 2원의 혜택을 받게 된다는 의미이다. 사회적인 관점에서의 공급곡선은 S_P와 S_O곡선을 종적(수직적)으로 합하여 얻은 S_S곡선으로서 사회적 한계비용(social marginal cost: SMC)곡선이다. 이제 분명한 것은 Q_1의 생산량에서 S_S곡선이 대변하고 있는 사회적 한계비용이 D_P곡선이 대변하고 있는 한계편익(MB)보다 더 크므로 Q_1이 결코 적정

그림 4-2 | 외부적 비용

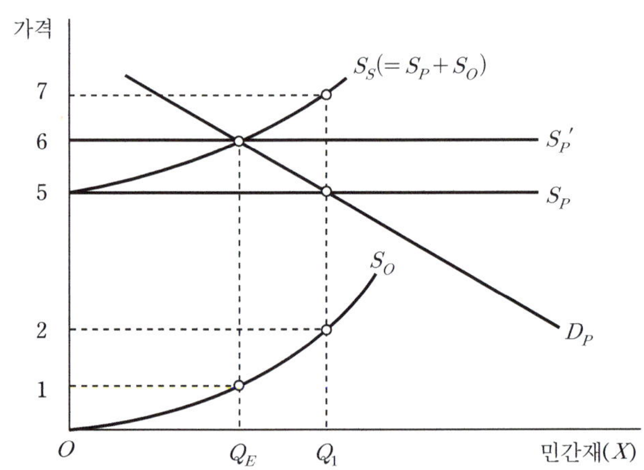

생산량이 될 수 없다는 것이다(Q_1에서 SMC는 7원인 반면에 MB는 5원에 불과하다). 적정생산량은 D_P와 S_S가 교차하는, 즉 $SMC = MB$인 Q_E이다.

그러나 시장에서의 생산량을 Q_1에서 Q_E로 감소시키기 위하여서는 정부가 X재를 생산하는 기업에서 S_0선에 대응되는 조세를 부과하여야 한다. 즉 생산량 Q_E에서 외부적 한계비용이 단위당 1원이므로 생산기업에게 생산단위당 조세액 1원을 정부가 부과하여야 한다. 단위당 1원을 과세함으로써 시장공급곡선 S_P는 S_P'로 움직이게 되며, 따라서 X재의 시장가격은 6원으로 상승하면서 생산량은 Q_E로 줄어든다. 이 6원의 시장가격은 사회적 비용을 반영하고 있으니, 이 가격 중의 1원은 조세로 정부에 귀속되는 것인데, 이때 정부는 원칙적으로 외부적 비용 때문에 해를 입은 사람들을 조세수입으로 보상해 주어야 할 것이다. 이렇게 본다면 6원의 시장가격 중 1원에 해당하는 조세는 사회후생의 측면에서 비용이라 볼 수 없는 것이며, 따라서 X재의 기회비용은 계속 5원에 머무르게 된다.

한편 생산자가 생산량을 줄임으로써 결과적으로 대기오염도 감축되는 경우 그에 대해 보조금을 지급함으로써 같은 효율적인 결과를 유도할 수도 있다. 즉 생산량을 줄이는 경우 매단위에 대해 1원의 보조금을 지급한다면 결과적으로 매단위의 생산이 이루어짐에 따라 기업은 1원의 보조금을 포기하는 것이며 이는 기업의 관점에서 보면 생산에 따른 기회비용인 것이다. 따라서 기업은 사적한계비용만이 아니라 포기된 보조금인 기회비용을 합한 것을 전체 비용으로 인식하게 됨으로써 시장공급곡선은 다시 S_P에서 S_P'로 움직이게 되며, 따라서 X재의 시장가격은 6원으로 상승하면서 생산량은 Q_E로 줄어들게 되는 것이다.

이상에서 살펴본 바와 같이 대기오염이라는 외부효과를 야기하는 생산을 적정수준으로 줄이는 정부의 정책수단으로서 조세의 부과와 보조금의 지급은 이론상 같은 결과를 만들어낼 수 있다. 물론 외부적 비용을 야기하는 경제활동에 대해서 보조금을 지급한다는 것이 현실적으로 받아들여지기 어려울 수도 있으나, 이미 재산권이 부여된 활동인 경우 이를 줄이도록 유인하기 위한 제도의 하나로 활용될 수도 있을 것이다. 한편 조세부과와 보조금 지급이 동일한 균형생산량을 유인한다는 점에서는 유사한 정책수단이지만 분배적인 측면에서는 매우 다른 결과를 만들어내는 것이다.

2) 보조금 지급

민간의 경제활동으로 인하여 외부적 편익(external benefits)이 발생하는 경우를 살펴보자. [그림 4-3]이 보여 주는 바와 같이 D_P는 시장수요곡선으로서 민간재(X)에 대한 소비자들의 직접적인 한계편익(marginal benefits)을 표시하고 있다. D_P는 물론 민간재(X)에 대한 개인수요곡선들을 횡적(수평적)으로 결합함으로써 얻어진 것이다. D_O는 위의 경제활동이 파급(spillover)시킨 외부효과를 나타내고 있는 곡선으로서, 직접적인 소비자 이외의 다른 사람들이 받게 되는 외부적 한계편익(marginal external benefit)을 표시하고 있다. 이제 사회 전체의 한계편익(social marginal benefit)을 반영하는 사회적 수요곡선 D_S는 D_P와 D_O를 종적(수직적)으로 결합하여 얻게 된다. 민간재(X)의 적정구매량(공급량)은 공급곡선 S와 사회적 수요곡선 D_S가 서로 교차하는 E점에서 결정되며, 그 규모는 Q_E만큼 된다.

시장에서 외부적 편익에 대한 고려가 제대로 이루어짐이 없이 수요 공급이 이루어진다면 X재의 공급량은 Q_1이 될 것이며 가격은 5원이 될 것이다. 그러나 Q_1은 비효율적인 공급량이다. 왜냐하면 이 수준에서 사회적 한계편익(social marginal benefit: SMB)은 7원이지만 생산의 한계비용(marginal costs: MC)은 5원이므로 과소공급이 이루어졌기 때문이다. 사회적인 견지에서의 적정수준은 Q_E인데 ($SMB=MC$임), 이 수준에서는 소비자가 자신의 직접적인 혜택인 D_P선에 따라 단위당 4원만 지불하려고 하므로 외부적 편익의 혜택을 받는 타인들이 1원을 자발적으로 지불하지 않는 한 시장에서 Q_E의 공급이 이루어지기를 기대하기란 어렵게 된다.

공급량을 Q_1에서 Q_E로 증가시키기 위하여 정부는 두 가지의 정책을 생각할 수 있다. 정부가 D_S와 D_P의 차액과 동등한(즉 X재 단위당 1원에 해당하는) 보조금을 지불하여 Q_E까지 공급량을 증대시키도록 유도하든가 그렇지 않으면 Q_1과 Q_E의 차이를 정부가 직접 생산할 수밖에 없을 것이다.

정부가 X재의 공급자에게 단위당 1원의 보조금을 지원한다면 Q_E에서의 생산의 한계비용(MC)은 여전히 단위당 5원이지만 소비자는 4원만 지불하므로 그 차액을 정부가 대신 내준다는 의미가 된다. Q_E에서 X재의 시장가격은 4원이 되니까 이는 마치 정부의 보조금에 의하여 공급곡선이 S에서 S'로 이동한 것과 같은 결과를 가져온다. 그러나 X재의 진정한 가격(즉 기회비용)은 한계비용에 해당하는 5원에 계속 머물러 있음을 기억하여야 한다. 만약 정부가 1원 이상의 보조

그림 4-3 | 외부적 편익

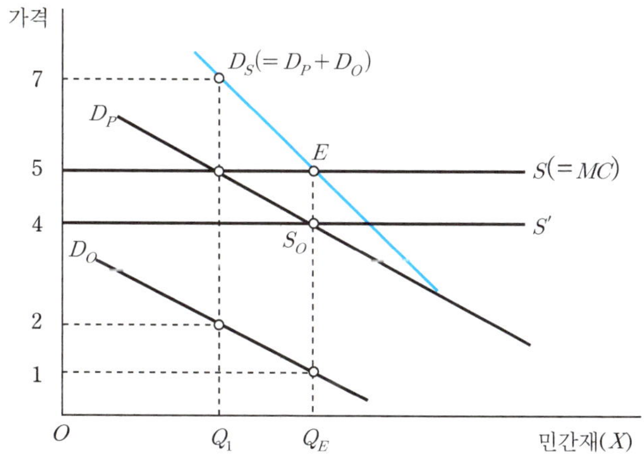

금을 지불한다면 시장가격은 4원 이하로 하락할 것이고, 생산량은 Q_E를 초과할 것이므로 과다생산이 일어나게 될 것이다.

(3) 배출권거래제(emission trading, Cap and Trade)

정부가 사회적인 관점에서 적절하다고 판단되는 오염방출 허용규모를 미리 정해 놓고 이 범위 내에서 오염방출을 허가하는 허가서(permits) 또는 면허(licenses)를 발급하고 이 허가서 또는 면허가 시장에서 자유롭게 매매될 수 있는 제도가 마련된다면 시장기구의 테두리 속에서 외부성 문제가 해결될 수 있다. 즉, 오염을 많이 방출해야 하는 사람(기업)들은 시장에서 허가서를 구입해야 하므로 오염방출의 총규모에는 변함이 없으면서 시장가격의 매개체를 통해 오염발생행위가 적절히 조정될 수 있는 것이다

이러한 배출권 거래제도는 기본적으로 앞에서 살펴본 정부의 직접규제와 조세부과 등 경제적 유인정책을 결합한 제도로서 양자의 장점을 살릴 수 있는 제도이다. [그림 4-4]를 살펴보자. 두 기업 A와 B는 각각 OA와 OB만큼의 공해물질을 배출하고 있다. 이제 정부가 배출한도를 OE수준으로 설정하고 이에 맞추어 두 기업으로 하여금 공해배출량을 줄이도록 하였다고 하자. 공해를 저감하는

그림 4-4 | 외부효과 조정대안의 경제적 효과비교

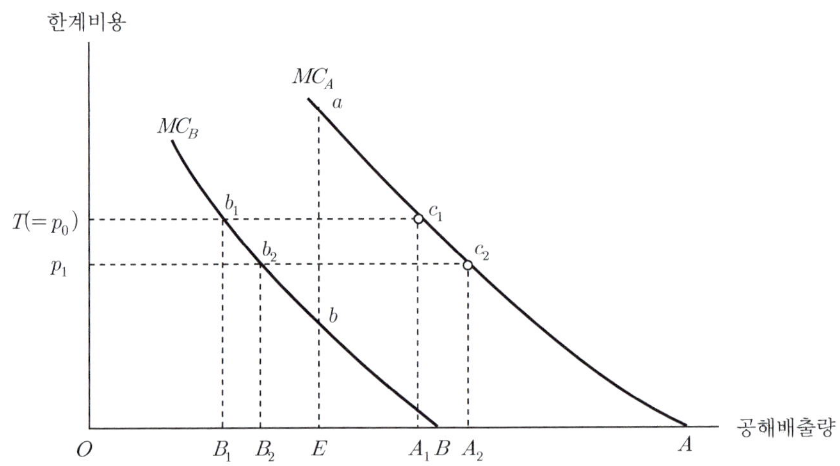

비용은 공장설비의 특성 등 기업상황에 따라 달라지게 되는데 MC_A와 MC_B는 각각 A기업과 B기업의 공해저감 한계비용곡선을 보여준다. A기업은 AE만큼을 B기업은 BE만큼의 공해배출량을 줄여야 하는데, 그림에서 나타나는 바와 같이 마지막 한 단위의 공해를 줄이는 한계비용은 각각 Ea와 Eb로서 서로 다르게 나타나고 있다. 이는 공해를 저감하는 정책목표를 달성하는 수단으로서 직접규제가 경제학적인 측면에서는 비효율적이라는 것을 보여주는 것이다.

이제 피구조세를 이용한 경제적 유인방식의 효과를 살펴보자. 정부가 공해배출 한 단위당 OT만큼의 공해세를 부과한다면 A기업은 AA_1만큼을 그리고 B기업은 BB_1만큼의 공해를 저감하게 된다. 이보다 적게 감축하는 경우 공해저감에 소요되는 한계비용보다 납부하여야 하는 공해세 부담이 크게 되며, 이 보다 많이 감축하는 경우 공해저감에 소요되는 한계비용이 공해세 부담에 비해서 크기 때문이다. 결국 두 기업은 각각 OA_1와 OB_1 수준으로 공해배출량을 줄이게 되는데, 이 경우 두 기업이 마지막 한 단위의 공해를 줄이는 한계비용은 각각 A_1c_1와 B_1b_1으로서 같기 때문에 경제학적인 관점에서 효율적인 방법인 것이다. 한편 이때 사회전체에 발생하는 공해량은 OA_1와 OB_1를 합한 크기인데, 물론 직접규제

에 비해서 이 총량을 조정하기가 어려울 수도 있지만 공해세의 크기를 조정함으로써 원하는 적정수준을 달성할 수 있게 된다.

배출권거래제도는 이러한 직접규제와 피구조세 방식의 장점을 결합한 것이라고 할 수 있다. 즉 국가는 각 기업들에게 OE만큼의 배출권을 부여하고 이러한 권리를 시장에서 거래할 수 있도록 함으로써 일정한 목표수준의 공해를 효율적인 방법으로 저감할 수 있는 것이다. 배출권의 시장가격은 수요와 공급에 따라 결정되는데 기본적으로 각 기업들은 이러한 시장가격과 자신의 공해저감 한계비용을 비교하여 행동을 결정하는 것이다. 예를 들어, 시장에서 배출권의 가격이 p_1이라고 하자. 이 가격수준에서 A기업은 AA_2만큼의 공해를 저감하고 A_2E만큼은 시장에서 배출권을 구입하고자 할 것이며, B기업의 경우 BB_2만큼의 공해를 저감하고 EB_2만큼의 남는 배출권은 시장에서 매각하고자 할 것이다(왜 그런지는 독자들이 살펴보기 바란다). 이 경우 명백하게 수요가 공급보다 많기 때문에 p_1은 균형가격이 아니고 가격은 상승하게 되며, 수요와 공급을 같게 하는 p_0의 가격이 균형가격이 되는 것이다. 즉, p_0의 가격에서 $A_1E=EB_1$이 되며 시장의 균형이 달성되는 것이다.

그러나 오염허가서제도가 지니고 있는 문제점도 간단하지 않다. 우선 문제가 되는 것은 오염허가서를 발행할 때 어떤 기준에서 발행규모나 발행가격 등을 결정해야 하느냐이다. 더욱이 오염허가서는 일종의 이권과도 같은 것이기 때문에 엄격하고 공정한 기준에 의해 처음의 배분이 이루어져야 하는데 이것이 그리 쉬운 일이 아니다. 처음부터 소수의 특정기업들이 오염허가서를 독점해 버린다든가 투기성매매가 이루어져 가격이 크게 상승하는 것 등 시장의 거래질서를 해치는 결과가 발생할 가능성이 항상 있는 것이다.

이처럼 오염허가서제도는 장·단점을 모두 갖고 있는데, 결론적으로 이 제도는 단점을 극복하고 장점을 살릴 수 있다면 적극 도입을 시도해 볼만한 제도이다. 무엇보다도 정부의 직접적인 개입보다는 시장의 조절기능에 의지하여 오염발생문제를 해결해 보고자 하는 것은 자원배분의 효율성 측면에서 매우 바람직한 것이다.

1997년 체결된 교토의정서(Kyoto Protocol)는 2005년 이후 주요선진국(소위 Annex 1 국가들)에 대해서 온실가스 감축목표를 설정하고 이를 지켜나가도록 하고 있다. 온실가스 감축을 위한 정책수단으로 국제배출권거래체제(International

Emission Trading: IET)와 함께 CDM(Clean Development Mechanism)이나 JI(Joint Implementation) 등 개별 사업을 통해서 온실가스를 감축하고 이를 거래할 수 있도록 하는 제도를 도입하였다.

배출권거래제도는 여러 나라에서 도입 운영되고 있는데, 특히 유럽 배출권거래제도(EU Emission Trading Scheme)가 가장 활발하다고 할 수 있다. 약 1만개 이상의 대규모 시설들이 이 제도에 편입되어 있는데 이는 EU 이산화탄소 배출량의 약 절반 그리고 온실가스 배출량의 약 40%가 포함되고 있다. 한편 EU ETS에서는 2012년부터 항공산업도 그 체제내에 포함하도록 하였는데, EU내 공항에서 출발하거나 도착하는 모든 항공기들은 이산화탄소 배출량에 따라 일정한 허가서를 발급받거나 구매하도록 하고 있다.

3. 시장기구를 통한 해결방법에 대한 논평

민간시장에서 외부성문제를 해결할 수 있다면, 다시 말하여 기업 스스로가 외부비용을 내재화(internalize)할 수 있다면, 정부의 개입은 불필요하다. 그러나 사실상 시장에서 외부성 문제를 해결할 가능성은 희박하다. 오늘날 환경문제가 더욱 심각해질 뿐 개선될 전망이 보이지 않는 현실이 이를 잘 증명해 주고 있다. 정부의 개입이 불가피한 이유는 외부성의 문제가 바로 공공재의 문제이기 때문이다. 사람들의 선호표출 기피에서 오는 정보의 부족, 무임승차자로서의 행위, 거래비용의 발생 그리고 재산권의 남용 등이 시장에서의 자발적 해결을 어렵게 만든다.

시장에서의 자발적 해결과 정부가 개입하여 조세부과(또는 규제)의 조치를 취하는 것과의 비교평가를 위하여 공동자원(common property resources)의 고갈문제를 살펴보자. 공동어장이 좋은 예일 것이다. 어장은 어부들에게 부여된 공동재산이다. 그러나 어부들이 멋대로 고기를 포획한다면 공동자원은 금방 고갈되어 버리고 말 것이다. 코오스정리에 따라서 어부들이 자발적으로 협상을 하여 어획량을 조절한다면 그 이상 좋을 것이 없겠지만 그것을 기대하기는 어렵다. 결국 정부가 어떤 조치를 취할 수밖에 없을 터인데, 정부가 어획량에 대하여 조세를 부과하든가 그렇지 않으면 어부들로 하여금 조합을 구성토록 하고 이 조합에서 어획량을 조절하도록 규정하는 법률을 만들 수밖에 없을 것이다. 조합을 구성하여 운영한다는 것은 시장경제의 원리를 도입하면서 정부로부터 일정수준의 규제를

그림 4-5 | 공동자원의 고갈방지 방안

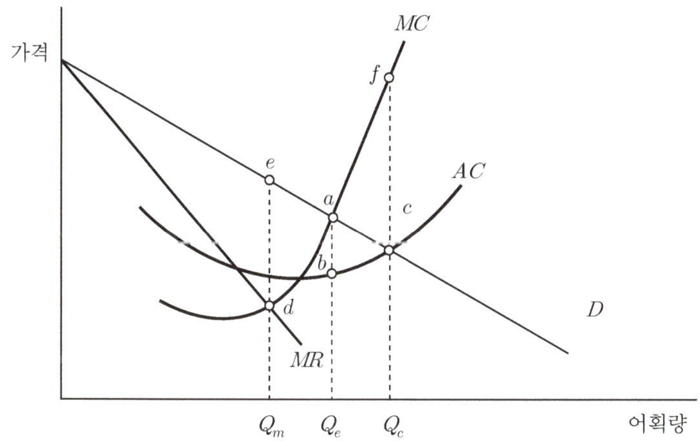

받는다는 것을 의미한다.

이 관계를 [그림 4-5]를 통해 다시 설명해 보자. 어부들에게 경쟁적으로 고기잡이를 허용한다면 어획량은 수요곡선(D)과 평균비용곡선(AC)이 만나는 점에서 결정되며 그 때의 양은 Q_c가 된다. 그러나 이때에는 자원고갈을 야기시킬 가능성이 높다. 그래서 어획량에 대하여 과세하는 피구식 해결방법[5]을 택한다면 이때에는 수요곡선(D)과 한계비용곡선(MC)이 만나는 점에서 어획량이 결정되며 그 때의 양은 Q_e가 되고 이것은 효율적인 적정규모라고 하겠다. 이때에는 ab만큼의 세금이 부과되었다고 간주하면 된다. 그러나 어부들이 조합을 구성하고 이를 통해 어부들에게 이윤이 최대로 돌아가게끔 어획량을 조절하도록 유도한다면 이때의 어획량은 어느 정도일까? 이 경우는 민간경제에서의 이윤극대조건을 도입하여 한계수입곡선(MR)이 한계비용곡선(MC)과 만나는 점까지 어획량이 조정될 수 있을 것이며 이때의 양은 Q_m이 된다. 어획량을 Q_m까지 감축한다는 것은극단적인 경우겠지만 시장경제의 원리를 도입한 하나의 해결방법이라고 하겠다.[6]

---

5) 피구(Pigou)가 처음 제창하였다고 하여 피구식 해결방안(pigouvian solution)이라고 부른다. A. C. Pigou, *The Economics of Welfare*(London: Macmillan, 1918).

6) 이러한 접근방법은 피구(A. C. Pigou)와 나이트(F. Knight)간의 유명한 논쟁꺼리였는데, 나이트가 이를 처음 지적하였다고 하여 나이트식 해결방안(Knight solution)이라 부른다.

자유경쟁상태의 어획량 Q_c와 이윤극대원리하의 어획량 Q_m 중 어느 것이 사회적으로 더 바람직할 것인가는 쉽게 판명되기 어렵다. 어부뿐만 아니라 사회 전체에의 영향을 고려해야 하기 때문이다. 사회후생 측면에서 볼 때 후생손실(welfare loss)에 해당되는 면적 ade와 면적 acf의 크기에 좌우된다. 즉, 면적이 작은 쪽의 어획량이 더 바람직하다. 물론 사회적으로 가장 적절한 규모는 정부가 ab만큼의 조세를 부과시킨 Q_e이다. 그러나 이때에도 과연 조세의 크기를 정확히 파악할 수 있느냐의 현실적 문제는 계속 남게 된다. Q_c, Q_e, Q_m 중 어느 것을 택하느냐가 중요한 결정이 되는데 세 가지 모두가 장단점이 있기에 신중한 비교평가가 요구된다.

F. Knight, "Some Fallacies in the Interpretation of Social Cost," *Quarterly Journal of Economics*, 38(1924), pp. 582~606. 참조.

CHAPTER 05

The Modern Public Finance

공공선택이론

제 1 절 공공선택의 접근방법

우리는 앞의 제 3 장에서 공공재의 특성을 설명하면서, 소비자들은 공공재에 대한 선호(수요)를 자발적으로 표시하지 않고 무임승차자(free rider)로서 행동하려고 하므로 시장에서 공공재의 적정한 공급은 어렵게 되며 따라서 정부의 간섭이 불가피함을 지적하였다. 한편 설령 소비자의 선호가 자발적으로 표시된다고 하더라도 사무엘슨(Samuelson)과 머스그레이브(Musgrave)의 일반균형분석의 결과가 말해 주듯이 단일의 해답은 없는 것이다. 사무엘슨과 머스그레이브는 파레토최적 개념에 입각한 최적예산규모의 모형을 제시하고 있지만, 이 모형에 따라 실제 운용하는 데는 상당한 제약이 따르게 된다. 즉 예산의 최적규모를 말해 주는 파레토최적의 균형점은 생산가능곡선 내지 무차별곡선의 형태에 따라 무수히 존재할 수 있으며, 따라서 어느 것이 가장 최적 중의 최적인가를 결정하는 기준은 소득분배와 관련된 가치판단의 문제인 것이다. 또한 파레토최적 규모가 실제 가능하더라도 그것이 사회 전체 또는 국가의 관점에서 볼 때 필요한 공공재의 규모와 반드시 일치한다고 하는 보장도 없는 것이다. 이렇게 볼 때 실제의 예산(공공지출)은 투표 등과 같은 정치적 과정에 의해 결정되는 것이며 순수경제이론적인 합리성에 기초한 모형만으로는 해결될 수 없다고 하겠다. 이처럼 공공재 내지 공공지출의 적정규모를 결정하는 데 순수경제이론에서 벗어나서 정치경제학적인 접근방식을 택하고 있는 이론을 공공선택이론(theory of public choice)이라고 한다.

현실적으로 예산 등의 규모는 투표과정을 거쳐 결정되는데 공공선택이론은 이러한 투표라는 정치적 과정을 경제학적 분석의 틀로 분석하는 것이다.

1. 정부의 개념

공공선택의 구체적 접근방법을 논하기 전에 정부란 무엇이며 이것을 어떤 측면에서 파악할 수 있는가에 대하여 간략히 살펴보기로 한다. 재정학이 정부의 경제활동에 대하여 연구하는 학문이라면 정부의 개념을 분명히 규명하는 것이 중요하다.

정부를 보는 데 있어서는 대체로 두 가지의 본질적으로 상이한 접근방법을 생각할 수 있다.[1] 첫 번째의 접근방법은 정부를 하나의 유기체적인 실체(unitary being)로 간주하는 것이다. 이것은 마치 우리가 기업을 조세 혹은 다른 어떤 목적 때문에 하나의 법인(legal person)으로 보는 것과 유사한 입장에서 정부도 법인처럼 독자적인 행동을 할 수 있는 주체로 파악하고 있다.

이와 같은 접근방법에 따라 정부의 행태를 분석할 때에는 소비자선택이론(consumer choice theory)에서 택하고 있는 것과 유사한 방법을 택한다. 소비자선택이론에서의 개개인들은 자신들의 효용을 극대화시키고자 하는 합리적 행동에 의하여 재화를 선택하며, 이것이 소비자선택이론의 가장 중요한 골격을 형성하고 있다. 정부도 마찬가지로 소위 사회적 효용(social utility) 또는 사회적 후생(social welfare)을 극대화시키고자 행동할 것이다. 그런데 여기서 문제가 되는 것은 사회적 효용이란 것이 무엇을 의미하고 어떻게 규정되느냐이다. 이의 규정 자체가 임의적일 수밖에 없고 측정도 매우 어렵다. 정부를 만약 '자비심이 많은 군주'(benevolent despot)로 간주한다면 이때의 사회적 효용이란 바로 공익(public interest)과 직결되는 개념이 될 것이다. 그러나 정부를 하나의 '독재군주'(leviathan)라든가 혹은 '지배계급'(ruling class or establishment)으로 본다면 이때의 사회적 효용이란 군주 혹은 특정그룹의 이익과 관련을 맺게 될 것이다.

정부를 보는 두 번째의 접근방법은 정부를 하나의 민주적 과정(democratic ocess)으로 보아서 정치적 과정에 참여하는 모든 주민들의 집합체로 파악하는 것

1) James Buchanan, "The Pure Theory of Government Finance: A Suggested Approach," *Journal of Political Economy*, Vol. LVII(December 1949), pp. 496~505.

이다. 정부를 주민들과 구별하여 독립적이고 독자적으로 행동하는 유기체적인 실체로 보는 것이 아니라 개개의 주민들이 공공부문에 관한 결정에 집합적으로 참여하기 위한 수단으로 간주하는 것이다.

이와 같은 두 번째의 접근방법에서는 사회적 효용을 개인적 효용과 전혀 별개의 개념으로 파악할 필요가 없다. 왜냐하면 개인적 효용의 집합이 바로 사회적 효용이 되기 때문이다. 따라서 여러 가지 공공사업에 관한 집합적 결정에 개개인들이 참여하는 실제의 과정을 분석하고 이해함으로써 정부의 행태분석이 가능하게 되는 것이다.

이처럼 정부의 개념을 두 가지로 구분할 때 공공선택에 관한 결정방법도 대략 두 가지 정도로 구분하여 파악할 수 있다. 즉 ① 정부를 민주적 과정으로 간주하는 개체주의적 접근방법, ② 정부를 유기체적인 실체로 간주하는 유기체적 접근방법으로 구별할 수 있는데, 이 두 가지 측면을 차례로 살펴보기로 한다.

2. 개체주의적 접근방법

스웨덴의 경제학자 빅셀(K. Wicksell)은 민주사회에 있어서 자원배분의 결정은 개인의 선호에 의해 이루어지는 것인만큼 공공재의 최적배분은 '전원일치'(absolute unanimity)의 투표에 입각했을 때 실현될 수 있다고 주장하였다.[2] 즉 개인적 선호가 투표과정을 통하여 표명된다고 보는 것이며, 만약 100% 만장일치의 찬성이 실현되지 않으면 공공재의 배분은 효율적으로 이루어졌다고 할 수 없는 것이다. 왜냐하면 한 사람이라도 공공재선택 결정에 반대투표(veto)를 하였다면 그 사람은 사실상의 무임승차자로서 공공재의 공급비용을 자발적으로 부담하지 않을 것이며, 결과적으로 재정의 자원조달에 어려움을 가져다 줄 것이기 때문이다. 모든 사람이 전원일치로 찬성하였다는 것은 모든 사람들이 만족상태에 있다는 것을 의미하며, 따라서 파레토최적상태와 유사하다고 할 수 있다. 제 3 장의 [그림 3-1] (b)에서 소개된 린달모형을 다시 상기하여 볼 때 투표자 a에게 OM의 세금을, 그리고 투표자 b에게 OL의 세금을 부과하면서 공공재를 OH만큼 산출하는 것에 대하여 a와 b는 모두 찬성할 것이므로 린달모형은 바로 빅셀의 '전

2) K. Wicksell, "A New Principle of Just Taxation," in R. A. Musgrave & A. Peacock (ed.), *Classics in the Theory of Public Finance*(New York: Macmillan & Co., 1958).

원일치'의 원칙에 근거하고 있음을 알 수 있다.

그러나 공공정책의 결정에 있어서 100% 전원일치의 원칙을 적용한다는 것은 현실적으로 매우 곤란하다. 단 한 사람의 거부로 하나의 공공정책이 부결된다면 정부가 의도하는 정책이 용이하게 추진되기란 거의 불가능하기 때문이다. 그러므로 빅셀은 차선의 방법으로 '상대적 전원일치'(relative unanimity)의 개념을 제의하고 있다. 상대적 전원일치의 원칙이란 100% 전원일치는 아니더라도 2/3 혹은 3/4의 찬성을 요구하는 원칙이다. 단 한 표의 거부에 의하여 중요한 공공정책이 부결될 가능성은 작게 되는 것과 동시에 절대적 다수의 찬동에 의하여 공공정책이 결정되므로 이 상태는 파레토최적점과 정확히 일치하지는 않지만 이에 근사한 차선의 파레토최적이라고 하겠다. 빅셀은 상대적 전원일치의 원칙은 51%의 찬성이면 족한 단순과반수 다수결투표제(simple majority voting)에 비하여 소수자의 의사를 보호할 수 있다는 장점을 가지고 있다고 지적하고 있다. 단순한 다수결투표제하에서는 51%의 다수를 위해 49%의 소수의 의사가 무시되는 결과를 가져온다. 그러나 상대적 전원일치의 원리에서는 소수자의 의사가 그만큼 상대적으로 존중된다고 하겠다.

뷰케넌(J. M. Buchanan)과 툴록(G. Tullock)은 개인의 효용을 극대화시키는 것을 중시하는 집합적 선택이론을 전개하였다.[3] 즉 한 개인은 시장에서든 또는 공공결정의 경우이든 그 자신의 이익을 극대화시키는 원리에 의해 행동한다. 정부를 하나의 '민주정치과정'으로 보고 정치적 결정은 여기에 포함된 전 구성원의 공동참여에 의하여 이루어지며, 구성원 각자는 자신의 효용을 극대화시키는 이기적이고 합리적인 시민이라는 가정하에서 논리를 전개하고 있다. 따라서 민간재의 선택에 있어서와 마찬가지로 공공재의 선택에 있어서도 개인적 합리성이 적용되어져야 하며, 이러한 의미에서 뷰케넌과 툴록은 이기적 접근방법(self interest approach) 혹은 개체주의적 접근방법(individualistic approach)을 택하면서 개인의 참여 및 이익극대(비용극소)를 강조하고 있다.

뷰케넌과 툴록은 공공재생산과 관련한 의사결정과정에서 과연 어느 정도의 지지를 얻으면 효율적인 결정이 될 수 있는가를 규명하기 위하여 정치적 비용의 개념을 도입하였다. 정치적 비용은 결정비용과 외부비용으로 구분된다. 어느 특

3) J. M. Buchanan & G. Tullock, *The Calculus of Consent*(Ann Arbor: University of Michigan Press, 1962).

정한 공공재생산에 관한 결정을 위해서는 사회구성원의 상호합의가 필요한데 이때에는 비용이 소요된다. 이 같은 비용을 결정비용(decision costs) 혹은 집합적 행위의 비용(costs of collective actions)이라고 칭한다. 예를 들어, 다수의 설득 및 합의를 위한 비용, 정보제공을 위한 비용, 전략적 협상(strategic bargaining)이나 정치적 계약(logrolling)을 위한 비용 등을 들 수 있다. 이러한 결정비용은 집합적 선택에 참여하는 집단이 크면 클수록 많이 소요될 것이다.

집합적 선택에 소요되는 정치적 비용은 결정비용 이외에 외부비용(external costs)이 존재한다. 즉 개인의 의사와는 상관 없이 어느 특정한 경제활동에 각자가 참여하도록 강요당하는 경우에 그 개인에게는 외부비용이 발생한다. 예를 들어, 어느 특정한 공공재생산을 위하여 조세부담이 추가적으로 증가된다고 하자. 이때 본래 공공재생산을 처음부터 찬동하지 않은 사람들에게는 이 추가적인 조세부담이 바로 외부비용인 것이다. 구성원 전체가 찬동하면 외부비용은 영(0)이며, 단 한 사람만 찬동하고 나머지는 모두 원치 않을 때 이 경우 외부비용은 가장 크다고 하겠다. [그림 5-1]은 이와 같은 결정비용과 외부비용을 각기 보여 주고 있다.

[그림 5-1]에서 결정비용은 A선에 의하여 표시되고 있는데, 집합선택에 요구되는 찬동수가 클수록 그 비용이 크다. 한편 외부비용은 B선에 의하여 표시되

그림 5-1 | 뷰케넌-툴록의 집합선택모형

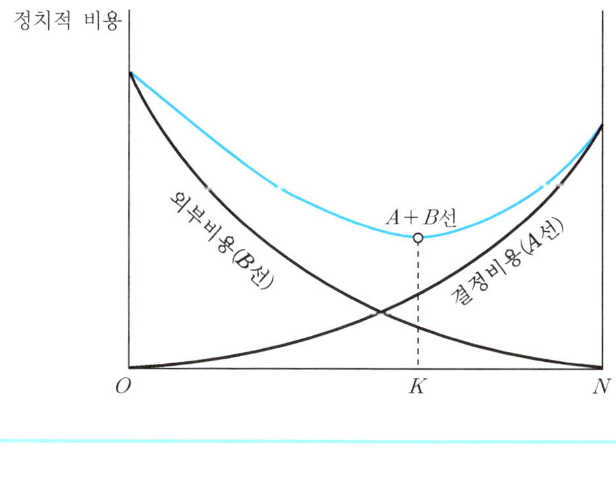

고 있는데, 집합적 결정에 필요한 찬동수가 클수록 그 비용이 적게 소요된다. $A+B$선은 결정비용과 외부비용을 합한 것으로서 U자형의 모양을 하고 있다. 이제 가장 최적의 공공재규모는 $A+B$선의 최저점에서 결정된다. 다시 말하여 [그림 5－1]에서 총인원 N 가운데서 K 만큼의 찬동이 요구되는 집합적 선택이 가장 최적의 선택이 되는데 그 이유는 이때 정치적 비용이 최소화되기 때문이다. 즉 100%의 지지가 아니더라도 K/N만큼의 지지로 정치적 비용이 극소화됨으로써 최적의 선택은 가능하다고 보는 것이다.

이처럼 결정비용이나 외부비용은 개체주의적 합리성에 입각하고 있는 비용이며, 경제적 효율성과 동일한 개념하에 효율적인 공공정책이란 바로 정치적 비용을 극소화함으로써 결정되는 것이라는 것이 이 접근방법의 주된 결론이다.

3. 유기체적 접근방법

앞에서의 빅셀이나 뷰케넌은 개인의 선호나 개인의 사적 이익의 극대화에 분석의 초점을 맞추고 있는 반면에, 공공재의 선택은 어느 개인의 이익을 추구하기 위한 것이라기보다는 사회 전체의 구성원의 이익, 즉 공공의 이익을 추구하는 동기와 관점에서 결정된다고 보는 견해가 있다. 이와 같은 접근방법을 공익적 접근방법(public interest approach) 혹은 유기체적 접근방법(organic approach)이라고 한다. 유기체적 접근에서는 정부를 개인선호의 집합체로 보기보다는 정부도 그 스스로가 선호를 가지고 있고 그 선호를 실현시키고자 노력하는 하나의 실체(entity)로 간주한다.

이와 같은 접근은 주로 린드브롬(G. Lindblom) 및 콜름(G. Colm)에 의해 주장되고 있다.[4] 이들에 의하면 예산규모 및 예산구조는 개인적 선호에 입각해서 결정되는 것이라기보다는 사회 전체적인 이익의 관점에서 결정된다고 하며, 이 같은 예산의 결정은 의회, 행정부, 이익집단 등의 참여에 의해 이루어진다고 한다. 유기체적 이론에서는 집합적 결정에 있어서 개인적 합리성보다는 사회적 합리성(social rationality)의 실현을 중요시하고 있으며, 또한 지나치게 논리적인 측면에 치중하기보다는 정책의 집행가능성에 보다 많은 관심을 기울이고 있다. 따라서

4) C. Lindblom, *The Policy Making Process*(Prentice－Hall, 1968); G. Colm, "Analyses Nationale Ziele," in H. C. Recktenwald(hrsg.), *Finanztheorie*(Köln, 1970), S. 75~83.

린드브롬(C. Lindblom)은 개인주의적 후생경제학의 원리를 포기하고 그 대신 운용면에서 집행가능하고 실현될 가능성이 있는 예산규모와 예산구조를 찾는 것이 타당하다고 보고 있다. 이와 같이 운용면에 중점을 두게 될 때 예산정책은 '점증적'(incremental)인 방향에서 결정된다. 예로서, 새해의 예산규모는 지난해의 그것보다 단지 점증적인 변화에 지나지 않으며 대폭적인 변화가 이루어진다는 것이 현실적으로 불가능한 것이다.

이처럼 정책이 과거의 주요 행동변수에 대해 소량적이고 단편적인 변화만에 기초하여 형성된다는 사고를 점증주의(incrementalism)라고 부른다.[5] 그런데 점증주의에 입각한 정책의 결정은 자연히 분산적이며 지방분권적으로 이루어지기 쉽다. 즉 모든 분야의 정책이 일시에 종합적으로 입안되지 않고, 정부 각 부처의 상이한 수준에서, 또 의회의 심의과정에서의 상이한 단계에서 분산적으로 결정되는 것이다. 수많은 이익집단에 의해 구성되고 있는 복잡한 현대사회를 고려할 때 이와 같은 정책결정의 분산성(fragmentation)은 불가피하다는 것이다. 여기서 물론 의회·행정부의 정책결정자들의 지도력(leadership)이 중요하게 부각된다. 이 지도력은 건설적이며 합리적인 결정을 할 수 있는 능력을 지니고 있어야 한다. 이와 같은 지도력을 가진 위정자는 무수한 이익집단과 개인들의 합의를 극대화(maximization of agreement)하는 데 노력하며, 합의의 극대화는 강제성에 의해서가 아니고 설득과 이해, 타협과 양보에 의해 이루어져야 하는 것이다. 여기에서 다시 유의하여야 할 것은 이와 같은 결정과정이 단순히 개인의 선호에 기초하여 이루어지기보다는 사회적 합리성 내지는 국가적인 차원에서의 공익성에 의해 결정된다는 것이다.

제 2 절 다수결투표모형

민주정치과정 속에서의 의사결정을 위해 채택되는 투표방법으로서는 과반수 이상의 동의를 요구하는 다수결법칙(majority rule)이 일반적인 방법이라 하겠다.

5) Aaron Wildavsky, *The Politics of the Budgetary Process*, 3rd edition(Little, Brown & Co., 1979).

물론 빅셀(Wicksell)이 오래 전에 얘기한 것처럼 전원일치의 동의에 의해 어떤 의사결정을 한다면 그보다 더 바람직한 것은 없을 것이며 가장 효율적인 결정임에 틀림없다. 그러나 사회구성원 전원의 동의를 구한다는 것은 결국 아무런 결정도 할 수 없다는 것과 마찬가지의 의미이고, 현실적으로 다수결법칙이 가장 보편적으로 채택될 수밖에 없는 것이다. 그러면 다수결투표하에서 채택된 공공선택(public choice)이 어떤 의미가 있고 또 어떤 문제점이 있는가를 살펴보자.

1. 다수결투표와 중위투표자 원리

[그림 5-2]에서 3인의 납세자(투표자) a, b, c의 공공재에 대한 개별수요는 각각 d_a, d_b, d_c로 표시되어 있으며, 총수요는 개별수요곡선을 수직으로 결합한 $\sum D$곡선으로 표시된다. 공공재의 생산에 소요되는 한계비용(MC)이 일정하다고 가정하면 공공재의 공급곡선(S)은 수평으로 일직선이 될 것이다.

이제 정부가 공공재를 생산하는 데 필요한 재원을 확보하기 위하여 납세자 a, b, c에게 세금을 1/3 MC씩 균등하게 부과하였다고 하자. 1/3 MC의 비용부담이 이루어질 경우 각 납세자들이 원하는 공공재의 수요량은 각각 Q_a, Q_b, Q_c가 될 것이다. 이러한 상황에서 어느 수준을 선택할 것인가에 대한 투표가 이루어진다고 하면 다수결에 따라 Q_b의 규모가 선택될 것이다. 왜냐하면 Q_a와 Q_b를 투표에 붙이면 투표자 b와 c가 Q_b를 택할 것이며, Q_b와 Q_c를 투표에 붙이면 투표자 a와 b가 Q_b를 지지할 것이기 때문이다. 즉 비용부담의 몫을 미리 설정해 놓고 다수결 투표에 붙일 경우 중간 수준의 공공재를 원하는 중위투표자의 선호가 채택되게 되는데 이를 중위투표자의 정리(median voter theorem)라고 한다.[6)]

그렇다면 이러한 다수결투표의 결과가 과연 효율적인가? 즉 다수결투표에 따라 선택된 Q_b가 사회적으로 바람직한 적정공급량인가 하는 질문이다. 공공재이론에서 살펴본 바와 같이 적정공급량은 $\sum D$선과 MC선이 교차하는 점에서 결정되며 Q_E가 바로 경제적으로 효율적인 생산량이다. 다시 말하여 Q_E가 파레토 최적규모에 해당되는 생산량인 것인데, 그림에서 나타나고 있는 바와 같이 Q_E와

---

6) 이 정리를 최초로 소개한 논문으로 Harold Hotelling, "Stability in Competition," *Economic Journal*(March 1929), pp. 41~57을 들 수 있다(흔히 Hotelling의 Principle of Minimum Differentiation을 인용하고 있다).

그림 5-2 | 다수결투표하의 효율성문제

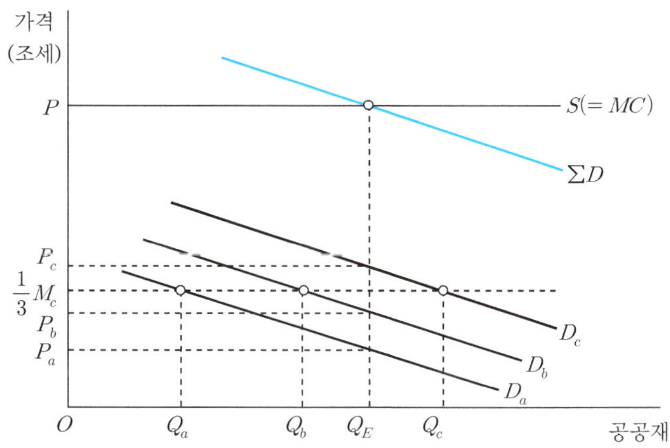

Q_b가 반드시 일치하는 것은 아니다. 즉 다수결투표 아래에서 각자에게 균일한 세금을 부과한다면 경제적으로 효율적인 Q_E의 공급이 이루어진다는 보장은 없는 것이다.

공공재의 공급량 결정이 Q_E에서 이루어지도록 하기 위한 한 가지 방법으로 각 투표자의 세금을 조정하여 c에게는 1/3MC보다 높게, a와 b에게는 1/3MC보다 낮게 부과하여 이들의 수요량을 조절하는 것을 들 수 있다. 다시 말하여 정부가 납세자 a, b, c에게 세금을 각각 P_a, P_b, P_c로 차등을 두어 부과할 수만 있으면 적정량 Q_E를 생산하는 데 아무도 반대하지 않을 것이므로 이때에는 만장일치로 효율적인 생산량인 Q_E가 가능할 것이다. 그러나 정부가 세금을 개인별로 차등을 두어 자유롭게 변경시키는 데는 항상 어려움이 있으며, 더욱이 각 개인의 수요에 대한 정보도 불완전하기 때문에 수요에 부합되는 세금을 결정하기란 매우 힘든 일이다. 또한 앞의 제 3 장([그림 3-2] 참조)에서도 언급되었듯이 납세자(투표자)들이 전략적인 행위(strategic behavior)를 취하게 되면 적정량 Q_E의 결정은 더욱 어렵게 된다.

다수결원칙 아래에서 비용의 분담을 균등하게 하면서 중간선호그룹에 의해 선택된 공공재의 수량이 어떠한 경우에 최적규모와 같게 되는가? 앞에서 살펴본 것처럼 사회구성원 i가 공공재소비로부터 얻은 한계혜택을 MB_i라$(=D_i)$할 때 적정공공재는 $\sum MB_i(=\sum D)=MC$일 때 결정된다. 이를 구성원의 수로 나누면 $\sum MBi/N=MC/N$가 되는데, 여기서 좌변은 개개 투표자들의 한계혜택의 평균치를 의미하고 이것이 공공재의 1인당 비용부담(세금)과 같을 때 최적규모의 공공재 공급이 이루어지게 된다. 즉 중위투표자의 선호를 반영하는 공공재 공급규모가 전체 투표자 선호의 평균치와 같다면 다수결투표에 의한 결과가 최적규모의 결정으로 이어지게 되는데, 이는 사람들의 공공재에 대한 선호가 한계혜택의 평균치$(\sum MB_i/N)$를 중심으로 정규분포(normal distribution)되어 있을 경우이다.

한편 다수결투표에서 채택되는 결정은 공평한 것일까? 소득분배면에서 볼 때 다수결투표는 공평성을 결코 보장하고 있지 않다. 예를 들어 '부유층'이 투표자의 과반수를 차지하고 있을 경우에 다수결의 원칙에 의해 채택되는 정책은 소수그룹인 '빈민층'의 희생을 강요할 수 있다. 다수결투표에서 결정되는 공공선택은 사회 전체를 다 좋게 하는 그런 선택이기보다는 일부에게 해가 되더라도 과반수에게 득이 된다면 채택되는 경우가 흔히 생기므로 때에 따라 소수그룹의 의사를 무시하게 되는 경향이 있는 것이다.

다수결투표에서는 [그림 5-2]에서 보았듯이 투표자의 중간선호(medium preference)에 해당하는 Q_b가 선택될 가능성이 가장 많음을 알았다 이것은 중간선호를 가지고 있는 그룹(median voter)에서 공공부문에 관한 각종 결정을 독점하고 막강한 조정력을 발휘하는 결과를 가져올 수 있음을 뜻한다. 나아가서 중간선호를 가진 투표자의 수요곡선(즉 d_b)이 바로 사회 전체를 대변하는 사회적 수요곡선의 역할을 담당하게 되므로 이에 의하여 채택된 정책은 이 중간선호그룹을 제외한 모든 그룹에게 불만을 가져다 주는 그런 결정일 수도 있는 것이다.

2. 다수결투표와 순환성

다수결투표하에서 야기되는 또 다른 문제점으로서는 이 규칙 아래서는 공공선택이 안정적으로 그리고 합리적으로 결정되는 것이 아니라 투표의 끝없는 순환(cycling)이 되풀이될 수 있어 결국 최종적인 결정은 아주 임의적으로 이루어질 가능성이 많다는 것이다. 이것을 우리는 '투표의 모순'(voting paradox)이라고 부른다.

다수결투표하의 순환성을 다음의 [표 5-1]과 [표 5-2]를 이용하여 설명해

표 5-1

투표자	공공사업(X, Y, Z)에 대한 투표자의 선호
A	$X > Y > Z$
B	$Y > Z > X$
C	$Z > Y > X$

주 : >는 보다 높은 선호를 표시함.

표 5-2

투표자	공공사업(X, Y, Z)에 대한 투표자의 선호
A	$X > Y > Z$
B	$Y > Z > X$
C	$Z > X > Y$

주 : >는 보다 높은 선호를 표시함.

보자. 지금 세 가지 공공사업(X, Y, Z) 중에서 투표자 A, B, C의 다수결투표에 따라 한 가지 공공사업을 선택하고자 한다고 하자. 이들 3인의 세 가지 공공사업에 대한 선호가 [표 5-1]과 [표 5-2]에 나타나 있다. 설명을 간편히 하기 위해 사업 X를 높은 댐, 사업 Y를 중간 댐, 그리고 사업 Z를 낮은 댐이라고 생각하자.

우선 [표 5-1]을 살펴보면, 투표자 A는 높은 댐, 중간 댐, 낮은 댐의 순서로 그의 선호를 표시하고 있으며, 투표자 B는 중간 댐, 낮은 댐, 높은 댐의 순서로 그의 선호를 표시하고 있고, 끝으로 투표자 C는 낮은 댐, 중간 댐, 높은 댐의 순서로 선호하고 있다. 이제 공공사업의 종류를 쌍(pair)으로 묶어 투표한다고 하고, 먼저 X와 Y가 투표대상이 되었다고 하자. A는 X에, B는 Y에, C는 Y에 투표할 것이므로 Y 사업이 채택된다. 그 다음 Y와 Z에 대하여 투표를 행하면 A는 Y에, B는 Y에, C는 Z에 투표할 것이므로 Y 사업이 채택된다. 즉,

X와 Y에 투표 → Y 사업 채택
Y와 Z에 투표 → Y 사업 채택

결국 다수결의 원칙에 따라 Y 사업이 최종적으로 채택·결정되는데 투표자들의 선호가 [표 5-1]처럼 형성되어 있다면 투표의 순환성은 발행하지 않고 아주 안정적인 결정을 할 수 있게 된다. 최종적으로 선택된 Y 사업은 중간 댐으로서 투표자의 중간선호를 가리키고 있음을 여기서 주목할 필요가 있다.

그런데 투표자의 선호가 [표 5-2]와 같이 된다면 어떤 사업이 채택될 것인가? [표 5-2]가 [표 5-1]과 다른 점이란 오직 투표자 C의 선호이다. [표 5-2]에서의 C의 선호는 낮은 댐을 최우선적으로 원하고 그 다음으로는 도리어 높은 댐을 원하고 중간 댐을 최하위로 선호하고 있다. 이처럼 투표자 C의 선호가 댐

의 규모에 대하여 일률적이 아닐 때에는 투표의 순환성문제가 발생한다. 즉, 사업 X와 Y가 투표대상이 될 때 A는 X에, B는 Y에, C는 X에 투표하므로 X 사업이 채택된다. 그 다음 사업 X와 Z에 대하여 투표를 행하면 A는 X에, B는 Z에, C는 Z에 투표하므로 Z 사업이 채택된다. 끝으로 사업 Y와 Z에 대하여 투표를 행하면 A는 Y에, B는 Y에, C는 Z에 투표하므로 Y 사업이 채택된다. 즉,

X와 Y에 투표 → X 사업 채택
X와 Z에 투표 → Z 사업 채택
Y와 Z에 투표 → Y 사업 채택

결국 어떤 두 사업을 투표대상으로 하는가에 따라서 사업 X, Y, Z가 각각 이기게 되므로 어떤 결론을 내리지 못한 채 끝없는 투표의 순환이 계속되는 것이다. 따라서 다수결투표하에서의 공공사업의 결정은 어떠한 쌍(pair)이 투표대상이 되느냐에 따라 임의적으로 결정될 수밖에 없으며, 결국 안정적인 집합적 결정이 불가능하게 된다.

투표의 순환성이 생기느냐의 여부는 투표자의 선호가 일률적이냐 아니냐에 달려 있다. [그림 5-3]은 [표 5-1]의 각자의 선호를 순위별로 그려 놓은 것인데, 그림에서 보는 바와 같이 투표자 각자는 선호의 봉우리가 하나뿐인 단일봉두선호(single-peaked preference)를 가지고 있고 따라서 일률적이다. 이러한 경우에는 순환성의 문제는 없다. 반면에 [그림 5-4]는 [표 5-2]의 각자의 선호를 순위별로 그려 놓은 것인데, 투표자 A와 B는 단일봉두선호를 가지고 있으나 투표자 C는 선호의 봉우리가 2개인 이중봉두선호(double-peaked preference)를 가지고 있다. 이렇게 이중봉두의 선호를 어느 투표자가 가지고 있을 때의 공공선택은 불안정하고 임의적이 된다.[7)]

그러면 공공선택에 있어서 투표자의 선호는 항상 단일봉두의 형태로 나타날 것인가? 단일봉두는 어떠한 의미를 가지는 것인가? 기본적으로 어떤 공공재에 대한 통상적인 수요와 공급 곡선이 전제될 때 그 선호는 단일 봉두의 형태를 가지

7) Duncan Black, *The Theory of Committees and Elections*(Cambridge: Cambridge University Press, 1958) 및 그의 "On the Rationale of Group Decision Making," *Journal of Political Economy*, 56(February 1948) pp. 23~34.

그림 5-3 | 투표자의 선호패턴(단일봉두)

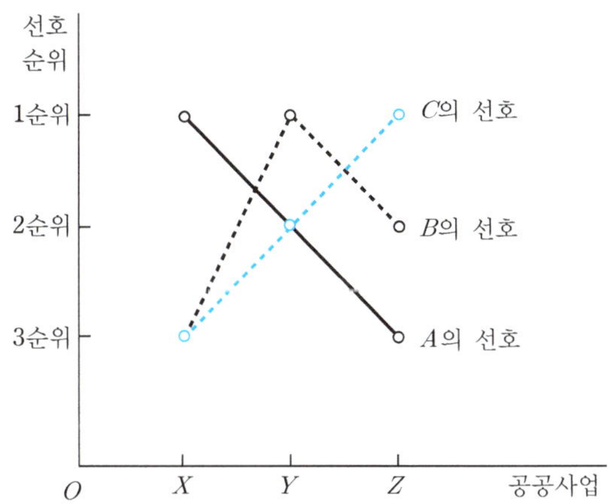

그림 5-4 | 투표자의 선호패턴(이중봉두)

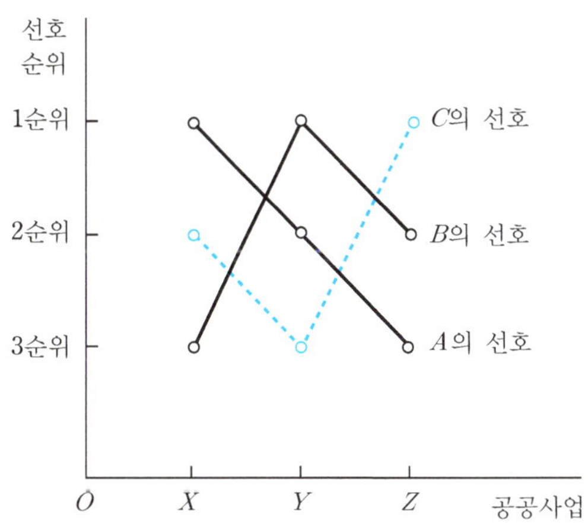

게 된다. [그림 5-5] (a)는 공공재에 대한 통상적인 우하향하는 수요곡선과 우상향하는 공급곡선을 보여주는데 이는 각각 공공재에 대한 수요자의 한계편익과 공급의 한계비용을 보여준다. (b)의 경우 매 단위의 공공재로부터의 한계편익에서

그림 5-5 | 공공재의 수요 및 공급과 선호표출

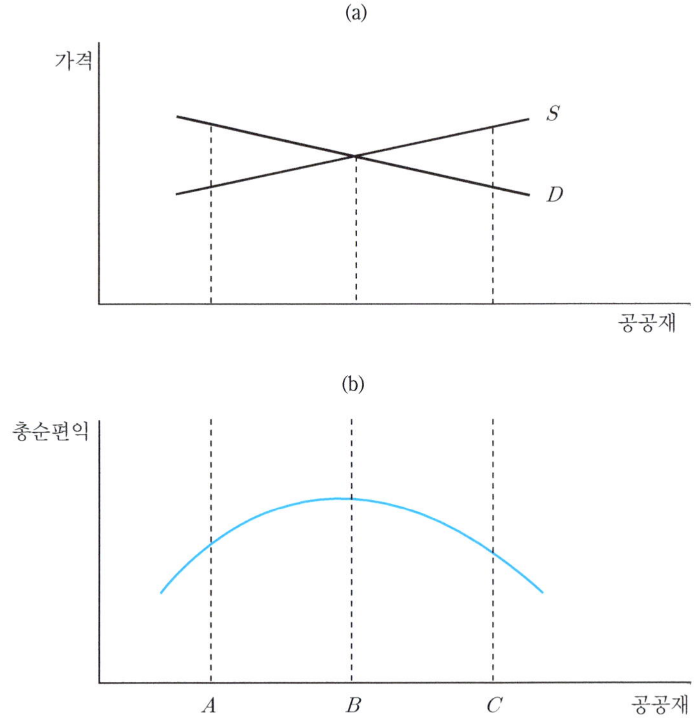

한계비용을 제한 순한계편익의 누적치, 즉 총순편익을 보여주고 있다. 투표자들의 선호는 이러한 총순편익의 크기를 보여주는 것이라고 할 수 있다. AB 구간만을 살펴볼 경우 공공재의 선호는 크기에 따라 계속 우상향하는 모습을, AC 구간의 경우 증가하다 감소하는 모습을, 그리고 BC 구간만을 볼 경우 계속 우하향하는 모습을 보여준다. 이 세 가지 모두 [그림 5-3]이 표현하는 단일봉두의 선호에 해당하는 것이다(어떠한 경우에 이중봉두가 나타나는지는 독자들이 살펴보기 바란다).

한편 투표자들의 선택이 단일의 사업에 대한 것이 아니라 여러 사업조합들 간의 선택인 경우 투표자의 선호가 비록 단일봉두의 형태라 하더라도 투표의 순환이 나타날 수 있다.

3. 점수투표제

다수결원칙이 가져오는 순환성은 점수투표제(point voting)에 의해 극복될 수 있다. 특히 단순한 다수결투표제하에서는 선호의 강도(intensity of preferences)가 반영되지 못하므로 사회적으로 바람직스럽지 못한 결과를 가져올 우려성이 많은데, 점수투표제하에서는 이러한 선호의 강도가 분명히 반영되는 장점이 있다. 예로서, 단순다수결투표에서는 100명의 투표자 가운데 51명이 한데 뭉치면 나머지 49명의 의사를 봉쇄할 수 있다. 그런데 사회 전체적으로 패자 49명이 상실한 효용의 크기가 승자 51명이 획득한 효용의 크기보다 크다고 한다면 이는 합리적인 공공선택이라고 할 수 없는 것이다. 이와 같은 점에서 볼 때 공공선택에 있어서 투표자의 강도가 고려되어야 한다는 것은 어쩌면 당연한 논리라 하겠다.

점수투표제를 다음의 [표 5-3]을 통하여 살펴보자. 3인의 투표자 A, B, C가 있고, 이들은 각기 10점의 점수를 가지고 주어진 대체적 정책안 X, Y, Z에 대하여 그들의 선호에 따라 점수를 다음과 같이 부여한다고 하자.

[표 5-3]에서 보는 바와 같이 투표자 A, B, C는 각기 자신들의 선호에 따라 점수를 부여하였는데 그 수는 각기 다르다. 위 표에 따라 다수결투표에 입각한 정책안을 선택한다면 이 경우에도 이미 앞에서 지적된 것처럼 중간선호의 대상인 Y정책이 채택될 것이다. 그러나 점수투표제하에서는 12점이라는 가장 높은 점수를 부여받은 Z정책이 채택되게 된다. 투표자의 선호의 강도가 반영됨으로써 다수결투표제하에서 채택된 정책과는 다른 정책이 점수투표제하에서 채택된다는 것에 주목하여야 한다.

그러나 점수투표제에도 몇 가지 취약성이 내포되고 있음을 유의하여야 한다.

표 5-3 | 점수투표제

대체적 정책안	투표자A		투표자B		투표자C		점수합계
	순위	점수	순위	점수	순위	점수	
X	1	5	3	1	3	1	7
Y	2	3	2	3	1	5	11
Z	3	2	1	6	2	4	12

점수를 얼마만큼 정확히 부여하느냐 하는 것이 현실적으로 상당히 까다로운 일이며, 또한 투표과정에서의 전략행위 때문에 상대방의 투표선호에 따라 개인의 투표선호가 불규칙적으로 변경되는 것 등의 문제점을 가지고 있다.

4. 불가능성의 정리

노벨경제학상 수상자 애로우(Kenneth Arrow) 교수는 개개인들이 갖고 있는 선호 및 가치판단과 이것들이 한데 모여서 만들어지는 사회적 선택 간에는 상당한 괴리가 있음을 발견하고 과연 최적의 의사결정체계가 존재하는가를 증명하려고 노력하였다. 즉 개인의 후생함수를 바탕으로 사회후생함수(social welfare function)를 찾으려는 노력이라고 할 수 있는데, 애로우 교수는 개개인의 선호들을 합하여 사회의 모든 구성원에게 최선의 선택을 제시해 주는 그런 집합적 결정(collective decision)은 사실상 불가능하다고 주장하였는데,[8] 이것을 그의 불가능성의 정리(impossibility theorem)라고 부른다.

애로우는 우선 개인들의 선호체계와 관련하여 서수적인 선호체계와 함께 개인간 선호를 비교하는 것은 가능하지 않다는 점을 기본 전제로 설정하였다. 즉 개인의 효용수준을 기수적으로 측정할 수는 없으며 우선순위만 알 수 있다는 것이다. 또한 개인간 선호를 직접 비교할 수는 없다는 것이다.

이러한 전제하에 애로우는 사회의 최적 의사결정체계가 가져야 하는 다섯 가지의 조건들을 다음과 같이 제시하였다. 첫째, 집합적 결정은 일관성이 있어야 한다. 만일 의사결정체계를 통해서 X라는 정책이 Y보다 선호되고 Y라는 정책이 Z보다 선호된다면 X정책은 분명히 Z정책보다 선호되어야 한다. 이것을 이행성의 원칙(transitivity rule)이라고 한다.

둘째, 개개인의 모든 가능한 선호들이 충분히 고려되고 이들의 선호의 우선순위에 대해서도 아무런 제한이 없어야 한다.

셋째, 상이한 정책대안간의 상호의존성이 없어야 한다. 즉, 어떤 정책안이 제거되었을 때 그것이 다른 정책안의 우선순위에 하등 영향을 끼쳐서는 안 된다는 것이다. 예로서 X, W, Y, Z의 정책우선순위가 있을 때 W가 어떤 이유를 인해

8) Kenneth Arrow, *Social Choice and Individual Values*(New York: Wiley, 1951).

제거되었다면 결과적으로 정책순위는 X, Y, Z로 되어야 한다.

넷째, 다른 사람에게 해를 끼침이 없이 한 사람의 선호를 유리하게 하는 그런 정책은 파레토기준에 의하여 당연히 선호되어야 한다.

다섯째, 모든 사람에게 선택의 자유가 보장되어야 하며, 사회적 선택이 어느 한 사람의 의사에 따라 독재적으로 결정되어서는 안 된다.

애로우 교수는 이상과 같은 다섯 가지 조건을 모두 충족시킬 수 있는 사회적 의사결정체계를 만드는 것은 불가능하다는 점을 증명하였다.[9] 예를 들어, 앞에서 살펴보았던 다수결투표의 경우에 나타날 수 있는 투표의 역설현상은 첫 번째 조건인 이행성의 조건을 만족시키지 못하는 것이다. 점수투표제의 경우 개인들의 선호를 기수적으로 측정할 수 없다는 기본전제를 충족하지 못하고 있으며, 만장일치제의 경우 모든 가능한 선호들이 고려되어야 한다는 조건을 충족하지 못하는 것이다.

이와 같은 애로우의 불가능성의 정리는 우리에게 매우 중요한 사실을 암시하고 있다. 우리들은 흔히 '정부가 이런 이런 것을 해야 된다' 혹은 '이런 것은 정부의 책임 아래에서 적절하게 처리되어야 한다' 등의 얘기를 많이 하고 또 듣는다. 이때 정부란 합리적으로 판단하고 일관성 있게 행동하는 일종의 유기체적인 실체로 간주하고 있는 것이다. 그러나 애로우의 불가능성정리에서는 정부로부터 이러한 합리성이나 일관성을 기대하기가 어렵다는 것을 암시하고 있는 것이다. 우리는 이 점에 대해서 다음 절에서 좀더 고찰해 볼 것이다.

제 3 절 정치적 결정과정의 참여자

우리는 제 2 절에서 공공선택의 접근방법으로서 개체주의적 접근방법과 유기체적 접근방법을 구분하여 소개하였다. 개체주의적 접근방법에서는 투표자의 선호가 절대적으로 중요한 공공선택의 결정요인이다. 그러나 유기체적 접근방법에서는 정부를 단순히 투표자의 선호를 집행하는 기관으로 보기보다는 정부 자신

9) 또는 한 사람의 선호를 강제하는 독재적 의사결정체계일 경우 다른 조건들을 충족하는 체계가 가능하다는 점에서 가능성의 정리(possibility theorem)라고도 한다.

도 스스로의 영향력과 의지를 가진 조직으로 간주하며, 이 속에 정치가(정당) · 관료 · 이익집단들이 참여하게 된다. 그러면 이들 각 참여자들의 행태와 역할에 대하여 고찰하여 보자.

1. 정치가(정당)

정치가의 역할을 논의할 때 대략 두 가지 형태의 정치가들을 생각할 수 있다. 하나는 자신의 이익(즉 재선)을 추구하는 이기적 정치가이고, 또 하나는 어디까지나 공익에 입각한 정치를 추구하는 정치가이다. 그러나 대체로 첫번째의 이기적인 정치가그룹이 많은 수를 차지하고 있다고 봐야 할 것이다. 기업가들이 자기 기업의 이윤극대화(profit maximization)를 위해 노력하는 것처럼 정치가들은 자신들의 정치적 영향력을 극대화하려고 노력한다. 정치인의 절대적인 관심은 무엇보다도 재선에 있기 때문에 유권자투표수의 극대화(vote maximization)가 목표의 기준이 된다.

정치인의 행위를 설명하기 위해 투표수극대화이론을 전개한 대표적 학자로서는 다운즈(Anthony Downs)[10]를 지적할 수 있겠다. 다운즈는 시장경제에서 기업가가 소비자의 선호에 맞추어 생산활동을 하는 것과 마찬가지로 정치가도 그를 선출해 주는 투표자의 이해관계를 충족시켜 주는 입장에서 행동한다고 전제하고 있다. 이 경우 정치가는 자기의 지지표를 극대화시키는 관점에서, 또 투표자는 자기의 욕구와 이익을 극대화시키는 관점에서 각기 합리적으로 행동하게 된다. 즉 정치가는 투표자의 이해와 직결된 정강을 내놓을 것이고, 투표자는 그의 욕구와 이익을 가장 적절히 충족시켜 줄 수 있는 정강을 내놓은 정치가에게 지지표를 던질 것이며, 결과적으로 투표자의 선호를 가장 정확히 적중시키는 정강을 지닌 정치가가 정권을 잡게 된다.

그러나 현실적으로 다운즈의 투표수극대화이론이 파레토최적인 자원의 배분을 가져온다고 기대하기 어렵다. 완벽한 확실성이 보장되는 세계라면 몰라도, 대개 투표자는 정치의 정확한 효과들을 모르고 있고, 정당들은 정강에 대한 투표자들의 선호를 제대로 알 수 없다. 여기다가 투표자 스스로도 타인과의 어떤 공공

---

10) Anthony Downs, *An Economic Theory of Democracy*(New York: Harper, 1957).

적 협조에 별다른 매력이나 흥미가 없고 자기 한 사람의 의사는 전체의 결정에 큰 영향력이 없다고 생각하여 의사표시를 포기하기 쉽다. 이것을 통상 '투표자의 무지'(voter ignorance)라고 부르고 있는데, 투표자가 아무리 합리적인 사고를 하고 있다 하더라도 대규모의 사회집단 속에서는 이와 같은 투표자의 무지가 어느 정도 불가피하게 존재한다고 하겠다. 그래서 다운즈는 정치적 의사결정이 공공재의 과소공급을 가져오기 쉽다고 주장하였다.

투표수극대화이론에서도 중간선호를 가진 투표자들이 중심적인 역할을 한다는 것을 인정하고 있다. 이러한 입장에서 정당들의 정강(platforms)이 이떻게 형성되고 조정되는가를 검토해 보는 것도 흥미 있는 일이다. 다운즈에 의하면 정당들이 처음에는 생각이 분명하여 보수, 진보 등으로 나누어져 정당활동을 하겠지만, 시간이 지나면서 투표의 극대화를 위해서는 중간선호자들의 의견에 접근하지 않을 수 없으므로 결국 모든 정당들의 정강이 비슷하게 되어 차별화가 일어나지 않는다고 예측하고 있다. 이렇게 되면 어느 정당도 정강의 차이에 의한 집권이 불분명해지고 나아가서 영구집권이라는 것도 불가능해진다고 다운즈는 결론짓고 있다.

다운즈의 논리는 다수결투표제하에서 정당의 결정이 균형상태(equilibrium)에 도달될 수 있음을 보여 주고 있다. 이 관계를 그림으로 설명하면 다음과 같다.

그림 5-6 | 양당체제하의 정강결정

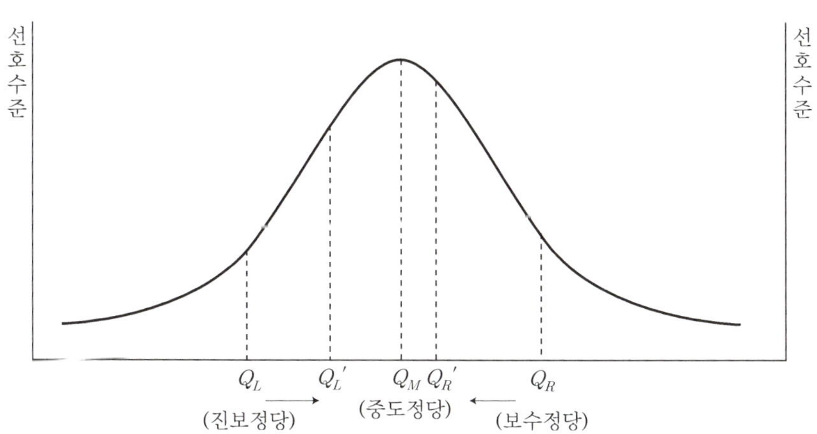

[그림 5-6]에서 Q_R은 보수정당의 정강으로서 우파적인 정책을 대변하고 있으며, Q_L은 진보정당의 정강으로서 좌파적인 정책을 대변하고 있다. Q_M은 중간선호투표자들의 선호를 대변하는 정책이다. 양 정당의 정강은 시간이 흘러감에 따라 Q_M쪽으로 이동할 것이며 이렇게 하는 것이 선거에 이길 수 있는 전략이다. 결국 나중에는 Q_R과 Q_L이 Q_M과 일치하는 결과를 갖게 될 것이다. 이를 보다 자세히 살펴보자. 만약 R 정당이 그 정강을 Q_R에 맞추었다고 하자. 그렇다면 L 정당은 그 정강을 Q_L과 Q_R 사이의 어느 점에 두더라도 중간선호투표자 Q_M에 가까워지고 선거에서 이기게 된다. 예를 들어, L정당이 그 정강을 $Q_L{}'$에 위치시킨다면 그 정당은 $Q_L{}'$의 왼쪽에 위치하는 모든 투표자와 $Q_L{}'$과 Q_R 사이에서 $Q_L{}'$에 가까운 절반이상 투표자들의 지지를 확보할 수 있기 때문이다. 그러면 R 정당은 다시 그 정강을 $Q_L{}'$ 보다도 더 Q_M에 가까운, 예를 들어 $Q_R{}'$로 변화시키게 되는데, 이러한 과정이 반복되면 결국 양 정당의 정강이 Q_M에 근접하게 되는 것이다. 이것은 정당들이 이것도 저것도 아닌 미지근한 정강을 채택한다고 볼 수 있겠으나 다른 한편으로 본다면 정당의 정책결정이 다수결투표과정을 통해 일종의 균형상태에 도달할 수 있음을 암시하고 있다.

그러나 다수결투표제하에서 정당의 결정이 균형상태에 도달한다는 결론에 논란이 없는 것은 아니다. 첫째, 정당의 색깔에 대한 투표자의 인식이 항상 통일되지 못하기 때문이다. 같은 정당의 정강 속에서도 어떤 부분은 보수적인 것으로, 다른 부분은 진보적인 것으로 판단할 수 있기에 더욱 그러하다. 둘째, 정치과정 속에서 발생하는 비용을 고려할 때는 다른 결론에 도달될 수 있다는 점이다. 중간선호자들은 자신들의 선호가 정당에 의해 어느 정도 반영되고 있다고 생각되면 정치활동에 그리 적극적이지 않다. 그러나 극단적인 선호를 가진 자(소수그룹)들은 자신들의 선호를 반영시키기 위하여 높은 비용을 감수하더라도 정치활동에 적극적일 수 있다. 그래서 이들 소수그룹에 의해서 중간선호가 아닌 결정(즉, 균형상태에서 멀어진 결정)이 최종 선택될 수 있는 것이다.

2. 관료(행정부)

(1) 관료의 두 가지 형태

관료도 정치가와 마찬가지로 두 가지 형태로 생각해 볼 수 있다. 우선 첫 번째의 형태는 자신들의 이익을 추구하는 이기적인 관료들이다. 이들은 자신의 권력이나 소득(예산)과 같은 것을 극대화하기 위하여 자기가 속해 있는 관료조직을 가능한 한 확대시키려고 노력하는 것이 일반적인 경향이다. 두 번째의 관료형태는 소위 공복(public servant)의 입장에서 공익을 추구하고 공공부문의 효율적 정책 집행을 위하여 노력하는 관료들이다.

첫 번째의 관료형태는 관료제(bureaucracy)의 전통적인 특징을 내포하고 있다. 이들의 관심은 조직의 확대에 있으며, 조직의 확대를 통해 예산규모의 확대를 가져오며 이로써 자신들의 권한을 확대시키고자 노력한다. 이러한 경향을 다음의 [그림 5-7]을 통해 살펴보자.

[그림 5-7]에서 공공서비스를 경찰서비스로 가정하자. 경찰은 어느 지역을 막론하고 일종의 독점력을 행사하고 있는 공공기관이므로 경찰서비스에 대한 수요곡선 D는 우하향하고 있다. 설명을 간단히 하기 위하여 경찰력을 제공하는 데 소요되는 한계비용은 일정하다고 가정하면 공급곡선 S는 수평으로 일직선이 된다.

우선 먼저 납세자인 일반국민이 경찰서비스의 생산비만 부담하는 원가수준의 세금을 낸다면 이것은 P_1에 해당된다. 이때의 적정생산량은 Q_2이고, 소비자 잉여분은 P_1AP_3의 삼각형으로 가장 극대가 될 것이다. 생산량 Q_2수준에서 한

그림 5-7 | 관료제하의 공공서비스규모결정

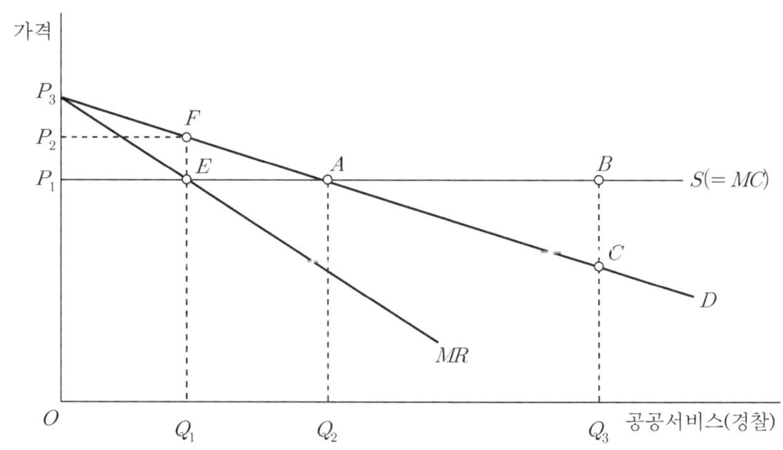

계비용과 한계가치가 일치하므로 비용액 OP_1AQ_2는 가장 효율적이고 적정한 예산요구액이 될 것이다.

그러나 만약 경찰이 자체의 이윤극대를 목표로 독점력을 행사한다면 이때의 산출량은 MR선과 MC선이 교차하는 점에서 결정되므로 Q_1으로 감소되며 세금은 P_2로 상승된다. 경찰이 차지하는 이윤몫은 P_1EFP_2의 사각형이 되는 반면에, 소비자잉여분은 P_2FP_3의 삼각형으로 감소된다. 소비자는 분명히 경찰력을 적게 제공받는 것과 동시에 P_2라는 높은 가격을 지불하므로 후생의 손실이 발생했다.

그러면 끝으로 관료의 전형적 특성이라고 앞에서 언급한 것처럼 경찰이 자체의 기구확장에 주목표를 두고 있다면 어떠한 결과를 초래할 것인가? 경찰은 경찰서비스 제공에서 발생하는 총편익과 총비용의 정확한 정보를 가지고 있다는 전제하에서 총편익과 총비용이 일치하는 수준까지 경찰서비스를 확대하려고 할 것이다. 산출량 Q_3는 총편익인 OP_3CQ_3(수요곡선 아래 면적)와 총비용인 OP_1BQ_3가 일치하는 생산수준으로서, 이 Q_3에서 삼각형 P_1AP_3(소비자잉여)면적과 삼각형 ABC(소비자후생손실)면적이 서로 일치한다. 따라서 산출량 Q_3가 바로 경찰이 제공하고자 하는 최대서비스양이며, 총비용 OP_1BQ_3가 경찰이 기대할 수 있는 최대예산요구액이 될 것이다. 경찰은 이윤 자체에는 흥미가 없을 것이므로 총비용만 보상할 수 있는 가격, 즉 P_1을 부과하려고 할 것이다.

아무튼 경찰력이 Q_2의 2배가 되는 Q_3만큼 확장된다면 이것은 사회 전체로 보아 자원의 낭비이며 소비자입장에서도 '잉여분'은 0이 되고 만다. 이제 문제는 이와 같은 과대예산요구가 국회의 심의과정에서 어떻게 조정될 것이냐이다. 국회가 어느 정도의 정확한 사회적 편익과 사회적 비용에 대한 정보를 가지고 있다면 각 분과위원회에서 각 공공사업에 대한 타당성분석을 행하여 예산의 불필요한 팽창을 억제할 수 있을 것이다. 그러나 심의기관에서 수많은 공공사업의 하나하나에 대한 경제성분석을 행한다는 것은 불가능한 것이다. 따라서 다음의 두 번째 관료형태인 공복으로서의 관료들로부터 전문적인 도움을 얻지 못하는 한 예산확정액이 효율적인 수준을 훨씬 넘어설 가능성이 일반관료제 아래에서는 매우 높은 것이다.

그러면 두 번째의 관료형태인 공복으로서의 관료기능에 대하여 살펴보자. 이들이 행정부에서 하는 역할은 절대적으로 중요하다. 우선 이들은 각종 정부사업을 디자인하는 기술적이고 전문적인 지식을 보유하고 있으므로 정책결정자가 현명한 선택을 할 수 있게 하는 데 일역을 담당하고 있다. 때때로 이들 전문기술직들은 정책결정의 간접적인 지원의 범위를 넘어서 정책결정에 직접적인 역할을 담당하기도 한다. 지식은 바로 힘이라는 이 말이 공공부문에서도 상당히 적용되는 것이다. 공공사업과 정책은 점차 복잡성·전문성을 띠면서 발전되어 왔으므로 의회의 위원들이 이것을 일일이 심사할 시간이라든가 전문성이 결여되고 있다. 따라서 자연히 기술전문직의 관료들의 의견과 판단이 정책결정과정에서 결정적인 역할을 하게 되는 경우가 허다한 것이다. 끝으로 공공사업이 의회의 심의를 받아 최종적으로 결정된 후 이를 집행하고 유영하는 것은 전적으로 이들 진문직 관료의 손에 좌우된다. 이들 공복들은 행정의 지속성을 유지하며, 운영과정 속에서 합리성의 개념을 주입시킴으로써 현대국가에서 공공정책을 형성하고 집행하는 데 중심적인 역할을 하고 있는 것이다. 관료제는 조직의 규모와 범위를 확대시키도록 노력함으로써 효율성을 파괴하기도 하지만, 동시에 공복으로서의 정신을 가지고 정부운용이 효율적으로 진행되도록 전문성을 발휘하고 있는 것이다.

(2) 니스카넌(Niskanen)모형

우리는 앞의 [그림 5-7]을 통해 관료는 자신들의 권력극대화를 위하여 예산규모의 극대화를 추구하고 있음을 지적하였다. 이와 같은 관료들의 행태를 수리적으로 모형화시킨 최초의 경제학자로 니스카넌(William A, Niskanen, Jr.)이 있다.[11)]

니스카넌모형은 관료들이 예산극대화를 추구하고 있다는 전제하에 만들어진 비교적 단순한 것이다. 그에 의하면 정치가들이나 관료들이 공공서비스에 대하여 가지고 있는 선호가 소위 예산산출함수(budget output function)에 의하여 표시될 수 있다고 보고 다음과 같은 예산산출함수를 설정하였다.

$$B = aQ - bQ^2 \qquad \left(0 \le Q \le \frac{a}{2b}\right) \qquad \cdots\cdots (1)$$

여기서 Q는 공공서비스의 산출량을 나타내며, B는 해당 공공서비스 산출을 위

11) William A. Niskanen, Jr. *Bureaucracy and Representative Government*(Chicago: Aldine Publishing Co., 1971), pp. 45~48.

하여 지출하고 하는 최대예산 a와 b는 正의 계수이다. 위의 함수를 한계개념으로 표시하면 다음과 같이 된다.

$$V = \frac{dB}{dQ} = a - 2bQ \qquad \left(0 \leq Q \leq \frac{a}{2b}\right) \qquad \cdots\cdots (2)$$

식 (1)과 식 (2)를 그림으로 표시하면 [그림 5-8]과 같이 되는데, 니스카넌은 이를 각각 예산산출곡선(budget output curve)과 정치적 수요곡선(political demand curve)이라고 부르고 있다. 정치적 수요곡선(우측 그림)은 공공서비스에 대한 사람들의 한계가치(marginal value: V)를 보여 주고 있는, 일종의 사회 전체의 수요(가치)를 대변하고 있는 곡선으로서 우하향의 경사를 가지고 있다. 예산산출곡선(좌측 그림)은 공공서비스의 산출이 증가하면 예산액도 증가함을 보여 주고 있는데, 산출량 Q가 $\frac{a}{2b}$ 수준으로 증가할 때까지는 예산액 B도 증가한다. 그러나 그림에서 보는 바와 같이 예산의 증가율은 체감하고 있는데, 그 원인은 정치가들이 예산액을 승인할 때 공공서비스의 산출량증가보다는 덜 비례적(less proportionately)으로 예산이 증가하도록 하기 때문이다. 산출량이 $\frac{a}{2b}$ 수준 이상을 넘어섰을 경우에는

그림 5-8 | 예산산출곡선과 정치적 수요곡선

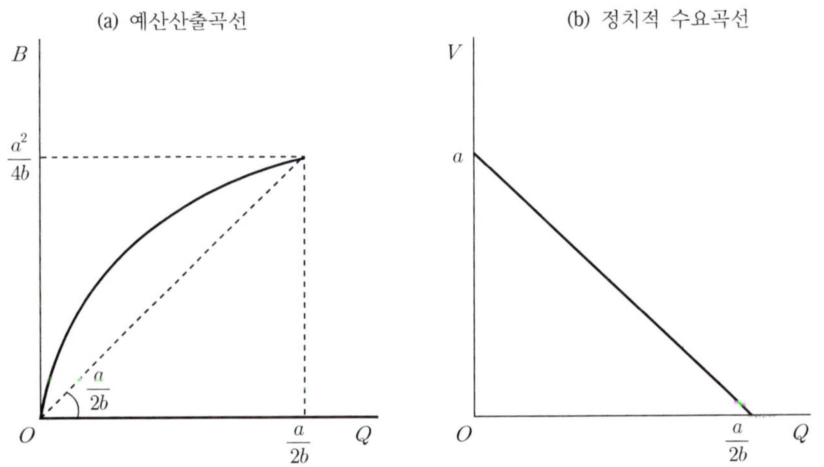

정치가들이 이를 삭감하고자 하기 때문에 예산액은 도리어 하락하게 된다.

니스카넌은 공공서비스의 산출을 위해 정치가들이 승인하려고 하는 예산액과 이 공공서비스를 공급하기 위하여 지출되어져야 하는 비용액과의 구별을 분명히 하고 있다. 만약 공공생산의 한계비용(marginal cost)이 일정하다고 가정하면 총비용(TC)함수는 다음과 같이 선형으로 된다.

$$TC = cQ \qquad \left(Q \geqq 0 : c > \frac{a}{2}\right) \qquad \cdots\cdots (3)$$

위의 식에서 계수 C는 한계비용을 가리키는데, 한계비용(c)은 충분히 높아서 $\left(\text{즉, } c > \frac{a}{2}\right)$ 총비용곡선(TC)이 예산산출곡선(B)을 $Q = \frac{a}{2b}$ (B곡선의 최대치)가 되는 점의 좌측에서 교차하게 된다고 가정할 수 있을 것이다. 이제 계수 a, b, c가 주어진다면 모형 (1), (2), (3)의 세 개의 방정식에다 목적함수(objective function)를 추가시킴으로써 네 개의 미지수 B, Q, V, TC를 각기 구할 수 있게 된다.

니스카넌은 정치가와 관료의 목적함수가 서로 다르다고 가정하고 있는데, 이 가정이 그의 모형의 핵심을 이루고 있다. 즉 어떤 목적함수를 택하느냐에 따라

그림 5-9 | 관료적 최적수준

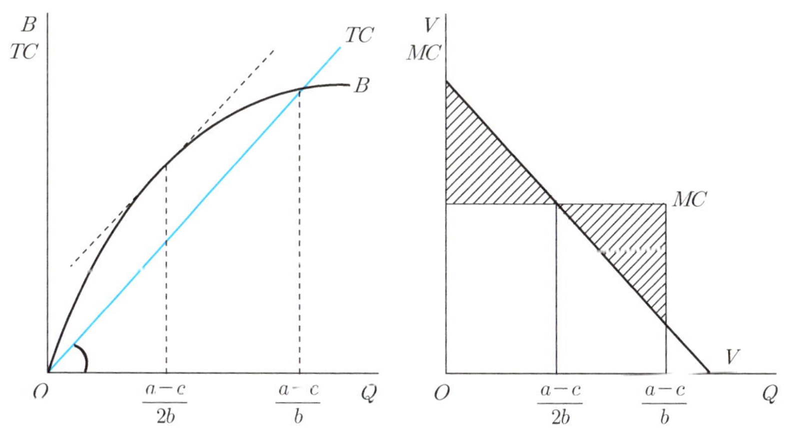

미지수 B, Q, V, TC의 규모가 각기 상이하게 결정되기 때문이다. 이 관계를 [그림 5-9]를 통하여 살펴보자.

정치가를 어디까지나 공익에 입각하여 사회후생의 극대를 추구하는 그런 정치가라고 할 때 이들에게 관심이 있는 공공서비스의 산출수준은 총편익과 총비용의 차, 즉 순편익이 최대가 되는 점까지 공공서비스를 확대시키려고 할 것이다. 이와 같은 점은 [그림 5-9]에서 산출량(Q)이 $\frac{(a-c)}{2b}$일 때의 수준이며, 이 수준에서 총예산(B)과 총비용(TC)의 차이가 극대가 된다. 다시 말하여 한계가치(V)와 한계비용(MC)이 일치하게 된다. 이 수준을 니스카넌은 정치적 최적수준(political optimum)이라고 칭하고 있는데, 앞의 [그림 5-8]에서 경찰서비스 산출량 Q_2와 일치하는 수준이다.

한편 정치가들과는 대조적으로 관료들은 공공재의 비용보다는 편익에 더 많은 관심이 있으며 실제 이들의 효용은 편익에 의하여 더 많은 영향을 받게 된다. 공공재의 비용은 세금의 형태로 유권자들로부터 징수되는 것이므로 결과적으로 정치가들에게는 표(vote)의 상실이라는 형태로 나타난다. 그러나 관료들은 어느 정도까지 정치가들이 자금을 공급하기 위하여 치루어야 하는 정치적 대가에 대하여 무관심한 것이다. 그들은 단지 한 가지 요소, 즉 실제의 비용이 예산에 의하여 충당되어야 한다는 점만을 신경쓰고 있는 것이다. 따라서 관료들의 목적함수는 다음과 같다.

$$B_{\max}(B \geqq TC) \qquad \cdots\cdots (4)$$

즉 정치가들이 승인하는 총예산은 총비용 이상이어야 한다는 전제 밑에서 가용예산을 최대화하려는 것을 의미한다.

[그림 5-9]에서 관료적 최적수준(bureaucratic optimum)은 예산산출곡선(B)이 총비용곡선(TC)과 교차할 때 달성된다. 정치적 최적이 정치가들이 승인하려는 예산과 지출해야 하는 비용과의 차이가 최대가 될 때 이루어지는 것에 비하여, 관료적 최적은 예산과 비용의 차이가 0이 될 때 이루어진다. 이 단순모형(규모의 경제와 소득수준의 변화를 무시하고 있음)에서 관료들이 바라는 산출량은 정치가들이 바라는 산출량의 2배가 되는 $\frac{(a-c)}{b}$ 수준이 된다. 이 수준은 [그림 5-7]에서의 경찰서비스산출량 Q_3와 같은 수준이다.

니스카넌모형에서 관료적 적정량이 정치적 적정량의 2 배가 된다는 것은 정치가잉여(politician's surplus)가 완전히 소멸되는 것을 뜻한다. 왜냐하면 [그림 5-9]의 우측 그림에서 2개의 빗금친 삼각형의 면적이 서로 같기 때문이다. $Q=(a-c)/2b$가 되는 점 이전에서는 한계편익이 한계비용을 초과하지만, 그 이후부터는 한계비용이 한계편익을 초과하게 됨으로써 순정치적 편익은 다른 한편의 순정치적 손실에 의하여 상쇄되는 것이다. 따라서 정치가들은 당연히 한계산출수준에 해당하는 공공재를 공급하지 않으려 할 것이지만, 관료들은 정치적 최저수준을 넘어서 정치적 잉여가 완전히 소멸될 때까지 산출량을 증가시키려고 노력하는 것이다.

이상이 니스카넌모형의 대략적 설명인데, 실제로 관료들이 그들의 입장을 성취하는 데 대개 성공한다고 니스카넌은 생각하고 있다. 니스카넌은 이것을 정치가들은 실제의 비용곡선을 모르고 있으며 단지 비용곡선상의 어느 한 점, 즉 당시의 비용액만을 알고 있다는 사실로서 설명하고 있다. 이 점이 관료적 최적수준과 일치하는 양이라면 회계관리상 그 비용에는 낭비요소가 없다. 사실상 행정부처에서 돈을 낭비하여서는 관료적 최적에 도달할 수 없는 것이다. 그 이유는 낭비가 생기면 비용곡선이 상향으로 이동되기 때문이다. 따라서 관료의 비능률이 존재한다면 그것은 비용의 측면에서가 아니라 재화의 산출수준에서 찾아져야 할 것이라고 니스카넌은 주장하고 있다.

관료의 비능률이 투입의 낭비(특히 참모들에 의한 비용의 낭비)와 같은 기술적인 비능률이 아니라 본질적으로 산출의 과다공급과 관련된 경제적인 비능률이라는 니스카넌의 주장은 경험적 조사를 실시해 볼 가치가 있는 가설이다. 지금까지의 조사연구들은 비교적 단편적인 것으로 운송, 공중위생, 대학관리 등의 비용과 효과성의 관계를 비교·분석한 것인데, 정부관료제에서 기술적 비능률이 실제 발견되었고 따라서 니스카넌의 예측은 틀린 것이라고 결론짓고 있다.[12] 그러나 경제적 비능률이 존재하는가의 여부는 정책목표가 주어져 있는 것으로 보는 비용-효과(cost-effectiveness)분석으로는 대답할 수 없고 후생경제학에 기초한 비용-편익(cost-benefit)분석에 의하여야 할 것이다.

---

12) T. E. Borcherding(ed.), *Budgets and Bureaucrats, The Sources of Government* Growth(Durham: Duke University Press, 1977), pp. 229~259; Albert Breton, *The Economic Theory of Representative Government*(Chicago: Aldine, 1974).

(3) 로머—로젠탈(Romer—Rosenthal)모형

니스카넌모형이 정치가와 관료들의 관계를 가지고 관료들의 형태를 설명하고 있다면, 로머와 로젠탈은 관료와 투표자들과의 관계를 통하여 관료들의 행동을 설명하는 데 초점을 맞추고 있다. 로머-로젠탈모형에 대하여 검토하여 보자.[13)]

로머-로젠탈모형은 예산결정이 직접민주정치체제 아래에서 이루어진다고 보고 투표자가 특정한 예산제안에 대해 어떤 반응을 나타내는가에 따라 예산규모가 달라짐을 보여 주고 있다. 이제 확실한 정보가 주어져 있는 상황을 전제로 하자. 확실한 상황이란 예산을 제안한 관료가 일반국민, 즉 투표자의 선호를 알고 있고, 또한 투표결과에 대해서도 어느 정도 알고 있는 경우를 가리킨다. 이와 같은 상황에서 가장 이상적인 예산규모는 [그림 5-10]과 같이 투표자의 무차별곡선과 예산선이 만나는 X^*수준에서 이루어질 것이다. 무차별곡선 U^0와 U^1은 투표자가 민간재(Y)와 공공재, 즉 부처예산액(X)에 대한 선호를 나타내며, 가격선

그림 5-10 | 관료제하의 예산규모(로머-로젠탈모형)

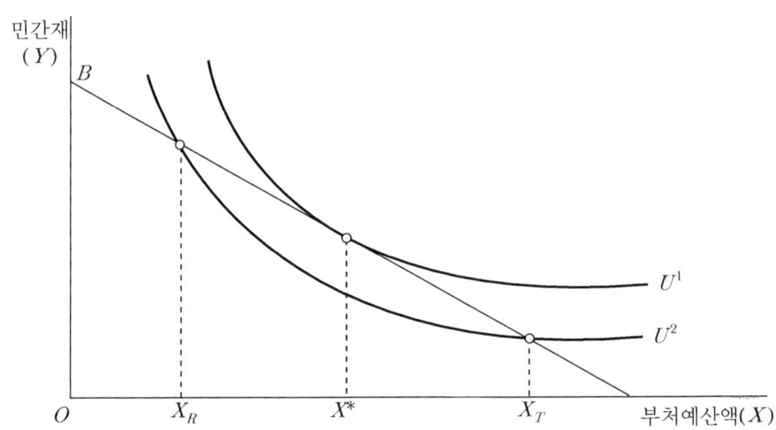

13) Thomas Romer and Howard Rosenthal, "Bureaucrats versus Voters: On the Political Economy of Resource Allocation by Direct Democracy," *Quarterly Journal of Economics*, 43 (November 1979), pp. 563~587.

AB는 각 투표자가 부처예산액의 일부를 부담한다는 전제에서 형성된 것이다.

그런데 실제로 예산이 투표를 통해 X^*수준에서 결정되느냐 하면 반드시 그렇지는 못하다. 로머－로젠탈모형에서 가장 중요한 개념이 X_R수준인데 이를 회복수준(reversion point)이라고 이들은 칭하고 있다. 회복수준이란 관료가 제안한 예산규모가 어떠한 이유로 기각되었을 경우에 명시적으로 규정된 회복규칙(reversion rule)에 의해 결정되어지는 예산수준을 의미하는 것으로 하나의 좋은 예로 작년도수준의 예산을 들 수 있다. 그러나 회복수준은 다양한 상황에서 이해관계의 조정에 의해서 복잡하게 결정될 수도 있고 극단적으로 0이 될 수도 있을 것이다. 이제 만약 회복수준이 [그림 5－10]에서처럼 X_R이라고 하자. X_R은 분명히 U^1수준 밑에 있는 U^2 수준의 효용상태에 놓여 있으므로 투표자는 차라리 X_R과 X_T 사이의 어떤 예산규모를 더 선호하게 된다. 더욱이 만약 X_R이 유일한 대안이라면 투표자들은 X_T에 이르기까지의 어떠한 예산규모에도 동의하게 될 것이다. 투표자들의 입장에서는 회복수준에서 제공되는 공공서비스가 너무 낮은 수준이면 이를 피하기 위해서라도 적정규모 X^*를 훨씬 초과하는 예산규모에 대해서도 기꺼이 찬성표를 던지게 되는 결과를 갖게 될 것이다.

아무튼 흥미 있는 사실은 예산이 실제 결정되는 수준은 X_R수준이 어떠한가에 크게 좌우되며, 투표자의 선호를 잘 파악하고 있는 관료들은 X_R수준이 낮으면 낮을수록 더 높은 수준의 예산을 제안하게 된다는 것이다.

그러면, 다음으로 확실한 정보가 주어진 상황이 아니라 불확실한 상황이라면 관료들의 예산요구는 어떠할까? 관료는 대체로 위험중립적(risk-neutral)인 위치를 택하므로 가용정보를 획득할 수 있는 범위 내에서 예산의 극대화를 추구할 것이다. 그러나 상황이 불확실하기 때문에 앞에서와 같은 무차별곡선을 도입할 수는 없고 그 대신 투표자의 선호가 무작위(random)하게 나타나는 상황을 염두에 둔다. 이런 경우에도 회복수준 X_R 개념을 도입하여 설명을 할 수 있다. 만약 X_R수준이 X^*수준보다 충분히 낮다면 실제예산규모노 X^*수준보다 낮게 나타날 것이다. 반면에 X_R수준이 X^*수준보다 높으면 실제예산의 결정은 확실한 정보상황하의 예산규모보다 더 높게 나타날 것이다. 그 이유는 불확실한 상황에서는 관료의 독점력(monopoly power)이 증가되기 때문이다.

전체적으로 로머－로젠탈모형은 관료가 제안한 예산의 결정이 극대화되는 현상을 회복수준이라는 매개변수를 도입하여 설명하고 있으며, 관료의 행태를 투표자와의 상호작용 속에서 논의하기 때문에 그만큼 민주적인 과정을 배경으로 하고 있다고 하겠다.

이상으로 우리들은 관료들의 형태를 예산결정과 관련시켜 살펴보았는데 니스카넌모형이나 로머-로젠탈모형 모두가 관료들의 예산극대화 추구성향을 결론짓고 있다. 또 이것이 많은 학자들의 일반적인 결론이다. 그러나 이러한 예산극대화이론에 대해서 부정적인 견해가 또한 상당수 있음을 기억해야 할 것이다.[14] 공익을 위한 사명감을 지닌 관료가 자신의 이상을 실현하기 위한 방법으로 꼭 예산극대투쟁만을 택한다고 볼 수 없고, 자신의 진급 및 출세를 위해서는 근면·성실함을 포함한 다양한 노력들을 관료들이 추구하고 있는 것이다. 그리고 행정의 효율화노력이 여러 수준에서 추구되고 있는 현실에서 관료들로 하여금 예산극대노력을 불가능하게 만들 수도 있는 것이다.

3. 이익집단

끝으로 정부재정의 의사결정과정에서 이익집단의 역할을 빼놓을 수 없다. 마르크스(K. Marx)의 견해에 따르면 자본주의국가란 지배계급(독점적 자본가그룹)이 노동계급을 착취하는 수단인 것이며, 국가의 모든 행위는 바로 계급간의 투쟁으로 간주된다. 이러한 마르크스의 견해가 얼마만큼 타당성이 있느냐의 문제는 일단 논의의 대상 밖으로 하고서라도 아무튼 중세 이후의 자본주의국가에서의 지배계급(ruling class)들에게는 자기들의 이익에 부합되는 강력하고 부유한 정부가 절대적으로 필요했던 것은 사실이다. 그런데 민주주의정부의 출현으로 말미암아 지배계급들이 국가 전반에 걸쳐 행사하던 조정력이 점차 축소되면서 권력은 대중에게 넘어가게 되었으며, 동시에 누진적인 조세징수제도를 통하여 정부유지의 많은 비용을 과거의 지배계급에게 이전시키는 결과를 초래하게 된 것이다. 이와 같은 결과로 지배계급은 과거의 강력하고 거대한 정부를 원하던 사고방식에서 벗어나 비록 정부는 약하더라도 적은 세금과 작은 예산으로 운영할 수 있는 작은 정부, 安價의 정부(cheap government)를 원하게 된 것이다. 이처럼 이해집단으로

14) 경험적인 연구 결과로서 Thomas G. McGuire, "Budget-Maximizing Governmental Agencies; An Empirical Test," *Public Choice*, Vol. 36(February 1981), pp. 313~322.

서의 지배계급들은 시대의 변화에 따라 정부에 대한 생각을 달리하고 있는 것이다.[15]

자본주의의 발전과 함께 사회의 모든 분야에서 양극화가 진행되고 또 세계적 금융위기 이후 경기침체 등이 진행되면서 독점적 자본가에 대한 비판적 시각이 확산되고 있다. 기존의 신자유주의적인 패러다임에 대한 비판과 함께 합리적 조정자로서의 정부의 역할이 강조되고 있다.

한편 재정의 의사결정과정에 있어서 지배계급의 성격과 꼭 같다고 할 수는 없지만 이와 비슷한 영향력을 행사하는 이익집단(special interest groups; lobbies)을 우리는 등한시할 수 없다. 흔히들 여기서 이익집단이라 하면 특정소수그룹이 자기들의 특정이익을 달성하기 위하여 하나의 압력단체를 형성하고 이를 통해 의회나 행정부에 각종 압력을 가하는 집단을 말한다. 상당한 수의 선진민주주의국가에서는 이와 같은 이익집단의 형성이 법률로써 허용되어 있기도 하다. 예를 들어 변호사협회 · 의사협회 · 언론인협회 · 작가협회 같은 전문성을 띠고 있는 집단이 있는가 하면, 노동자들을 위한 노동조합, 석유회사와 같은 특정산업의 이해관계를 대변하는 직업적인 기관 등 무수한 종류가 있다. 이들 집단은 자주 자원의 효율적 배분을 왜곡시키는 정책결정을 유도하기도 하지만 반드시 사회 전체로 보아서 항상 나쁘다고만 할 수는 없다. 때에 따라서는 복잡한 사회조직 때문에 투표자 혹은 소비자들의 선호가 제대로 정책결정자에게 반영될 수 없는 경우가 허다한 것인데, 이들의 진정한 선호를 이 이익집단이 대신 대변해 줄 수 있는 것이다. 많은 나라에 존재하고 있는 '소비자보호협회'가 이러한 것의 가장 대표적인 예라 하겠다.[16]

이처럼 현대국가에 있어서 이익집단은 급속한 성장을 해 왔고 그 구조도 소득별 · 산업별 · 직능별로 무척 다변화 · 다양화되어 왔다. 또한 자본가중심의 이익집단뿐만 아니라 노동자중심의 이익집단도 형성되어 왔다. 앞으로 현대자본주의 국가가 당면하고 있는 이익집단과 관련된 정책방향은 계층간의 보다 바람직한 균형을 위해서 소비자 · 노동자 · 납세자그룹 및 기타 NGO그룹의 이익집단육성에

---

15) James O'Connor, The *Fiscal Crisis of the State*(New York: St. Martin's, 1973).

16) 올슨(Olson)은 lobbies들의 형성에 관하여 연구하였는데, lobby는 민간조직의 "by-product"로 형성되기도 한다는 이론을 전개하고 있다. Mancur Olson, Jr., *The Logic of Collective Action*(Cambridge: Harvard University Press, 1965).

좀더 높은 비중을 두는 것이라 하겠다.

제4절 공공재의 과소 · 과다공급설

정부의 공공경비는 그동안 계속 팽창되어 왔다. 정부기능의 확대 내지 기타 여러 가지 요인에 의하여 공공경비의 팽창이 시대적으로 불가피한 현상이라 하더라도, 이러한 공공경비의 규모(즉 공공재의 공급규모)가 민간경제를 포함한 국민경제 전체의 입장에서 과연 적정규모인가에 대하여서는 학자에 따라 각기 다른 견해를 가지고 있다. 공공재가 과소하게 공급되고 있다는 견해와 반대로 공공재가 필요 이상으로 과다하게 공급되고 있다는 견해가 서로 대립되고 있는데, 전자를 과소공급설(under-supply hypothesis)이라 하고 후자를 과다공급설(over-supply hypothesis)이라 하겠다.

1. 공공재의 과소공급설

미국의 경제학자 갈브레이드(J. K. Galbraith)는 그의 저서 「풍요한 사회」(*The Affluent Society*)에서 서구사회처럼 고도로 발달된 산업사회에서는 일반국민의 욕구충족을 위한 공공부문의 재화공급이 민간부문으로부터의 재화공급을 따르지 못한다는 주장을 전개하였다.[17] 그 이유는 민간기업들이 행하고 있는 선전이나 광고 등의 강력한 영향 탓으로 일반소비자들의 소비욕구 내지 선호표명이 공공재보다는 민간재쪽으로 쏠리고 있기 때문이라고 보고 있다. 이러한 현상을 갈브레이드는 소비자의 개인적 선호와 기업의 광고 · 선전 사이의 '의존효과'(dependence effect)라고 칭하고 있다. 갈브레이드는 다음과 같이 서술하고 있다.

"소풍을 가기 위하여 에어콘 장치가 되어 있는 자동차를 이용하는 가정들이 포장되지 않은 먼지나는 도로를 달려야 하고, 폐수가 흐르는 강변에서 휴대용 얼음상자에 넣어 온 각종 진귀한 음식물을 즐기며, 국민건강과 공중도덕에 위험을 주는 공원 주변에서 많은 사람들이 밤을 보내고 있다. 썩어가는 오물냄새로

17) John K. Galbraith, *The Affluent Society*(Boston: Houghton Mifflin, 1958).

가득한 공원에서 나이론 천막 속의 야전침대에 누워 잠이 들기 전에 사람들은 주변환경과 자기들이 향유하는 것 사이에는 기이할 정도로 엄청난 차이가 있음을 느끼고 허무한 생각을 하게 된다."[18]

갈브레이드는 이처럼 오늘날 현대사회에서 자동차, 얼음상자, 나이론 천막 등과 같은 민간재는 필요 이상으로 과다하게 공급되어지는 반면에 도로, 강변, 공원 등과 같은 공공성을 띤 공공재의 공급은 부족하게 이루어지고 있다고 보고 있다. 제대로 시설을 갖추지 못하고 있는 병원들, 자동차로 가득찬 도로들, 콩나물 교실 및 주위환경의 오염들이 바로 이것을 대변하고 있다. 따라서 공공재의 공급자인 정부당국은 민간기업들처럼 행정, 치안, 사회후생 등 중요한 공공재의 필요성을 광고·선전하여 개인들의 공공재에 대한 선호의 강도를 높이도록 정보와 인식을 제공하여야 하며, 이것이 정치적 결정과정에 반영되어야 할 것이라고 그는 주장하고 있다.

머스그레이브(R. A. Musgrave)도 소비자들의 선호가 민간재에 더 많이 쏠리어 공공재의 공급이 과소하게 될 수 있음에 동조하고 있다. 그러나 그는 공공재과소공급의 원인을 기업가의 광고·선전 등에 두기보다는 소비자들이 민간재를 자유롭게 조정할 수 있다는 측면을 강조하고 있다. 특히 민간재에는 소비자가 지불하는 비용과 이의 반대급부로 받는 혜택을 분명히 연결시킬 수가 있으나 공공재의 경우에는 납세자가 지불하는 조세가 다시 자신에게 환원된다는 것에 부정적인 인식을 갖고 있다고 지적하고 있다. 이러한 부정적인 조세의식 아래서는 자연히 공공재가 과소공급될 가능성이 높은 것이다.[19]

끝으로 다운즈(A. Downs)는 앞 절에서 언급한 '투표자의 무지'(voter ignorance) 때문에 공공재의 공급은 과소하게 된다고 주장하고 있다.[20] 투표자들은 공공경비에서 발생하는 편익을 과소평가하고 있으며, 그 효과에 대하여 자기와는 별 상관이 없는 것으로 생각하고 있다. 따라서 투표자들이 충분한 정보를 가지고 있지 않는 한 자연히 작은 규모의 예산을 지지하게 되며, 이것이 공공재의 과소공급의 원인이 된다고 다운즈는 지적하고 있다.

---

18) *Ibid*.

19) R. A. Musgrave and P. B. Musgrave, *Public Finance in Theory and Practice*, 3rd edition (McGraw-Hill, 1980), p. 128.

20) Anthony Downs, "Why the Government Budget is Too Small in a Democracy," *World Politics*(July 1960).

2. 공공재의 과다공급설

근대재정이론의 주요 관심대상의 하나는 공공부문의 급속한 팽창을 어떻게 설명하느냐에 있었다. 이 문제에 대하여서는 제 8 장에서 다시 다루겠지만 우선 몇 가지 주요 요인을 소개하면 다음과 같다.

첫째, 민간시장경제의 기능이 불완전해지고 경기조절기능이 약화됨에 따라 정부의 역할 및 활동영역이 넓어졌다.

둘째, '파킨슨법칙'이 밝히고 있듯이, 정부조직이 스스로 비대해짐에 따라 정부예산의 신축성이 감소되고 일단 책정된 경비항목은 계속 존재하게 되어 예산의 규모가 커지게 되었다.

셋째, 인구성장 및 기술진보는 자연히 정부지출을 팽창시키는 요인이 되었다.

넷째, 의회민주주의하에서의 예산편성은 세입과 세출에 관한 결정을 별도로 하게 되는 것이 통상인데, 이때 경비지출에 더 중점을 둔 예산이 편성되어 자연히 예산의 팽창을 가져오게 된다. 이러한 현상은 조세구조가 일반화(generalization) 되어 가고 경비구조는 특정화(specialization)되어 가는 재정구조에 더욱 분명하게 나타나게 되었다.

다섯째, 예산에 대한 심사가 더욱 세분화(fragmentation)되면 될수록 공공사업들간에 서로 중복되는 외부효과의 비교가 힘들게 되고, 따라서 정부내부의 조정작업을 거치지 않고 정부가 많은 공공사업에 관여하게 되므로 공공지출은 팽창하게 된다.

이상에 지적한 공공지출(예산)의 팽창원인은 주로 재정의 구조적 측면에서 파악된 요인들이다. 이제 민간부문과 공공부문 사이의 사회적 균형문제와 관련시켜 뷰케넌(J. M. Buchanan)은 공공재의 과다공급설을 주장하고 있는데, 이러한 원인으로서 다수결투표제도라는 정치적 결정과정을 지적하고 있다.[21] 즉 다수결투표제는 예산규모를 더욱 팽창시키고 공공재의 과다공급을 초래한다는 것이다.

이제 [표 5-4]에 설정된 예를 통하여 이를 살펴보자. [표 5-4]에서 세 가지

---

21) J. M. Buchanan, *Public Finance in Democratic Process*(Chapel Hill: The University of North Carolina Press, 1966); J. M. Buchanan and M. R. Flowers, *The Public Finances*, 5th edition(Homewood: Richard D. Irwin, Inc., 1980), Ch. 15.

표 5-4 | 공공재의 과다공급(Ⅰ)

	공공사업(각 사업의 경비는 공히 100원)		
	X	Y	Z
투표자 A의 혜택	35원	35원	0원
투표자 B의 혜택	35원	0원	35원
투표자 C의 혜택	0원	35원	35원
사회 전체의 혜택	70원	70원	70원

공공사업에 드는 경비가 각각 100원씩 소요되고 투표자 A, B, C는 어느 사업이 채택되든지 균등하게 33.33원을 부담하게 된다고 가정하자.

위의 공공사업은 어느 것이든 총경비는 100원이 소요되는 반면에 사회 전체의 혜택은 어느 사업이든 70원에 불과하므로 사회 전체로 보아선 어느 사업이건 바람직스럽지 못하다. 그러나 어느 사업이건 투표자 3인 중 2인에게 각자의 부담액 33.33원보다 많은 35원의 혜택을 제공하여 주므로 다수결투표하에서는 사업 X, Y, Z는 모두 승인·통과되는 결과를 가져오게 되는 것이다. 결국 다수결투표하에서는 사회적으로 바람직하지 못한 공공사업도 통과되어 공공재의 과다공급이 발생할 수 있다는 결론을 얻게 된다.

다수결투표와 관련하여 공공재의 과다공급 및 예산이 팽창하는 또 하나의 요인으로서 표의 교환행위(vote-trading) 혹은 정치적 담합(logrolling)을 지적할 수 있다. [표 5-5]는 [표 5-4]와 비교하여 정반대의 경우라 하겠다. [표 5-5]에서 '표의 교환행위' 없이 다수결투표에 따라 공공사업을 결정한다면 공공사업 X, Y, Z가 사회 전체로 봐서는 모두 正의 효과를 가지고 있음에도 불구하고 3 인 중 2 인에게 負의 혜택을 주므로 전부 부결될 수밖에 없다. 그러나 이 때 투표자 B와 C는 각기 공공사업 X와 Y에서 많은 득을 얻을 수 있으므로 B가 Y에 찬성한다는 조건으로 C가 X에 찬성하도록 표의 교환이 일어난다면 B와 C는 각기 -2의 손해를 보면서도 +5의 혜택을 얻게 되어 공공사업 X와 Y는 통과하게 된다.

[표 5-5]의 예는 표의 교환 때문에 예산의 팽창은 일어났으나 사회적으로 바람직한 공공사업이 부결되지 않고 채택됨으로써 사회후생이 증가한 경우이다. 그러나 대부분의 경우 표의 교환은 정치적 전략에 의해 일어나게 되므로 공공재의 과다공급은 불가피하게 될 것이다. 정치가는 국민에게 필요 이상으로 새로운

표 5-5 | 공공재의 과다공급(II)

	공공사업		
	X	Y	Z
투표자 A의 순혜택	−2	−2	−3
투표자 B의 순혜택	+5	−2	+6
투표자 C의 순혜택	−2	+5	−1
사회 전체의 순혜택	+1	+1	+2

공공재가 공급되어져야 한다는 것을 역설하며, 새로운 공공투자와 정부자본형성을 통해 자기의 존재가치를 과시하고 자신의 정치적 기반을 굳히는 수단으로 이용할 것이기 때문이다. 여기에 첨부하여 납세자들은 정부로부터 보다 많은 공공재를 무상으로 제공받기를 기대하고 있는 반면에 이러한 공공재를 공급받기 위해 얼마만한 비용이 소요될 것이라는 것에 대해서는 무심하게 넘겨버리는 성향이 농후하다. 따라서 사회복지라는 이름 아래 공공재가 악용되는 경우가 허다하며, 이러한 것이 모두 공공재의 과다공급을 발생시킨다고 하겠다. 이런 이유로 뷰케넌을 비롯한 보수적인 재정학자들은 공공재의 과다공급(예산팽창)을 억제하기 위하여 반영구적인 재정헌법(fiscal constitution)을 만들거나 한시적인 재정특별법을 만들어 법규정 속에서 예산규모한도를 설정하는 등 강력한 조치가 있어야 한다고 주장하고 있다.

이상으로 우리는 공공재가 양적으로 과다 혹은 과소하게 공급되어지고 있는가에 대하여 주로 공공선택적인 측면에서 고찰해 보았다. 물론 두 가설 중에 어느 것이 더 타당하느냐는 단적으로 판단할 수 없는 문제이며 각 사회별로 실증적인 사례연구에 속하는 문제라고 하겠다. 또한 사회의 가치체계 및 규범성에 입각하여서도 공공재의 과소 혹은 과다 여부를 논의하여야 할 것이다.[22] 제1장의 [표 1-1]에서 살펴본 바와 같이 그동안 대부분의 국가들에서 재정지출의 규모는 지속적으로 상승해온 것이 사실이지만 그 속도는 나라별로 많은 차이를 보이고 있다. 또한 어느 한 연도를 놓고 보더라도 그 수준에는 상당한 차이를 보이고 있는 것이다.

---

22) 공공선택이론을 실증적인 면과 규범적인 면으로 구분하여 체계적으로 분석한 문헌으로 Dennis C. Mueller, *Pubilc Choice*(Cambridge: Cambridge University Press, 1979)가 있다.

제5절 정부부문의 비효율성과 정부혁신

1. 정부부문 비효율성의 원인

지금까지 우리는 공공선택이론을 통하여 정부부문에서는 공공재의 과다공급 및 예산팽창의 가능성 때문에 민간부문과 비교하여 비효율성(inefficiency)이 내재되어 있음을 지적하였다. 물론 정부부문이 민간부문보다 항상 비효율적이라고 단적으로 말하기는 어렵다. 정부는 시장의 실패를 치유할 수 있는 능력을 가지고 있을 뿐만 아니라, 민간보다도 정부가 더 효율적으로 업무를 처리하는 경우가 사례연구를 통하여 많이 소개되어 있기도 하다. 예컨대 미국에서 주류판매업무를 주정부가 직접 나서서 함으로써 민간기업이 하는 것보다 영업비용을 훨씬 낮출 수 있었다는 실증연구결과가 있다. 우체업무(postal service)의 경우는 정부와 민간 중 어느 쪽이 맡는 것이 더 효율적인가에 대해 아직까지 뚜렷한 결론을 내리지 못하고 있다. 그러나 대체적으로 말하여 정부부문이 민간부문보다 효율성 측면에서 뒤떨어질 수밖에 없다고 한다면, 이렇게 되는 이유 또는 원인은 무엇인가를 검토해 볼 필요가 있다.

첫 번째 이유 또는 원인으로서 정부조직의 특성상에 기인하는 비효율성을 지적할 수 있겠다. 정부조직은 독점(monopoly)의 위치를 확보하고 있으며 민간기업과 달리 이윤극대라는 목표를 굳이 가질 이유가 없다. 또한 정부조직은 파산당할 위험이 없으니 예산을 아껴쓰고자 하는 노력이 부족하게 되고, 조직간에 경쟁을 할 필요성도 크지 않으므로 다른 조직들보다 국민(고객)들에게 보다 좋은 서비스를 제공하겠다는 그런 유인(incentives)을 발견하기 어렵게 된다. 거기다가 정부조직 내의 의사결정이 정치적 상황에 매우 민감하게 영향을 받을 수밖에 없으므로 경제논리보다는 정치논리가 앞서게 되고, 조직 내의 다양한 규제 때문에 인사, 예산, 조달업무 등에서 심각한 경직성을 초래하기도 한다.

두 번째의 이유 또는 원인으로 개인들의 행태에서 발생하는 비효율성을 지적할 수 있다. 관료들이 합리적으로 행동한다고 하더라도 그 속에 비능률이 존재할 수 있음을 니스카넨 모형은 설명하고 있는데, 더욱이 자신의 업무성과에 대하여 충분한 금전적 보상이 이루어지지 않을 경우에는 스스로 열심히 일할 유인(incentives)이 생기기 어렵게 된다. 진급, 훈장수여 등 비금전적 보상에 더 높은 가치를 부여하는 경우도 있겠으나 아무래도 현실적으로 금전적 보상이 더 매력이 있음은 분명하다.

직업관료들에게 신분보장이 주어져 있으면 열심히 일하든 적당히 일하든 지급되는 보수에 변동이 없을 때 누군들 열심히 일하려고 할 것인가? 더욱이 민원과 같은 골치 아픈 문제가 발생할 때 이를 적극 해결하려는 자발적 노력보다는 각종 규제와 절차에 맡겨버리는 것이 관료들에게는 위험부담을 줄이는 셈이 된다. 누구도 위험부담을 원치 않을 것이고 자연히 무사안일한 행태가 생기게 된다. 이러한 관료개인의 행태문제는 주인－대리인간의 문제(principal－agent problem)이기도 하다. 주인－대리인간의 문제는 정부조직뿐만 아니라 민간조직을 포함한 모든 조직 내에서 생길 수 있는 문제이다. 즉, 주인(소유주)과 대리인(경영인)이 계약에 의해 분명히 구분되어 있는 조직에서 대리인은 주인의 뜻을 충실히 이행할 계약상의 의무가 있는데, 때때로 이러한 의무가 제대로 지켜지지 못하는 경우가 생기는 것이다. 정부부문에서 관료는 주인인 국민의 대리인이라 할 수 있다. 따라서 관료는 개인의 이해를 떠나서 주인의 뜻이 무엇인지를 알고 이를 성실히 이행할 의무가 있다고 하겠다.

2. 정부혁신의 필요성

그러면 정부부문의 비효율성을 극복하는 방안은 무엇인가? 이에 대한 해답은 정부부문을 혁신하는 것이다. 범위를 넓혀 공기업 등을 포함한 공공부문의 혁신(public sector reform)이 요구되는 것이다.

공공부문 혁신의 일차적 접근방법은 정부가 하기보다는 민간이 맡아 하는 것이 더 효율적인 분야를 과감히 민영화(privatization)하는 것이다. 민영화란 정부가 소유하고 있는 다양한 형태의 공기업을 민간에게 매각하는 것을 뜻한다. 민영화로 가기보다는 소유권은 정부가 갖고 있으면서 운영권만을 민간에 위탁하는 방식도 있는데 이를 외부위탁(outsourcing)이라고 부른다.

그러나 무엇보다도 정부와 공기업의 내부혁신을 꾀하는 것이 중요하다. 정부조직을 개편하고 선진경영관리기법을 도입하여 정부의 생산성을 향상시키고 대

국민 서비스를 개선시키는 것이다.

선진국, 특히 OECD 국가들은 1980년대 초반부터 공공부문 개혁을 꾸준히 추진하여 왔으며, 그 이론적 배경은 소위 신공공관리(new public magagement; 약자로 NPM)라는 논리로 대변되어 왔다. 신공공관리란 간단히 요약한다면 공공부문에 시장경제원리를 도입하고자 하는 것이다. 시장경제원리를 도입한다는 것은 정부도 국민을 고객으로 모시고 기업처럼 운영해야 한다는 것이다. 정부운영에 기업문화를 구축시키고 시장지향적 인센티브(incentives)를 접목시키어 경쟁의 논리를 도입함으로써 관료제의 병폐를 뿌리 뽑겠다는 것이다.

신공공관리(NPM)의 핵심수단은 정부조직 및 인력의 감축, 권한의 하부위임, 재정개혁, 분권화 및 규제개혁 등이다. 특히 중간관리층에게 권한과 자율을 부여하며, 이들의 성과를 객관적인 평가를 통해 따져보고 이에 대한 적절한 금전적 보상이 이루어지도록 하는 것을 주요 골격으로 삼고 있다. 다시 말하여 자율과 책임의 조화를 통한 성과관리(performance management)를 강조하고 있는 것이다.

우리나라에서도 1997년 말의 IMF외환위기가 직접적인 계기가 되면서 김대중 정부(1998－2002)에서 위기극복의 방안으로서 공공부문개혁을 강력히 추진하였다. “작지만 효율적으로 봉사하는 정부구현”을 모토(motto)로 삼은 공공부문개혁은 구미 선진국에서 활용되었던 신공공관리주의적 개혁수단들을 대부분 도입하여 추진되었다. 그 이후 노무현 정부(2003－2007)에서도 공공부문개혁은 계속 추진되었으며 개혁추진과정에 국민들을 참여시키는 접근방식을 택함으로써 관리적 측면의 공공개혁을 넘어 “거버넌스”(governance)차원의 개혁을 추진하였다. 또한 이명박 정부(2008－)의 경우 여러 차례에 걸쳐 공기업 선진화 정책을 강력하게 추진하여 왔는데, 공기업의 통폐합과 민영화, 기능조정, 경영효율화 등을 통해서 공공과 민간의 역할을 재정립하고 공공기관의 경쟁력을 제고하도록 하였다.

우리나라의 공공부문 개혁성과에 대한 평가는 아직 진행중이므로 좀더 시간을 두고 이루어져야 하겠지만 공무원사회에 경쟁력과 효율성을 중시하는 풍토를 마련한 것만은 분명하다. 다만 우리의 행정환경이 서구 선진국과 꼭 일치하는 것이 아니므로 신공공관리주의적 수단들이 우리나라에서 제대로 작동하기까지는 많은 시간과 노력이 요구된다고 생각된다.

제 2 편 재정의 소득재분배 기능

CHAPTER 06

The Modern Public Finance

적정분배의 기초이론

제 1 절 적정분배의 개념

1. 소득분배의 문제

시장경제에서의 소득분배는 생산요소의 소유량과 그 생산성에 의하여 결정된다. 따라서 시장경제에서는 소득분배가 비록 불공정하게 되어 있다고 하더라도 그것을 시정할 기능을 갖고 있지 못하다. 오히려 시장기구를 통한 생산증가는 소득분배의 불평등을 더욱 악화시킬 가능성이 많다. 이와 같은 이유로 소득분배의 시정에 관한 한 공공부문에서 재분배기능을 발휘하여야 하며, 현대의 재정은 이러한 소득분배의 공평화를 주요 목표의 하나로 삼고 있는 것이다.

한편 소득분배와 소득재분배의 개념은 서로 구분하지 않고 사용하기도 하지만, 시장경제의 결과로서 나타나는 현상을 소득분배라고 한다면 시장경제에 의한 이러한 분배상태를 당해 사회구성원들의 제반 가치판단을 반영하여 재조정하려는 노력을 소득재분배라고 할 수 있다. 이렇게 본다면 소득분배의 문제는 주로 임금과 이자율 등 요소가격의 결정이론으로 연계되는 것이지만 소득재분배의 문제는 사회구성원들의 가치판단을 반영하는 바람직한 분배상태를 달성하려는 정책적인 노력으로 이어진다고 할 수 있다.

경제학에 있어서 소득분배문제를 최초로 분석한 사람은 리카도(D. Ricardo)였다. 그는 「정치경제 및 조세의 원리」의 서문에서 경제학의 중심과제는 자본축적의 원인규명에 있는 것이 아니고 노동의 생산량이 각 사회계층에 어떻게 분배되는가를 연구하는 데 있다고 역설한 바 있다. 그는 노동가치설(labor theory of value)에 입각하여 소득분배의 이론을 최초로 체계화하려고 노력하였다. 마르크스(K. Marx)는 리카도의 노동가치설을 이어받아 자본주의경제의 분배체계를 임금철칙(iron law of wage)의 개념을 중심으로 분석한 결과 유산자와 무산자간의 '부익부', '빈익빈'의 현상이 노출됨으로써 소위 계급투쟁에 의한 자본주의경제체제의 붕괴를 예언한 바 있다.

그 후 소득분배문제는 신고전학파에 의해 소위 한계생산력설(theory of marginal product)에 입각한 분배이론으로 전개되었다. 이들에 의하면 요소소득은 투입요소의 한계생산력에 의해 결정됨으로써 분배문제를 일종의 생산요소의 가격결정문제로 파악하고자 하는 것이다. 그러나 한계생산력설은 소득분배문제가 사회의 기본체제나 혹은 계급간의 대립문제 등과 항상 직결되어 있음은 인식하지 못하고 있다. 이것은 그만큼 한계분석에 입각한 경제이론이 경제 외적 대상인 정치 · 사회문제를 배제하고 협소한 순수경제적인 대상만을 포함하고 있음을 뜻하고 있다. 소득분배에 관련된 이론이 정치적 · 사회적 측면을 도외시하고서는 문제를 완전히 파악하기가 불가능한 것은 틀림없는 사실이다. 그러나 그것이 물질적 재화와 직결되어 있는 측면만을 고려할 때 경제학적 테두리 안에서 분석의 틀이 마련될 수 있는 것이다.[1]

한편 이와 같이 전통적인 소득분배이론들이 주로 노동과 자본 등 생산요소에 대한 분배문제에 관심을 가지는 기능적 분배이론이라고 한다면 현대의 분배이론은 소득계층별 분배문제에 더욱 관심을 가지고 있다고 할 것이다. 현대의 가계는 과거와 같이 노동자와 자본가로 명확히 구분되기 보다는 많은 경우 노동자이면서 동시에 저축을 통하여 자본을 공급하는 자본가의 역할을 담당하기 때문이다. 따라서 임금이나 이자, 이윤 등 요소가격의 결정이 이루어진 상황에서 이들을 합한 가계소득의 분포의 모습과 함께 이를 합리적으로 조정하기 위한 재분배정책에 보다 많은 초점을 두고 있는 것이다.

---

1) 광의의 분배문제는 우리 사회가 가지는 경제적·비경제적 가치와 부담의 배분문제라고 할 수 있다. 여기서는 경제적 가치의 배분문제에 한정하며 부담의 배분문제는 조세이론에서 다루게 된다.

2. 적정분배에 관한 전통적 접근이론 : 한계생산력설

(1) 개 념

소득 또는 부의 크기는 기본적으로 개인이 시장에 제공하는 노동 또는 자본과 같은 생산요소의 양과 그 생산요소에 대한 시장의 평가에 의해서 결정된다. 우선 생산요소인 노동력이나 자본을 얼마만큼 소유하고 시장에 제공하느냐가 개인의 소득의 크기를 결정하는 핵심요소일 것이다. 똑같은 조건 아래에서 더 많은 시간 노동하고 더 많은 자본을 제공할 수 있는 사람이 보다 더 많은 소득을 획득할 것은 당연하다. 한편 같은 생산요소라 하더라도 노동의 경우 양적인 측면에서 가용한 총시간이 누구에게나 한정되어 있다는 점에서 유산 등의 영향을 받는 자본의 편차보다는 상대적으로 작다고 할 수 있다.

노동과 자본을 아무리 많이 가지고 있다 하더라도 그것이 시장에서 적절히 평가되지 않는다면 동 요소로부터의 소득은 적정하게 실현되지 못할 것이다. 생산요소가 시장에서 어떻게 평가되느냐, 즉 가격이 어떻게 설정되는가는 기본적으로 생산요소에 대한 수요와 공급에 의해서 결정된다. 생산요소에 대한 수요는 이윤극대화를 목적으로 하는 기업 입장에서 볼 때 생산요소를 고용하기 위해 지불하는 임금이나 이자 등의 한계비용과 그 고용을 통해서 얻을 수 있는 한계수입이 동일해야 한다는 조건을 통해서 도출된다. 여기서 한계수입은 기본적으로 추가적인 생산요소가 만들어내는 한계생산물의 가치를 의미하는 것으로서 산출물의 가격이 상품시장에서 결정되어 있다고 본다면 생산요소의 한계생산성이 그 가치를 결정하는데 핵심적인 역할을 하는 것이다. 노동의 경우 이러한 한계생산성을 결정하는 핵심적인 요인은 기계장치 등 물적자본은 물론 인적자본까지를 포함한 자본장비율이다. 따라서 최초에 생산요소를 얼마만큼 소유하고 있느냐와 그 이후 교육·훈련 등을 통해 생산요소의 생산성을 얼마만큼 높였느냐에 따라 소득분배는 차이가 생기게 된다. 한편 요소의 공급 측면에서 공급을 제한하는 소위 지대추구행위가 존재하는 경우 요소가격은 높게 설정될 가능성이 높다고 할 것이다. 특히 시장점유율이 큰 독점 또는 과점기업들은 빈약한 영세기업의 경쟁을 누르고 초과이윤을 실현할 수 있으며, 이로써 소득분배는 불균등하게 될 것이다.

(2) 평 가

경제학적인 분석의 틀에서 적정분배에 관한 전통적인 접근이론은 바로 한계생산력에 입각한 분배이론이다. 앞에서 지적한 바와 같이 생산요소의 가격은 시장에서 요소에 대한 수요와 공급에 의하여 결정되는데, 이를 달리 표현하면 생산요소의 가격은 시장경제하에서 요소의 한계생산력에 의해 결정된다고 하겠다. 이를 분배의 측면에서 살펴보면 다음과 같은 두 가지의 장점을 지적할 수 있다.

첫째로, 단위당 요소가격이 노동 또는 자본의 한계생산력에 의해 결정될 때 공급자의 입장에서 생산력을 최대로 발휘할 수 있는 방법으로 노동 또는 자본을 공급하려고 할 것이며, 수요자의 입장에서도 요소가격을 한계생산력에 따라 지불함으로써 결과적으로 재화를 가장 효율적으로 생산할 수 있는 것이다. 따라서 요소의 공급 및 수요의 양 측면에서 경제적 효율을 기할 수 있게 되고, 이것은 곧 실질국민소득을 증대시킬 수 있게 된다. 이와 같은 이유에서 한계생산력에 입각한 소득분배는 사회적 생산물을 양적으로 극대화시킬 수 있는 이점이 있으며, 바로 이 점에서 한계생산력에 입각한 분배원리는 정당화될 수 있다고 하겠다.

한계생산력에 입각한 분배이론의 두 번째의 장점은 분배가 각자가 제공하는 요소의 한계생산력에 의해 결정될 때 공평한 지불과 대가를 받는다는 데 있다. 즉 각자가 투입한 것만큼의 보상을 받게 됨으로써 자기가 노력한 것 이상의 보상을 요구할 수도 없으며, 또 노력한 것 이하의 보상을 받을 염려도 없는 것이다. 바꾸어 말하면 노력의 대가 이하의 것을 줄 수도 없는 것이요, 한편 노력의 대가 이상의 것을 지불할 필요도 없는 것이다. 이 같은 '노력과 보상의 일치원리'가 지배하는 사회가 능률적인 면에서 우수성을 지니게 됨은 분명하다. 또한 사회의 전 구성원이 이러한 원리를 수락한다면 한계생산력의 차이에서 기인하는 일부 저소득층의 소득분배의 불균등에 대하여서도 어쩔 수 없는 사실로 받아들일 수밖에 없는 것이다. 왜냐하면 저소득을 실현한 사람은 그만큼 고소득을 실현한 사람보다 노동의 한계생산력이 낮았기 때문이라고 결론지을 수밖에 없기 때문이다. 이렇게 볼 때 결국 빈부의 차는 각자의 근면과 생산성의 차이로 귀착된다.

그러나 문제는 한계생산력의 차이에서 오는 소득분배의 불균등을 그대로 적정분배의 상태로 받아들일 수 있느냐이다. 다시 말하여 소득분배의 불균등을 단순히 근면과 검약의 차이만으로 설명할 수 없다는 데 바로 이 한계생산력에 입각한 분배이론의 취약성이 있다고 하겠다. 아무리 부지런하고 절약하며 자기 생업에 최선을 다한다고 할지라도, 사람마다 타고날 때 재능도 다르고 상속받은 재산도 다르며 개인적 능력에 대한 기회도 다 상이할 것이기 때문에 일정한 시간이 경과하면 반드시 불균등한 결과를 가져오게 마련이다. 자유시장경제제도의 특징이 경쟁사회라고 한다면 경쟁의 출발조건이 우선 동일해야 한다. 즉 모든 사람이 경쟁의 출발점에서 같은 능력과 같은 재산을 갖추고 있어야 한다는 소위 기회의 균등이 필요할 것이다. 그러나 현실사회에서 이 같은 동일한 출발조건을 기대할 수는 없는 것이다. 사실상 분배의 불균등은 시장경제에서 개인적 자유선택이나 근면·검약의 차이에 기인한다기보다는 오히려 개인의 최초의 능력이나 유산 같은 출발조건의 차이에 더 많이 기인하고 있다는 것이 일반적으로 알려진 사실이다.

따라서 한계생산력에 입각한 분배에는 한계가 있게 되며, 새로운 기준에 입각한 적정분배의 정책적 배려가 있어야 할 것이다.

3. 공공재로서의 소득재분배

현재의 소득분배상태가 적정하지 못하다면 적절한 정책을 통해 소득을 재분배시켜 이를 적정분배상태로 만들어 놓아야 한다. 분배이론과 재분배이론은 사실상 엄격히 구분되어야 한다. 전자는 요소투입과 요소소득 사이의 상호관계를 규명하는 소위 소득결정의 미시적 이론이지만, 후자인 재분배이론은 1차적 소득분배가 결정된 이후의 2차적인 조정에 해당함으로써 1차적인 분배와는 시차를 수반하는 개념이다.

재분배는 고소득층으로부터 저소득층으로 소득의 일부가 이전됨으로써 이루어지는데, 소득의 불균등을 완화시키기 위하여 재분배는 필요불가결한 수단인 것이다. 그런데 문제는 재분배를 통해 사회의 구성원 전부가 그들의 효용수준(후생수준)을 개선할 수 있느냐 하는 것이다. 재분배는 분명히 저소득층에는 유리하고 그들의 효용을 증대시킨다. 그러나 고소득층에게는 효용의 상실일 뿐만 아니라 손실을 초래하는 것이라고 생각할 수 있는 것이다. 따라서 고소득층에 의하여 재분배가 가지고 있는 의미가 어떻게 받아들여지고 있느냐가 문제의 핵심이 된다고 하겠다. 만약 고소득층이 이타심(altruism)을 발휘하여 저소득층에게 자기소득의 일부를 이전하는 것에 보람을 찾는다면 재분배를 통해 사회 전체의 후생은 증가한다. 그러나 재분배를 통해 고소득층에서 상실한 효용손실분이 저소득층이 획득한 효용증가분보다 클 때에는 사회 전체의 후생은 도리어 감소하게 된다.

재분배에 의해 사회구성원 전부가 그들의 효용수준을 개선하였다면 재분배 그 자체는 하나의 공공재로서 간주된다. 공공재의 특성은 제 3 장에서 본 바와 같이 소비로부터 생기는 편익을 개별적으로 분할할 수 없고 그 편익을 공동으로 소비하게 되는 것이다. 여기서 편익이란 재분배로부터 실현되는 효용을 의미하며, 편익을 공동으로 소비하는 계층은 재분배에 의해 이전소득을 받은 저소득층과 이전소득을 저소득층에게 줌으로써 보다 편한 마음과 만족을 느끼게 되는 고소득층을 가리킨다. 또한 공공재의 비배제성원리도 재분배에 적용된다. 즉 이전소득을 주지도 받지도 않은 중간소득층도 가난한 사람들이 금전적인 도움을 받고 나아가서 이로 인해 빈곤으로부터 벗어나게 되는 것을 보게 된다면 그만큼 편한 마음을 가질 수 있게 될 것이다. 이렇게 볼 때 재분배는 이로부터 얻는 편익이 모든 소비자에게 배제될 수 없을 뿐만 아니라 또한 그 편익을 개별적으로 분할할 수 없는 순수한 공공재인 것이다.

소득재분배를 공공재로 간주하는 경우 재분배에 의해 타인의 효용을 상실함이 없이 사회후생을 증대시킬 수 있으며, 이런 의미에서 파레토 효율원리에 따른

그림 6-1 | 파레토최적적 소득재분배

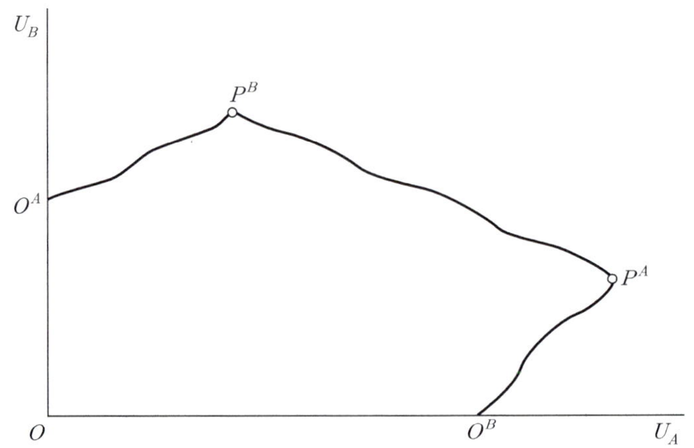

파레토 최적상태의 소득재분배(pareto-optimal income redistribution)가 달성될 수 있다고 하겠다.[2] 이를 [그림 6-1]를 통해 살펴보자. 소비자 A와 B는 상호의존적인 효용함수를 가지고 있다. 한 개인의 효용이 자신의 소비행위에만 의존하는 것이 아니라 타인의 소비나 소득에 의해서도 영향을 받고 있다. 효용가능경계선(utility possibility frontier)에서 P^BP^A 부분은 A와 B 사이의 소득재분배를 통해 양자가 공히 후생의 증대를 꾀할 수 없는 부분으로 한쪽의 득은 다른 쪽의 실을 가져온다. 그러나 O^AP^B 부분에서는 소비자 B에서 소비자 A로 소득을 이전시킴으로써 양자 공히 효용의 증대를 가져오며, O^BP^A 부분에서는 소비자 A에서 소비자 B로 소득을 이전시킴으로써 양자 공히 효용의 증대를 가져올 수 있다고 하겠다.

그러면 이와 같은 파레토최적적인 소득재분배가 시장에서 자발적으로 일어날 수 있는가에 대한 의문이 생기는데, 논리적으로는 이러한 소득재분배가 시장에서 자발적으로 생길 수도 있고 그렇지 않을 수도 있다. 그러나 위의 소득재분배를 공공재로 간주하고 있는 한 정부의 개입은 불가피한 것이라 하겠다.

제 2 절 적정분배의 기준과 규모[3]

1. 적정분배의 기준

분배이론은 현대경제학에서 중요한 비중을 차지하여 왔으나 그 중요성은 앞에서도 지적한 바와 같이 주로 효율적인 자원배분과 관련되어 왔었다. 즉 생산요소의 효율적 이용에 관한 연구가 분배이론의 핵심이었는데, 이것을 '분배상의 공평'에 관한 적정분배이론이라고 보기는 어려운 것이다.

---

2) 재분배를 순수공공재로 파악하여 재분배로부터 얻는 사회적 편익과 소득의 이전에서 발생한 사회적 비용을 원용하여 Pareto 최적의 재분배이론을 제시한 논문으로서 Lester Thurow, "The Income Distribution as a Pure Public Goods," *Quarterly Journal of Economics* (May 1971), pp. 327~336.

3) 본 절에서 설명되는 적정배분의 기준과 규모는 R. A. Musgrave and P. B. Musgrave, *Public Finance in Theory and Practice*, 3rd edition(New York: McGraw-Hill Book Co., 1984). 제 5 장에 의거하였음.

그러면 과연 적정한 소득분배(just distribution of income)란 무엇이며 여기에 대한 기준은 어떠한 것인가? 적정한 소득분배에 대한 기준은 사람들이 보는 견해에 따라 상당히 다를 수 있다. 우리가 생각할 수 있는 기준들을 소개하면 다음과 같이 세 그룹으로 나누어진다. 즉, 부존자원기준, 공리주의기준 그리고 평등주의 기준으로 구분되는데, 이를 각각 설명하여 보기로 하자.

(1) 부존자원기준

부존자원기준(factor endowment criteria)은 기본적으로 본인의 자질과 노력에 대한 결과를 향유하여야 한다는 것이다. 자질에 기초를 둔 위의 기준은 노력의 대가에 대한 인간 본유의 권리를 토대로 하여 부존된 요소와 시장에 있어서의 요소가격결정에 의한 분배를 윤리적으로 규정한 기준이다. 홉스(T. Hobbes)와 로크(J. Locke)와 같은 자연법철학자들은 자기 노력의 결실에 대한 인간의 천부적 권리를 인정함으로써 경쟁적 시장에서 능력껏 획득한 소득을 도덕적 차원에서 받아들이려고 하였다.

따라서 이러한 부존자원기준은 기본적으로 시장에서 각자의 개인적인 능력에 따른 배분을 적정한 배분이라고 하고 있는데 구체적으로는 다음과 같은 견해로 구분할 수 있다.

(1) 시장에서 각자의 개인적 능력에 따른 분배

(2) 경쟁시장이라는 전제하에서 가능한 각자의 개인적 능력에 따른 분배

(3) 근로소득만을 대상으로 하는 분배

(4) 경쟁시장하에서 개인적 능력에 따르나 최초시발점은 동일하여야 한다는 전제를 도입한 분배

(2)의 경우 독점이윤과 같은 것은 인정하지 않는다는 근거하에 인간의 소득능력을 경쟁적 상황에서로 제한시키고 있다. (3)의 경우는 근로소득만이 기본적인 소득으로서 노동의 비효용(disutility of work)이 포함되지만 자본소득(이자소득)은 그렇지 않기 때문에 근로소득만을 적정분배의 대상으로 삼아야 한다는 것이다.

그러나 좀더 현대적인 기준이라면 (4)의 경우와 같이 개인의 능력은 인정하되 최초시발점은 모두 같아야 한다는 것이다. 다시 말하여 천부적인 능력, 근면성 등에 의한 소득차이는 인정하여야 하지만 조상으로부터 물려받은 유산, 교육기회의 불균등 및 가족상태에서 발생한 소득차이는 시정되어야 한다는 기준이다.

(2) 공리주의기준

부존자원기준에 반하여, 벤담(J. Bentham)과 같은 공리주의자(utilitarian)들은 인간의 천부적 능력에 따른 소득의 차이를 공정한 소득의 차이로 보는 것에 반대하고 있다. 타고날 때부터 능력이 있느냐 없느냐는 결코 개인들의 의사나 행동에 의하여 결정되는 것이 아니므로 윤리적으로 찬성할 수 없다는 것이다. 따라서 다른 원칙에 의하여 소득분배기준을 설정해야 하는데, 그것은 바로 최대다수의 최대행복(후생)을 성취할 수 있는 소득분배가 가장 합리적인 해결책이라 보는 것이다. 이것을 공리주의기준(utilitarian criteria)이라고 부른다.

공리주의기준을 따르면 사회 전체의 총후생을 극대화하기 위해서는 각자의 소득에 대한 한계효용(marginal utility of income)이 같아지도록 소득이 분배되어야 한다. 물론 이때 각자의 소득에 대한 한계효용이 측정될 수 있고 또한 소득의 증가에 따라 한계효용이 체감하고 있다는 전제가 필요하다. 만약 각자의 한계효용곡선이 모두 동일하다면 이때에는 소득의 균등분배가 적정분배로서 요구된다. 그러나 각자의 한계효용곡선이 서로 다르면 각자에게 돌아가야 할 소득몫도 다를 것이다. 다시 말하여 효용수준(또 개인소득으로 행복을 도출하는 능력)이 상대적으로 높은 개인에게는 그만큼 더 많은 소득이 분배됨으로써 한계효용을 낮추고, 효용수준이 상대적으로 낮은 개인에게는 소득을 덜 분배시키어 한계효용을 높임으로써 최종적으로 각자의 한계효용이 서로 일치하도록 소득이 분배될 때 그것이 가장 최적의 소득분배가 된다는 것이다.

이 관계를 그림으로 설명하면 [그림 6-2]와 같다. 횡축에는 갑과 을의 소득을 표시하고 종축에는 각자의 소득에 대한 한계효용을 표시하고 있다. 소득의 한계효용이란 소득이 한 단위 증가함으로써 발생하는 총효용의 증가분이다. 한계효용곡선 밑의 면적은 여러 소득수준에서 도출되는 총효용을 나타내고 있다. 최초의 소득이 무한대의 효용을 가질 수 있는 그런 가능성을 회피하기 위하여 소득분배가 최저수준인 OM을 일단 상회한다고 상정한다. 또한 각자에게 OM에 상당하는 최초소득이 분배된 후 추가적으로 할당할 수 있는 소득의 총액은 MT에 한정되어 있다고 가정한다. 따라서 갑과 을이 서로 나누어 가질 소득의 총규모가 MT이다.

[그림 6-2]의 그림 (a)는 갑과 을이 동일한 한계효용스케줄을 가지고 있을

그림 6-2 | 공리주의기준에 따른 소득분배의 패턴

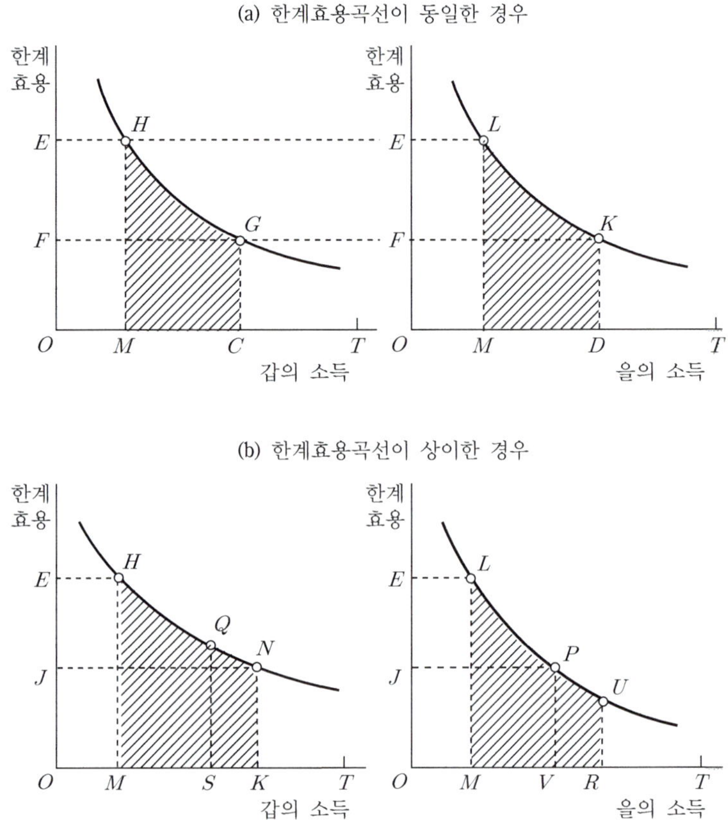

경우이다. 갑과 을은 최저소득 OM씩을 각각 확보하였고 나머지 MT를 가지고 서로 분배하려고 한다. 이때 총효용을 극대로 하기 위하여는 MT를 균등하게 분배하여 갑은 MC를, 을은 MD를 받아 $MC+MD=MT$가 되도록 하는 것이다. 이들의 한계효용은 OF에서 결정되며, 갑의 총효용은 $MCGH$이고 을의 총효용은 $MDKL$로서 양자의 총효용의 크기도 동일하게 된다.

[그림 6-2]의 그림 ⓑ는 갑과 을의 한계효용스케줄이 서로 다른 경우이다. 즉 갑의 한계효용스케줄은 최저소득 OM을 넘어서부터 을의 한계효용스케줄보다 높게 위치하고 있다. 갑은 OM 이상부터는 추가적인 효용을 도출할 수 있는

능력이 을보다 크다는 뜻이다. 따라서 갑은 상대적으로 높은 효용수준 때문에 을보다 더 많은 소득을 분배받아야 하며, 이렇게 하는 것이 사회 전체의 총효용을 높일 수 있는 것이다. 총효용을 극대화시키기 위하여 갑에게 MK가, 을에게 MV가 돌아가도록 분배하여 $MK+MV=MT$가 되도록 하여야 한다. 이들의 한계효용은 OJ에서 결정되며, 갑의 총효용은 $MKNH$이고 을의 총효용은 $MVPL$로 나타난다. 갑에게 분배된 소득(MK)은 을의 소득(MV)보다 크며 갑의 총효용($MKNH$)도 을의 총효용($MVPL$)보다 크다.

그러나 이러한 공리주의적인 기준에 의한 소득분배는 상당히 인위적이라고 볼 수 있다. 공리주의 기준은 사회전체의 후생극대화에만 초점을 두는 것으로서 사실상 구성원간의 분배에는 관심을 가지지 않는다는 비판이 제기될 수 있는 것이다. 다시 말해서 사회 전체의 후생이 극대화되는 한 어떤 구성원의 후생이 0이 되더라도 적정하다고 판단될 수 있다는 점에서 적정한 분배이론으로서의 의미는 제한적이라고 평가된다. 사회란 결국 인간 개개인에 의해 구성된 것이지 이것을 개인들의 합계로 본다든가 혹은 평균적인 개인으로 이루어지는 것으로 보기는 곤란한 것이다. 소득분배의 본질적인 문제는 개인들간의 상대적 지위에 관한 것이지, 사회 전체의 총후생을 극대화시킨다는 가설에 개인들이 동의하여야 할 이유는 없는 것이다.

(3) 평등주의기준

평등주의 기준(egalitarian criteria)은 기본적으로 인간은 평등하게 태어났고 평등한 대우를 받아야 한다는 점에서 소득분배에 있어서도 평등이 이루어져야 한다는 관점을 기본으로 한다. 이러한 평등주의도 구체적으로 무엇을 어떻게 평등하게 또는 균등하게 할 것인가에 따라 여러 논의들이 이루어질 수 있는데, 분배의 기준을 후생으로 보고 다음과 같은 세 가지를 제시할 수 있다.

⑴ 각자의 총효용을 균등화시키도록 분배

⑵ 후생의 저변(floor)을 일단 설정한 후, 그 이상에 대하여는 부존자원기준을 적용하여 분배

⑶ 최저소득집단의 후생을 극대화시키도록 분배

우선 첫번째 기준 ⑴이 제시하고 있는 것은 개인들간의 후생의 균등(equality)이 본질적으로 중요하고 필요하다는 것이다. 이것은 루소(Rousseau)라든가 마르크

스(K. Marx)의 평등사상(egalitarian thought)을 반영하고 있으며, 각자가 동등한 가치를 갖고 있다는 인본주의적 견해에 입각하고 있는 것이다. 소득분배에 대한 균등후생기준의 적용은 한계효용스케줄의 동일성 여부에 의존한다. 즉 [그림 6-2]의 그림 (a)의 경우처럼 한계효용스케줄이 동일하다면 소득은 갑과 을에게 균등하게 분배되어야 하며, 이때 물론 갑과 을의 효용수준도 동일하게 된다. 이때에는 사회총후생의 극대화를 지향하는 공리주의적 기준이나 평등주의에 입각한 균등후생기준 모두가 균등한 소득분배를 요구하므로 양자간의 견해가 일치한다. 그러나 한계효용스케줄이 서로 다른 그림 (b)의 경우에 있어서 (1)의 기준에 따르면 갑에게는 MS만큼, 을에게는 MR만큼 소득을 분배하여 $MS+MR=MT$가 되게 하고, 총효용 $MSQH=MRUL$이 되도록 하여야 한다는 것이다. 이때 갑의 소득 MS와 을의 소득 MR이 물론 균등하게 되지는 않으며, 도리어 효용수준이 낮은 을에게 더 많은 소득분배가 이루어지므로 이것은 공리주의기준에 비해서 정반대의 결과를 가져온다고 하겠다.

소득분배를 결정하는 데 있어 개인들의 총효용수준의 차이를 고려치 않고 이를 균등하게 한다는 데에는 합리성의 문제가 없는 것은 아니다. 이러한 뜻에서 일종의 절충형으로서 두 번째 기준 (2)를 들 수 있겠다. 이 기준에 의하면 공평성이란 어느 누구나 빈곤에서는 탈피하여야겠고, 따라서 일정한 후생의 저변(floor)을 설정하여 이것이 모두에게 보장되도록 한 후에 그 이상부터는 부존자원기준 [특히 부존자원기준의 (4)번]을 적용하는 것이다. 현재 미국을 비롯한 많은 국가에서 이 기준을 적용하고 있다.

좀더 다른 평등주의기준으로서 세 번째 기준 (3)을 생각할 수 있겠다. 이것은 미국의 정치경제학자 롤스(J. Rawls)에 의하여 제시된 것으로서 사회의 가장 열악한 처지에 있는 계층의 후생을 극대화하는 것이 중요하다는 점에서 최소최대화(maximin)기준이라고 한다.[4] 롤스는 사회구성원들간에 공평한 소득분배를 논의함에 있어 일단은 현재의 사회적 지위를 탈피한 원초적 상태를 가정해야 한다고 주장하였다. 그렇지 않다면 구성원들은 현재 자신의 사회적 지위를 고려한 분배상태를 바람직한 것으로 주장하게 되는 소위 무지의 장막(veil of ignorance)에 가려져 있게 되기 때문에 바람직한 분배상태를 제시할 수 없다는 것이다. 원초적 상

4) John Rawls, *A Theory of Justice*(Mass.: Harvard University Press, 1972).

태에서는 누구나 가장 열악한 위치에 있을 수 있다는 가능성이 존재하기 때문에 최저소득집단인 극빈자들의 후생을 최대한으로 올려 줄 수 있는 소득분배정책에 대해서 사회구성원들이 동의하게 될 것이라는 것이다.

(4) 최종선택

적정한 소득분배상태를 구성하는 기준의 범위가 위에서와 같이 주어지더라도 최종해답을 어떻게 알 수 있을 것인지, 또 알 수 있다고 하더라도 그것을 어떻게 증명할 수 있는지의 문제는 계속 남게 된다. 이 같은 문제는 여기서 해결될 수 없는 철학적인 문제이다. 플라톤(Plato) 이후 철학자들 중에는 자연적인 질서가 있어 사람은 태어나자마자 사회에서 점하는 위치가 정해져 있다는 생각을 가진 사람이 있었는가 하면, 루소와 같이 인간은 잠재적으로 균등하며 인간의 사회관계는 그러한 전제하에서 도출되어야 한다고 생각하기도 하였다. 한편 칸트(Kant)와 같은 사상가나 또 최근에 와서 롤스(Rawls)는 도덕적 명령이 바로 최종적이고 적극적인 해답을 가져다 준다고 주장하는가 하면, 이에 반하여 그러한 도덕적 원칙은 하나의 의사결정을 위한 규칙(rule)에 지나지 않다고 반박하는 견해도 있다. 아무튼 최선의 사회를 위한 최종적인 설계가 이성적으로 도출될 수 있는 것인지 또는 가치판단을 필요로 하는 것인지는 문명의 발달과 함께 언젠가는 해결되어야 할 문제라 하겠다.

2. 적정분배의 규모

지금까지 우리는 각종 기준하의 분배문제를 논의하였으나, 사실 분배를 위해 이용가능한 소득규모(즉 [그림 6-2]에서의 MT크기)에 대해서는 등한시하였다. 그런데 여기서 중요한 것은 이용가능한 소득분배의 규모는 그 분배방법에 따라 크게 제약을 받으며, 나아가서 소득과 여가(leisure)간의 선택 여하에 좌우된다는 사실이다. 이 점에 대하여 좀더 고찰해 보자.

(1) 분배규모에 대한 제약

정부가 행하는 각종 분배시책은 사람들의 소득과 여가간의 선택에 영향을 미치게 된다. 그런데 사람들이 일할 것이냐 그렇지 않으면 여가를 즐길 것이냐의 결정은 소득분배의 총액크기에 영향을 주게 되므로 여기에서 정부의 분배시책의 범위가 제한을 받게 될 가능성이 항상 있는 것이다.

이러한 과정을 조세정책(tax policy)의 측면에서 살펴보면 이해에 도움이 될 것이다. 이제 H를 고소득자라 하고 L을 저소득자라고 할 때 정부의 간섭이 없다면 H는 상당히 높은 소득을 향유할 수 있는 반면에 L의 소득능력은 거의 0 이라고 가정한다. 정부는 H에게 조세를 부과하여 L에게 이전하고자 하는데, 어떤 수준의 세율이 가장 적정한 소득분배를 가져오는가를 살펴보자.

여기서 우리가 주의할 것은 H에게 세금을 부과할 때 어느 수준의 세율까지는 H가 실질소득을 확보하기 위하여 좀더 열심히 일하려고 하겠지만 그 수준을 넘어서면 H의 노동의욕이 감소할 것임을 상기해야 한다. [표 6-1]은 이러한 조세의 일면을 고려하면서 가상적으로 작성한 표이다. 세전임금은 시간당 1만원이라고 가정한다.

위 표에서 세율이 0%에서 15%로 인상되면 H의 노동시간은 6시간에서 7시간으로 늘게 되어 L의 세전소득은 7만원(=시간당 1만원×7시간)이 된다. 이때의 세수입은 1.05만원(=7만원×0.15)이다. 따라서 H의 세후소득은 5.95만원(=7만원-1.05만원)이며, 세수입 전체가 L에게 이전되므로 L의 소득은 1.05만원이 된다. H와 L의 소득합계, 즉 사회총소득은 H의 세전소득과 같은 7만원이다. 세율이 15%에서 30%로 더욱 인상되면 H의 노동시간은 도리어 7시간에서 5시간으로 감소되고, 세율이 계속 인상되어 100%가 된다면 H는 노동을 하나 안하나 마찬가지이므로 전혀 일을 안하게 될 것이다. 이처럼 조세율의 변동에 따른 H의 세후

표 6-1 | 조세와 소득분배

세율(%) (1)	H의 노동시간 (2)	H의 조세전 소득(만원) (3)	세수입 (만원) (4)	H의 세후 소득(만원) (5)	L의 소득(만원) (6)	사회총소득 (만원) (7)
0	6.0	6.0	0	6.0	0	6.0
15	7.0	7.0	1.05	5.95	1.05	7.0
30	5.0	5.0	1.5	3.5	1.5	5.0
50	2.5	2.5	1.25	1.25	1.25	2.5
80	1.0	1.0	0.8	0.2	0.8	1.0
100	0	0	0	0	0	0

소득과 L의 이전소득이 표의 (5)난과 (6)난에 제시되었다.

이제 H의 조세후소득과 L의 이전소득의 관계를 그림으로 표시한 것이 [그림 6-3]이다. 그림에서 45°선은 균등분배를 보여 주는 선이다. 만약 H가 세율에 전혀 영향을 받지 않고 계속 6시간의 노동을 한다고 가정한다면 정책의 선택은 AE선을 따라 결정해야 할 것이다. 이때 평등주의기준에 입각한 이상적인 소득분배는 AE선과 45°선의 교차점인 Z에서 결정될 것이다. Z에서 H와 L의 소득은 3만원씩 균등되고, 이 점에서 저소득자의 소득이 극대가 된다.

그러나 [표 6-1]에서 보여 주듯이 H의 노동시간은 세율수준에 따라 변하는 것이다. 여러 종류의 세율에 따른 H와 L의 소득관계를 보여 주고 있는 곡선이 $ABCDO$곡선인데, 바로 이 곡선의 어느 한 점을 조세정책은 선택하여야 한다. 만약 부존자원기준을 따른다면 세율이 0%인 점 A를 선택할 것이다. 그렇지 않고 공리주의기준을 택하여 총후생의 극대화를 찾는다면 세율이 15%인 점 B를 택하여야 할 것이다. 이 세율에서 사회의 총소득이 극대로 되기 때문이다. 만약 균등소득을 목표로 한다면 세율이 50%인 점 D를 택할 것이고, 이때 H와 L의 소득은 각각 12.5원으로 균등하다. 그러나 롤스(J. Rawls)의 최저소득자의 후생극

그림 6-3 | 조세후소득과 이전소득의 관계

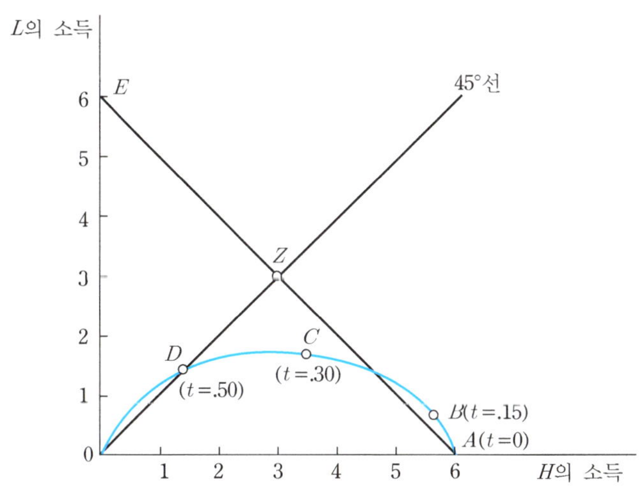

대(소득극대)를 목표로 한다면 L의 소득이 세율 30%에서 1.5만원으로 극대가 이루어지므로 점 C를 택하여야 할 것이다. 점 D를 넘어서는 소득분배는 아무도 원하지 않을 것이므로 결국 정책의 선택은 점 A와 점 D 사이가 되겠다. 어느 점이 최선의 선택이냐는 어느 분배기준에 따르느냐에 달려 있는 것이지만, 현대 자본주의사회에서는 점 B와 점 C 사이가 일반적인 선택이라고 보아도 큰 잘못은 없을 것이다.

(2) 소득분배와 여가

앞에서 살펴본 것과 같이 소득의 적정분배를 위하여 세금을 부과하면 근로의욕을 저해하여 소득손실이 발생하고 따라서 공평(equity)과 효율(efficiency)간에 상호 상충관계(trade-off)가 생기게 된다. 그러나 이러한 소득손실은 적어도 여가의 증가에 의하여 부분적으로 상쇄되기 때문에 위의 상충관계는 여가를 고려함으로써 어느 정도 완화될 수 있다. 과세에 의한 소득손실이 여가를 즐김으로써 얻게 되는 즐거움 등의 이득보다 높게 평가될 때에 진정한 순손실이 발생한다. 이러한 순손실은 조세의 초과부담(excess burden)이라고 부르고 있는데, 이같이 효율과 관련된 후생손실의 발생은 조세가 근로와 여가간의 효율적 선택에 간섭하기 때문에 생겨난다.[5] 따라서 조세의 초과부담을 없애기 위해서는 소득과 여가 양쪽 모두에게 동률의 조세를 부과하는 것이 원칙이라 하겠으며,[6] 소득분배의 규모도 소득에다가 여가를 포함시켜 총괄적으로 파악하는 것이 바람직하다.

이해를 돕기 위하여 소득가득능력과 소득-여가선호가 다음과 같이 각각 다른 4인을 상정하여 좀더 분석하여 보자. 네 사람 A, B, C, D의 소득가득능력과

표 6-2 | 소득가득능력과 소득—여가선호

개인	소득가득능력	소득-여가선호	소득수준
A	높다	높은 소득선호	고소득
B	높다	높은 여가선호	중간소득
C	낮다	높은 소득선호	중간소득
D	낮다	높은 여가선호	저소득

5) 조세의 초과부담에 관하여서는 제12장에서 논의된다.
6) 제12장 제 3 절의 일반균형분석([그림 12-8])을 참조할 것.

소득-여가간의 선호도가 [표 6-2]에 나타나 있다. 여기 [표 6-2]에서 A는 고소득자, B와 C는 중간소득자, 그리고 D는 저소득자로 간주하고 있다.

만일 소득가득능력만을 비교하여 소득재분배가 이루어져야 한다면 A와 B는 C와 D를 지원하는 것이 원칙일 것이다. 그런데 소득수준을 고려한다면 A는 B보다 더 크게 기여하여야 하고, D는 C보다 더 큰 혜택을 받을 수 있도록 재분배조치가 이루어지게 된다. 그러나 소득재분배조치가 이와 같이 높은 소득을 선호하는 사람들(예: A)을 차별하고 높은 여가를 선호하는 사람들(예: D)에게 혜택을 보다 많이 주는 방향으로 이루어진다면 적정분배상 반드시 정의로운 정책이라고 보기는 어려운 것이다. 올바른 후생조치는 소득과 여가의 양면을 동시에 참작하면서 이루어져야 하며 이럴 경우 C와 D는 비록 소득수준은 다르지만 대등한 위치에서 소득재분배 고려대상이 될 수 있게 된다.

일반적으로 사람들은 통상 소득가득능력이 낮은 사람들을 도와 주기를 원하는 반면에 여가를 선호하는 사람들을 도와 주는 데에는 반대한다. 물론 여가라는 것이 소망스럽지 않다는 뜻은 결코 아니다. 앞에서 이미 언급되었듯이 조세에 의한 진정한 순손실은 노동의욕의 상실에서 오는 소득손실이 증가된 여가에서 오는 만족보다는 클 때 발생한다. 그만큼 여가라는 것은 사회적 후생의 척도가 되는 것이다. 따라서 [표 6-2]에서 보여 주는 것과 같은 소득재분배상의 문제점을 해결하기 위해서는 실제의 소득만을 비교하기보다는 여가를 포함시킨 잠재적 후생을 비교하여 이를 기준으로 조세를 통한 분배의 조정이 이루어져야 할 것이다. 이렇게 되면 조세부담은 납세자의 행동을 교란시키지 않기 때문에 과세에 따른 소득과 여가간의 대체가 큰 문제가 되지 않으며, 따라서 초과부담문제 같은 것도 발생하지 않는다. 물론 이와 같은 방법이 실용적인 해결책이 되기 위하여는 실제의 가득능력을 떠나서 잠재적 가득능력을 파악하여야 하는데, 이것을 측정하는 것은 현실적으로 매우 어려운 과제임에 틀림없다.

제 3 절 소득재분배정책의 여러 수단

적정한 소득분배를 위하여는 시장에서의 독점이윤의 배제, 임금협상을 통한 노동분배율의 인상, 근로자재산형성, 기회의 균등화, 권력의 평등화 등의 여러 정책이 필요하다. 이와 동시에 적정분배를 위해 정부의 소득재분배정책이 요구되는데, 여기서는 이 재분배정책의 수단들에 관하여 고찰하고자 한다. 소득재분배를 목적으로 하는 정책수단을 나열한다면 조세를 통한 재분배로서 소득세의 누진제도라든가 소비세의 면세제도 등을 지적할 수 있고, 재정지출을 통한 재분배로서는 주택 · 교육 · 보건 등의 가치재의 공급, 빈곤자들에의 공적 부조, 사회보장제도, 최저임금제도, 가격지지제도 그리고 각종 정부보조금 등을 들 수 있다.

그런데 이때 우리가 다시 한번 강조하여야 할 점은 소득의 재분배를 위한 수단이라 할지라도 그것은 경제적 효율성을 크게 손상시키지 않는 범위 내에서의 수단이라야 한다는 것이다. A. Okun은 재분배정책을 '새는 양동이'(leaky bucket)라는 말로 표현하고 있다. 물이 많은 연못에서 적은 연못으로 물을 옮기는데 사용하는 양동이, 즉 소득재분배 정책은 물이 새는 것이기 때문에 옮기는 과정에서 누수가 발생한다는 것이다.[7] 앞에서도 지적하였듯이 순수하게 경제적 효율만을 추구한다면 분배상태가 악화일로에 있게 되며, 분배의 공정만을 너무 추구하다 보면 경제적 효율이 저하되기 마련이다. 따라서 분배의 공정화와 경제적 효율성 사이의 관계를 어떻게 조정해 나가느냐가 재분배정책의 수단설정에 있어서 중요한 과제라 아니할 수 없다.

1. 조세의 재분배효과

(1) 소득세에 의한 재분배효과

개인소득세는 소득재분배를 위한 가장 강력한 정책수단의 하나인데 이는 다음과 같은 특징을 가지고 있기 때문이다. 첫째, 불평등의 기준이 되는 소득을 지불능력의 척도로서 과세대상으로 설정하고 있으며, 둘째, 각종 소득공제 제도를 통해서 납세자의 지불능력을 고려할 수 있고, 셋째, 누진과세를 통하여 소득분포의 불평등도를 경감시킬 수 있으며, 넷째, 세부담이 전가되기가 어렵기 때문에 의도된 재분배목표가 잘 실현되며, 다섯째, 시장기구에 대한 직접적인 충격이 없고

7) Arthar M. Okun, *Equality and Efficiency-The Big Tradeoff*, washington, D.C.: The Brookings Institution, 1975.

경제적 효율을 저해하는 효과가 비교적 작다는 점 등을 들 수 있다.

개인소득세의 재분배기능은 부담능력 조정 등을 위한 공제제도와 세율구조에 의해 규정된다. 우리나라의 경우 소득공제 제도에는 근로자의 필요경비 등을 반영하는 근로소득공제, 최저생계비를 참작하는 성격이 강한 기본공제 그리고 교육비나 의료비 등을 공제하는 각종 특별공제 등이 있다. 많은 경우 이들 공제는 정액공제방식을 취하고 있기 때문에 저소득층일수록 공제율이 높고, 고소득층일수록 공제율이 낮게 된다. 그러나 또 한편 소득공제에 따른 세부담의 감소는 고소득층일수록 커지게 되는데 같은 공제액이라 하더라도 높은 세율이 적용되기 때문이다. 누진세율에 의한 소득세는 저소득층의 소득을 직접 증가시키는 것은 아니나 고소득층일수록 세율이 높아지므로 조세부과 후 소득의 분포는 상대적으로 평등화된다. 그러나 재분배효과를 높이기 위해 지나치게 누진도를 높일 때는 제반 경제활동에 대한 저해효과(예: 근로의욕의 감퇴)가 나타날 가능성이 크게 된다.

(2) 소비세(간접세)에 의한 재분배효과

소비세의 특징은 조세부담이 대부분 소비자에게 전가된다는 것이다. 소비세의 과세대상이 사치품이나 기호품에 한정된다면 그 세금은 주로 고소득층의 부담이 될 것이다. 그러나 과세대상이 광범위한 대중소비재로 확대된다면 저소득층의 세부담률이 고소득층보다 높아질 가능성이 많다. 저소득층일수록 그들의 소득에서 차지하는 소비지출의 비율이 높기 때문이며, 이러한 의미에서 소비세는 역진적(regressive)이다. 그런데 만약 대중소비재 중 생활필수품에 대하여 특정한 면세조치를 마련하고 있다면, 이러한 경우에는 저소득층이 상대적으로 혜택을 많이 받게 되므로 일반소비세의 재분배효과는 소득에 대해 역진적이라기보다는 대체로 중립적이라고 하겠다. 그러나 일반적으로 말하여 조세구조가 소득세보다도 소비세에 더욱 의존하면 할수록 저소득층에게는 불리하며 소득차이는 확대된다고 하겠다.

(3) 법인세의 재분배효과

법인세의 재분배효과는 세부담의 전가 정도에 달려 있다. 전가가 이루어지지 않는 경우에는 법인기업이 조세를 전액부담하므로 납세 후의 수익은 감소한다. 수익의 감소는 기업으로 하여금 배당액을 감소시키기도 하고 임원보수를 삭감시키기도 하므로 이런 경우에의 법인세는 주로 고소득층에 의해 부담된다고 하겠다. 그러나 법인세가 기업제품가격의 상승을 통하여 소비자에게 전가된다면 이것은 소득분배에 불평등한 효과를 발생시키게 된다. 만일 수요의 가격탄력성이 모든 상품에 있어서 동일하다고 가정하고 법인세가 모두 소비자에게 전가된다고 한다면 고소득층일수록 소득에 대한 평균소비성향이 낮으므로 이에 따라 저소득층의 부담률은 상대적으로 커지게 될 것이다.

(4) 재산세의 재분배효과

재산세의 재분배효과는 소득세보다는 떨어지지만 소득불평등의 원인이 재산소유의 불평등에 근거를 두고 있는 경우에는 재산세를 통해 상당한 재분배효과를 발휘할 수 있다. 즉, 재산의 소유상태를 변경시킬 상속세나 증여세가 소득분포의 평준화기능을 수행하게 되는 것이다. 그러나 이 경우에도 자원의 최적배분상태를 왜곡시키는 경향이 있음을 유의해야 한다. 많은 나라에서 재산세의 중요성을 크게 인식하고 있음에도 불구하고 납세자의 조세저항 때문에 재산과세를 충분히 강화시키지 못하고 있는 것이 일반적인 실정이다. 예를 들어, 우리나라의 재산세와 같은 재산보유과세의 경우 해당 재산소유자의 부담능력을 잘 보여주는 지표에 과세한다는 점에서 강조되고 있지만 현실적으로 납세자 수가 매우 많은 대중과세라는 점 등의 이유로 과표현실화 등이 잘 이루어지고 있지 않는 것이다.

한편 우리나라의 종합부동산세나 유럽 일부국가에서 시행된 부유세 등은 일부 고액재산보유자, 특히 부동산 보유자를 대상으로 재산과세를 강화한다는 취지에서 도입되었다. 그러나 현실적으로 납세자들의 조세저항이 거세었으며 또 과세논리적으로도 일부 재산에 대해서만 별도의 무거운 세금을 부과하는 것이 과연 공평한 것인가라는 비판에 직면하면서 완화되거나 폐지되고 있는 것이다.

2. 재정지출의 재분배효과

(1) 공공투자의 재분배효과

공공투자는 공공재의 공급을 통해 자원배분에 직접적인 영향을 줄 뿐만 아니라 소득재분배에도 중요한 영향을 끼친다. 이 가운데서 공공주택, 교육, 보건 등의 가치재(merit goods)에 대한 정부지출은 저소득층에게 큰 이익을 주는 것이다. 주택·교육·의료·보건은 민간시장을 통해 공급될 수 있으나, 시장을 통해 그 혜택을 충분히 공급받지 못하는 빈곤자들에게 정부가 공공투자로 추가적인 혜택을 제공한다. 또한 공공투자의 대상이 공원, 도로, 경찰, 치수사업 등이라 하더라도 소득분배에 대한 평준화효과는 있다고 할 것이다. 공공재는 모든 사람들에게 균등한 혜택을 제공하는 것이 그 특성이지만 재원조달에 있어 저소득층이 고소득층보다 상대적으로 낮은 비율로 비용을 부담하는 한 공공재의 공급은 분명히 저소득층에게 유리한 것이다.

그러나 한편으로 공공투자가 소득분배를 더욱 악화시킬 가능성이 항상 있음에 유의하여야 한다. 좋은 예가 지역개발을 위한 공공투자이다. 지역개발을 위한 재정지출이 지역간의 불균형을 야기하고 정부지출의 일부 또는 전액이 특정지역의 부동산소유자에게 이전되며 또한 그 이상의 자본이득이 특정그룹에 귀속될 수 있기 때문이다. 따라서 문제의 핵심은 정부지출의 편익이 누구에게 귀속되는가, 개발사업으로 인하여 발생하는 자본이득 등을 어떻게 과세할 것인가 등인 것이다.

(2) 사회지출의 재분배효과

사회지출은 사회보험·사회복지·의료보장에 대한 지출 등으로 대표되는 정부지출이다. 단기적으로 볼 때 많은 사회지출의 직접적 수혜자는 저소득층이고 고소득층은 그 재원의 부담자인 경우가 많다는 점에서 사회지출은 소득분배상태를 개선시키게 된다.

그러나 장기적인 견지에서 사회지출의 소득평준화효과는 자금조달의 재원에 따라 크게 다르다. 예컨대, 재원이 주로 소득세에 의해 조달되는 경우에는 사회지출의 수혜자가 과세되는 경우가 거의 없으므로 재분배효과는 강화된다. 그러나 간접세에 대한 의존도가 높은 경우에는 사회지출의 혜택을 받는 저소득층도 간접세의 부담에 참가하게 되므로 사회지출의 재분배효과는 그만큼 저하된다. 사실 사회지출의 수혜자의 상당수가 여러 기간에 걸쳐 사회지출의 재원조달에 여러 가지 형태로 상당히 공헌했을 가능성이 많기 때문에 사회지출의 장기적 재분배효과는 단기적 효과에 비해 그다지 크지 않을 수도 있으므로 따라서 장기적 효과는 보다 신중한 평가를 요한다고 하겠다.

(3) 負의 소득세

負의 소득세(negative income tax)란 소득신고액이 과세최저한도 이하인 경우에 그 부족분의 전부 또는 일부를 정부가 지원해 주고자 하는데 이때 일정세율을 적용하여 그만큼의 금액을 정부가 조세의 환급과 같은 방법으로 지급하는 제도이다. 이것은 공적부조의 성격을 가지고 있지만 그 부조금의 결정을 소득세제의 테두리 안에서 실시하는 것이 그 주요 특징이다.

기존의 공적부조제도는 사회적으로 도움이 필요한 사람에게 혜택을 베푸는 제도이지만, 부의 소득세제도는 소득이 일정액 이하가 되면 지원을 받을 수 있는 권리가 자동적으로 부여되는 것이다. 다시 말해서 다른 재정지출 프로그램의 경우 지원의 대상이 되는지 여부와 지원규모 등에 대해서 신청이나 심사 과정을 거치게 되지만, 부의 소득세제에서는 부양가족 여부나 소득규모 등 설정된 기준에 따라서 자동적으로 대상 여부나 지원규모가 결정되는 것이다. 그래서 사람들은 복지지원을 받는 사람이라는 소위 낙인효과(stigma effect) 없이 자신들의 소득과 비교하여 얼마만큼 정부로부터 지원받을 수 있는가를 파악하고 이를 요구할 수 있다는 장점을 가지는 것이다.

부의 소득세제도는 다음과 같은 기본구조 속에서 운영된다.

$$E = M - tY$$

여기서 Y는 납세자가 스스로 벌어들인 소득으로서 최초소득액에 해당된다. t는 한계세율로서 편의상 선형(linear)의 세율구조를 상정하여 일정수준으로 고정되어 있다고 가정한다. M은 정부가 최소한의 소득을 보장하는 기본수당(basic allowance)을 의미하며, 그리고 E는 정부가 일정수준 이하의 소득을 가진 자에게 지급하는 정부이전지출액이다. 이제 소득이 0인 사람에게는 정부가 M만큼의 보조금을 지급할 것이다. 소득이 증가함에 따라 지급액 E의 규모가 감소될 것이며, 소득이 $B(=M/t)$만큼 되었을 때 E의 규모가 0이 되어 더 이상의 정부지출은 없게 된다. 이를 그림으로 표시하면 [그림 6-4]와 같게 된다.

한편 이러한 부의 소득세제에서 세율 t는 M/B로 계산된다. 세금을 납부하는 것이 아니라 마이너스의 세금 즉 보조금을 지급받는 것인데 세율이 양의 수치

그림 6-4 | 부의 소득세

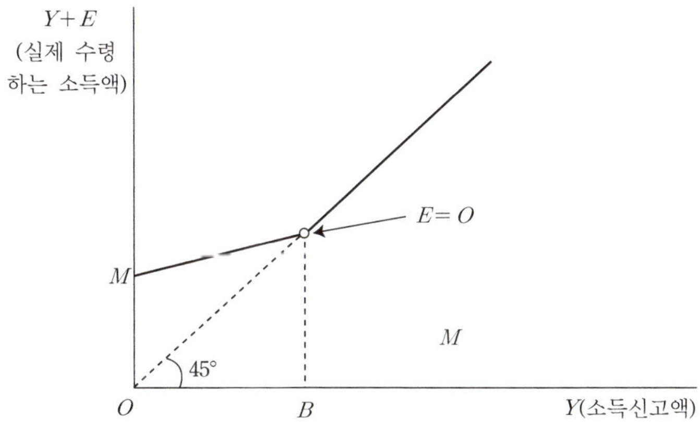

로 계산되는 것은 이해가 어려울 수 있다. 이때의 세금은 소득이 증가할수록 감액되는 보조금의 크기를 의미하는 것이며, 따라서 세율은 바로 소득증가에 따라 보조금이 감축되는 비율을 의미하는 것이다.

제도의 설계라는 관점에서 볼 때 부의 소득세는 정책목적상 서로 상충되는 요소들을 내포하고 있다. 저소득층에 대한 지원이라는 관점에서 최소한의 보장수준인 M은 가능한 클수록 바람직한 반면 보조금을 받는 한도소득은 제도의 취지나 예산소요 등을 고려할 때 가능한 크지 않아야 한다. 또한 소득증가에 따른 보조금 감소비율인 세율은 근로의욕을 저해하지 않기 위해서 가능한 낮게 설정되는 것이 바람직한 것이다. t, B, M 등 세 가지 요소들이 다 제도설계시에 고려될 수 있는 정책변수들인데 앞에서 살펴본 이들 변수들의 바람직한 방향이나 수준을 고려할 때 그것을 만족시킬 수 있는 적절한 균형점을 찾기가 어려운 것이다.

부의 소득세제도는 프리드만(M. Friedman) 등이 제안한 이래 미국에서 시범사업을 하는 등 실제 시행을 위한 여러 노력들이 이루어졌지만 제도가 내포하고 있는 여러 본질적인 문제들로 인하여 실제 시행되지는 못하였다. 특히 근로의욕에 미치는 악영향은 가장 큰 문제로 지적되었는데, 이후 근로장려세제(EITC: Earned Income Tax Credit)의 형태로 보완 시행되고 있다. 우리나라의 경우에도 2009년부터 근로장려세제가 시행되고 있는데, 2012년부터는 그 대상이나 급여수준 등이 크게 확대되었다. 부의 소득세와 근로장려세제가 근로의욕에 미치는 효과에 대해서는 제15장 1절에서 구체적으로 설명한다.

제 4 절 소득분배의 측정과 현황

1. 소득분배의 측정

소득분배의 측정은 가계소득의 측정부터 시작된다. 그러나 가계소득의 개념이 그리 정확한 것이 아니고 때로는 불분명한 경우가 흔하기 때문에 소득분배의 측정에도 많은 혼란이 오게 된다. 자칫 가계소득의 주요 항목을 빠뜨리고 계산하는 경우가 많은데, 그것은 일상생활에서 직접 현금으로 받지 않는 소득형태가 많기 때문이다.

이러한 것들 중에서 가장 대표적인 것이 주택의 소유로부터 얻는 소득이다. 자기가 소유하고 있는 주택에서 살고 있을 때에는 임대료(rent)가 발생하지 않으므로 임대료가 가계소득에 계산되지 않는 것이 보통이다. 그러나 만약 자기 소유의 집을 남에게 빌려 주고 자기는 다른 곳에 세들어 살면, 이때는 임대수입이 생기고 이것은 가계소득의 일부로 계산된다. 따라서 가계소득을 계산하는 데 있어 임대료의 처리가 일률적이 못되는데, 사실 엄격히 말하면 자기 소유의 주택에 살고 있는 사람에게도 임대료 수입에 해당되는 소득을 가계소득에 포함시켜 주어야 함이 당연하다. 이와 같이 시장을 거치지 않고 자신에게 직접 발생하는 소득을 귀속소득(imputed income)이라고 한다. 한편 이외에도 현금의 형태로 받지 않는 혜택들이 많은데, 의무교육, 무료병원, 무료식사 등의 혜택을 그 예로 들 수 있다. 이러한 혜택들을 소득으로 계산한다면 소득분배의 보다 정확한 현황을 측정할 수 있으리라 생각된다.

소득분배의 불균등을 가져오는 요인들로는 앞 절에서도 언급되었듯이 각자의 능력의 차이, 교육수준의 차이, 가족상황, 상속 등 다양하다고 하겠는데, 또 다른 요인으로서는 가계소득이 젊은층에는 낮고 중년층에서는 높다는 사실을 지적할 수 있다. 나이가 들어감에 따라 소득이 증가하고, 축적된 저축에서도 소득이 생기는 것은 매우 자연스럽다. 따라서 모든 사람들이 일생 버는 소득이 설사 같다고 하더라도 어느 일정시점에서 보면 연령의 차이 때문에 소득분배는 어쩔 수 없이 불균등한 것으로 나타나는 것이다. 이러한 사실들을 모두 고려하여 소득분배가 진정 어느 정도 불균등한 것인가를 측정하는 일은 그리 간단하지가 않다.

가계의 소득이 일단 측정되었다고 하고 그 분배가 어느 정도 불균등한 것인가를 측정하는 지표는 다양하게 제시되고 있다. 이하에서는 이들을 하나씩 설명한다.

(1) 로렌츠곡선

로렌츠(M. Lorenz)곡선은 사회구성원을 소득이 가장 낮은 구성원부터 높은 구성원 순으로 일렬로 배열하였을 때 그 누적소득의 모습을 그림으로 표현한 것이다. [그림 6-5]는 이 로렌츠곡선을 보여 주고 있는데, 우선 가계들을 소득이 낮은 가계로부터 높은 가계의 순서로 배열한다. 다음에 이렇게 배열된 가계를 누적백분비로 구분한다. 그리고 나서 각 %에 해당되는 누적가계들의 소득이 전체 소득의 몇 %를 차지하고 있는가를 확인하여 그 관계를 선으로 그리는 것이다.

그림 6-5 | 로렌츠곡선

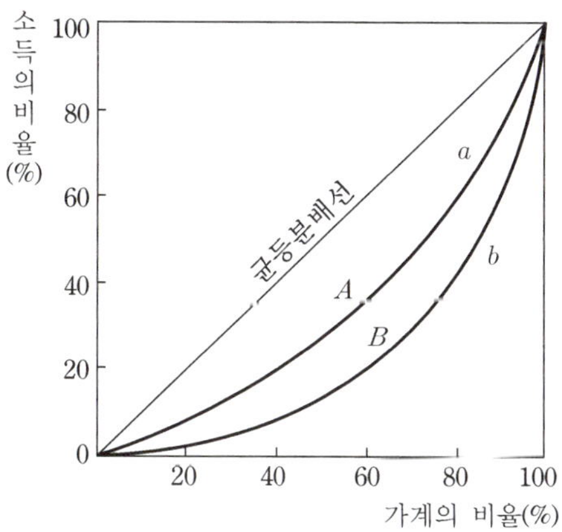

예컨대, 소득이 가장 낮은 20%의 가계들이 전체 소득의 몇 %를 차지하는가를 계산하고, 그 다음의 20%를 추가시킨 40%의 가계들이 전체 소득의 몇 %를 차지하는가를 계산하여 이런 식으로 100%의 가계까지 계속하는 것이다. 만약 소득분배가 완전히 균등하다면 로렌츠곡선은 [그림 6-5]의 대각선과 일치할 것이다. 소득분배가 불균등하면 할수록 로렌츠곡선은 대각선에서 멀리 떨어지게 된다. [그림 6-5]에서 보인 두 나라의 로렌츠곡선 A와 B를 비교하면 A국의 소득분배가 B국보다 균등하다고 말할 수 있는 것이다.

로렌츠곡선은 소득분포의 모습을 시각적으로 쉽게 보여 준다는 장점이 있지만 곡선들이 서로 교차하는 경우 분배상태를 비교하기 어렵다는 단점을 가진다.

(2) 지니계수

지니계수(Gini coefficient)란 로렌츠곡선이 대각선에서 떨어진 면적이 대각선에 의한 삼각형의 총면적 중에서 차지하는 비중을 의미한다. 즉 앞의 그림 [그림 6-5]에서

$$G = a/(a+b)$$

로 계산된다. 로렌츠곡선이 소득분배의 모습을 서수적으로 표현하는 것이라면 지니계수는 기수적으로 측정하는 것으로서 그 수치가 크면 클수록 불균등도가 크다는 것을 의미하게 된다.

한편 지니계수는 다른 방식으로도 계산할 수 있는데 n명의 구성원이 있고 i번째 사람의 소득을 y_i, 그리고 평균소득을 μ라고 하면 지니계수는 다음 식으로 계산할 수 있다.

$$G = \frac{1}{2\mu}\frac{1}{n(n-1)}\sum_{i=1}^{n}\sum_{j=1}^{n}|y_i - y_j|$$

즉, 지니계수는 임의의 두 구성원간 평균적 소득격차를 평균소득의 2배로 나눈 것으로 계산된다.

(3) 십분위분배율과 오분위배율

십분위분배율(decile distribution ratio)이란 하위 40%계층의 소득점유율을 분자로 하고 상위 20%계층의 소득점유율을 분모로 하여 나눈 비율로 계산한다. 한편 오분위배율은 상위 20%계층의 소득점유율을 하위 20%계층의 소득점유율로 나눈 비율로 계산한다. 이들 지표들은 단순하면서도 쉽게 보여준다는 점에서 널리 사용되고 있다. 즉,

$$\text{십분위분배율} = \frac{\text{하위 40\% 계층의 소득점유율}}{\text{상위 20\% 계층의 소득점유율}}$$

$$\text{오분위배율} = \frac{\text{상위 20\% 계층의 소득점유율}}{\text{하위 20\% 계층의 소득점유율}}$$

(4) 앳킨슨 지수

영국의 경제학자인 앳킨슨(A. Atkinson)은 어떤 소득분배 상태를 평가하는 데 있어서는 기본적으로 평가자의 가치판단이 전제되고 있다는 점을 지적하고 이러한 가치판단을 반영할 수 있는 지수를 제안하였다.[8] 앳킨슨 지수(Atkinson index)는 다음의 식으로 표현된다. 즉,

$$A = 1 - \frac{y_e}{\mu}$$

여기서 μ는 평균소득, y_e는 균등분배대등소득(equally distributed equivalent income)으로서 구성원들간에 균등한 소득배분이 이루어지면서 평가대상이 되는 소득배분상태와 동일한 사회후생수준을 달성하게 하는 평균소득이다.

이 지수의 의미를 보다 자세히 살펴보자. 갑과 을 두 사람으로 구성된 사회에서 개인들의 후생은 소득수준과 동일하며 따라서 사회후생은 이들의 소득에 따라 결정된다고 가정하자. 만약 사회후생이 롤스의 maximin 방식을 따른다고

8) Atkinson, A. B. On the measurement of economic inequality, *Journal of Economic Theory*, 2 (3) (1970), pp. 244~263.

그림 6-6 | 엣킨슨 지수

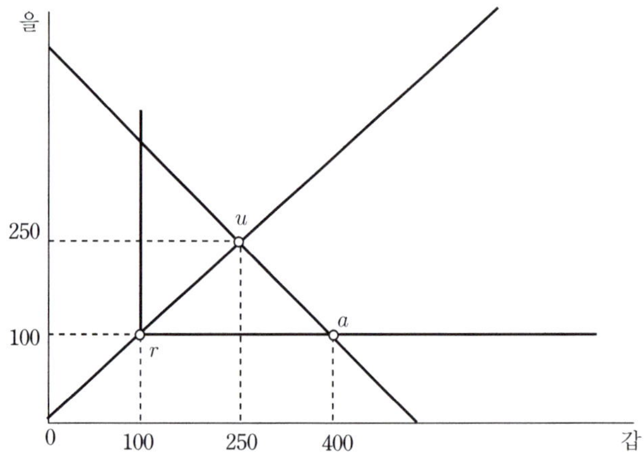

하면, 즉 사회후생수준은 낮은 소득수준에 따라 결정되며 [그림 6-6]과 같이 L 자의 형태를 띄게 될 것이다. 이제 a점에서의 소득분배상태를 앳킨슨 지수로 평가해보자. a점에서 갑의 소득은 400만원이고 을의 소득은 100만원이다. 그림에서 보는 바와 같이 a점과 같은 사회후생수준을 나타내주는 균등분배점은 r이고, 이때 균등분배대등소득은 갑과 을의 소득이 각각 100만원일 때이다. 따라서 앳킨슨 지수는 0.6(=1－100/250)이 된다. 만약 공리주의형의 사회후생함수를 가정한다면 기울기가 －1인 형태를 띄게 될 것이며 따라서 a점과 동일한 효용을 실현하는 균등분배점은 u으로서 균등분배대등소득은 갑과 을의 소득이 각각 250만원일 때이고 따라서 앳킨슨 지수는 0(=1－250/250)이 될 것이다. 사실 공리주의형의 후생함수를 가정한다면 갑과 을의 배분이 어떻게 되더라도 앳킨슨 지수는 항상 0이 되게 된다.

한편 엣킨슨 지수는 다음과 같은 식으로도 표현된다.

$$A = 1 - \frac{1}{\mu}\left(\sum_{i=1}^{N} y_i^{1-\epsilon}\right)^{\frac{1}{1-\epsilon}}$$

여기서 ϵ은 불균등 기피지수를 나타내는데 이 수치는 1과 ∞ 사이에서 변화하게 되는데 이 수치가 커질수록 불균등을 싫어하는 정도를 나타내는 것이다.

2. 우리나라 소득분포의 현황

[표 6-3]은 우리나라의 2인 이상 도시가계의 5분위 계층별 소득분포 현황 및 주요 분배지표들을 보여 주고 있는데, 1990년 이후 지난 20여 년간 우리나라 소득분배상태의 특징은 다음과 같이 요약할 수 있을 것이다.

첫째, 모든 지표들에서 소득분배 상태가 악화되고 있는 것으로 나타나고 있다. 소득분위별 소득비중에 있어 1분위와 2분위의 비중은 계속 하락하는 반면 4분위와 5분위의 비중은 증가하고 있음을 알 수 있다. 지니계수는 계속 증가하고

표 6-3 | 우리나라의 계층별 소득분포

분배지표별		1990	1995	2000	2005	2010
시장소득	1분위 비중	9.1	9.1	8.2	7.2	6.3
	2분위 비중	14.2	14.4	14.0	13.7	13.6
	3분위 비중	18.0	18.3	18.2	18.3	18.2
	4분위 비중	22.7	23.0	23.4	23.8	23.8
	5분위 비중	35.9	35.1	36.2	37.1	38.1
	지니계수	0.266	0.259	0.279	0.298	0.315
	5분위배율	3.93	3.85	4.4	5.17	6.02
	상대적빈곤율	7.8	8.3	10.4	13.6	14.9
가처분소득	1분위 비중	9.5	9.4	8.7	7.9	7.6
	2분위 비중	14.5	14.6	14.3	14.0	13.9
	3분위 비중	18.1	18.4	18.3	18.4	18.3
	4분위 비중	22.7	22.9	23.4	23.5	23.6
	5분위 비중	35.2	34.7	35.3	36.1	36.6
	지니계수	0.256	0.251	0.266	0.281	0.289
	5분위배율	3.72	3.68	4.05	4.55	4.82
	상대적빈곤율	7.1	7.7	9.2	11.9	12.5

자료: 통계청 KOSIS, 가계동향조사 자료를 재구축

주: 시장소득(세전소득)=근로소득+사업소득+재산소득+사적이전소득

가처분소득=시장소득+공적이전소득－공적비소비지출

상대적빈곤율 : 소득수준으로 정렬한 상태에서 중위소득의 50% 미만의 인구비중

있는데 1990년 0.266이던 시장소득의 지니계수는 2000년 0.279, 2010년 0.315를 보이고 있다. 또한 상위 20%의 소득을 하위 20%의 소득으로 나눈 오분위배율도 1990년 3.93배에서 2000년 4.4배, 그리고 2010년에는 6.02배로 크게 증가하고 있어 양극화 현상이 뚜렷하게 나타나고 있음을 알 수 있다. 중위소득 50% 미만인 상대적 빈곤층의 비율도 1990년 7.8%에서 2000년 10.4%, 그리고 2010년에는 14.9%로 증가하고 있는 것이다. 이와 같이 소득분배상태가 점차 악화되고 있는 것은 세계적으로 공통적으로 나타나고 있는 양극화 현상이 우리나라에서도 심각해지고 있으며, 특히 1997년의 외환위기와 2008년 세계적인 금융위기로 촉발된 경기침체 상황에서 고소득층보다는 저소득층이 더 큰 타격을 받고 있다는 점 등을 그 원인 중의 하나로 들 수 있을 것이다.

둘째, 시장소득과 가처분소득간의 분배지표를 비교하면 재분배정책을 통한 분배상태 개선의 정도가 그리 크지는 않지만 최근 들어 개선정도가 점차 커지고 있음을 알 수 있다. 즉 1990년 시장소득과 가처분소득의 지니계수는 각각 0.266과 0.256으로서 크게 차이가 없지만, 2010년의 경우 각각 0.315와 0.289로서 상대적으로 더 많은 개선이 이루어지고 있음을 알 수 있다. 우리나라의 재분배정책에 따른 분배상태의 개선도는 다른 선진국들에 비해서 그리 크지 않은 것으로 평가되어 왔다. 조세제도의 측면에서는 소득세의 비중이 그리 크지 않고 또 면세점 이하로서 누진세율의 영향을 거의 받지 않는 계층의 비중이 높기 때문이다. 또한 이전소득 측면에서는 1989년에 도입된 국민연금의 성숙도가 다른 선진국들에 비해서 높지 않았기 때문이라고 할 수 있다. 그런데 2008년에 국민연금 도입 20년이 됨에 따라 본격적으로 연금지급이 이루어지게 되었고 따라서 앞으로 분배상태의 개선도는 점차 커지게 될 것으로 예상할 수 있다.

한편 [그림 6-7]은 OECD 국가들의 분배상태를 가처분소득 기준 지니계수와 그 변화로 보여주고 있다.[9] 우리의 경우 시장소득과 가처분소득 기준 지니계수는 각각 0.315와 0.289라는 점에서 우리의 분배상태는 OECD 평균 수준으로 평가될 수 있다. 한편 위의 그림에서 흥미로운 점은 유럽국가 중에서 80년대 중반 이후 분배상태가 가장 많이 개선된 나라는 그리스, 아일랜드, 스페인, 포루투갈

9) [표 8-3]에 제시된 바와 같이 우리나라의 경우 가처분소득 기준 지니계수는 0.289이며 시장소득 기준으로 0.315이다. 제시된 OECD 분석에서 시장소득 자료를 사용한 것으로 추정되고 있어 우리나라의 분배상태는 실제보다 나쁘게 제시되어 있다고 할 수 있다.

그림 6-7 | OECD 국가들의 지니계수 및 및 변화

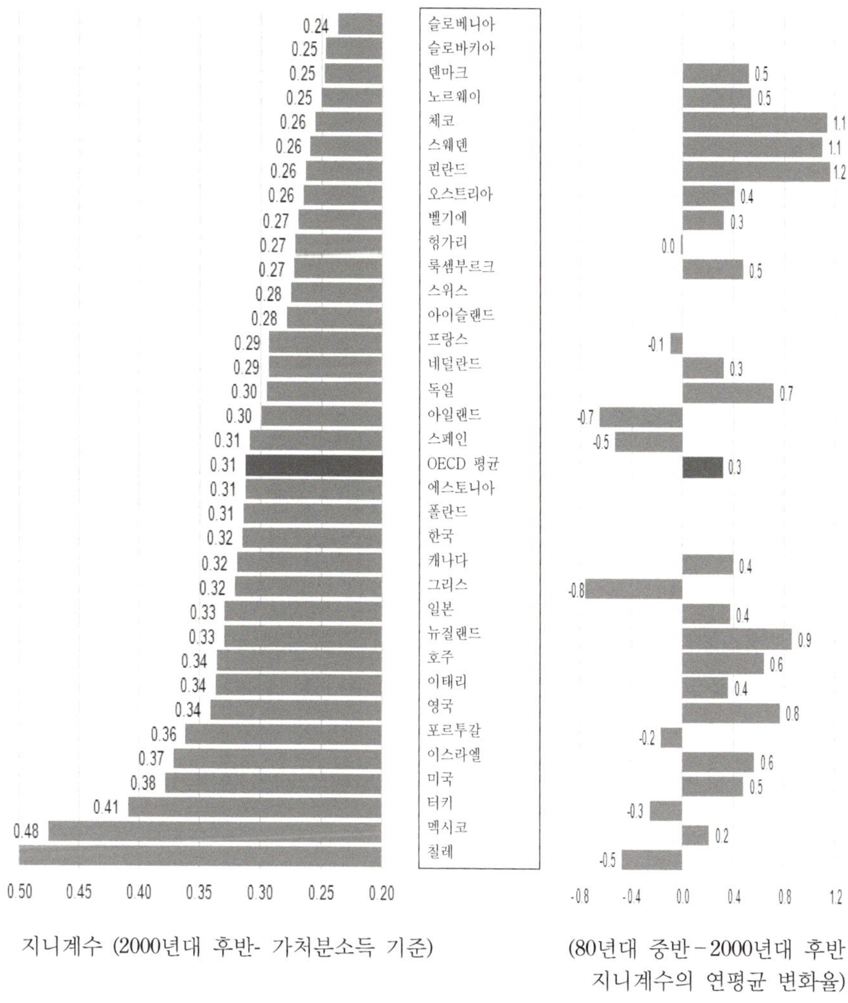

자료: OECD, Society at a Glance 2011: OECD Social Indicators, p.67

등으로 나타나고 있는데 이들 국가들이 2008년 이후의 세계적인 경제위기 상황에서 가장 취약한 재정상황을 보이고 있다는 점은 흥미로운 시사점을 보여주고 있다고 할 것이다.

CHAPTER 07

The Modern Public Finance

사회보장제도

제 1 절 사회보장제도의 개관

1. 사회보장제도의 개념과 의의

사회보장제도(social security system)란 질병 · 장애 · 노령 · 실업 · 사망 등 국민생활을 위협하는 여러 가지 사회적 위험으로부터 국가 및 사회가 책임을 지고 국민을 보호하고 빈곤을 해소하며 국민 생활의 질을 향상시키기 위하여 제공되는 사회보험, 공공부조, 사회복지서비스 및 관련복지제도를 말한다. 이러한 사회보장은 모든 국민이 인간다운 생활을 영위할 수 있도록 최저생활을 보장하고 국민 개개인의 생활수준을 향상시킬 수 있도록 제도와 여건을 조성하며, 이를 시행하는 과정에 있어 형평과 효율의 조화를 도모함으로써 복지사회를 실현하는 것을 기본 이념으로 한다.

사회보장을 좁은 의미로 볼 때는 국민의 최저생활을 보장하고 국민 개개인을 질병, 산업재해, 노령, 실업 등의 전통적인 사회적 위험으로부터 보호하는 것을 주 대상으로 하고 있으나, 이를 좀더 넓은 의미로 파악할 때에는 개인의 노동능력을 증진시키고 재활시키기 위한 교육 · 훈련 등의 사회서비스와 함께 보건이나 주거, 교육, 고용 등의 분야에서 인간다운 생활이 보장될 수 있도록 지원하는 각종 복지제도를 포함하게 된다. 우리나라의 사회보장제도의 체계는 [그림 7-1]과 같다.

사회보험이란 국민에게 발생하는 사회적 위험을 보험의 방식으로 대처함으

그림 7-1 | 사회보장제도의 체계

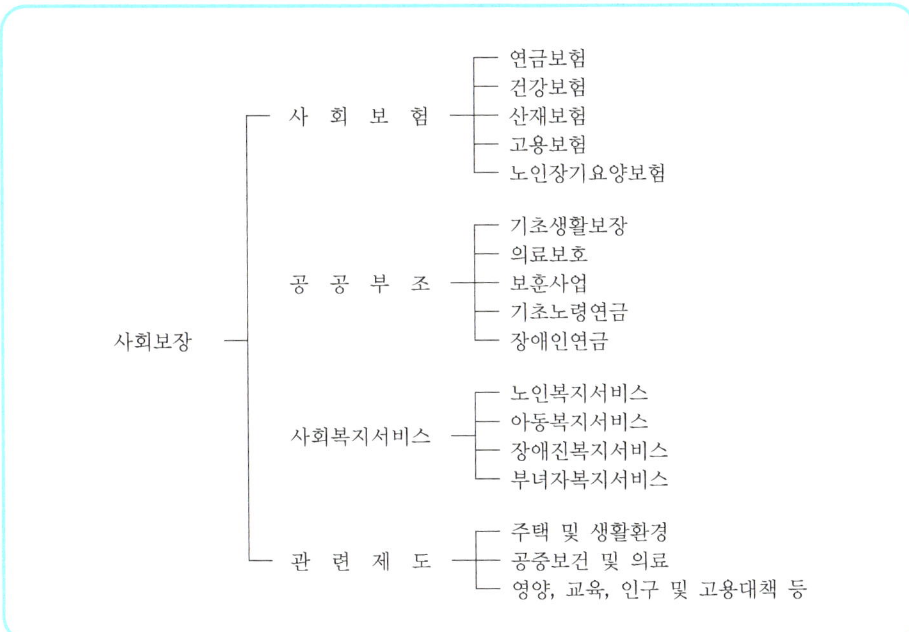

로써 국민의 건강과 소득을 보장하는 제도로서 건강보험과 산업재해보상보험, 연금보험, 고용보험 그리고 최근 시행된 노인장기요양보험 등이 있다. 이와 같이 사회보험은 운영과 방법론에서 보험기술과 보험원리를 따르고 있다는 점에서 공공부조와 차이가 있다. 공공부조(公共扶助)[1]란 국가와 지방자치단체의 책임하에 생활유지 능력이 없거나 생활이 어려운 국민의 최저생활을 보장하고 자립을 지원하는 제도를 말하며, 우리나라에서는 국민기초생활보장제도와 함께 의료급여, 기초노령연금, 장애인연금 등이 운영되고 있다. 사회복지서비스란 국가 · 지방자치단체 및 민간부문의 도움이 필요한 모든 국민에게 상담, 재활, 직업의 소개 및 지도, 사회복지시설의 이용 등을 제공하여 정상적인 사회생활이 가능하도록 지원하는 제도를 말한다. 이러한 사회복지서비스는 좁게는 아동, 장애인, 노인, 임산부 등 사회적으로 보호를 받아야 하는 범위에 있는 사람들에게 서비스를 제공함으

1) 1995년말 제정된 사회보장기본법에서 종래의 "공적부조"라는 용어를 "공공부조"로 변경하였다. 나라에 따라서는 "국가부조" 또는 "사회부조"라고도 한다.

로써 정상적인 상태로 회복 및 보전하도록 도와주는 것을 의미하고, 넓게는 전국민에게 사회 정책, 사회보장, 공중위생, 주택보장 등의 서비스를 제공하는 것까지 포함하는 것이다.

사회보장제도는 사회가 산업화로의 발전과정에서 야기된 여러 사회적 · 경제적 문제에 대한 대답으로서 19세기 말 독일에서 처음으로 시도되었다. 그 후 제 1 차 세계대전을 전후하여 서구 대부분의 국가들은 산업노동자를 주된 대상으로 질병, 산업재해, 노령 등 생활의 위험에 대비하는 사회보장제도를 실시하게 되었다. 그러나 사회보장제도의 발전에 획기적인 전환점을 제공한 계기는 제 2 차 세계대전이었다. 제 2 차 세계대전은 국민의 어떠한 계층도 빈곤의 위험에서 제외될 수 없다는 것을 깨닫게 해 주었고, 전쟁 후 복지국가의 개념은 전세계로 퍼져나가 각 국가들이 사회보장을 확대하고 완성하는 데 자극을 주었으며, 또한 서방자본주의경제의 지속적인 성장과 민주적 선거제도는 사회보장의 확대를 더욱 촉진시켰다.

미국의 경우 1960년대 빈곤퇴치와 인종차별 철폐 등을 위한 '위대한 사회'(Great Society) 사업이 추진되고 메디케어와 메디케이드 도입 등 의료지출과 교육, 도시문제 해결 등을 위한 재정지출이 크게 확대되었다. 또한 1973년 오일쇼크 이후 서방의 경제가 침체를 보이면서 사회보장지출은 계속 확대되었고 그에 따라 사회보장제도는 심각한 재정위기에 직면하게 되었다. 예를 들어, 일본의 경우 사회보장 확대와 인구고령화로 사회보장지출이 1970년대 후반부터 급증하였다. 1973년은 공적연금제도의 급부율 인상, 노인의료비 무상화 등 사회보장제도의 획기적 개선으로 '복지 원년'으로 일컬어지고 있는데, 이에 따라 사회보장급부비가 GDP대비 1970년 5.7%에서 1980년에는 12.4%로 그리고 1990년 13.4%, 2000년 20.5%로 급증함으로써 2010년 현재 국가채무 규모가 GDP 대비 223%에 이르는데 있어 핵심적인 원인으로 작용하였던 것이다. 대표적인 복지국가인 스웨덴의 경우에도 1970년대 말~1980년대 초의 2차 석유파동으로 인한 경기침체 및 이로 인한 복지지출 증대로 재정적자가 큰 폭으로 증가하였던 것이다.

2008년 세계적 금융위기와 그에 따른 경제위기를 극복하는 과정에서 재정지출이 크게 확대되었고 이어진 유럽의 재정위기 문제가 진행되면서 재정건전성을 회복하기 위한 노력이 선진국 등을 중심으로 강력하게 추진되고 있다. 특히 과도한 복지확충이 남유럽 재정위기를 초래한 원인중의 하나로 지적되면서 연금지급개시 연령을 인상하는 등 복지지출을 줄이기 위한 노력들도 강하게 추진되고 있다.

우리나라의 경우 물론 아직 사회보장서비스의 제반 수준이 다른 선진국들에 비해서 낮다는 점에서 앞으로 적정한 수준의 복지를 확충하기 위한 노력이 이루어질 필요가 있다. 그러나 동시에 최근 들어 우리의 사회복지 지출이 빠르게 증가하고 있고 또 저출산 고령화 추세가 세계 다른 어느 국가들에 비해서 빠르게 진행되고 있다는 점에서 적정한 수준의 사회보장 수준을 어떻게 확보할 것인지 그리고 어떻게 효율적으로 운영할 것인지에 대한 면밀한 검토와 함께 종합적인 대책마련이 중요할 것이다.

[표 7-1]은 OECD 주요 국가들의 사회복지지출의 대 GDP비중의 크기와 변화를 보여주고 있다. 2007년을 기준으로 할 때 독일이나 프랑스, 스웨덴 등의 유

표 7-1 | OECD 주요 국가의 GDP 대비 사회복지지출 비중 및 국민부담률

(단위: %, 배)

	사회복지비 (2000)(A)	2007		B/A	B/C
		사회복지비(B)	국민부담률(C)		
캐나다	16.5	16.9	33.0	1.02	0.51
프랑스	27.7	28.4	43.5	1.02	0.65
독일	26.6	25.2	36.0	0.95	0.70
그리스	19.2	21.3	32.3	1.11	0.66
이태리	23.3	24.9	43.4	1.07	0.57
일본	16.5	18.7	28.3	1.13	0.66
한국	4.8	7.5	26.5	1.57	0.28
멕시코	5.3	7.2	17.9	1.36	0.40
포르투갈	18.9	22.5	35.2	1.19	0.64
스페인	20.4	21.6	37.3	1.06	0.58
스웨덴	28.4	27.3	47.4	0.96	0.58
영국	18.6	20.5	36.2	1.10	0.57
미국	14.5	16.2	27.9	1.12	0.58
OECD 평균[1)]	18.9	19.3	35.4	1.02	0.54

주 1) 단순평균임.
자료: OECD Social Expenditure Database(SOCX).

표 7-2 | 우리나라 GDP대비 사회복지지출 비중 추이

사회복지지출 비중	1990	1995	2000	2005	2009
합계	3.08	3.55	5.54	7.03	10.38
노령	0.80	1.31	1.83	1.83	2.91
유족	0.16	0.16	0.17	0.23	0.27
근로무능력 관련급여	0.37	0.43	0.48	0.66	0.70
보건	1.53	1.44	2.18	3.00	4.03
가족	0.03	0.06	0.15	0.29	0.86
적극적 노동시장프로그램	0.03	0.04	0.38	0.12	0.40
실업	-	-	0.08	0.20	0.39
기타	0.18	0.11	0.27	0.70	0.82

자료: 통계청, KOSIS 국가통계포털

럽 선진국들의 경우 GDP에서 점하는 사회복지지출의 비중이 25~28%에 이르고 있는 반면 우리의 경우 7.5% 수준으로서 아직은 크게 낮은 수준이다. 국민부담률에 대비한 사회복지지출의 크기를 살펴보면 독일이 70%, 그리스와 일본, 프랑스 등이 65~66%로 나타나고 있는 반면 우리나라는 28%로 역시 크게 낮은 수준으로 나타나고 있다. 그러나 2007년의 사회복지지출의 역시 크기를 2000년과 비교하면 우리의 경우 그 지출비중이 57% 증가한 것으로 나타나고 있어 다른 OECD 주요 선진국들에 비해서 매우 빠르게 증가하고 있음을 알 수 있다.

[표 7-2]는 우리나라 사회복지지출의 구조와 그 변화추이를 보여 주고 있다. 2009년을 기준으로 할 때 건강보험을 중심으로 하는 보건분야의 지출이 GDP 대비 4.03%로 가장 높게 나타나고 있으며 다음으로는 국민연금 등의 노령연금이 2.91%를 점하고 있다.

2. 사회보장제도의 유형과 재원조달

사회보장제도는 크게 비스마르크(Bismark)형과 베버리지(Beveridge)형으로 구분된다. 비스마르크형은 소위 사회보험(Social Insurance) 방식으로서 기본적으로 국가가 사회보장에 대한 책임을 지고 있지만, 일정부분 국민의 자기 책임을 반영하는 방식이다. 정부기관이 아닌 보험자가 보험료로써 재원을 마련하는 것을 기

본으로 하며, 보험급여 수준도 피보험자가 납부하는 갹출금 또는 보험료에 따라 결정되며 소득수준과 직접적인 관계는 없다고 할 수 있다. 다시 말하여 보험으로서의 성격이 강하고 보험료가 재원조달수단으로서 상대적으로 중요시된다. 미국, 독일, 프랑스, 오스트리아 등에서 채택하고 있는데, 이들 국가에서의 사회보장은 여러 가지 다양한 직종을 중심으로 실시되는 직종별 사회보험제도를 통하여 발전하여 왔다.

한편 국민보험(National Insurance) 방식은 사회연대성을 기반으로 보험의 원리를 도입하고 있다는 점에서는 사회보험과 대체로 흡사하지만 국가 내에 하나의 보험자가 사회보험을 관리운영한다는 점에서 다양한 직종을 중심으로 운영되는 서구의 사회보험 방식과 차이가 있다. 우리나라와 대만 등을 대표적인 예로 들 수 있다.

영국, 스웨덴, 이탈리아 등은 베버리지형을 채택하고 있는데, 여기서의 사회보장은 특정 직종이나 근로자들을 위해서가 아니라 국민 전체를 위해 존재하며 비스마르크형에 비하여 갹출금 납부실적에 의존하는 정도가 훨씬 낮다. 즉 사회보장은 국가가 모두 책임져야 한다는 관점에서 조세를 통한 일반재정을 적용하여 모든 사람에 대한 최저수준의 사회보장을 무상 또는 값싸게 제공하는 것으로서 조세방식 또는 국가서비스(National Service)방식이라고 한다. 이 경우 서비스를 제공하는 의료기관 등의 상당부분이 사회화 내지 국유화되어 있으며 소득수준에 관계없이 모든 국민에게 포괄적이고 균등한 서비스를 보장하고 정부가 관리주체로서 서비스의 공급이 공공화되어 비용증가에 대한 통제가 강하게 된다. 또한 조세제도를 통해 재원조달이 이루어짐으로써 비교적 소득재분배효과가 강하다는 장점이 있으나, 반면에 서비스 공급체계의 사회화로 인해서 상대적으로 서비스의 질이 저하될 소지가 있으며 정부의 과다한 복지비용 부담이 문제가 되고 있다. 또한 수요자측의 비용의식 부족과 민간보험의 확대 등 부작용이 나타나고 있어 이에 대한 제도개혁의 필요성이 증가되고 있다.

한편 연금제도의 비용부담 방식은 갹출형 제도(Contributory Pension Scheme)와 비갹출형 제도(Non-Contributory Pension Scheme)로 구분할 수 있다. 각출형 제도는 수익자 부담원칙에 입각하여 급여지급에 필요한 재원의 일정 부분을 가입자가 부담하도록 갹출금의 일정액을 납입하는 방식이며, 비갹출형제도는 필요재원 전액을 고용주가 부담하는 방식이다.

표 7-3 | OECD 주요 국가의 사회복지지출의 재원구조(2007)

(단위: %, 배)

	GDP 대비 비중					사회복지지출 대비 비중			
	사회복지비지출	사회보장기여금				사회보장기여금			
		합계	근로자	사용자	자영자 등	합계	근로자	사용자	자영자 등
캐나다	16.9	4.8	1.9	2.7	0.2	28.2	11.2	16.1	0.9
프랑스	28.4	16.2	4.1	11.0	1.2	57.0	14.3	38.6	4.1
독일	25.2	13.2	5.8	6.3	1.1	52.4	23.0	24.9	4.5
그리스	21.3	11.0	4.2	5.1	1.8	51.6	19.5	23.8	8.3
이태리	24.9	13.0	2.3	8.9	1.8	52.1	9.3	35.8	7.0
일본	18.7	10.3	4.5	4.7	1.1	55.2	24.1	25.1	6.0
한국[1]	7.5	5.5	2.2	2.4	0.8	73.3	29.8	32.2	11.3
멕시코	7.2	2.7	-	-	-	37.8	-	-	-
포르투갈	22.5	8.5	3.5	4.8	0.2	37.8	15.5	21.2	1.1
스페인	21.6	12.0	1.8	8.9	1.4	55.7	8.4	41.0	6.3
스웨덴	27.3	12.3	2.6	9.6	0.3	45.2	9.5	35.2	0.9
영국	20.5	6.6	2.7	3.7	0.2	32.4	13.3	18.0	1.0
미국	16.2	6.5	2.9	3.3	0.4	40.1	17.7	20.2	2.2
OECD 평균[2]	19.3	8.8	3.1	5.2	0.9	45.6	16.0	26.8	4.7

주 1) 우리나라의 경우 국민연금이 아직 완전히 성숙되지 않아 기여액에 비해 급부액이 작기 때문에 사회보장지출에 대비한 비중은 실제보다 크게 나타남.
2) 단순평균임.
자료: OECD Social Expenditure Database(SOCX).

[표 7-3]은 OECD 주요 국가들의 2007년 현재 사회보장 재원의 구성비율을 보여 주고 있다. 아직 국민연금의 성숙도가 완전하지 않은 우리나라를 제외하는 경우 표에서 보듯이 프랑스, 독일, 일본, 이탈리아, 스페인, 그리스 등의 국가들에서 사회복지지출에 대비한 사회보장기여금의 비율이 50%를 넘어서고 있다. 반면 캐나다나 영국 등은 그 비율이 상대적으로 낮은 것으로 나타나고 있다. 한편 사회보장기여금의 부담주체를 살펴보면 스페인, 스웨덴, 이탈리아, 프랑스의 경우 피보험자들의 부담이 매우 낮은 반면 독일이나 일본, 우리나라 등의 경우 피보험자와 사용자의 부담비율이 유사한 수준임을 알 수 있다. 기본적으로 베버리지형 국가들은 비스마르크형 국가들보다 보험료 부담비율이 상대적으로 작으며, 특히 피보험자의 보험료 부담비율이 현저히 작음을 알 수 있다.

사회보장제도, 특히 사회보험에서 미래의 급여지출에 충당하는 데 필요한 재원을 조달하기 위한 재정계획을 재정방식(Financing Methods)이라고 하는데, 축적하는 측면에서 보면 적립방식(funded system)과 부과방식(pay-as-you-go(PAYG) system)으로 구분된다. 적립방식은 기본적으로 가입자가 그 가입시점부터 탈퇴시까지의 기간 동안 평균보험료에 의해 재원을 적립하고 이 적립한 금액(보험료)을 자신들의 퇴직 후에 급부받는 것을 원칙으로 하는 방식으로서, 세대간의 형평을 유지할 수 있다는 장점이 있다. 그러나 이 방식은 세대 내의 형평을 유지한다는 보장은 없으며 장래급여의 실질가치가 유지되기 어렵기 때문에 보험료율의 계속적인 증가가 불가피하다는 단점을 가지고 있다.

부과방식은 현재의 근로세대가 납부하는 금액으로 현재 퇴직세대의 노후생활을 보장하는 방식이다. 즉 지급해야할 급여가 발생할 때마다 이에 상응하는 비용을 조달하는 방식으로 적립금을 보유하지 않거나 보유하더라도 위험준비금 수준에 그치는 방식으로서, 단기간의 계획에 의하여 기여·급여가 이루어지므로 사회보장제도의 기반이 성숙되지 못한 경우에도 그 시행이 용이하고 장래급여의 실질가치를 유지하는 데도 큰 문제가 없다는 장점이 있다. 그러나 이 방식은 인구구조 및 경제여건의 변동에 따라 세대간 소득재분배에 불평등이 유발되는 단점을 지니고 있다. 즉 자기세대는 열심히 일하여 사회보장에 관한 기여를 많이 했음에도 불구하고 자기 후세대에서 여러 여건변동 때문에 충분한 기여를 하지 못한다면 자기세대가 퇴직 후 받을 수 있는 혜택은 적을 수밖에 없는 것이다.

미국은 1939년 사회보장세(social security tax)의 상향조정을 계기로 사회보장제도의 운영방식을 부과방식으로 전환하였다. 이 방식이 채택된 이유는 초과수입으로 기금을 적립하고 이를 자본형성에 투자한다는 본래의 의도가 지속적으로 유지될 수 없었기 때문인데, 그 후 나타난 현상은 초기연도에 퇴직한 세대는 이후 세대보다 상대적으로 높은 연금을 받게 되어 이후 세대가 점점 불리하게 된 것이다. 이는 장기적인 인구구조가 변화되어 근로계층의 수는 큰 변동이 없으나 퇴직세대의 수는 점차 늘어난 결과 때문이었다. 결국 미국의 사회보장제도는 세대 내에서의 소득재분배효과는 어느 정도 달성하고 있다 하더라도, 세대간의 형평성에 관해서는 문제가 제기되고 있으며 개인이 내는 세금과 나중에 받는 연금과의 관계가 불확실하다는 문제도 나타나는 것이다.

표 7-4 | 우리나라 주요 사회보장제도의 보험료 부과(2011년 기준)

	대 상	보험료율
건강보험	• 직장(근로자) • 자영자, 지역주민 • 장기요양보험	• 보수월액의 5.64%(노 · 사 반반) • 소득 · 재산 · 자동차 · 생활수준 및 경제활동참가율 등에 따라 산정된 점수에 따라 계산 • 건강보험 6.55%(사용자, 본인 양자 부담)
연금보험	• 사업장가입자 • 지역가입자 등 • 공무원 · 군인 • 사립교직원	• 표준소득월액의 9%(사용자 4.5%, 본인 4.5%) • 표준소득월액의 9%(전액 본인 부담) • 기준소득월액의 13.4%(정부와 공무원 각 6.7%)[1] • 기준소득월액의 13.4%(정부 2.759%, 법인 3.941%, 교원 6.7%)[2]
산재보험	• 사업장 근로자	• 업종별로 상이 (사용자 전액부담)
고용보험	• 실업급여 • 고용안정 및 직업능력개발사업	• 임금총액의 1.1% (근로자 0.55%, 사업주 0.55%) • 임금총액의 0.25%∼0.85% (사업주 부담)

주 1) 2012년부터 각각 7%씩 부담.
2) 교원 기준이며, 2012년부터는 정부 2.883%, 법인 4.117%, 교원 7% 부담.
자료: 관련 법령.

우리나라의 경우 국민연금이나 공무원연금 등 공적연금 제도들은 도입 당시 적립방식에 기초하여 설계되었으나 인구구조의 변화와 함께 연금이 성숙단계에 들어서면서 수입과 지출상의 불균형 구조가 심화됨으로써 연금보험료를 지속적으로 인상하고 소득대체율을 하향조정함과 동시에 급여부족액을 국가가 지원하는 부과방식 형태로 전환하는 등 수정된 적립방식으로 운영하고 있다. [표 7-4]는 2011년 현재 우리나라의 주요 사회보장제도의 보험료 부과내용을 보여주고 있다.

3. 우리나라의 사회보장제도

우리나라 사회보장제도는 [그림 7-1]에서 보듯이 사회보험, 공공부조 그리고 사회복지서비스로 나누어 살펴볼 수 있다. 즉, 사회보험제도에는 의료보험, 연금보험, 고용보험 그리고 산재보험이 있으며, 공공부조제도에는 생활보호, 의료보호, 재해구호사업 그리고 국가보훈사업 등이 있고, 사회복지서비스제도에는 노인, 부녀, 아동, 장애인복지 및 부랑자보호사업 등이 있다. 이와 같은 사회보장제도의

표 7-5 | 우리나라 주요 사회보장제도의 도입 및 확대 추이

구분		1980년대	1990년대	2000년대	2010년대
사회보험	연금	• 국민연금 도입(’88)	• 전국민 국민연금(’99)	–	–
	의료	• 전국민 의료보험(’89)		• 건강보험으로 통합(’00) • 노인장기요양보험(’08)	• 장애인장기요양보험 도입(’11이후)
	고용		• 고용보험 도입 (’95)	• 고용·산재보험 적용 확대(’00~’05)	
공공부조·복지서비스	저소득		–	• 국민기초생활보장제 도입(’00)	• 희망키움통장 도입(’10)
	장애인		• 장애수당(’90)	• 장애수당 확대 (’05)	• 중증장애인 연금 도입(’10)
	고령자		• 경로연금(’98)	• 기초노령연금 도입(’08)	
	영유아		• 영유아보육법 (’91)	• 새싹플랜/새로마지플랜 (’06) • 아이사랑플랜(’08)	

중심은 역시 사회보험제도라 할 수 있으며 이 중 연금 및 의료보험제도가 가장 중추적인 역할을 담당하고 있다고 하겠다. [표 7-5]는 우리나라의 주요 사회보장제도의 도입추이를 보여주고 있는데, 이하에는 우리나라 사회보장의 가장 핵심적인 제도라고 할 수 있는 국민연금, 건강보험를 중심으로 그 내용을 간략히 살펴본다.

(1) 국민연금

1988년에 도입·실시된 우리나라 국민연금제도는 국내에 거주하는 18세 이상 60세 미만의 국민이면 누구나 다 가입할 수 있도록 하고 있다. 다만 공무원, 군인 그리고 사립학교 교직원들은 이미 1960년대부터 별도의 직역연금을 유지해 왔기에 국민연금의 적용대상에서 제외하고 있나. 현재 국민연금 가입자는 가입종별에 따라 사업장가입자, 지역가입자, 임의가입자 그리고 임의계속가입자로 구분되고 있다. [표 7-6]은 2010년 현재 종별 가입자 현황을 보여 주고 있다. 전체 가입자수는 19,229천명으로 전체 인구의 약 23.1%에 해당하고 있으며, 남녀 비율은 6:4로 나타나고 있다. 사업장 가입자수가 10,415천명으로 전체 가입자의 54.2%에 해당하고 있으며, 지역가입자는 45.1%인 8,675천명이지만 납부예외자가

표 7-6 | 국민연금 종별 가입자 현황(2010년)

		총가입자수	사업장 가입자	지역가입자		임의 가입자	임의 계속가입자
				소득신고자	납부예외자		
가입자수 (천명)	전체	19,229	10,415	3,575	5,100	90	49
	남자	11,570	6,560	2,140	2,838	17	16
	여자	7,659	3,855	1,435	2,262	74	34
비중 (%)	전체	100.0	54.2	18.6	26.5	0.5	0.3
	남자	60.2	34.1	11.1	14.8	0.1	0.1
	여자	39.8	20.0	7.5	11.8	0.4	0.2

자료: 국민연금공단, 『2010 국민연금통계연보』, 2011.

5,100천명에 이르고 있음을 알 수 있다.

국민연금의 적용대상은 지속적으로 확대되어 왔다. 도입 당시에는 10인 이상의 사업장을 대상으로 하였는데, 1992년에는 5인 이상의 사업장으로 확대되었고, 1995년에는 농어촌지역 그리고 1999년에는 도시지역까지 연금을 확대적용함으로써 전국민 연금을 실현하였다. 그리고 2006년부터는 근로자 1인 이상 사업장 전체로 확대함으로써 적용범위의 확대가 완료되었다.

연금보험료는 기본적으로 가입자의 기준소득월액에 연금보험료율을 곱하여 결정하게 된다. 여기서 기준소득월액이란 국민연금의 보험료 및 급여 산정을 위하여 가입자가 신고한 소득월액을 말하며, 2011년 현재 최저 23만원에서 최고 375만원까지의 범위로 결정하고 있다. 보험료율은 9%로서 사업장가입자의 경우 본인과 사업장 사용자가 각각 4.5%씩 부담하며,[2] 지역가입자 등 다른 가입자들은 본인이 전액 부담하게 된다.[3]

국민연금을 통해 지급받게 되는 급여의 종류는 노령연금(분할연금), 장애연금, 유족연금, 반환일시금, 사망일시금이 있는데, 연금지급액은 다음과 같이 계산한다.[4]

---

2) 연금보험료는 도입초기 3%에서 시작하여 1998년 이후 9%가 징수되고 있다. 구체적으로 보면 1988-1992년 기간중에는 본인과 사용자가 각각 1.5%씩 부담하여 총 3%, 1993-1997년 기간중에는 본인과 사용자, 그리고 퇴직금전환금에서 각각 2%씩 총 6%, 1998년에는 각각 3%씩 총 9%, 그리고 1999년 이후에는 본인과 사용자가 각각 4.5%씩 부담하여 총 9%를 징수하고 있다.

3) 농어업인의 경우 일정한 조건에 해당하면 보험료의 일부를 국고에서 지원하고 있다.

연금액=기본연금액×연금종별 지급율 및 제한율+부양가족연금액

$$\text{기본연금액}=[2.4(A+0.75B)\times P_1/P+1.8(A+B)\times P_2/P+1.5(A+B)\times P_3/P +1.485(A+B)\times P_4/P+\cdots+1.2(A+B)\times P_{23}/P+\text{X}(A+A)\times C/P+X(A+1/2A)\times 6/P]\times(1+0.05n/12)$$

여기서,

A=연금수급전 3년간 전체 가입자이 평균소득월액의 평균액

B=가입자 개인의 가입기간 중 기준소득월액의 평균액[5)]

P=가입자의 전체 가입월수(노령연금액 산정시에만 출산 및 군복무 크레딧을 포함한 전체 가입월수)

$P_1 \sim P_{23}$=해당 기간 가입월수(자세한 내용은 아래 [표 7-7] 참조)

n= 20년 초과월수(노령연금액 산정시 출산 및 군복무 크레딧을 포함한 전체 가입월수)

X: 1.5~1.2까지의 비례상수 중 노령연금 수급권 취득시점의 상수

C: 추가가입기간 12, 30, 48, 50(균분하는 경우에는 6, 15, 24, 25)

(출산 및 군복무 크레딧으로 인한 연금액 및 증가되는 가입기간은 노령연금액 산정시에만 적용됨)

다소 복잡하게 보이는 위의 공식은 기본적으로 가입자 자신의 소득수준과는 무관하게 일정한 액수가 지급되도록 하는 균등지급부분과 가입자가 가입기간중에 얼마만큼 납입했는가에 따라 변화하는 소득비례지급부분으로 구성되어 있다. 즉, 전체 가입자의 평균소득월액(A)을 도입함으로서 기초소득보장이라는 보편성의 원칙과 소득재분배의 원리를 반영하였으며, 가입자 자신의 총가입기간중의 표준소득월액(B)과 20년을 초과한 가입년수(n)가 고려됨으로써 당사자의 기여 정도에 따른 급여수준결정이라는 두 번째의 보험제도적 원리가 함께 적용되도록

4) 국민연금공단 홈페이지.

5) 가입자 개인의 가입기간 동안의 기준소득월액을 매년 보건복지가족부장관이 고시하는 연도별 재평가율에 의하여 연금수급전년도의 현재가치로 환산한 후 그 합계액을 가입자의 전체 가입월수로 나누어 산정.

표 7-7 | 국민연금 급여액 계산

가입기간	1988 - 1998년	1999 - 2007년	2008 - 2027년	2028년 이후
상 수	2.4	1.8	1.5(매년 0.015씩 감소)	1.2
소득대체율 (40년 가입시)	70%	60%	50%(매년 0.5%p씩 감소)	40%
가입월수	P1	P2	P3 … P22	P23

설계되어 있는 것이다.

이 공식의 의미를 보다 자세히 살펴보자. 위의 [표 7-7]은 가입기간별로 연금액 산정에 적용되는 상수와 함께 평균보수를 받는 40년 가입자의 소득대체율을 보여주고 있다. 1997~2007년의 가입기간을 예로 들어보자. 전체 가입기간 40년에 대해서 이 기간의 공식을 적용한다면 연간 연금급부액은 $1.8(A+B)\times(1+0.05\times20)=3.6(A+B)=7.2A$가 된다. 즉 연간 지급받는 연금이 7.2개월분의 평균월급여에 해당하기 때문에 소득대체율은 60%가 되는 것이다. 이러한 소득대체율은 국민연금이 도입될 당시에는 70%가 되도록 설계되었으나 연금재정의 지속가능성을 확보하기 위하여 점차 인하되었으며 2008년 이후 매년 0.5%씩 하향조정하여 장기적으로 2028년 이후에는 40%가 적용되도록 하고 있다.

[표 7-8]은 2010년 급여종류별 급여지급 내역을 보여주고 있다. 전체 지급액은 약 8.6조원으로 나타나고 있으며 남성과 여성의 급여지급 비중은 7:3으로 나타나고 있다. 종류별로는 노령연금이 전체 급여액의 79.5%인 약 6.9조원이며 다음으로는 유족연금이 11%인 0.9조원으로 나타나고 있다.

이상으로 우리나라 국민연금제도를 간략히 살펴보았는데 우리나라의 연금재정운영방식은 보험적 성격을 가진 적립방식(funded system)에 입각하고 있다. 여기에다 재정수지에 영향을 미치는 여러 경제적 변수 및 인구통계적 변수들의 변화에 따라 보험료 등을 적절히 수정하는 수정적립방식을 채택하고 있다고 하겠다. 그러나 제도의 성숙에 따라 연금수혜자의 비중이 점점 커질 것은 자명한 일이며, 이럴 경우 보험료 등의 기준요율을 계속적으로 적정수준으로 수정한다는 것은 매우 어려운 일인만큼, 장기적으로는 연금역사가 오래된 선진국에서와 같이 부과방식(pay-as-you-go system)의 성격이 점차 강하게 반영될 것으로 예상할 수 있다.

표 7-8 | 급여종류별 급여지급(2010)

		합계	노령 연금	장애 연금	장애일시 보상금	유족 연금	반환 일시금	사망 일시금
금액 (억원)	전체	86,355	68,619	2,963	373	9,492	4,651	256
	남자	60,377	54,038	2,583	320	534	2,775	128
	여자	25,978	14,581	380	53	8,959	1,877	129
비중 (%)	전체	100.0	79.5	3.4	0.4	11.0	5.4	0.3
	남자	69.9	62.6	3.0	0.4	0.6	3.2	0.1
	여자	30.1	16.9	0.4	0.1	10.4	2.2	0.1

자료: 국민연금공단, 『2010 국민연금통계연보』, 2011.

국민연금은 그동안 제도가 완전히 성숙하지 않았기 때문에 2010년말 현재 352조원[6]의 기금을 적립하고 있지만, 1998년 도입된 제도가 성숙되면서 향후 20년 이상 가입한 완전노령연금 수급자 수가 급격히 증가하는 등 요인에 따라 지출이 빠르게 증가할 것으로 예상되고 있다. 정부의 장기재정추계[7]에 따르면 2045년경이 되면 국민연금의 수지적자가 발생할 것으로 예상되고 있다. 물론 그동안 보험요율을 인상하고 소득대체율을 낮추는 등 연금재정의 건실한 운영을 위해서 노력을 기울여 왔지만 앞으로 특히 급속한 노령화에 대비하여 사전에 충분히 대비하는 노력을 계속적으로 기울여야 할 것이다.

(2) 건강보험[8]

건강보험은 질병이나 부상으로 일시에 많은 부담이 이루어지는 위험을 국민 상호간에 보험제도를 통해서 분담하고 의료서비스를 제공하기 위한 것으로서, 우리의 경우 1977년 500인 이상 사업장에 당연 적용한 이후 지속적으로 그 적용대상을 확대하여 왔다. 1988년에는 5인 이상 사업장으로 확대하고 농어촌에 지역의료보험을 확대실시하였으며, 1989년에 도시지역 자영자에 대한 당연적용이 이루어짐으로써 전국민 의료보험이 실현되었다. 운영조직 측면에서는 1998년에 227개 지역의료보험조합과 공교의료보험관리공단을 통합하여 국민의료보험관리공단이

---

6) 기여금으로 243.4조원, 그리고 기금운용수익으로 107.8조원이 조성됨.

7) 국가재정운용계획 장기재정전망분야 작업반, 「2011~2015 국가재정운용계획, 장기재정전망 분야」, 2011. 6.

8) 주요 내용은 건강보험공단 홈페이지 참조.

출범하였으며, 2000년에는 국민의료보험관리공단과 139개 직장의료보험조합을 통합하여 국민건강보험공단이 출범함으로써 의료보험 완전통합이 이루어졌다. 또한 2003년에는 직장재정과 지역재정을 통합함으로써 실질적인 건강보험 통합이 실현되었고, 2011년부터는 건강보험과 국민연금, 고용보험, 산재보험 등 사회보험의 보험료를 건강보험공단이 통합하여 징수하고 있다. 한편 제도적인 측면에서는 2005년 이후 3년간의 시범사업 실시를 거쳐 2008년부터 노인장기요양보험제도를 도입 운영하고 있다. 이는 사회적 연대원리를 바탕으로 고령이나 노인성질병 등으로 혼자서 일상 생활을 수행하기 어려운 노인 등에게 신체활동 또는 가사지원 등의 장기요양급여를 제공하는 사회보험제도이다.

우리나라의 건강보장은 공적부조인 의료급여와 사회보험인 건강보험으로 구분할 수 있으며, 국내에 거주하는 전 국민을 포괄하고 있다. 건강보험의 적용대상자는 직장가입자와 지역가입자로 구분되며, 직장가입자는 사업장의 근로자 및 사용자와 공무원 및 교직원 그리고 그 피부양자로 구성되고, 지역가입자는 직장가입자와 그 피부양자를 제외한 자를 대상으로 한다.

건강보험의 재원은 가입자와 사용가 부담하는 보험료와 함께 국고지원금, 담배에 대해서 부과되는 부담금 수입 등으로 이루어진다. [표 7-3]에 제시된 바와 같이 2011년 현재 직장가입자의 경우에는 보수월액의 5.64%를 가입자와 사용자가 나누어 부담하며, 지역가입자의 경우 소득과 재산 등 요인들을 고려하여 보험료가 산정된다. 한편 정부는 매년 예산의 범위안에서 당해연도 보험료 예상수입의 14%에 상당하는 금액을 지원하고 있으며, 또 담배에 부과되는 국민건강증진부담금도 건강보험의 재원이 되고 있다.[9] [표 7-9]는 건강보험의 수입구조를 보여주고 있다. 2009년을 기준으로 할 때 보험료 수입이 26.2조원으로 전체 수입의 83.1%를 점하고 있으며 국고지원이 11.6%로 나타나고 있다. 연도별로는 보험료 수입비중은 증가하는 반면 국고지원의 비중은 감소하고 있는 것으로 나타나고 있다.

보험급여는 현물 또는 현금 형태로 제공되는데, 현물급여는 가입자 및 피부양자에게 요양기관을 통하여 직접 의료서비스를 제공하는 것으로 요양급여와 건강검진이 있으며, 현금급여에는 요양비, 본인부담금보상금, 장애인 보장구 급여비 등

9) 2011년 현재 궐련 20개비당 354원의 국민건강증진부담금이 부과되며, 전자담배에 대해서는 니코틴 용액 1밀리리터당 221원이 부과된다.

표 7-9 | 건강보험 수입구조

(단위: 억원, %)

		1990	1995	2000	2005	2009
금액 (억원)	합 계	24,321	56,144	98,277	210,911	315,004
	보 험 료	18,835	36,007	72,288	169,277	261,661
	국고지원금	3,639	7,553	15,527	27,695	36,566
	담배부담금	-	-	-	9,253	10,262
	기 타	1,846	12,584	10,462	4,686	6,515
비중 (%)	합 계	100.0	100.0	100.0	100.0	100.0
	보 험 료	77.4	64.1	73.6	80.3	83.1
	국고지원금	15.0	13.5	15.8	13.1	11.6
	담배부담금	-	-	-	4.4	3.3
	기 타	7.6	22.4	10.6	2.2	2.1

자료: 통계청 KOSIS 국가통계포털.

이 포함된다. [표 7-10]은 요양급여의 내용을 보여 주고 있다. 2009년을 기준으로 할 때 전체 요양급여는 28.9조원으로 나타나고 있는데, 직장가입자가 18.6조원, 그리고 지역가입자가 10.3조원으로 나타나고 있다. 진료유형별로는 외래와 입원의 경우가 각각 11.3조원과 10.0조원이며 약국의 경우 7.7조원으로 나타나고 있다. 2005년 이후 급여액은 빠르게 증가하고 있는데 2005~2007년과 2007~2009년 기간중 전체 급여액의 연평균 증가율은 각각 15.4%와 9.9%로서 매우 빠르게 증가하

표 7-10 | 건강보험 요양급여

		급여액(조원)			연평균 증가율(%)	
		2005	2007	2009	'05-'07	'07-'09
합 계		18.0	24.0	28.9	15.4	9.9
가입 유형	직장	10.4	14.9	18.6	19.5	11.7
	지역	7.5	9.0	10.3	9.4	6.7
진료 형태	입원	5.3	8.1	10.0	24.1	10.7
	외래	7.6	9.4	11.3	11.1	9.4
	약국	5.1	6.4	7.7	12.3	9.4

자료: 통계청 KOSIS 국가통계포털.

고 있음을 알 수 있다. 한편 모든 경우에 있어 2007~2009년 기간의 증가율이 2005~2007년 기간중의 증가율에 비해서 낮아지고 있는 것으로 나타나고 있다.

제 2 절 사회보장제도의 경제적 효과

사회보장제도는 개개인의 사회·경제적 위기를 집단적 차원에서 보호해 주고 소득재분배기능을 수반하고 있다는 점에서 매우 유용한 제도임은 분명하다. 다시 말해서 사회보장의 발전이 국민생활의 안정, 사회적 안정에 크게 기여할 뿐만 아니라 사회보장지출이 수요를 증대시켜 지속적인 경제성장을 가능하게 하는 요인이 될 수도 있다. 그러나 한편 이러한 사회보장제도는 경우에 따라서 국민경제활동에 부정적인 영향을 끼칠 수도 있다는 견해도 제기되고 있는 것도 사실이다.

1. 사회보장과 민간저축

사회보장제도는 장래의 위험에 대한 세대간 및 세대 내의 소득이전이며 특히 연금제도는 개개인에게는 장래에 대한 저축이라고 할 수 있다. 연금제도가 적립방식이든지 부과방식이든지 보험료는 강제저축(forced saving)의 효과를 가지지만 이러한 강제저축으로 인하여 개개인의 자발적 저축은 감소될 수 있는 것이다. 연금제도가 적립방식으로 운영된다면 가입자들로부터 보험료를 징수하여 일정기간 적립하였다가 퇴직 후에 연금으로 지급하기 때문에 正의 강제저축효과가 있을 것이며, 부과방식이면 퇴직한 세대에게 연금을 지급하기 위해 지금의 근로세대로부터 일정액을 징수하므로 이것 역시 正의 강제저축효과를 가진다. 만약 경제가 안정적이고 근로세대의 인구비율이 변동되지도 않고 또 연금제도의 운영이 완전성숙되어 있다면 징수액과 지급액이 균형을 이룰 것이고 이렇게 되면 강제저축의 규모에도 변동이 없을 것이다. 이제 문제는 민간의 자발적 저축은 과연 어떻게 변동될 것인가이다.

개개인들은 강제저축을 주어진 것으로 보고 효용극대화의 원리에 따라 자발적 저축의 정도를 결정할 것이다. 여기서 사회보장의 부담이 자발적 저축과 보완적 관계에 있는가 아니면 경쟁적 관계(대체관계)에 있는가 하는 것이 중요하다. 대체관계에 있다고 하고 만일 자발적 저축을 감소시키는 정도가 강제저축의 증가보다 크면 총저축은 감소하지만 그렇지 않고 자발적 저축의 감소 정도가 미약하거나 오히려 보완적 관계가 있어 자발적 저축이 증가한다면 총저축은 증가할 수 있다. 자발적 저축에 대한 효과를 다음과 같이 몇 가지로 나누어 볼 수 있다.

(1) 負의 소득효과

사회보장제도의 실시로 사회보장세를 내게 되면 납세자의 가처분소득이 감소하게 되고 케인즈의 경제이론에 따를 경우 자발적 저축이 감소할 수밖에 없게 된다. 사회보장제도가 적립방식이든 부과방식이든 경제주체들의 저축성향은 낮아지므로 총저축은 감소할 것이다.

(2) 負의 자산대체효과

경제주체들은 일생 동안의 소비의 현재가치는 일생 동안의 소득의 현재가치와 같다는 예산제약 가정하에서 그들의 효용이 극대화되도록 매기의 소비와 저축수준을 결정한다. 즉, 전생애의 기대소득의 일정비율로서 자신의 소비를 평생에 걸쳐 균등하게 유지하고자 한다. 따라서 사회보장에 의하여 노후의 소득이 일정수준 보장된다면 퇴직 후에 필요한 자산을 대체해 주는 셈이 되므로 노후에 대비한 저축동기는 그만큼 저하되고 자발적 저축은 감소하게 될 것이다.

(3) 正의 조기퇴직효과

사회보장제도에 강제가입되면 바로 앞에서 언급한 연금의 자산대체효과 때문에 조기퇴직이 조장될 수 있게 된다. 다시 말하여 퇴직 후에 일정수준의 소득이 보장된다면 굳이 정년 때까지 일하려는 노동의욕이 줄어들 것이다. 이렇게 되면 길어진 노후대비를 위해 자발적 저축을 증가시키게 될 것인데, 이러한 조기퇴직에 의한 저축효과가 얼마나 강력한 것인가는 미지수이다. 아무튼 자산대체효과만을 고려할 경우 저축이 감소하지만 조기퇴직효과가 저축을 증대시킬 수 있으므로 사회보장제도가 저축에 끼치는 순효과는 이 양자의 상대적 크기에 좌우된다고 하겠다.

이외에도 심리적 요인으로서 사회보장제도는 사람들에게 노후대비에 대한 인식을 더욱 제고시키는 계기를 마련해 주므로 저축을 더 증가시키도록 유도한다는 일종의 '인식효과'를 강조하기도 하고, 또한 사람들이 특정목적을 달성하기 위하여 저축이 요구된다고 하면 그 목표를 성취하기 위하여 더욱 저축하려는 '목표실현효과'도 지니고 있다. 이처럼 사회보장제도가 저축을 증가시킬 것인지 감소시킬 것인지에 대한 이론적인 시각에는 양론이 있는데, 실증분석의 결과들도 결론의 일치를 보지 못하고 있다.

사회보장제도가 민간저축에 끼치는 효과에 대한 실증적 분석으로서 대표적인 연구가 펠드스타인(M. Feldstein)에 의해 이루어졌다. 펠드스타인은 항상소득(permanent income)과 사회보장재산 등을 설명변수로 하는 소비함수를 설정하고 이것을 중심으로 미국의 1929~71년 동안의 시계열자료를 회귀분석하였는데 사회보장제도가 미국의 민간저축을 30~50% 감소시켰다고 결론지었다.[10] 펠드스타인의 연구 이후 이에 대한 연구가 확대되었는데, 바로(R. Barro)는 펠드스타인의 소비함수에다가 급여액을 새로운 설명변수로 추가하여 시계열분석을 하였더니 사회보장재산이라는 변수가 측정이 어려울 뿐만 아니라 소비함수를 추정하는 데 통계적으로 유의한 설명변수가 될 수 없으며 따라서 사회보장제도가 민간저축을 감소시킨다고는 볼 수 없다고 주장하였다.[11] 코피츠-고투(G. Kopits and P. Gotur)도 14개 선진국의 가계저축률에 대하여 횡단분석을 행하였는데, 사람들의 조기퇴직으로 인한 저축에의 正의 효과가 負의 자산대체효과를 압도하여 결과적으로 저축이 증가한다고 결론지었다. 그러나 시간이 경과함에 따라 제도가 성숙해지면 퇴직 후의 급여에 대한 신뢰가 증대됨으로써 자산대체효과가 압도적으로 되어 저축감소의 현상이 일어날 수 있음을 이들은 또한 지적하였다.[12]

한국의 경우 그동안 국민연금 제도가 충분히 성숙하지 않았던 등의 이유로 그 경제적 효과에 대한 연구가 많이 축적되지는 못하였다. 그러나 여러 연구들은 우리나라의 가계들이 노후생활을 위한 저축동기가 강하지 않기 때문에 연금제도가 도입되어도 노후생활을 위한 저축이 감소하는 자산대체효과는 적을 것으로

10) Martin Feldstein, "Social Security, Induced Retirement and Aggregate Capital Accumulation," *Journal of Political Economy*(Sep./Oct. 1974), pp. 906~926.

11) Roberto Barro, *The Impact of Social Security on Private Saving: Evidence from the U.S. Time Series*(Washington D.C.: American Enterprise Institute, 1977).

12) George Kopits and Padma Gotur, "Influence of Social Security on Household Savings: A Cross-Country Investigation," IMF Staff Papers(March 1980), pp. 161~190.

추정하고 있다. 오히려 연금제도가 국민에게 노후생활안정을 위해 미리 대비해야 된다는 인식효과를 높여 자발적 저축이 크게 증가할 수도 있다. 그러므로 연금제도가 정착되고 연금급여가 본격적으로 이루어지는 성숙단계에 이를 때까지는 국민저축이 감소되기보다는 오히려 높아지는 효과가 있을 것으로 전망되고 있다.[13)]

2. 사회보장과 노동공급

사회보장은 근로의욕을 감소시키고 그 결과로 노동공급을 감소시킨다는 것이 전통적인 견해로 되어 있다.[14)] 노동공급이 감소된다는 첫 번째 견해는 사회보장급여는 소위 소득기준(earnings test)이 적용되어 일정수준 이상의 소득에 대해서는 사회보장급여액이 감소되는데 이것은 사실상 근로에 대해 과세가 이루어지는 효과를 가져다 준다는 점을 지적하고 있다. 이를 그림으로 설명하여 보자.

[그림 7-2]에서 ade선은 소득과 여가간의 최초의 예산제약선이다. 사회보장제도가 도입되고 만약 소득이 영(0)이라면(a점) ab만큼의 사회보장급여가 지급되는데 이 급여는 근로소득이 Om이 될 때까지 그대로 유지되며 그 이후부터는 점차 줄여가도록 설계되어 있다고 하자. 이러한 사회보장급여의 감소는 소득이 계속 증가하여 사회보장급여가 소진되는 d점까지 계속된다. d점 이후는 사회보장급여를 받는 자와 받지 않는 자의 소득수준은 같아진다. 이와 같이 근로소득이 증가함에 따라 사회보장급여가 감소하게 된다면 제15장의 부의 소득세제에서 살펴보는 바와 같이 이는 사실상 근로소득세가 부과된 것과 같은 효과를 불러일으키게 된다. 즉 소득효과와 대체효과 모두 근로의욕을 감소시키는 방향으로 작용하게 되는 것이다. 우선 양의 사회보장급여에 따른 소득효과는 여가소비를 증가시키고 따라서 근로의욕을 줄이는 방향으로 작용한다. 또한 실질적인 과세가 이루어짐에 따라 시간당 임금 즉 여가의 기회비용이 하락함으로써 여가소비가 증가하고 결과적으로 근로의욕이 감소하게 되는 것이다.

---

13) 이덕훈, "국민연금제도의 도입과 국민저축의 행태변화," 「한국개발연구」(1986년 겨울호), pp. 41~59; 서상목 외, "국민연금제도의 기본구상과 경제사회 파급효과," 한국개발연구원, (1986).

14) Alan S. Blinder, et. al., "Reconsidering the Work Disincentive Effects of Social Security," *National Tax Journal*, Vol. 33(1980), pp. 431~442.

그림 7-2 | 사회보장과 노동공급

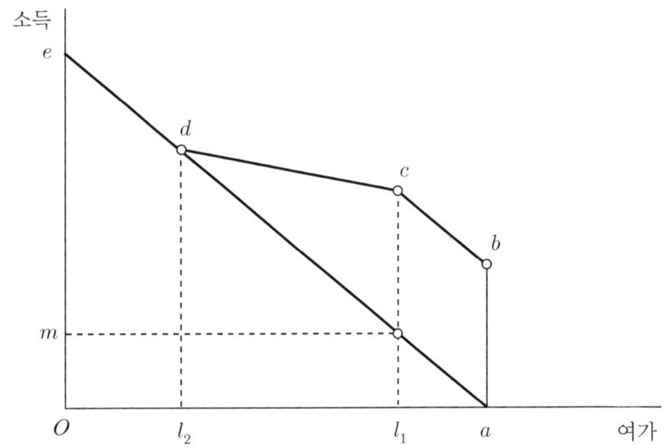

사회보장이 노동공급을 감소시킨다는 두 번째의 전통적 견해는 사회보장급여를 받을 자격이 발생한 자가 급여를 받는 것을 뒤로 미루고 근로소득을 더 얻으려고 오랜 기간에 결쳐 열심히 일을 할 유인이 없다는 것인데, 이는 나중에 지급받게 될 총급여액의 현재가치가 급여기간이 단축됨으로 해서 적어지기 때문이라는 점을 지적하고 있다. 즉 퇴직 후의 급여액의 현재가치가 감소되는 현상 때문에 노동공급이 감소된다고 보는 것이다.

사회보장제도의 도입이 퇴직결정에 어떠한 영향을 미치는가를 실증분석을 통해 결정할 때에는 어떠한 자료와 설명변수를 이용하느냐에 따라 다른 결과를 얻게 된다. 대상기간이 경제적으로 호황기이면 퇴직결정은 앞당겨질 수 있고 불황기이면 늦추어질 가능성이 높다. 또한 분석대상자의 주관적 의견, 노동참여에 대한 사회적 인식, 건강상태 및 민영보험제도의 유무 등도 큰 영향을 미칠 것이다. 그 외에도 분석대상자들의 자산의 축적 정도, 강제퇴직제도의 적용 및 상한연령제도의 적용 여부도 중요한 변수라 할 수 있다. 이러한 이유 때문에 실증분석의 결과도 다양하다고 하겠는데, 많은 연구의 결과가 급여수준의 상향조정 및 연금혜택자격요건의 완화가 노령계층의 조기퇴직현상을 촉진시켜 노동공급을 감소시킨 것으로 분석되었다.[15]

3. 세대간 및 세대내 형평성

(1) 세대간 형평

우리는 앞에서 선진국에서 채택하고 있는 부과방식이 세대간의 형평을 해칠 가능성이 있음을 지적하였다. 실제로 오늘날 많은 사회보장체제는 현재의 젊은층에서부터 현재의 노년층으로 자원의 이전을 나타내고 있으며 시간이 흘러가면서 세대간의 자원이전규모가 점점 증가하는 추세를 보이고 있다. 예컨대, 미국의 경우 1970~80년대의 퇴직한 독신의 중간소득의 남성은 사망시까지 약 25,000달러의 순이전(net transfer)을 받은 것으로 추정되고 있다. 그런데 2010년에 퇴직할 독신의 중간소득 남성은 그가 수혜받을 것으로 기대되는 액보다 평생 동안 지불한 액수가 69,000달러 더 많을 것으로 계산되었다. 이러한 현상은 부과방식으로 운영되는 제도의 특성상 제도 도입당시 이미 근로를 하고 있던 세대는 상대적으로 짧은 기간 동안 사회보장 기여금을 납부한 이후 급여를 수령하게 되기 때문이다.

이러한 세대간의 재분배는 바람직한가? 과거 50년 동안 미국 같은 나라는 대부분의 삶의 기준이 현저하게 증가되었다. 만약 이러한 현상이 앞으로 계속된다면 현재의 젊은 노동층의 미래의 삶도 현재의 노년층보다 훨씬 더 나을 것이고 그렇다면 현재의 젊은 세대로부터 현재의 노년층으로의 소득이전은 형평적이라고 할 수 있겠다. 그러나 미래의 삶에 대하여 무작정 낙관적일 수는 없다. 최근 들어 많은 선진국에서 생산활동 및 성장률이 현저히 하락하고 있고 어떤 경우에는 심지어 1인당 국민소득이 감소하는 경우도 있다. 만약 이와 같은 상황이 계속 일어난다면 현재의 노동세대로부터 현재의 노년층으로의 소득재분배는 그 근거를 잃게 된다. 향후의 경제성장과 발전이 어떻게 전개될 것인가가 세대간 형평성의 관건이 될 것이다.

(2) 세대내 형평

형평성과 관련한 두 번째의 논의는 사회보장의 세대내 재분배효과와 관련된 것이다. 부과방식하의 사회보장체계는 세대간의 형평성에는 부정적이라고 하더라

15) Michael Boskin and Michael Hurd, "The Effect of Social Security on Early Retirement." *Journal of Public Economics*(December 1978).

도 세대 내의 형평성을 제고하는 데는 기여할 수 있다. 미국의 경우 그들의 사회보장체계는 65세 이상의 빈곤수를 크게 감소시키는 데 공헌하였다. 이는 사회보장제도의 목적 중의 하나가 최극빈층에게도 최소수준의 소득을 제공하도록 하는 것이었기 때문이다.

그러나 여기에도 세대내 형평에 문제가 전혀 없는 것은 아니다. 불입액수에 비례하여 수혜액수가 결정되는 것이므로 고소득자와 저소득자간의 퇴직 후 혜택의 격차는 어쩔 수 없이 발생한다. 더욱이 우리나라처럼 적립방식을 채택하고 있는 경우에는 세대내 형평문제가 더 심각해진다. 예컨대, 20년 이상을 납입한 자와 20년을 넘기지 못한 자 간에는 상당한 혜택의 격차가 발생하게 된다.

또 한 가지 세대내 형평에 문제가 되는 것이 기혼자와 독신자에 대한 처리문제이다. 예를 들어 갑과 을 두 사람이 같은 노동기간 동안 동일한 소득을 벌었고 사회보장제도에 불입한 액수도 동일하다고 하자. 여기서 갑은 결혼하여 가정을 가지고 있고 을은 결혼하지 않은 독신자이다. 이런 상황에서 양자가 퇴직하면 갑이 수령하게 될 총액은 을이 수령할 총액보다 훨씬 많게 된다. 독신자들은 이때 묻게 될 것이다. 왜 우리는 기혼자의 가족을 부양해야만 하는가?

이러한 딜레마를 해결하기 위하여 미국에서는 개인보장계정(personal security account)이라는 아이디어가 제안되기도 하였다. 개인보장계정은 사회보장체제가 보험적 프로그램과 이전적 프로그램으로 구성되어 있는 본질에 입각하여 이 두 가지 기능을 적절히 활용하고자 하는 것이다. 즉 각 개인은 자신의 계정(account)을 가지며 자신들이 부담하는 조세부담수준을 고려하면서 적절한 보험료를 결정한다. 이렇게 각자가 채택된 보험프로그램에 의해 혜택받는 편익이 사회적으로 봐서 적정하다고 여겨지는 수준만큼 개인에게 제공되어지지 않는다면, 그 때는 정부가 일반재정에서 개인적 상황(조세납부액 및 가족상황 등)에 기초한 액수만큼을 직접 이전하여 보충하도록 하는 것이다.

4. 사회보장과 민간연금보험제도

국가가 맡아서 운영하는 사회보장제도는 사칫 불공평을 야기하고 국가재정을 파탄으로 몰고 갈 위험성도 내포하고 있으므로 이에 대한 대안으로 민간연금보험제도에 대한 논의가 오래 전부터 있어 왔다. 미국에서는 1950년 이후 민간시장에서 제공하는 퇴직보험이 급속히 확대되어서 1980년에 와서는 비농업노동자의 55%가 민간연금에 가입하였다. 우리나라에서도 최근에 와서 민간금융기관에 의하여 다양한 형태의 퇴직보험상품이 개발 운영되고 있다.

그러나 민간시장에서의 연금보험제도는 이것이 갖고 있는 취약성 때문에 시장의 실패를 야기할 가능성이 높다. 따라서 정부는 민간연금에 대한 규제는 물론이고 근로자에게 약속한 연금혜택을 틀림없이 보장하도록 하는 여러 가지 조치를 마련해야 할 것이다. 민간연금보험제도가 시장의 실패를 야기할 수 있는 근거로서 대략 다음과 같은 4가지 문제점을 지적할 수 있다.

첫째, 높은 거래비용을 지적할 수 있다. 많은 민간연금보험 프로그램에서 제공하는 수혜율은 기대하는 것만큼 좋지 않은 것으로 선진국에서 나타나고 있고, 그 이유는 높은 행정관리비용 때문이다. 정부에서 관장하는 사회보장제도의 행정관리비용은 지급수혜액의 2% 정도인 반면에, 민간보험회사에서는 지급수혜액의 50%에 해당되는 비용을 행정관리비용, 배당금 및 세금 등에 소비하고 있다는 비판이 나오고 있다.

둘째, 민간연금보험제도에는 사회적 위험(social risk)에 대한 대비가 미흡하다. 다시 말하여 정부의 사회보장제도에는 사회적 위험에 대한 혜택의 보장이 지수화(indexation)되어 있는 데 반하여 민간연금에서는 이것이 결여되어 있다. 가장 좋은 예가 인플레이션에 대한 대비이다. 인플레이션은 사회 전체가 직면하고 있는 위험이다. 그러나 민간기업이 인플레이션 위험을 감수하기란 어렵다. 결과적으로 인플레이션에서 발생한 손실을 충분히 보상해 주는 민간보험시장은 존재하지 않는다. 그러나 정부는 조세의 인상 등 가능한 정책수단을 동원하여 인플레이션과 같은 사회적 위험에 대응하여 완벽하지는 못할지라도 어느 정도 그의 의무를 수행할 수 있는 것이다.

셋째, 역선택(adverse selection)의 문제가 발생한다. 민간보험프로그램은 보험을 탈 가능성이 높은 사람들이 많이 선호하게 된다. 그래서 민간연금보험에서도 다른 사람보다 일찍 퇴직하게 될 가능성이 높은 사람들이 다투어 보험에 가입하고, 남보다 늦게 은퇴할 사람들은 보험가입을 꺼리게 되는 현상이 발생한다. 이것이 바로 역선택의 문제이다. 그러나 역선택의 문제를 더욱 심각하게 하는 것은 민간보험회사가 손해를 보지 않기 위하여 위험성이 높은 사람에게 보험납입액을 올리게 된다는 것이다. 모든 사람들에게는 불행이라는 것이 언제나 생길 수 있는 문제이다. 어떤 사람이 불행히도 건강이 나쁜 경우 이런 사람에게 보다 높은 납입금을 부과한다는 것은 그에 대한 차별이나 다름없다. 그러나 정부는 모든 개인에게 보험을 구매하도록 강제할 수 있으므로 위와 같은 역선택의 문제를 없앨 수 있다.

넷째, 민간연금보험제도의 또 다른 문제는 도덕적 해이(moral hazard)이다. 일단 사람들이 연금보험에 가입하면 의학적으로는 무능하지 않음에도 불구하고 노동의 어려움, 노동의 덜 즐거움을 느끼며 따라서 노동생산성이 떨어짐을 발견하게 된다. 이것이 바로 도덕적 해이의 문제이며 60세에서 65세 사이의 노년층에서 가장 많이 발생한다. 도덕적 해이는 민간연금뿐만 아니라 정부의 사회보장제도 속에서도 얼마든지 야기되는 문제인데 가장 좋은 예가 조기퇴직의 경우라고 하겠다.

제 3 절 소득이전프로그램

1. 국민기초생활보장제도

국민기초생활보장제도는 1961년부터 시행되었던 기존의 생활보호제도를 대체하여 2000년 10월 1일부터 시행되고 있는데, 국가의 보호를 필요로 하는 절대빈곤층의 기초생활을 보장하면서 동시에 근로능력자에 대해서는 종합적 자립자활서비스를 제공함으로써 근로의욕 감퇴를 방지하고 근로를 유인하는 생산적 복지를 구현하고자 하는 것이다. 이는 과거의 시혜적이고 단순 보호차원이었던 생활보호제도로부터 저소득층에 대한 국가책임을 강화하는 복지시책으로의 전환을 의미하는 것이다.

수급자의 선정은 부양의무자 기준과 소득인정액 기준이라는 두 가지 기준에 의해서 이루어진다. 부양의무자 기준은 부양의무자가 없거나, 부양의무자가 있어도 부양능력이 없거나 부양을 받을 수 없는 경우를 말하며, 소득인정액 기준은 소득인정액이 정부가 발표하는 가구별 최저생계비 이하인 경우를 말한다. 여기서 소득인정액은 소득평가액에 재산의 소득환산액을 더해서 계산된다.[16)]

표 7-11 | 국민기초생활보장 수급자 가구 유형(2009)

(단위: 가구, %)

		가 구 수	비 중
합 계		882,925	100.0
부양의무자	있음	660,537	74.8
	없음	222,388	25.2
가구원수	1인가구	547,931	62.1
	2인가구	164,856	18.7
	3인가구	101,774	11.5
	4인가구	48,047	5.4
	5인이상 가구	20,317	2.3
세대구분	노인세대	244,529	27.7
	일반세대	302,202	34.2
	장애인세대	171,330	19.4
	모자세대	86,961	9.8
	부자세대 등 기타세대	77,903	8.8

자료: 통계청, KOSIS 국가통계포털.

[표 7-11]은 2009년의 수급자 가구유형을 보여주고 있다. 전체 약 88.3만가구 중에서 74.8%인 약 66만가구의 경우 부양의무자가 있으며 25.2%인 22.2만가구의 경우 부양의무자가 없는 것으로 나타나고 있다. 가구원수를 살펴보면 62.1%인 54.8만가구가 1인 가구인 것으로 나타나고 있다. 또한 세대구분으로는 34.2%인 30.2만가구가 일반세대이며, 다음으로는 노인세대가 24.5만가구로 27.7%를 점하고 있다.

수급자에게 지급되는 급여는 생계급여, 주거급여, 자활급여, 교육급여, 해산급여, 장제급여, 의료급여 등 총 7가지로 구성된다. 가장 기본이 된다고 할 수 있는 생계급여는 수급자에게 의복·음식물 및 연료비와 기타 일상생활에 기본적으로 필요한 금품을 지급하여 그 생계를 유지하게 하는 것으로서, 가구별 생계급여액은 현금급여기준액[17]에서 가구의 소득인정액과 주거급여액을 뺀 수치로 결정

16) 소득평가액=실제소득－가구특성별 지출비용－근로소득공제, 재산의 소득환산액=(재산－기본재산액－부채)×소득환산율.

17) 현금급여기준은 최저생계비에서 현물로 지급되는 의료비·교육비 및 타법지원액(주민세, TV수신료 등)을 차감한 금액으로, 소득이 없는 수급자가 받을 수 있는 최고액의 현금

표 7-12 | 기초생활보장제도 급여액(2009)

(단위: 백만원, %)

	합 계	국 비	지방비
합 계	3,923,031 (100.0)	3,082,479 (78.6)	840,552 (21.4)
생계급여	2,924,903 (74.6)	2,296,883	628,020
주거급여	726,723 (18.5)	571,467	155,256
교육급여	146,122 (3.7)	115,529	30,593
해산장제급여	17,573 (0.4)	13,794	3,779
저소득층에너지보조금	107,710 (2.7)	84,806	22,904

자료: 통계청, KOSIS 국가통계포털.

한다. 나머지 급여들은 해당 특정분야의 소비를 최소한의 수준에서 보장하기 위한 것으로서 기본적으로 현물급여를 현금으로 지급하는 형태를 취하고 있다. 예를 들어, 주거급여는 수급자에게 주거안정에 필요한 임차료, 유지수선비 등을 지급하며, 교육급여는 입학금, 수업료, 교과서대, 부교재비, 학용품비 등에 해당하는 일정한 금액을 지급하는 것이다. 국민기초생활보장제도의 운영은 국비지원을 통해서 지방자치단체가 담당하고 있는데, 서울의 경우 지방비 부담이 50%인 반면 지방의 경우 국비와 지방비 부담이 각각 80%와 20%이다.

[표 7-12]는 2009년에 지급된 급여를 그 종류별로 보여 주고 있다. 총 급여액은 3.9조원으로서 그 78.6%인 3.1조원을 국비로 조달하고 나머지 21.4%를 지방비로 조달하고 있다. 급여의 종류별로는 생계급여가 2.9조원으로 전체의 74.6%를 점하고 있으며 다음으로 주거급여가 18.5%, 교육급여 3.7% 등의 순으로 나타나고 있다.

2. 부의 소득세와 근로장려세제

우리는 앞의 제 6 장에서 소득재분배정책을 논할 때 정책수단의 하나로서 負의 소득세(negative income tax)와 근로장려세제를 간략히 소개한 바 있다. 여기서는 이를 좀더 자세히 살펴보고자 한다. 한편 이들 제도가 근로의욕에 미치는 효과에 대해서는 제15장 1절에서 다시 논의하고 있다.

급여수준을 말한다.

(1) 負의 소득세

1) 개 념

부의 소득세는 일정수준의 소득을 보장하고자 하는 소득이전프로그램(income transfer program)의 하나이다. 즉 소득신고액이 일정한 기준금액 이하인 경우에 그 부족분 등을 기준으로 일정한 공식을 적용하여 산출한 금액을 세액공제 등의 형식을 빌려서 조세의 환부와 같은 방법으로 지급하는 제도이다. 따라서 이 제도는 가난할수록 더 많은 정부보조를 받을 수 있다는 점에서 공적부조의 성격을 가지고 있지만 그 부조금의 결정을 소득세제도의 테두리 안에서 실시하려는 것이 그 주요 특징이며 이것이 앞에서 살펴본 국민기초생활보장제도와의 차이라 하겠다.

부의 소득세제도의 장점은 첫째, 통상의 소득세제도하에서는 과세최저한도 이하의 소득자에게 세제상 아무런 혜택이 없으나 이 제도하에서는 환급되는 세액공제(refundable tax credit) 방식을 적용함으로써 부의 수치로 계산되는 세액을 환급해준다는 점에서 그들에게도 혜택이 있게 된다. 둘째, 통상의 공적부조제도에서는 개인소득이 최저한도에 미달할 때에는 그 미달분을 정부가 보조해 주므로 이렇게 되면 일을 약간만 하던 또는 전혀 하지 않던간에 항상 최저한도에 해당되는 소득이 보장된다는 생각이 들어 근로의욕을 저해시킬 위험성이 있다. 물론 부의 소득세제하에서도 근로의욕에 위축시키는 효과가 대한 부정적인 효과가 있지만, 과세최저한도까지의 부족액이 일정금액이 아닌 일정비율에 따라 급부되기 때문에 근로의욕의 감축효과가 상대적으로 작을 것이다. 셋째, 통상의 공적부조 프로그램들은 그 적용대상 여부를 판단하기 위하여 소득이나 부양가족 유무 등 여러 기준에 대해서 심의하게 되는데, 이러한 과정은 수혜대상자들에 대해서 일종의 낙인효과를 야기하게 된다. 이에 비해 조세를 통한 프로그램은 통상적인 세금신고와 같은 일반적인 수준의 신고를 통해서 수혜가 결정된다는 점에서 이러한 부정적인 심리적 부작용이 낮다고 할 수 있다.

그러나 이 제도에도 문제점이 있다. 부의 소득세 제도는 일반적인 적용기준을 충족하는 경우 모두에게 적용되기 때문에 통상 공적부조 프로그램에 비해서 그 적용대상자가 많게 되고 따라서 상대적으로 많은 재원이 요구된다. 또한 대상자가 많기 때문에 관련 행정을 처리하고 부적격자를 찾아내는 등의 업무를 능률적으로 수행하는 데 기술상의 어려움이 내재하고 있다. 또한 이 제도는 빈곤에 대한 사후처방은 될지언정 원인치료가 될 수 없다는 점도 지적된다.

2) 구 조

부의 소득세는 대략 세 가지 정책변수들로 구성되어 있다. 즉, 소득보장액, 한계세율 그리고 분기점소득(break-even income)의 세 가지 변수이다. 이를 함수관계로 표시하면 다음과 같게 된다.[18)]

$$T = r(B - Y_i)$$

여기서 T는 정부로부터 이전되는 소득액이고, r은 한계세율, B는 분기점 소득 그리고 Y_i는 각자의 최초소득액을 가리킨다. 따라서 만약 r=50%, B=1,000만원이라고 하면 자신의 최초소득(Y_i)이 100만원인 사람의 경우 450만원의 이전소득(T)을 얻게 되어 총소득은 550만원이 된다. 최초소득이 영(0)인 사람에게는 500만원의 이전소득이 발생하게 되므로 결국 소득보장액은 500만원이 되는 셈이다. 소득보장액(rB)은 정부가 최소한으로 보장하는 소득으로서 기본수당(basic

표 7-13 | 부의 소득세 예시(T=0.5(10,000−Y_i)의 경우)

(단위: 만 원)

최초소득(Y_i)	이전소득(T)	총소득(가처분)
0	500	500
100	450	550
200	400	600
300	350	650
400	300	700
500	250	750
600	200	800
700	150	850
800	100	900
900	50	950
1,000	0	1,000

18) 유사한 함수관계(부의 소득세 기본구조)가 제 6 장 제 3 절의 2에서 소개되었다.

allowance)과 같은 의미라고 하겠다. 이러한 예를 표와 그림으로 보여 주고 있는 것이 [그림 7-3]이다.

[그림 7-3]에서 *RB*선은 최초소득과 총가처분소득의 관계를 보여 주고 있는 부의 소득세의 이전선으로서, 이전소득은 이 *RB*선과 45°선의 수직적 차이로 결정된다. *R*점은 소득보장액을 가리키며 *B*점은 분기점소득액을 보여 준다. *RB*선의 기울기는 한계세율이 되는데 1,000원의 최초소득증가에 따라 500원씩의 총소득증가가 이루어진다. 다시 말하여 1,000원의 최초소득증가에 따라 이전소득은 500원씩 감소하므로 한계세율은 50%에 해당된다.

위의 세 가지 정책변수들간의 상충관계는 정책의 선택을 어렵게 만든다. 예를 들어, 우선 세 가지 정책변수들의 중요성을 고려해 보자. 소득보장액은 높을수록 좋다. 왜냐하면 이것은 그만큼 빈민층의 생활수준을 높여 주는 역할을 하기 때문이다. 한편 한계세율은 낮을수록 좋다. 한계세율이 너무 높으면 가처분소득을 줄일 뿐만 아니라 이것이 근로의욕을 감퇴시킬 수 있는 것이다. 마지막으로 분기점소득은 낮을수록 좋다. 왜냐하면 분기점소득이 낮으면 가난한 사람들에게 보다 많은 혜택을 집중적으로 줄 수 있기 때문이다. 이처럼 사회적으로 바람직한 것은 높은 소득보장액에 낮은 한계세율과 낮은 분기점소득인데, 문제는 이것들이

그림 7-3 | 부의 소득세

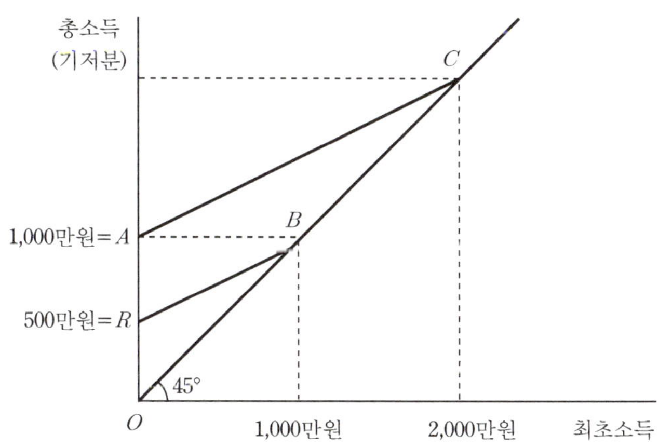

서로 상충관계에 있다는 것이다. 앞의 식을 통해 알 수 있듯이 이전소득은 한계세율과 분기점소득이 곱하여 결정되는데, 낮은 한계세율과 낮은 분기점소득이 곱해지면 더욱 낮은 이전소득이 결정된다는 데 문제가 있는 것이다.

정책결정의 어려움을 [그림 7-3]을 가지고 다시 설명해 보자. 만약 정부가 소득보장액을 1,000만원 수준(A점)으로 인상하고자 한다고 하자. 동시에 분기점소득은 가능한 한 낮게 잡도록 하여 1,000만원으로 한다고 하자. 이러한 상황에서는 AB선이 부의 소득세의 이전선이 돼 버리고 말며 이것은 한계세율이 100%가 된다는 것을 의미하게 된다. 다시 말하여 최초소득이 영(0)과 1,000만원이 되는 사이에서는 총가처분소득에 변화가 일어나지 않으며 이것은 결국 저소득층에게 일할 의욕을 없애 버리는 결과만을 초래하게 된다. 사람들에게 일한 의욕을 고취하려면 한계세율을 낮추어야 하는데, 그러기 위해서는 분기점소득을 올리든가 아니면 소득보장액을 낮추는 방법 밖에 없다. 위의 경우 분기점소득을 2,000만원으로 인상하여 AC선이 이전선이 되도록 한다면 한계세율은 다시 50%로 낮아질 수 있는 것이다.

이제 소득보장액을 높이고 한계세율을 낮추는(즉 분기점소득을 높이는) 정책을 채택했다고 할 때 이것은 분명히 이전소득의 혜택규모를 크게 하는 결과를 가져올 것이며 바람직한 소득이전제도라 할 수 있다. 그러나 이것은 분기점소득 이상의 소득을 가지고 있는 계층에게 무거운 조세부담을 지워 주는 셈이 된다. 그렇다고 한계세율을 높이면 근로의욕에 문제가 생기고, 반대로 소득보장액을 낮추면서 한계세율을 낮추면 이때에는 이전소득의 혜택규모가 작아져 버리는 것이다.

3) 경제적 효과

부의 소득세제도가 다른 공공부조프로그램에 비하여 근로의욕의 감소문제가 덜 심각하다고 하더라도 이 제도가 수혜자의 근로의욕에 얼마만큼의 영향을 끼칠 것인가 하는 것은 많은 학자들에게 관심의 대상이 되어 왔다. 우리는 제15장에서 조세가 노동공급에 끼치는 영향을 설명하면서 소득효과와 대체효과를 서로 비교하여 그 순효과를 파악하도록 하였다. 통상 조세의 소득효과는 근로의욕에 正의 효과를 가져다 주지만, 부의 소득세에서는 이것이 이전소득의 성격을 가지고 있으므로 이전소득의 증가로 소득효과가 발행할 때 이것은 근로의욕에 負의 효과를 가져다 준다. 대체효과는 수혜자가 추가적으로 노동하여 벌어들인 소득에 대하여 한계세율의 적용을 받게 되므로 한계세율이 높아서 대체효과가 발생할 때 이것도 근로의욕에 負의 효과를 가져다 주는 것이다.

근로의욕에 대한 영향을 [그림 7-4]를 통해 다시 살펴보자. 그림에서 YN선은 부의 소득세제도가 존재하지 않은 상태에서의 개인의 예산선을 뜻하며, 이 선의 기울기는 시장임금률을 의미한다. 아무런 정부보조가 없는 상태에서 개인의 균형점은 E점에서 이루어지며 이 사람은 Y_1의 총가처분소득과 L_1만큼의 여가를 즐긴다. 이제 부의 소득세가 도입된다면 예산선은 $YRMN$으로 이동하게 된다. 여기서 B점은 분기점소득을 가리키며 MN은 소득보장액을 표시한다. 예산선상의 보조금을 받는 부분인 RM과 보조금을 받지 못한 부분인 RN과의 수직적 차이가 바로 이전소득의 규모가 된다. 새로운 예산선의 기울기는 전보다 낮아졌는데 이것은 부의 소득세 때문에 실질임금률이 그만큼 낮아졌음을 의미한다. 즉 한계세율이 50%이면 실질임금률도 50% 감소하게 되는 것이다. 이제 새로운 균형점은 E'점에서 이루어지는데 이때의 총가처분소득은 Y_2로 증가되며 여가는 L_2로 증가되었다. 이 사람의 노동공급은 NL_1에서 NL_2로 감소하였는데 이것은 바로 소득효과와 대체효과의 합에 의하여 나타난 결과인 것이다.[19)]

[그림 7-4]에서 지적될 수 있는 특징을 대략 세 가지 정도 들 수 있다. 첫째, 이 제도의 비용은 수혜자들의 근로의욕에 대한 반응에 의존하게 된다. 만약 수혜자들이 노동을 NL_1수준으로 계속 유지하였다면 정부의 이전소득은 SE에 불과하였을 터인데 사람들이 노동을 NL_2수준으로 감소시킴으로써 이전소득이 $E'K$로 증가되었다. 둘째, 수혜자들의 총소득은 이전소득분만큼 증가하지 않았다. 이전소득은 $E'K$인 데도 수혜자들의 소득은 Y_1에서 Y_2로 증가하였을 뿐이다. 셋째, 이전소득의 형태가 현금이 아니라 현물이라면 수혜자들의 실제총소득은 Y_1에서 Y_3로 감소되는 결과를 초래한다. 이것은 정부가 식료품 쿠폰지급 또는 주택보조 등과 같은 현물보조정책을 사용한다면 소득수준에 맞추어 구분한 빈민자들의 수가 도리어 증가될 수 있다는 가능성을 보여 주는 것이라 하겠다.

부의 소득세가 근로의욕에 끼친 영향에 대한 연구는 통계자료를 통한 실증분석과 실제실험(experimental study)을 통한 경험분석 등 다양하다. 대부분의 연구

---

19) 이에 대한 자세한 분석은 제15장 1절 참조.

그림 7-4 | 부의 소득세와 근로의욕

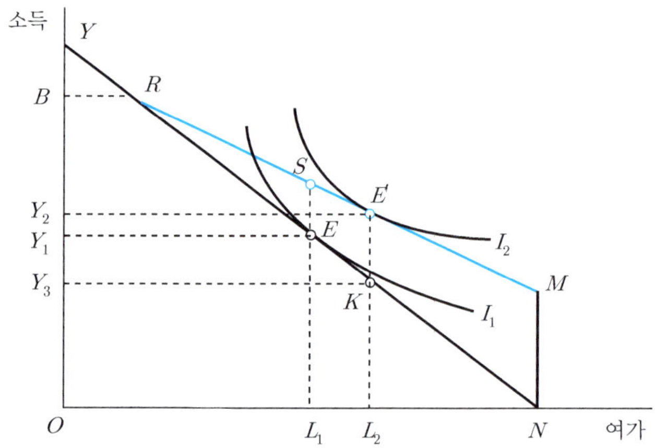

결과는 노동공급에 부의 효과를 가져옴을 인정하고 있으나 그 감소의 정도가 어느 정도인가에 대해서는 통일적인 결론을 얻지 못하고 있다. 한 연구보고서에서는 적절한 소득보장액과 50%의 한계세율하에서의 부의 소득세는 결혼한 성인의 근로의욕을 3%에서 40%까지 감소시킴을 밝힌 바 있다.[20]

이외에도 부의 소득세는 저축의욕에도 부의 효과를 가져올 수 있다. 사람들의 퇴직 후의 소득보장을 위해 열심히 저축을 하여 왔다면 퇴직 후의 그의 소득(이자, 배당 등)은 많아질 터인데, 이렇게 되면 은퇴기간중의 부의 소득세제도에 의한 이전소득은 줄어들게 된다. 이러한 현상은 수혜자들에게 저축하고자 하는 의욕을 어느 정도 위축시키게 될 것이라고 쉽게 인식된다. 비슷한 분석으로서 부의 소득세는 사람들의 소득원을 확대하고자 하는 의욕을 감소시킬 수 있다. 예를 들어 분기점소득이 1,000만원이고 한계세율이 50%인 부의 소득세하에서 800만원의 소득을 갖고 있는 사람이 1,000만원으로 소득을 올리려고 교육·훈련 등에 자발적으로 참여하려고 할 것인가는 의심스러운 일이다. 왜냐하면 그 사람은 가만히 있어도 100만원이라는 이전소득을 보조받을 수 있는데, 굳이 이전소득이 전혀

20) Irwin Garfinkel, "Income Transfer Program and Work Effort: A Review," *Studies in Public Welfare*, U. S. Congress, Joint Economic Committee, Subcommittee on Fiscal Policy, Paper No. 13, 93rd Congress(U. S. Government Printing Office, 1974), pp. 11~32.

발생하지 않는 1,000만원의 소득을 벌려고 노력할 이유가 없기 때문이다.

끝으로 부의 소득세는 경우에 따라서는 가족수라든가 가정의 구성에도 영향을 미칠 수 있다. 예를 들어 이 제도의 운영이 어느 일정수준의 소득보장액을 설정하고 그 이후의 소득수준에 대해서 지급되는 이전소득이 부모와 자녀의 수와 구성에 따라 차등지급된다고 할 때 같은 가족수를 가진 가정이라도 그 구성원이 어떠하냐에 따라 혜택의 정도가 달라질 수 있으며, 어떤 경우에는 대가족을 이혼이라는 절차를 밟아 소가족으로 나누는 것이 이전소득의 총계상 유리하게 되는 경우도 생기는 것이다. 따라서 모든 정책운영이 다 그렇듯이 이 제도에서도 형평과 효율간의 상충관계를 적절히 조화시키면서 부정적인 효과를 최소화시키는 방향으로 운영되도록 하는 것이 매우 중요하다고 하겠다.

(2) 근로장려세제

근로장려세제(Earned Income Tax Credit: EITC)는 조세를 통해서 저소득층에 대한 지원이 이루어지도록 하면서도 동시에 근로의욕을 증진시키고자 하는 취지를 가지는 제도로서, 현재 우리나라와 미국, 프랑스 등 여러 나라에서 시행되고 있다. 이 제도는 부의 소득세제가 가지고 있는 근로의욕에 미치는 부정적인 효과를 일정부분 완화할 수 있도록 설계된 것이라고 할 수 있는데, 부의 소득세가 근로를 통해서 소득이 증가함에 따라 보조금이 감소하는 것에 비해서 기본적으로 근로를 통해서 소득이 증가함에 따라 국가로부터의 보조금도 증가하도록 설정하고 있다는 점에 가장 큰 특징을 발견할 수 있다. 이러한 점에서 이 제도는 부의 임금세(negative wage tax) 또는 정률임금보조(wage rate subsidy)라고도 불리워진다.

제도설계의 관점에서 볼 때 NIT 등 소득이전 프로그램의의 취지가 저소득층을 지원하는 것인 이상 세후소득이 예전에 비해서 늘어나는 것은 당연한 것이며 따라서 그에 따른 소득효과에 의해 근로의욕이 저해되는 현상은 받아들일 수밖에 없는 현상이다. 따라서 근로의욕을 유인하다는 관점에서 볼 때 정책적인 논의의 대상은 대체효과라고 할 수 있는데, 그 핵심은 근로를 통해 소득이 증가함에 따라 보조금을 증가시켜 결국 세후임금률을 높이고 결과적으로 여가의 기회비용을 크게 함으로써 여가소비를 줄이고 따라서 노동공급이 증가되도록 하는 것이다.[21)]

21) 근로장려금이 근로의욕에 미치는 효과에 대한 자세한 분석은 제15장 1절 참조.

물론 한정된 재원 등으로 인해 보조금이 계속 증가할 수는 없기 때문에 통상 일정한 수준부터는 보조금이 감액되도록 설계되고 있는데, 구체적인 세율구조는 나라에 따라 다르게 설정되고 있다. 우리나라와 미국 등의 제도를 중심으로 세율구조를 살펴보면 초기의 일정구간까지는 소득이 증가함에 따라 보조금이 증가하는 점증구간(phase-in range), 최고한도의 공제액이 유지되는 평탄구간(plateau range), 그리고 소득의 증가에 따라 보조금이 감액되는 점감구간(phase-out range)로 구성된다. 여기서 근로장려금 제도의 핵심이라고 할 수 있는 대체효과를 통한 근로의욕 제고효과가 나타나는 구간은 점증구간이며 평탄구간에서는 대체효과가 0이며, 점감구간에서는 부의 소득세와 같이 대체효과도 근로의욕을 떨어뜨리는 방향으로 작용하게 된다.

이처럼 근로장려금 제도는 근로의욕 제고 등의 측면에서 부의 소득세보다 우월하다고 평가되지만 일을 할 능력이 없는 사람들에게는 적용이 어렵다는 문제점도 지적될 수 있다. 물론 일할 능력이 없는 사람들에게는 국민기초생활보장제도 등 다른 형태의 공적부조를 제공하면 되지만 그러나 일할 능력이 있는 것(able to work)과 일할 능력이 없는 것(unable to work)간의 구별이 모호하고 많은 경우에 양자가 서로 혼합되어 있는 것이다.

[그림 7-5]는 우리나라 근로장려세제의 기본구조를 보여주고 있다. 2011년 현재에는 그림상 1인 자녀의 경우와 같은 내용으로 제도가 운영되고 있다. 즉 부양자녀가 있으면서 일정한 소득미만의 가구를 대상으로 가구의 총급여액이 800만원까지는 점증구간으로서 급여액이 증가함에 따라 그 15%를 근로장려금으로 지급하여 최대 120만원까지 지원되도록 하고 있으며, 이후 1,200만원까지는 평탄구간으로서 근로장려금은 120만원으로 유지되고, 이후 점감구간인 1,700만원까지는 증가된 소득의 24%만큼을 근로장려금에서 감액하도록 하고 있다. 2012년부터는 무자녀가구에게도 근로장려금을 지급하도록 하고 있으며, 또 부양자녀수에 따라 보조금 등이 달라지도록 설계되고 있는데, 그 구체적인 내용은 [그림 7-5]와 같다.

[표 7-14]는 우리나라 근로장려금 지급현황을 보여주고 있다. 2010년을 기준으로 볼 때 근로장려금을 수령하는 가구수는 522천가구로서 전체 지급금액은 4,020억원에 이르고 있다. 한편 2008년의 경우 대상가구수와 지급금액이 각각 591천 가구에 4,537억원이었다는 점을 고려할 때 2009년에 이어 그 대상가구수나

그림 7-5 | 우리나라의 근로장려세제(2012)

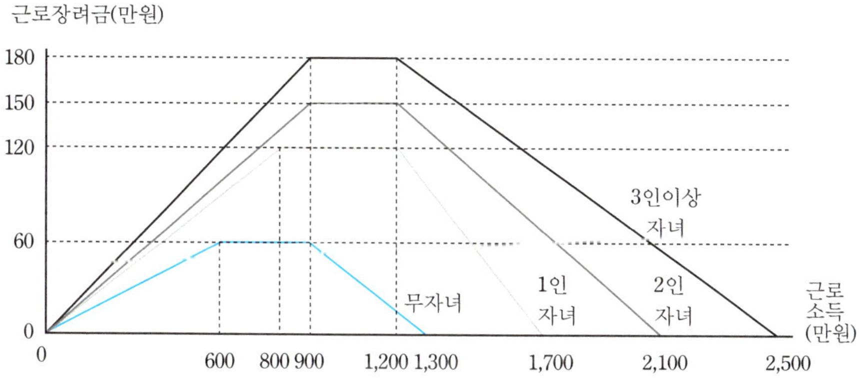

표 7-14 | 우리나라 근로장려금 지급현황

(단위: 명, 백만원)

		2008		2009		2010	
		가구수	금액	가구수	금액	가구수	금액
규모	합계	590,720	453,731	566,080	436,903	522,098	402,003
	점증구간	285,952	166,043	267,647	156,760	243,307	141,190
	평탄구간	164,581	197,497	159,107	190,928	147,032	176,438
	점감구간	140,187	90,191	139,326	89,215	131,759	84,375
비중	합계	100.0	100.0	100.0	100.0	100.0	100.0
	점증구간	48.4	36.6	47.3	35.9	46.6	35.1
	평탄구간	27.9	43.5	28.1	43.7	28.2	43.9
	점감구간	23.7	19.9	24.6	20.4	25.2	21.0

자료: 국세청, 『2011 국세통계연보』, 2011

지급금액이 2년 연속 감소한 것으로 나타나고 있다. 구간별로는 약 절반 가까운 가구가 점증구간에 해당하며 다음으로 평탄구간, 점감구간의 순으로 나타나고 있는데, 근로장려금 지급금액 측면에서는 평탄구간의 경우가 가장 큰 것으로 나타나고 있다. 이는 평탄구간의 경우 대상 가구 전체가 최고금액을 지급받기 때문이다. 한편 연도별로는 가구수나 지급금액 측면에서 가장 낮은 총급여액 구간인 점증구간의 비중이 조금씩 하락하고 있는 반면 점감구간 비중이 증가하고 있다. 이는 구간기준 소득인 800만원, 1,200만원이 고정되어 있는 반면 급여액은 증가하기 때문이라고 할 수 있다.

3. 공공고용제도

최근 많은 나라에서는 사회복지프로그램의 일환으로서 공공고용제도(public employment program)에 높은 관심을 가지고 있다. 이 제도는 공공분야에서 취업기회를 확대시키고자 하는 것인데, 경기침체시 일자리 창출을 통한 실업감축이나 빈민계층에로의 소득이전 등을 주목적으로 하는 것이다. 특히 경제위기 상황에서 실업이 발생하고 민간에서의 일자리 창출이 여의치 않은 경우 공공부문에서 일자리를 창출하고 취업기회를 확대하고자 하는 경우가 많이 발견된다.

이러한 접근방식은 빈민계층을 두 그룹으로 구분할 수 있다는 전제에 기초하고 있다. 즉 일할 수 없는 계층과 일할 수 있으나 충분한 소득을 얻지 못하는 계층으로 구분하는 것이다. 그리하여 일할 수 없는 계층에게는 현금보조 등 공공부조를 제공하고, 일할 능력은 있으나 민간분야에서 직업을 제대로 구할 수 없는 계층에게는 일정한 임금수준을 보장하는 일자리를 공공분야에서 한시적으로 알선해 주는 그러한 이중프로그램을 운용하는 것이다.

우리나라의 경우 과거 생활보호법에 의한 자활지원 사업의 일환으로 취로사업을 실시하였으며, IMF 경제위기와 2008년 세계적 금융위기에 따른 경제위기 상황에서 대량 실업사태 대처를 위한 한시적 일자리 사업으로서 공공근로사업과 희망근로 프로젝트, 공공기관 청년인턴제 등을 시행하였다. 공공근로의 경우 외환위기 이후 대량실업 사태를 극복하기 위해 실직자 중심으로 운영된 단순 취로사업을 중심으로 하였으며 사업비의 대부분도 인건비 위주로 편성 집행하였다. 한편 희망근로 프로젝트는 공공근로 사업 시행의 경험을 반영하여 그 대상을 차상위 이하 소득이면서도 복지 사각지대에 놓인 사람들에 한정함으로써 어려움이 큰 계층에 보다 집중 적용하였으며, 대상사업도 하천정비 · 준설 등 사전재해예방사업, 학교 담장 허물기, 마을안길 정비 등 주민생활환경정비사업, 노후 공공시설물 개보수 사업 등과 같이 편익이 항구적으로 지속될 수 있는 사업 위주로 시행하였다. 또한 2008년 글로벌 금융위기와 이후의 경제위기 등에 따른 고용경색 상황에서 청년층에게 일자리와 취업역량 제고 기회를 제공하기 위하여 공공기관 청년인턴제를 실시하였다.

이러한 공공고용제도가 갖고 있는 기본적인 문제점은 사회집단을 현금보조를 받아야 할 집단, 공공부문에 직업을 알선해 주어야 할 집단, 그리고 이 프로그램의 혜택대상이 아닌 집단 등으로 구분해야 하는데 이것이 쉽지 않다는 점이다. 또한 이러한 사업들은 한시적인 성격인데다가 임금이 보장되어 있기 때문에 직장에 최선을 다하지 않을 가능성이 있고, 노동생산성과 직결되지 않는 임금을 받을 가능성도 높은 것이다. 그리고 임시직원이라는 성격으로 인하여 적성에 맞지 않는 업무배분이 이루어질 수 있으며 부여되는 업무자체가 사실상 불요불급한 경우가 많고, 행정관리자가 인력의 적재적소배치에 최선을 다하지 않음으로써 자원의 낭비가 발생할 수 있다는 문제점도 지적된다.

제 3 편 공공지출

제 8 장　정부지출과 예산제도

제 9 장　공공지출의 경제성분석(비용 – 편익분석)

CHAPTER

The Modern Public Finance

08 정부지출과 예산제도

제 1 절 정부지출의 경제적 효과

1. 정부지출팽창의 원인(바그너법칙)

우리는 지금까지 현대자본주의경제에 있어서 정부재정의 기능에 대하여 설명하면서 그 역할을 강조하였다. 정부가 국민경제에 대한 관여를 확대한다는 사실은 그만큼 정부의 공공경비가 팽창하고 있음을 의미한다.

정부지출이 팽창하는 경향을 실증적으로 연구하여 이것을 법칙으로 정식화한 최초의 사람은 독일의 바그너(A. Wagner)였다.[1] 바그너에 의하면 국가활동은 끊임없이 외연적(extensive)으로나 집약적(intensive)으로 늘어나는 경향을 갖게 되고, 따라서 사회·경제발전에 따라 국가의 새로운 기능이 생겨나게 된다는 것이다. 물론 경비의 팽창은 물가의 상승으로 인하여 발생하기도 하고, 인구증가 및 국민소득의 성장에 따라 당연히 증대되는 것이지만 실질적인 정부지출의 팽창은 국민의 공공적 욕망과 그것으로 인한 국가와 민간경제간의 결합관계가 변화한 결과인 것이라고 바그너는 지적하고 있다.

자본주의경제가 발전됨에 따라 정부가 수행해야 할 기능은 급속히 증가하였고, 또 그러한 정부의 기능확대는 정치적·경제적·문화적 이유에서도 찾아볼 수 있는 것이다. 정부활동의 영역은 국가의 유지와 존립을 위한 고유의 분야에서부

1) A. Wagner, *Finanzwissenschaft*(Leipzig, 1890).

터 시장조직을 통해서는 충족될 수 없는 공공적 욕망충족을 위한 분야에까지 확대되었다. 많은 국가에서는 정부가 자본형성을 위하여 주도적 기능을 수행하여야 할 필요성을 지니고 있으며, 또한 '복지국가'로의 발전과 더불어 소득재분배 및 사회보장제도의 실시에 이르는 광범위한 분야에 정부지출을 증가시켜야 할 위치에 놓여 있다.

그러면 정부지출의 팽창을 일으키는 주요 요인을 구체적으로 살펴보자.

(1) 국 방 비

우선 첫째로 국방비의 계속적 증가이다. 어느 나라, 어느 시대를 막론하고 전쟁은 항상 공공비용을 팽창시키는 주요 원인이 되어 왔다. 또 전후에는 각종 복구사업비용 및 방위비의 증가로 현대국가의 경비는 크게 증가될 수밖에 없는 것이다.

피콕(A. T. Peacock)과 와이즈만(J. Wiseman)은 영국에서의 공공경비 변천에 관한 연구에서 1890년에는 공공경비가 국민총생산에 대해 9%에 불과하던 것이 1955년에는 37%로 증가하였음을 확인하였다.[2] 이와 같은 정부지출의 증가는 전쟁이라는 위기와 결부되었지만, 전쟁이 끝난 후에도 전쟁 이전의 수준으로 되돌아가지 않는 소위 전위효과(displacement effect) 때문에 정부지출은 계속 팽창되어 왔다고 주장하고 있다.

(2) 사회 · 경제발전에 관계된 비용증가

복지국가의 입장에서는 사회적 정의의 실현을 위해 정부가 시장경제를 통하여 이루어질 수 없는 공공적 욕망을 충족시켜야 한다. 무상교육, 극빈자구호사업, 사회보장제도 등이 바로 그러한 것들이다. 더욱이 식생활 및 의복 등과 같은 일반국민의 기초적인 욕구가 어느 정도 충족되면 보다 나은 생활환경과 보다 좋은 교통 · 주택 등에 대한 수요가 증대하게 되어 정부지출의 변천요인이 된다. 일반적으로 말하여 공공재에 대한 수요의 소득탄력성이 민간재에 대한 수요의 소득탄력성보다 크기 때문에 소득수준의 향상과 더불어 정부지출은 자연히 증가할 수밖에 없게 된다.

---

2) A. Peacock & J. Wiseman, *The Growth of Public Expenditure in the United Kingdom* (Princeton, 1961).

또한 많은 국가에서는 단기적인 경제안정을 위해 공공사업의 확장을 제창하게 된다. 더욱이 개발도상국에 있어서 공공사업을 통한 정부의 재정투융자는 단기적인 경제안정의 목적을 넘어서 장기적인 경제성장의 기반을 조성하고 민간투융자를 자극하는 의미를 지니고 있다. 그 중에서도 사회간접자본의 형성을 위한 지출은 경제성장을 촉진하는 데 지대한 역할을 담당하고 있는만큼 그러한 공공경비의 중요성은 당연히 높아지고 있다.

(3) 인구증가와 기술진보

인구증가와 기술진보가 공공경비에 주는 영향력은 매우 크다. 인구가 성장할수록, 인구밀도가 높아질수록 공공경비의 절대적 수준이 증가할 것이라는 것은 당연한 사실이다. 왜냐하면 인구수에 비례하여 행정서비스를 비롯한 각종 공공재가 더 많이 공급되어야 하기 때문이다.

기술진보 또한 지속적으로 공공경비를 증대시키는 원인으로 간주된다. 좋은 예로서 자동차산업의 발달은 고속도로건설을 위한 비용을 증대시키며, 우주산업의 발달은 이것과 관련된 수많은 산업에의 정부지출을 증가시키게 되는 것을 지적할 수 있다.

(4) 관료제하의 재정경직성

공공경비는 관료제도가 지니고 있는 타성 때문에 늘어나는 경향이 있다. 미국의 후버(Hoover)위원회가 지적하였던 것과 같이 행정의 능률화는 많은 공공경비를 절약하게 할 수 있으나 관료제도 자체가 가지고 있는 '지출열' 때문에 공공경비의 팽창은 필연적이라는 것이다. 이러한 결과를 '파킨슨(Parkinson)법칙'으로서도 설명할 수 있겠는데, 파킨슨법칙이란 행정기관이 그 기능과는 관계 없이 그 자신의 힘으로 계속 확대되고 팽창된다는 법칙이다. 즉 신규채용자를 위해서는 새로운 일자리가 마련되고, 재직자에 대해서는 승진의 기회와 더불어 새로운 식위가 마련됨으로써 행정조직은 계속 비대해진다는 것이다. 이와 같은 결과로 일단 한번 통과된 지출항목은 그 다음 연도에 가서 정리되는 법이 별로 없고 도리어 장래 예산안의 기초가 되는 것이다. 이것은 결국 재정규모는 팽창하면서 재정구조상의 경직성을 초래하는 요인이 되기도 하는 것이다.

(5) 의회민주주의하에서의 예산편성

끝으로 공공경비는 의회민주주의제도의 특수성 때문에 팽창하는 경향이 있다. 의회민주주의에서의 예산편성은 의회에서 심의결정 되는데, 이때 세입과 세출에 관한 결정을 별도로 하는 것이 통상적이다. 이러한 상황에서 국회의원들은 경비지출에 더 관심을 갖게 되고 자연히 예산의 팽창을 가져온다. 의회에서 국회의원들은 자신의 재선을 위해서도 자기지역의 공공사업의 확대에 지대한 관심을 가질 뿐만 아니라, 공공사업에 대한 심사가 세분화되면 될수록 사업들간에 서로 중복되는 외부효과의 비교가 힘들게 되고 따라서 정부내부의 조정작업도 힘들게 되므로, 많은 공공사업이 정부내부의 조정작업 없이 의회를 통과하게 되어 공공경비는 팽창하게 된다.

한편 공공사업에 대한 의사결정이 의회에서 다수결투표제도(majority voting rule)에 따라 이루어질 때 예산규모는 더욱 팽창되고 공공경비는 계속 증가하게 되는 경향이 있음을 우리는 제 5 장에서 이미 살펴보았다.[3)]

2. 정부지출의 자원배분효과

정부지출은 기본적으로 공공재를 공급하는 등 정부의 다양한 기능을 수행하기 위해서 이루어진다. 이러한 정부지출은 그 지출이 이루어지는 내용이나 방식에 따라 자원배분의 효율성에 영향을 미치게 된다. 제 2 장에서 살펴본 바와 같이 공공재는 소비의 비경합성과 비배제성이라는 특성으로 인하여 시장에서 효율적인 공급이 이루어지기 어렵다는 점에서 공공재 공급을 위한 정부지출은 자원배분의 효율성을 제고하고 사회후생을 증가시키게 된다. 긍정적인 외부효과를 교정하기 위한 보조금의 지급 등도 왜곡된 자원배분의 효율성을 제고할 수 있다.

그러나 정부지출에는 부정적인 측면도 있음을 명심해야 한다. 정부가 식품을 생산하고 있는 생산자에게 생산량에 비례한 일정액의 보조금을 지불한다고 가정하고 이것이 자원배분에 어떤 효과를 발생시키는가를 그림을 통해 살펴보자.

정부의 보조금지출은 [그림 8-1]에서 보는 바와 같이 주어져 있는 수요곡선

---

3) J. M. Buchanan, *Public Finance in Democratic Process*(Chapel Hill: The University of North Carolina Press, 1966). 다수결투표제도와 예산규모의 관계는 제 5 장 제 4 절에서 언급되었다.

그림 8-1 | 정부보조금의 자원배분효과

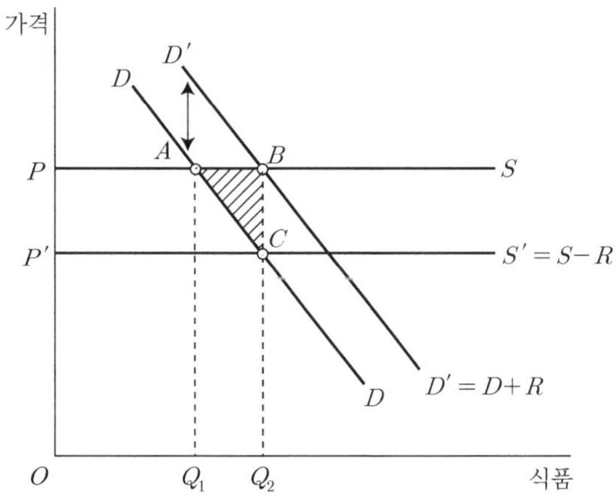

DD에서 공급곡선 S를 S'로 하방이동시켜 가격은 P에서 P'로 하락하게 한다(이 그림에서 식품생산의 한계비용이 일정하게 고정되어 있다고 가정하고 있다). 식품을 생산하는 데 드는 실질적인 생산비는 아무런 변화가 없는 채, R만큼의 단위당 보조금에 의해 가격이 P에서 P'로 하락하였고 수급량은 Q_1에서 Q_2 로 증가하였다. 그런데 정부가 단위당 같은 금액의 보조금을 생산자가 아닌 소비자에게 현금지불(공적 부조의 형태)하였다면 어떤 현상이 발생할까? 그림에서 공급곡선 S는 그대로 있고 수요곡선 DD가 $D'D'$로 상방이동함으로써 가격은 계속 P에 머물고 있지만 소비자의 실질부담은 P'에 불과하여 생산자에 대한 보조금과 동일한 결과를 가져온다.

여기에서 제기되는 자원분배상의 문제로서는 위와 같은 정부보조 때문에 초과생산(overproduction)의 현상이 발생하여 자원의 비효율적 배분이 일어난다는 것이다. 즉, 정부보조에 의해 증가된 생산량은 Q_1Q_2가 되는데, 생산량 Q_2에서의 생산의 한계비용(MC)은 BQ_2인데 반하여 소비에서 오는 한계가치(MV)는 CQ_2에 불과하여 $MC > MV$현상이 생산량 Q_2에서 일어난다. 이처럼 생산량이 Q_1에서 Q_2로 증가하는 과정에서 총비용이 총편익을 초과한 금액을 그림으로 표시하면 [그림 8-1]의 $\triangle ABC$가 되는데, 이만큼이 후생의 손실로서 발생하는 것이다. 이것을 우리는 보조금의 초과부담 혹은 후생비용(welfare cost of subsidy)이라고 부른다.[4)]

물론 그림의 $\triangle ABC$에 해당되는 보조금의 후생비용은 시장이 완전경쟁적이고 외부성이 존재하지 않는다는 전제하에서만 발생하는 것이다. 시장에 만약 외부적 편익(external benefit)이 존재하면 시장의 실패가 일어나고 시장균형 자체가 비효율적으로 되므로 이럴 때에는 적절한 형태의 보조금이 도리어 자원배분을 향상시킬 수도 있다.[5)]

지금까지 정부의 보조금지출에 의해 식품의 가격이 하락하고 이로 인하여 소비자의 소비량이 증가하게 됨을 논의하였는데 과연 얼마만큼 소비가 증가할 것인가는 가격하락에 의한 소득효과(income effect)와 대체효과(substitution effect)의 정도 여하에 좌우될 것이다. 자원배분상의 비효율성은 통상 대체효과에 의해 더 큰 영향을 받는다는 것이 일반적인 견해이다. 그런데 특이한 경우로 정부의 보조금프로그램 때문에 해당 재화나 서비스의 소비가 도리어 감소하는 경우가 발생한다. 특정 주택에 대한 보조금프로그램이 좋은 예가 될 수 있겠다. 주택서비스는 보통의 상품처럼 작은 단위로 나누어서 구입(소비)할 수 없기 때문에 만약 주택보조금 때문에 작은 규모의 집으로 이사를 조장하는 현상이 발생하면 이와 다른 규모의 주택구입은 도리어 감소될 수 있다. 또한 저소득층에게 부여되는 식품보조금(혹은 식품구입권) 때문에 특정식료품에 대한 고소득층의 소비를 위축시키는 결과도 종종 발생한다.

3. 정부지출의 소득분배효과

정부지출은 복지정책 등을 통해 소득분배를 개선시킨다. 그러나 여기에도 긍정적인 면과 부정적인 면의 양 측면이 있음을 인식해야 한다. 정부지출의 소득분배효과는 지출에 의해 누가 최종적인 혜택을 받고 누가 손실을 입게 되느냐에 좌우된다. [그림 8-1]에서처럼 생산의 한계비용이 일정하게 고정되어 있는 산업에

4) 독자들은 정부보조금의 후생비용과 제11장에서 논의되는 조세의 초과부담을 구별하고 비교할 수 있기를 바란다.

5) E. K. Browning & J. M. Browning, *Public Finance and the Price System*(Macmillan Publishing Co., 1979), pp. 73~79. 이 점에 대하여 우리는 제 4 장 외부성에서 이미 공부하였다.

그림 8-2 | 정부보조금의 소득분배효과

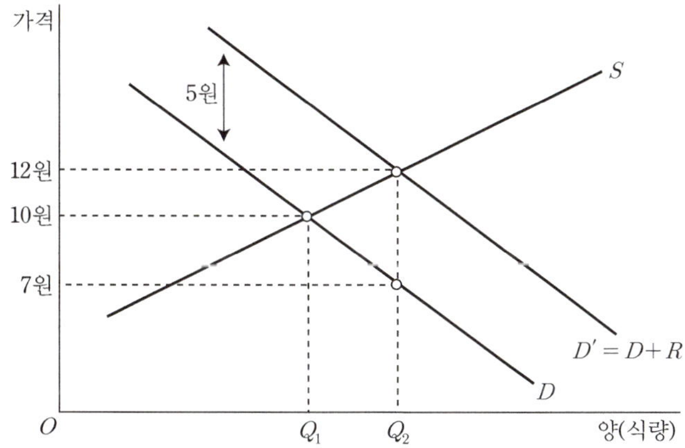

서 정부의 생산단위당 보조금이 생산자에게 지급되면 소비자들이 지불하여야 할 가격이 하락하므로 보조금에 의한 혜택은 전적으로 소비자에게 귀착된다. 생산자들에게는 생산비용 자체의 변화가 없으므로 아무런 혜택을 받지 못한다.

그러나 소비자만이 항상 보조금의 혜택을 독점하는 것은 아니고 수요곡선과 공급곡선의 가격탄력성(기울기)에 따라 소비자와 생산자 공히 혜택을 받을 수 있다. [그림 8-2]를 가지고 이를 설명해 보자. [그림 8-2]가 [그림 8-1]과 다른 것이라면 공급곡선이 수평선이 아니라 우상향하고 있다는 것뿐이다. 보조금이 없는 경우의 시장가격은 10원이다. 이제 정부가 단위당 5원에 해당되는 현금을 소비자에게 지급한다면 수요곡선은 D에서 D'로 이동함으로써 시장가격은 10원에서 12원으로 상승하게 된다. 그러나 소비자에게는 시장가격이 12원으로 되었다 하더라도 5원씩의 보조를 받았으므로 실질부담액은 7원에 불과하여 보조금 이전의 가격인 10원과 비교할 때 3원의 순혜택이 발생한 것이다. 한편 생산자에게는 보조금 이전과 비교하여 가격이 10원에서 12원으로 상승했으므로 2원의 순혜택이 발생한 것이다. 이처럼 5원의 정부보조금은 소비자에게 3원, 생산자에게 2원씩의 혜택을 부여한 셈인데, 소비자와 생산자의 순혜택이 어느 정도인가는 수요·공급곡선의 가격탄력성의 크기에 따라 결정되는 것이다.

정부지출의 소득분배효과는 장·단기에 걸쳐 다르게 나타난다. 주택서비스의 경우를 생각해 보자. 단기에서는 주택서비스의 공급이 매우 비탄력적이며 따라서 공급곡선의 기울기도 매우 가파르게 나타난다. 이 상황에서 정부의 주택에 대한 보조금의 지급은 주택서비스의 소비량에 별 증가를 가져다주지 못하면서 가격만 오르게 되는 효과를 갖는다. 그러므로 이 보조금의 주요 수혜자는 현재 주택을 소유하고 있는 사람들이 될 것이며, 세 들어 살고 있는 사람들은 보조금으로 받은 것을 모두 더 높아진 임대료를 지불하는 데 쓰고 실질적으로 아무런 혜택도 받지 못하는 결과가 나타날 수 있다.

한편 장기에서는 주택서비스의 공급이 단기에 비해서 큰 신축성을 가지게 되며 따라서 공급곡선은 기울기가 상당히 완만하게 나타날 것이다. 이 상황에서의 보조금지불은 세 들어 살고 있는 사람들에게도 실질적인 혜택을 가져다 줄 가능성이 크다. 공급의 가격탄력성이 높을 경우 주택보조금의 지급은 주택서비스의 가격을 그다지 올리지 않으면서 소비량을 크게 늘리는 결과를 가져오기 때문이다.

정부지출프로그램은 현재의 세대와 미래의 세대 사이에서 소득을 재분배하는 효과를 나타내기도 한다. 예를 들어 국민연금제도 같은 경우에서는 이와 같은 세대간 분배효과(intertemporal distribution effects)가 특히 현저하게 일어나고 있다. 예를 들어, 현재 은퇴한 세대에 지급되는 연금을 현재 일하고 있는 젊은 세대가 부담하는 부과방식(pay-as-you-go)의 경우 특히 도입초기에는 은퇴시기가 가까운 세대가 큰 이득을 얻게 된다. 본인이 일하는 기간 동안 일정금액을 적립하여 증식된 자금으로 은퇴이후 연금이 지급되는 소위 적립방식의 경우 이러한 재분배 효과는 상대적으로 크지 않을 것이다.

4. 정부지출의 경제활성화 효과

정부가 그 기능을 수행하는 과정에서 재화나 서비스를 구매하는 정부소비지출이나 사회간접자본을 건설하는 등의 정부투자지출 등이 이루어지는데, 이러한 정부지출은 국민경제의 총수요를 구성함으로써 경제를 활성화하고 국민소득을 증대시키는 효과를 가지게 된다. 2008년 미국의 서브프라임 사태로 초래된 세계적인 금융위기에 따른 경제위기 상황에서 민간의 소비와 투자 등이 크게 위축되고 경기가 침체하였을 때 정부의 재정지출은 그 위기를 극복하는 데 있어 큰 역할을 담당하였던 것이다. 이러한 정부지출의 경제활성화 효과는 제5편에서 보다 자세히 살펴본다.

제 2 절 예산제도

1. 예산의 개념과 기능

예산(budget)이란 일정한 기간(보통 1년간) 동안의 정부재정활동을 체계적으로 총괄하여 제시하는 계획서이다. 현대 입헌정치제도하에서 예산은 의회의 의결을 거쳐야만 비로소 성립되는데, 이것은 바로 정부의 모든 재정활동이 국민의 승인과 감독을 받아야 한다는 재정민주주의의 기본적인 원칙에 입각하고 있기 때문이다. 각 국가는 국민으로부터 조세나 세외수입을 징수하고 국채발행 등을 통해서 세입을 조달하고 이것을 특정한 항목에 지출하기까지의 세부적인 절차를 마련하고 이에 따라 예산을 집행하게 된다. 그러한 절차는 각 나라의 헌법 및 예산관계법령에 의하여 규정되고 제도화되어 있는데, 이것을 예산제도라고 부른다.

정부재정활동의 합리적 계획안인 예산은 정부의 정책수단으로서 중요한 의미를 가지고 있는데, 이를 재정정책적인 기능과 행정관리적인 기능으로 나누어 볼 수 있다. 우선 예산은 국가재정의 제 목표, 즉 자원의 효율적 배분, 소득의 재분배, 경제의 안정 및 성장이라는 중요 목표를 달성하기 위한 재정운용의 수단으로서 널리 인정되고 있다. 이러한 것을 예산의 재정정책적 기능이라고 한다. 재정정책적인 기능을 좀더 살펴보면, 현대정부는 과거의 자유주의 시대에서와 같이 '安價의 정부'(cheap government)로서 국가활동을 국방이나 치안유지 등에 한정할 수는 없게 되었고, 시장의 가격기구가 자원을 효율적으로 배분하지 못할 때에는 적절한 정책을 통하여 이를 조정하여야 하며, 나아가서 시장경제에서 소득의 분배가 불균등한 상태로 나타나는 경우에도 이를 재정활동을 통하여 조정해 주어야 하는 책임을 갖고 있다. 그리고 또한 물가와 고용의 변동이 심한 경우에는 정부가 보정적 재정정책을 통해 수요와 공급 측면에 관여함으로써 이를 조정하고 안정시켜야 할 입장에 놓여 있는 것이다. 따라서 예산에는 이러한 재정정책의 효율적 수행을 위한 수단으로서의 기능이 기대되는 것이다.

예산은 통상 회계연도(fiscal year)를 통하여 작성되는데, 우리나라의 회계연도는 매년 1월 1일에 시작하여 그 해 12월 31일에 끝나게 된다.[6] 우리나라에서는 "각 회계연도의 경비는 그 연도의 세입 또는 수입으로 충당되어야 한다"라는 소위 '회계연도 독립의 원칙'에 따라 예산을 편성·집행하고 있다. 이와 같이 편성된 예산은 다음 1년간의 재정활동의 지침이 될 뿐만 아니라, 정부활동 전반을 구속하는 공법적 효력을 가지고 있다. 즉, 정부의 활동은 예산의 결정에 의하여 법적 보장을 받게 되지만, 한편으로는 예산에 의하여 정부활동은 내부적인 통제를 받게 된다. 이것을 예산의 행정관리적 기능이라고 한다. 이러한 예산의 행정관리적 기능에 입각하여 정부는 각종의 정부활동을 합리적으로 계획·관리·통제하여야 하며, 이에 따라 모든 계획사업을 보다 유효하게 그리고 보다 효율적으로 수행해 나가야 할 책임과 의무가 있는 것이다.

2. 예산제도의 발전

예산이 행정관리적 기능과 재정정책적 기능을 수행해야 한다는 관점에서 예산제도는 항상 신축성 있게 설정되어지지 않으면 안 된다. 더욱이 국가기능이 확대됨에 따라 조세 및 지출구조가 복잡해지고 행정기술도 고도화·전문화되어 왔으므로 이러한 시대적 요구에 부응할 수 있도록 예산제도도 지속적으로 개혁될 필요성이 제기되는 것이다.

20세기 이후 현대적 의미의 예산제도가 도입된 이래 많은 변화와 개혁이 이루어져 왔는데, 예산이 제시되는 형식의 변화인 예산지출구조의 개혁과 예산편성이 이루어지는 방식의 변화인 예산편성제도의 개혁으로 구분하기도 한다.[7] 예산이 제시되는 형식은 초창기 품목별 예산제도에서 성과주의 예산제도, 계획예산제도 등으로 변화되어 왔으며, 경상예산과 자본예산을 구분하는 복식예산제도, 그리고 재정활동의 전체를 통합적으로 제시하는 통합예산제도 등 다양한 형식이 활용되고 있다. 예산편성은 전통적으로 예산총괄부서에서 기본지침이 작성되고

6) 회계연도는 각 나라마다 다르다. 한국을 비롯하여 프랑스·스위스 등은 1월부터 그 해 12월까지이나, 영국·일본·캐나다 등은 3월부터 그 다음해 2월까지이며, 미국은 10월부터 그 다음해 9월까지이다.

7) 강태혁, 『한국예산제도론』, 서울: 율곡출판사, 2010.

이를 바탕으로 각 부처가 해당되는 분야의 예산요구서를 제출하면 이를 심의하여 행정부의 최종예산안을 작성하여 국회에 제출하는 과정을 밟게 된다. 그러나 이러한 방식은 각 부처의 과다한 예산요구를 초래하고 전체적인 지출규모를 통제하기가 어렵다는 문제점을 가지게 된다. 최근에는 경제 및 재정 상황 등을 고려하여 지출총규모나 재정수지 등의 총량목표를 우선 설정하고 그 범위 내에서 분야별 지출규모를 할당한 다음 구체적인 세부 예산을 각 부처들이 재량권을 가지고 설정하도록 하는 소위 탑 다운 방식의 예산편성도 많이 이루어지고 있다.

예산제도의 개혁은 기본적으로 행정 개념의 발전과 연계하여 논의할 수 있다. 행정학은 1887년 우드로우 윌슨(Woodrow Wilson)의 정치행정 이원론 주장을 계기로 출범하였다. 이전까지는 정치와 행정이 구분되지 않음으로써 선거에서 승리한 정당이 모든 공무원을 교체하게 되고 이로 인하여 공공서비스 제공에 있어 불안정이 초래되는 등의 문제점이 나타나게 되었다. 정치와 다른 새로운 개념으로서 제시된 행정에서는 기본적으로 정치과정을 통해서 결정된 정책을 충실하게 집행하는 것을 중시하게 되었는데, 통상 정치과정의 결정은 법령의 형식을 통해서 나타나게 되기 때문에 행정이 따라야할 핵심가치로 합법성이 강조되었다. 이러한 체제하에서 예산은 품목별 예산제도(line item budget)의 형태를 취하게 된다. 즉 예산서는 행정기관이 당해 회계연도 동안 구입할 재화나 서비스를 세세하게 규정하는 형태로 제시되는데, 예산에 반영된 가격과 수량에 따라 각 품목들이 충실하게 구입되도록 하는 것을 주요 목적으로 하는 것이다.

그러나 1930년대 테일러의 과학적 관리기법 등에 따라 효율성에 대한 관심이 증가하게 되면서 성과주의 예산제도(performance budget)가 도입되었다. 품목별 예산제도의 경우 정부가 구입하는 품목에 대한 정보는 제공되고 있지만 과연 그것으로 정부가 어떠한 공공서비스를 얼마나 효율적으로 공급하고 있는가에 대해서는 아무런 정보를 제공하지 못하는 것이다. 성과주의 예산제도는 정부가 제공하고자 하는 공공서비스의 목표치가 제시되고 이를 가장 효율적으로 달성할 수 있도록 하는 수단들을 예산 수치로서 표시하는 것이다. 즉 행정은 어떻게 하면 가장 효율적으로 국가를 경영할 것인가에 많은 초점을 두었다고 할 수 있다.

그러나 효율적으로 공공서비스를 생산한다고 하더라도 과연 그것이 국가의 정책목표를 가장 효과적으로 달성하는 것인가는 또 다른 문제일 것이다. 계획예산제도(Planning Programming Budgeting System: PPBS)는 중장기적인 시각에서 국가의 정책목표를 설정하고 이를 달성하기 위한 계획(planning)을 수립하며 이러한 계획과 단기적인 예산(budgeting)과 유기적으로 연계하고자 하는 것이다. 즉 정책목표를 달성하기 위하여 우리가 고려할 수 있는 제반 대안들을 모색하고 이들에 대한 비용-편익 분석 등을 통하여 가장 합리적인 대안을 선택하여 이를 다년도 예산을 통해서 반영하고자 하는 것이다. 여기서 행정은 기본적으로 국가의 정책목표를 설정하고 이를 달성하기 위한 합리적인 대안을 모색하는 과정이라고 할 수 있는데, 이를 위해서는 사회의 제반 현상에 대한 이해와 분석이 필요하다는 점에서 행정학은 정치학이나 사회학, 경제학 등 다양한 사회과학의 학문영역들과 밀접하게 연계되고 있는 것이다. 합리적인 의사결정과정을 전제로 하는 이러한 예산제도는 1961년 미국 국방성에 도입되었는데, 고려할 수 있는 매우 다양한 대안들에 대해서 전부 비용-편익 분석을 실시하는 것은 많은 비용이 수반되며 또 이러한 방식의 예산편성에 수반되는 조직개편에 대한 저항 등 여러 요인들에 의하여 1970년대 이후에는 관심이 크게 약화되었다.

이하에서는 1930년대 이후 전개되어온 제반 예산개혁과 예산제도의 발전과정 중에서, 첫째 복식예산제도로의 전환, 둘째 성과주의예산제도의 채택, 셋째 계획예산제도(PPBS)의 도입, 넷째 최근의 예산개혁론인 영기준예산제도(ZBB), 그리고 다섯째 통합예산(unified budget) 등을 중심으로 보다 자세히 살펴본다.

(1) 복식예산제도

복식예산제도는 예산을 경상예산(current budget)과 자본예산(capital budget)으로 구분하여 운영하는 제도로서 스웨덴·덴마크와 같은 스칸디나비아제국에서 1930년대에 처음 채택되었다. 경상예산은 계속적으로 반복되는 경상적 경비로서 구성되며, 자본예산은 내구성이 있는 자산의 취득에 충당되는 소위 자본적 경비로서 구성된다.

종래의 예산방식에서는 경비를 경상비와 임시비로 구분하여 건전재정주의의 입장에서 경상비는 될 수 있는 한 경상수입(조세)으로 충당하고, 임시비에 대해서만 공채 등의 임시수입으로 충당하여 왔다. 그러나 경상비와 임시비의 구분이 결코 명확하게 이루어질 수 없는데다가 경상비 가운데도 자본형성적 역할을 하는 지출이 있을 수 있게 됨에 따라 예산을 경상예산과 자본예산으로 분리하여 운영하는 것이 예산의 운영측면에서나 예산의 경제적 효과 측정측면에서 더 적절하지 않겠느냐는 주장이 생기게 된 것이다.

이와 같이 예산을 두 가지로 나누어 운영하고자 하는 근본적인 원인은 예산은 반드시 균형을 이루어야 한다는 전통적인 재정원칙에서 탈피하여 불가피한 경우에는 예산의 불균형을 인정하여 신축적으로 운영하여야 할 필요성에 따른 것이다. 자본예산을 설치함으로써 경제변동에 따라 공공투자를 증대시켜야 할 필요가 있을 때는 경상수입이 아닌 재정차입에 의해 재원을 확보하는 제도적 장치를 마련할 수 있는 것이다. 예를 들어, 영국은 예산편성에 소위 황금률(Golden Rule)을 적용하고 있는데, 경기순환기간에 걸쳐 경상예산은 균형을 유지하여야 하며 투자예산에 대해서만 차입을 허용하는 것이다. 투자예산의 경우에도 지속가능원칙이 적용되는데 이는 국가의 전체 부채규모가 GDP의 40%를 넘지 않도록 하는 것이다. 또한 자본예산은 국내총자본형성에 있어서 정부의 기여도를 명시하고 있기 때문에 경제분석을 위한 유효한 수단이기도 하고 정부의 투자활동을 관리하기 위한 편리한 제도로 인식되고 있다. 자본예산을 통해 민간기업에서 이용하는 복식부기의 원리를 국가예산에 적용시킬 수 있는 것이다.[8)]

스웨덴·덴마크에서의 자본예산의 채택은 케인즈(J. M. Keynes)학파의 연구에 커다란 자극이 되었고, 동시에 미국이나 영국의 예산제도에 많은 영향을 미치게 되었다. 그러나 자본예산을 실제 적용하는 데는 상당한 어려움과 그 한계가 있다. 이것을 요약하면 다음과 같은 것을 지적할 수 있다.

첫째, 정부의 경비를 경상적 경비와 자본적 경비로 명확히 구별하는 것이 그리 용이한 일이 아니다. 기업회계에 있어서도 이것을 구별하는 일이 항상 큰 문제로 제기되고 있는데, 정부의 경우에는 더욱 힘든 작업인 것이다. 더욱이 기업회계의 복식부기원리를 적용하는 것은 정부재정의 본질이 이윤확보에 있지 않는 이상 그 효과에 한계가 있는 것이다.

둘째, 자본예산의 방식을 취하면 인플레이션 발생시 자산의 재평가와 감가상각비의 개정이 이루어져야 하고 관공서에 대한 지대·임대료 등의 변동도 함께 이루어져야 하는데, 이러한 작업은 정부분야에서 매우 어려운 일이다.

셋째, 자본적 지출의 의의를 투자수익이 분명한 분야에 치중하다 보면 정부

---

8) 통상 '적자예산'이라 함은 경상예산과 자본예산을 합친 총예산의 수지가 불균형되어 있음을 의미하고 있으며, '정부저축'(government saving)이라 하면 경상예산의 흑자분만을 가리키는 것으로서 이것이 바로 공공투자를 취급하는 자본예산의 재원이 되는 것이다.

지출의 합리성에 커다란 문제가 생길 수 있고, 불균형적인 투자계획이 수립될 가능성이 있다. 또한 자본적 지출의 재원을 차입에 의존하다 보면 인플레이션을 더욱 가속화시킬 우려가 있는 것이다.

(2) 성과주의예산제도

성과주의예산제도(performance budget)는 1949년 미국의 '후버위원회'의 권고에 힘입어 주로 미연방정부에 의하여 발전된 예산제도이다. 우리나라에서도 처음에는 이 제도를 1961년부터 부분적으로 채택한 바 있는데, 사전에 충분한 연구와 준비 없이 시행한 탓에 소기의 성과를 얻지 못하고 1964년에 폐기되고 말았다.

성과주의 예산은 예산의 주된 관심을 통제기능에서 관리기능으로 전환하여 예산의 성과를 중시함으로써 예산의 편성 및 집행의 효율성을 높이고자 하는 제도이다. 종래의 예산은 품목별예산(line-item budget)이라고 하여 정부가 구입하는 물품이나 서비스를 품목별로 나열하고 이에 소요되는 경비를 표시하여 왔다. 그러므로 이 품목별 예산제도하에서는 그것을 왜 구입해야 하는지의 정부사업의 목표를 분명히 밝힐 수가 없었고, 나아가서는 그 예산으로써 이룬 사업성과도 제대로 측정할 수 없었다. 이러한 결점을 시정하기 위하여 성과주의 예산에서는 예산과목을 우선 기능별(목적별)로 나누고 각 기능별에 대하여 다시 사업계획 및 세부사업으로 분류한 다음, 각 세부사업에 대한 업무량을 수량적으로 표시하고 한 단위의 업무량을 산출하는 데 소요되는 비용을 계산하여, 이것을 가지고 각 세부사업의 예산액을 결정하였다.

이와 같이 성과주의 예산은 각 세부사업마다 가능한 한 업무측정단위를 선정하여 업무를 양적으로 표시케 하고, 나아가서는 예산을 원가에 기준한 합리적인 방법으로 편성케 하여 그 집행의 성과를 측정·분석·평가함으로써 효과적인 재정관리를 가능케 하는 제도라고 볼 수 있다.

그러나 성과주의예산은 여러 가지 이점이 있음에도 불구하고 다음과 같은 문제점을 내포하고 있었다. 첫째, 업무량의 수량적 측정과 그 비용계산이 용이하지 않다. 더욱이 원가비교를 통하여 행정능률을 비교·평가한다는 것은 완벽한 비교방법이라 할 수 없다. 둘째, 종래의 품목별 예산은 조직별·품목별·사용용도별로 구분되어 있어 각 조직(행정부처)간의 회계책임이 어느 정도 분명하게 제시되나, 성과주의예산에서는 예산유용의 범위가 확대되어 회계책임의 소재가 불분명해질 수 있다. 예산과목을 행정기능별로 나눌 때 행정조직을 사업내용에 적합하도록 재편성하지 않는 한 행정조직간의 마찰을 불러일으킬 수 있는 것이다. 셋째, 1년 이상의 장기건설기간을 요하는 정부투자활동에 대한 각 연도의 성과분석은 자칫 부정확한 결과를 초래할 수 있는 것이다.

1980년대 중반이후 미국, 영국, 호주, 뉴질랜드 등 선진각국을 중심으로 정부효율성 제고를 강조하면서 성과주의 예산제도가 재정개혁의 주요 과제로 다시 강조되고 있다. 즉 개별 사업들의 성과를 측정하고 이를 바탕으로 효율성을 높이기 위한 방안을 모색하는 것은 물론 사업의 성과를 예산과 연계하고자 하는 것이다. 한편 1950년대에 시행되었던 기존의 제도가 예산운영의 성과물로서 산출(output)과 그에 소요되는 비용에 초점을 두었다면, 새로운 제도는 결과(outcome)를 강조하고 있다는 점에서 차이를 발견할 수 있다. 경찰서비스를 예로 들자면, 범죄예방을 위해서 방범장비 운용이나 순찰을 강화하는 등 경찰서비스 제공을 확대할 수 있을 것이다. 여기서 방범장비 개수나 운용 시간, 그리고 순찰회수 등은 경찰서비스의 투입요소 및 산출물이지만 궁극적으로 중요한 것은 과연 이러한 활동을 통해서 범죄율이 얼마나 낮아졌는가 하는 결과의 측면인 것이다.

미국의 경우 1994년의 정부성과결과법(Government Perfromance & Results Act: GPRA)을 토대로 해서 재정성과관리제도의 운영이 시작되었는데, 부시 행정부하에서는 성과와 예산간의 연계를 더욱 강화하고자 개별사업 평가시스템인 PART (Program Assessment and Rating Tool)를 도입하여 운영하였다. 그러나 예산과정에서 의회가 주도적인 역할을 담당하는 미국의 정치현실에서 사후적인 성과정보를 예산과 연계하기가 어렵다는 한계가 인식됨에 따라 오바마 정부에서는 주요 핵심 성과목표에 대한 집중관리로 성과관리제도의 초점이 옮겨졌다.

우리나라의 경우 시범사업 실시 등을 거쳐 2003년 이후 재정성과관리제도를 도입하여 운영하고 있다. 중앙관서는 예산요구시에 그 임무수행을 위해 중장기적으로 추진하는 중점정책 방향인 전략목표와 주요 재정사업을 통해 달성하려는 복수의 성과목표 그리고 목표달성 여부를 측정하기 위한 척도인 성과지표를 체계적으로 기술한 성과계획서를 작성하여 예산당국에 제출하고, 결산시에 성과목표의 달성 여부를 자체 평가하여 기술한 성과보고서를 작성·제출하도록 하고 있다. 재정사업에 대한 성과평가 결과 미흡한 사업에 대해서는 다음 연도 예산을 일정부분 감액하는 등 성과와 예산의 연계가 일정부분 이루어지고 있다.

(3) 계획예산제도

계획예산제도(planning-programming-budgeting system: PPBS)란 장기적인 계획수립(planning)과 단기적인 예산편성(budgeting)을 사업계획작성(programming)을 가교로 하여 유기적으로 결합시킴으로써 자원배분에 관한 정부의 의사결정을 일관성 있게 합리적으로 행하고자 하는 예산제도이다.

PPBS는 제2차 세계대전 후인 1950년부터 미국의 랜드연구소(Rand Corporation)에서 체제분석(system analysis)을 본격적으로 개발하여 왔고, 여기서 개발된 기법이 1963년부터 미국 국방성의 예산편성에 적용됨으로써 시작되었다. 국방성에서의 성과를 바탕으로 하여 존슨 대통령(L. B. Johnson)이 1965년부터 정부의 모든 부처에 PPBS를 적용하도록 결정하였다. 그러나 이 제도는 그동안의 많은 노력에도 불구하고 이렇다할 큰 성공을 거두지 못하였다. 그렇지만 PPBS가 갖고 있는 정책분석상의 의미는 중요하며, 아직도 정부사업의 타당성 여부를 결정하는 데 있어서 PPBS를 통하여 발전된 기법들이 계속 응용되고 있으므로 이에 대한 연구는 여러 나라에서 여전히 지속되고 있다.

PPBS는 성과주의예산제도의 관리중심주의를 더욱 진전시켜 계획중심주의에 입각하여 예산을 목적지향적으로 편성하려는 것이다. 성과주의예산에서도 정부사업의 산출량(output)을 중시하고 이것을 측정·비교하려 하고 있으나, PPBS에서는 이것을 한 단계 더 진전시켜 산출량의 효과를 측정하는 데 외부효과(external effects)까지 고려하고, 비용계산도 원가에만 치중하는 것이 아니라 사회적 비용까지 고려하며, 이렇게 함으로써 여러 가지 대안들을 서로 비교하여 그 가운데서 가장 효율적인 것을 선택함으로써 이에 상응하는 예산액을 결정하고자 하는 것이다. 이렇게 대체적 프로그램들 사이의 비용과 편익의 비교분석은 PPBS의 핵심에 해당되는 부분이다.

PPBS는 경제분석의 기법을 이용하여 예산을 합리적으로 편성하고자 하는 것이나 이것을 실시하는 데는 많은 어려움이 있게 된다. 이의 문제점을 요약하면 다음과 같다. 첫째, 정부의 목적을 명확히 설정하는 데 어려움이 따른다. 정책의 여러 목적들은 상호의존성이 있고 목적을 달성하기 위한 제반 수단들도 다목적성을 가지고 있으므로 가장 중요한 작업인 대체적 프로그램을 구축하는 데 그 범위를 어디까지 포함시킬 것인가가 항상 불분명해진다.

둘째, 성과주의예산에서 지적된 문제점과 유사한 것으로, 최종산출물(output)을 양적으로 측정하기가 힘들고 이를 위한 자료가 부족하므로 효과분석에 어려움이 따르게 된다. 많은 정부사업들은 성질상 산출물과 투입물이 서로 혼합되어 있는 상태여서 이를 측정할 수 있는 지표가 불충분하므로 프로그램의 작성이 용이하지 않다. 설령 지표가 마련된다고 하더라도 자료의 부족으로 정확한 측정은 더욱 어렵게 된다. 예를 들어, 경찰업무의 성과(산출량)를 측정하는 지표로서 범죄 발생건수의 감소를 사용한다면 이것만으로 경찰업무의 진정한 성과를 반영하고 있다고 할 수 있겠는가 하는 문제와 이것 이외에 무엇을 추가하여야 하는가의 문제에 봉착하게 된다.

셋째, PPBS는 경제적 합리성을 너무 강조한 나머지 정치적 과정에 대한 배려가 부족하다는 점이다. 예를 들어, PPBS하에서는 예산을 국방과 사회복지 사이에 어떤 비율로 배분할 것인가에 대한 물음에 항상 정확한 답을 제공하여 준다고 할 수 없다. 이런 결정은 앞 장에서도 언급된 것처럼 최고정책결정권자의 정치적 판단이나 사회적 합의에 의하여 이루어질 수밖에 없다고 하겠는데, PPBS에서는 이러한 정치적 고려를 배제한 채, 너무 기술적인 면을 강조하여 예산결정을 마치 컴퓨터전문가에게 맡기는 식이 되어 버릴 가능성이 있는 것이다.[9]

(4) 영기준예산제도

영기준예산제도(zero-base budget: ZBB)란 예산편성시 전년도예산을 기준으로 하여 점증적으로 예산액을 책정하는 종래의 점증주의적 전년도 답습방식에서 벗어나, 전년도의 예산은 없는 것으로 보고(zero base), 근본적으로 모든 사업을 계획목표에 맞추어 재평가하여 그 우선순위에 따라 예산을 편성하는 일련의 과정을 의미한다.

통상적인 품목별예산제도는 주로 점증주의에 입각하고 있으며, 따라서 현년도 예산이 다음 해의 예산규모와 내용을 결정하는 가장 중요한 기준이 된다. 이러한 방법에 의하면 예산요구 및 조정시 여러 편의를 도모할 수 있고 이해관계자에게 설명하기 용이한 데 비하여, 한편으로는 예산편성에 있어서의 융통성은 극히 제한된다. 왜냐하면 대부분의 예산계획이 이미 법규정에 의하거나 정책적으로

9) Bernard P. Herber, *Modern Public Finance: The Study of Public Sector Economics*(Richard D. Irwin, Inc., 1971), Ch. 18.

결정되어 있기 때문이다.

ZBB는 위와 같은 예산편성의 융통성을 확대하고 예산의 관리기능과 계획기능을 조화시키려는 시도로 1970년대 후반에 새로이 제기된 예산제도이다. ZBB는 비록 실패로 끝나기는 하였지만 1962년 미국 농무성에서 실험적으로 시도된 일이 있다. 그러나 본격적인 ZBB 개발은 피터 피어르(Peter A. Pyhrr)[10]를 중심으로 한 연구팀에 의해 미국 Texas Instrument사의 예산편성에 적용되면서 시작된 것이라고 할 수 있으며, 1973년 당시 조지아(Georgia) 주지사였던 지미 카터(Jimmy Carter)에 의해 주예산 편성에 도입되어 성과를 거두었던 것이다. 그 후 카터가 1977년 미국대통령으로 당선되면서 ZBB를 연방정부에 적용하도록 지시하여, 1979년도 예산안을 국회에 제출하면서 카터 대통령은 이 예산안이 전적으로 ZBB에 의하여 편성되었고 또한 장기예측에 바탕을 둔 다년도 예산계획에 입각하여 편성되었음을 강조하였다.

ZBB가 갖고 있는 장점으로서는 예산편성과정에서 집행을 담당하고 있는 중간관리자들의 참여를 촉진함으로써 집행과정의 합리성을 확보할 수 있다는 것이다. 동시에 ZBB는 예산편성을 위한 하나의 기법이기는 하지만 구체적인 제도로서의 공과보다는 오히려 예산담당자들에게 하나의 새로운 사고방식, 즉 모든 것을 영(0)에서 다시 시작한다는 관념을 지니도록 한다는 점에서 높이 평가되어야 할 것이다. 또한 ZBB는 성과주의예산이나 PPBS와는 달리 어떠한 예산제도와도 공존할 수 있다.

그러나 ZBB 제도를 성공적으로 채택하는 데에는 다음과 같은 문제점이 지적되고 있다.

첫째, 분석기술의 부족, 시간과 지식의 제약 때문에 모든 프로그램을 해마다 사정하고 다시 되돌아가 평가·사정하기가 현실적으로 어렵다는 것이다. 또한 ZBB의 실현에는 필연적으로 방대한 자료처리의 문제가 따르게 되는데, 낮은 행정관리수준에서는 모든 프로그램을 전면적으로 영(0)기준에서 분석하기가 어렵다.

둘째, 의사결정패키지(package)의 양이 대단히 많아져서 그것을 작성하고 순위를 결정하는 데 엄청난 노력과 자원이 필요하다.

셋째, 중간 및 하위관리자가 예산편성에 참여한다고는 하나 결정권한이 대부

---

10) Peter A. Pyhrr, *Zero-Base Budgeting*(New York: John Wiley & Sons, 1973).

분 조직의 상층부에 집중되어 있는 경우에는 중간관리자가 결정한 우선순위는 빛을 보기가 어렵다.

넷째, 사기업과는 달리 공공부문에서는 조직간에 많은 이해관계가 복잡하게 얽혀 있고, 더욱이 예산구조 속에 재정의 경직성이 강한 요소(예: 국방비, 인건비 등)들이 많이 존재하고 있는데, 이럴 경우에는 영기준(zero-base)이라는 의미가 제대로 반영되기가 곤란하다.

(5) 통합예산제도

일반적으로 많은 나라의 정부는 행정예산(administrative budget)이라 하여 차기회계연도의 재정계획을 현금기준(cash basis)에 입각하여 편성하고 있다. 여기서 현금기준이라 함은 어떤 사업의 경비나 수입을 사전에 계획할 때 그 원인이 발생된 날을 기준으로 하지 않고 실제 수입의 입금일 및 실제로 지출되는 지불일을 기준으로 계획하는 것을 의미한다. 또한 행정예산에서는 정부의 모든 수입과 경비가 포함되기보다는 일부가 제외되고 있는 것이 일반적인 특징이다. 예로서 사회보장제도의 적립금, 고속도로 건설사업을 위한 위탁자금 그리고 공기업의 지출과 수입은 그 공기업이 중앙정부에 전적으로 속해 있지 않는 한 행정예산에서 제외된다.

그러나 1970년대부터 미국 등 선진국에서 새로운 예산개혁을 행하였는데, 통합예산제도(unified budget)가 바로 그것이다. 통합예산이란 현행 법정예산제도를 그대로 유지하면서 이와 병행하여 재정활동을 종합적으로 파악하고자 하는 것을 목적으로 하고 있으며, 위의 행정예산에 추가하여 각종 정부기금이라든가 비금융 공기업의 수지를 포함시키고 회계처리도 발생기준(accrual basis)에 따르고자 하는 것이다. 우리나라에서는 국제통화기금(IMF)의 권장에 따라 1979년부터 공공활동을 수행하는 모든 예산(일반회계와 특별회계) 및 각종 공공기금을 연차예산에 통합시키고, 세입과 세출을 경상거래와 자본거래로 구분하여 정부소비 및 정부투자 등 국민소득계정과 연결되도록 하는 통합예산을 작성하고 있다.

이처럼 작성된 통합예산은 재정이 국민소득에 미치는 효과를 파악할 수 있도록 해 줄 뿐만 아니라, 재정수지차를 보전하는 보전거래도 나타내고 있으므로 재정이 통화 및 국제수지에 미치는 효과를 또한 분명히 파악할 수 있는 유용한 예산이다.

제 3 절 우리나라의 예산제도

1. 예산의 종류

우리나라의 공공부문은 [그림 8-3]과 같이 정부부문과 정부 이외의 공공기관으로 크게 나누어진다. 정부부문은 중앙정부와 지방정부로 구성되는데 이를 일반정부라 한다. 그리고 공공기관은 공기업, 준정부기관, 기타공공기관으로 구분된다. 중앙정부의 재정은 일반회계와 특별회계로 구성되는 예산과 필요한 경우에 별도로 설치·운용되는 기금이 포함되는데, 이것이 우리나라의 통합예산을 구성한다. 제 1 장에서 이미 살펴본 바와 같이 우리나라에서 재정규모를 파악하는 기준으로 통합재정규모와 총지출규모 두 가지를 사용하고 있는데, 양자 모두 중복거래와 보전거래를 제외한다는 점에서는 같지만, 전자는 기금의 융자지출에서 융자회수를 차감한 순융자를 포함하는 반면 후자는 융자회수를 차감하지 않고 전체 융자지출을 포함한다는 차이가 있다. 이하에서는 예산의 종류와 내용을 세부적으로 살펴본다.

(1) 일반회계, 특별회계 및 기금

국가재정법 제 4조 제 1항은 "국가의 회계는 일반회계와 특별회계로 구분한다"고 규정하고, 이어서 제 3항은 특별회계의 설치요건으로서 "국가에서 특정한 사업을 운영하고자 할 때, 특정한 자금을 보유하여 운용하고자 할 때, 기타 특정한 세입으로 특정한 세출에 충당함으로써 일반회계와 구분하여 계리할 필요가 있을 때에 법률로써 설치한다"고 규정하고 있는데, 이러한 특별회계의 설치는 국가의 세입·세출이 하나로 통일되어 계리되어야 한다는 예산통일의 원리에 예외가 되고 있다.

2011년 현재 특별회계는 18개인데, 이를 성질별로 분류하면 정부기업에 대한 수지를 별도로 계리하기 위한 양곡관리, 책임운영기관, 조달, 우편사업, 우체국예금 등 5개의 기업특별회계와 기타 특정한 세입으로 특정한 세출을 충당하기 위하여 설치한 기타특별회계로 나뉘어진다.

그림 8-3 | 우리나라 통합예산의 포괄범위 (2011년도)

일반회계와 특별회계 또는 특별회계 상호간에는 상당한 전출입을 통한 교류가 있다. 상당한 수의 특별회계가 일반회계로부터의 전출금을 그 세입으로 충당하고 있는가 하면, 특별회계에서 이익금이 생기면 전부 또는 일부를 일반회계에 전입할 수 있도록 하고 있다. 이러한 전출입관계로 인하여 일반회계와 특별회계간 및 특별회계 상호간에는 세입·세출에 많은 중복이 있게 되므로 진정한 국가의 예산규모를 파악하려면 이러한 중복액을 공제하여야 한다.

지금까지 살펴본 일반회계와 특별회계 외에도 중앙정부는 사업운용상 필요한 경우 법률에 의해 공공기금을 설치하고 이를 세입세출예산 외로 운용할 수 있도록 하고 있다. [그림 8-3]에 제시된 바와 같이 2011년 현재 총 65개의 기금이 설치되어 있는데, 그 기금의 재원은 일반회계로부터의 전입금, 각종 부담금, 보험료 등 자체수입 그리고 융자 회수금 등 다양한 방식으로 조달되고 있다. 공공기금은 그것이 비록 특정목적을 위하여 예산 외로 운용되고 있다 하더라도 그 기금의 사업내용이나 재원조달방법, 경제적 효과 등에서 볼 때 일반정부의 활동범주에 속하는 경우가 많다. 따라서 앞 절에서도 밝혔듯이 재정의 국민경제적 효과를 파악하기 위해서는 공공기금을 포함한 총체적인 재정분석체계가 필요한 것이고, 이것이 바로 통합예산의 골격인 것이다. 현재 우리나라는 IMF의 재정통계지침(Government Finance Statistics Manual: GFSM)에 따라 일반정부를 대상으로 하는 통합재정 통계를 작성[11]하고 있는데. 중앙정부의 경우 일반회계와 특별회계 그리고 신용보증기금과 같은 금융성 기금들과 외국환평형기금을 제외한 나머지 기금들을 포함하고 있다.

(2) 본예산·추가경정예산·준예산

본예산이란 국회에서 최초로 의결·확정된 예산을 말하며, 이를 당초예산이라고 한다. 그런데 헌법 제56조는 "정부는 예산에 변경을 가할 필요가 있을 때에는 추가경정예산을 편성하여 국회에 제출할 수 있다"고 규정하고 있는데, 이 추가경정예산은 원칙적으로 예산이 국회를 통과하여 확정된 후에 생긴 여러 사유때문에 이미 성립된 본예산에 변경을 가할 필요가 있을 때 편성되는 예산이다. 예를 들어, 2008년 하반기에 발생한 세계적 금융위기로 인하여 경제위기가 발생

11) 지방정부의 경우에도 통합재정규모를 발표하고 있으나 중앙과 지방을 합한 일반정부의 통합재정규모는 아직 발표되고 있지 않음.

하자 2009년 4월 그 관련대책을 포함하는 추경예산이 편성되었다.

준예산이란 본예산이 회계연도개시 전까지 국회에서 의결되지 못한 때에는 특정경비에 한하여 전년도예산에 준하여 지출하는 예산을 뜻한다. 헌법 제54조 제 2 항은 "… 국회는 회계연도개시 30일 전까지 이(예산안)를 의결하여야 한다"고 규정하고, 제 3 항에서는 새로운 회계연도가 개시될 때까지 예산안이 의결되지 못한 때에는 정부는 국회에서 예산안이 의결될 때까지 ① 헌법이나 법률에 의하여 설치된 기관 또는 시설의 유지 · 운영, ② 법률상 지출의무의 이행, ③ 이미 예산으로 승인된 사업의 계속을 위한 경비 등을 전년도예산에 준하여 집행할 수 있도록 규정하고 있다. 우리나라는 1960년 제 3 차 개헌시 헌법에 이 규정을 도입하였으나 아직까지 준예산을 집행한 사실은 없다.

2. 예산의 절차

(1) 예산의 편성

우리나라 헌법에 따라 예산편성은 행정부에 의해서 이루어진다. 행정부의 예산편성작업은 국가재정법 및 제 법령의 규정과 실제상의 관례에 따라 이루어지는데, 각 중앙관서 장들에 의한 중기사업계획서의 제출, 기획재정부 장관의 예산편성지침의 통보와 각 중앙관서 장들에 의한 예산요구서 제출 그리고 기획재정부의 예산안 편성 및 국회제출 등의 절차를 거치게 된다

각 중앙관서의 장은 매년 1월 31일까지 당해 회계연도부터 5회계연도 이상의 기간 동안의 신규사업 등에 대한 중기사업계획서를 기획재정부장관에게 제출하여야 한다. 한편 정부는 국가재정운용계획을 수립하여 예산안과 함께 국회에 제출하도록 하고 있는데, 이는 중기적 시각에서의 사업계획과 단기적인 예산을 연계 운용함으로써 자원배분의 효율성을 제고하기 위한 것이다. 기획재정부장관은 매년 4월 30일까지 예산안편성지침을 중앙관서의 장들에게 통보하게 되는데 이때 국가재정운용계획과 예산편성을 연계하기 위하여 중앙관서별 지출한도를 포함하게 된다. 각 중앙관서의 장은 6월 30일까지 예산요구서를 기획재정부장관에게 제출하여야 한다. 기획재정부 예산실은 이것을 종합하여 검토하게 되는데, 이 작업을 사정(査定)이라 부른다. 사정은 보통 7월부터 9월에 걸쳐 예산실의 예산담당관에 의해 각 부처별로 행해지는데, 이때 자원배분, 소득재분배, 경제의 안

정과 성장 등에 미치는 정부재정수지의 효과가 종합적으로 평가되면서 사회적 긴요도 및 세입 요인 등을 고려하여 필요한 조정을 행하게 된다. 국무회의 심의를 거쳐 대통령의 승인을 얻은 예산안은 회계연도 개시 90일 전까지 국회에 제출하여야 하며, 국회는 회계연도개시 30일 전까지 이를 심의·의결하여야 한다.

(2) 예산의 심의 의결

국회에 회부된 예산안은 정부의 시정연설, 소관 상임위원회에서의 예비심사, 예산결산특별위원회(예결위)에서의 종합심사, 본회의 심의·의결 과정을 거쳐 정부로 이송된다. 상임위원회에서의 심사는 예비적 심사로서 예결위원회를 구속하지는 않지만 상임위원회에서 삭감한 예산금액을 증가시킬 때에는 해당 상임위원회의 동의를 받도록 하고 있다. 예결위에서는 제안 설명과 전문위원 검토보고, 정책질의, 심사, 조정소위원회 조정을 거쳐 의결이 이루어지는 등의 과정을 거치게 된다. 한편 '예산안 및 기금운용계획안 조정소위원회'에서 조정된 예산안은 예결위 전체회의나 본회의에서 수정되지 않고 원안대로 확정되고 있어 실질적인 예산안의 조정은 조정소위원회에서 이루어진다고 할 수 있다.

예결위의 심사를 거친 예산안은 국회 본회의에 상정되어 회계연도 시작 30일, 즉 12월 2일까지 심의 의결하도록 하고 있는데, 이 일자가 지켜지는 경우는 그리 많지 않은 것이 현실이다.

(3) 예산의 집행

예산이 국회의 의결을 거쳐 성립되면 정부는 예산이 정하는 바에 따라 각 중앙관서의 장에게 이를 배정하게 된다. 예산배정에 대한 절차를 보면, 우선 각 중앙관서의 장이 '예산배정요구서'를 기획재정부장관에게 제출하고, 한편으로 '세입예산 월별징수계획서'와 '세출예산 월별지출계획서'를 기획재정부장관에게 또한 제출한다. 기획재정부장관은 이를 근거로 하여 '월별자금계획서'를 작성하고 분기별로 예산배정계획을 작성하여 국무회의의 심의를 거쳐 대통령의 승인을 얻게 된다.

대통령의 승인을 얻음으로써 각 부처에 분기별로 배정된 예산은 즉시 집행되어야 함이 원칙이다. 종래에는 예산이 배정되어도 자금공급이 즉각적으로 이루어지지 못해 사업을 계획적으로 집행할 수 없는 폐단이 있었다. 현행 국가재정법에는 이러한 폐단을 줄이고 분기별예산배정계획과 월별자금계획이 유기적으로 작성되도록 규정하고 있다.

(4) 예산의 결산

예산집행이 회계연도에 걸쳐 완료되면, 다음 연도의 2월말까지 각 중앙관서의 장은 '세입 · 세출의 결산보고서' 등을 작성하여 기획재정부장관에게 제출하여야 한다. 기획재정부장관은 이와 병행하여 4월 초순까지 출납사무를 마감하게 된다. 기획재정부장관은 결산에 관한 제 보고서를 4월 10일까지 감사원장에게 제출하며, 감사원은 결산을 검사하고 그 검사보고서를 5월 20일까지 기획재정부장관에게 송부하여야 한다. 행정부는 감사원의 검사를 거친 세입 · 세출결산을 5월 31일까지 국회에 제출하도록 되어 있다.

이상에서 우리나라의 예산의 편성, 집행 및 결산과정을 개략적으로 살펴보았는데, 결국 예산은 그것을 사전에 편성하고 심의하는 데 1년을 요하고, 집행에 1년, 사후의 결산에 또 1년을 요하여 합계 3개년의 생명을 가지고 있다. 이러한 과정은 일정한 시간과 절차에 따라 규칙적으로 되풀이하는 것이기 때문에 그 시간적 규칙성을 강조하여 예산순환(budget cycle)이라고 한다.

CHAPTER 09

The Modern Public Finance

공공지출의 경제성분석 (비용-편익분석)

제 1 절 비용-편익분석의 기본개념

1. 기본개념

정부가 달성해야 하는 각종 투자사업은 모두 예산 속에 편성되어 집행되는 것이며, 따라서 정부의 투자사업은 예산의 편성과 심의과정에서 경제적 효율성을 충분히 고려하여 결정되어야 한다. 이것은 공공투자사업의 타당성 검토가 그만큼 중요함을 의미하는 것이다.

공공투자사업의 경제적 타당성분석에 대한 이론적 연구는 그 역사가 그리 길지 못하다. 과거에는 공공분야에 대한 경제학적인 연구가 주로 조세문제에 국한되어 있었고, 공공지출문제는 상당히 경시되어 온 탓이기도 하였다. 그러나 1950년대 이후 후생경제학(welfare economics)의 발전과 더불어 공공경제학(public economics)의 이론이 본격적으로 개발되면서 정부부문에서의 공공지출 효율화문제가 주요한 연구대상이 되었으며, 주된 관심은 사회후생의 극대화라는 전제하에서 민간지출과 공공지출간의 균형을 어떻게 유지시키느냐에 있었다.

또 한편 제한된 자원의 합리적 이용을 위해서는 공공투자는 민간투자만큼 혹은 그보다 더 효율적이라야만 그 당위성이 존재한다는 논리 아래 양 부문의 투자효율에 대한 비교분석이 활발하게 전개되었는데, 이에 따라 개발된 경제적 분석방법이 비용－편익분석(cost-benefit analysis; 이하 B/C분석이라 칭함)이다.[1)]

그림 9-1 | 주어져 있는 예산을 두 개의 공공사업간에 할당할 경우

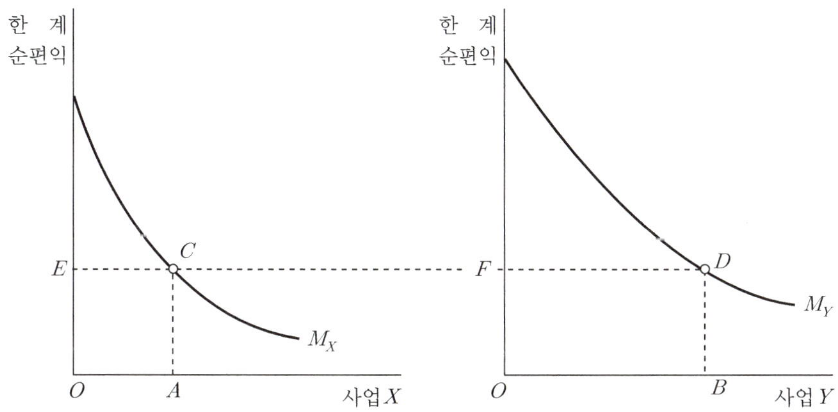

B/C 분석에서의 의사결정에 관한 기본원칙은 어떠한 상황에서도 순편익(net benefit)을 가장 많이 제공해 주는 대안(공공투자사업)을 선택하라는 것이다.[2] 여러 개의 대안들 가운데서 예산의 제약 때문에 몇 개의 사업만을 선정해야 할 경우에도 순편익이 큰 순서로 선택하는 것이 일반적인 규칙이라고 하겠다. 간단한 예를 두 가지 정도 들어 보자. 가장 간단한 첫번째의 예로서, 예산이 일단 주어져 있다고 가정하고 이 주어진 예산(자금)을 두 가지의 필요사업(X와 Y)에 할당하고자 한다고 하자. 이제 일정한 예산이 마련되어 있고 이 자금으로 공공사업 X 와 Y를 추진하고자 할 때 투자심사자가 우선 해야 할 것은 각 사업에 소요되는 비용과 그 사업에서 발생하는 편익을 추정하는 일이다. 양 사업에 자금을 방출할 때의 기본목표는 양 사업으로부터 최대의 효과를 발생시키고자 하는 것이다. 다시 말하여 총편익과 총비용을 고려한 순편익을 극대화시키는 것이다.

이와 같은 것은 [그림 9－1]에 나타나 있다. 그림에서 M_X와 M_Y곡선은 공공

1) B/C 분석을 이론적으로 정리한 문헌으로 A. R. Prest and R. Turvey, "Cost－Benefit Analysis: A Survey," *The Economic Journal*, vol. 75, No. 300(Decemben 1965), pp. 683－735 및 E. J. Mishan, *Cost－Benefit Analysis*(New York: Prageger, 1976) 등을 들 수 있다.

2) 이러한 원칙은 제 2 장 제 5 절에서 소개한 칼도－힉스 기준에 의해서도 지지를 받은 바 있다.

사업 X와 Y에 추가적인 한 단위의 경비를 지불할 때 발생하는 한계순편익을 보여 주고 있다. 사업 X에 추가적인 한 단위의 경비를 지불함으로써 발생하는 기회비용은 그 돈을 사업 X에 사용함으로써 희생된 Y사업의 편익의 손실분이다. 이렇게 볼 때 사업 X와 Y로부터 발생하는 순편익의 합을 극대화하기 위해서는 사업 X에서 발생하는 한계순편익과 사업 Y에서 발생하는 한계순편익이 서로 일치되도록 예산을 사업 X와 Y에게 분배시키면 된다. 즉, X사업에 OA만큼 지불하고 Y사업에 OB만큼 지불하여 $AC = BD$가 되게 하고, $OA + OB =$ 예산규모가 되도록 하여야 할 것이다.

이상에서 살펴본 첫번째의 예는 예산이 사업 X와 Y간에 분명하게 배분되어져야 한다는 원칙 아래에서 한계적(marginal) 개념을 적용한 경우이다. 그러나 때에 따라서는 예산이 모든 사업에 배분되기 어려워 몇 개의 사업에 한정될 수밖에 없고, 이럴 경우엔 바로 위에서 언급한 한계순편익의 일치에 의한 예산의 배정은 불가능하게 된다.

그러면 주어져 있는 예산을 가지고 여러 개의 사업 중에서 몇 개만 선택하여야 할 경우에는 어떻게 하여야 될 것인가? 두 번째의 예를 통해 이를 살펴보자. 예산액이 700억원으로 주어져 있다 하고 7개의 도로사업을 고려대상으로 하여 이 중에서 몇 개의 사업을 예산의 범위 내에서 선택하고자 한다 하자. [표 9-1]에서 보는 바와 같이 사업 Ⅰ에서 사업 Ⅶ까지 각각의 비용과 편익이 계산되어 있다. 어느 사업을 선택할 것인가는 주어진 예산하에서 총편익을 극대화시키는

표 9-1 | 주어진 예산하의 사업선택

(단위 : 1억원)

사안	비용(C)	편익(B)	순편익($B-C$)	B/C비율
Ⅰ	200	400	200 (1)	2.0 (2)
Ⅱ	145	175	30 (4)	1.2 (5)
Ⅲ	80	104	24 (5)	1.3 (4)
Ⅳ	50	125	75 (3)	2.5 (1)
Ⅴ	300	420	120 (2)	1.4 (3)
Ⅵ	125	125	0 (6)	1.0 (6)
Ⅶ	300	270	−30 (7)	0.9 (7)

주 : ( )속의 숫자는 순위를 표시함.

방향으로 정해져야 한다. 단지 여기서는 이를 위해서 각 사업의 순편익($B-C$)을 비교하여 순편익이 큰 사업부터 선정하여야 할 것이다. 즉, 순편익을 극대화하는 것이다. 따라서 700억원의 예산으로 사업 Ⅰ, Ⅴ, Ⅳ 그리고 Ⅱ가 선정될 것이며, 이때의 총비용은 695억원, 총편익은 1,120억원이며, 순편익의 합계는 425억원이 된다.

그런데 여기서 유의하여야 할 것은 사업을 선택하는 데 있어 순편익의 규모를 기준으로 하는 것이 항상 최선의 방법이냐 하는 문제이다. 순편익의 규모에 기준을 둘 경우 사업들간의 비용의 규모가 서로 틀리면 자연히 대규모의 사업에서 순편익이 크게 될 것인데, 그렇게 되면 예산이 허용하는 범위 내에서 규모가 큰 사업만 선정된다는 결과를 얻게 된다. 이러한 문제점을 극복하기 위하여 편익/비용비율(B/C ratio)에 의해 순위를 결정하는 방법을 생각해 볼 수 있겠다. 물론 B/C 비율에 기준을 둘 경우에도 잘못된 선택을 하게 될 때가 자주 생긴다. [표 9－1]에서만 하더라도 B/C 비율의 크기에 의해 사업을 선정하면 사업 Ⅱ 대신에 사업 Ⅲ이 선택될 것인데, 순편익의 규모에 기준을 둘 경우보다 총편익이 71억원 감소하고 순편익이 6억원 감소하는 결과를 갖게 된다. 더욱이 B/C 비율에 따를 때에는 사업의 여러 가지 불리한 간접적인 효과를 비용으로 처리하느냐 혹은 부의 편익으로 처리할 것이냐에 따라 B/C 비율이 달라질 수 있으며, 따라서 사업선택도 달라지는 문제가 발생한다. 마찬가지로 유리한 효과를 편익으로 계산하느냐 혹은 부의 비용으로 계산하느냐에 따라 상이한 B/C 비율을 얻게 된다. 순편익의 크기를 사업선정의 기준으로 할 경우에는 최소한 이러한 문제는 발생하지 않는다.

일반적으로 여러 사업 중 몇 가지를 선택할 경우에는 가능한 한 순편익의 극대화를 추구하는 것이 가장 바람직하다. 물론 한 개의 단일사업을 놓고 그 채택여부를 결정할 때에는 순편익을 기준으로 하든 혹은 B/C 비율을 기준으로 하든 결론에는 차이가 없다. B/C 비율이 1보다 크든가 혹은 순편익이 0보다 크면 그 사업은 타당성이 있기 때문이다. 그리고 나중에 할인율을 설명할 때 다시 언급되겠지만, 사업의 내부수익률(internal rate of return)을 계산하여 이것이 할인율보다 크면 그 사업은 타당성이 있는 것이며, 여러 사업의 우선순위도 내부수익률의 크기에 의해 결정될 수 있다.

2. 사업편익과 소비자잉여

제 2 장에서 소비자잉여(consumer's surplus)의 개념을 소개하면서 이것은 소비자가 지불할 의사가 있는 금액(willingness to pay)과 실제로 지불하는 금액(actual payment)간의 차이에 해당되는 것이라고 설명하였다([그림 2-1] 참조). 한편 사업의 편익이란 후생경제학적 논리로 볼 때 그 사업에 대해 소비자가 지불할 의사가 있는 금액으로 평가되는 것이 가장 바람직하다. 이렇게 볼 때 사업에서 기대되는 순편익이란 바로 그 사업의 소비자잉여를 뜻하게 된다. 경우에 따라서는 사업의 총편익이 소비자잉여의 증가분과 같은 개념이 된다. 이 관계를 다음의 [그림 9-2]를 통해 살펴보자.

도로를 예로 하여 이 도로가 제공하는 서비스의 수요곡선이 그림의 JK선과 같이 주어져 있다고 하자. 도로가 제공하는 서비스란 이 도로를 이용하는 여행자의 도로이용(여행)이라 할 수 있다. 만약 여행을 하는 데 아무런 비용이 발생하지 않는다면 여행자(소비자)는 OK만큼의 여행을 택할 것이고, 이때의 소비자잉여는 OJK의 면적이 된다. 그러나 여행에는 분명히 비용이 발생한다. 휘발유비, 자동

그림 9-2 | 사업편익과 소비자잉여

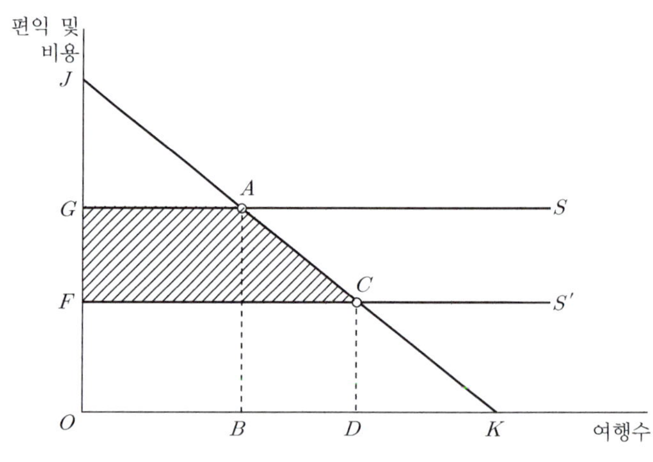

차소모비 그리고 시간의 손실 등이 바로 도로를 사용하는 여행비용이다. 만약 이와 같은 사용자비용이 여행건수당 OG만큼 발생한다면 GS선이 여행의 비용(공급)곡선이 될 것이며, OB만큼의 여행이 이루어질 것이다. 이때의 소비자잉여는 GJA의 면적이 된다.

이제 정부가 여행자의 편의를 위하여 기존도로를 확장하고 포장도 새로이 한다고 하자. 도로조건이 좋아졌으므로 여행자의 여행비용이 감소할 것은 분명하다. 여행시간이 절감될 것이고 휘발유 및 기타 소모비가 줄어들기 때문이다. 이렇게 감소된 사용자비용이 여행건수당 OF라고 하면 FS'선이 새로운 비용(공급)곡선이 되며, 여행수는 OD로 증가하게 될 것이다. 이 때의 소비자잉여는 FJC의 면적이 된다.

이처럼 [그림 9－2]에서 보듯이 도로의 확장 · 보수사업에 의하여 여행비용이 감소하였고, 여행수(도로이용도)가 증가되었으며, 따라서 소비자잉여가 $FGAC$면적만큼 증가하게 되었다. 이 소비자잉여의 증가분이 도로의 확장 · 보수사업에 의하여 발생한 사업편익이며, 이것이 도로의 확장 · 보수사업에 투하한 투자비용(건설비 · 유지관리비 등)보다 크다면 그 사업은 타당성이 있게 되는 것이다.

3. 비용-편익분석의 절차

비용－편익분석의 절차는 대체로 9가지 단계를 거쳐 이루어진다.

1단계 : 공공투자 사업에 의해 영향을 받게 되는 자(그룹)가 누구인가를 파악한다. 즉, 이 사업에 의해 혜택받는 그룹과 피해를 보는(비용을 부담하는)그룹이 누구인가를 파악한다.

2단계 : 사업의 목표를 달성할 수 있는 대안들이 어떤 것들인지 결정한다. 현상유지(사업을 안 하는 것)도 하나의 대안으로 검토될 수 있다.

3단계 : 선정된 대안들에 의한 잠재적 효과들을 구체적으로 나열하고 이러한 효과들을 측정할 수 있는 지표(indicator)들을 선정한다. 긍정적(+)효과와 부정적(－)효과 모두를 포함한다.

4단계 : 사업의 전 기간에 걸쳐 발생할 양적 효과를 예측한다.

5단계 : 모든 효과를 화폐단위로 측정하고 수치화한다.

6단계 : 현재가치를 구하기 위하여 측정한 값을 적절한 할인율(discount rate)

로 할인한다.

7단계 : 측정된 편익과 비용을 합산한다.

8단계 : 1개 이상의 민감도분석(sensitivity analysis)을 행한다.

9단계 : 가장 큰 순편익(순현재가치) 또는 비용-편익 비율을 가져다 주는 대안을 추천한다.

이와 같은 9가지 단계는 얼뜻 간단한 것 같으나 각 단계에서 많은 어려움에 직면하게 된다. 예컨대, 이 사업에 의해 혜택을 받는 그룹과 피해를 보는 그룹이 누구인가를 파악하기 어렵다. 또한 장기에 걸쳐 발생하는 효과들을 양적으로 정확히 예측하고 측정하기가 매우 어렵다. 때에 따라선 직접적인 측정이 불가능할 경우가 있다. 정부가 수행하는 공공투자사업의 목표가 다양할 때 더욱 어려워진다. 따라서 비용－편익분석을 행할 때엔 철저한 사전준비와 분석기법을 잘 마련하여 분석해야 할 것이다.[3)]

제 2 절 비용-편익분석방법

1. 비용 - 편익분석의 가정(문제점)

B/*C*분석은 정부투자사업이나 정부활동의 선택을 제시해 주는 의사결정수단이다. 투자사업의 전 기간(project life)에 걸쳐 발생하는 모든 편익과 비용을 현재가치로 환산하여 순편익의 현재가치(net present value)가 正(+)으로 나타나면 그 사업은 경제적으로 타당성이 있는 것으로 평가된다.[4)] *B*/*C*분석이 내포하고 있는

3) 1970년대에 들어서면서 비용－편익분석의 방법론이 급속히 개발되었는데, UN, OECD 및 세계은행(IBRD) 등에서 이에 관한 각종 Manual이 발간되었다. 대표적인 것을 소개하면 다음과 같다. P. Dasqupta, A. Sen and S. Marglin, *Guidelines for Project Evaluation*(United Nations, 1972); I. M. D. Little and J. A. Mirrlees, *Project Appraisal and Planning for Developing Countries*(Paris: O.E.C.D., 1974); Lyn Squire and H. G. van der Tak, *Economic Analysis of Projects*(World Bank Publication, 1975).

4) 이것을 공식화하면

$$\sum_{t=1}^{n}\frac{B_t - C_t}{(1+r)^t} > 0\text{이며,}$$

가정과 이에 따른 문제점을 살펴보기로 하자.

B/C분석이 갖고 있는 첫번째의 가정 및 문제점은 소득분배의 형평성에 관한 것이다. 공공사업은 민간부문의 이윤추구와는 달리 사회 전체의 후생증대를 목적으로 하고 있다. 사회후생(social welfare)을 증대시킬 수 있는 경우로서는 다음 세 가지를 생각할 수 있다.

첫째, 공공사업을 통해 사회구성원 개개인의 후생이 모두 증가하는 경우

둘째, 공공사업을 통해 사회구성원 중 일부 그룹의 후생이 증가하나 나머지 그룹의 후생에는 아무런 변화가 없는 경우[5]

셋째, 공공사업을 통해 사회구성원 중 일부 그룹에는 후생의 증가가, 나머지 그룹에는 후생의 감소가 이루어지는데, 후생의 총증가가 총감소보다 클 때, 즉 순증이 존재할 경우이다.

공공투자분석에 있어 문제점으로 대두되는 것은 위 세 가지 중 세 번째의 경우이다. B/C분석에서 순편익의 현재가치가 正이라는 것은 사회적후생의 순증을 의미하고 있으며, 나아가서 이 순편익으로 후생의 손실을 가져온 사람들을 보상할 수 있다는 것을 가정하고 있다.[6] 그러나 얻은 자와 잃은 자를 분명히 구별하여 이에 따른 적절한 소득재분배를 해 주는 조세정책 내지 재정정책의 메커니즘이 분명히 존재하지 않는 한, B/C분석에서 가정하고 있는 순편익의 소득재분배 역할은 모호해질 수밖에 없다. 현실적으로 각종의 공공사업에 맞추어 조세정책을 수시로 변동시킨다는 것은 불가능한 일이고, 따라서 B/C분석에서는 조세정책을 일단 주어져 있는 상황으로 간주할 수밖에 없으므로 B/C분석은 형평성을 제고시키는데에는 본질적 취약성을 내포하고 있다. B/C분석은 형평성 측면에 대한 고려를 완전히 배제하는 것은 아니지만 대체로 효율성 측면에 초점을 맞추고 있다고 하겠다.

B/C분석에서 두 번째의 중요한 가정 및 문제점은 분석에서 완전경쟁 상태를 상상하고 있다는 것이다. 모든 투입물과 산출물의 가격을 실제의 시장가격에 따르는 것이 아니라 완전경쟁이 이루어졌을 때 존재할 수 있는 가격으로 환산하

t는 시간(연수), r은 사회적 할인율을 표시한다.

5) 첫째와 둘째의 경우는 남을 해침이 없이 자신이 더 좋아질 수 있는 파레토개선의 경우로서, 사업을 선정하는 데에 문제가 없다. 이를 파레토기준(Pareto criterion)이라고 한다.

6) 이것은 보상원칙에 입각하여 사업을 선정하는 것을 의미하며 이를 칼도－힉스기준(Kaldor-Hicks criterion)이라고 한다.

고 이것을 이용하여 모든 가치를 측정하는 것이다. 다시 말하여 모든 비용과 편익은 잠재가격(shadow price)[7]으로 계산하여야 하는데, 이렇게 하는 근거는 논리적으로 잠재가격이 진정한 사회적 편익과 사회적 비용을 대변하고 있기 때문이다. *B*/*C*분석이 갖는 큰 어려움은 이 잠재가격을 얼마만큼 정확히 추정할 수 있느냐 하는 것이다.

끝으로, *B*/*C*분석의 또 다른 중요한 가정은 공공사업의 효과가 발생하는 동안 타부문 재화간의 상대가격에 변화가 일어나지 않는다는 것이다.[8] 이러한 가정 없이는 사업기간 동안의 모든 비용과 편익을 측정하는 데 있어 일률적인 기준 아래에서 측정하는 것이 불가능해진다. 특히 사업기간중에 재화간의 상대가격에 변동이 없다면 인플레이션 효과를 어느 정도 경시할 수 있기 때문에 *B*/*C*분석이 아주 편리해질 수 있는 것이다. 그러나 이러한 상대가격의 변화가 없다는 가정은 후진국에서는 문제점으로 대두된다. 후진국처럼 시장규모가 비교적 작은 나라에서는 대규모 공공사업을 추진할 때 타재화간의 상대가격에 큰 변화를 줄 가능성이 너무나 많고 따라서 다양한 외부효과들이 발생하게 되는데, 현실적으로는 이런 외부효과들에 의해 사업의 타당성이 크게 영향을 받으므로 분석에 많은 어려움이 야기되고 있다.

2. 비용과 편익의 유형

모든 비용과 편익은 다음과 같은 유형으로 분류될 수 있다.

첫째, 비용과 편익은 실질적(real)인 것과 금전적(pecuniary)인 것으로 구분되며, *B*/*C*분석에서는 오직 실질적인 비용과 편익만이 고려된다.

둘째, 실질적인 비용과 편익은 ① 직접적(direct)인 것과 간접적(indirect)인 것, ② 내부적(internal)인 것과 외부적(external)인 것, ③ 유형적(tangible)인 것과 무형

---

7) 잠재가격의 개념은 상당히 논쟁의 대상이 될 수 있겠는데, 일반적으로 말하여 재화가 갖는 '진정한 가격'으로 규정할 수 있다. 따라서 완전경쟁에서의 균형상태에서 존재하는 가격이며 재화가 갖는 기회비용(opportunity cost)에 해당된다. 잠재가격에 관한 구체적인 예가 다음 절에서 언급된다.

8) Aaron Wildavsky, "The Political Economy of Efficiency: Cost-Benefit Analysis, System Analysis and Program Budgeting," *Public Administration Review*(December 1966), pp. 292~310.

표 9-2 | 비용과 편익의 유형의 예

	편익	비용
	<관개사업>	
실질적		
직접 유형	농작물의 증가	자재비, 인건비 등
무형	깨끗한 환경	자연미의 파괴
간접 유형	침식방지	분수(division of water)
무형	농촌사회의 보존	야생동물의 감소
금전적	농기구산업의 상대적 향상	
	<교육사업>	
실질적		
직접 유형	장래소득의 증가	학생의 현재소득상실, 등록금, 시설비 등
무형	풍부한 문화생활	여가시간의 상실
간접 유형	범죄방지비용의 감소	
무형	현명한 투표자	지능적인 범죄
금전적	교원의 봉급인상	

적(intangible)인 것으로 다시 구분되는데, 계량적인 측정이 가능한 한 이 모든 것은 비용과 편익의 계산에 포함되어야 한다. 특히 사업평가의 대상이 공공재(공공사업)인 경우에는 이 사업을 통해 외부효과가 발생하게 되는데, 때에 따라 이 외부효과가 간접·무형적으로 나타날 수가 있다. 무리한 방법을 통해 이러한 효과들을 과대측정하는 것도 큰 문제이지만, 적절한 측정방법이 발견되면 이 효과가 실질적인 것인 한 모두 측정되어야 한다.

이와 같은 비용과 편익의 유형에 대한 예가 [표 9－2]에 제시되어 있다.

(1) 실질적 대 금전적

실질적인 비용과 편익과 금전적인 비용과 편익의 구분은 경제분석에 있어서 가장 중요한 작업이다. 실질적인 편익은 공공사업의 최종소비자가 얻는 편익이며, 이것은 사회복지의 증가를 반영한다. 이 편익은 해당사업에서 발생되는 실질적인 비용, 즉 대체적인 사업에 사용될 자원을 이 사업으로 이전시킴으로써 희생(포기)된 편익과 비교함으로써 그 사업의 타당성 여부를 결정하게 된다. 여기서 말하는 실질적인 비용이란 다시 말하여 자원의 기회비용을 뜻하는 것이다.

한편 금전적 비용과 편익은 공공사업에 의해 빚어진 화폐적 가격의 변화 때문에 발생한 것들이다. 공공사업에 의해 어떤 부문이 이득을 얻게 되는데, 그것이

다른 부문의 손실에 의하여 발생된 것이라면 그 이득은 사회 전체의 이득을 의미하지 않는다. 예를 들어 도로사업이 진행되어 그 지역의 노동자들이 대량으로 고용될 때 그 노동자의 임금은 노동생산성과는 관계 없이 상승하게 된다. 이러한 임금의 상승은 노동자들에게는 당연히 이익이지만, 한편으로 임금의 상승 때문에 정부가 재원조달을 위해 타산업부문에 고율의 세금을 부과하게 되고, 그렇게 되면 타산업부문에서 생산이 위축되어 노동수요가 감소되므로 타산업부문에서의 임금은 하락하게 될 것이다. 결국 도로사업부문에서의 임금의 상승은 타산업부문에서의 임금의 하락으로 상쇄될 수 있다는 말이다. 그러므로 도로사업에 의한 임금상승은 그것이 노동생산성과 관련이 없다면 어디까지나 금전적 편익에 불과할 뿐이며, 그 지역의 노동자들에게 소득의 증가가 이루어졌다 하여 소득증가분을 편익에 포함시킨다면 사회 전체로 볼 때 과대 편익계산의 잘못을 범하게 된다. 또 한 가지 예로서, 새로운 도로에 의해 주위의 토지가 개발되어 토지의 생산성이 증가된다면 이것은 분명히 실질적 편익이다. 그러나 도로가 신설됨으로써 투기심리 때문에 공연히 주위의 땅값이 상승한다면 이것은 금전적 편익에 불과한 것이다. 마찬가지로 신설된 도로의 노변에 있는 여관이나 음식점들이 보다 더 많은 수입을 올리게 된다면 이것은 대부분 금전적 편익이며, 이러한 수입증가는 다른 지역에서의 수입감소를 유발시켰을 것이므로 서로 상쇄되어야 할 것이다. 이렇게 볼 때 정부의 공공사업에 의해 발생되는 지역개발효과들은 대체로 금전적 효과로 간주된다.

(2) 직접적 대 간접적

실질적인 비용과 편익은 직접적일 수도 있고 간접적일 수도 있다. 양자간의 구별이 항상 분명한 것은 아니지만, 직접적인 것은 공공사업의 일차적인 목적과 관련된 비용 및 편익을 뜻하며, 간접적인 것은 이차적인 목적, 즉 부산물의 성격을 가지고 있는 비용과 편익을 가리킨다. 예를 들어 댐을 건설하는 일차적인 목적이 홍수방지에 있다면 직접적인 편익은 홍수방지에 의한 농작물수확의 증가분이 된다. 그러나 간접적인 편익이라면 전력공급의 증가, 상수공급의 증가 등을 들 수 있다. 교육사업으로 대학을 신설하였다면 직접적인 편익은 고등학교 졸업생들에 비해 대학 졸업생들이 벌어들일 수 있는 소득의 순증가분일 것이며, 간접적인 편익은 범죄발생의 감소 등이라 하겠다. 이처럼 비용과 편익은 직접적인 것은 물론이고 간접적인 것도 측정할 수 있는 것이라면 모두 포함시켜야 한다.

(3) 내부적 대 외부적

내부적 비용과 편익은 말 그대로 공공사업 그 자체에 의해 내부적으로 발생하는 비용과 편익을 의미하는데, 가장 단순한 예로서 투자사업의 내부적 편익은 그 사업에 의해 발생하는 수익이 될 것이다. 그러나 외부적 비용과 편익의 개념은 그리 간단하지 않다. 우리는 외부효과의 의미를 제4장에서 소개하였는데 그 때 언급한 바대로 외부효과는 공공사업에 의해 직접적으로 발생한 효과라기보다는 간접적으로 발생한 효과라 하겠다.

그런데 외부적 비용과 편익을 고려하는 데는 대단한 주의가 요구된다. 왜냐하면 외부적 비용과 편익은 상당부분 금전적인 성격을 갖고 있으며 따라서 앞에서 지적한 대로 B/C분석에서는 고려대상에서 제외되기 때문이다. 예컨대 해당 사업의 산출물이 생산되어 공급이 증가하니까 이의 시장가격이 하락하고 그래서 이와 연관관계에 있는 보완재 및 경쟁재 산업에 영향을 주는 유발효과 또는 연관효과 등이 발생하는데, 이러한 효과들은 대부분 금전적 외부효과들이며 B/C분석에서는 이러한 효과들을 고려대상에서 제외한다.

(4) 유형적 대 무형적

직접적이건 간접적이건 그 편익과 비용의 측정은 그리 용이한 일이 아니다. 측정을 더욱 어렵게 하는 요인으로서는 편익과 비용의 형태가 무형적인 형태로 나타나는 경우가 많다는 것이다. 유형적이라는 것은 시장에서 평가될 수 있는 편익과 비용을 뜻하는 것이므로 적절한 가격을 적용한다면 측정이 비교적 용이하다. 그러나 무형적인 것은 시장에서 평가될 수 없는 것으로서 대부분의 외부적 편익과 외부적 비용이 이에 해당된다. 예를 들어 관개사업에 의하여 주위환경이 정돈되고 아름다워진다면 무형적인 편익이 발생한 것이며, 한편 사연미가 손상된다면 무형적 비용이 발생한 것이다. 더욱이 건강이라든가 인명의 손실 같은 것은 개인적인 성격을 가지고 있으므로 화폐단위로 평가하기가 무척 어려운 무형적인 것이다.

이러한 무형적인 편익과 비용을 측정하는 문제는 공공재의 평가라는 본원적인 문제로 귀결된다. 공공재에 대한 궁극적인 평가가 정치적 과정을 통해 이루어지는 것이라면 비용－편익분석이 이러한 정치과정의 완전대체물이 될 수 없는 것이기에 비용－편익분석은 유형적인 편익과 비용을 주로 창출시키는 공공재의 경우에만 그 효력을 발휘할 수 있는 것이다. 그러나 무형적인 편익과 비용의 측정이 어려운 것은 사실이나 다음과 같은 두 가지 측면에서 측정에 도움이 되는 방법을 생각할 수 있다.

첫째로, 비용과 편익을 잠재가격을 사용하여 측정하고 적절한 할인율을 적용함으로써 무형적인 측면을 어느 정도 계산에 반영시켰다고 보는 것이다. 둘째로, 비용과 편익을 직접적으로 측정하지 못할 때는 간접적으로 측정할 수 있는 방안을 연구하여야 한다. 간접적인 방법으로도 측정할 수 없다면 주어져 있는 비용(예산)을 가지고 바람직한 효과를 어떻게 극대화시킬 수 있는가 혹은 주어진 목표를 가장 적은 비용으로 어떻게 달성할 수 있는가를 비교하여 사업을 평가하는 방법을 생각할 수 있다. 이러한 방법을 비용－효과분석(cost-effectiveness analysis)이라고 칭하는데, 예를 들어 여러 가지 대체적 사업에서 나타나는 여러 가지 효과는 모두 대동소이하다고 가정하고(즉 사업의 효과는 이미 알려져 있고 주어져 있다고 가정하고) 이 중에서 가장 저렴한 비용으로 위 효과를 달성할 수 있는 사업을 선택하는 방법이다. 이 방법은 최종산출물이 창출하는 편익의 직접적인 측정이 곤란한 경우에 도움이 되는 분석방법이다.

3. 비용과 편익의 측정(잠재가격의 추정)

그러면 이제 시장에서의 평가 및 계산이 가능한 유형적인 편익과 비용의 측정에 대하여 좀더 살펴보자. 만약 우리가 취급하고 있는 시장이 완전경쟁적인 시장이라면 유형적인 편익과 비용의 측정은 비교적 쉽게 이루어진다. 즉, 유형적 편익은 공공서비스가 시장에서 팔리는 가격이라든가 그렇지 않으면 민간공급자에 의해 제공되는 이와 비슷한 민간서비스의 시장가격을 적용하여 측정하면 된다. 마찬가지로 비용도 정부가 각종 원자재 등의 구입을 위해 지불하지 않으면 안 되는 가격을 사용하여 측정하면 되는 것이다. 완전경쟁시장에서 존재하는 시장가격은 자원의 기회비용을 의미하고 있으므로 이 가격을 공공사업에 적용시킴으로써 민간부분으로부터 이전된 자원의 진정한 가격을 반영시킬 수 있는 것이다.

그러나 만약 우리가 취급하고 있는 시장이 완전경쟁이 아닌 독점과 같은 불완전경쟁이라면 이때에 존재하는 시장가격은 진정한 사회가치를 반영하지 못한다. 따라서 이러한 경우에는 시장가격을 완전경쟁적인 가격으로 조정하여야 하는데, 이렇게 조정된 가격을 잠재가격(shadow price)이라고 한다. 그러면 이 잠재가격에 관한 예를 좀더 구체적으로 살펴보자.

(1) 상품의 가격

만약 어떤 원자재가 국내의 독점시장에서 생산되고 이때의 시장가격이 100만 원이라고 하자. 그런데 이것이 완전경쟁적인 시장에서 생산된다면 단지 90만원에 불과하다고 할 때, 이 때의 기회비용은 100만원이 아니라 90만원인 것이다. 따라서 정부가 공공사업을 위해 비록 100만원을 지불하였다고 하더라도 비용－편익분석에서의 비용은 90만원으로 계산하여야 한다. 차액인 10만원은 독점기업자에게 돌아간 금전적 소득에 불과한 것이고 이것이 사회에의 진정한 비용(혹은 진정한 이익)을 의미하는 것이 아니기 때문이다.

이제 [그림 9－3]을 통하여 상품의 잠재가격을 좀더 살펴보자. X재를 어떤 특정한 원자재라고 하고 S선을 그 원자재의 한계비용을 나타내는 곡선이라고 한다. 그런데 시장이 독점기업하에 있기에 실제의 X재 공급곡선은 S선이 아니라 독점이윤을 반영하는 $S(P)$선이라 하고 X재에 대한 민간소비자들의 수요곡선을 $D(P)$라고 하면 이때의 시장가격은 P_1에서 결정되며 생산공급량은 X_1이 될 것이다. X_1에서의 한계비용은 P_0만큼이 된다. 이러한 상황에서 정부가 공공사업을 통하여 X재에 대한 수요를 증가시킨다면 $D(P)$선은 $D(P)+\Delta G$로 이동하게 될 것이며, 따라서 X재의 가격은 P_2로 인상되고 생산공급량은 X_2로 증가하게 될 것이다. 그러면 이제 정부가 구입한 X재 사용량의 사회적 기회비용은 과연 얼마일까?

정부는 공공사업 때문에 X재를 P_2가격으로 $\Delta G(=\Delta X_D+\Delta X_S)$만큼 구입했기에 실제 지불한 비용은 P_2에 ΔG를 곱한 면적 X_0aeX_2에 해당된다. 그러나 이것이 사회적인 입장에서의 진정한 자원비용, 즉 기회비용에 해당한다고 할 수는 없다. 왜냐하면 이 속에는 기업의 독점이윤이 포함되어 있고 또 정부사업 때문에 X재의 가격이 더욱 상승했기 때문이다. X재에 들어간 사회적 기회비용은 면적 X_0aeX_2보다 작아야 할 것이다.

그림 9-3 | 상품의 잠재가격

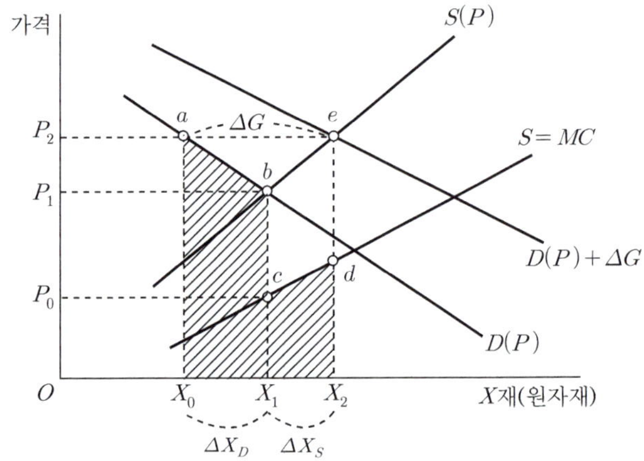

공공사업에 투하된 ΔG는 민간소비의 감소분 ΔX_D와 생산의 증가분 ΔX_S로 구성되어 있다. 그러므로 ΔG의 기회비용은 ΔX_D만큼의 민간소비 감소 때문에 민간소비자들에게 끼친 혜택의 감소분인 면적 X_0abX_1과, ΔX_S만큼의 생산증가에 들어간 비용인 면적 X_1cdX_2로 구성되어 있다고 하겠다. 이를 수식으로 표시한다면 대략적으로 다음과 같이 된다. 즉,

$$\Delta G\text{만큼의 } X\text{재 사용에 들어간 기회비용} \approx P_0 \cdot \Delta X_S + P_1 \cdot \Delta X_D$$

이것은 바로 면적 X_1cdX_2와 면적 X_0abX_1의 합과 대략 같다. 이제 정부가 사용한 X재 한 단위의 잠재가격을 P_G라고 하고 그 값을 구해 본다면

$$P_G \approx P_0 \frac{\Delta X_S}{\Delta G} + P_1 \frac{\Delta X_D}{\Delta G}$$

로 된다. 다시 말하여 잠재가격 P_G는 P_1가격과 P_0가격의 가중평균치라고 하겠고, 가중치는 ΔG에 대한 ΔX_S와 ΔX_D의 구성비율이라 하겠다. 그리고 정부가 사용한 X재의 진정한 비용은 $P_G \cdot \Delta G$로 계산된다고 하겠다.

(2) 외환의 가격(환율)

위에서 언급된 상품의 가격은 국제간의 교역이 잘 이루어질 수 없는 원자재(예: 전력)의 경우에 잘 적용된다. 그러나 국제간의 교역이 이루어지는 교역재(traded goods)의 경우에 진정한 가격은 어디에 기준을 두어야 할 것인가?

엄격한 의미에서 교역재의 가격은 국내에서 형성되는 가격에 기준을 두기보다는 국제시세에 따라야 한다. 즉 수입품은 C.I.F.(cost, insurance & freight)가격으로, 수출품은 F.O.B.(free on board)가격으로 측정되는데, 이들을 통상 외화로 표시된 국제경계가격(border price)이라고 한다. 그러면 이제 문제되는 것은 이 외화로 표시된 국제경계가격을 어떤 환율을 적용하여 국내화폐단위로 전환시키냐 하는 것이다.

많은 국가에서는 국제수지의 향상을 위해 정부가 수입관세 등을 부과하여 수입을 억제하고 수출보조금 등의 혜택으로 수출을 장려하고 있다. 공정환율(official exchange rate)은 이와 같은 정부의 인위적인 정책을 집행하는 과정에서 결정된 환율이다. 공정환율은 앞에서의 상품의 독점 가격과 유사한 개념이라 하겠으며, 따라서 이러한 공정환율은 외환의 실질가치를 평가하는 데 좋은 척도가 될 수 없다. 후진국에서 공정환율에 따라 교역재의 가치를 계산할 경우 공공사업을 수행하는 데 든 진정한 외환비용(수입액)이라든가 혹은 사업의 효과로서 얻어지는 진정한 외환이득(수출액)을 과소평가하게 된다. 따라서 공공사업의 비용－편익분석에서 외국에서 수입하는 투입물이라든가 외국에 수출하는 산출물의 진정한 평가는 수입관세 혹은 수출보조금 같은 장벽을 제거시킨 잠재환율(shadow exchange rate)로 계산되어야 한다. 잠재환율은 외환에 대한 진정한 기회비용을 나타내고 있기 때문이다. 일반적으로 후진국에서는 잠재환율이 공정환율보다 높다고 하겠다.

잠재환율은 대체로 전환계수(convension factor)를 산출하고 이것을 공정환율에 대입함으로써 얻어진다. 즉,

$$SER = OER \times CF$$

인데, 여기서 CF는 다음의 식을 통해 계산된다.[9]

9) Bela Balassa, “Estimating the Shadow Price of Foreign Exchange in Project Appraisal,”

$$CF = \left[\frac{M(1+tm) + X(1+sx)}{M+X} \right]$$

위 식들의 부호는 각기 다음을 의미한다.

SER=잠재환율, OER=공정환율, CF=전환계수
M=수입액, X=수출액, tm=수입관세율(가중평균),
sx=수출보조율(가중평균)

(3) 노동의 가격(임금)

공공사업을 수행하는 데 있어 어느 사업을 막론하고 인건비의 크기는 상당히 중요하다. 그러면 이와 같이 중요한 노동의 진정한 가격은 어떻게 측정되는가? 잠재가격의 개념은 노동과 같은 생산요소가 완전고용이 아닌 불완전하게 고용한 상태에서도 적용된다. 대량의 실업자가 존재하고 있는 사회에의 공공사업에 고용된 노동자의 기회비용은 다른 대체산업에 고용될 기회가 그리 많지 않기 때문에 완전고용상태에 놓여 있는 사회에서보다도 훨씬 낮게 평가되어야 할 것이다. 잠재임금(shadow wage rate)이란 이와 같은 노동의 기회비용을 의미하며, 환언하면 노동자가 타산업에서 해당 공공사업으로 이동함으로써 야기된 타산업의 생산량의 감소분을 말한다.

노동시장이 완전고용상태라면 잠재임금은 시장임금과 일치한다. 그러나 현실적으로 잠재실업이 존재하고 있는 후진국에서는 잠재임금이 시장임금보다 낮은 것이 일반적이다. 잠재임금은 한 나라 안에서의 지역에 따라 차이가 생길 수 있으며, 노동이 숙련노동(skilled labor)이냐 미숙련노동(unskilled labor)이냐에 따라 다를 수 있다. 숙련노동의 잠재임금은 실제 시장임금에 어느 정도 접근한다고 가정할 수 있겠으나, 미숙련노동의 잠재임금은 실제 시장임금보다 훨씬 낮게 평가되어야 할 것이다. 극단적인 경우로서 후진국의 농촌 미숙련노동자의 잠재임금은 농한기에는 0이 될 수도 있다.

이처럼 비용-편익분석에서는 잠재임금을 사용하여 비용을 측정하여야 하는데, 이렇게 함으로써 공공사업을 통해 지역간의 불균형을 해소하는 데에도 도움

Oxford Economic Papers(July 1974).

이 된다. 즉, 예를 들어 X지역과 Y지역 중의 어느 지역에서 공공사업을 진행할 것인가에 대한 결정을 내리고자 한다고 하자. 양 지역에서의 실제 시장임금은 동일하고, 따라서 어느 지역에서 사업을 하든 정부의 실제 임금지불액은 동일하다고 가정한다. 그런데 X지역에서는 높은 실업이 존재하고 Y지역에서는 비교적 완전고용이 유지되고 있다면, X지역의 잠재임금은 Y지역의 그것보다 낮게 평가되어야 하므로 결국 X지역의 공공사업이 더 타당성이 있는 것으로 비용－편익분석은 판정하게 될 것이다. 즉 X지역의 공공사업은 실업자를 흡수하는 고용효과를 유발시키는 것이다. 이처럼 잠재임금을 적용함으로써 이러한 고용효과가 사업의 타당성평가에 반영되고 지역간의 불균형을 해소시키는 데 일역을 담당하게 되는 것이다.

(4) 시간과 생명의 가치

지금까지의 논의는 비록 불완전경쟁상태에 있지만 그래도 시장이 존재하고 따라서 시장가격이 형성되어 있는 경우에 관한 것이였다. 그런데 공공사업의 비용과 편익을 측정하는데 시장 자체가 존재하지 않는 경우가 허다하다. 대표적인 예가 시간과 생명에 대한 가치평가이다.

우리는 앞에서 도로사업의 예를 많이 들어 왔는데, 도로사업의 중요한 편익으로는 시간의 절약이라든가 인명피해의 감소 등을 들 수 있다. 그러면 이러한 시간의 가치라든가 생명의 가치는 어떻게 측정될 수 있는 것일까?

우선 절약된 시간의 가치측정을 살펴보자. 절약된 시간이 생산과정에 이용될 수 있는 그런 경쟁적인 경제구조 아래에서는, 여행시간의 절약분의 가치는 이로 인해 생긴 생산량의 증가분이라 하겠고 달리 표현하면 시간당 임금수준에 해당한다고 하겠다. 그런데 여기서 문제가 되는 것은 여행시간의 절약분이 모두 생산에 투하되기보다는 때에 따라서는 여가시간을 더 즐기려고 할지도 모른다는 것이다. 이렇게 되면 여가시간의 증가분에 대한 가치를 측정해야 하는데 이것도 시간당 임금수준으로 봐도 되느냐 하는 문제가 생긴다. 여가시간의 가치는 일하는 시간의 가치보다 낮게 평가되는 것이 일반적인 견해인만큼 여가시간의 가치는 시간당 임금수준보다 낮다. 그리고 여행시간이 줄어들었으므로 여행중에 느끼는 즐거운 기분도 약간은 감소되었을 것이므로 이러한 모든 면을 함께 고려해 볼 때, 여행시간의 절약분의 가치는 임금률보다 낮게 평가되어야 한다고 결론지을 수 있다.

시간의 가치를 측정하는 실증적인 방법 중의 하나로서 두 개의 상이한 교통수단(예로서 개인승용차와 대중버스)에 들어간 비용의 차이를 관찰함으로써 그 답을 구하는 방법이 있다. 첫번째의 보다 빠른 교통수단을 A라고 하고, A에 들어가는 여행당 비용함수를 $C_A = a_A + bT_A + m_A$ 라고 하고, 두 번째의 교통수단을 B라고 하고 B에 들어갈 비용함수를 $C_B = a_B + bT_B + m_B$ 라고 하자. a는 여행 중에 느끼는 즐거움(또는 불쾌감), b는 시간의 가치, T는 여행시간, 그리고 m은 기타의 여러 가지 여행비용을 가리킨다. 이제 두 개의 상이한 교통수단의 비용차이(cost-differential)를 구하면 $\Delta C = (a_A - a_B) + b\Delta T + \Delta m$이 된다. 더욱이 B수단보다도 A수단을 택하는 확률을 P_A라고 할 때 그 상대적 확률비율은 위의 비용차이함수로서 표시될 수 있다. 즉,

$$\frac{P_A}{1 - P_A} = f(\Delta C) = f(a + b\Delta T + \Delta m)$$

이제 P_A, ΔT, Δm이 모두 측정가능한 변수인만큼, 위 방정식을 회귀분석(regression analysis)시킴으로써 시간의 가치인 b값을 구할 수 있다.

다음으로 생명의 가치측정에 대해서 살펴보자. 생명의 가치는 여러 가지 접근방법들에 의해 측정될 수 있겠는데, 가장 대표적인 접근방법이라면 사망이 발생하지 않았을 때 그 생명이 일생 동안 벌어들일 수 있는 장래기대소득의 현재가치를 계산하는 것이다. 이럴 경우는 해당되는 사람의 나이, 능력, 교육 정도 등이 중요 고려변수가 된다. 그러나 현실적으로 장래기대소득에 관한 자료가 불충분하므로 간접적인 접근방법을 택하는 경우가 흔하다. 예컨대 사망과 같은 위험을 회피하기 위하여 사람들이 일생 동안 지불할 의사가 있는 최대지불액이라든가 혹은 반대로 위험부담을 무릅쓰고라도 어떤 위험한 일을 택할 때 그 대가로 수령할 의사가 있는 최소수령액을 계산하는 것이다. 생명보험에 가입하여 보험료를 낸다고 하고 평생 동안 지불하려고 하는 총보험료가 전자의 경우에 해당될 것이고, 후자의 예로는 위험도가 높은 직업과 그렇지 않은 직업간의 임금격차(wage-differential)를 위험에 대한 보상이라고 보고 평생 동안 받을 수 있는 이러한 임금격차분의 합계를 따져보는 것이다. 물론 위험에 대한 보상으로서의 임금격차를

실제로 파악하기란 그리 용이한 일이 아니다. 그러나 적절한 통계처리를 통해 그 크기를 어느 정도 유출해 낼 수는 있다고 하겠다.

생명의 가치를 만약 죽음이라는 위험의 기회비용으로 본다면 다음과 같은 방법으로 그 가치를 측정하게 된다. 어떤 사업에 n만큼의 고용자가 있다고 하고 그 중 m만큼의 사망자가 발생할 가능성이 있다고 하자. 이때의 고용자 개개인에게는 m/n만큼의 죽을 확률이 존재하는 것이다. 한편 위험에 대한 보상으로서 추가적으로 더 받는 임금격차액이 Z원이라고 하면 모든 사람에게서의 죽음에 대한 총기회비용은 $Z \cdot n$원이 될 것이다. 그러므로 죽음 1건당 기회비용은 $Z \cdot n/m$원이 될 터인데, 이것은 바로 Z원을 죽음의 확률인 m/n으로 나눈 값이다.[10] 예를 들어 어느 사업에 죽음이라는 위험이 발생할 확률이 0.001이라고 하고 위험도에 대한 임금격차액이 10만원이라고 하자. 이때 그 사람의 생명의 가치는 10만원/0.001=1억원이라 하겠다.

(5) 환경의 가치

환경변화(예컨대 공기오염 또는 환경파괴)의 가치를 어떻게 측정하느냐는 항상 어려운 과제로 취급되어 왔다. 몇 가지 방법들이 고안되었는데 이 중에서 재산가치접근법(property value approach), 여행비용접근법(travel cost approach), 조건부가치측정법(contingent valuation method) 등이 널리 활용되고 있다.

재산가치접근법은 재산의 가치(가격)가 환경과 같은 비시장적 효과에 대한 사람들의 평가(지불의사)에 크게 좌우된다고 보고, 환경변화에 의해 재산의 가치가 얼마만큼 변동되는가를 측정하여 이를 환경변화의 가치로 간주하고자 하는 것이다. 이 때는 대체로 속성가격함수(hedonic price function)를 구축하여 측정한다.

여행비용접근법은 자원이 어느 특정지역에 위치해 있고 이의 가치가 시장메커니즘에 의해 적절히 평가되기 어려운 경우에 자주 활용되는 방법이다. 특정지역 방문자들의 방무행위가 자발적으로 일어난다는 전세하에 방문자들이 지불해야 하는 여행비용이 그 지역의 자원에 대한 이들의 지불용의액이라고 보고, 이를 그 지역의 자원에 대한 가치로 간주하고자 하는 것이다. 따라서 어느 특정지역의 자연환경이 피괴되어 그 시역을 방문하기 어렵게 됐다면 그동안 그 지역의 방문

10) R. Thaler & S. Rosen, "The Value of Savings A Life," in Conference on Income and Wealth, Household Production, and Consumption(New York: NBER, 1975).

자들이 지불해 온 여행비용이 환경파괴의 가치를 대변한다고 보고 이를 측정하는 것이 여행비용접근법이다.

재산가치접근법이나 여행비용접근법은 해당 사업과 직접적 또는 간접적으로 연관되어 있는 대리시장(surrogate market)에서의 소비자 행태를 관찰하고 여기서 도출된 자료를 가지고 소비자의 지불용의액을 측정하여 이를 환경의 가치로 간주하는 방법이므로 소비자들의 실제적 행태를 통해 표출된 선호에 근거하고 있는 방법들이다. 이에 비하여 조건부 가치측정법(CVM)은 시장이 실제로 존재하고 있는 것처럼 가상적인 시장(hypothetical market)을 설정하고 가상적인 상황을 시뮬레이트(simulate)하여 관련 소비자들이 이 상황에서 어떻게 그들의 선호(지불의사)를 나타내는가를 설문조사 방법을 통해 분석하여, 이를 근거로 하여 환경과 같은 비시장적 효과를 파악하고자 하는 방법이다. 따라서 조건부 가치측정법은 설문조사 방법에 크게 의존하고 있다.

제 3 절 할인율과 자본의 기회비용

지금까지 우리는 편익과 비용의 측정문제를 다루면서 시간에 대한 흐름은 무시하여 왔다. 그러나 공공사업의 편익과 비용은 일시에 발생하는 것이 아니라 수년에 걸쳐 발생한다. 공공사업에 대한 타당성 여부는 현재시점에서 평가되어야 하므로 미래에 발생하는 편익과 비용은 모두 현재가치로 환산시켜 비교할 필요가 있다. 미래의 소비는 현재의 소비보다 그 가치가 낮다. 1년 후의 100원과 지금의 100원의 가치를 비교할 때 지금의 100원이 더 가치가 높으며 1년 후의 100원은 지금의 91원(10%로 할인할 경우)과 그 가치가 같다고 할 수 있다. 따라서 미래의 모든 편익과 비용을 현재가치로 환산한다는 말은 현재가치로 할인한다는 뜻이며, 이 때 적용되는 이자율을 할인율(discount rate)이라고 한다. 할인율은 시간에 대한 선호를 반영시키고 있는 이자율이라 하겠다.

공공사업의 내구연한이 n년간이라고 하고 할인율 r을 선택하였을 때 비용-편익분석에서 순편익(B－C)의 할인된 현재가치는 다음 식과 같이 표시된다.

$$NPV = \frac{(B-C)_1}{(1+r)^1} + \frac{(B-C)_2}{(1+r)^2} + \cdots + \frac{(B-C)_n}{(1+r)^n}$$

$$= \sum_{t=1}^{n} \frac{(B-C)_t}{(1+r)^t} \, (t = 1, 2, \cdots, \ n)$$

여기서 NPV는 할인된 편익과 비용의 순현재가치(net present value)이며, NPV가 正(+)이면 검토중인 사업은 채택될 것이며, 負(－)이면 기각된다.

1. 할인의 중요성과 판정기준

공공사업을 평가하고 순위를 결정하는 작업은 어떠한 할인율을 적용하느냐에 따라서 크게 좌우된다. 이에 대한 구체적인 예가 [표 9－3]에 제시되었다. 세 가지 대체사업 X, Y, Z는 모두 동일한 비용(건설비와 유지경비) 10,380원이 소요되며 첫해(0차연도)에 모두 완성된다고 하자. 사업 X는 향후 5년에 걸쳐 연간 2,397원의 편익이 발생하며, 사업 Y는 향후 15년에 걸쳐 연간 1,000원의 편익이 발생하며, 사업 Z는 향후 25년에 걸쳐 연간 1,000원의 편익이 발생하며, 사업 Z는 향후 25년에 걸쳐 연간 736원의 편익이 발생한다고 하자.

우선 할인율을 5%로 하였을 때 X, Y, Z사업 공히 모두 0의 순현재가치(NPV) 혹은 1의 편익－비용비율(B/C)을 나타내고 있다. 다시 말하여 할인된 총편익의 현재가치가 비용과 일치하는 10,380원이 된다. 따라서 5%의 할인율 아래서는 어느 사업이 더 타당성이 있는지 평가할 수 없다. 이처럼 편익의 현재가치와 비용의 현재가치를 일치시키어 순현재가치를 0으로 되게 하는 할인율을 내부수익률(internal rate of return: IRR)이라고 부른다. 내부수익률은 투자사업이 원만하게 진행되어 총비용을 모두 회수하여 수지균형(break-even)을 유지하도록 하는 그런 상황에서 기대할 수 있는 사업의 최대수익률을 의미한다.[11]

이제 할인율을 5%에서 3%로 인하시키면 [표 9－3]에서 보는 바와 같이 세 사업 모두가 正의 순현재가치 혹은 1보다 큰 B/C비율을 나타내므로 그런대로 모두 타당성이 있으며, 사업간의 우선순위를 정한다면 사업 Z가 최적의 선

11) 내부수익률(IRR)을 그림으로 표시하면 다음과 같다.

표 9-3 | 다현재가치와 할인율

(단위 : 원)

사업	X	Y	Z
비용(C)	10,380	10,380	10,380
편익발생기간(년)	5	15	25
연간편익(B)	2,397	1,000	736
할인율(%)			
	<총편익(B)의 현재가치>		
3%	10,978	11,938	12,816
5%	10,380	10,380	10,380
8%	9,571	8,559	7,857
	<순편익($B-C$)의 현재가치(NPV)>		
3%	598	1,558	2,436
5%	0	0	0
8%	−809	−1,821	−2,523
	<편익－비용비율(B/C)>		
3%	1.057	1.150	1.235
5%	1.000	1.000	1.000
8%	0.922	0.825	0.757

택이 되며 사업 X가 가장 빈약한 선택이 된다. 그러나 할인율을 8%로 인상시키면 정반대의 결과가 생겨서 사업 X가 최적의 선택이 되며 사업 Z가 가장 빈약한 선택이 된다. 물론 8%의 할인율하에서는 세 가지 사업 모두 바람직한 선택이라 할 수 없다. 모든 사업이 負의 순현재가치 내지 1보다 작은 B/C비율을 가지고 있기 때문이다.

[표 9-3]이 지니고 있는 중요한 의미는 할인율을 얼마로 잡느냐가 사업선택의 중요한 기준이 된다는 것이다. 즉 높은 할인율은 편익이 단기간에 걸쳐 집약

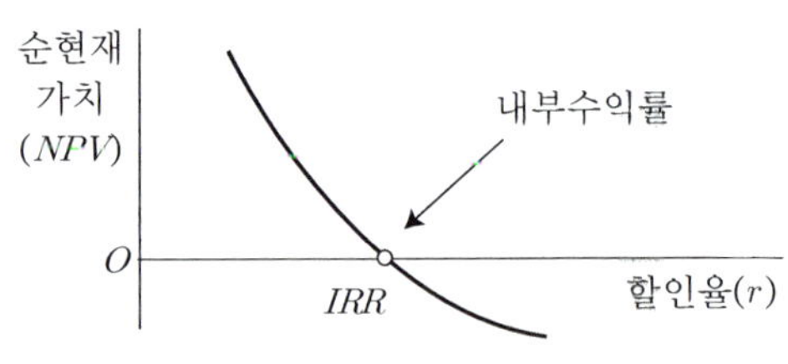

적으로 발생하는 단기투자에 유리하고, 낮은 할인율은 장기간에 걸쳐 편익이 발생하는 장기투자에 유리하다 함을 알 수 있겠다. 이렇게 본다면 할인율의 결정은 어떤 사업의 평가방향에 결정적인 역할을 한다고 해도 과언은 아닐 것이다.

이상에서의 설명을 간추려 보면 사업에 대한 평가를 내릴 때 다음과 같은 세 가지의 판정기준을 사용할 수 있음을 알 수 있다. 첫째, 적절한 할인율로 할인한 총 편익의 현재가치와 총비용의 현재가치의 비율이 1보다 클 때(즉 B/C비율 > 1), 둘째 적절한 할인율로 할인한 순현재가치가 0보다 클 때(즉 $NPV > 0$), 셋째 사업의 내부수익률이 적절하게 선정된 할인율보다 클 때(즉 $IRR > r$)에는 그 사업은 타당성이 있는 것으로 평가된다. [표 9 – 3]에서 사업 X, Y, Z의 내부수익률은 공히 5%임을 알고 있다. 따라서 만약 이 사업들을 평가할 때 할인율을 3%로 결정한다면 내부수익률이 할인율보다 크므로 세 사업 모두 타당성이 있으며 만약 할인율을 8%로 잡으면 내부수익률이 할인율보다 작으므로 사업 모두 타당성이 없는 것으로 판단되는 것이다. 이러한 결과가 [표 9 – 3]에서 분명히 나타나 있다.

위의 세 가지 판정기준은 일정한 규모의 단일사업의 타당성분석에서는 모두 동일한 결론을 가져다 준다. 그러나 예산상의 제약 때문에 여러 사업 중 우선순위를 정해야 할 경우라든가 혹은 상호배타적(mutually exclusive)인 사업들 가운데서 한 가지 사업을 선택하여야 할 경우에는 판정기준에 상당한 조심이 요구된다.[12] 즉 여러 사업의 우선순위를 정하는 데 있어 B/C비율에 전적으로 의존한다는 것은 온당치 못하다 함은 이미 앞에서 지적되었다. 순현재가치의 크기에 의존하는 것이 대체로 가장 원만한 기준이지만 이것 역시 대규모 사업이 우선적으로 선택되는 결과를 초래하므로 이때에는 내부수익률의 크기를 함께 비교하여 우선순위를 결정하여야 한다. 그러나 어떤 사업이 성질상 사업의 초기에 많은 비용이 투입되어야 하고, 그리고 나서 어느 정도의 기간이 지난 후 다시 대규모의 비용이 발생하는 그런 사업에 대하여서는 내부수익률이 두 개로 계산될 수 있다. 따라서 판정기준으로서 내부수이률의 크기에 전적으로 의존하는 것에도 문제가 있음을 인식하여야 할 것이다.

---

12) 상호배타적인 사업이란 사업규모(큰 댐/작은 댐) 혹은 사업시기(금년/내년)를 결정하는 것처럼 어느 한 대안을 선택하면 다른 대안들은 자동적으로 고려대상에서 배제되어 버리는 그런 사업을 가리키며, 이런 경우에 각 대안의 IRR 및 B/C 비율을 직접 비교한다는 것은 별 의미가 없다.

표 9-4 | 내부수익률과 순현재가치의 비교

(단위 : 만원)

사업	연도별 순편익			내부수익률	각 할인율에서의 순현재가치		
	0	1	2		2%	5.2%	7%
A	−1,000	0	1,210	10%	163	93	57
B	−1,000	1,150	0	15%	127	93	75

그림 9-4 | 내부수익률과 순현재가치의 비교

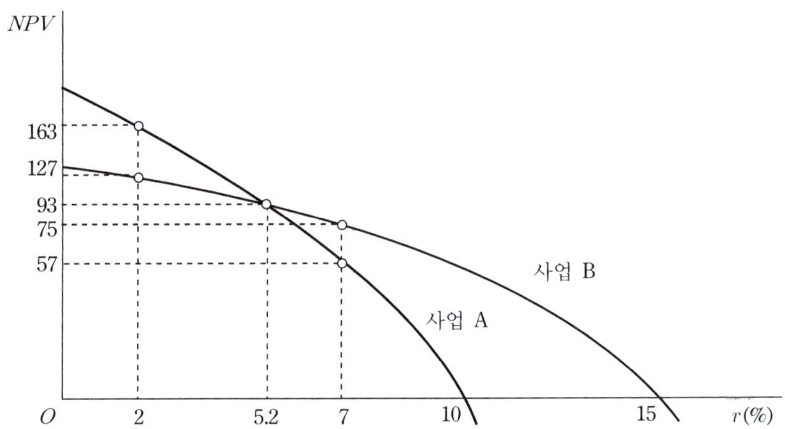

판정기준으로서의 내부수익률(*IRR*)과 순현재가치(*NPV*)간의 관계를 [표 9-4]와 [그림 9-4]를 통해 보다 분명히 파악할 수 있다. 표와 그림에서 보듯이 사업 A와 B의 *IRR*은 각각 10%와 15%이며, 따라서 *IRR* 기준으로는 사업 B가 당연히 우선적으로 채택되어야 한다. 그러나 *NPV* 기준으로는 할인율이 어느 정도이냐에 따라 사업 A가 채택될 수도 있고 사업 B가 채택될 수도 있는 것이다. 즉 할인율이 2%이면 사업 A가 우위에 있지만 7%의 할인율에서는 사업 B가 우위에 놓이게 된다.

다음의 [표 9-5]에서는 이해에 도움이 되도록 할인의 절차와 내부수익률의 계산과정을 보여 주고 있다. 표에서 A란과 B란은 30년에 걸쳐 발생할 것으로 예측되는 사업비용과 사업편익을 각기 보여 주고 있으며, C란은 편익과 비용의 차

표 9-5 | 할인의 절차 및 내부수익률 계산

(단위 : 1억원)

연수	사업비용 (A)	사업편익 (B)	순편익 (B－A =C)	r=16%		r=20%	
				할인계수 (D)	현재가치 (C×D)	할인계수 (E)	현재가치 (C×E)
1	1.09	0	－1.09	0.862	－0.94	0.833	－0.91
2	4.83	0	－4.83	0.743	－3.59	0.694	－3.35
3	5.68	0	－5.68	0.641	－3.64	0.579	－3.29
4	4.50	0	－4.50	0.552	2.48	0.482	－2.17
5	1.99	0	－1.99	0.476	－0.95	0.402	－0.80
6	0.66	1.67	+1.00	0.410	+0.41	0.335	+0.34
7	0.97	3.34	+2.37	0.354	+0.84	0.279	+0.66
8	1.30	5.00	+3.70	0.305	+1.13	0.233	+0.86
9	1.62	6.68	+5.06	0.263	+1.33	0.194	+0.98
10～30	1.95[1)]	8.38[1)]	+6.43[1)]	1.570[2)]	+10.10	0.948[2)]	+6.10
합계	63.60	192.67	+129.07	6.176	+2.21	4.979	－1.58

주 : 1) 10차연도와 30차연도 사이에 발생하는 연간비용과 편익으로서, 총계를 구하기 위해서는 이 금액에다 가 21을 곱해 주어야 함.
2) 10차연도와 30차연도간의 할인계수의 합계임.

액인 순편익을 보여 주고 있다. 이제 할인율을 16%로 했을 때의 할인계수 [discount factor: $1/(1+r)^t$]가 D란에 계산되어 있다. 사업의 순현재가치를 구하기 위하여는 C란과 D란을 곱하여야 하는데, 표에서 보듯이 16%로 할인할 경우의 순현재가치는 합계 +2.21로 계산되었다. 다시 말하여 이 사업은 16%의 할인율하에서는 순현재가치가 正(+)이 되므로 타당성이 있다. 그러나 똑같은 절차로 할인율을 20%로 할 경우에는 순현재가치가 합계 －1.58로 계산되어 20%의 할인율하에서는 사업의 타당성이 없게 된다.

그러면 이 사업의 내부수익률은 얼마일까? 내부수익률은 순현재가치를 0으로 하게 하는 할인율이므로, 표의 예에서는 16%와 20% 사이에 어느 할인율이 될 것이다. 내부수익률(*IRR*)의 값을 산술평균의 개념을 이용하여 다음과 같이 계산할 수 있다.

$$IRR = r_1 + (r_2 - r_1)[NPV_1 \div (NPV_1 + NPV_2)]$$
$$= 16 + 4[2.21 \div (2.21 + 1.58)] = 16 + 4(0.58) = 18.32\%$$

여기서 r_1은 순현재가치가 正이 되고 負가 되는 두 가지의 할인율 가운데서 낮은 할인율, r_2는 두 가지 가운데서 높은 할인율, NPV_1는 r_1일 때의 순현재가치의 절대치, 그리고 NPV_2는 r_2일 때의 순현재가치의 절대치이다. 이렇게 하여 계산된 내부수익률은 18.32%가 된다. 따라서 할인율을 16%로 할 때에는 $IRR(18.32\%) > r(16\%)$이므로 이 사업은 타당성이 있으나, 할인율을 20%로 할 때에는 $IRR(18.32\%) < r(20\%)$이므로 사업의 타당성이 없게 된다. 이렇게 볼 때 할인율이란 사업의 타당성 판정기준율(cut-off rate)의 성격을 가지고 있음을 또한 알게 된다.

2. 적정할인율의 결정

그러면 적정한 할인율은 어떻게 결정되는가? 만약 할인율을 너무 높게 잡으면 순현재가치가 작아지므로 사회적으로 필요한 사업이 불합격의 판정을 받을 수 있고, 반대로 너무 낮게 잡으면 불필요한 사업이 타당성 있는 사업으로 평가될 수 있으므로 적정할인율의 결정은 매우 중요한 과제이다.

공공사업에 적용되는 할인율로서 세 가지 측면의 할인율을 살펴볼 필요가 있다. 즉, 민간할인율, 사회적 할인율 그리고 자본의 기회비용이다.[13)]

(1) 민간할인율(시장이자율)

민간할인율은 민간자본시장에서 형성된 시장이자율(market rate of interest)을 중심으로 결정되는 할인율을 가리킨다. 자본시장이 완전경쟁적이라면 이때 형성된 시장이자율은 소비자의 시간적 선호가 적절히 반영되고 있으며 동시에 자본이 갖는 한계생산성과도 일치하게 된다. 따라서 완전한 자본시장이 지배할 때 정

13) 할인율에 관한 초기의 논쟁으로 S. A. Marglin, "The Social Rate of Discount and the Optimal Rate of Investment," *Quarterly Journal of Economics*(1963), pp. 95~111; M. S. Feldstein, "The Social Time Preference Discount Rate in Cost-Benefit Analysis," *Economic Journal*(1964), pp. 360~379; William Baumol, "On the Appropriate Discount Rate forEvaluation of Public Projects," in H. H. Hinricks and G. M. Taylor(eds.), *Program Budgeting and Benefit-Cost Analysis*(Goodyear Publishing, 1969). pp. 202~212 참조.

부는 시장이자율을 공공사업의 할인율로 사용할 수 있다.

그러나 현실적으로 자본시장의 불완전성을 인정하지 않을 수 없으므로 실제의 시장이자율을 할인율로 사용하여 공공사업을 평가하는 데에는 상당한 문제가 생기게 될 것이다. 불완전한 자본시장에서는 장래에 대한 불확실성 및 위험부담 때문에 프리미엄(premium)이 붙은 이자율이 형성되고 또한 단기 혹은 장기에 따라 다양한 금리체계를 구성하고 있다. 어떤 할인율을 사용할 것인가를 결정하기 위해서는 우선 시장이자율의 구조가 검토되어야 하며, 적절한 가중평균이자율을 채택하여야 할 것인데, 실제로 이러한 이자율을 계산한다는 것은 쉬운 일이 아니라 하겠다.

(2) 사회적 할인율

평가의 대상이 되는 사업이 민간투자사업이라면 시장이자율을 근거로 한 민간할인율을 적용하는 데는 논리상 큰 문제가 없다고 하겠으나, 공공사업의 경우에는 시장이자율을 적용할 수 없고 시장이자율보다 낮은 사회적 할인율(social discount rate)을 적용하여야 한다는 주장이 경제학자들간에 많이 대두되고 있다. 자본시장이 비록 완전하다 하더라도 시장이자율은 사회적인 관점에서 소비자들의 진정한 시간선호(즉 현재소비와 미래소비간의 선택)를 반영하지 못하고 있으며, 공공사업이 후세의 복지에 기여하고 있을 뿐만 아니라 공공사업이 창출하는 여러 가지 외부효과를 반영시키기 위하여 시장이자율보다 낮은 할인율을 사용하여야 한다는 것이다. 여기서 논의되는 사회적 할인율은 사회적 시간선호율(social rate of time preference)을 주로 의미하는 것으로서, 공공사업에 상대적으로 낮은 할인율을 적용한다는 것은 공공사업을 민간사업에 비해 더 우대함을 의미하는 것이다.

(3) 자본의 기회비용

그러나 사회적 할인율을 적용한다고 하더라도 사회적 시간선호율은 정확히 측정하기가 불가능하고 또한 공공사업을 민간사업에 비해 무작정 우대하는 것도 자원의 효율적 이용이라는 측면에서 불합리하므로 공공사업의 할인율을 공공부문과 민간부문간의 자본의 기회비용(opportunity cost of capital)으로 파악해야 한다는 주장이 강력히 대두되어 왔다. 즉, 자원이 공공사업에 사용되지 않고 민간사업에 사용되었을 때 획득할 수 있는 수익률을 공공사업의 할인율로 해야 한다는 것이다. 이렇게 본다면 민간기업이 통상 기대할 수 있는 모든 산업의 평균수익률(average rate of return)을 측정하여 이것을 공공사업의 할인율로 사용할 수 있을 것이며, 이럴 경우 적용되는 할인율은 사회적 시간선호율보다 높아질 가능성이 크다. 전체 민간산업의 평균수익률을 공공사업에 있어서의 자본의 기회비용으로 보고 이것을 할인율로 사용한다는 것은 공공사업도 민간사업에서 통상 기대할 수 있는 수익률을 발생시켜야지 그렇지 않으면 그 공공사업은 타당성이 없는 사업으로 평가된다는 것을 의미하고 있다.

자본의 기회비용은 공공사업의 재원조달과 연계시킬 때 더 높아질 가능성이 있다. 재원조달이 해외차관과 같은 금융적 방법에 의존한다면 자본의 기회비용은 차입금의 이자율에 크게 영향을 받게 된다. 그러나 재원이 조세 혹은 공채발행에 의하여 조달된 것이라면 이것은 민간부문의 소비 및 투자를 희생한 것이므로 자본의 기회비용이 상대적으로 증가한다. 특히 불완전한 자본시장에서 공채발행을 통해 재원을 조달할 때에는 민간자본의 위축현상은 거의 대부분 일어난다.

1단위의 공공사업의 재원조달 때문에 희생되는 민간투자몫을 θ라고 하고 민간소비의 감소몫을 $(1-\theta)$라고 하자. 민간투자로부터 통상 기대되는 총수익률을 P라고 하면 P는 사회적 할인율 r보다 크게 된다. 왜냐하면 총수익률 P에는 법인세라든가 자본소득에 대한 개인소득세가 포함되어 있기 때문이다. 민간투자가 P만큼의 영구적 수익을 가져오고, 이 수익이 모두 소비된다면 수익률의 현재가치는 P/r이다. 따라서 희생되는 민간투자의 기회비용은 $\theta \cdot \frac{P}{r}$이 된다. 민간소비의 희생부분은 현재소비액의 희생이므로 이때의 기회비용은 바로 $(1-\theta)$이다. 그러므로 공공사업 1단위의 기회비용을 a라고 표시할 때 이것은 다음과 같이 된다. 즉,

$$a = (1-\theta) + \theta \cdot \frac{P}{r}$$

이때 a는 1 보다 크다. 공공사업 1단위의 기회비용이 a라면, 이러한 기회비용을 반영한 사회적 할인율(r_w)은 통상의 사회적 할인율(r)에 a를 곱한 것이 될 것이다. 따라서,

$$r_w = a \cdot r = (1-\theta)r + \theta P$$

로 표시된다. 이처럼 재원조달측면을 고려했을 때의 할인율은 그렇지 않을 때의 할인율보다 a를 곱한 만큼 크게 됨을 알 수 있다(즉, $r_w > r$).

우리나라의 공공투자사업에 적용된 할인율은 1970년대에는 대략 13%, 1980년대에는 10~12% 수준을 유지하였다. 이것은 앞에서 언급한 산업의 평균수익률 개념을 많이 반영하였기 때문이다. 1990년대에 들어와서는 우리나라 경제가 점차 선진국화되어 가고 있는것에 힘입어 공공투자사업에의 할인율이 2000년대초까지 7~9%수준으로 하락하였다. 2011년 현재 우리나라의 할인율은 정부에 의해 5.5%로 낮게 책정되고 있는데 이것은 그 만큼 우리나라의 자본시장이 선진화·안정화되었다고 정부가 판단하고 있음을 뜻한다.

제 4 절 재무분석과 경제성분석의 차이

우리는 지금까지 공공사업의 비용과 편익을 사회적 입장에서 측정하고 이에 따라 경제적 수익률을 계산함으로써 그 타당성 여부를 결정짓는 경제성분석에 초점을 맞추어 설명하였다. 이러한 경제성분석(economic analysis) 이외에 재무분석(financial analysis)을 또한 행하여 양 측면에서의 사업의 타당성을 평가할 필요가 있다. 재무분석이란 사회 전체의 입장이 아닌 개별사업 자체 내의 입장에서 실제의 비용과 편익을 추정하고 이에 따른 재무적 수익률을 계산하여 그 사업의 타당성을 순전히 재무적인 측면에서 평가하는 방법이다. 재무분석을 통하여 자금순환과정을 보다 분명히 파악하고 실제의 투자예산액과 차입금액 등을 정확히 결정할 수 있게 된다.

비용과 편익을 계산하는 데 있어서 경제성분석과 재무분석간의 차이를 간략히 소개하면 [표 9-6]과 같다. 이 표에서 보는 바와 같이 경제성분석은 국민경제적 입장에서 비용과 편익을 계산하므로 상품가격이나 환율·임금 등은 모두 잠재가격으로 계산하는 반면에, 재무분석은 개별기업(공기업)의 입장에서 모든 것을 계산하므로 시장가격 혹은 공정가격을 적용한다. 한편 세금은 개별기업의 입장에

표 9-6 | 경제성분석과 재무분석의 주요차이

	경제성분석	재무분석
(1) 상품가격	잠재가격	시장가격
(2) 환 율	잠재환율	공정환율
(3) 임 금	잠재임금	시장임금
(4) 세 금	비용에서 제외	비용에 포함
(5) 정부보조금	수입에서 제외	수입에 포함
(6) 지불이자	비용에서 제외	비용에 포함
(7) 토지매입비	토지의 기회비용	실제지대
(8) 할인율	자본의 기회비용	자본비용
(9) 감가상각비	제 외	제 외
(10) 예비비	포 함	포 함

서는 분명히 비용으로 계산되어야 하지만, 경제성분석에서는 세금이 사회에 다시 환원된다는 의미에서 민간과 정부간의 이전비용(transfer)에 불과하므로 진정한 사회적 비용이라 할 수 없기에 비용계산에 포함되지 않는다. 반대로 정부의 보조금은 사회적 입장에서는 비용이다. 왜냐하면 만약 보조금이 없다면 해당 투입물의 시장가격은 훨씬 높았을 터인데 보조금 때문에 가격이 낮게 잡혀 있다면 그 투입물의 진정한 가격은 보조금이 없을 경우의 가격일 것이기 때문이다. 개별기업의 입장에서는 이러한 사회적 측면을 고려할 필요는 없고 수입으로 처리하면 될 것이다. 지불이자의 경우도 세금과 비슷한 개념으로 이해할 수 있다. 차입금에 대하여 지불하는 이자지불액은 개별기업에 대하여서는 분명히 비용이다. 그러나 국민경제 전체의 입장에서는 지불이자란 자본이 거두어들이는 총가득액의 일부이므로 이것이 어느 한 사람으로부터 다른 어느 사람에게 지불되었다고 해서 사회 전체에 진정한 비용이 발생했다고는 볼 수 없는 일종의 이전지출이기 때문에 경제성분석에서는 비용으로 취급되지 않는 것이다.[14]

경제성분석과 재무분석은 양자 모두 투자의 수익성을 사전적으로 평가하는 과정이라는 점에서 그 형태는 비슷하지만, 전자는 개별사업이 국민경제에 끼치는 효과를 측정하고 평가하는 것인 반면에 후자는 개별기업에 귀속되는 계획사업의

14) 경제성분석과 재무분석의 상세한 비교설명은 J. Price Gittinger, *Economic Analysis of Agricultural Projects*(World Bank Publicaion, 1972), Chapter 4 참조.

수익을 측정하는 것이다. 다시 말하여 재무분석은 개별기업에 귀속되는 금전적인 이윤을, 경제성분석은 경제의 근본적인 목표달성을 위한 사회적 편익을 평가한다. 양 분석의 차이점을 다시 요약하면 다음과 같다.

첫째로, 목표의 상이성이다. 기업의 목표는 이윤의 극대화로 간단히 표시될 수 있으나, 국민경제의 궁극적인 목표는 생활수준의 향상, 즉 국민복지의 증대로 귀착될 수 있다. 후자는 물질적인 양적 증대만을 의미하지 않으며 비물질적인 질적 개선도 함께 추구한다고 볼 수 있다.

둘째로, 비용·편익 항목의 차이이다. 예를 들어 기업의 재무적 비용이 아닌 대기오염 등의 공해는 경제성분석에서는 분명히 사회적 비용이다.

셋째로, 측정상의 차이이다. 재무분석에서는 실존하는 시장가격에 근거하고 있으나 경제성분석에서는 진정한 가격, 즉 잠재가격에 근거하여 비용과 편익을 측정한다.

제 5 절 기타의 고려사항

1. 인플레이션(inflation)효과

비용－편익분석에서 장래의 장기간에 걸쳐 발생하는 비용과 편익을 측정할 때 인플레이션의 영향을 어떻게 처리하느냐에 대하여 간략히 언급할 필요가 있다. 결론적으로 말하여 장래에 발생하는 비용과 편익을 기준연도의 불변가격으로 측정함으로써 인플레이션효과를 어느 정도 무시할 수 있다. 이렇게 하는 이유는 설사 장래에 예기치 못한 인플레이션이 발생한다고 하더라도 이의 영향이 비용과 편익 양쪽에 똑같이 미치게 될 것으로 간주하여 결국 순현재가치(NPV)에는 아무런 변동이 없다고 보는 것이다. 모든 계산을 불변가격으로 함으로써 인플레이션에 의해 야기되는 문제들을 피할 수 있는 것이다.

2. 소득재분배효과

비용-편익분석에서 순현재가치(NPV)가 正이면 그 사업은 경제적으로 타당성이 있다고 평가하는 이유는 正의 순현재가치가 바로 사회적 후생의 순증을 의미하는 것으로 가정하고 있기 때문이다. 다시 말하면 공공사업을 통하여 사회구성원의 일부에는 후생의 증가가, 나머지 그룹에는 후생의 감소가 이루어지는데, 후생의 총증가가 총감소보다 크기 때문에 생기는 후생의 순증으로 후생의 손실을 가져온 사람들을 보상할 수 있다는 것을 가정하고 있다.

그러나 이와 같은 보상원칙에 따른 칼도-힉스기준(Kaldor-Hicks criterion)은 형평성의 측면에서 문제가 있을 수 있다. 잃은 자와 얻은 자를 분명히 구별하여 이에 따른 적절한 소득재분배를 해 주는 조세정책 내지 재정정책의 메커니즘이 존재하지 않는 한 비용-편익분석에서의 순편익이 소득분배를 개선시킬 것이라는 보장은 없다. 따라서 소득재분배의 효과가 고려된 비용-편익분석을 하기 위해서는 공공사업으로부터 혜택을 받게 되는 소비자그룹을 소득별로 구분하여 거기에 적절한 사회적 가중치(social weights)를 부가할 필요가 있다. 다시 말하여 저소득층에 제공되는 편익에는 높은 가중치를 부가하고 고소득층에 제공되는 편익에는 낮은 가중치를 부가하여 결과적으로 저소득층에 혜택을 주는 공공사업이 상대적으로 유리하게 판정될 수 있도록 하는 조정장치가 필요하다. 물론 이 사회적 가중치를 어떻게 결정하느냐는 어려운 문제라 하겠으나 소득재분배 정책의 중요한 과제라 하겠다.[15)]

3. 고용효과

케인즈(J. M. Keynes)의 국민소득결정이론에서 중요한 결론 중의 하나는 정부의 공공투자지출은 승수효과(multiplier effect)를 유발시킨다는 것이다. 승수효과란 공공사업에 경비를 지출함으로써 타산업부문의 투자를 자극하여 이것이 여러 산

---

15) Arnold Harberger, "On the Use of Distributional Weights in Social Cost-Benefit Analysis," *Journal of Political Economy*(April 1978). 이 논문에서 가중치부과의 기술적인 문제점들이 논의되고 있다.

업의 고용 및 소득의 단기적 증가를 가져오게 하는 효과이다. 그러나 이 승수효과가 공공투자에서 제대로 발생하려면 투자사업에 들어간 경비의 재원이 조세수입에서 나온 것이 아닌 아주 독립적(autonomous)인 것이어야 하고, 공공투자에 투입된 생산요소들의 타분야에서의 이용성이 절대적으로 없는 경우, 즉 공공사업으로 민간경제를 조금도 위축시키지 않는 경우에 한한다. 그러나 현실적으로 이와 같은 독립적인 공공투자가 존재한다고 보기는 어려우므로 케인즈의 승수효과를 편익으로 반영하는 데 상당히 조심하여야 한다. 더욱이 투자의 재원이 유휴상태에 있는 것이었다고 해도 잠재임금이 개념이 비용－편익분석에 적절히 반영되어 있다면 고용효과가 이미 내포되어 있는 셈이다. 따라서 승수효과에 의한 별도의 고용효과를 편익계산에 추가시킨다면 자칫 편익의 과대평가(이중계산)를 가져올 수 있으므로 이 점에 유의하여야 할 것이다.

4. 위험과 불확실성

공공사업을 수행하는 데는 불확실성(uncertainty)이 따르기 마련이고, 예기치 못한 위험(risk)이 항상 존재하고 있다. 그러므로 비용－편익분석에서는 여기에 대한 적절한 조치가 마련되어야 한다. 우선 중요한 것은 충분한 예비비(contingency allowances)를 비용에 추가시켜 주어야 한다. 예비비에는 두 가지의 종류가 있다.

첫째로, 프로젝트건설기간에 발생할지도 모르는 예기치 못한 물량변동에 대한 예비비인데, 이러한 경우에는 일괄예비비(예로, 총자본비용의 10~15% 정도)를 채택하고 이것을 비용－편익분석에서는 비용으로 포함시켜야 한다.

둘째로, 프로젝트기간중 발생할지도 모르는 물가상승에 대비한 예비비인데, 앞에서 인플레이션효과를 설명할 때 밝혔듯이 모든 비용과 편익을 기준연도의 불변가격으로 표시할 경우 비용－편익분석에서 물가상승에 대한 예비비를 비용에 포함시켜 분석할 필요가 없다.

예비비를 책정하는 것 이외에 민감도분석(sensitivity analysis)을 별도로 행하여 최종정책결정자로 하여금 불확실성에 대비한 의사결정에 도움이 되도록 하는 보완작업이 필요하다. 민감도분석이란 여러 가정 중에서 몇 가지 상황변화가 생겼을 경우 이 변화가 사업의 순현재가치 및 내부수익률에 어떤 영향을 끼치는가를 밝혀내는 것으로서, 특히 다음의 세 가지 사항에 대하여 그 분석이 이루어져야 한다.

⑴ 투입물 또는 산출물의 가격이 변동되었을 때 사업의 타당성은 어떻게 변하는가?(예로, 비용만 추가로 10% 증가한다면 순현재가치 및 내부수익률은 얼마나 변동하게 되는가?)

⑵ 사업건설의 진행속도가 지연될 경우 타당성은 어떠한가?

⑶ 할인율을 변경시킬 때 순현재가치는 얼마만큼 변하는가 등이다.

이러한 민감도분석을 통해 프로젝트의 성격과 그것의 작용에 관한 이해를 증진시키고 또 미리 취해야 할 예방책 등을 제시함으로써 위험을 감소시킬 수 있는 것이다.

제 4 편 조 세

CHAPTER

The Modern Public Finance

10 조세의 기초이론

제 1 절 조세의 개념과 분류

1. 조세의 개념

정부는 국방이나 교육, 사회복지, 사회간접자본 건설 등 그 제반 기능수행에 필요한 정부지출을 위하여 필요한 재원을 조달해야 한다. 통상 그 재원조달 수단으로 조세, 공공요금, 수수료, 차입금 등이 사용되고 있는데, 이 중 조세는 가장 중요한 수입원인 것이다. 조세란 일반적으로 국가가 수입을 조달할 목적으로 특정한 개별적인 보상 없이 민간경제로부터 강제적으로 징수하는 화폐 또는 재화 등의 경제적 가치를 의미한다.

한편, 이러한 조세의 전통적인 정의는 지나치게 통치자로서의 국가의 관점에 입각한 것이라는 비판도 제기된다. 현대 민주국가에서 국민은 국가가 그 기능을 수행하는 데 필요한 재원을 국가의 주인으로서 자발적으로 부담하는 것이다. 이러한 관점에서 조세는 국가의 주인인 국민이 그 대표를 통해서 결정한 부담의무를 자발적으로 이행하는 수단인 것이며, 세무행정은 국민들이 세법 등을 통해 규정된 납세의무를 쉽고 성실히게 이행할 수 있도록 도와주는 서비스 행정인 것이다.

조세를 징수하는 기본적인 목적은 재정수입을 확보하는 데 있다. 이러한 목적을 국고적 목적이라고 한다. 현대국가의 핵심 재원은 조세수입이며, 따라서 조세의 국고적 목적은 조세가 갖추어야 할 일차적인 요건이다. 만일 조세수입이 충분하지 못하면 국가재정의 부족분은 국공채나 사용료, 수수료 등 조세 이외의 수입에 의하여 충당될 수밖에 없는데, 이러한 수입조달은 그 부담의 형평성 문제가 제기될 수 있고 또 재정균형을 파괴할 가능성 등 여러 가지 문제를 내포하고 있다.

조세는 국고적 목적 이외에도 여러 가지 정책목표 달성을 위한 정책수단으로 활용된다. 고전학파의 이론에 의하면 이상적인 조세란 경제적 중립성(neutrality)을 갖는 조세로서 가급적 시장의 경제활동에 영향을 미치지 않는 방법에 의해 부과되어야 한다는 것이다. 따라서 조세의 목적은 최저수준의 경비를 충당하기 위한 재원조달에 한정되어야 한다고 고전학파의 이론에서는 주장되고 있다. 그러나 조세는 개인의 소득을 감소시키고 과세대상이 되는 각종 경제행위에 영향을 주게 되므로 정책수단으로서 그 중요성이 강조되는 것이다. 이렇게 본다면 이상적 조세란 국고수입을 충족시키고, 국민경제활동을 저해하지 않는 경제적 중립성을 유지하면서 경제안정에도 기여해야 하고, 소득의 재분배기능도 공평하게 발휘할 수 있는 그런 조세라야 할 것이다.

조세는 특정한 개별적 보상 없이 징수되는 것이 일반적이다. 시장경제의 원리에 의하면 재화 및 용역의 유통은 교환원칙에 의하여 성립되고, 재화 및 용역의 공급에는 반드시 반대급부가 수반된다. 그러나 조세의 부과에는 공공요금이나 수수료의 경우와 같은 개별적 반대급부가 없다. 즉 조세란 정부의 특정한 개별적 서비스에 대한 대가로 징수되는 것이 아니다. 우리는 제3장에서 공공재이론을 공부할 때 조세를 일종의 공공재가격으로 파악하고 조세의 납부는 국가가 제공하는 공공서비스에 대한 수혜자의 대가 혹은 보상이라고 가정하고서 논리를 전개하였다. 이것을 우리는 중요한 조세원칙의 하나인 이익설이라고 부르는데 이때에도 조세는 특정한 공공재에 대한 개별적인 보상으로서라기 보다는 일반적인 부담을 의미하는 것이다. 현실적으로 특정 공공서비스와 연계된 개별적인 보상으로서의 부담은 공공요금이나 수수료 등 사용자 가격의 형태를 통해서 징수되고 있다는 점에서 조세와 구분된다.

현대사회에서 조세는 통상 화폐로 징수된다. 상속세나 증여세 등 일부 예외적인 경우에 부동산이나 유가증권 등으로 물납이 가능하지만 이것은 화폐의 대체물로서의 의미를 가지는 것이다. 그러나 역사적으로 볼 때 상품 등의 교환을 위한 시장이 잘 발달하지 않은 시기에는 화폐 이외에도 현물이나 노동력 등으로 조세를 납부하기도 하였다. 예를 들어 우리 조선시대 조세제도는 조(租)·용(庸)·

조(調)를 근간으로 하였는데, 이는 각각 쌀 등 곡물과 군역 등 노동서비스 그리고 지역특산물로 필요한 물자를 조달하는 것이었다.

2. 이상적인 조세의 조건

그럼 조세는 어떠한 조건들을 갖추어야 하는가? 아래에서는 이상적인 조세가 갖추어야 하는 다양한 조건들에 대해서 간단하게 논의하고 있는데, 물론 현실에서 이들 조건들을 다 갖춘 이상적인 조세제도를 설계하고 운영하기란 거의 불가능하다고 할 수 있다. 대부분의 조세개혁이나 개편논의들은 이러한 이상적인 조건들을 지향하는 방향으로 제시되고 있는데, 물론 어떠한 특성들을 더 강조하는가에 따라서 개편의 내용들은 상당히 달라질 수밖에 없는 것이다.

(1) 충분한 세수확보

조세의 가장 기본적인 역할은 국가운영에 필요한 재원을 확보하는 것이다. 따라서 조세가 가져야 하는 가장 우선적인 조건은 이러한 세수 확보에 기여할 수 있어야 한다는 것이다. 물론 무조건 세수만 많이 확보하는 것보다는 가능한 아래에서 제기하는 제반 조건들을 지켜나가면서도 많은 세수를 확보할 수 있다면 바람직할 것이다.

(2) 공평한 부담

조세의 부담이 각 납세자에게 공평하게 배분되어야 한다는 것은 조세가 갖추어야 하는 가장 기본적인 조건이라 할 것이다. 그러나 어떠한 조세부담이 공평한 것인가에 대해서는 나라나 시대, 그리고 사람마다 다른 기준을 제시할 수 있다는 점에서 이에 대해서는 매우 다양한 논의들이 이루어지고 있다. 현대사회에서 공평한 조세란 통상 소득재분배와 연계되어 부담능력에 따른 조세부담을 의미하는 경우가 많지만, 공평의 개념을 정의하기에 따라서는 국가나 사회에 많은 비용을 야기한 사람이나 국가가 제공하는 제반 공공서비스의 혜택을 많이 보고 있는 사람이 보다 많은 부담을 하는 것이 공평한 것이라는 주장도 설득력 있게 제기되는 것이다. 이러한 조세부담의 공평성에 대해서는 제11장에서 보다 자세히 살펴보기로 한다.

(3) 경제적 효율성 및 중립성

조세는 시장에서 이루어지는 자원의 효율적 배분에 대하여 그 간섭을 최소화하여야 한다. 조세는 자칫 납세자들의 경제행위에 영향을 끼치어 자원배분에 왜곡현상을 야기할 수 있다. 그러므로 가급적 이러한 왜곡현상을 최소화하고 경제적 중립성을 유지할 수 있도록 하여야 하는 것이다. 소득과세와 소비과세, 재산과세 등 현대의 조세들은 기본적으로 우리의 경제활동과 연계되어 과세되기 때문에 이러한 경제행위에 영향을 주지 않고 왜곡을 초래하지 않는 조세체계를 만들어내기는 현실적으로 매우 어렵게 된다. 따라서 현실의 정책에서는 이러한 왜곡을 가장 적게 초래하는 조세를 찾게 되는데 이를 차선의 조세라고 할 수 있다. 한편 외부불경제에 따른 시장의 실패와 같이 만약 시장 스스로가 자원배분을 효율적으로 달성시키지 못하는 경우에는 그 달성을 보완할 수 있도록 조세가 설정되어야 한다. 이러한 조세와 경제적 효율성 및 중립성에 대해서는 제12장에서 자세히 살펴본다.

(4) 납세자 순응 및 세무행정 비용의 최소화

조세가 아무리 공평하고 효율적이라고 하더라도 조세구조가 복잡하여 납세자들이 잘 이해하기 어렵고 또 그 납세의무를 지키는데 많은 비용이 소요되거나 행정적으로도 집행하는데 많은 어려움이 있다면 그것은 결코 좋은 조세라고 하기 어렵다. 가능한 한 단순하고 간단한 조세구조를 유지함으로써 납세자들이 부담하는 납세비용(compliance costs)을 줄이도록 하고, 조세행정상으로도 최저비용으로 징수하고 관리되도록 설정되어야 할 것이다.

(5) 정치적 책임성의 확보

민주주의의 역사는 조세저항의 역사라고 할만큼 현대 민주정치에서 조세는 중요한 의미를 가진다. 조세의 종목과 세율 등 그 내용을 국민들의 대표가 법률로서 정하도록 하는 조세법률주의는 소위 '대표없이는 과세없다'는 명제가 구체화된 것으로서 민주주의의 역사와 함께 성립해온 것이다. 민주국가에서 납세자는 국가의 주인으로서 국가운영에 필요한 비용을 부담하는 납세의무를 지게 되며 동시에 그 제반 운영에 참여할 수 있는 권리를 가지는 것이다. 국민들이 가지는 납세자 의식은 국기의 주인으로서의 권리와 의무를 인식하게 하는 역할을 한다는 점에서 조세제도는 가능한 국민들의 납세자 의식을 제고할 수 있도록 설정되어야 할 것이다.

이러한 점에서 간접세보다는 납세자들이 그 납세부담을 명확하게 인식할 수 있는 직접세가 보다 바람직한 조세라고 할 수 있다. 물론 간접세의 경우에도 영수증에 물건값과 함께 세금부담을 구분하여 표시함으로써 납세의 내용을 보다 명확하고자 하는 등의 노력을 하고 있다. 또한 조세 이외에도 각종 부담금 등 준조세를 통해서 재원을 조달하는 경우가 많이 나타나고 있는데,[1] 이들 부담금은 국민들에 대한 강제적 부담임에도 불구하고 그 부과요건이나 수입의 사용 등 제반 측면에서 법률적 통제의 정도가 조세보다는 약하다는 점에서 가급적 줄여가는 노력이 필요할 것이다.

(6) 경기변동에의 신축적 대응

조세는 경제의 안정과 성장을 촉진하는 데 필요한 경제정책수단으로서 경기변동에 신축적으로 대응할 수 있어야 할 것이다. 조세는 통상 자동안정화기능을 가지고 있는데, 누진세율 구조의 소득세제는 경기가 상승하거나 하락할 때 소득증가나 하락에 비해 세수가 더 빨리 증가하거나 하락함으로써 경기를 안정화하는 효과를 가지게 된다. 한편 조세는 재량적 재정정책을 펴는데 있어 지출과 함께 중요한 정책수단으로 활용되고 있는데, 그 효과성을 높이기 위한 제도적 장치도 갖출 필요가 있다. 예를 들어, 정책추진에 필요한 시차를 줄이고 정책수단으로서의 시의성을 높이기 위해서 통상 국회의 입법과정을 거치지 않고 행정부의 결정으로 세율을 변화시킬 수 있도록 하는 탄력세율제도 등이 운영되고 있다. 우리나라의 경우 양도소득세나 증권거래세, 교통·에너지·환경세 등에 이러한 탄력세율 제도가 설정되어 있다.

1) 2011년 현재 부담금관리기본법에 의해서 관리되고 있는 부담금 등은 총 97개이다.

3. 조세의 분류

(1) 국세와 지방세

조세는 부과하는 주체에 따라 구별될 수 있다. 즉 중앙정부가 부과 징수하는 국세와 지방정부가 부과 징수하는 지방세로 분류된다. 한편 EU 국가들은 국세와 지방세 이외에도 EU세를 부과 징수하고 있다. 우리나라의 경우 국세는 내국세, 관세, 목적세로 대별되고, 내국세는 직접세와 간접세로 나뉘어진다. 지방세는 그 부과주체에 따라 광역자치단체 세목인 특별시·광역시세와 도세 그리고 기초자치단체의 세목인 시·군세와 자치구세로 구분되며, 세목의 성격에 따라 보통세와 목적세로 구분된다([그림 10-3] 참조).

(2) 인세와 물세

과세대상 또는 과세표준에 따라 조세는 인세(personal tax)와 물세(in rem tax)로 분류된다. 인세는 납세자를 기준으로 과세함으로써 납세자의 개인적 부담능력을 고려할 수 있는 반면, 물세는 과세객체인 재화나 서비스, 재산, 과세행위 등을 기준으로 과세함으로써 납세자의 개인적 사정과 관계 없이 부담이 이루어지는 세금이다. 인세를 주체세라 하고, 물세를 객체세라고 부른다.

(3) 직접세와 간접세

직접세(direct tax)란 세법상 납세의무자가 직접 부담하는 조세이며, 간접세(indirect tax)란 납세의무자가 그 부담을 다른 경제주체에게 전가할 것을 예정하고 있는 조세이다. 소득세와 법인세는 직접세 그리고 부가가치세는 간접세의 대표적인 세목이라고 할 수 있다. 부가가치세의 경우 세법상 납세의무자는 재화와 용역을 공급하는 자이지만 실제 세부담은 그것을 구입하는 소비자에로 전가되도록 예정하고 있는 것이다.

한편 이러한 형식상의 구분과 경제적인 측면에서 해당 조세부담을 실질적으로 누가 지게 되는가는 다른 문제라고 할 수 있다. 예를 들어, 대표적인 직접세인 법인세의 경우 납세의무자는 법인이지만 과연 실질적인 부담을 누가 지는가는 여러 가지 상황에 따라 다르게 분석된다. 법인세 부담이 변화할 때 법인에 투자된 자본이 이동하지 않는 단기의 경우에는 법인의 주주들이 부담하지만, 생산부문간에 자본의 이동이 이루어지는 경우 해당 법인의 주주만이 아니라 경제전체의 모든 자본소유자, 그리고 자본자체의 총량이 변화할 수있는 장기나 개방경제 상황에서는 임금이나 상품가격 변화를 통해서 근로자나 소비자가 법인세의 부담을 지게 되는 것이다.[2] 간접세인 상품세 등의 경우에도 실제 세부담은 수요와 공급의 탄력성에 따라서 소비자와 공급자가 나누어서 지게 된다.

(4) 종가세와 종량세

과세표준을 화폐단위로 표시한 과세물건의 가치로 하느냐 혹은 과세물건의 수량·용적 등으로 하느냐에 따라 종가세(*ad valorem* tax)와 종량세(unit tax)로 구별된다. 과세표준을 과세대상의 가격으로 표시하면 과세의 공평을 기할 수 있으나 가격측정이 어려운 경우가 많고 또 가격변화가 심한 경우 세수변동도 커지게 되는 문제가 나타나게 된다. 휘발유나 경유에 부과되는 교통세의 경우 종가세이던 것을 1996년부터 종량세로 과세하고 있는데, 이는 국제유가의 변동폭이 큼에 따라 종가세 체제는 세수나 최종소비자 가격의 변동폭을 크게 하였기 때문이다. 반면에 과세표준을 물건의 수량·용적 등으로 표시하면 과세는 간단하지만 그 부담이 불공평하게 될 우려가 있다. 예를 들어, 담배소비세의 경우 궐련 20개비에 정액의 세액이 부과되고 있는데, 비싼 담배일수록 가격 대비 세율은 낮아지는 역진적인 성격을 가지는 것이다.

(5) 소득순환과정상의 조세분류

소득순환모형을 가지고 조세를 분류해 보는 것이 조세의 형태와 성질을 이해하는 데 도움이 된다. 다음의 [그림 10-1]은 가계와 기업간의 소득의 순환과정을 보여 주고 있다. 가계가 벌어들인 소득(①)은 소비와 가계저축으로 나누어진다. 소비는 소비재시장으로 흘러들어가서(②) 기업수입의 일부분(③)을 구성한다. 가계저축은 투자로 연결되어 자본재시장을 통해 그와 같은 자본재를 생산하는 기업수입의 또 다른 일부분을 형성한다. 이와 같은 기업수입(④)의 일부는 감가상각금으로 축적되고 그 나머지는 요소시장에서 요소구입을 위하여 지급되는데

---

2) 이에 대한 자세한 논의는 제13장 참조할 것.

그림 10-1 | 소득순환과 과세점

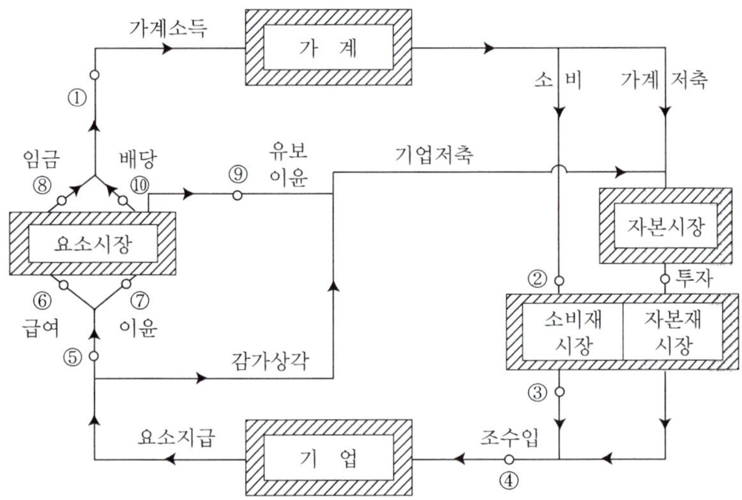

(⑤), 기업급여(⑥)는 임금(⑧) 등의 형태로 지급된다. 또한 기업이윤(⑦)은 일부 유보이윤(⑨)으로 남기고 나머지는 배당금(⑩)으로 지불되며 임금과 배당이 다시 가계소득의 원천이 된다. 동시에 감가상각과 유보이윤이 합해져서 기업저축을 형성하여 가계저축과 함께 자본시장에서 투자의 원천이 되는 것이다.

이제 [그림 10-1]의 각 단계에서의 과세점을 살펴봄으로써 조세의 각종 형태를 파악해 보자. 소득세는 점 ①에서 과세하며, 지출세(expenditure tax)는 점 ②에, 물품세 혹은 소비형 부가가치세는 점 ③에, 국민총생산형 부가가치세는 점 ④에, 소득형 부가가치세는 점 ⑤에, 사회보장세(payroll tax)는 기업에 대해서는 점 ⑥에서 과세하고 근로자에 대해서는 점 ⑧에서 과세하며, 법인세는 점 ⑦에, 지상배당세는 점 ⑨에, 그리고 배당소득세는 점 ⑩에서 각각 과세하는 것이다. 우리나라의 부가가치세는 점 ③에서 부과되는 소비형을 1977년에 도입하여 과세하고 있다. 또한 사회보장세의 경우 국민연금 보험료의 형태로 기업에 대해서는 점 ⑥에서 근로자에 대해서는 점 ⑧에서 부과하고 있다.

제 2 절 우리나라의 조세제도

1. 조세체계의 발전

우리나라의 조세체계는 경제 및 사회여건의 변동에 상응하여 계속 정비 개선되어 왔고, 특히 1960년대에 접어들면서 세제의 경제적 기능을 강화하기 위한 일련의 세제개혁이 추진되었다.

(1) 1961년 세제개혁

제 1 차 경제개발 5개년계획(1962~1966년)의 추진과 때를 같이하여 개발지원 세제의 기틀을 마련하기 위해 1961년 말에 '현행 국세를 전반적으로 백지로 환원하고 새로운 기초를 마련할 목적'으로 국세 · 지방세 전반에 걸친 대개혁이 실시되었다. 정부수립 후 가장 큰 규모에 달하였던 이 세제개혁은 간소하고 탄력성이 있고, 저축 및 투자를 촉진시킬 수 있으며, 나아가서 경제 및 사회현실에 부합하는 세제를 편성한다는 기본방침 아래 행해졌다.

이에 따라 종래 국세체계에 포함되어 있던 토지세 · 마권세 · 자동차세 등을 지방으로 이양하고, 지방세인 대지세 · 광지세를 재산세에 통합하였다. 동시에 지방세였던 특별소비세와 어업세를 국세인 영업세에 흡수하고, 지방세인 교통세를 국세인 통행세에 통합하였다.

(2) 1970년대 세제개혁

1970년대에 들어와서도 세제는 꾸준히 정비되었는데, 1973년에 전화세가 신설되고, 1974년에는 생산 및 유통과정에서의 가격조작에 의한 부당이득을 조세로 흡수하기 위하여 부당이득세가 신설되었으며 또한 이와 병행하여 소득세제를 종합과세제도로 일원화시켰다. 1975년에는 자주국방력을 강화하기 위한 재원조달을 목적으로 방위세가 신설되었다.

1970년대를 통해 이루어진 가장 중요한 세제개혁은 1977년부터 시행된 간접세제의 일대 개편이다. 즉 영업세 · 물품세 · 통행세 등 7개 내국소비세와 종래 지방세였던 유흥음식세를 포함한 도합 8개의 소비세를 부가가치세로 대체하는 한편 그 역진성을 보완하기 위하여 특별소비세를 신설하였다. 이와 함께 국세와 지방세의 조정도 행하여졌는데, 국세인 등록세가 지방세로 이양되고 그 밖에 지방세로서 사업소세가 신설되었다.

(3) 1980년대 세제개편

1980년대에 들어와서는 1982년에 교육세를 5년 시한부 목적세로 신설한 것 이외에는 1987년까지 이렇다 할 세제개편이 없었다. 물론 세원의 저변확대를 꾀하고 금융거래의 질서를 확립하고자 하는 목적으로 금융자산에의 실명거래제 도입이 논의되었고 이를 토대로 소득세 및 법인세의 개편작업이 있었으나 전면적인 실명거래제 실시가 보류되는 바람에 실질적인 세제개편이 발효되지 못하였다.

1988년에 들어와서 새 정부가 출범하면서 1988년 세제개편안을 발표하였는데, 주요 내용은 저소득 근로자에 대한 근로소득세를 하향조정하면서 상속세·증여세와 양도소득세를 강화하는 것이었다. 소득세의 면세점을 인상하는 것과 동시에 세율단계를 16단계에서 8단계로 줄이며 최저세율은 6%에서 5%로 낮추며 최고세율은 55%에서 50%로 인하하도록 하였다. 또한 국민소득수준의 향상이나 소비구조의 변화 등을 반영하여 특별소비세의 세율을 전반적으로 인하하였다. 1989년에는 지방자치의 부활에 따라 지방재정을 확충하기 위하여 담배관련 기존세목들(예: 전매납부금, 담배에 대한 교육세, 담배판매세 등)을 담배소비세로 통합·신설하여 전액 지방세로 이양토록 하였다. 이러한 담배소비세의 신설에 따라 이전까지 88 : 12 정도이던 국세와 지방세간의 세수비중이 약 81 : 19로 변화하는 등 지방세수가 크게 확충되는 계기가 되었다

(4) 1990년대 세제개편

1990년대에 들어와서 우리나라 세제에 상당한 변화가 일어났다. 우선 1990년에 '토지공개념'의 도입과 더불어 국세로서 토지초과이득세와 지방세로서 종합토지세가 신설되었다. 이는 80년대말 부동산 투기에 의해 전국의 땅값이 크게 상승함에 따라 토지투기를 억제하고자 하는 정부의 의지를 반영한 결과라고 하겠다. 이러한 세제 개편과 함께 공시지가 제도가 도입되었고, 개발부담금과 택지초과소유부담금도 도입되었다. 문민정부의 출범 이후 1993년 8월에는 금융실명제가 단

행되었으며 이는 금융소득 종합과세 등 이후 소득세제의 개편의 기반이 되었다. 또한 대외적으로는 1993년 말 UR(우루과이라운드)협상이 타결되었고 1995년부터 정부의 산업지원을 금지 또는 제한하는 세계무역기구(World Trade Organization: WTO)의 출범으로 우리나라 세제도 세계무역규범에 맞게 개편되어야 하는 필요성에 직면하게 되었다.

그래서 1994년에 세제에 대한 전반적인 개편이 이루어졌는데 세율구조를 선진국형으로 전환시키는 데 초점을 맞추었다. 소득세에 있어서는 세율단계를 4단계로 줄이고 최저세율을 5%에서 10%로 높이는 반면에 최고세율은 40%로 인하하도록 하였다. 또한 인적공제에 대해서도 기본공제액을 크게 인상하였다. 이는 세율체계를 단순화시키고 소득의 종합과세에 따른 세부담 증가를 완화하면서 한편으로 소득의 과표를 현실화하도록 적극 유도하기 위함이었다. 법인세의 세율도 인하하였다. 그리고 금융실명제의 실시에 따라 1996년부터 금융소득 종합과세가 실시되었던데 이후 1997년 말 IMF 외환위기를 맞이하게 됨으로써 그 시행이 정지되었고 이후 2001년부터 그 시행이 재개되었다.

또한 목적세로서 방위세가 폐지되고 그 대신 교통세와 농어촌특별세가 신설되었다. 1994년에 신설된 교통세는 사회간접시설을 확충하는 재원마련을 위하여 휘발유와 경유에 과세토록 하였다. UR협상의 타결에 따라 농산물의 수입개방이 허용됨으로써 농어촌에 어려움이 있을 것으로 예상되어 이에 지원을 강화하기 위하여 1994년에 법인세, 특별소비세, 취득세, 종합토지세 및 조세감면액 등을 세원으로 10년 한시세로서 농어촌특별세가 신설되었는데, 이후 다시 2014년말까지 10년 연장되어 시행되고 있다.

한편 지방정부의 재정을 지원하기 위하여 1991년에 지방양여금이 도입되었다. 지방양여금은 주세, 토지초과이득세 및 전화세의 일부분 또는 전액을 지방정부에 양여하는 것이며, 이와 별도로 지방교육양여금은 교육세 전액을 재원으로 하여 초·중등교육재정을 지원해 주게 되었다. 지방양여금 제도는 국세 세원을 바로 지방세 세원으로 이양하는 경우 자치단체간 재정격차가 더욱 확대된다는 점을 고려하여 자치단체의 재정력을 고려하여 배분하도록 하였으며 재정력이 우수한 서울특별시는 배분대상에서 제외하였다

(5) 2000년대 세제개편

2000년대에 들어오기 직전인 1998년에 토지초과이득세가 폐지되었다. 이는 1994년 과세대상이득의 공평하고도 정확한 계측문제에 따른 원본잠식 가능성 등을 이유로 하는 헌법재판소의 헌법불합치 결정 때문이었다.[3] 또한 2000년에 전화세가 부가가치세에 통합되었는데 이를 통하여 통신회사들의 시설투자에 대한 매입세액공제가 가능하게 되었다.

2003년 초에 출범한 노무현 정부에 의해 지방정부의 재정운용과 지방세제에 상당한 변화가 일어나게 됐는데, 이는 노무현 정부가 지방분권을 중요한 국가적 과제로 삼았기 때문이다. 1991년에 도입된 지방양여금제도를 2005년부터 폐지하면서 이 재원의 일부를 지방교부금의 법정세율을 높이는 데 활용토록 했으며,[4] 나머지 일부는 국고보조금과 함께 2005년에 신설되는 '국가균형발전 특별회계'의 재원으로 사용토록 하였다.[5]

지방세인 종합토지세가 2005년부터 재산세에 통합되었는데, 이는 그 동안 건물은 재산세, 토지는 종합토지세로 구분과세하던 것을 건물과 토지를 통합하여 과세하고자 함에 따른 것이다. 또한 재산보유과세를 강화하기 위하여 종합부동산세를 2005년부터 국세로 신설하였다. 전국의 소유 부동산을 세대별로 합산하여 일정 기준가액 초과분은 높은 세율로 종합부동산세를 과세하고, 이렇게 징수된 세금은 중앙정부가 재정이 어려운 시·군·구에 지원토록 하였다. 그러나 2008년 11월 헌법재판소가 세대별 합산조항에 대해서 위헌으로 결정함으로써 현재는 인별 합산이 이루어지고 있다.

2008년 2월 출범한 이명박 정부는 소득세와 법인세율을 인하하는 감세정책과 종합부동산세제 개편을 적극적으로 추진하였으며, 2008년 하반기 이후에는 세계적인 금융위기로 경기침체가 초래됨에 따라 자동차에 대한 소비세 인하 등 경기부양을 위한 정책들이 추진되었다. 사실 세율을 인하하는 감세정책은 이명박 정부에서만이 아니라 1980년대 이후 우리나라는 물론 전세계적으로 추진되어온 사항이다.[6]

---

3) 헌재 1994.07.29, 92헌바49, 판례집 제6권 2집, 64.

4) 지방교부금의 법정세율이 종전 내국세의 15%에서 19.13%로 상향조정됨.

5) 이에 대한 보다 자세한 내용은 정부혁신지방분권위원회, 『참여정부의 재정세제개혁』, 2005를 참조할 것.

6) 이러한 세율인하의 논거는 높은 세율이 초래하는 경제행위에의 왜곡을 줄임으로써 초과

예를 들어, 1978년 70%이던 소득세 최고세율은 1980년 62%, 1983년 55% 등 지속적으로 인하되어 2011년에는 35%가 적용되었으며, 1980년 이전 40%이던 법인세 최고세율은 2011년 현재 22%로 인하된 것이다. [표 10-1]은 90년대 이후 이루어진 소득세율과 법인세율의 인하내용을 보여주고 있다. 한편 2011년에는 감세정책을 둘러싼 많은 찬반논의들이 이루어졌는데, 소득세와 법인세 최고세율 인하는 부자감세라는 논란을 초래하면서 유보되었다. 대신 2012년부터 소득세의 경우 과세표준 3억원 초과 구간이 신설되어 38%의 세율이 적용되고 있으며, 법인세의 경우에는 과세표준 2억원 초과 200억원 이하의 구간을 신설하여 20%의 세율을 적용하고 있다.

표 10-1 | '90년대 이후 소득세율과 법인세율 인하

<소득세 세율 (%)>

과세표준	1000만원 이하	1000만원 초과 -4000만원 이하	4000만원 초과 -8000만원 이하	8000만원 초과
1996-2001	10	20	30	40
2002-2004	9	18	27	36
2005-2007	8	17	26	35
	1200만원 이하	1200만원 초과 -4600만원 이하	4600만원 초과 -8800만원 이하	8800만원 초과
2008	8	17	26	35
2009	6	16	25	35
2010	6	15	24	35

<법인세 세율 (%)>

과세표준	1991-	1994	1995	1996-	2002	2004-	과세표준	2009	2010
1억원 이하	20	18	18	16	15	13	2억원 이하	11	10
1억원 초과	34	32	30	28	27	25	2억원 초과	22	22

2. 현행 조세체계

우리나라의 현행 조세체계는 [그림 10-2]에서 나타난 바와 같이 중앙정부의 국세와 지방정부의 지방세로 대별되고, 국세는 내국세, 관세 그리고 목적세로 구성

부담을 축소하고 제반 경제활동들을 촉진하기 위한 것이다. 이에 대한 자세한 내용은 제12장 조세와 경제적 효율성 참조.

그림 10-2 | 우리나라의 조세체계(2011년 현재)

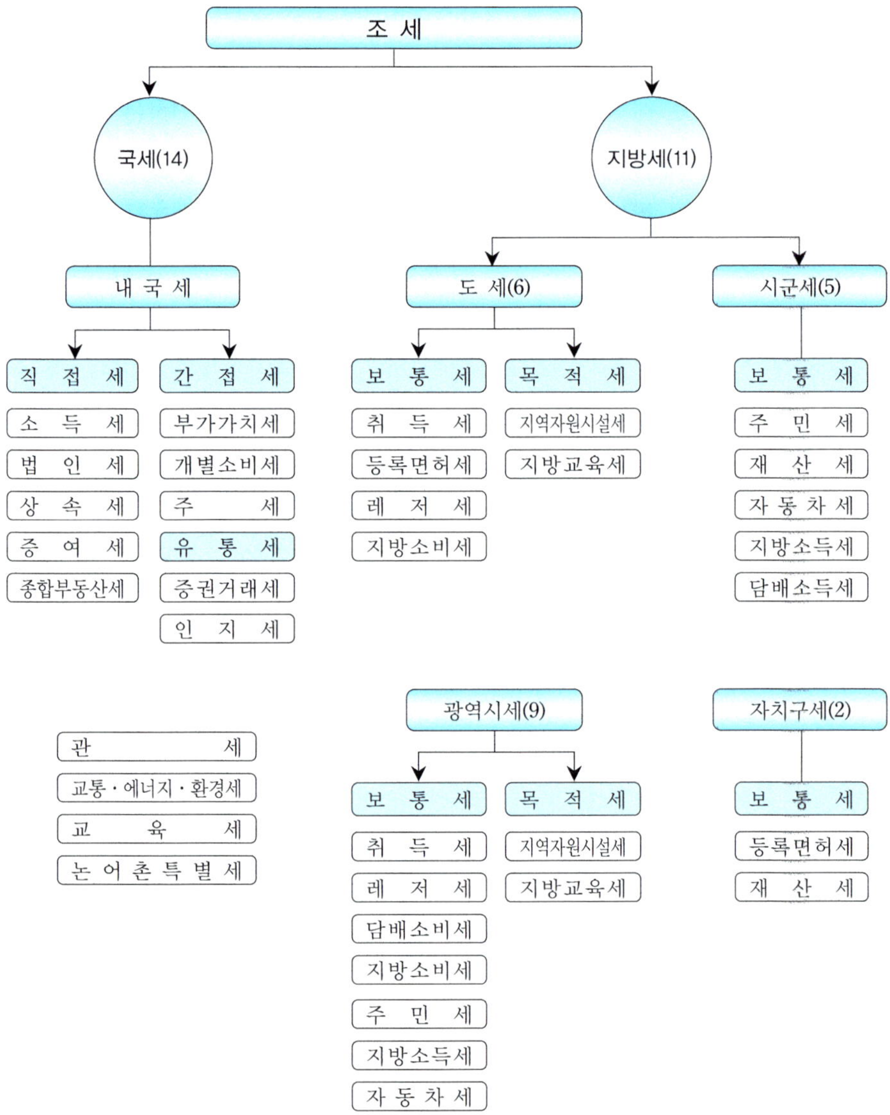

* 단, 서울시는 특별시와 자치구간 재산세 공동과세

되어 있다. 내국세 중 직접세는 소득세, 법인세, 상속세, 증여세, 종합부동산세 등 5개 세목으로 구성되며, 간접세는 부가가치세, 개별소비세, 주세로 구성된다. 국세 중 목적세는 현재 교통·에너지·환경세와 교육세, 농어촌특별세 등 세 가지가 있다.

지방세의 경우 자치단체의 구분에 따라 도세와 시군세, 특별시·광역시세와 자치구세로 구분되고 그 각각은 다시 보통세와 목적세로 구분된다. 대도시 지역의 경우 농어촌 지역에 비해서 많은 세목들이 자치구세보다는 특별시·광역시세로 구분되어 있는데 이는 대도시의 경우 인구가 밀집된 광역행정의 특성상 많은 기능이 시 본청에 의해서 수행되기 때문에 세원배분도 그에 맞추도록 한 것이다.

2010년 우리나라 국세와 지방세 세수는 각각 177.7조원과 47.9조원으로서 전체 조세에서 점하는 세수비중은 78.8 : 21.2로 나타나고 있다. [표 10-2]에 나타나고 있는 바와 같이 전체 조세에서 점하는 지방세의 세수비중은 1970년 8.4%에서 크게 증가하여 왔는데, 특히 1988년 지방자치의 실시와 함께 지방재정의 확충을 위하여 1989년에 담배소비세가 신설되었던 것이 큰 영향을 미쳤다고 할 수 있다. 앞에서도 논의하였던 바와 같이 1988년 이전 88 : 12이던 국세와 지방세 비중이 1989년에 81 : 19로 크게 변화하였던 것이다.

표 10-2 | 국세와 지방세의 세수비중 (%)

	1970	1980	1990	2000	2010
국 세	91.6	88.3	80.8	81.9	78.8
지 방 세	8.4	11.7	19.2	18.1	21.2

[표 10-3]은 국세와 지방세의 주요 세목별 세수비중의 변화를 보여 주고 있다. 우선 국세의 경우 내국세의 비중이 증가하고 목적세와 관세의 세수비중이 하락하고 있는데, 이는 기본적으로 소득세와 법인세 등 직접세의 세수가 크게 증가하였기 때문으로 나타나고 있다. 1980년 각각 11.4%와 8.4%이던 소득세와 법인세의 세수비중은 2010년에는 두 세목 모두 21% 수준으로 크게 증가하였던 것이다. 한편 간접세의 세수비중은 1980년 41.4%에서 2010년 34.2%로 크게 하락하고 있는데 이는 휘발유와 경유에 대한 소비세가 목적세로 분리된 형식적인 변화를 반영하는 것으로서 전체적으로 교통세를 포함하는 소비세 비중 자체는 비교적 일정하게 유지되고 있음을 알 수 있다.

지방세의 경우 1990년대 이후를 살펴보면 취득세와 등록세 등 부동산 거래과세의 비중이 상당히 낮아진 반면 재산세 등 부동산 보유과세의 세수비중은 비교적 일정하게 유지되고 있으며, 소득과세인 주민세 비중이 크게 증가하였음을 알 수 있다. 거래과세의 경우 특히 1998년 IMF 외환위기와 2008년 세계적 금융위기 등에 따른 경기침체로 인하여 부동산 거래가 크게 위축되었고 또 시장활성화를 위해서 세율을 인하하는 등의 변화를 반영하는 것이다.

표 10-3 | 우리나라 세수구조 추이

(단위; %)

	1970	1980	1990	2000	2010
국 세	100.0	100.0	100.0	100.0	100.0
내 국 세	71.3	63.3	71.3	76.5	80.8
직 접 세	34.8	20.3	31.1	39.7	43.8
간 접 세	35.6	41.4	38.7	34.8	34.2
목 적 세	–	14.7	18.4	17.2	12.6
관 세	12.8	13.2	10.3	6.2	6.0
전매수익	7.6	8.8	–	–	–
(개별 세목)					
소 득 세	23.1	11.4	17.6	18.8	21.1
법 인 세	11.6	8.4	12.0	19.2	21.0
VAT	–	25.3	25.9	25.0	27.6
특별소비세	–	10.0	7.1	3.2	2.9
교 통 세	–	–	–	9.0	7.8
지 방 세[1)]	100.0	100.0	100.0	100.0	100.0
취 득 세	33.3	21.2	18.3	15.3	14.2
등 록 세	–	15.9	21.6	22.0	15.0
주 민 세	–	15.2	8.6	16.6	17.2
담배소비세	–	–	24.7	10.9	6.1
재산세, 종합토지세	12.0	15.6	9.9	9.8	9.5
자동차세	16.9	7.4	6.7	9.7	6.2

주 1) 지방세 세목은 2011부터 [그림 10-3]과 같이 개편되었음.
자료: 기획재정부 홈페이지, 재정통계.
국세청, 『국세통계연보』, 각년도.
행정안전부, 『지방세정연감』, 각년도.

CHAPTER

The Modern Public Finance

11 조세부담의 공평성

제 1 절 공평의 개념과 조세부과의 원리

1. 공평의 개념

공평 또는 형평(equity)이란 사전적으로는 '어느 쪽으로도 치우치지 않고 고름', '치우침이 없이 공정함', 또는 '공정하고 올바름' 등 다양하게 정의되고 있으며, 영어로는 fairness, impartiality, justness 등으로 해석되고 있다. 이러한 공평의 개념은 사회의 다양한 영역의 의사결정에서 핵심적인 기준의 하나로서 사용되고 있다. 예를 들어, 관습법을 중심으로 하는 영미의 일반법(common law) 체계하에서 기존의 일반법이나 판례 등을 통해서 정해지지 않은 사항들에 대해서는 형평법(equity law)이 적용되는데 기본적으로 그 판결은 공평의 원칙(principle of fairness)에 따르게 되는 것이다.

조세부담이 공평해야 한다는 것은 좋은 조세가 가져야 하는 가장 기본적이고 중요한 특성의 하나로 여겨진다. 그러나 어떠한 조세가 공평한 것인가는 나라와 시대에 따라서, 그리고 보는 관점에 따라서 다양하게 정의되고 있기 때문에 현실의 조세정책에서 이를 적용하는 것은 매우 어려운 과제가 되고 있다. 일반적으로 현대 조세이론에서 조세부담의 공평성에 대한 논의는 편익원칙과 능력원칙의 두 가지로 크게 대별된다. 전자는 국가로부터 개인들이 받는 편익의 크기에 따라 조세부담이 이루어지는 것이 공평하다는 것인 반면 후자는 개인들의 조세부담능력에 따라야 한다는 것이다.

물론 이 밖에도 사회에 야기하는 비용에 따라 세금을 부과하는 것이 공평한 것이라는 비용유발설이나 심지어는 인두세와 같은 동일한 부담도 일정한 경우에는 공평할 수 있다는 주장도 설득력 있게 제시된다. 예를 들어, 도로파손을 많이 야기하는 무거운 차량으로 하여금 도로건설이나 유지보수 등에 필요한 재원의 많은 부분을 부담하도록 하는 것이 공평한 것이며, 공해 등 사회적인 외부효과를 야기하는 행위에 대해서 세금을 부과하는 것이 공평하다는 것 등이다. 또한 회비적인 성격의 부담인 경우 그 회원들에게 동일한 금액을 부담하도록 하는 것도 충분히 설득력 있는 부담방식일 수 있는 것이다. 우리나라 지방세목의 하나인 주민세의 경우 지방자치단체에 주소를 둔 개인이나 사업소를 둔 법인이 부담하는 회비적 성격의 조세로서 균등부담을 기본으로 하고 있다. 이하에서는 편익원칙과 능력원칙을 중심으로 조세부담의 공평성을 논의한다.

2. 편익원칙

편익원칙(benefit principle) 혹은 응익과세의 원칙은 애덤 스미스(Adam Smith)의 「국부론」에서도 불완전하나마 이미 지적되었던 조세원칙으로서, 정부가 제공하는 공공서비스에서 얻는 편익에 따라 세금을 부담하도록 하는 것이 공평하다는 것이다. 따라서 이 원칙하에서의 조세액은 공공지출의 구조와 이에 대한 납세자들의 선호가 어떻게 구성되었는가에 따라 크게 좌우된다. 즉 이익원칙의 기준은 조세 측면만을 고려하고 있다기보다는 조세 · 지출의 양면을 동시에 고려하고 있는 것이다. 우리가 제3장에서 이미 공부한 바와 같이 스웨덴의 학자 빅셀(Wicksell)은 이익설을 근거로 하여, 조세를 공공서비스의 가격(대가)으로 보고 공공서비스로부터 향수하는 편익의 대가를 각자가 자기선호에 부합시켜 자발적으로 부담하려고 할 때 가장 효율적인 공공지출의 규모와 적정조세액이 결정될 수 있다고 주장하였다. 그러나 납세자가 자기의 선호를 자발적으로 표시하지 않으려고 하므로 결국 투표를 중심으로 하는 민주적인 정치과정에 의존하지 않을 수 없음을 지적한 바 있다. 이러한 빅셀의 생각을 한 걸음 더 발전시켜 린달(Lindahl)은 이익의 대가로서의 과세를 자발적 교환(voluntary exchange)으로 해석하여 조세의 결정문제를 경쟁적인 시장기구의 원칙에 유사한 형태로 분석하는 기틀을 마련하였던 것이다. 이러한 이익원칙은 결국 시장원리에 따라 조세가격을 설정함으로써 조세부담의 공평성을 달성함과 동시에 자원배분에 있어서의 효율성도 제고할 수 있는 것이다.

3. 능력원칙

능력원칙(ability-to-pay principle)이란 개인의 부담능력에 따라 조세부담이 이루어지도록 하는 것이 공평한 것이라는 주장으로서 응능과세의 원칙이라고도 한다. 능력원칙은 정부의 지출면에 대해서는 별 고려없이 조세수입의 측면만을 고려하면서, 주어진 필요조세액을 확보하기 위하여 어떠한 원칙하에 세금을 징수하는 것이 가장 공평한가를 논하고 있다. 소득의 공평한 분배를 중요한 재정기능의 하나로 여기로 있는 현대국가에서 조세부담의 공평성은 위에서 설명한 이익설보다는 통상 능력설을 바탕으로 논의되고 있다고 할 수 있다. 이익원칙에 의한 조세제도가 현실적으로 적용하는 데 많은 어려움이 있으며, 이익원칙에 의한 조세제도의 최대장점이 조세와 지출의 동시결정이라 하지만, 현대민주주의 정치과정에서 현실적으로 이러한 접근은 그리 용이한 것이 아니기 때문이다.

애덤 스미스는 이익원칙을 어느 정도 지지하였지만, 그 이후의 영국의 고전학파 경제학자들은 능력에 따른 조세원칙을 공정한 원칙으로 받아들였는데, 그 대표적인 고전학파로서 밀(J. S. Mill)을 들 수 있다. 그에 따르면 공공서비스의 이익은 어느 특정인에게 귀속되기보다는 일반적으로 사회적 성격을 가지고 있는데, 설사 그러한 이익을 개인에게 귀속시킬 수 있다 하더라도 부유한 자와 빈곤한 자가 같은 이익에 대하여 동일한 보상을 한다는 것은 진정한 의미의 공정이라고 할 수 없고 결국 지급능력에 따라 조세가 결정되어야 한다고 주장하였다. 한편 프랑스 대혁명 이후 채택된 인권선언에서도 조세의 부담은 능력에 따라 공평하게 배분되어야 한다고 천명함으로써 능력원칙을 강조하였다.

제 2 절 조세부과 원칙의 실천적 적용

1. 편익원칙의 적용

편익원칙에 입각하여 조세를 부과한다면 그 과세방식은 어떠한가에 대하여 살펴보자. 편익원칙을 엄격히 적용한다면 각 납세자들은 공공서비스에 대한 자신들의 편익, 즉 수요에 따라 세금을 내게 된다. 따라서 중요한 것은 납세자가 공공재의 가치를 어떻게 평가하고 있는가이다. 공공재가 소위 하급재(inferior goods)가 아닌 정상재(normal goods)라면 민간재의 경우와 마찬가지로 납세자의 공공재에 대해 평가는 소득수준이 상승함과 더불어 증가할 것이다. 세율이 어떻게 결정될 것인가를 예를 들어 살펴보자. 납세자(소비자)들은 공공재에 대해 비슷한 취향을 가지고 있어 동일한 소득하에서는 동등한 양의 공공재를 요구한다고 가정하자. 이때 100만원의 소득계층그룹이 특정공공재의 가치를 단위당 100원으로 평가하고 있고 200만원의 소득계층그룹은 동일한 공공재에 대하여 단위당 200원의 가격을 지불할 용의가 있다고 한다면, 이때의 세율은 이익원칙하에서는 소득에 대해 비례적(proportional)인 형태로 설정될 것이다. 그러나 만약 200만원의 소득계층그룹이 200원보다 적은 가격을 지불하려고 한다면 이 때의 세율은 역진적(regressive)으로 나타나야 할 것이고, 200원 이상의 가격을 지불하려고 한다면 세율구조는 누진적(progressive)으로 되어야 할 것이다.

따라서 적절한 세율구조는 납세자의 선호 유형(preference patterns)에 따라 좌우된다고 하겠으며, 좀더 구체적으로 말하여 공공재에 대한 납세자의 소득탄력성과 가격탄력성의 크기에 따라 세율구조가 결정된다고 하겠다. 만약 공공재 수요의 소득탄력성이 크다면 세율은 소득의 증가에 따라 빠르게 증가하는 누진적인 형태를 취하게 될 것이다. 반면에 공공재 수요의 가격탄력성이 크다면 공공재 가격의 빠른 증가는 공공재의 수요량을 크게 감소시킨다는 의미이므로 세율의 누진도는 자연히 완화될 수밖에 없는 것이다. 이익원칙하에서의 세율구조는 소득탄력성이 가격탄력성과 같은가, 큰가 혹은 작은가에 따라서 비례적, 누진적 혹은 역진적이 된다.

그러나 이러한 세율구조는 논리적으로는 잘 설명될 수 있는 것이지만, 공공재의 소득 및 가격탄력성을 제대로 측정하는 데 어려움이 있으므로 이익원칙을 실제 적용하는 데는 많은 문제가 있다. 더욱이 공공재의 종류에 따라 납세자의 탄력성은 각기 다를 것이므로 예산 전반에 걸쳐 세율을 일괄적으로 결정해야 하는 현실에서 이의 적용은 더욱 어렵다고 하겠다. 다만 능력원칙하에서의 세율이 일반적으로 누진세를 지향하고 있는 반면에 편익원칙에 바탕을 두는 경우 누진적, 비례적 혹은 역진적인 세 가지 세율이 모두 가능함을 보여 주고 있음에 유의할 필요가 있다.

또한, 편익원칙은 소득분배 상태에 대한 고려가 이루어지고 있지 않다는 점에서 비판되고 있다. 공평한 소득분배가 달성되고 있지 않은 상태에서, 순수하게 공공재에 대한 수요의 측면에서 조세부담을 설정하는 경우 정부의 소득재분배를 위한 역할은 설명하기 어렵게 된다.

위에서 언급한 바와 같이 편익원칙을 과세에 적용하는 데 있어 가장 큰 문제는 각 개인이 공공재로부터 받는 편익의 크기를 파악하기가 어렵다는 점이다. 각 개인들이 자신이 누리고 있는 공공재로부터의 편익에 따라 조세를 부담해야 한다면, 대부분의 경우 그 편익의 정도를 과소 보고하게 될 것이며, 이는 결국 제3장에서 논의한 무임승차자의 문제를 야기하는 것이다. 따라서 편익원칙은 각 개인이 받는 편익의 정도를 어느 정도라도 객관적으로 측정할 수 있는 부문에 적용될 수 있다고 할 것이다.

이러한 부문의 대표적인 예로서 도로를 들 수 있다. 도로의 경우 자동차의 주행거리나 유류소비량 등 객관적으로 나타나는 지표가 도로서비스에 대한 각 개인의 수요 정도를 간접적으로 나타내 준다고 할 수 있는 것이며, 따라서 주행거리에 따라 조세부담이 이루어지도록 한다면 응익원칙에 따른 과세가 이루어지는 것이다. 우리나라의 경우 자동차와 유류에 대한 과세에 있어 과거에는 주로 자동차의 취득이나 보유 등과 관련한 과세가 중시되었으나 점차 교통세 등 주행에 따른 과세가 강화되고 있는 추세에 있다.[1)]

한편 우리나라는 준조세(quasi-tax)의 일종인 많은 부담금들을 부과 징수하고

1) 구체적으로 살펴보면, 1995년부터 2010년까지 15년 동안 자동차에 대한 취득세와 등록세, 자동차세 등 취득과 보유에 대한 세금은 연평균 4.8% 증가한 반면, 교통세와 주행세 등 운행과 관련한 세금은 연평균 11.5% 증가한 것으로 나타나고 있다.

있는데,[2] 이들 중 많은 부담금들은 수익자부담원칙에 근거하고 있다. 예를 들어, 한강 등 4대강마다 하류지역의 주민들에 대해서 물이용부담금을 징수하여 상류지역 주민들을 지원하는데 사용하고 있는데, 이는 상류지역 주민들에 대한 이용규제를 바탕으로 깨끗한 상수도를 소비하는 것이기 때문에 이에 대해 일정한 부담을 하고 규제대상이 되는 상류지역 주민들에게 보상을 하는 재원으로 사용하는 것이다. 이 밖에도 관광지 등의 지원시설 이용자부담금이나 공공시설의 수익자 분담금 등 다양한 종류의 부담금들을 이러한 유형으로 분류할 수 있다.

또한 수익자부담(user charges)에 따른 각종 공공요금들도 이익원칙이 잘 적용될 수 있는 경우인데, 전기요금, 수도요금, 유료도로(toll) 등이 이에 속한다. 이들 부문의 경우 공공서비스의 수익이 개별 사용자에게 얼마나 귀속되는지를 분명하게 알 수 있기 때문에 정부나 관련 공기업은 기업의 가격형성방법을 적용하여 요금(일종의 세금)을 결정하는 것이다.

2. 능력원칙의 적용

능력원칙이란 납세자의 부담능력에 따라 조세를 부과하는 것인데, 그 구체적인 실천기준은 다음과 같은 두 가지로 표현된다. 즉 동일한 부담능력을 가진 사람은 조세상 동일하게 취급하고(equal tax treatment for equals), 상이한 부담능력을 가진 사람은 조세상 상이하게 취급한다(unequal tax treatment for unequals)는 것으로서 전자를 수평적 공평(horizontal equity), 그리고 후자를 수직적 공평(vertical equity)이라고 부른다.[3]

이와 같은 능력원칙을 현실의 조세에 적용하기 위해서는 우선 개개인들의

2) "부담금"이란 중앙행정기관의 장, 지방자치단체의 장, 행정권한을 위탁받은 공공단체 또는 법인의 장 등 법률에 따라 금전적 부담의 부과권한을 부여받은 자가 분담금, 부과금, 기여금, 그 밖의 명칭에도 불구하고 재화 또는 용역의 제공과 관계없이 특정 공익사업과 관련하여 법률에서 정하는 바에 따라 부과하는 조세 외의 금전지급의무(특정한 의무이행을 담보하기 위한 예치금 또는 보증금의 성격을 가진 것은 제외)를 말한다. (부담금관리기본법, 제2조). 2011년 현재 97개의 부담금이 부담금관리법 별표에 열거되어 있다.

3) 수평적 공평과 수직적 공평의 개념은 비단 조세에서만이 아니라 교육이나 보건 등 여러 분야에서 사용되고 있다. 예를 들어, 보건 분야의 경우 같은 수요를 가지는 경우 같은 의료서비스를 제공하며, 다른 상황에 있는 사람에게는 다른 의료서비스를 제공하는 것을 의미한다.

부담능력을 어떻게 측정할 것인가의 문제가 대두된다. 영국의 경제학자 밀(J. S. Mill)은 조세부담에 따른 희생이 균등해야 한다는 희생설(sacrifice theory)을 주장하고 있다. 모든 조세는 어떠한 형태로 부과되더라도 결국 그 부담은 사람에게 귀속되며 이러한 부담은 부담자의 경제적 희생이며 효용의 손실을 가져오는 것으로서 균등해야 한다는 것이다. 결국 조세를 부담함으로써 효용을 희생하게 된다는 관점에서 개인들이 향유하고 있는 효용의 크기를 부담능력으로 평가하는 것이다.

그러나 개개인들의 효용의 크기를 측정하는 것은 현실적으로 불가능하기 때문에 효용의 크기를 대신 보여줄 수 있는 대리지표를 찾게 되는데 현대 조세에서는 소득과 소비, 그리고 재산이 부담능력을 보여주는 현실적인 척도로서 이용된다. 효용이론에서 개인들의 효용은 소비량의 함수이며, 주어진 시장가격하에서 소비량은 개인들의 소득의 함수이고, 크게 근로소득과 자산소득으로 구분할 수 있는 소득은 개인들이 보유하고 있는 인적자본과 재산 등 자산의 함수인 것이다. 부담능력을 어떤 기준으로 측정할 것인가에 대해서는 제2절에서 보다 자세하게 논의하기로 한다.

일단 개개인들의 부담능력을 어떤 기준에 따라 측정할 것인가가 결정되었다면 다음으로는 수평적 공평과 수직적 공평이라는 공평원리를 어떻게 구체화할 것인가의 문제가 대두된다. 이하에서는 부담능력의 척도로서 소득을 가정하고 논의를 전개한다.

(1) 수평적 공평기준의 적용

동일한 부담능력을 가진 사람들은 동일하게 취급해야 한다는 수평적 공평의 기준을 적용하는 데 있어서 가장 기본적인 사항은 납세자들 간에 동일한 부담능력이 있는지의 여부를 어떻게 판단할 것인가의 문제이다. 소득을 기준으로 한다면 수평적 공평이란 동일한 부담능력, 즉 동일한 소득을 가진 사람들은 같은 소득세 부담을 지도록 하여야 한다는 것을 의미한다.

그러나 일면 간단해 보이는 이러한 기준을 구체적으로 적용하는 데는 여러 가지 어려움이 나타나게 된다. 예를 들어, 같은 봉급을 받는 갑과 을 두 사람이 있다고 하자. 우선 우리가 받는 봉급을 다 소득이라고 할 수 있는가의 의문이 제기될 수 있다. 사업자들이 영업을 하기위해 각종 비용을 지불하는 것처럼 근로자가 근무를 하기 위하여 지불해야 하는 필요경비적인 성격의 비용이 있다면 이를 공제하여야 하지 않는가? 또한 갑의 경우 부양해야 할 가족이 을에 비해서 많다고 한다면, 과연 두 사람이 같은 봉급을 받았다고 해서 같은 부담능력이 있다고 보아야 하는가? 만약 다르다고 한다면 부양가족수에 따른 조정을 어떻게 해야 하는가? 또 부양가족수는 같다고 하자. 그런데 갑의 경우 갑작스러운 사고를 당하여 많은 의료비를 지출하였다고 할 때, 이 두 사람이 같은 부담능력을 가진 것으로 보아야 할 것인가? 또 다른 문제로서 부담능력을 개인단위로 측정할 것인가 또는 가족단위로 측정해야 할 것인가 등등 수많은 고려사항들이 있는 것이다.

현실에서 우리나라의 소득세가 계산되는 과정을 살펴보면, 우선 봉급 등 각 소득원천으로부터 수입금액이 파악되면 소득의 종류별로 이러한 수입금액을 도출하는 데 필요한 필요경비를 공제하여 소득금액을 파악하게 된다. 이러한 소득금액을 합산하여 종합소득을 구성하고 이로부터 인적공제나 보험료, 교육비 등 각종 소득공제 항목들을 차감하여 과세표준을 도출하게 되는데 바로 이 과세표준이 세법상 개개인의 부담능력으로 파악되는 것이다. 따라서 이 과세표준이 같다면 동일한 부담능력이 있는 것으로 간주하여 동일한 산출세액이 계산되는 것이다. 물론 산출세액이 계산된 이후에도 각종 정책적 목적 등을 위하여 세액공제를 차감하게 되는데 그렇게 계산된 결정세액이 최종적으로 부담하여야 할 세액이 되는 것이다. 우리나라의 소득세 계산의 보다 상세한 내용은 제16장 제1절에서 설명하고 있다.

(2) 수직적 공평의 적용: 희생설과 누진세율

수직적 공평을 구체화하는 문제는 동일한 부담능력을 갖지 않은 사람들을 다르게 취급하는 경우 얼마나 다르게 취급할 것인가, 결국 세율구조를 어떻게 설정할 것인가의 문제로 귀결된다. 세율구조는 비례세와 누진세 그리고 역진세율 체계로 구분될 수 있는데, 대부분의 현대 국가에서는 부담능력이 높아질수록 세율이 높아지는 누진세율 체계가 기본적으로 받아들여지고 있다.

소득재분배를 중요한 기능 중의 하나로 여기는 현대국가에서 누진세율체계는 소득의 불평등을 완화할 수 있는 중요한 정책수단으로서 인정된다. 더구나 소득이 증가할수록 공공재로부터의 편익이 커진다는 관점에서 본다면, 누진세율체계는 소득재분배의 관점에서 뿐만 아니라 위에서 언급한 이익설의 관점에서도 타당한 세율구조라고 할 수 있는 것이다.

그러나 이러한 누진세율체계에 대한 비판도 여러 가지 측면에서 제기되고 있는데, 특히 조세제도의 복잡성을 야기하고 세율의 차이에 따라 여러 가지 형태의 조세회피현상이 나타나게 됨에 따라 경제적인 효율성이 감소하게 된다는 주장이 있다. 많은 관심의 대상이 되고 있는 단일세율세(flat tax)제도는 일정한 인적공제를 인정하되 그 이상의 소득에 대해서는 단일세율로 과세함으로써 일정 정도의 누진성을 확보하면서 동시에 조세제도의 단순화와 경제적 효율성의 증진을 목적으로 하고 있는 것이다.

수직적 공평의 개념과 세율구조의 문제는 앞에서 살펴보았던 밀(J. S. Mill)의 균등희생이라는 측면에서 논의되고 있다. 균등희생의 원칙은 이후에 균등의 의미를 어떻게 해석할 것인가에 따라 절대희생균등의 원칙, 비례희생균등의 원칙 그리고 한계희생균등의 원칙 등 세 가지로 구분되고 있다.

[그림 11-1]은 소득의 한계효용곡선이 같은 갑과 을 두 사람의 경우가 그려져 있다. 종축은 소득의 한계효용 그리고 횡축은 소득의 크기를 나타내는 것으로,

그림 11-1 | 균등희생의 원칙과 조세부담

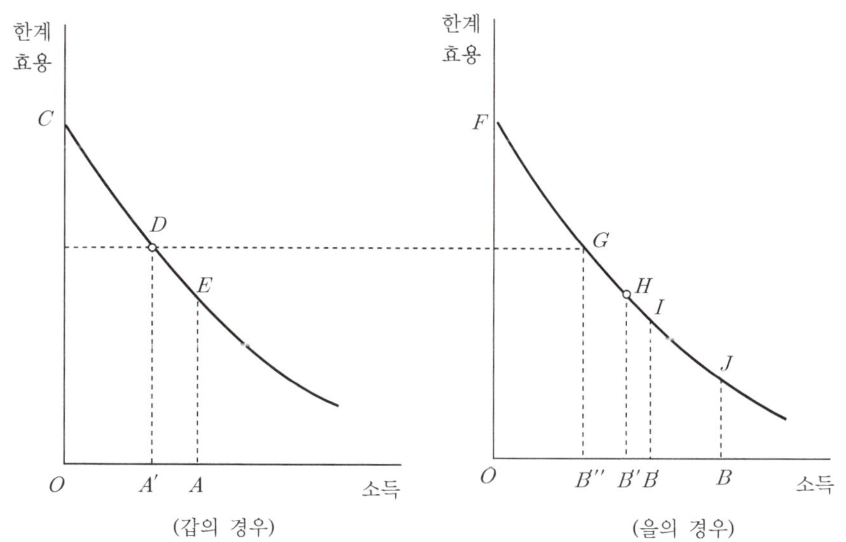

갑과 을의 과세전 소득이 각각 OA와 OB이고 $OB>OA$일 때 위의 세 가지 기준에 의하면 갑과 을의 조세부담은 어떻게 결정되어야 공평하다고 할 수 있을 것인가를 살펴보자.

1) 절대희생균등의 원칙

이는 개인들이 조세를 부담함으로써 희생하는 효용의 절대적인 크기가 균등해야 한다는 것이다. 만일 갑의 조세부담액이 AA'라면 갑이 희생하는 효용의 크기는 $AA'DE$로 표시된다. 을에 있어서 이와 같은 크기의 효용이 $BB'IJ$라고 한다면 을의 조세부담은 BB'가 되어야 하는 것이다. 이를 세율의 측면에서 살펴보면, 갑의 경우는 OA의 소득에서 AA'만큼의 조세를 부담하기 때문에 그 평균세율은 AA'/OA가 되며, 같은 논리로 을의 평균세율은 BB'/OB가 되는 것이다. 이와 같은 구조에서 갑과 을의 평균세율 중 어느 것이 높은가, 즉 누진세율, 역진세율 그리고 비례세율 중 어느 것이 적용되는가는 일률적으로 결정되지 않고 한계효용곡선의 형태에 따라 다르게 된다. 소득의 증가에 따라 한계효용이 체감하는 정도가 높을수록 세율은 누진적이 되게 될 것이다.[4)]

2) 비례희생균등의 원칙

이는 각 개인들이 조세부담으로 인하여 희생하는 효용이 전체 효용에서 차지하는 비율이 균등해야 한다는 것이다. 갑의 조세부담액을 AA'라고 한다면, 이로 인하여 희생하는 효용의 총효용에 대한 비율은 $AA'DE/AOCE$가 된다. 만약 을의 경우 B''점에서 계산한 효용의 희생비율인 $BB''HJ/BOFJ$가 위의 갑의 비율과 같게 된다면 BB''가 비례희생균등의 원칙에 의한 을의 조세부담이 되는 것이다. 이때의 평균세율은 갑과 을의 경우에 있어서 각각 AA'/OA와 BB'''/OB가 되는데, 어떤 세율구조가 나타나는지는 이때도 역시 한계효용곡선의 형태 등에 따라 달라지게 된다.

3) 한계희생균등의 원칙

이는 조세를 부담하는 마지막 단위의 소득에서 각 개인들이 느끼는 한계희

4) 만약 극단적으로 한계효용곡선이 체감하지 않고 수평선인 경우에는 분명히 역진적이 된다. 한계효용곡선의 기울기에 따라 어떠한 세율구조가 도출되는지 스스로 연습해보자.

생이 균등해지도록 조세부담이 이루어져야 한다는 것을 의미하는 것으로, 결국은 세후소득의 마지막 단위에서 느끼는 각 개인들의 한계효용이 균등해야 한다는 것이다. 이와 같은 한계희생균등의 원칙에 따르면 일정한 세수를 확보하기 위하여 사회 전체가 부담하는 희생의 양은 최소가 될 것이다. 만약 일정한 조세부담 배분이 이루어졌을 때 A의 한계희생이 B의 한계희생에 비해서 크다면 A의 조세부담을 줄이고 대신 B의 조세부담을 증가시킴으로써 같은 크기의 세수를 확보하면서도 사회 전체의 조세부담을 위한 희생의 총량을 줄일 수 있는 것이다.

[그림 11－1]에서 갑이 조세부담액을 AA'라고 한다면 조세부담의 마지막 단위에서 발생하는 한계희생, 즉 한계효용의 상실은 $A'D$이며, 이는 결국 세후소득 OA'의 마지막 단위에서 느끼는 한계효용의 크기이다. 한계희생의 균등이라는 원칙에서 본다면 을의 경우에 있어서도 세 부담의 마지막 단위에서 느끼는 한계희생은 $A'D$와 같은 $B'''G$가 되어야 하는데, 이 경우 을의 조세부담액은 BB'''가 된다. 이때의 평균세율은 갑과 을에 있어서 각각 AA'/OA와 BB'''/OB가 되는데, 소득이 높은 을의 세율이 항상 높게 나타나는 누진세율체계가 도출된다.

이와 같이 한계희생의 균등원칙은 누진세율체계를 정당화하는 논리로 해석되고 있으며, 더욱이 시장경제원리와 부합하는 원칙으로서 조세부담으로 인한 사회희생을 최소화하는 것으로 주장되고 있다. 그러나 이러한 결론은 모든 사람들의 소득의 한계효용곡선이 우하향하며 또한 동일하다는 매우 엄격한 가정하에서 성립되는 것이라는 점에 유의하여야 한다.

또한 더 중요한 점으로 조세부담 후에도 사람들의 경제행위가 달라지지 않는다는 가정에 입각한 것이다. 만약 높은 세율이 부과됨에 따라 고소득층인 을의 근로의욕이나 투자의욕이 크게 감소하게 된다면, 을의 세전소득은 OB가 아니라 그보다도 낮아지게 됨으로써 위에서 제시된 누진세율구조가 유지될 수 없게 되는 것이다. 사실 높은 세율로 인하여 사람들의 제반 경제행태에 왜곡이 초래되기 때문에 세율을 결정하는 네 있어 이러한 경제활동에 미치는 효과를 고려해야 한다는 것이 현대조세이론의 핵심논의 중의 하나인 것이다. 예를 들어, 소득세율을 낮춤으로써 사람들의 근로나 저축 의욕을 촉진하고, 법인세율을 낮춤으로써 기업들의 투자를 촉진하는 것이 경제성장을 이룩하고 세수도 오히려 증가되는 것은 물론 사회 전체의 경제적 효율성도 제고될 수 있다는 것이다.

제3절 부담능력의 척도와 과세제도

앞에서 논의한 바와 같이 조세부담이 납세자의 부담능력에 따라 이루어져야 한다면, 그 부담능력을 어떻게 측정할 것인가의 문제가 대두하게 된다. 사람들은 조세를 부담함으로써 자신이 누리고 있던 효용을 희생하게 된다는 희생설의 관점에서 볼 때, 조세부담능력은 한 사람이 누리고 있는 경제적 효용수준을 기준으로 판별하는 것이 이상적이라고 할 수 있다. 그러나 이러한 효용수준이란 주관적인 것이어서 이를 직접적으로 측정하기란 불가능한 것이다. 따라서 우리는 개개인의 경제적 효용수준을 나타내 줄 수 있는 대리지표를 찾게 되는데, 일반적으로 가장 널리 이용되고 있는 것이 소득과 소비 그리고 재산수준이라고 할 수 있다. 즉 어떤 사람의 소득수준이 높을수록, 소비수준이 높을수록, 또는 재산이 많을수록 그 사람의 경제적 효용수준이 높다고 인정되고 있는 것이다.

경제이론을 바탕으로 본다면 개개인의 효용은 소비의 함수로 표현된다는 점에서 소비가 효용수준을 보여주는 일차적인 지표가 될 것이다. 그런데 주어진 시장가격하에서 개개인의 소비는 다시 그 사람의 소득의 함수라는 점에서 소득 또한 효용수준을 보여주는 지표가 된다. 한 단계 더 나아간다면 유량으로서의 소득은 개개인이 보유하고 있는 자산의 함수라고 할 수 있다는 점에서 자산 또한 개개인의 효용수준을 측정하는 대리지표가 되는 것이다. 여기서 자산은 부동산이나 기계장치는 물론 금융자산 등을 포함하는 물적자산(physical capital)과 함께 개개인의 근로능력을 결정하는 핵심요소인 인적자본(human capital)까지를 포함하는 것이다.

이하에서는 소득과 소비, 재산을 부담능력의 척도로 사용하여 과세가 이루어진다고 할 때 가장 이상적인 형태의 과세방식은 무엇이며 또 그것을 현실에서 적용하는데 있어 어떠한 어려움들이 나타나게 되는가 등을 중심으로 살펴본다.

1. 소득과 포괄적 소득세

소득은 부담능력의 측정수단으로서 오늘날 가장 널리 사용되고 있는 기준이라고 할 수 있으며, 소득세는 거의 모든 나라에서 가장 중요한 기본세목으로 이용되고 있다. 과세의 기초로서 소득을 측정하는데 있어 일반적으로 다음과 같은 두 가지 방식이 적용되고 있다. 첫째는 소득의 발생원천을 기준으로 하는 것으로서, 근로소득, 이자소득, 배당소득, 임대소득 등 여러 원천에서 발생하는 소득들을 합하여 소득을 산정하는 것이다. 우리나라의 경우 소득세에서 이러한 소득원천 방식을 채택하고 있다.[5] 둘째는 획득된 소득이 어떻게 사용되는가에 초점을 두는 방식으로서, 소득을 '일정기간 동안의 개인의 소비(C)와 순자산가치 변화분(ΔW)의 합'으로 정의하는 것인데 이를 헤이그와 사이먼(R. M. Haig and H. C. Simons)의 포괄적 소득(comprehensive income)이라고 한다. 현재 법인세에서는 과세소득을 일정기간 동안의 법인의 순자산을 증가시키는 거래와 감소시키는 거래로 인하여 발생하는 수익과 손비를 기초로 산출하게 되는데 이를 순자산증가설이라고 한다.

한편 일정기간 동안에 발생하는 순자산의 증가는 결국 저축을 의미하는 것이기 때문에 포괄적 소득은 결국 소비와 저축(S)을 합한 것을 의미한다. 즉,

$$Y = C + \Delta W = C + S$$

우리는 매우 다양한 원천을 통해서 소득을 획득하게 되는데 사용 측면에서 본다면 이러한 소득은 결국 일부는 소비되고 나머지는 저축되는 것이다.

한편 여기서 말하는 소비는 개인의 후생수준을 높이는 지출활동이라고 할 수 있는데, 지출 중에서는 이러한 소비의 범위에 포함되지 않는 것이 많다고 할 수 있다. 예를 들어, 사업소득자가 영업에 필요한 재료를 구입하는 경우 그 지출은 사업수행에 필요한 필요경비이며, 이 사업자가 영화를 보기 위해 지출한 것과는 성격이 다르다고 할 수 있다. 또 다른 지방으로 직장을 옮기게 되어 이사비용이 지출되었다고 하자. 엄격히 말하면 이사비용은 직장에 근무하기 위하여 지출하여야 하는 필요경비적인 성격의 비용인 것이며 소비나 저축을 위한 지출이 아닌 것이다. 통상 수입금액에서 필요적 경비를 뺀 것이 소득이 된다고 할 수 있는

5) 우리나라 소득세법은 소득의 종류를 당해연도에 발생하는 이자소득 · 배당소득 · 부동산임대소득 · 사업소득 · 근로소득 · 연금소득 · 기타소득을 합산한 종합소득과 퇴직소득, 양도소득으로 구분하고 있다(소득세법 제 4 조).

데, 무엇이 필요적 경비인가는 소득의 종류에 따라 달라진다.

이상적인 소득세란 개인의 부담능력을 보여주는 소득을 정확히 측정하고 그 부담능력에 따라 공평한 세부담이 이루어지도록 하는 것이다. 수평적 공평을 실현한다는 관점에서 본다면 모든 소득은 어떠한 원천을 통해서 획득된 것이든, 또 어떻게 사용되는가에 관계없이 똑같게 취급되어야 하며, 개인의 부담능력은 모든 소득을 포괄하여 합산함으로써 측정되는 것으로서 이를 포괄적 소득이라고 하는 것이다. 다시 말해서, 같은 1원의 소득이면 발생원천이 근로소득이건 이자소득이건 무엇이건 간에, 또한 사용 측면에 있어서 그것이 소비되는가 또는 저축되는가에 관계없이 조세상 같이 취급하는 것을 원칙으로 하는 것이다.

그러나 이러한 포괄적 소득과세의 원칙이 부담능력에 부합하는 이상적인 과세방향이라 하더라도 현실의 소득세에서 그 원칙을 엄밀하게 적용하기는 매우 어렵다고 할 수 있다. 이를 구체적으로 들어보면 다음과 같다.

(1) 자본이득의 과세범위 문제—발생주의와 실현주의

주식이나 주택 등 보유하고 있는 자산의 가치가 증가하였을 때 과연 이것을 과세대상의 소득에 포함하여야 하는가의 문제가 발생한다. 특히 자본이득이 일단 발생(accrued)하였지만 매매 등을 통하여 실현(realized)되지 않은 경우에 더욱 논란의 대상이 되는 것이다. 보유자산 가치의 변화는 소득의 구성요소인 '순자산가치의 변화'에 해당하기 때문에 경제적인 의미의 소득에 당연히 포함되는 것이다. 따라서 모든 소득을 포괄적으로 과세하여야 한다는 포괄적 소득세의 원리에 비추어 볼 때 그것이 실현되었는지의 여부와는 관계없이 과세대상으로 포함되어야 할 것이다.

그러나 현실에서는 대부분의 경우 실현된 자본이득만이 과세소득에 포함된다. 그 이유로는 우선 미실현 자본이득의 규모를 측정하고 평가하는 것이 현실적으로 매우 곤란하기 때문에 이를 과세하는 경우 납세자간 세부담의 공평성을 확보하는 것이 매우 어렵다는 점을 들 수 있다. 또한 미실현이득에 대해서 과세하는 경우 세금을 납부하기 위하여 그 자산자체를 매각해야 하는 원본침해의 문제도 발생하기 때문이다.[6)]

6) 우리나라 헌법재판소는 "과세대상인 자본이득의 범위를 실현된 소득에 국한할 것인가 혹은 미실현이득을 포함시킬 것인가의 여부는, 과세목적·과세소득의 특성·과세기술상

한편 이와 같이 매매 등을 통해 실현된 소득만을 과세대상으로 할 때 소위 동결효과(lock-in effect)가 발생하게 된다. 즉 자본이득이 발생한 경우에도 실현되지 않으면 과세되지 않기 때문에 사람들은 실현을 늦춤으로써 세금부담을 늦출 수 있고 그 기간만큼 이자비용을 절감할 수 있기 때문이다.

(2) 귀속소득에 대한 과세문제

귀속소득(imputed income)이란 시장에서의 거래를 거치지 않고 자신에게 직접 발생하는 소득으로서 통상 자신이 보유하는 자산이나 생산요소 등을 통해 발생하게 된다. 그 대표적인 것으로 자기 소유의 집에 거주하는 사람들에게 발생하는 귀속임대소득을 들 수 있다. 개념적으로 본다면 우리는 집이라는 자본재를 이용하여 주거서비스를 생산하고 이를 소비하는 것이라고 할 수 있다. 생산된 주거서비스는 세입자 또는 자신이 소비하게 되는데, 전자의 경우 임대소득을 얻게 되고 후자 즉 자기 자신이 직접 사용하는 경우에도 임대료에 해당하는 만큼의 귀속소득이 발생하게 되는 것이다. 외견상 그 소득의 형태는 다른 것처럼 보이지만 일단 주거서비스가 생산되어 국민소득이 발생했다는 측면에서 양자는 경제적으로 동일한 성격의 소득이라고 할 수 있는 것이다. 따라서 모든 소득이 동일하게 과세되어야 한다는 포괄적 소득세의 원칙에서 본다면 양자는 동일하게 과세되어야 하는 것이다. 그러나 현실적으로 세입자로부터 발생하는 임대소득은 부동산임대소득으로 과세되는 반면, 자기 소유의 주택에 거주함으로써 발생하는 귀속임대료는 과세대상에 포함되지 않는 차이가 발생하는 것이다.

(3) 인플레이션 효과

인플레이션이 발생하는 경우 명목소득이 상승하게 되는데, 누진세율을 채택하고 있는 소득세제하에서는 명목소득이 증가함에 따라 세부담이 더 빠른 속도로 증가하게 됨으로써 세후실질소득은 감소하게 된다. 많은 후신국에서는 정부가 재원조달을 위하여 통화를 과도하게 발행하고 이에 따라 나타나는 인플레이션을 통하여 세수를 확충하는 소위 인플레이션 세금 또는 강제저축 방식을 이용하기

의 문제 등을 고려하여 판단할 입법정책의 문제일 뿐, 헌법상의 조세개념에 저촉되거나 그와 양립할 수 없는 모순이 있는 것으로는 볼 수 없다"고 판시하고 있다(1994. 7. 29. 92헌바 49, 52(병합) 헌법재판소 전원재판부).

도 한다. 부동산 매매에 따른 자본이득의 경우에 인플레이션에 따른 명목자본이득이 과세됨으로써 동일한 실질가치를 가지는 부동산을 다시 구입할 수 없는 원본잠식의 문제가 발생하게 된다.

또한 인플레이션이 발생하는 경우 소득의 종류에 따라 명목가치의 상승이 달라짐으로써 소득의 유형에 따라 세금상 다른 취급을 받게 되는 문제가 발생한다. 임금의 경우 통상 물가상승률 수준의 명목임금이 증가하게 되지만, 자본소득의 경우 물가상승률 이상으로 명목소득이 상승하게 됨으로써 명목소득에 과세하는 현실의 소득세하에서 양자는 과세상 동등한 취급을 받지 못하는 문제가 발생하는 것이다.

구체적으로 살펴보자. w는 시간당 임금, H는 근로시간, r과 A는 각각 자산의 수익률과 자산가격이라 한다면 wH는 근로소득, rA는 자본소득을 의미한다. 이제 물가상승률이 π라고 가정하면 명목임금과 명목자본소득은 각각 $w(1+\pi)H$와 $(r+\pi)A(1+\pi)$로 표현할 수 있다. 즉 자산소득의 경우 수익률뿐만 아니라 자산가격도 물가상승에 따라 상승하게 되는 것으로서 기본적으로 명목자본소득이 명목임금에 비해서 상대적으로 빠르게 증가하게 되는 것이다. 따라서 명목소득에 대해서 누진세율을 적용하는 소득세 구조하에서 자본소득은 불리한 취급을 받게 된다고 할 수 있는데, 이는 소득의 원천에 관계없이 모든 소득은 동일한 취급을 받아야 한다는 수평적 공평에 부합하지 않게 되는 것이다.

이와 같이 자본이득이 과세상 불리하게 되는 측면을 보정하기 위하여 현실에서는 세법상 여러 조세감면조치들이 적용되고 있다. 자본이득에 대하여 저세율을 적용하거나 우리나라 양도소득세상 장기보유특별공제처럼 장기자본이득에 대해서 물가상승을 고려한 일정부분의 소득공제를 인정하는 것 등을 들 수 있다.

(4) 소득 흐름의 변동에 따른 세부담의 차이문제

일생에 걸쳐 얻는 평생소득이 같은 두 사람이 있다고 가정하자. 부담능력의 관점에서 본다면 두 사람이 일생 동안에 걸쳐 부담하는 소득세는 같아야 한다고 말할 수 있다. 그런데 그 중 한 사람은 소득이 전기간 동안 일정하게 발생하는 반면에 다른 사람은 기복이 심하여 일정기간에는 많은 소득이 발생하고 다른 기간에는 소득이 거의 없다고 한다면, 누진세율구조의 소득세제하에서는 후자의 소득세 부담이 전자에 비해서 많게 되는 불공평이 발생하는 것이다.

한편 어느 한 사람의 일생을 놓고 볼 때, 통상 취업이전 기간에는 소득이 없기 때문에 소득세를 부담하지 않는 반면, 중년기에는 많은 세금을 부담하고, 은퇴한 이후에는 이자나 배당 등에 대해서만 소득세를 부담하는 등 세부담의 기복이 크다고 할 수 있다. 이에 비해 소비의 경우는 소득보다는 그 기복이 상대적으로 작다고 할 수 있으며, 따라서 소비세의 경우 조세부담에 있어서도 누진구조에 따른 변동폭이 상대적으로 작다고 할 수 있다. 그러나 이러한 소득과 소비흐름의 차이로 인하여 소비세의 경우 소득발생이 없는 청년기 등에 있어 세금을 납부하는데 현금유동성이 부족하게 되는 문제가 발생하게 된다.

2. 소비와 개인소비세

(1) 개인소비세의 개념

자연법철학자인 홉스(J. Hobbes)나 칼도(N. Kaldo)[7] 등은 과세기초(tax base)로서 저축이나 투자 등 소득활동보다는 소비를 이용하는 것이 바람직하다고 주장하였다. 소득활동은 사람들이 생산과정을 통해서 사회에 기여하는 유익한 사회적 행위인데 비해서, 소비는 본질적으로 이기적인 경제행위로서 사회의 자원을 사용하는 것이기 때문이라는 것이다. 물론 소비를 통해서 효용을 향유하는 것이 우리 경제활동의 중요한 목적이라는 점을 고려할 때 이러한 주장이 옳다고는 할 수 없으며 저축이 타인을 위한 행위라는 해석도 설득력이 없다고 할 것이다. 오히려 저축을 저축자가 자기의 선호에 따라 자신의 미래혜택을 위해 행한 이기적인 행위로 볼 수도 있는 것이다.

개인소비세(personal consumption tax)는 일정기간에 이루어지는 개인의 소비액에 대해서 과세하는 것으로서 소득세가 소비와 저축된 부분 모두 과세하는 것임에 비하여, 소득 중에서 저축된 부분은 제외하고 소비된 부분에만 과세한다는 점에 기본적인 차이가 있다. 이러한 점에서 개인소비세를 흔히 소비분 소득세(consumed income tax)라고 부르기도 한다. 한편 지출세(expenditure tax)는 지출금액에 과세하는 것으로서 내구재가 아닌 물품에 대한 지출인 경우 지출세는 개인소비

7) Nicholas Kaldor, *An Expenditure Tax*, 4th impression(London: Unwin University Books, 1965).

세와 같게 된다. 그러나 주택이나 자동차, 냉장고 등 소비내구재의 경우 주거서비스나 운행서비스, 냉장서비스 등을 생산하는 자본재인 것으로서 이에 대한 지출은 자본재의 구입비용이며 생산된 서비스의 소비액에 대한 개인소비세에 대한 개인소비세 과세와는 개념상 구별된다. 이에 대해서는 아래에서 자세하게 설명한다.

소비과세의 가장 핵심적인 세목으로 인식되고 있는 부가가치세나 개별소비세 등은 각 개별 소비행위 또는 과세물건에 대하여 과세함으로써 개인적인 사정을 고려할 수 없는 물세이다. 그러나 여기서 언급하고 있는 개인소비세는 일정기간의 각 개인별 총 소비액을 합산하여 종합적으로 과세하기 때문에 인적 공제나 누진세율 등의 도입이 가능한 인세라는 특징을 지닌다.

(2) 개인소비세의 장단점

현대의 조세정책에서 가장 쟁점이 되고 있는 사안 중의 하나가 바로 소득을 중심으로 하는 포괄적 소득세를 지향할 것인지 또는 개인소비세와 같은 소비를 중심으로 하는 과세를 지향할 것인지에 대한 것이다. 개인의 모든 소득을 종합하여 과세하는 포괄적 소득세는 개인의 부담능력을 잘 반영한다는 점에서 전통적으로 세제개혁의 기본방향으로 여겨져 왔지만 앞에서 논의한 여러 문제점들을 가지고 있는 것이다. 이에 비해서 개인소비세는 포괄적 소득세에 비해 여러 장점들을 가지고 있으며, 특히 저축을 촉진함으로써 국가의 자본형성에 기여한다는 점도 부각되고 있다.

포괄적 소득세와 비교한 개인소비세의 장점은 다음과 같이 들 수 있다. 첫째, 개인소비세는 저축에 대해서는 과세하지 않기 때문에 포괄적 소득세에서처럼 미실현 자본이득에 대한 과세문제가 발생하지 않게 된다. 즉 미실현 자본이득의 경우는 순자산가치의 증가로서 저축에 해당하기 때문에 기본적으로 개인소비세의 과세대상이 되지 않는 것이다.

둘째, 인플레이션의 효과가 자산소득에 불리하게 작용하는 점도 개인소비세의 경우에는 상대적으로 큰 문제가 되지 아니한다. 인플레이션에 따라 발생하는 명목적 자본이득도 실현되지 않는 이상 개인소비세의 과세대상에 포함되지 않기 때문이다.

셋째, 주택으로부터의 귀속소득에 대한 과세문제도 해소될 수 있다. 앞에서 언급한 것처럼 자가주택의 경우 주택이라는 자본재를 이용하여 주거서비스를 생산하고 이를 자기 자신에게 공급하여 소비하는 것으로서, 포괄적 소득세에 있어서는 그 귀속소득에 대한 과세문제가, 그리고 개인소비세에 있어서는 주거서비스의 소비에 대한 과세문제가 발생하는 것이다. 다음의 경우를 살펴보자. 어떤 사람이 1억원짜리 주택을 구입하였다고 하자. 그런데 이 1억원이 그 사람의 소비액에 포함되어야 하는가? 그렇지는 않다. 왜냐하면 이 1억원은 주택이라는 자본재의 구입비용으로서 투자인 것이며, 소비하는 것은 주택을 이용하여 생산한 주거서비스인 것이다. 이와 같이 생산되는 주거서비스의 가치가 매년 500만원[8]이라고 한다면, 개인소비세로 과세할 경우 구입 첫해에는 500만원이 소비액으로 과세표준에 포함되어야 하며, 자본재 구입비용인 1억원은 과세대상에서 공제되어야 한다. 즉 첫 해에는 소득에서 1억원을 공제하고 500만원을 가산한 −9,500만원에 대해 세금이 부과되어 세액의 환급이 발생하게 된다. 한편 이후에는 매년 발생하는 주거서비스의 소비에 대해 과세하여야 한다. 자산시장이 완벽하다고 하면 자산의 가치는 그로부터 발생하는 소득흐름의 현재가치의 합과 같게 된다. 따라서 구입 첫해에 그 자산가액만큼을 공제하고 매년 발생하는 소비, 즉 귀속임대료에 과세하게 되면 주택의 전체 사용기간에 발생하는 순조세부담의 현재가치는 0이 되는 것이다. 결국 개인소비세의 원칙에 따라 과세한다면 자산을 구입한 해는 그 구입액을 공제하고, 이후부터 발생하는 귀속소비에 대해서 과세하여야 하는데, 전체 기간 순조세액의 현재가치를 합하면 0이 되는 것이다. 이러한 관점에서 본다면 현재 자가주택으로부터의 귀속소득이나 소비에 대해서 과세하지 아니하고 자산구입에 대한 공제도 하지 않고 있는 현행 세제는 사실상 개인소비세의 원칙에 따라 과세한 것과 같은 효과를 가지는 것이다.

한편 자가로부터 발생하는 주거서비스의 소비를 개인소비세 방식에 따라 과세하기 위해서는 그 귀속소비액을 매년 측정해야 하는 쉽지 않은 문제가 발생한다. 이러한 문제는 비단 주거서비스만이 아니라 자동차나 냉장고 등 각종의 소비내구재가 창출하는 서비스의 소비에도 같이 나타난다. 귀속소비를 매년 측정해야 하는 문제를 회피할 수 있는 방식이 지출세(expenditure tax) 형식으로 과세하는 것이다. 즉 주택이나 자동차를 구입할 때 지출한 금액에 과세함[9]으로써 차후에 발생

8) 자가주택의 경우 이는 귀속소득이면서 동시에 소비액이며, 임대의 경우에는 임대료가 되는 것이다.

9) 즉 자본재 구입인 소비내구재 구입비용을 공제하지 않는 것이 개인소비세를 과세하는

하는 귀속소비의 흐름에 대해서 과세하는 것과 동일한 효과를 발생하는 것이다.

넷째, 다음 장에서 초과부담문제를 논할 때 다시 언급될 것이지만, 소득세는 통상적으로 현재소비와 미래소비간의 합리적 의사결정에 교란작용을 하게 되지만 일반소비세는 그런 교란행위를 하지 않는다. 따라서 일정한 가정하에서 보면 소비세가 경제적으로 더 효율적이라고 할 수 있다.[10)]

마지막으로 개인소비세의 큰 장점 중의 하나로 제시되고 있는 것이 저축에 미치는 긍정적 효과이다. 기본적으로 개인소비세는 저축된 부분에 대해서는 과세하지 않는다는 점에서 저축을 장려하는 효과가 있다고 인식되고 있다.[11)]

개인소비세의 개념을 세법상 적용하는 방법은 크게 두 가지로 구분해 볼 수 있는데, 하나는 소득 중에서 저축된 부분은 소득세의 과세대상에서 제외하는 방법이다. 우리나라의 현행 세법상 이러한 방식을 이용한 대표적인 예로는 연금보험료공제를 들 수 있다. 즉 공적연금이나 개인연금 등의 보험료로 납부된 금액은 소득세 계산에서 공제되며 대신 이후 연금을 수취하여 소비가 이루어질 때 과세되고 있는 것이다. 또 다른 하나의 방식은 저축을 소득세 과세표준에서 공제하지는 않지만 그로부터 발생한 이자소득 등을 비과세하는 것이다.

지금까지의 논의를 통하여 조세의 현실적인 집행 측면이나 저축에 미치는 영향 등 종합소득세에 대비한 개인소비세의 장점이 많이 부각되었다. 현실의 소득세제 내에서 주택에 대한 귀속소득을 과세하지 않는다거나 저축에 대해 각종 세제혜택을 부여하는 것 등은 이러한 개인소비세의 원칙이 반영된 것이라고 할 수 있다. 비록 금융소득에 대한 종합과세가 시행되고 있지만 그 대상은 연간 4천만원 이상으로 한정되고 있으며 저축에 대한 세제상의 우대조치라고 할 수 있는 이자나 배당소득에 대한 저율분리과세가 시행되고 있는 것이다. 스칸디나비아 국가들에서 시행되고 있는 DIT(Dual Income Tax)는 근로소득에 대해서는 통상적인 누진세율로 과세하되 이자나 배당 등 자본소득은 저율분리과세하는 것이다. 또한 2005년말 미국의 연방세제개혁자문단은 세제개혁에 대한 보고서를 통해서 소비

것이다. 이 경우 이후에 이루어지는 소비흐름에 대해서는 과세하지 않는다.

10) 이러한 주장은 소득과 여가간의 선택을 일단 고정시켜 놓고 현재소비와 미래소비간의 선택만을 고려할 때 타당하다. 좀더 분명한 대답은 소득, 여가, 현재소비 및 미래소비 상호간의 대체성의 정도에 달려 있다.

11) 그러나 가계저축에 대한 효과는 불확실한 측면이 존재하는데 이에 대해서는 제15장 제2절 참조.

세로의 개혁을 강력한 대안의 하나로 제시[12]하는 등 소비세를 강화하기 위한 여러 시도들이 이루어지고 있는 것이다.

그렇다면 여기서 우리는 다음과 같은 의문을 제기할 수 있다. 개인소비세가 이렇게 많은 장점을 가지고 있다면 왜 보다 적극적으로 종합소득세를 대체하여 개인소비세를 도입하지 않는가? 왜 제반 단점에도 불구하고 현실의 조세정책은 기본적으로 종합소득세를 강화하는 방향으로 추진되고 있는가? 이는 기본적으로 부담능력의 척도로서 소득이 가지고 있는 개념상의 장점과 소득재분배 등에 대한 정책상의 고려가 강하게 작용하고 있기 때문이라고 할 수 있다. 일반적으로 이자나 배당 등의 금융소득이 대부분 고소득층에 집중되어 있는 사회적 현실 속에서 완전공제나 비과세 등을 통해서 저축에 대하여 강한 우대조치를 도입하는 것은 비판의 대상이 되기 쉬운 것이다. 특히 이론적인 측면에서 볼 때 개인소비세는 개념상 자본소득에는 과세하지 않고 노동소득에만 과세하는 것과 같은 경제적 효과를 가지는 것[13]이기 때문에 여러 가지의 장점에도 불구하고 포괄적 소득세를 대체하여 개인소비세를 전면 도입하기는 현실적으로 어려움이 따르는 것이다.

이러한 관점에서 현실의 소득세제를 살펴본다면 명목상으로는 종합소득세 또는 포괄적 소득세를 지향하고 있지만, 실제로의 내용상에 있어서는 개인소비세의 원리들이 많이 내포되어 있다고 할 것이다. 이러한 현상을 소득세와 소비세간의 '부자연스러운 타협(uneasy compromise)'[14]이라고 할 수 있으며, 결과적으로는 소득세와 소비세의 혼합세제(hybrid income-consumption tax)가 형성되었다고 할 수 있다.

다음으로 지급능력은 소득만이 아니라 재산, 즉 축적된 부에 의하여 크게 영향을 받는다는 점을 지적하지 않으면 안 된다. 물론 재산이 소득을 창출하는 경우에는 축적된 부가 소득의 흐름 속에 반영될 수 있다. 그러나 일반적으로 소득

---

12) 2005년 연방세제개혁자문단(The Advisory Panel on Federal Tax Reform)은 현행의 연방 소득세제를 소비제 방향으로 전환하는 대안을 '성장 및 투자 세제(The Growth and Investment Tax Plan)'라는 명칭으로 제안하고 있다.

13) 이에 대해서는 제15장 제2절에서 자세히 논의되어 있다.

14) 이는 미국의 소득세제를 분석한 H. Aaron, H. Galper, and J. Pechman, eds., *Uneasy Compromise-Problems of a Hybrid Income-Consumption Tax*, The Brookings Institution, 1988에서 인용한 것임.

을 지급능력의 지표로 간주할 때에는 재산에 의해 실현된 이익(예로서 이자소득, 배당소득, 양도소득 등)은 과세대상에서 소홀히 취급(비과세 혹은 분리저율과세)되기 쉽다. 그러므로 현실에서 부동산 등을 중심으로 이루어지고 있는 재산에 대한 과세는 소득과세를 보완하는 역할을 담당하고 있다고 할 것이다.

3. 재산과 순자산세

순자산세(net wealth tax)[15]란 어느 한 개인이 보유하고 있는 모든 재산의 가치를 합산하고 여기에서 부채액을 공제하여 계산한 순자산액을 과세표준으로 하여 과세하는 것이다. 이론적으로 재산이 개인의 부담능력을 반영하기 위해서는 현금과 유가증권, 실물자산은 물론 서화나 골동품 등에 이르기까지 재산을 구성하는 모든 것들이 다 합산되어야 한다. 즉 개인별 대차대조표를 작성하는 작업이라고 할 수 있다.

그러나 순자산세의 시행에 있어서 큰 난점은 가치평가문제로서 모든 자산들의 가치를 매년 평가한다는 것은 매우 어려운 작업일 것이다. 시장가격이 형성되지 않는 자산이 많을뿐더러, 실현되지 않은 자본이득이 있을 경우 그 측정은 더욱 어려워지게 된다.

순자산세의 또 다른 문제점은 미래 근로소득의 원천이라고 할 수 있는 인적자본에 대한 처리문제라고 할 수 있다. 과연 인적자본을 재산으로 평가하여 포함시킬 것인가, 더 나아가 인적자본에 대한 감가상각은 인정되는가 등의 제반 이슈들은 이론적인 측면에서는 논의가 가능하다고 하겠지만, 현실적으로 이의 실행은 거의 불가능한 것이다. 만약 인적자본까지를 포함하여 순자산세가 시행된다면 이는 소득 흐름에 대한 과세인 소득세와 경제적인 효과가 같게 되는 것이다.

이상의 논의에서 나타나고 있는 것처럼 순자산세를 소득세를 대체하여 핵심기간세목으로 채택하기는 현실적으로 매우 어렵다고 할 수 있다. 우리나라를 포함한 대부분의 국가에서 재산과세는 주로 가치평가가 비교적 용이한 부동산이나 차량 등을 중심으로 하여 과세되고 있으며, 개인재산이나 인적자본 등에 대한 과

15) 일부 유럽국가에서 제한된 형태로 과세되고 있는데 실제 명칭은 자본세(Capital Tax), 순가치세(Net Worth Tax), 순자산세(Net Wealth Tax), 또는 자산세(Wealth Tax) 등 다양하게 나타나고 있다.

세는 거의 이루어지지 못하고 있는 실정이다. 많은 경우 소득세에 있어서는 지본소득에 비해서 근로소득에 대한 과세가 상대적으로 강하게 이루어지고 있다는 점을 고려할 때, 재산과세는 소득과세와 보완적인 과세라고 할 수 있다.

한편 프랑스와 스위스, 네델란드, 노르웨이 등 일부 유럽국가에서 순자산세는 소위 부유세의 형태로 과세되고 있다.[16] 통상 그 과세대상은 주택과 토지 등 부동산과 현금, 주식, 예금, 보험 등을 포함하는 금융자산의 가치를 합한 가액에서 공제대상 차입을 차감한 순자산으로 하고 있다. 프랑스의 경우 연대세(Soliodarity tax on wealth: ISF)라는 이름으로 과세되고 있는데, 80만 유로 이상의 순자산에 대해서 0.55%~1.8%까지의 누진세율을 적용하고 있으며, 그 세수는 일반정부 총세수의 약 1.5%를 점하고 있다. 스위스의 경우 역시 순자산에 대해서 주(Canton)에서 과세되고 있는데, 세율은 최대 1.5%까지 주에 따라 다르게 적용하고 있다.

독일 등 부유세를 과세하던 일부 유럽국가들은 최근 이를 폐지하였는데, 이는 부유세 과세에 따라 재산의 해외도피가 증가하는 등 부정적인 영향이 초래되었기 때문이다. 1997년에 오스트리아, 덴마크, 독일, 2006년에 핀란드, 아이슬랜드, 룩셈부르크, 2007년에는 스웨덴, 그리고 2008년에는 스페인이 부유세를 폐지하였다.

16) 프랑스의 경우 1986년 보수당 정부에 의해서 폐지되었으나 1998년에 미테랑 대통령이 당선되면서 다시 부활하였다.

CHAPTER 12

The Modern Public Finance

조세와 경제적 효율성

제 1 절 초과부담의 개념

우리는 앞 장에서 조세부담의 공평성 문제를 살펴보았는데, 이제 조세의 또 하나의 다른 측면인 효율성 문제를 살펴보기로 하자. 조세가 효율적으로 부과되어야 한다는 명제는 조세부담 때문에 경제주체의 정상적인 경제행위에 교란을 가져와서는 안 된다는 소위 조세의 중립성을 지적하는 말이다. 조세가 만약 경제의사결정을 교란하는 조세왜곡(tax distortions)을 발생시킨다면 경제에 초과부담(excess burden)이 발생하게 되며, 정부는 가능한 이 초과부담을 최소화시키도록 조세정책을 수립해야 한다.

초과부담을 이론적으로 정의한다면 특정한 조세에 의하여 발생하는 사회후생의 손실과 민간부문의 경제의사결정을 왜곡함이 없이 동액의 세수를 확보할 수 있는 대체적인 조세로부터 생기는 후생손실과의 차이라고 정의할 수 있다. 또는 조세가 부과됨에 따라 세금으로 납부하는 명시적인 부담에 추가하여 발생하는 후생의 손실로도 정의할 수 있다.

이러한 초과부담은 조세의 부과로 인하여 발생하는 상대가격의 변화에 따라 납세자들의 경제행태에 왜곡이 초래됨에 따라 발생하는 후생비용(welfare cost or efficiency cost)을 의미한다. 즉 조세가 민간부문에서 자원배분을 왜곡시킴으로써 야기되는 후생의 순손실을 가리키는 것이다.

정부가 조세를 징수할 때 모든 사람들에게 균일한 세액을 부과하는 정액세

(lump-sum tax) 또는 인두세(head tax)를 부과다면 초과부담의 문제가 발생하지 않는다. 이는 이 세금이 납세자들의 경제활동과 관련이 없이 부과되기 때문에 경제활동에 교란작용을 일으키지 않기 때문이다. 즉 이러한 정액세는 근로와 여가간 또는 현재소비와 미래소비간 등 우리의 제반 경제선택간의 상대가격에 영향을 주지 않기 때문에 이들 선택에 왜곡을 초래하지 않는 것이다. 그러나 이와 같은 정액세는 공평성의 원칙에 따르면 적용되기 어려운 조세정책이다. 공평성과 소득분배의 효과를 고려할 때 고소득자는 세금을 상대적으로 많이 부담하고 저소득자는 적게 부담하는 누진세를 적용할 필요가 있기 때문이다. 이것은 조세의 중립성과 공평성이 서로 양립하기 어렵다는 것을 의미하는 것이라고 하겠다.

이제 조세의 초과부담문제를 부분균형분석과 일반균형분석의 양 접근방법으로 나누어 살펴보기로 하며, 끝으로 초과부담의 추정방법에 대하여 고찰하기로 한다.

제 2 절 부분균형분석

조세에 의하여 발생하는 초과부담(후생비용)을 [그림 12-1]을 통해 파악해 보자. X재를 생산하는 특정산업을 비용불변의 경쟁적 산업으로 가정하면 X재의 공급곡선은 수평선이 된다. 여기에 개별소비세의 일종인 물품세(excise tax)가 X재 한 단위당 T만큼 부과된다고 하자. 그러면 X재의 공급곡선은 S에서 $S+T$ 이동하여 생산량은 Q_1에서 Q_2로 감소하고, 가격은 P_1에서 P_2로 증가하게 된다. 조세수입(조세의 직접비용)은 그림에서 P_1P_2BA에 해당된다. 상품가격은 한계비용을 넘어선 P_2의 수준에서 결정되므로 이는 분명히 자원배분의 왜곡을 야기시켜 초과부담 문제가 생기게 된다.

소비자들은 소비를 Q_1에서 Q_2로 감소시킬 수밖에 없으며, 여기서 생긴 후생의 손실은 BDQ_1Q_2가 되는데, 이것은 곧 Q_1과 Q_2의 차이량(Q_1-Q_2)에 대한 소비자의 한계가치의 합계에 해당된다. 그러나 BDQ_1Q_2의 면적이 우리사회가 감수 해야 할 후생의 순손실은 아니다. X재의 생산량이 Q_1에서 Q_2로 감소됨으로써 ADQ_1Q_2만큼의 생산비용이 감소하게 된다. 여기에 사용된 자원은 타산업

그림 12-1 | 개별소비세(물품세)의 초과부담(비용불변산업)

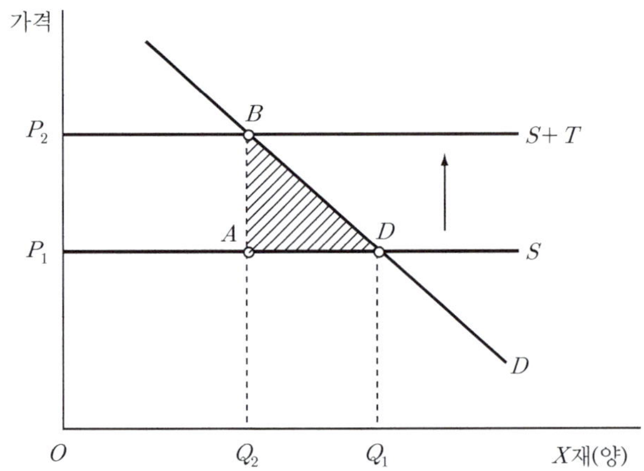

으로 이동되어 타산업의 생산을 증가시키게 될 것이고, 이와 같이 증가된 타재화의 가치는 $(Q_1 - Q_2)$량의 생산에 투하되었던 생산비용몫인 ADQ_1Q_2의 면적과 같다고 볼 수 있다. 따라서 사회전체적으로는 X재생산의 감소로 인해 BDQ_1Q_2의 후생손실이 생기지만, 한편으로 생산비용의 감소 또는 타재화생산의 증가로 인해 ADQ_1Q_2의 이득을 얻게 된다. 후생의 손실은 후생이득을 초과하게 되는데, 그 초과면적은 삼각형 BDA(빗금친 부분)에 해당되며, 이것이 바로 후생의 순손실로서 개별소비세(물품세)의 초과부담이요 후생비용인 것이다. 그림으로 설명하면 조세의 초과부담은 감소된 생산량의 범위 내에서의 수요곡선(한계가치)과 공급곡선(한계비용)의 차이에 해당되는 면적이다.

한편, 조세의 초과부담을 소비자잉여분의 변화로도 설명할 수 있다. [그림 12-1]에서 조세에 의하여 감소된 소비자잉여분은 P_1P_2BD인데, 이 중 P_1P_2BA는 조세수입으로서 정부가 소비자들에 다시 환원시킬 수 있는 것으로 본다면 소비자잉여분의 순감소는 삼각형 BAD가 된다. 즉 명시적인 조세부담을 초과하여 소비자가 부담하는 후생의 손실인 것이다.

한편 이를 '하버거 삼각형'(Harberger Triangle)이라고도 부르는데, 이는 1950년대와 60년대 일련의 논문들을 통하여 조세의 초과부담 크기를 측정한 하버거

(Armold C. Harberger)를 따른 것이다. 이후 이 개념은 조세만이 아니라 정부규제, 독점적 행태, 기타 다양한 시장왜곡으로 초래된 효율비용을 지칭하고 있다.[1)]

[그림 12-1]은 개별소비세(물품세)가 비용불변인 산업에 부과되었을 경우이지만, 조세가 비용증가의 산업(increasing cost industry)에 부과하여도 동일한 결과를 얻게 된다. [그림 12-2]가 비용증가산업의 경우를 보여주고 있는데, 여기서도 조세에 의해 감소된 생산량($Q_1 - Q_2$)에 해당하는 수요와 공급곡선 사이의 면적인 삼각형 BAD가 초과부담몫이 된다. 면적 BAC만을 초과부담인 것으로 생각하기가 쉬운데, 삼각형 BAD가 초과부담이다. 공급곡선이 우상향이면 초과부담은 소비자와 생산자 모두에게 발생한다.

그림 12-2 | 개별소비세(물품세)의 초과부담(비용증가산업)

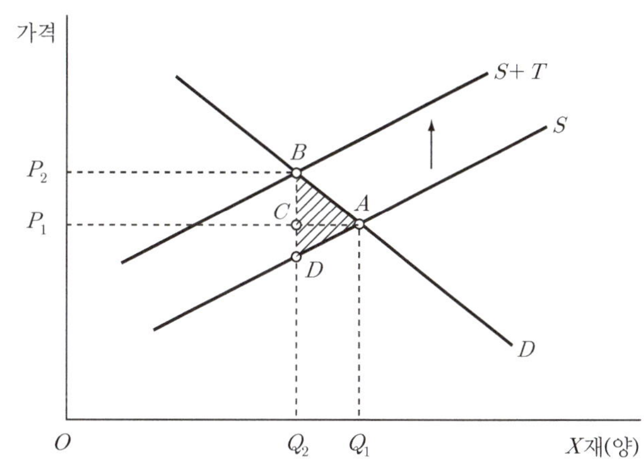

한편 지금까지 우리는 수요곡선에 대한 정확한 개념정의를 하지 않았다. 앞에서 논의한 바와 같이 초과부담이 발생하는 원인은 조세로 인한 상대가격의 변화에 의해서 발생한다. 그러나 통상적인 수요곡선은 조세의 변화에 따른 가격효과를 반영하는 것으로서 이에는 상대가격의 변화에 따른 대체효과와 함께 조세에 따른 실질소득의 변화인 소득효과를 포함하는 것이다. 따라서 초과부담을 표

1) 이에 대한 보다 상세한 내용은 James R. Hines, Jr. "Three Sides of Harberger Triangles," NBER WP. 6852(December 1998) 참조.

시함에 있어서는 대체효과만을 고려한 보상수요곡선(compensated demand curve)을 사용하게 된다.

[그림 12-3]은 보상수요곡선의 도출과정과 함께 초과부담을 보여주고 있다. 윗 부분의 그림은 통상적인 무차별곡선분석을 통한 소비자 균형점의 변화를 보여주고 있다. X재의 가격이[2] P_0일 때 소비자 균형은 a점에서 이루어지며 세금부과로 인하여 X재 가격이 P_1으로 인상되면 새로운 균형점은 b점에서 이루어진다. 이러한 a점과 b점은 X재의 가격과 소비량을 표시한 아래 부분의 그림에서 각각 a'와 b'로 대응되는데 이 두 점을 연결한 것이 통상적인 보통 수요곡선 D_o인 것이다. 한편 가격변화에 따른 a점에서 b점으로의 변화는 a점에서 c점으로의 대체효과와 c점에서 b점으로의 소득효과로 나누어 볼 수 있는데 대체효과만을 가지고 도출한 수요곡선 D_c가 바로 보상수요곡선이며 초과부담은 빗금친 삼각형 $a'ec'$로 표현되는 것이다. 보상수요곡선은 보통수요곡선에 비해서 그 기울기가 급하게 나타나게 되는데, 그에 따라 보상수요곡선에서 표현되는 초과부담은 보통수요곡선에서 소비자잉여의 변화를 표현하는 $a'fb'$보다는 작게 나타나게 된다.

이상의 내용과 관련하여 몇 가지의 보완적인 설명이 필요하다. 첫째, 조세의 초과부담분석에서 징수된 조세수입이 어떻게 사용되는지의 지출 측면에 대하여는 언급하지 않고 있다. 지출사업이 조세의 직접부담(직접비용)과 초과부담(후생비용)을 합친 것보다 더 큰 혜택을 제공할 수도 있는 것이며, 이럴 경우에는 초과부담문제가 그리 심각지 않을 것이다.

둘째, 위의 분석에서는 조세부과 이전의 시장은 항상 효율적인 것으로 가정하고 있다. 그러나 때에 따라서는 정반대로 조세 전에는 시장이 완전치 못했으나 조세에 의해 이를 시정하게 되는 경우도 있다. 예를 들어 조세 전에는 생산과정에서 외부비용이 발생하고 있는 시장일 경우 생산품에 조세를 부과시킴으로써 사회적으로 도리어 바람직한 결과를 가져다 줄 수 있는 것이다. 이럴 때 조세는 교정적 조세로서 오히려 경제적 효율성을 제고하는 역할을 하게 된다.

셋째, 조세의 부과에는 가격변동에 따른 후생비용 이외에도 다른 형태의 후생비용이 발생함을 인식하여야 한다. 즉 정부의 조세징수비용내지 관리비용이라든가 혹은 납세자가 감수하여야 할 변호사나 세무사 수수료 등 각종 비용과 시간

2) 통상 분석의 대상이 되는 X재 이외의 기타 모든 재화를 의미하는 Y재의 가격을 1원이라 가정하게 되는데 이 경우 가격선의 기울기가 바로 X재 가격이 된다.

그림 12-3 | 보상수요곡선하의 초과부담

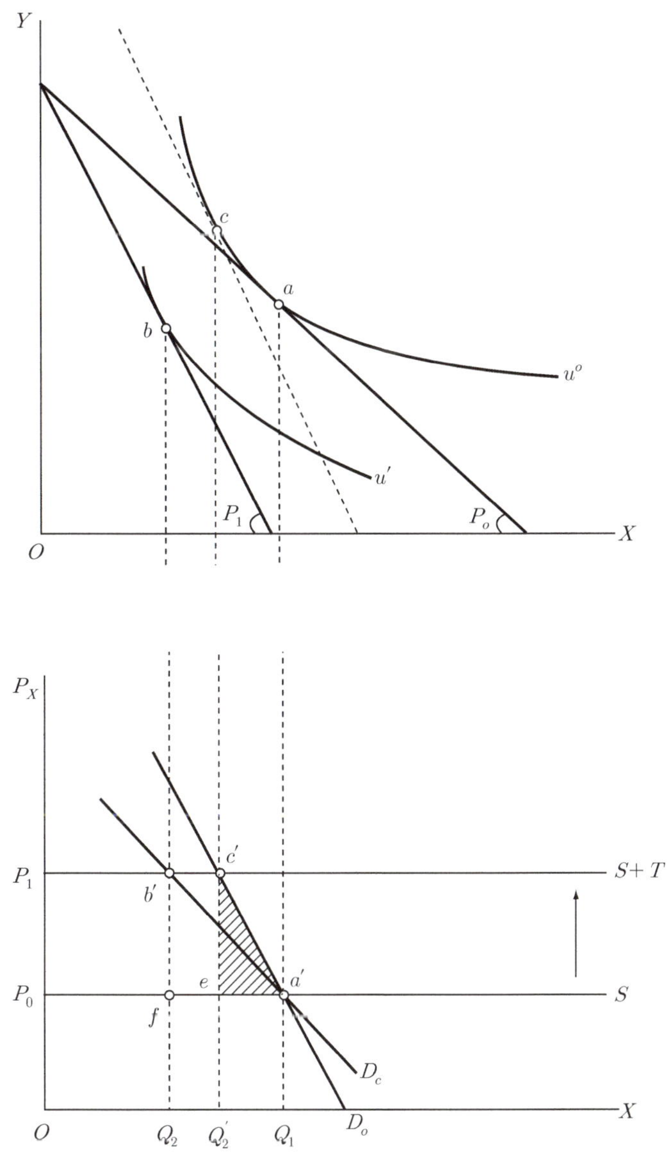

투입 등을 포함하는 납세비용 같은 것도 자원배분문제와 관련시켜 매우 중요한 후생비용들이다. 초과부담을 최소화하는 것은 물론이고 이와 같은 징수관리비용 및 납세비용을 최소로 하는 조세를 선택해야 하는 것이다.

제 3 절 일반균형적 접근

1. 효율적 경제의사결정의 조건

모든 사람들이 효율적으로 경제활동을 수행하고 있는 상태를 우리는 파레토 최적상태라고 하며, 이 상태 아래서는 어떤 개인도 타인의 이익을 감소시키지 않고서는 자신의 이익을 증가시킬 수 없도록 자원이 최적으로 배분되어 있는 것이다. 조세왜곡을 일반균형의 분석틀 속에서 살펴보기 전에 우선 이러한 파레토최적상태를 가능하게 해 주는 조건을 이해하여 둘 필요가 있다.

우리는 이미 제 2 장 제 3 절에서 파레토최적 조건을 소개하였는데,[3] 특히 소비와 생산 측면을 연결하는 재화의 최적구성 조건을 다시 한 번 살펴보면, 어느 두 재화(X와 Y)의 소비의 한계대체율(MRS_{XY})이 생산가능곡선의 한계변환률(MRT_{XY})과 일치하여야 한다. 제 2 장에서 살펴본 바와 같이 완전경쟁시장에서는 양자가 두 재화의 가격비와도 일치하게 된다는 점에서 이 조건이 달성되는 것이다. 이 관계를 수식으로 표시하면 다음과 같다.

$$MRS_{XY} = \frac{P_X}{P_Y} = MRT_{XY}$$

만약 두 재화를 여가(leisure: L)와 소득(income: Z)이라고 하면, 여가와 소득간의 한계대체율(MRS_{LZ})이 여가와 소득간의 한계변환률(MRT_{LZ})과 일치하여야 하며, 완전경쟁하에서는 임금률(w)과 일치하게 된다. 즉,

3) $MRS^A_{XY} = MRS^B_{XY}$ (소비자간 재화의 효율적 배분)
$MRTS^X_{LK} = MRTS^Y_{LK}$ (생산자간 생산요소의 효율적 배분)
$MRT_{XY} = MRS^A_{XY} = MRS^B_{XY}$ (재화의 최적구성)

$$MRS_{LZ} = w = MRT_{LZ}$$

또한 현재소비(present consumption: C_p)와 미래소비(future consumption: C_f)간의 선택이라고 한다면 역시 이들간의 한계대체율($MRS_{c_pc_f}$)이 한계변환률($MRT_{c_pc_f}$)과 일치하여야 하는데, 완전경쟁시장에서는 이자계수(interest factor)와 일치하게 된다. 즉,

$$MRS_{c_pc_f} = (1+r) = MRT_{c_pc_f}$$

(여기서 r은 이자율을 가리킨다.)

이들 조건들은 각각 두 재화간의 선택, 노동과 여가간의 선택, 그리고 현재소비와 저축을 통한 미래소비와의 선택에 있어 효율성 조건을 보여주고 있는데, 조세에 의하여 초과부담이 발생한다면 기본적으로 위의 조건에 교란이 생긴다는 것을 뜻한다.

2. 두 재화간의 선택

[그림 12－4]는 우리들이 잘 알고 있는 두 재화(X와 Y)의 가격선과 무차별곡선들을 보여 주고 있다. 설명을 간단히 하기 위하여 생산가능곡선은 그림에서 생략되었으며, 직선 AB는 가격선을 나타낸다. 두 재화의 가격비는 $P_X/P_Y = OB/OA$인데 관행에 따라 $P_Y=1$이라 하면 가격선의 기울기가 바로 P_X가 된다. 최초의 가격 P_X^0하에서 소비자의 균형은 E점에서 이루어지게 되는데, 이 점에서 소비의 한계대체율(MRS_{XY}), 생산의 한계변형률(MRT_{XY}) 및 가격비(P_X/P_Y)가 서로 일치하는 것이다.

이제 정부가 X재에 대하여만 개별소비세를 부과한다고 하자. 새로운 예산선은 BF로 이동하게 되고 Y재에 대한 X재의 상대가격은 P_X^1로 증가한다. 이 예산선하에서 새로운 균형은 E'에서 이루어지게 되며 효용수준은 I_1에서 I_3로 하락하게 된다. 이때 징수되는 세액은 DE''가 될 것이다. 즉 조세가 징수되기 이전 예산선에서는 X재의 소비량이 Q_2라면 Y재의 소비량은 DQ_2가 되는데, 새로운 균형점에서 Y재의 소비량은 $E''Q_2$이기 때문에 그 차이인 DE''는 Y재의 단위

로 표시한 세금징수액인 것이다. 물론 여기서 Y재의 가격을 1이라 가정하였기 때문에 이는 바로 징수액이 된다.

이제 같은 징수액 DE''를 상대가격의 변화를 초래하지 않는 방식, 즉 정액세 또는 X재나 Y재에 같은 세율을 적용하는 일반소비세를 통해서 징수한다고 하자. 새로운 예산선은 점 E''를 통과하면서 원래의 예산선과 평행하게 그리면 된다. 즉 예산선은 조세징수액 $DE''(=BB')$ 만큼 아래로 평행이동하게 되는데, 이 때 새로운 균형점은 E'에서 이루어지게 된다.

두 균형점 E''와 E'를 비교하면 동일한 세액을 징수하게 되지만 개별소비세하에서는 무차별곡선 I_3의 효용수준에 있는 반면 상대가격에 변화를 주지 않는

그림 12-4 | 조세의 초과부담(일반균형분석)

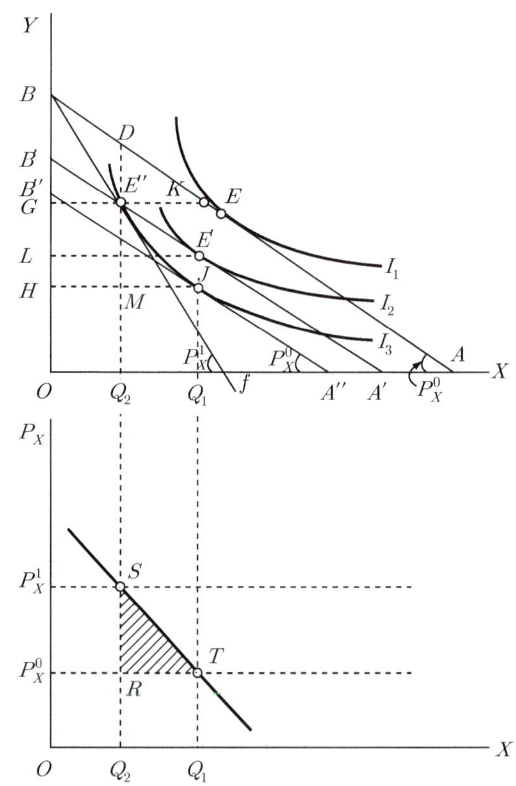

일반소비세의 경우 효용수준은 그보다 높은 무차별곡선 I_2가 되는 것이다. 바로 이 I_2와 I_3간의 차이가 상대가격의 변화에 따른 왜곡으로 인한 추가적인 후생손실, 즉 초과부담인 것이다.

개별소비세의 경우는 초과부담이 발생하고 일반소비세의 경우에는 초과부담이 생기지 않는 이유는 대체효과의 유무에 기인한 것이라 하겠다. 재화간에 대체효과가 발생하지 않는다면, 다시 말하여 두 재화는 대체성이 전혀 없는 무관한 관계에 있다면, 그 때에는 초과부담이 발생할 수 없다. 일반소비세는 X와 Y 양 재화의 구입을 감소시키는 소득효과만을 가지고 있다. 그러나 개별소비세는 소득효과와 더불어 상대가격의 변화에 의하여 X재구입을 Y재구입으로 대체하는 대체효과도 가지고 있으며, 이 양 효과에 의해 X재를 Q_2만큼 구입하고 Y재를 Q_2E'만큼 구입하게 된 것이다.

이제 이 초과부담을 다른 방식으로 표시해보자. 즉 앞에서는 무차별곡선이라는 효용수준의 차이로 초과부담을 표현했는데 이는 화폐단위로는 $B'B''$로 표현[4] 되며, 또 [그림 12-4]의 하단 그림에서와 같이 보상수요곡선상의 빗금친 면적으로 표현될 수 있는 것이다. 이를 자세히 살펴보자. 우선 X재에 대한 개별소비세 과세로 인하여 균형점이 E에서 E'로 이동하며 효용수준은 I_1에서 I_3로 하락하게 된다. 이러한 효용수준의 하락을 어떻게 화폐단위로 표현할 것인가? 이를 위해서는 동등변화(Equivalent Variation: EV)의 개념이 필요하게 된다. 동등변화란 가격의 변화와 동일한 효과를 주는 소득의 변화라고 정의된다.[5] 즉 원래의 균형상태에서 가격선의 기울기를 변화시키지 않고 소득을 얼마나 변화시킬 때 가격변화에 따라 달성되는 효용수준, 즉 여기서는 I_3에 이를 수 있는가 하는 것이다.

---

4) 물론 $B'B'$는 Y재의 단위이지만 Y재의 가격을 1원으로 가정하기 때문에 Y재로 표현한 수치는 금액과 동일하게 된다.

5) 한편 유사한 개념으로 보상변화(Compensatinjg Variation: CV)가 있다. 이는 새로운 균형점을 기준으로 새로운 가격선을 유지한 상태에서 원래의 후생수준으로 회복하기 위해 필요한 소득보상수준을 의미한다. 앞의 [그림 12-3]에서 개별소비세 부과에 따른 새로운 균형점 b에서 원래의 효용수준 U^0에 이르도록 하는 보상의 수준이다.
이들 두 개념을 지출함수를 이용하여 다음과 같이 표현할 수 있다.
$EU = E(P_0,\ U') - E(P_1,\ U')$
$CU = E(P_0,\ U^0) - E(P_1,\ U^0)$
여기서 $E(\cdot)$는 지출함수로서 해당 가격체계하에서 해당 효용수준을 달성하는 데 필요한 지출수준이다.

이 그림에서는 BA의 예산선을 $B''A''$로 이동시키면, 즉 소득을 BB''만큼 하락시키면 개별소비세 부과에 따라 달성되는 I_3의 효용수준에 이르게 되는 것이다. 다시 말해서 개별소비세 부과에 따른 가격변화가 만들어내는 후생변화와 동일한 후생변화를 일으키는 소득의 변화인 것이다. 이러한 소득의 변화중에서 BB'만큼은 정부에 세금으로 납부한 금액이며 따라서 나머지 $B'B''$가 초과부담으로 인한 후생의 감소를 화폐수치로 표현한 것이다.

이제 초과부담을 앞에서 설명했던 [그림 12-4]의 하단에 있는 보상수요곡선상의 면적으로 표현해보자.[6] 우선 개별소비세로 인한 동등변화 BB''는 다음과 같이 계산된다. 즉

$$BB'' = BG + GH - B''H$$

여기서 BG는 P_X^1의 가격하에서 X재를 GE''만큼 구입했을 때의 지출액으로서 하단의 그림에서는 $OP_X^1SQ_2$의 면적으로 표현된다. GH는 X재를 MJ $(=Q_2Q_1)$만큼 구입할 때 지불하고자 하는 지불의사로서 수요곡선 아래의 면적, 즉 Q_2STQ_1이다. $B''H$는 P_X^0의 가격하에서 X재를 HJ만큼 구입했을 때의 지출액으로서 하단의 그림에서는 $OP_X^0TQ_1$의 면적으로 표현된다. 따라서 BB''는 사다리꼴 면적인 $P_X^0P_X^1ST$로 표현된다. 한편 BB'' 중에서 BB'는 납부한 세금의 크기로서 하단의 그림에서는 $P_X^0P_X^1SR$이기 때문에 결국 초과부담 $B'B''$는 빗금친 삼각형 면적 RST로 표현되는 것이다.

3. 소득과 여가간의 선택

위에서 사용한 분석방법은 소득과 여가간의 선택문제에도 동일하게 적용할 수 있다. 우리는 주어진 시간을 여가를 즐기거나 아니면 일을 해서 소득을 얻게 된다. 통상의 분석에서 노동은 주어진 시간에서 여가를 선택한 시간을 제한 시간으로 계산되는 것이다. [그림 12-4]에서 X재를 소득으로 간주하고 Y재는 여가를 의미한다고 하자. 그러면 AB선은 소비자가 선택할 수 있는 소득과 여가의 여

6) 이 보상수요곡선은 조세부과로 이동한 효용수준 I_3를 기반으로 가격변화에 따른 대체효과만을 가지고 그린 것이다.

리 가지 조합을 표시하며, 임금률(w)은 OA/OB(=소득/일한 시간)으로 표현된다.

과세 전의 소비자균형점은 효용을 가장 극대화시킬 수 있는 E점에서 결정된다. 이제 여가에 대하여서는 과세하지 않고 소득에 대하여서만 과세하는 소득세가 부과되었다고 하자. 이렇게 되면 개별소득세의 경우와 마찬가지로 AB선은 BF로 이동하여 새로운 균형점은 E''점이 된다. 이때 세금은 $E''K$만큼 납부하게 되는데 여가의 단위로는 DE''로 표현된다.

이제 동일한 세수를 확보하는 정액세를 부과하거나 또는 소득과 여가에 동시에 세금을 부과하는 경우를 살펴보자. 새로운 예산선은 E''점을 통과하는 $B'A'$가 되며 새로운 균형은 E'점에서 이루어지고 이때 후생수준은 I_2가 된다. 즉 여가와 소득에 동시에 세금을 부과하는 정액세인 경우 동일한 세수를 확보하면서도 더 높은 후생수준에 이르게 되는데 이러한 I_2와 I_3간의 후생의 차이가 초과부담인 것이다.

또는 앞에서 설명한 바와 같이 동등변화를 이용해서도 초과부담을 설명할 수 있다. 조세부과에 따른 가격의 변화와 동일한 효과를 주는, 즉 후생수준을 I_1에서 I_3로 하락하게 하는, 소득의 변화는 [그림 12-4]에서 BB''로 표현된다. 이 중에서 $BB'(=DE'')$는 정부에 세금으로 납부한 것이기 때문에 초과부담은 그것을 차감한 $B'B''$로 측정될 수 있는 것이다.

한편 정액세의 경우와 비교할 때 근로소득세가 부과된 경우 여가의 소비량은 OL에서 OG로 증가하였음을 알 수 있다. 이것은 근로소득세에 의하여 납세자들은 노동의욕을 상실하여 여가를 늘리려고 하고 있으나 그들이 갖는 만족도는 줄어들었다는 것을 뜻한다. 즉 여가의 증가에 의하여 얻게 된 만족(효용)이 소득의 감소에 의하여 잃게 된 만족(효용)보다 크지 못하여 결국 전체적인 만족도는 줄어들었다는 것을 의미하며, 여기에 소득세에 관련된 초과부담의 진정한 문제가 내포되어 있는 것이다. 바람직한 소득세구조는 이러한 노동의욕의 상실을 방지하는 방향으로 형성되어야 할 것이며, 초과부담의 발생이 어쩔 수 없이 생긴다면 이것을 극소화시킬 수 있도록 짜여져야 할 것이다.

4. 현재소비와 미래소비(저축) 간의 선택

[그림 12-4]는 현재소비와 미래소비간의 선택, 즉 현재에 소비하는 것과 미

래소비를 위해 현재에 저축하는 것 사이의 선택문제에 대하여서도 적용될 수 있다. 우선 소득과 여가간의 선택문제는 이미 결정되었다고 가정하고, [그림 12-4]의 종축(Y축)에 현재소비를, 횡축(X축)에 미래소비를 표시하자. OB는 저축이 전혀 없는 현재소비의 극대량을 표시하며, OA는 미래소비를 위해 현재의 소득을 전부 저축하였을 때 가능한 미래소비의 양으로서 그 크기는 $OB\times(1+r)$이 된다. 따라서 AB선은 현재소비와 미래소비간의 여러 가지 가능한 조합을 나타내고 있다.

이제 미래소비를 위해 저축된 몫에 대하여 이자소득세가 부과된다고 하자. 그러면 앞에서의 경우와 마찬가지로 AB선은 평행이 아닌 BF선으로 이동하게 되고, 소비자 균형점은 E'점에서 새로이 결정되게 된다. 결국 현재소비에 대하여서는 과세하지 않고 미래소비에 대하여서만 과세할 경우 일반적으로 현재소비가 증가함으로써 저축은 감소하고,[7] 동시에 효용수준은 경제행위를 교란시키지 않는 다른 대체적 조세와 비교하여 더 낮아짐으로써 초과부담이 발생된다고 하겠다. 따라서 이자소득에 대하여 과세하는 소득세는 이러한 초과부담을 최소화시키는 방향에서 결정되어야 할 것이다.

위의 설명을 수식으로 표현하면 다음과 같다. 현재소득을 Y_P라고 하고 이자율을 i라 하면, 저축이 없는 상태에서 현재소비 C_P는 현재소득 Y_P와 동일하다. 즉, $C_P=Yp$가 된다. 만약 저축을 함으로써 현재소비가 다음 해로 지연되면 미래소비 C_f는 $(1+i)C_P$가 된다. 따라서 미래소비와 현재소비간의 가격비율(즉 $OB/OA=C_P/C_F$)은 $C_P/(1+i)C_P=1/(1+i)$이 된다.

이제 일반소비세가 부과된다면, 과세 후의 현재소비는 $(1-t)C_P$가 되며 미래소비는 $(1-t)(1+i)C_P$가 되어 미래소비와 현재소비의 비율은 여전히 $1/(1+i)$로 된다. 그러나 미래소비에 대해서만 소득세 t가 부과된다면, 과세 후의 현재소비는 계속 C_P 그대로 있는 반면 미래소비는 $C_F=[1+(1-t)i]C_P$로 된다. 따라서 미래소비와 현재소비의 비율은 $1/[1+i(1-t)]$로 상대가격의 변화가 초래되어 초과부담이 발생하게 되는 것이다.

현재소비와 미래소비간의 선택에 있어서 소득세는 일반소비세와 비교할 때

7) 물론 엄밀히 이야기하면 현재소비의 상대가격이 하락함으로써 대체효과에 의해 현재소비가 증가하지만 부과에 따른 실질 소득의 하락을 현재소비를 감소시키는 소득효과를 가져온다. 따라서 최종적인 현재소비의 변화는 이 두 가지 효과의 크기에 따르게 된다.

조세교란 요인을 내포하고 있다고 지적되었다. 그러나 이러한 견해는 소득과 여가간의 선택을 일단 고정시켜 놓고 있다는 전제 아래에서만 타당한 것이다. 어떤 조세가 더 우월한가에 대한 분명한 대답은 어디까지나 소득, 여가, 현재소비 그리고 미래소비 상호간의 대체성이 어느 정도인가에 달려 있다. 그러나 이러한 대체성의 정도를 정확히 측정할 수 있는 적절한 방책이 없기 때문에 소득세와 일반소비세 사이의 우열비교는 상당히 어려운 과제라 하겠다.

제4절 초과부담의 규모와 추정

조세의 초과부담의 규모는 무엇에 의하여 영향을 받으며 그 크기를 실제로 어떻게 측정할 수 있는가를 살펴보기로 한다.

1. 수요와 공급의 가격탄력성

[그림 12-5]는 [그림 12-1]을 다시 그려 놓은 것이다. 다만 여기서는 각기 다른 탄력성을 갖는 두 개의 수요곡선을 고려함으로써 조세의 초과부담의 규모를 서로 비교하고자 하는 것이다. [그림 12-1]의 경우와 마찬가지로 특정재화에 대하여 단위당 T원의 개별소비세가 부과되었다면 공급곡선은 S에서 $S+T$로 이동한다. 이때 수요곡선이 DD인 경우의 초과부담의 면적은 삼각형 BAD인 반면에, 수요곡선이 $D'D'$인 경우의 초과부담의 면적은 삼각형 KLD가 된다. 면적 KLD가 면적 BAD보다 크다는 사실은 수요곡선이 가격에 탄력적일수록 조세의 초과부담(후생비용)이 더 커짐을 뜻하고 있다. 따라서 다른 여건들이 일정불변하다면, 조세는 수요가 비탄력적인 상품에 부과되는 것이 효율성의 측면에서 더 바람직하다고 하겠다. 그러나 불행히도 다른 여건이 항상 일정불변한 것은 아니다. 수요가 비탄력적인 상품은 흔히 생활필수품에 해당하는 경우가 많은데, 초과부담의 축소라는 효율성에 입각한 조세정책을 수립하여 소비세를 수요가 비탄력적인 생필품에 집중시킨다면 이것은 어쩔 수 없이 저소득층에게 상대적으로 과중한 조세부담을 지우게 되는 결과가 생긴다. 조세는 초과부담이라는 효율성 문제뿐만

그림 12-5 | 초과부담에 대한 수요탄력성의 영향

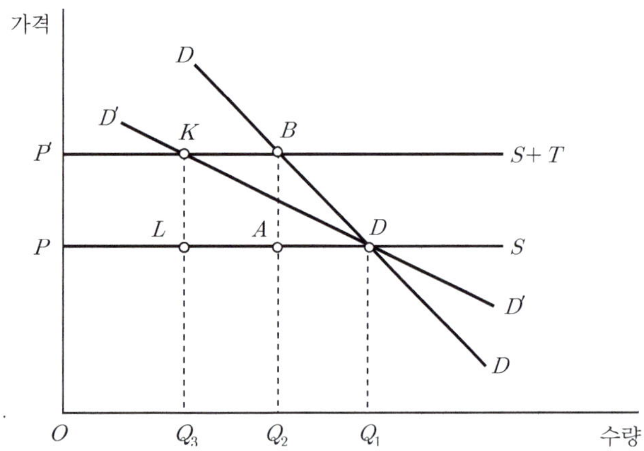

아니라 공평성의 문제도 함께 고려해야 하는데, 양자는 상충관계(trade-off)에 놓여 있게 됨을 다시 인지하게 된다.

비슷한 분석을 공급곡선을 통하여 할 수 있다. 즉 공급이 가격에 대하여 비탄력적일수록 조세의 초과부담의 크기가 작게 된다(독자들이 그림 연습을 통해 이를 직접 확인하기를 바란다). 따라서 다른 여건이 일정불변하다면 공급이 비탄력적인 상품에 과세하는 것이 공급이 탄력적인 상품의 경우보다 효율성면에서 더 바람직할 것이다.

2. 세 율

세율은 초과부담의 크기에 어떠한 영향을 미칠까? 예를 들어, 소득세 속에서 세율이 비례적인 경우와 누진적인 경우는 서로 어떠한 결과를 가져올 것인가? 소득과 여가간의 선택 및 현재소비와 미래소비간의 선택이 고정되어 일정불변의 상태에서라면 소득세율이 비례적이건 누진적이건 초과부담문제는 없다. 그러나 소득 및 여가간의 선택이 소득세에 의해 변동된다면, 납세자에게 부과된 초과부담은 비례적인 소득세 아래에서보다 누진적인 소득세 아래에서 더욱 증가하게

된다. 그 이유는 한계세율이 통상적으로 비례세보다 누진세 아래에서 더욱 높기 때문이다.

이와 동일한 결과가 개별소비세에서도 일어난다. 즉 주어져 있는 상품의 수요 · 공급곡선에서 단위당 세금이 증가하면 할수록 초과부담은 더욱 빠른 속도로 증가한다. 이것을 [그림 12-6]을 통해 설명해 보자. 그림에서 공급곡선 S는 소비세 부과에 따라 위로 이동하는데, 단위당 세금이 T와 $2T$가 부과되어 공급곡선은 각각 $S+T$와 S+2T가 되고 있다. 공급곡선 $S+T$에서의 초과부담은 삼각형 BAD인데, 공급곡선이 $S+2T$로 됨으로써 초과부담은 삼각형 KLD가 되었나. 그림에서 나타나고 있는 바와 같이 삼각형 KLD는 삼각형 BAD면적의 4배가 된다. 다시 말하여 단위당 세금이 $2T$원인 경우의 초과부담은 단위당 세금이 T원인 경우보다 4배가 큼을 알 수 있다. 세금이 2배 증가하면 초과부담은 4배 증가하는 것이다.

그림 12-6 | 초과부담에 대한 세율의 영향

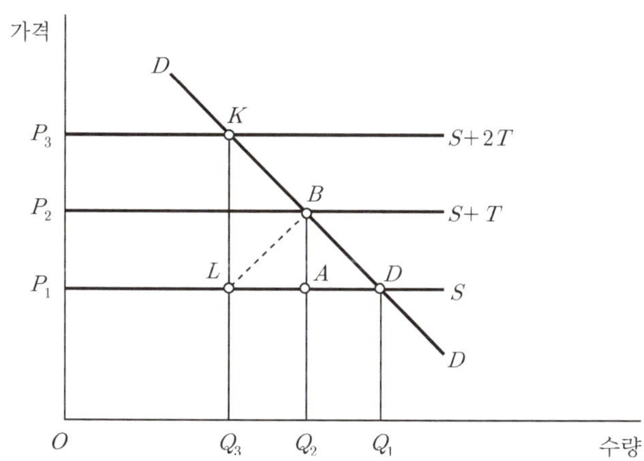

위의 결과를 통해 알 수 있는 것은 동일한 조세수입을 가져다 주는 것이라면 낮은 세율로 구성된 여러 개의 조세가 높은 세율을 가진 한 가지의 조세보다 초과부담의 측면에서 더 바람직하다는 것이다. 즉, 한 가지 세목의 세율을 급격히 높이는 것보다 여러 세목의 세율을 조금씩 높이는 것이 초과부담을 훨씬 줄일 수

있는 것이다. 또한 이와 같은 분석은 넓고 광범위한 과세베이스(tax base)를 가지고 있는 조세가 몇 개의 제한된 베이스를 지닌 조세보다 자원배분의 왜곡현상을 줄일 수 있다는 것을 암시하고 있는 것이다.

3. 초과부담의 측정

초과부담의 크기는 [그림 12-1]의 삼각형 면적 BAD를 측정함으로써 파악된다. 삼각형 BAD는 다음과 같이 표현될 수 있다.

$$W = \frac{1}{2} T \Delta Q \qquad \cdots\cdots (1)$$

여기서 W는 초과부담(후생비용)이며, T는 단위당 세금, 그리고 ΔQ는 세금에 의해 감소된 소비량을 가리킨다. 소비량이 얼마만큼 감소되느냐는 수요의 가격탄력성에 좌우되므로 ΔQ는 수요탄력성으로 바꾸어 표현될 수 있다. 수요의 가격탄력성은

$$\eta = \frac{\Delta Q}{\Delta P} \frac{P}{Q} \qquad \cdots\cdots (2)$$

이다. 식 (2)를 ΔQ로 풀면

$$\Delta Q = \frac{\eta \Delta P Q}{P} \qquad \cdots\cdots (3)$$

가 된다. 한편 비용불변산업에 종량세인 단위당 세금이 T만큼 부과될 때 상품가격은 ΔP만큼 증가하기 때문에 $T = \Delta P$이다. 따라서 식 (3)은 $\Delta Q = \eta TQ/P$로 된다. 이 식을 식 (1)에 대입하면

$$W = \frac{1}{2} \left(\frac{\eta T^2 Q}{P} \right) \qquad \cdots\cdots (4)$$

로 변하게 된다. 윗식 (4)는 조세의 초과부담이 수요의 탄력성(η) 및 조세액의 자승(T^2)에 비례한다는 것을 보여 주고 있는 것이므로, 이것은 우리가 앞의 설명을 통해 이미 파악된 결과이다. 그런데 윗 식 (4)의 세액 T는 종량세를 근거로 한 세금인데, 실상 많은 소비세는 종가세의 형태를 취하고 있다. 즉 세액 T는 생산물의 수량이 아니라 가치(시장가격)에 비례하므로 $T=tP$로 표시된다. 여기서 t는 종가세율이다. 이제 식 (4)에서 T대신에 tP를 대입하면,

$$W=\frac{1}{2}\eta t^2 PQ \qquad \cdots\cdots (5)$$

가 된다. 식 (5)는 개별소비세의 초과부담을 측정하는 데 가장 보편적으로 사용하는 공식이라 하겠는데, 초과부담의 규모가 수요탄력성, 세율 및 부과상품에 대한 총지출액(PQ)에 따라 결정되어짐을 보여 주고 있다.

식 (5)는 부과상품이 비용불변이라는 조건 아래에서 생산되는 경우의 종가세 초과부담 측정방법을 보여 주고 있는 공식이다. 만약 생산조건이 비용불변이 아니라 [그림 12-2]처럼 비용증가의 경우라면 공급곡선은 수평선이 아닌 우상향의 형태를 가지고 있을 것이다. 이때에 초과부담공식은 다음과 같이 된다.

$$W=\frac{1}{2}\left(\frac{\eta\epsilon}{\eta+\epsilon}\right)t^2 PQ \qquad \cdots\cdots (6)$$

식 (6)에서 η는 수요의 가격탄력성이며, ε은 공급의 가격탄력성이다.[8)]

총지출액 혹은 총매출액(PQ)이 1억원이고 그 수요탄력성이 1인 상품에 20%의 종가세가 부과된다고 하자. 공식 (5)에 의해 초과부담은

$$W=\frac{1}{2}(1)(0.2)^2 \ (1\text{억원})$$
$$=2\text{백만원}$$

---

8) 식 (6)의 도출과정은 약간 복잡하므로 그 설명은 여기서 생략한다. 도출과정을 알기 위해서는 David N. Hyman, *The Economics of Governmental Activity*(New York: Holt, Rinehart and Winston, Inc., 1973), pp. 169~171을 참조할 것.

이 된다. 이때 세수는 2천만원이므로 초과부담(후생비용)은 세수의 10%에 해당되는 금액이다. 종가세율이 만약 40%라면 초과부담은 위 예에서 8백만원이 되며 이는 세수의 20%에 해당된다. 이와 같은 초과부담의 크기가 경제 전반에 대해 얼마큼 중요하느냐는 사람들의 견해에 따라 다르겠으나, 여기에다가 앞에서 언급한 징수관리비용과 납세협력비용까지를 포함시킬 때 조세를 통한 후생의 손실은 무시할 수 없는 규모임에는 틀림없다고 하겠다.

하버거(A. Harberger)는 일련의 연구를 통해 미국의 세제가 야기하는 초과부담의 크기를 계산하였는데 그 크기를 GNP에 대비할 때 소득세는 0.4%, 법인세 0.5%, 그리고 자본소득 과세의 경우 0.8%로 추정하였다.

CHAPTER

The Modern Public Finance

13 조세의 전가와 귀착

제 1 절 조세전가와 귀착의 기초개념

우리는 지금까지 앞 장들을 통하여 조세가 가져야 하는 가장 핵심적인 조건들로서 그 부담이 공평하고 경제적으로 효율적이어야 한다는 점을 살펴보았다. 이는 조세부과에 의하여 소득분배와 자원분배 상태가 많은 영향을 받게 되기 때문이다. 그러나 최종적으로 조세를 누가 얼마를 부담하는가를 밝히지 않고서는 소득분배 등에 대한 조세의 경제적 효과를 확인할 수 없다. 어떤 경제주체에 조세가 부과되면 그 주체는 형식적으로 세금을 납부하는 납세자이지만, 실제로 그 주체가 반드시 조세를 최종적으로 부담하는 최종부담자가 된다고는 할 수 없다. 왜냐하면 조세의 부담을 제 3 자에게 전가(shifting)시키고자 하는 움직임이 여러 부문에서 일어나기 때문이다.

조세부담이 최종적으로 어떤 사람에게 낙착되는 것을 귀착(incidence)이라고 하는데, 우리가 관심을 가지는 것은 경제적 귀착(economic incidence)으로서 법적귀착(legal incidence)과는 구분된다. 즉 법적인 측면에서 납세의무자와 조세부담자가 같은지의 여부에 따라 직접세와 간접세로 구분하지만 누가 실제 부담을 하는지는 시장 등 경제적 상황에 따라 결정되는 것이다. 이러한 직접세 중의 일부 조세는 전가현상이 일어나지 않아 실제의 납세와 귀착이 서로 일치하게 되지만, 대부분의 간접세는 정도의 차이는 있을지라도 전가현상이 항상 일어난다. 따라서 조세부담의 공평을 실질적으로 확보하고 경제적 효과를 파악하기 위해서는 어떠한 조세가 어떻게 전가되어 누구에게 귀착되는가를 명확히 판단하여야 하는 것이다.

1. 전가의 형태

조세부담이 전가되는 형태는 그 부담이 이전되는 방향에 따라 전전과 후전으로 구분할 수 있다. 전전(前轉, forward shifting)이란 조세부담이 경제의 흐름과정에서 그 다음 단계로 이전되는 현상이다. 예를 들어 물품세를 비롯한 대부분의 소비세는 물품의 공급자나 판매자에게 부과되는데 그 세금이 상품가격의 상승을 통해 상품구매자에게 전부 혹은 일부가 전가되는 것이다.

후전(後轉, backward shifting)이란 조세부담이 경제흐름의 전단계로 이전되는 현상을 말한다. 예를 들어, 제조업자에게 부과된 조세부담을 노동자의 임금인하를 통하여 노동자에게 전가하든가 또는 사회보장세를 지불한 고용자가 피고용자의 임금을 인하시키려 하는 것은 후전의 대표적인 경우이다.

물론 조세의 전가가 반드시 한 방향으로만 일어나는 것은 아니며 상황에 따라서는 양 방향으로 동시에 일어날 수도 있을 것이다. 예를 들어, 법인세는 생산되는 상품의 가격인상을 통하여 소비자가 그 일부를 부담할 수 있으며 동시에 임금인하를 통해서 근로자가 일부를 부담할 수 있는 것이다. 한편 미래의 조세부담이 현재로 이전되는 경우도 찾아볼 수 있다. 토지와 같이 공급량이 고정되어 있는 자산에 대해서 그 임대수익에 대해서 매년 조세가 부과될 경우 미래의 조세부담이 현재화되어 자산의 현재가격을 낮추게 된다. 따라서 미래에 발생하는 조세부담까지를 현재소유자가 다 부담하게 되는 것이다. 이러한 현상을 조세의 자본화(tax capitalization)라고 한다. 미래의 소유자는 비록 형식상 납세의무자라고 하더라도 이미 낮아진 가격으로 이 자산을 구매하였다는 점에서 실질적으로는 조세를 부담하지 않게 되는 것이다.

2. 귀착의 세 가지 개념

조세귀착이론(theory of incidence)은 누가 세금의 최종적인 실질부담을 지느냐를 규명하는 것이다. 모든 세금은 그 형태가 무엇이든간에, 다시 말해서 사람을 대상으로 하는 인세이든 또는 과세대상이 재산 등인 물세이든 그 부담은 궁극적으로 사람에게 귀속되며 따라서 특정인의 실질가처분소득을 감소시키게 된다. 따라서 귀착분석은 조세부담이 특정인에게 귀속되는 과정과 함께 그 결과로서 소득분배에 미치는 영향을 분석하는 데 초점을 맞추고 있다.

이처럼 조세의 궁극적인 부담을 확인하는 것이 귀착의 문제라 하지만, 귀착의 개념이 항상 분명한 것은 아니다. 조세귀착을 정확히 정의하기가 힘들게 되는 이유 중의 하나는 정부가 거두어들인 조세수입으로 무엇을 어떻게 하는가에 따라 조세의 실질적인 부담 여부가 크게 좌우되기 때문이기도 하다. 정부가 개인으로부터 세금을 징수하여 그 돈으로 세금을 납부한 바로 그 당사자에게 직접적인 혜택을 주는 공공사업을 한다면 실질적인 부담이 발생하지 않는 것이다.

이제 조세귀착의 세 가지 개념에 대하여 설명해 보기로 하자.

(1) 예산귀착(budget incidence)

예산귀착은 조세의 분배효과를 정부의 지출프로그램과 함께 종합적으로 파악하는 것을 의미한다. 다시 말하여 어느 특정한 지출정책의 효과가 그 정책의 재원조달을 담당한 계층에게 어떻게 분배되는가를 동시에 고려하는 것이 예산귀착이다. 이러한 예산귀착은 재원을 조달하는 조세부담구조만이 아니라 그 재원을 사용하는 지출사업의 효과가 어떻게 배분되는가를 같이 고려하는 것이기 때문에 전체적인 분배효과를 종합적으로 고려할 수 있다는 장점을 가진다.

그러나 이러한 분석을 위해서는 매우 폭넓은 정보와 함께 종합적인 분석이 필요하다는 점에서 그만큼 어려운 작업이 필요해지게 된다. 더욱이 현대정부에서는 대부분 수많은 종류의 조세수입을 일반수입으로 통합시키고 이를 통해 수많은 형태의 지출사업을 벌이고 있는 만큼, 어느 특정조세가 어느 특정사업의 재원을 조달하는 것으로 연결시키는 것은 거의 불가능한 것이다. 그러나 이와 같은 실제 적용상의 어려움에도 불구하고 예산귀착이 가지고 있는 의미는 매우 중요한 것이다. 예산의 지출 측면도 조세 측면과 함께 소득분배에 커다란 영향을 미치므로 양 측면은 항상 함께 고려되어야 한다는 원칙을 여기서 강조하고 있는 것이다.

(2) 절대적 귀착(absolute incidence)

절대적 귀착은 공공지출을 고정시켜 놓고 하나의 특정조세가 부과되었을 때 일어나는 분배효과를 살펴보는 것이다. 예를 들어 소득세가 인상되었다고 하자. 이때 정부지출이 동시적으로 증가한다든가 또는 소득세 인상에 따라 다른 조세를 인하하는 것이 없다고 하고 소득세의 귀착이 어떻게 될 것인가를 살펴보는 것이다. 소득세의 인상은 사람들의 세부담을 증가시키게 되므로 다른 사정이 변하지 않는 한 총수요(aggregate demand)를 감소시키게 된다. 총수요가 감소하게 되면 당면한 경제여건이 어떠하냐에 따라 그 정도가 다르겠지만, 대개 고용상태를 악화시킨다든가, 물가를 하락시킨다든가 혹은 물가상승율을 감소시키게 된다. 이러한 모든 변화는 소득분배상태에 결국 영향을 줄 것이므로 조세의 절대적 귀착은 분배에 미치는 조세의 직접적인 효과 이외에도 이러한 모든 것을 전부 고려해야 한다는 어려움에 부닥치게 된다. 따라서 절대적 귀착은 고려대상이 너무나 광범위하고 당면한 경제여건의 정확한 분석이 뒤따라야 하기 때문에, 실제로 이를 적용한다는 것은 매우 어렵고 부적당한 과제라 하겠다.

(3) 차별적 귀착(differential incidence)

절대적 귀착의 난점을 극복하기 위하여 고려될 수 있는 것이 차별적 귀착이다. 차별적 귀착은 정부지출을 고정시켜 놓고 하나의 조세와 또 하나의 대체적인 조세를 서로 비교하는 것이다. 다시 말하여 하나의 특정한 조세의 귀착이 아니라 두 개의 상이한 조세를 서로 대체했을 때의 분배효과의 차이를 비교하는 것이다.

차별적 귀착은 정부지출을 고정시켜 놓고 분석하는 것이므로 정부지출이 발생시키는 각종 효과들을 고려할 필요가 없다는 이점을 가지고 있다. 그러나 이것 역시 실제 적용하는 데 문제가 없는 것은 아니다. 가장 중요한 문제는 서로 비교하는 대체적 조세가 어떤 조세이냐이다. 개별소비세의 귀착을 논할 때 비교되는 대체적 조세가 소득세이냐 혹은 재산세이냐에 따라 그 내용이 크게 달라지게 되므로 한 가지만의 차별적 귀착이란 있을 수 없다. 대개의 경우 어떤 기준이 될 수 있는 특정조세를 정해 놓고 이 조세와 비교하여 각종 조세의 귀착을 분석하는 것이 일반적인 접근방법인데, 이때 기준이 되는 조세로 통상 정액세(lump-sum tax)를 사용한다. 정액세는 가상적인 조세이지만 의사결정에 중립적이므로 분배효과의 비교대상으로 적합한 성격을 갖고 있다.

3. 귀착의 측정

조세부담의 귀착은 어떻게 측정되는가? 앞에서도 언급한 바와 같이 조세는 그것이 어느 것을 대상으로 부과되든지 그 최종적인 부담은 개인 혹은 가계가 지게 된다. 여기에 기업이 제외된다는 의미는 아니고 법인체에 부과된 세금은 결국 그 소유자인 주주나 고객 혹은 피고용자 등에 의해 부담된다는 뜻이다.

따라서 조세부담의 분배를 연구하는 데 있어 우리의 수 관심은 개인 혹은 가계의 귀착문제가 된다. 이와 같은 접근은 리카도(D. Ricardo)와 같은 고전경제학자들의 그것과는 차이가 있다. 일찍이 리카도는 귀착문제에 많은 관심을 가졌는데, 그는 이를 노동·자본·토지와 같은 생산요소의 공급자들에게 미치는 조세부담의 충격으로 파악하려고 하였다. 따라서 이들에게 귀착이론은 근본적으로 요소가격 결정이론의 측면을 가지고 있었다. 그 당시에는 사회의 주요 계층그룹이 노동자나 자본가, 또는 농민이었다는 점에서 고전학파의 접근방법도 공공정책이라는 입장에서 유용한 것이었다. 그러나 현대에 와서는 노동자들도 자본을 보유하는 등 사회패턴이 많이 다양해졌기 때문에 요소소득의 결정도 중요하지만 귀착이론은 한걸음 더 나아가서 분배되는 소득의 계층별 크기에 더 많은 관심을 갖게 되었고, 이에 따라 개인 혹은 가계의 조세부담에 중점을 두게 된 것이다.

조세부담의 귀착은 조세부과의 결과로 각 가계의 실질소득이 얼마나 줄어드느냐에 의해 결정된다. 그런데 가계의 실질소득의 변화는 가처분소득이 변하든가 혹은 구입상품의 가격이 변동함으로써 생기게 된다. 이 관계를 다음과 같은 간단한 식으로 표시하면, 한 가계의 실질가처분소득(disposable real income: DRY)은

$$DRY = \frac{E - T_Y}{P + T_S} = \frac{DY}{GP}$$

로 정의된다. 여기서 E는 수입, T_Y는 소득세, P는 요소비용(factor cost)으로 표시한 구입상품가격, 그리고 T_S는 판매세(sales tax)이다. DY는 가처분소득, 즉 과세 이후의 화폐소득이고, GP는 구입상품의 시장가격이 된다.

위의 식을 통해 알 수 있는 것은 실질가처분소득(DRY)은 직접세(T_Y)와 간접

세(T_S)에 의해 공히 영향을 받는다는 것이다. T_Y의 증가를 통해 DY가 감소되든가 T_S의 증가를 통해 GP가 증가함으로써 DRY는 감소된다. 따라서 T_Y와 T_S의 변화 중 어떤 조세가 DRY에 더 영향을 끼치는가를 밝힘으로써 차별적 귀착을 측정할 수 있을 것이다. 또 한편 E와 P의 변화에 따라 DRY는 변화하게 되는데, E와 P의 변화는 T_Y와 T_S의 변화에 따른 2차적인 변화일 수도 있다.

가계는 소득을 벌어들이는 원천과 소득을 사용하는 행태가 모두 각기 상이하기 마련이다. 그럼에도 불구하고 소득수준과 소득원천 그리고 소득사용 행태간에는 일반적인 어떤 관계가 존재하고 있다. 예를 들어, 소득규모가 커질수록 자본소득(capital income)의 몫이 임금소득(wage income)의 몫보다 상대적으로 높아지므로 자본소득에 대한 조세는 통상의 소득세보다 더욱 누진적이 되는 경향이 있는가 하면, 임금소득에 대한 조세는 역진적으로 되는 경향이 생긴다. 마찬가지로 사치품에 대한 조세부담은 누진적이고, 많은 양을 소비하는 생필품에 대한 조세부담은 역진적으로 되는 경향이 있다. 이와 같은 일반적인 관계는 각종 조세의 귀착문제를 분석하는 데 있어서 중요한 역할을 담당하고 있다. 이 점에 대하여 다음 절에서 좀더 자세히 살펴보기로 하자.

4. 조세귀착 분석의 주요 분석 틀

조세의 귀착분석은 어떠한 가정이나 전제하에서 이루어지는가에 따라 그 결과에 많은 차이를 보이게 된다. 예를 들어, 어떤 특정한 조세가 부과되었을 때 과세되는 대상이나 부문에 나타나는 단기적이고 일차적인 효과만을 볼 수도 있지만 그 조세가 다른 부분에 미치는 파생적인 효과가 크다고 한다면 그 다른 부분까지를 포함해야 보다 정확한 분석이 이루어지게 된다. 또한 만약 조세부과의 효과가 오랜 기간에 걸쳐 나타난다면 귀착분석은 분석기간을 어떻게 설정하였는가에 따라서 달라지게 되는 것이다.

복잡한 현대경제에서 조세의 귀착에 영향을 미치는 요인들은 매우 다양하지만 조세귀착 분석에 있어 특히 중요한 요인으로는 과세되는 부문만을 분석하는 부분균형분석인지 또는 다른 부문까지를 동시에 고려하는 일반균형분석인지, 또 국내만을 대상으로 하는 폐쇄경제를 가정한 것인지 또는 세계시장까지를 고려하는 개방경제를 가정한 것인지, 그리고 단기적인 효과를 분석하는 것인지 또는 보다 긴 중장기적인 효과를 분석하는 것인지 등을 들 수 있다.

(1) 부분균형분석 대 일반균형분석

부분균형분석은 특정 부문에 국한하여 그 속에서 조세의 직접적인 효과를 살펴보는 것으로서 다른 부문들에서 일어나는 2차적인 효과는 고려하지 않거나 또는 변하지 않는다고 가정하게 된다. 예를 들어 어느 산업(시장)에 세금을 부과하여 그 산업의 생산량이 감소되었다고 하면, 생산의 감소 때문에 그 산업에서 고용되었던 자원들이 타산업으로 일거리를 찾아 떠나게 되고, 그렇게 되면 타산업의 생산량이 증가되어 결국 타산업 생산품의 가격을 하락시키게 될 수도 있는 것이다. 부분균형분석은 이와 같은 타산업에서 일어나는 2차적인 효과를 무시하고 있다. 만약 이러한 2차적인 효과가 불확실하거나 크지 않고, 또 여러 개의 다른 시장에 분산되어 발생하는 등의 경우라면 부분균형분석을 실시하더라도 분석의 결과가 크게 왜곡되지는 않을 것이다. 분석의 결과가 크게 달라지지 않으면서도 분석이 용이하다는 장점을 가지는 것이다.

그러나 분석에서 제외된 부문의 영향력이 크고 또 과세부분과의 연계성이 크다면 부분균형분석을 수행하는 경우 적절치 않은 결과가 도출될 수도 있다는 점에서 관련 부문을 포함하는 일반균형분석을 사용해야 할 것이다. 물론 일반균형분석이라 하더라도 어디까지 포함할 것인가에 따라 분석의 복잡성은 달라지게 될 것이다. 우리의 시장경제를 가장 단순하게 일반화한다면 노동(L)과 자본(K)이라는 두 생산요소를 투입하여 두 재화 X재 Y재를 생산하고 이를 두 소비자 A와 B가 소비하는 경우일 것이다. 분석결과에 큰 영향이 없다면 일반균형분석이라 하더라도 이러한 모든 요소들을 다 반영하지 않고 일부 요인들은 변하지 않는 것으로 가정하기도 한다. 오히려 그러한 경우가 실제 현상의 특성을 보다 명확하게 보여줄 수 있는 장점도 가지는 것이다.

일반판매세(general sales tax)를 예로 하여 살펴보자. 일반판매세란 모든 재화와 용역의 판매에 대하여 일률적으로 부과하는 소비세로서 특정재화의 생산에 대하여 과세하는 물품세와는 구별된다. 만약 한 재화에 나타나는 현상만을 살펴보는 부분균형분석을 택한다면 이와 같은 일반판매세의 부과는 그 재화의 가격을 인상시키게 되고 따라서 그 부담은 소비자가 또는 경우에 따라서는 공급자들들에게 전가될 것으로 결론이 나게 될 것이다. 그러나 이러한 결론은 어디까지나

타산업은 분석에 포함하지 않는 부분균형분석적인 가정하에서만 가능한 것이고, 만약 모든 산업에 나타나는 현상을 살펴보는 일반균형분석에서는 상이한 결과가 도출될 수 있는 것이다.

이제 경제가 두 가지의 상품 X재와 Y재를 생산한다고 하고, 여기에 일반판매세가 양 재화의 판매에 공히 부과된다고 하자. 우리는 일반판매세의 예산귀착을 염두에 두고 이를 살펴보는 것에 목적이 있는데, 따라서 조세수입이 어떻게 지출되는가를 분명히 할 필요가 있다. 즉 정부는 조세수입을 이전지출의 형식으로 조건 없이 국민에게 현금으로 되돌려 준다고 가정하자. 이러한 가정하에서는 국민들의 X재와 Y재의 총구매력이 과세 전이건 과세 후이건 변동되지 않으므로 X재와 Y재의 수요곡선은 불변의 상태를 유지하게 된다. 모든 자원은 민간재인 X재와 Y재의 생산에 전적으로 사용하며, 이것은 일반판매세 수입에 의한 공공재의 공급이 없음을 의미한다. 이와 같은 가정과 전제를 가지고 X재와 Y재를 생산하는 두 개의 시장산업에서 각기의 수요 및 공급곡선을 그려 보면 [그림 13-1]과 같다. 그림에서 D_Y와 S_Y는 Y재 시장에서의 수요와 공급곡선이며, D_X와 S_X는 X재 시장에서의 수요와 공급곡선을 가리킨다. 두 시장에서의 최초의 균형은 가격 P_Y와 P_X 수준에서 생산량 Y_1과 X_1을 생산함으로써 점 E_Y와 E_X에서 이

그림 13-1 | 일반판매세의 귀착

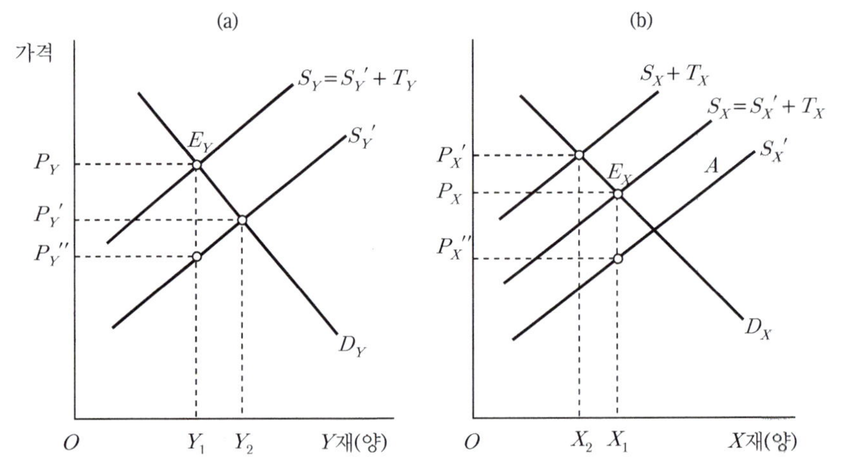

루이겠다. 여기에 일반판매세가 두 단계를 기쳐 부괴된다.

우선 첫 번째 단계로 X재에 판매세(T_X)가 부과된다. [그림 13-1]의 (b)에서 보는 것과 같이 X재의 공급곡선은 S_X에서 S_X+T_X로 이동하여 생산량은 X_1에서 X_2로 감소하며 가격은 P_X에서 $P_X^{'}$로 상승하게 된다. 이렇게 되면 X재 생산의 감소는 Y재 생산에 영향을 주게 되는데, 이는 자원이 X재 산업에서 Y재 산업으로 옮기게 되기 때문이다. 결국 [그림 13-1]의 (a)에서 보는 바와 같이 Y재의 공급곡선은 S_Y에서 $S_Y^{'}$로 이동하여 생산량은 Y_1에서 Y_2로 증가되고 가격은 P_Y에서 $P_Y^{'}$로 하락하게 된다. 부분균형분석에서는 [그림 13-1]의 (a)에서와 같은 Y재 산업의 효과는 무시되는바, 앞에서도 언급한 바와 같이 조세가 부과되지 않은 상태의 타산업이 많이 있을 때에는 이러한 효과가 매우 경미하기 때문이다. 그러나 모든 산업에 일률적인 조세가 적용되면 그 효과는 지대하게 된다.

그러면 두 번째 단계로 Y재에도 판매세(T_Y)가 부과됨을 보자. 양 재화에 공동의 조세가 부과되므로 이 세금은 일반판매세가 된다. Y재에의 조세는 공급곡선 $S_Y^{'}$를 다시 $S_Y^{'}+T_Y$로 이동시키게 되는데, 새로이 이동된 이 곡선은 최초의 공급곡선인 S_Y와 일치하게 된다. 생산량은 Y_2에서 Y_1으로 떨어지고, 가격은 P_Y로 다시 올라간다. 동시에 정반대의 효과가 X재 산업에 일어나게 된다. 즉 X재에 판매세가 부과되기 전 상황에서 Y재에 세금을 과세하면 자원이 Y재 산업에서 X재 산업으로 옮기게 됨에 따라 X재의 공급곡선은 S_X에서 $S_X^{'}$로 이동하게 되는데, 여기에 T_X의 조세가 부과되면 공급곡선은 $S_X^{'}+T_X$로 되어 최초의 공급곡선 S_X로 다시 돌아오게 된다. 그리고 X재에 판매세가 부과된 후 상황에서 Y재에 세금이 과세되면 X재 공급곡선 S_X+T_X가 S_X로 다시 이동하여 X재의 생산량은 X_2에서 X_1으로 증가하며, 가격은 다시 P_X로 하락한다.

이상으로 조세의 두 단계 과정을 거친 후의 최종결과는 어떠한가? 결론적으로 일반판매세는 양 재화의 시장가격을 결코 상승시키지 아니하였다. 이는 우리가 만약 개별소비세 하나만에 기초한 결과에 급급하게 되면 이것은 커다란 잘못이라는 것을 지적하고 있다. 그러면 이처럼 일반판매세가 소비자들에게 조세부담을 전가시키지 않는다면 과연 누가 이를 부담하는 것인가? [그림 13-1]을 다시 살펴보자. 조세 후 소비자는 여전히 P_Y와 P_X를 지불하지만 기업주는 세금지불 후의 $P_Y^{''}$와 $P_X^{''}$를 수입으로 수령하게 된다. 결과적으로 기업주는 생산요소가격을 낮출 것이므로 조세부담은 기업주와 생산요소 소유자가 함께 지게 된다. 즉 후전의 현상이 일어난다고 하겠다.

[그림 13-1]에서의 2개의 산업을 통한 분석은 우리가 흔히 말하는 일반균형분석의 범주에는 좀 미흡한 감이 없지 않다. 일반균형분석은 각 시장간의 모든 상호의존관계를 전부 내포하고 있으므로 위의 분석보다는 좀더 많은 변수를 고려하여야 한다. 그렇다고 하더라도 위에서 살펴본 분석은 일반균형분석의 기초적인 과정으로서 그것이 갖고 있는 의미는 매우 중요하다고 하지 않을 수 없다.[1)]

2. 단기효과 대 장기효과

조세부담의 귀착분석은 이것이 단기적 관점에서냐 혹은 장기적 관점에서냐에 따라 크게 달라진다. 단기에는 많은 것들이 고정되어 있으나 장기에는 모든 것들이 변할 수 있다. 자본의 이동이 장기에서는 얼마든지 가능하므로 자본에 대하여 과세할 경우 그 효과는 단기와 크게 달라진다.

예를 들어 저축이자에 조세를 부과한다고 할 때 단기에서의 조세부담은 자본소유자(저축자)에 귀착될 것이다. 그러나 장기에서는 저축에서의 수익률 감소가 저축의 감소로 이어지고 이는 경제의 자본스톡(capital stock)의 감소로 이어지게 된다. 이러한 자본스톡의 감소는 다시 노동에 대한 수요 및 노동생산성의 감소로 연결됨으로써 임금의 하락을 초래하게 된다. 따라서 장기적인 관점에서는 자본과세의 부담이 노동자들에게 귀착될 수 있는데 이런 현상은 단기에서는 별로 일어나지 않을 것이다.

3. 개방경제 대 폐쇄경제

조세부담의 귀착분석은 경제가 개방경제(open economy)하에 있느냐 혹은 폐쇄경제(closed economy)하에 있느냐에 따라서도 크게 달라진다. 예컨대, 경제의 규

1) 조세귀착이론에 관한 주요 문헌을 소개하면 다음과 같다. Richard A. Musgrave, *The Theory of Public Finance*(New York: McGraw-Hill, 1959), Ch. 10; Peter M. Mieszkowski, "Tax Incidence Theory: The Effects of Taxes on the Distribution of Income," *Journal of Economic Literature*, Vol. 7(December 1969), pp. 1103~1124; Charles E. McLure, Jr., "General Equilibrium Incidence Analysis: The Harberger Model after Ten Years," *Journal of Political Economics*, Vol. 4(February 1975), pp. 125~161.

모가 아주 작지만 개방되어 있는 나라에서는 자본에 대한 과세로 세후수익률이 하락하는 것을 방치할 수가 없을 것이다. 세후수익률이 세전수익률보다 낮으면 자본은 급속히 다른 나라로 빠져 나가기 때문이다. 따라서 이런 작은 규모의 나라에서는 어떻게 해서라도 자본의 세후수익률이 세전과 같아지도록 여러 장치를 마련하려고 할 것이고, 결국 자본과세의 부담은 자본소유자에게 귀착되지 않고 다른 요인들에 흡수되도록 할 것이다.

제 2 절 상품에 대한 과세의 귀착분석

조세귀착은 실제로 시장가격이 조세에 의해 얼마만큼 변동하느냐에 좌우된다. 따라서 귀착의 결정은 시장에서의 경제활동에 영향을 주는 여러 요인에 의하여 영향을 받는다고 하겠다. 아래에서는 노동(L)과 자본(K)이라는 두 가지 생산요소를 사용하여 X재와 Y재가 생산되어 소비되는 단순경제를 가정하고 X재 또는 두 재화에 상품세가 공급자에 과세되는 경우의 귀착문제를 살펴본다.

1. 완전경쟁시장에서의 귀착

생산자의 생산품에 대하여 물품세(excise tax)로서 종량세(unit tax)를 부과할 때 생산자와 소비자간의 조세부담의 배분에 대해서 살펴보자. [그림 13-2]에서 세금이 부과되기 전 상품의 수요와 공급 곡선은 각각 DD와 SS로서 균형은 a점에서 이루어지고 균형가격과 수량은 P와 Q로 나타나고 있다. 생산자에게 T만큼의 종량세가 부과된다면 공급곡선은 $S'S'$로 이동하고 새로운 균형점은 b에서 이루어진다. 이때 새로운 균형가격은 P'로서 소비자는 이전에 비해서 PP'(또는 db)만큼 높은 가격을 지불하게 된다. 한편 공급자는 이 가격을 소비자로부터 받아서 T만큼을 세금으로 납부하기 때문에 생산자가 실질적으로 획득하게 되는 가격은 P''가 되고 세금 부과 이전에 비해서 PP''(또는 dc)만큼 덜 받게 되는 것이다. 따라서 T의 종량세는 소비자와 생산자가 각각 db와 dc만큼 나누어 부담하게 되는 것이다.

그림 13-2 | 상품과세로 인한 조세귀착(완전경쟁의 경우)

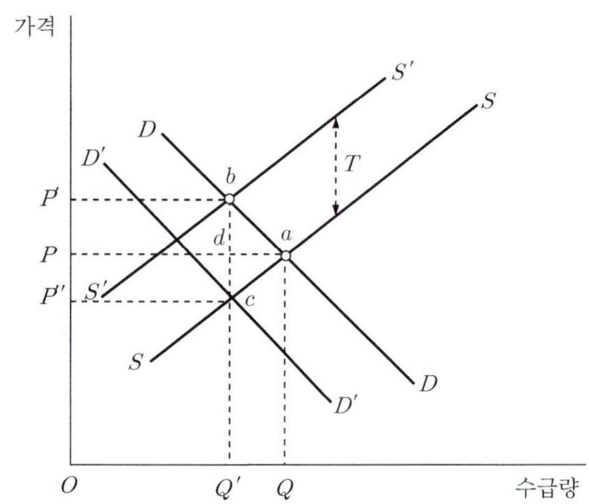

이제 이 종량세가 소비자에게 부과되었다고 하자. 즉 소비자로 하여금 매 소비량에 대해서 T만큼의 소비세를 부담하도록 하는 것이다. 이 경우 공급자가 인식하는 수요곡선은 $D'D'$가 되고 소비균형은 c점에서 이루어진다. 여기서 공급자가 인식하는 수요곡선이라고 하는 이유는 소비자가 지불하고자 하는 전체 지불의사는 원래의 수요곡선 DD에 머물러 있지만 이 중에서 T만큼은 정부에 세금으로 납부하고 공급자의 몫으로 지불하는 부분은 $D'D'$로 나타나기 때문이다. 즉 수요자의 지불의사는 소비로부터 획득하는 한계효용에 의존하기 때문에 일정한 소비량에서 소비자의 한계효용이 변하지 않는 이상 지불하고자 하는 크기가 변하지 않기 때문이다. 균형점 c에서 소비자는 P'를 지불하게 되는데 이중에서 bc만큼은 정부에 세금으로 납부하며 생산자에게 지불되는 몫은 P''가 된다. 따라서 소비자에게 세금이 부과되는 경우에도 앞에서 살펴본 생산자에게 세금이 부과되는 경우와 조세부담의 귀착은 동일하게 된다. 즉 완전경쟁 시장에서 세금이 소비자 또는 생산자 누구에세 부과되는가에 관계없이 그 부담의 귀착은 동일하다는 점을 알 수 있다.

이제 소비자와 생산자에게 귀착되는 조세부담의 크기를 살펴보자. 우선 수요

탄력성과 공급탄력성은 각각 다음과 같이 표현된다. 즉,

$$\eta_d = \frac{\Delta Q}{\Delta P}\frac{P}{Q} = \frac{da}{bd}\frac{P}{Q}$$

$$\eta_s = \frac{\Delta Q}{\Delta P}\frac{P}{Q} = \frac{da}{dc}\frac{P}{Q}$$

한편 위에서 논의한 바와 같이 소비자와 생산자의 부담은 각각 bd와 dc로 나타나는데 위의 두 식을 정리하면 아래와 같이 도출된다.

$$\frac{bd}{dc} = \frac{\eta_s}{\eta_d}$$

이 식은 소비자와 생산자에게 귀착되는 조세부담의 크기는 수요와 공급의 가격탄력성에 반비례한다는 것을 보여 주고 있다. 예를 들어, 만약 수요의 가격탄력성이 크다면 조세부과에 따라 가격인상이 이루어지는 경우 소비자들은 수요를 많이 감소시킴으로써 조세부담을 회피하게 되는 것이다.

이러한 수요와 가격 탄력성과 조세귀착에 대해서 좀더 자세히 살펴보자. [그림 13-3]은 생산자에게 종량세 형태의 상품과세가 부과될 때 여러 경우들을 보여 주고 있다. 기본적으로 생산자는 종량세에 의한 세부담을 생산비의 일부로 간주하기 때문에 상품의 공급곡선은 SS에서 $S'S'$로 상향이동하게 되어 상품가격이 상승한다. 이와 같은 현상이 [그림 13-3]의 (a)에서 (e)까지에 걸쳐 공히 이루어졌는데, 여기서 다른 점이 있다면 수요 및 공급곡선의 기울기가 각기 다르므로 가격상승의 폭이 상이한 것뿐이다. 그림 (a)와 그림 (e)는 극단적인 경우로서, 그림 (a)에서는 수요의 가격탄력성이 0인가 하면 그림 (e)에서는 공급의 가격탄력성이 무한대이다. 이런 경우에는 종량세의 부담은 과세상품을 사용하는 소비자에게 전적으로 귀착된다. 즉 완전한 전전이 일어난다. 소비자에게 귀착액은 빗금친 면적으로 표시되어 있다. 그림 (a)의 경우는 조세에 의해 판매량에는 아무런 변화가 없지만 그림 (e)에서는 판매량이 감소되었다. 한편 그림 (b)는 과세상품의 수요탄력성이 0이 아니라 하더라도 비탄력적이며, 공급탄력성이 비교적 크므로 판매량의 근소한 감소에서도 현저한 전전이 발생하는 경우이다. 그 이유는 비탄력적인

그림 13-3 | 수요공급의 탄력성과 조세귀착

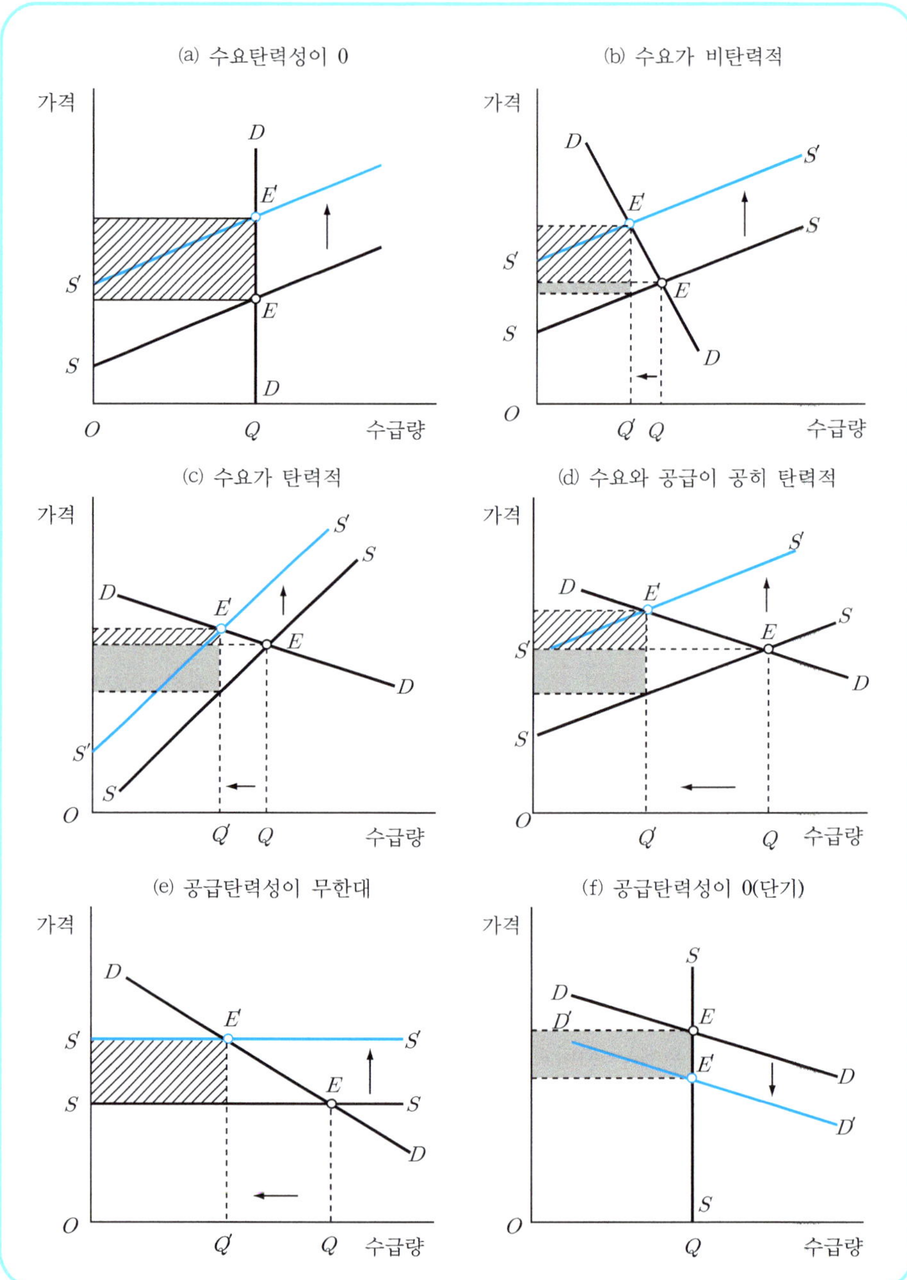

주: 빗금친 면적은 소비자에게 귀착되는 분이며, 점으로 표시된 면적은 생산자에게 귀착되는 분이다.

수요곡선을 가지고 있는 소비자는 조세부담을 회피할 수 없으며, 탄력적인 공급곡선을 가지고 있는 생산자는 용이하게 조세부담을 회피할 수 있기 때문이다. 빗금친 면적이 소비자의 귀착분이라면 점으로 표시한 면적은 생산자에게로의 귀착분이다. 그림 (c)는 그림 (b)와 정반대의 경우이다. 즉 수요는 탄력적이나 공급이 비탄력적인 탓으로 조세부담이 생산자에게 더 많이 주어진다. 만약 수요의 가격탄력성이 무한대이면 수요곡선이 수평선으로 되어 가격의 상승이 일어나지 않으므로 조세부담이 전적으로 생산자에게 귀착된다. 그림 (d)는 과세상품의 수요와 공급이 공히 탄력적인 경우이다. 이 경우에는 조세의 부과로 소비자와 생산자가 공히 조세를 부담해야 하는데, 생산자의 입장에서는 급격한 판매량의 감소를 초래하기 때문에 기업 자체가 파산될 우려가 있으므로 신중한 조세결정이 필요하게 될 것이다.

끝으로 그림 (f)는 과세상품의 공급이 완전히 비탄력적인 경우를 보여주고 있다. 이러한 경우는 현존하는 설비로써 조업규모를 변동시킬 수 없는 아주 단기적인 기간이 이에 해당된다고 하겠다. 공급의 탄력성이 0이고 단기에서 공급량을 변경시킬 수 없기 때문에 이 때에는 생산자가 조세의 전액을 부담할 수밖에 없다. 상품가격은 과세 후에도 계속 E이지만 생산자의 입장에서는 수입이 감소하므로 마치 조세 때문에 소비자의 수요곡선이 DD에서 $D'D'$로 하락된 것과 마찬가지로 간주된 것이다.

이상의 분석을 통해 볼 때 공급곡선이 일단 주어져 있는 상태에서 수요곡선이 비탄력적일수록 소비자들에게 지워질 조세부담이 많아진다는 것을 알 수 있다[그림 (a)의 경우]. 마찬가지로 수요곡선이 일단 주어져 있는 상태에서 공급곡선이 비탄력적일수록 생산자들에게 지워질 조세부담이 많아진다[그림 (f)의 경우].

2. 독점시장에서의 귀착

독점기업은 이윤극대화를 위하여 한계수입(MR)과 한계비용(MC)이 일치하는 점에서 가격 및 생산량을 결정한다. 이제 독점상품에 물품세로서 종량세(unit tax)가 부과되는 경우를 살펴보자.

[그림 13-4]에서 MC는 과세 전의 한계비용곡선이고, MC'는 과세 후의 한

그림 3-4 | 상품과세로 인한 조세귀착(독점의 경우)

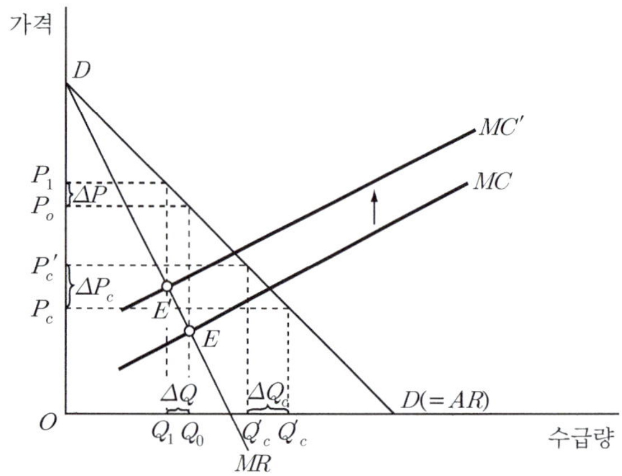

계비용곡선이다. 종량세 부과에 의하여 한계비용이 상승하게 되고 따라서 균형점이 E에서 E'로 이동하게 된다. 따라서 가격은 P_0에서 P_1으로 상승하고 생산량은 Q_0에서 Q_1으로 감소하게 된다. 이것은 결국 독점기업에서 소비자에게로의 전전현상이 일어났음을 보여 주고 있는 것이다.

그러면 이와 같은 독점하에서의 귀착과 완전경쟁하에서의 귀착을 비교하여 볼 때 그 정도는 어느 경우가 더 클 것인가? 이것을 알기 위하여 이 독점기업이 완전경쟁기업처럼 행동한다고 가정할 때 결정되는 가격과 생산량을 비교하여 보자. 완전경쟁하에서의 과세 전의 가격은 P_c이고 균형생산량은 Q_c이다.[2] 종량세가 부과되면 과세 후의 가격은 P_c에서 P_c'로 상승하고 생산량은 Q_c에서 Q_c'로 감소하게 된다. 그런데 완전경쟁하의 가격 및 생산량의 변화를 독점하의 가격 및 생산량의 변화와 비교하여 보면 완전경쟁하의 변화가 더 큼을 알 수 있다. 즉, $\Delta P_c > \Delta P$, $\Delta Q_c > \Delta Q$이다. 이것은 완전경쟁하에서는 균형점이 수요곡선, 즉 평균수입곡선(AR)을 따라 결정되는 반면에 독점하에서는 균형점이 한계수입곡선(MR)을 따라 결정되기 때문이며, 한계수입곡선의 경사가 수요곡선의 경사보다 급하기 때문이다. 결과적으로 상품과세로 인하여 소비자에 전가되는 정도는 독점

2) 이 점에서 $P = MC$의 조건이 성립되고 있기 때문이다.

의 경우가 완전경쟁의 경우보다 도리어 작아지게 되는 것이다.

이러한 분석을 통해 보면 독점시장에서 거래되는 상품에 부과된 물품세의 부담이 일부는 소비자에게 귀착되고 또 다른 일부는 독점적 생산자에게 귀착되고 있음을 알 수 있다. 다시 말하여 생산자가 시장에서 독점력을 행사하고 있어도 상품과세로 인한 조세부담을 모두 소비자에게 전가시키지 못한다는 뜻이다. 이것은 언뜻 현실과 맞지 않는 결과로 생각될 수 있겠으나 독점시장의 특성상 위와 같은 분석이 가능한 것이다. 물론 독점적 생산자는 가능하면 조세부담을 소비자에게 전가시키려고 할 것이며 이것은 상품의 가격을 세금보다 더 크게 인상할 수 있느냐의 여부에 달려 있다. 상품가격의 인상폭이 세금보다 크면 그 때는 조세부담이 소비자에게 100% 이상 전가되는 결과가 생길 것이다.

이런 특수한 경우로서 만약 독점시장에서 한계비용곡선은 수평이고, 수요곡선은 직각쌍곡선의 형태를 유지하여 수요의 가격탄력성이 어느 점에서나 일정하게 되는 상황을 생각해 보자. 만약 수요의 가격탄력성이 예컨대 2라고 한다면 이러한 상황에서는 100원만큼의 세금인상은 상품가격을 200원 인상시킬 수 있어 소비자에게 조세부담을 200% 전가하게 된다.[3)]

이를 그림으로 표시하면 [그림 13-5]와 같이 된다. 가격인상분 ΔP는 세금 T보다 훨씬 크게 될 수 있음을 보여 주고 있다. 결론적으로 독점시장에서는 이윤극대화 조건에 따라 소비자에게로의 조세부담의 완전전가 또는 조세부담 이상의 전가가 가능한 것이다.

---

3) 총수입(TR)$=P \cdot Q$에서, 가격과 한계수입(MR)간에는 $MR=P\left(1-\frac{1}{\eta}\right)$의 관계가 성립한다. 만약 한계비용($MC$)이 불변이고 세금 T가 부과된다면 이윤극대화 조건 $MR=MC+T$에 따라 다음과 같은 수식이 형성된다.

$$P=\frac{MC+T}{1-1/\eta}$$

따라서 세금 T의 부과는 P를 $\left(\frac{1}{1-1/\eta}\right)\times T$만큼 인상시킨다.

그림 13-5 | 조세부담의 귀착(독점의 특수한 경우)

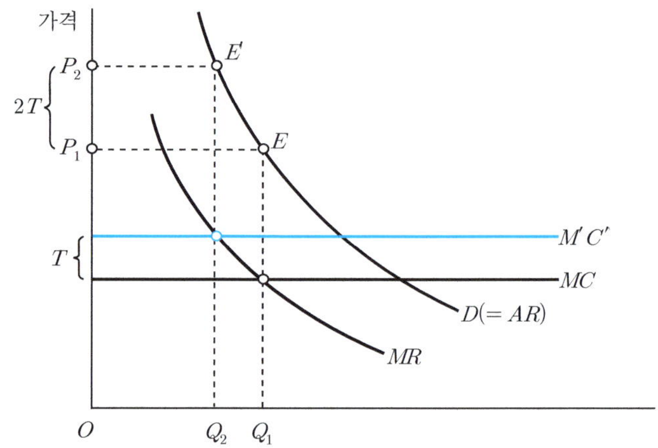

제3절 생산요소에 대한 과세의 귀착분석

생산품에 대한 과세의 경우와 마찬가지로 생산요소에 대한 과세의 귀착도 요소시장이 어떤 상황에 있느냐와 생산요소에 대한 수요 및 공급의 가격탄력도가 어느 정도이냐 등에 영향을 크게 받는다.

1. 완전경쟁시장하의 귀착

요소시장에 부과되는 조세는 일반적으로 요소소득에 일정비율로 과세되기 때문에 조세의 형태는 종가세(ad valorem tax)가 일반적이다. 사용자가 지급하는 임금에 대해 근로소득세가 부과된다고 하자. 사용자 입장에서는 세금이 부과된다고 해서 그 수요곡선을 달리할 이유가 없다. 이는 수요곡선은 요소의 한계생산가치를 보여주는 것인데 그것은 조세의 부과 여부에 따라 달라지는 것이 아니기 때문이다. 따라서 같은 임금수준을 사용자는 지급하는데 이제는 그 일부를 정부에 세금으로 납부하게 되는 것이다. 요소공급자인 근로자의 입장에서 볼 때 조세는

그림 13-6 | 생산요소과세로 인한 귀착

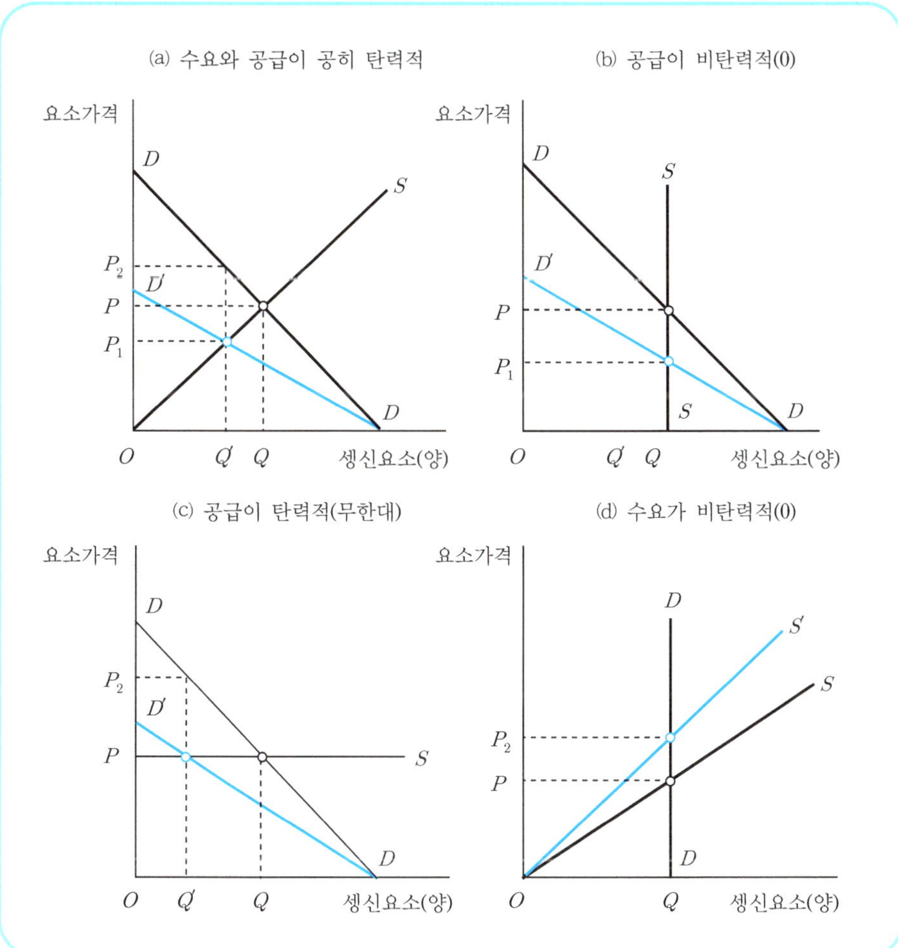

그들의 임금을 감소시키므로 조세의 결과는 그들이 제공하는 근로용역에 대한 수요곡선이 하향이동한 것으로 인식되는 것이다.

[그림 13-6]의 (a)는 생산요소에 대한 수요 및 공급의 가격탄력성이 공히 탄력적인 경우를 보여 주고 있다. 과세 전의 균형점은 수요곡선 DD와 공급곡선 OS가 교차되는 점에서 형성된다. 생산요소, 예컨대 노동에 대한 과세는 근로자가 인식하는 수요곡선 DD를 DD'로 이동시키며 따라서 노동량은 Q에서 Q'로 하락하고, 근로자가 수취하는 임금은 P에서 P_1으로 하락하게 된다. 그러나 사용

자가 지불하는 총임금은 P_2로 상승하므로 노동량 Q'에서의 단위당 조세는 P_2P_1으로 나타난다. 결국 노동에 대한 과세는 노동공급자 및 노동수요자(기업가)가 각각 PP_1 및 P_2P씩 부담하게 됨을 보여 주고 있다. 위 그림을 가지고 근로소득 이외의 자본소득에 대한 과세에 관하여도 동일한 분석을 할 수 있는데, 이때 횡축에는 노동량 대신에 자본량을, 종축에 임금 대신에 자본수익(이자율)을 표시하여 설명하면 된다.

[그림 13-6] ⒝는 생산요소의 공급이 불변인 경우에 해당되며 토지의 단기적 공급이 대표적인 예라고 하겠다. 공급이 완전히 비탄력적이면 여기서 파생되는 소득은 수요에만 의존하게 되며 이때의 소득은 경제적 지대(economic rent)의 성격을 갖게 된다. 이럴 경우의 조세부담은 어쩔 수 없이 요소가격의 하락을 통해 요소소유자(요소공급자)에게 전적으로 귀착하게 된다. 즉 그림에서 실질지대가 P_1으로 하락함으로써 지주가 PP_1만큼의 조세부담을 지게 된다. 이 점에 대하여 좀더 설명하여 보자.

그림 ⒝의 경우처럼 생산요소의 공급이 완전 비탄력적일 때는 가격변동에도 공급량은 전혀 변동되지 않는다. 다시 말하여 요소소유자(요소공급자)의 소득변화는 요소공급량의 변화와는 무관하므로 이러한 요소소득은 요소소유자의 기회비용과는 무관하다고 결론지을 수 있다. 기회비용을 초과하는 소득을 경제적 지대라고 하는데 이러한 소득, 즉 경제적 지대는 잉여분의 성격을 지니게 되므로 엄격하게 말하여 전액 조세로 징수하여도 공급량이 감소하지 않기 때문에 사회적인 손실이 발생하지 않는다고 할 수 있다.[4)]

---

4) 경제적 지대란 기회비용과 무관한, 또는 기회비용을 초과한 수익을 의미한다. 다시 말하여 자원이 대체적인 어떤 사용처로부터 얻을 수 있는 수익을 초과하여 얻게 된 몫으로서 통상 과세의 가장 근본적인 근원이 된다. 이와 같은 경제적 지대는 기본적으로 공급이 고정되어 있는 경우에 발생하는 것으로서, 소위 지대추구행위(rent seeking behavior)는 경쟁제한이나 진입장벽의 구축 등을 통해서 공급을 제한함으로써 추가적인 이득을 얻으려는 행위를 의미한다.

한편 미국의 경제학자인 헨리 조지(Henry George)는 한 나라의 세수는 전적으로 토지에서만 징수하여야 한다는 토지단일세론을 주장하였다. 이는 토지는 자연에 의해서 그 공급량이 주어지고 고정되어 있는 생산요소이기 때문에 그에 대한 과세가 이루어지더라도 공급량이 감소하는 등의 왜곡효과가 발생하지 않고 따라서 과세에 따른 경제적 효율성의 상실, 즉 초과부담이 발생하지 않는다는 것이다. 이에 비해서 노동이나 자본 등의 생산요소에 대한 과세는 노동공급과 자본공급에 영향을 미치게 되고 결과적으로 경제적 효율성의 상실이 발생하기 때문이다. 또한 토지는 그 공급량이 고정된 생산요소이기 때문에 토지소유자가 받는 임대료는 전적으로 경제적 지대(economic rent)라는 점에서 이에 이처럼 요소소유자(요소공급자)가 전적으로 조세의 최종부담자가 될 경우에 설령 그가 해당 생산요소를 매각하여 처분한다고 하여도 조세부담에서 회피될 수 없다. 이는 조세의 효과가 이미 자산가격에 반영되기 때문인데 이러한 현상을 조세의 자본화(tax capitalization) 또는 조세환원이라고 한다.

자본화(capitalization)의 의미는 토지를 예로 할 때 더욱 잘 이해될 수 있다. 어떤 토지가 좋은 지역에 위치함으로 말미암아 유리한 가격이 형성되고 따라서 그 혜택이 토지소유자에게 돌아간다면 이때 이런 혜택이 토지가격에 자본화되었다고 말한다. 조세의 자본화는 그 반대의 개념으로서, 조세부과로 말미암아 토지소유자에게 손실이 돌아갈 때 조세가 토지가격에 자본화되었다고 얘기할 수 있다. 이제 두 가지 자산(A와 B)이 있다고 하고 자산 A에는 과세되고 자산 B에는 과세되지 않는다고 하자. 그러면 자산 A에 대한 조세는 자본화되며 자산 A의 가치하락을 통하여 조세부담은 자산 A의 현재 소유자에게 전적으로 귀착하게 된다.

왜 그럴까? 만약 어떤 자산을 보유하는 경우 앞으로 매년 20만원의 소득을 가져다 준다고 할 때 시장의 평균이자율이 10%라면 그 자산의 현재가치는 200만원에 해당된다. 즉 $PV=R/i$의 관계가 성립되는데, R은 연간소득, i는 이자율 그리고 PV는 현재가치를 표시한다. 이제 자산 A와 B가 동일한 연간소득 R을 가져다 준다면 $PV_A=PV_B=R/i$이 되는데, 자산 A에만 과세되므로 A의 현재가치는 $PV_A'=[(1-t)R]/i$로 될 것이다. 자산 B의 현재가치는 여전히 $PV_B=R/i$이니까 결국 $PV_A'=(1-t)PV_B$라는 등식이 성립된다. A의 가치는 조세 몫만큼 하락하였고 A의 소유자가 이를 매각하려고 할 때 구매자는 하락된 가격으로 이를 구입하려고 할 터이므로 조세부담은 A의 최초소유자에게 귀착되고 낮은 값으로 구매한 이후의 구입자들은 실질적으로 부담하지 않는 것이다.

[그림 13-6]의 (c)는 그림 (b)와 정반대의 경우로서 요소공급자가 가격에 대하여 무한대의 탄력성을 지니고 있는 경우이다. 이때에는 생산요소에 대한 과세가 요소수요자에게 귀착될 수밖에 없다. 과세로 인하여 요소공급은 Q에서 Q'로 감소하게 되고 따라서 요소의 세전가격은 P_2로 증가하게 된다. 이 중에서 P_2P는 세금으로 정부에 납부하기 때문에 요소공급자가 받게 되는 가격은 P로 변함이 없으며, 따라서 요소수요자가 조세를 전부 부담하게 되는 것이다.

대한 중과는 타당하다는 것이다.

마지막으로 그림 (d)는 요소수요가 요소가격에 대하여 완전비탄력적인 경우로서 기업이 공장을 취득하거나 설비를 일단 마친 후 노동수요가 비탄력적인 상황에 처하게 되는 그런 단기적인 기간에 해당된다. 이때 요소소득에 대한 과세는 요소소득과 요소사용량에 아무런 변동을 야기하지 않으나 세금을 부담해야 하는 요소수요자의 입장에서는 마치 요소공급곡선이 OS에서 OS'로 이동한 것과 마찬가지의 결과로 간주되며 결국 요소수요자가 P_2P만큼의 조세를 부담할 수밖에 없다.

이상의 분석을 통하여 생산요소에 과세할 때의 조세부담의 배분을 살펴보았는데, 소득계층이 높아짐에 따라 소득에서 점유하는 비중이 상승하는 그런 요소소득에 대해서는 비록 단일세율(flat tax rate)을 적용한다고 하더라도 그 때의 세부담 배분은 누진적이 된다. 이런 이유로 자본소득에 대한 과세부담은 통상의 소득세보다 누진적으로 배분되고 노동소득에 대한 과세부담은 역진적으로 배분되는 것이 일반적인 경향이다. 왜냐하면 소득계층이 높아질수록 노동소득의 비중은 떨어지고 자본소득의 비중은 높아지기 때문이다. 일반적으로 임금에 부과된 세금은 거의 전부 노동자에게 귀착될 수밖에 없는데, 그것은 그림 (b)의 경우처럼 노동의 공급곡선이 임금에 대하여 대부분 매우 비탄력적이기 때문이다.

2. 불완전경쟁시장하의 귀착

불완전경쟁상태에서는 요소가격이 완전경쟁상태에서처럼 수요와 공급곡선의 교차점에서 결정되지는 않는다. 따라서 수요와 공급의 탄력성에 따라 조세부담을 배분하는 그런 접근방식은 여기서는 적용되기가 어렵다.

첫째로, 근로소득에 대한 과세를 살펴보자. 현대경제에서 임금의 상당부분은 단체교섭(collective bargaining)에 의하여 결정된다. 그러면 문제는 단체교섭을 통하여 임금협상이 벌어질 때 임금에 대한 조세도 협상대상에 포함될 것인가이다. 또한 세금 때문에 임금이 인상된다면 기업가가 임금인상분을 소비자에게 전가시키려고 할 것인가도 중요 과제가 된다.

사실 노동조합은 임금협상에 세금몫을 포함시키기를 원하겠지만 만약 고용주와 노조가 모두 과세 이전에 각자의 이익을 위하여 최선을 다하여 협상을 벌였다면 과세 후라고 하여 단체교섭에 어떤 변동이 있을 수 없다. 그러나 과세 전의 단체교섭에 의한 임금결정이 최선의 것이라고 여겨지지 못할 경우 노조는 임금에 대한 조세가 인상될 때 실수입의 보장을 위하여 임금인상을 요구하고 나올 것이다. 실제로 많은 선진국에서는 노조가 세금 때문에 줄어든 소득보다는 생활비 인상 때문에 발생한 실질소득의 감소분에 더 많은 관심을 갖고 있는 것이 일반적인 현상이다. 결국 임금에 대한 과세는 근로자가 부담한다는 것이 일반적인 결론이 된다.

물론 고급관리자층의 보수결정은 좀 다른 차원에서 이루어질 수밖에 없다. 그들이 생산에 끼치는 공헌을 정확히 측정하기란 불가능한 것이고 따라서 그들의 보수수준도 특정한 관행과 지위에 의해 결정된다. 이러한 계층에 있어서는 근로소득에 대한 과세가 노동의욕을 감소시키기보다는 과세 후의 보수수준을 과세 전의 수준으로 유지하려는 욕구가 더 강하게 나타날 수 있다. 하나의 예로 변호사나 의사의 경우에 소득세율이 인상되면 사례금이나 진료비를 상향조정하려는 경향을 발견하게 되는데, 이는 소득세부담을 타인에게 전가시키려 함을 의미한다.

둘째로 자본소득(이윤)에 대한 과세는 어떠한가? 일견해서는 상품시장에서 독점적 지위에 있는 기업이 경쟁적 상태에 있는 기업에 비해 기업이윤에 대한 과세를 타인에게 전가시키는 것이 훨씬 용이하다고 생각될 것이다. 그러나 이론적으로 보아서 순수한 독점기업이 과세 전이나 과세 후에도 이윤극대화를 도모하고 있고, 기업이윤에 과세하는 법인세가 한계비용이나 한계수입에 아무런 영향을 줄 수 없다는 이론적 시각에서 독점기업의 조세부담 전가는 이루어지지 않는다. 이것이 바로 소위 말하는 신고전학파의 견해이다.

물론 현실적으로 대부분의 독점기업들이 이윤에 대한 세금을 소비자 혹은 근로자들에게 전가시키고 있음이 인정되고 있다. 이들 기업은 여러 방법으로 시장력을 행사하고 있으며 다양한 가격결정체계를 가지고 있다. 경우에 따라서는 이윤 극대화보다도 판매량 극대화를 추구하거나 또는 특정한 목표수익률을 세워놓고 이의 달성을 우선적으로 추진하기도 한다. 과점기업에서는 조세인상을 가격인상의 신호로 간주하기도 하며, 과세 후의 일정이윤수준을 유지하기 위하여 법인세인상분을 단체교섭시 임금결정에 반영시키기도 한다. 이러한 경우에는 조세부담이 자본소유자에 의해 흡수되기보다는 완전경쟁상태와는 전혀 다른 조정과정을 거쳐 소비자 또는 근로자들에게 일부 전가된다고 하겠다.

제4절 개별조세의 귀착분석

1. 법인세의 귀착

노동과 자본 등 생산요소에 대한 과세는 그것이 이루어지는 형태에 따라 여러 가지로 구분할 수 있다. 예를 들어, 포괄적 소득세의 경우 그 소득이 임금이든 이자이든, 그리고 어떤 산업에서 발생한 것인지에 관계없이 과세되는 것으로, 가장 일반적인 형태의 요소과세라고 할 수 있다. 근로소득세나 이자소득세의 경우 통상 어떤 산업에서 발생한 것인가는 구별하지 않지만, 요소소득 중에서 특별히 임금이나 이자에 대해서만 과세하는 것으로서 부분요소세라고 할 수 있다. 한편 법인세는 산업을 법인부문과 비법인부문으로 구분할 때, 그 중에서 법인부문에서 발생하는 자본의 이윤에 대해서만 과세하는 것이다. 즉 법인이라는 특정부문에서 발생하는 특정요소소득인 이윤에 대해서만 과세하는 것으로서, 가장 특정한 형태의 부분요소세라고 할 수 있다.

(1) 부분균형분석

법인세의 귀착효과는 그 분석기간을 어떻게 설정하느냐에 따라서 다르게 나타나게 되는데, 흔히 관심의 초점인 자본량, 즉 자본공급의 변화 가능성 여부에 따라 단기와 중기, 그리고 장기로 구분할 수 있다. 여기서 단기란 법인과 비법인부문에 투입되어 있는 자본의 양이 고정되어 있는 기간, 즉 조세가 부과되더라도 부문간에 자본의 이동이 발생하지 않는 정도의 기간으로 설정한다. 이에 비해서 중기란 자본의 총량은 경제 전체적으로는 고정되어 있지만, 법인과 비법인간의 이동은 자유롭게 이루어지는 정도의 기간으로, 그리고 장기란 경제 전체의 자본량이 변화할 수 있는 기간을 의미한다. 이하에서는 이러한 기간에 따른 법인세의 귀착분석을 주로 하면서 동시에 법인세의 과세대상이나 과세에 대한 법인의 대응 등을 동시에 고려하여 살펴본다.

한편 이러한 분석은 법인과 비법인이라는 두 부문을 고려한다는 점에서 일정부분 일반균형분석의 성격도 지니고 있지만, 생산요소 중에서 자본만 분석대상으로 하고 있다는 점에서 부분균형분석이라고 할 수 있다.

1) 단 기

단기에는 법인세의 부담은 법인부문의 자본소유자, 즉 주주가 지게 된다. 즉 [그림 13-6]의 (b)의 경우라고 할 수 있는데, 단기에는 각 부문의 자본이 고정되어 있어, 즉 조세부담을 회피하기 위한 자본의 이동이 일어날 수 없기 때문에 자본의 공급자인 주주가 법인세를 부담하게 된다. 한편 앞에서 설명한 바와 같이 생산요소 중에서 토지의 경우 그 공급량이 고정되어 있기 때문에 그에 대한 조세부담은 전부 공급자가 지게 되는 것이 이와 유사한 경우라고 할 수 있다.

한편 신고전학파모형(neoclassical model)에서는 법인세를 법인기업의 순수경제적 이윤(pure economic profits) 즉 초과이윤에 과세하는 것으로 분석하고 있다. 기업의 자기자본에 대한 정상이윤(normal profits)은 경비로서 간주되어 과세대상에서 제외되는 것으로 보는 것이다. 이것이 바로 기업이윤에 대한 경제학적 개념과 회계적 개념상의 차이인데, 실제의 법인세는 회계개념에 입각하여 정상이윤을 기업이윤의 일부로 간주하여 과세하는 것이 통상이지만, 신고전학파의 모형에서는 경제학적 개념을 사용하여 정상이윤을 기업의 이윤으로 간주하지 않는 것이다.

이러한 전제 아래에서 법인세는 장기간이든 단기간이든간에 조세부담을 전가시키지 않는다. 법인세가 기업의 초과이윤에 부과되므로 조세 때문에 기업의 행태가 변화하여야 할 아무런 이유가 없는 것이다. 초과이윤은 기업의 한계비용이 한계수입과 일치하는 점에서 극대화되는데, 이러한 이윤극대조건은 완전경쟁기업이나 독점기업에 다 같이 적용된다. 기업의 초과이윤에 대하여 과세할 때 소비측면에서 소비자들의 제품평가에 의하여 좌우되는 한계수입이나, 생산 측면에서 생산함수에 의하여 좌우되는 한계비용에 조세는 아무런 직접적인 영향을 끼칠 수가 없다. 과세 후의 생산량은 과세 전과 동일한 것이며 제품의 가격 역시 아무런 변동이 없게 될 것이다. 결국 법인세는 자기자본(주주)의 소유자들에게 돌아가는 정상이윤 이상의 초과이윤을 줄이는 결과를 가져다 줄 뿐, 소비자들에게나 노동자들에게 전가되지 않는다고 보는 것이다.

그러나 현대의 기업인, 정치가, 경제학자들은 이러한 결론을 현실적으로 받아들이지 못하고 있다. 왜냐하면 단기에 있어서도 법인세는 소비자들에게 전가된다고 이들은 믿고 있기 때문이다. 시장력(market-power)모형에 따르면 현대의 기업은 미시경제이론에서 이야기하는 이윤의 현재가치를 극대화시키기 위하여 노력하기보다는 좀더 현실적인 감각에 입각하여 생산코스트에 만족할 만한 규모의 일정한 마진(margin)을 가산하여 판매가격을 설정한다는 것이다. 이러한 가격설정을 마크업(mark-up)형의 가격설정이라고 하는데, 기업이 이러한 원리에 따라 과세 후 일정한 마진(margin)을 유지하도록 행동한다면 법인세의 상당액만큼 판매가격이 인상되어야 하기 때문에 세액이 단기에 있어서도 거의 전전될 가능성이 생기는 것이다.

물론 이와 같은 논리도 시장경제가 얼마만큼 경쟁적이냐 혹은 얼마나 독과점요소가 강한가에 크게 좌우된다. 시장에 경쟁적인 요인이 매우 강력하면 법인기업은 경쟁에 살아남기 위하여 이윤극대화원리에 따르지 않을 수 없고, 이렇게 되면 단기에서의 전가가 어려워진다. 그러나 한편으로 독점적 요인이 강한 경제에서는 기업이 이윤극대화원리에 입각한 경쟁적인 가격정책을 따라야 한다는 압력을 비교적 적게 받으면서 상당한 수준의 독점력을 행사할 수 있게 된다. 이때는 마크업(mark-up)형의 가격형성이 이루어지면서 과세 후에도 독점이윤이 충분히 실현되도록 상품가격을 높여 세액을 전가시킬 것이다.

이와 같은 결론을 증명한 연구결과가 M. Krzyzaniak와 R. A. Musgrave에 의하여 제시되었다.[5] 그들은 1935~59년(전시 및 전후기인 1943~47년 제외)의 기간을 대상으로 하여 중회귀분석과 이윤-행동모형을 적용하여 분석한 결과 미연방 법인세는 단기간에 100% 이상의 전가가 일어났다는 것을 보여 주었다. 이와 같은 Krzyzaniak-Musgrave의 실증분석에 대하여 많은 비판이 가하여졌으나,[6] 일반적으로 독과점적인 경쟁의 한 형태인 마크업형 가격형성이 법인세 전가에 중요한 역할을 한다는 사실은 부인할 수 없다고 하겠다.

2) 중 기

중기의 기간은 경제 전체의 자본량은 고정되어 있지만, 법인부문과 비법인부문간의 자본이동은 가능한 정도의 기간을 의미한다. 하버거(A. Harberger)[7]의 분

---

5) M. Krzyzaniak and R. A. Musgrave, *The Shifting of the Corporation Income Tax*(Baltimore: The John Hopkins Press, 1963).

6) 대표적인 것으로서 R. J. Gordon, "The Incidence of the Corporation Income Tax in US Manufacturing 1925~1968," *American Economic Review*, Vol. 57(September 1967), pp. 731~758.

그림 13-7 | 법인세의 귀착효과(중기)

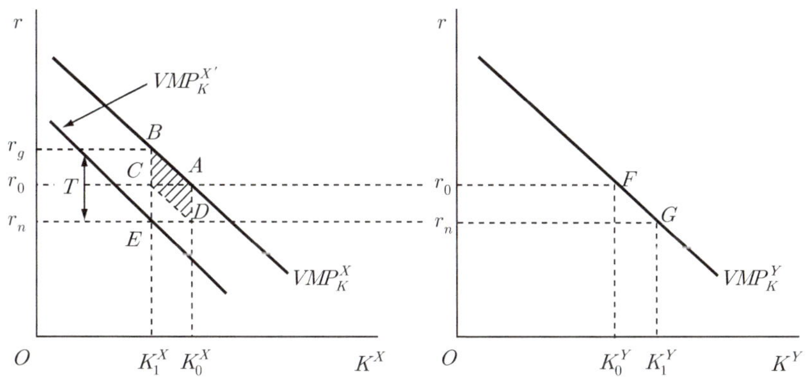

석방법에 따라 법인세의 귀착을 살펴보기로 하자.

우선 법인과 비법인 부문을 각각 X재 산업과 Y재 산업 부문이라 하고, X재 산업에 법인세가 부과된다고 하자. [그림 13-7]의 (가)와 (나)는 각각 법인세가 부과되기 전후 두 부문에서 나타나는 자본량의 변화를 보여 주고 있다. 법인세가 부과되기 이전에 X재 산업과 Y재 산업에서는 각각 K_0^X와 K_0^Y만큼의 자본이 투자되어 있으며, 그 마지막 단위로부터의 한계수익률은 r_0로 동일한 균형 상태에 있다.[8] 이러한 상태에서 X재 산업에만 법인세가 부과된다면, 그 수익은 세금을 납부하는 만큼 감소하게 될 것이고, 이에 따라 X재 산업에 투자되는 자본량이 감소하게 된다. 즉 현실의 법인세는 순수한 경제이윤인 초과이윤에만 과세되는 것이 아니라 과세대상에 실질적으로 자본의 진정한 기회비용인 정상이윤을 포함시켜 과세하고 있다. 이처럼 정상이윤이 과세대상에 포함되면 사람들은 세부담을 줄이기 위해 다른 자산에 투자를 분산시키려고 할 것이다.

앞에서 우리는 경제 전체의 자본총량은 고정되어 있고 완전고용되며, 법인과

---

7) Arnold C. Harberger, "The Incidence of the Corporation Income Tax," *Journal of Political Economy*, Vol. 70(June 1962).

8) 만약 두 부문에서의 한계수익률이 동일하지 않다면 그것이 높은 부문으로 자본의 이동이 일어나게 되며, 최종적으로는 수익률이 같게 되는 점에서 균형이 이루어지게 된다.

비법인 두 부문간의 이동은 자유롭다고 가정하였다. 따라서 X재 산업에서 방출된 자본은 비법인부문인 Y재 산업으로 이동하게 되는데, 이에 따라 Y재 산업에서의 한계수익률은 감소하게 된다. 이러한 자본의 이동이 어느 수준까지 이루어지는가는 두 산업부문에서의 자본의 한계수익률이 같아지게 되는 점까지라고 할 수 있다. 즉, X재 산업에 투자된 자본의 세후한계수익률과 법인세가 부과되지 않는 Y재 산업의 한계수익률이 같아지는 점까지 자본의 이동이 이루어지는 것이다.

[그림 13-7]에서 이러한 새로운 균형자본량은 X재와 Y재 산업에서 각각 K_1^X와 K_1^Y로 표시되고 있다. 즉 X재 산업에 대한 법인세의 부과로 인하여, 자본의 사용자인 기업이 인식하는 한계수익가치는 $VMP_K^{X'}$로 하락하고 X재 산업에서는 자본량이 $(K_0^X-K_1^X)$만큼 감소하게 된다. 한편, Y재 산업에서는 같은 크기인 $(K_1^Y-K_0^Y)$만큼 증가하는 것이다. 이에 따라 X재 산업에서는 세전수익률이 r_0에서 r_g로 증가하여 세금(r_g-r_n)을 제외한 세후수익률은 r_n이 된다. 한편 Y재 산업에서는 자본량의 증가에 따라 한계수익률이 r_0에서 r_n으로 감소하여, 두 부문에서의 세후한계수익률은 같게 되는 것이다.[9]

이상과 같은 분석에서 살펴본 바와 같이, 법인세는 X재 산업에만 과세되었음에도 불구하고, 자본의 한계수익률은 X재 산업만이 아니라 법인세가 과세되지 않는 Y재 산업에서도 하락하고 있는 것이다. 즉 법인세의 부담은 법인부문의 자본소유자만이 아니라 비법인부문의 자본소유자가 같이 부담하게 되는 것이다.

한편 법인세의 부과로 인한 이러한 부문 간의 자본이동은 조세가 없을 때와 비교할 때, 경제의 효율성을 감소시키는 결과를 초래하게 된다. X재 산업의 경우 자본량의 감소로 인하여 감소되는 생산물 가치는 [그림 13-8]에서 $AK_0^XK_1^XB$로 나타나게 되며, Y재 산업에서는 자본량의 증가에 따라 $GK_1^YK_0^YF$만큼의 생산물 가치가 늘어나게 된다. 따라서 경제 전체적으로는 $ADCB$만큼의 생산물 가치가 감소하게 되는 것이다. 이의 크기를 계산하면,

$$\square ADCB=(AD+BC)\times(K_0^X-K_1^X)/2=T\triangle K/2$$

법인세로 인한 이러한 경제적 효율성의 상실이 제12장에서 논의한 초과부담(excess burden)인 것이다.

---

9) Y재 산업에서는 법인세가 과세되지 않으므로 세전수익률과 세후수익률이 동일하다.

3) 장 기

위의 중기분석에서 우리는 법인세의 부과에 따라 모든 부문에서의 자본수익률이 하락하게 된다는 것을 알게 되었다. 분석의 기간을 더욱 길게 잡는다면 이러한 자본수익률의 하락은 사람들의 저축성향에 영향을 주게 된다. 즉 자본수익률의 하락은 결국 자본의 공급자인 저축자에게 지급되는 이자율 등의 하락을 의미하고, 이에 따라 저축이 감소하게 되는 것이다.

저축이 감소하게 되면 자본의 전체적인 공급이 감소하게 되기 때문에, 자본의 수익률은 다시 상승하게 된다. [그림 13-8]은 이러한 장기에서의 변화과정을 보여 주고 있다. 장기에서의 특징은 자본의 공급탄력성이 무한대로 설정된다는 점이다. 즉 공급곡선이 수평선으로 제시되어 있는데, 이는 위에서 언급한 것처럼 이자율의 변화에 따라 장기적으로 저축이 매우 탄력적으로 반응하게 된다는 것을 전제한 것이라고 할 수 있다.

법인세가 부과되면 자본의 사용자가 인식하는 세후 한계수익곡선이 VMP_K에서 VMP_K'로 이동하고, 세후수익률은 r_0에서 r_n으로 하락하게 된다. 이에 따라 저축이 감소하여 새로운 균형은 A'에서 이루어지게 되는데, 이때 자본의 세전수익률은 B점에서 r_g가 된다. 따라서 법인세를 납부한 후의 세후수익률은 r_0가 되어 법인세 부과 이전의 수익률을 회복하게 되는 것이다. 즉 수익률의 하락에

그림 13-8 | 법인세의 귀착효과(장기)

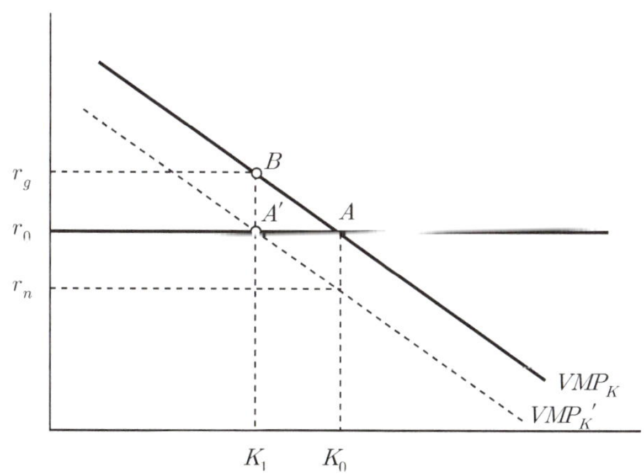

자본의 공급이 매우 탄력적으로 반응하여 감소하게 되는데, 원래의 수익률을 회복하는 수준까지 자본공급이 감소하게 된다고 할 수 있다.

한편 이러한 상황은 개방경제 환경에서 자본의 이동이 자유로운 경우에 그대로 적용된다. 완전개방경제 환경에서 자본은 수익률의 차이에 따라 자유롭게 이동하게 되는데 이는 개별 국가의 입장에서 보면 결국 자본의 공급탄력성이 무한히 커진다는 것을 의미하는 것이다. 모든 국가들은 해외투자를 유치하기 위한 경쟁을 하게 되는데 이러한 상황에서 그 대표적인 정책수단이 자본수익에 대한 과세인 법인세를 인하하는 것이다. 이를 통해서 일정한 세후수익률을 유지할 수 있도록 함으로써 해외투자를 유치하려고 하는 것이다.

한편 이러한 결과를 두고 본다면 자본소유자는 법인세의 부담을 회피하게 되는 것인데, 그렇다면 그 부담은 누가 지게 되는 것인가? 그 답은 근로자와 소비자라고 할 수 있다. 즉 자본량이 감소하게 되면 생산함수에 따라 노동의 고용량도 줄이게 되는데, 그에 따라 임금이 하락하게 될 것이다. 또 다른 관점에서 볼 때 총자본량이 감소하게 되면 노동 1인당 자본량이 감소하게 되고, 이는 노동의 한계생산성을 낮추게 됨으로써 임금이 하락하게 되는 것이다. 또한 노동과 자본이라는 생산요소의 감축은 생산량의 감소를 야기하게 되고, 그에 따라 재화의 가격이 상승하게 되어 소비자의 부담이 증가하게 된다. 물론 법인부문의 상품가격이 인상되는 것과 함께 비법인부문의 상품가격은 하락될 수도 있는데 이때에는 소비자들이 덕을 볼 수도 있을 것이다.

(2) 일반균형분석

법인세 부담의 귀착을 일반균형의 틀로서 분석하기 위해서 다음과 같은 2부문 모형을 설정한다. 우선 노동(L)과 자본(K)이라는 두 가지 생산요소가 있으며, 이를 이용하여 X재와 Y재의 두 가지 재화가 생산된다. 둘째, 각 산업에서의 생산기술은 규모에 대한 보수불변(constant return to scale)이다. 즉 노동과 자본의 투입량을 두 배로 늘리면 생산량도 두 배로 늘어나는 것을 의미한다. 셋째, 생산과정에서 X재 산업은 자본집약적, Y재 산업은 노동집약적인 산업으로 가정한다.

이제 법인세가 X재 산업에 부과되면, 비용이 높아진 X재의 가격이 Y재에 비해 상대적으로 상승하게 되고 그에 따라 X재에 대한 수요가 감소하게 된다. 따라서 경제적 자원이 X재 산업에서 Y재 산업으로 이동하며, X재의 산출량이 감소하게 되는데, 이를 산출효과(output effect)라고 한다. 이러한 산출량 감소는 수요탄력성이 클수록 커지게 될 것이다.

이러한 산출량의 감소에 따라 X재 산업에서 생산요소인 노동과 자본이 방출되게 되는데, X재 산업이 자본집약적이라면 노동에 비해서 상대적으로 많은 양의 자본이 방출되게 된다. 이와 같이 방출된 생산요소는 Y재 산업에서 고용되게 되는데, Y재 산업이 노동집약적이라면 자본에 비해서 노동이 더 많이 고용되게 된다. 결국 X재 산업에서는 상대적으로 자본이 많이 방출되는 반면, 노동집약적인 Y재 산업에서는 자본이 적게 필요하기 때문에, 노동과 자본이 완전고용되기 위해서는 자본의 상대적 가격, 즉 자본의 임대료가 낮아져야 하는 것이다. 결국 산출량 효과에 의해서는 과세되는 부문에서 집약적으로 사용되는 생산요소의 가격이 낮아지게 되는 것이다. 다시 말해서 만약 과세되는 X재 산업이 노동집약적이라면 이러한 산출효과에 의해서는 노동의 상대가격이 하락하게 될 것이다. 한편 이러한 요소가격의 변화는 X재와 Y재 산업에서의 요소집약도의 차이가 크면 클수록 커지게 될 것이다. 즉 양 산업에서 노동과 자본간의 결합비율의 차이가 클수록 더 큰 요소가격 조정이 필요하게 되는 것이다.

한편 X재 산업에서 자본수익에 과세가 이루어지면 자본이 상대적으로 비싼 생산요소가 되기 때문에, 자본을 적게 사용하고 대신 노동을 많이 사용하는 요소대체효과(factor substitution effect)가 발생하게 된다. 즉 자본에 대한 수요가 상대적으로 감소하게 되고 이는 자본수익률의 하락을 유도하게 되는 것이다. 한편 Y재 산업에서도 X재 산업으로부터 자본이 유입됨에 따라 자본수익률이 감소하게 될 것이다. 이러한 요소대체효과는 각 산업에서 노동과 자본 간 대체가능성이 얼마나 클 것인가에 따라 좌우된다. 즉 양 요소간의 대체탄력성이 클수록 수익률 조정이 이루어지는 정도는 작게 될 것이다.

이상의 과정을 요약하면 결국 자본집약적인 X재 산업에 대한 자본소득과세는 전체 산업에서의 자본수익률을 하락하게 하는 결과를 유도하게 되어, 앞에서 살펴본 하버거 분석과 같은 결과가 도출되고 있다. 그러나 만약 법인세가 과세되는 X재가 노동집약적이고 Y재 산업이 자본집약적이라면 산출효과에 의해서는 임금이 상대적으로 하락하게 된다는 점에서 전체적인 결과는 다른 모습이 도출될 수도 있다는 점을 유의하여야 한다. 한편 이 과정에서 과세되는 자본의 수익률의 변화가 얼마나 클 것인가는 두 산업에서의 수요의 가격탄력성, 요소집약도의 차이, 그리고 요소간의 대체탄력성의 크기 등에 따라 달라진다. 즉 수요의 가격탄력성이 클수록, 요소집약도의 차이가 클수록, 그리고 요소간의 대체탄력성이 작을수록 위의 효과는 커지게 되는 것이다.

2. 재산세의 귀착

(1) 재산세의 의의와 성격

가장 넓은 의미에서의 재산세란 개인이 보유한 모든 재산가치를 합하여 그 크기에 따라 과세하는 것으로, 보유한 재산의 크기에 의해서 그 부담능력을 측정하는 것이라고 할 수 있다. 이러한 의미에서의 재산세는 제11장에서 언급한 순자산세를 말한다고 할 수 있는데, 이때의 재산이란 건물, 토지 등 부동산뿐만 아니라 현금이나 금융자산, 서화나 골동품, 무형자산 등 경제적 가치를 지니는 유무형의 자산을 다 포함하는 것이다.

그러나 일반적으로 재산세라고 하면 건물과 토지 등 주로 부동산의 보유에 대한 과세를 의미하게 되는데, 이 절에서도 이러한 개념에 따라 논의를 진행하기로 한다. 부동산의 보유에 과세되는 재산세는 대부분의 국가에서 지방세의 중심세목으로서 과세되고 있다. 이는 특정지역에 고착되어 이동성이 제한된다는 부동산의 특성상 지방정부의 세원으로 적합하기 때문이다. 또한 세원으로서 재산의 가치는 해당 지방정부가 제공하는 공공서비스의 수혜정도를 어느 정도 반영하게 된다는 점도 논거로 제시되고 있다.

한편 우리나라의 현행 세법에서 재산세는 지방세로서 토지와 건축물, 주택, 선박 및 항공기 등의 보유에 대해서 과세되는 특정한 세목을 의미한다. 또한 재산세 이외에도 부동산 보유과세로서 종합부동산세가 국세로 과세되고 있다.

(2) 재산세 부담의 전가와 귀착

재산세는 기본적으로 자본소득과세의 일종으로 파악될 수 있다. 즉 한 재산의 가치는 그 재산의 보유로 인하여 얻을 수 있는 미래수익 흐름의 현재가치로 정의될 수 있는데, 재산세가 부과되면 그 수익 또는 임대료가 하락함으로써 자산가치에 영향을 주기 때문이다. 따라서 재산세 부담의 전가와 귀착 문제는 상당부문 앞에서 언급하였던 법인세의 귀착분석과 유사한 점이 있다고 할 수 있다.

1) 일반과세인 경우

우선 재산세의 귀착분석은 설정된 상황이 일반과세인가 또는 특정지역에 대한 차별과세인가에 따라 달라진다. 일반과세란 현재 우리나라의 경우와 같이 재산세가 세율이나 과세표준 등에 있어서 전국적으로 동일한 형태로 부과되는 경우를 의미한다.[10] 이러한 경우 단기적으로 본다면 재산의 소유자가 그 부담을 회피할 수 없기 때문에 조세를 부담하게 되며, 따라서 그 조세부담 구조는 누진적이라고 할 수 있다. 그러나 장기적으로 본다면 과세로 인하여 건물 등에 대한 투자가 다른 투자에 비하여 낮은 세후수익을 얻게 되고, 따라서 건물 등 재산에 대한 투자가 줄어들게 된다. 그렇게 된다면 건물의 임대료가 상승하게 되어 건물의 소유자는 세금을 부담한 이후에도 이전과 동일한 수익률을 얻게 됨으로써 부담을 하지 않는 반면 높아진 임대료 부담을 지게 되는 세입자에게 부담이 전가되는 것이다. 통상 세입자가 저소득층이라고 한다면 결국 재산세의 부담구조는 역진적이라고 할 수 있다.

2) 특정지역 과세인 경우

재산세가 특정한 지역에만 과세되거나 또는 그 세율이 다른 지역에 비해서 높게 설정된 경우를 분석할 때 전통적인 분석에서는 주로 부분균형적인 관점에서 차별적으로 조세가 부과된 특정지역을 중심으로 논의하였다. 그러나 1970년대 이후 하버거나 미즈코우스키(P. Miezkowski) 등이 법인세의 귀착문제를 일반균형적 관점에서 논의하게 되면서, 재산세의 분석에 있어서도 이러한 시각이 적용되었다고 할 수 있다. 즉 재산세가 부과된 특정지역만을 분석대상으로 하는 것이 아니라 부과되지 않은 인접지역까지 확대하여 그 귀착문제를 논의하였던 것이다. 이러한 분석방법을 전통적 견해와 대비하여 새로운 견해라고 하고 있다.

한편 재산세의 효과는 토지와 건물의 경우를 나누어 살펴보아야 하는데, 토지의 경우 앞에서 살펴보았던 것처럼 그 공급이 비탄력적이고 이동성이 없기 때문에 소유자들이 그 부담을 지게 된다고 하는 것이 일반적인 견해라고 할 수 있다. 따라서 이하에서는 건물의 경우를 중심으로 논의한다.

---

10) 물론 지방자치단체는 특별한 재정수요나 재해 등의 발생으로 세율조정이 불가피한 경우 조례로서 지방세법이 정한 재산세율을 50% 범위 내에서 가감조정할 수 있다. 그러나 이 탄력세율 제도는 거의 활용되지 않고 있다.

가. 전통적 견해('Old View')

건물에 대해서 한 지역정부의 재산세가 다른 지역보다 높은 수준으로 부과될 경우 건물은 세후수익률이 상대적으로 높은 다른 지역으로 이동한다.[11] 따라서 이 지역에서는 건물이라는 자산이 감소하게 되고 건물에 대한 임대수요가 동일하다는 가정을 한다면 세전수익률이 상승하게 됨에 따라 건물의 소유자들은 부담을 지지 않게 된다.

이때 이 지역에서 이동한 자산이 임대주택 등 상업용, 산업용 건축물인 경우 공급량 감소로 인하여 임대가격이 상승하게 됨으로써 그 부담은 세입자 등 소비자가 지게 되는 것이다. 한편 자가주택의 경우 재산세가 전가되기보다는 소유자가 주로 부담하게 되는데, 이는 소유자 자신이 바로 주거용 주택서비스의 소비자이기 때문이다. 또한 임대료를 주목적으로 하는 상업용 건물에 비해서 자가 주택의 경우 직장과의 연계성 등 제반 사회적 요인에 의해서 그 이동성이 상대적으로 더 제한적이라고 할 수 있다.

결국 주택 등 건물에 대한 조세부담의 효과는 대체로 역진성을 띠게 되는데, 그 이유는 첫째, 임대용 건물의 경우 그 세부담이 세입자에게 전가되고, 둘째, 저소득층이나 노년층의 경우 소득에서 주택에 대한 지출이 상대적으로 높은 비중을 차지하고 있으며, 셋째, 고가주택의 경우 상대적으로 거래빈도 등이 작기 때문에 저평가되는 경향이 있기 때문이다. 한편 주택에 대한 재산세 부담은 일반적으로 소득증가에 따라 높아지는 모습을 보이고 있지만 가장 저소득층의 부담은 다음 소득계층의 세부담에 비해서 상대적으로 높은 형태를 띠고 있는 것으로 알려져 있다. 이는 최저소득계층의 경우 은퇴한 연금소득자 등과 같이 소득은 낮은 반면 상대적으로 큰 규모의 주택을 보유하고 있는 경우가 많기 때문이다. 미국의 경우 대부분의 주에서 재산세는 기본적으로 비례세율을 적용하고 있는데, 저소득층의 세부담이 많게 되는 문제에 대처하기 위하여 노년층이나 저소득층에 대해 세액감면이나 소득세에서의 공제 등 여러 가지 형태의 재산세 경감제도를 적용하고 있는데, 이를 재산세부담 자동차단장치(circuit-breakers)라고 한다. 우리나라의 경우 주택에 대한 재산세와 종합부동산세의 부담은 합하여 0.1%~2%의 누진

---

11) 건물이 이동한다는 의미는 세율이 높은 지역에는 건물에 대한 신규투자 등이 이루어지지 않는 반면 세율이 낮은 지역에 투자가 이루어지기 때문에 궁극적으로는 세율이 높은 지역의 건물이 줄어들고 세율이 낮은 지역에 건물이 늘어나는 현상을 의미한다.

세율을 적용함으로써 이러한 역진성의 문제가 크지는 않다고 할 것이다.

나. 새로운 견해('New View')

부분균형분석인 전통적 견해와는 달리, 새로운 견해에서는 일반균형분석의 시각에서 재산세 부담의 귀착문제를 접근하고 있다. 즉, 분석의 대상을 재산세가 높게 부과된 특정지역에만 국한하는 것이 아니라 건물이 이동한 인접지역까지도 포함하고 있는 것이다.

앞에서 우리는 [그림 13-7]을 통하여 법인세가 부과될 때 자본이 법인부문에서 비법인부문으로 이동하게 됨에 따라 전체적인 자본수익률이 하락하였음을 살펴보았다. 이와 마찬가지로 특정지역에 대한 재산세 과세로 인하여 인접지역으로 건물이 이동하게 되면 이들 지역에서는 임대료가 하락하기 때문에, 전통적 견해에서 제시한 결과는 최종적인 균형이 이루어지지 않은 상태라고 할 수 있다. 즉, 재산세가 높게 부과된 지역의 세후수익률은 건물이 감소함에 따라 종전과 같은 수준에서 결정되고, 인접지역에서는 건물의 증가로 인하여 수익률이 감소한다면 이는 전체적인 균형이 달성되지 않았다는 것을 의미하는 것이다. 결국 특정지역에서의 재산세율의 인상에 따른 최종적인 균형은 건물로부터의 수익률이 모든 지역에서 일정부분 하락한 수준에서 결정되게 될 것이다. 이러한 결과 물론 과세가 된 지역에서는 임대료가 일정부분 인상됨으로써 세입자가 부담하게 되지만, 모든 건물소유자들에 대한 수익도 낮아지게 됨으로써 그 부담구조는 기본적으로 누진적이라는 것을 의미하는 것이다.

3. 귀착의 실증연구

조세부담의 귀착에 관한 실증적 연구는 지금까지의 논의과정을 통해 볼 때 그리 간단한 작업이 아님을 알 수 있다. 어떤 접근방법, 예컨대 단기인가 또는 장기인가, 타 부분에 미치는 효과를 얼마나 고려할 것인가 등을 택하는가에 따라 다른 결과를 얻게 될 것이며 또한 경제의 다양한 정보와 자료가 필요하기 때문이다. 실증연구의 형태도 다양할 수밖에 없다. 어떤 특징조세(예: 법인세)의 귀착만을 분석하는가 하면 한 나라의 조세제도 전반을 연구대상으로 하여 특정소득계층이 얼마만큼의 조세부담을 최종적으로 지게 되는가를 분석하기도 한다.

미국을 대상으로 한 실증연구는 매우 다양하고 서로 상이한 결과를 도출하고 있다. 법인세, 사회보장세 등의 조세부담이 어떻게 전가되는가를 실증적으로 연구한 결과들을 살펴보면 조세부담 거의 전부가 소비자 또는 근로자에게 전가된다고 밝히는 연구가 있는가 하면 정반대로 전가가 전혀 일어나지 않는다고 주장하는 것도 있다. 조세제도 전반에 대한 분석에서도 미국의 조세제도는 대체로 비례적이고 또한 조세의 소득분배효과도 별로 신통치 못하다는 연구결과가 있는가 하면 그래도 미국의 연방세제는 비교적 누진적인데 지방세가 전반적으로 역진적인 성격을 띠고 있어 문제라고 지적하는 연구결과도 있다.[12)]

한편 우리의 경우에도 최근 많은 실증연구들이 제시되고 있다. 우선 김승래 · 류덕현(2010)[13)]은 2008~2012년 기간중 추진되었던 법인세율 5% 인하[14)]의 귀착효과를 정태적 *CGE*모형을 이용하여 구조분해하고 있다. 우선 이 연구는 지출 측면을 고려하지 않는 절대적 귀착효과를 제시하고 있다. 법인세 감세에 따른 후생증가는 세수감소와 경제의 효율성 증진을 통해서 나타나는데 전체 7.78조원의 후생증가는 세수감소에서 6.93조원(89.2%), 효율성 증진에서 0.84조원(10.8)가 발생하는 것으로 계산하고 있다. 이러한 후생은 소비자잉여와 생산자 잉여의 증가를 통해서 소비자와 생산자에게 귀착되는데 전자가 1.23조원(17.0%)이며 후자는 6.55조원(83.0%)으로 많은 부분이 생산자에게 귀착되는 것으로 분석하고 있다. 생산자 귀착분은 다시 노동에 0.72조원(8.5%)이 그리고 자본에 5.83조원(74.5%)가 귀착되며, 후자의 자본분은 다시 배당소득 1.17조원(15.1%)와 내부유보 4.67조원(59.5%)으로 분배되는 것으로 계산하고 있다. 한편 감소된 세수를 보전하는 예산귀착 결과도 제시하고 있는데 세수보전을 위한 제반 정책들 중에서 이전지출 축소를 채택하는 경우 중장기적으로 투자를 2~3% 정도 촉진하고 GDP를 0.4~1.2% 정도 증가시키는 것으로 제시하고 있다.

우석진 · 전병힐(2009)[15)]는 재산보유과세인 종합부동산세의 부과가 전세가격

---

12) M. Kryzaniak and R. Musgrave, *The Shifting of the Corporation Income Tax*(Baltimore: The John Hopkins Press, 1963); J. Peckman, *Who Pays the Taxes, 1966-1985*(Washington, D. C.: Brookings, 1985).

13) 김승래 · 류덕현, 『감세의 경제적 효과와 재정운용』, 한국조세연구원 연구보고서 10-04, 2010

14) 25%이던 법인세 최고세율은 2009년 3%p가 인하되어 22%가 되었으며 이를 다시 20%로 2%p 인하하려던 계획은 현실화되지 못하였다. 다만 2012년부터 과세표준 2억원 초과 200억원 이하의 구간을 신설하여 20%의 세율을 적용하고 있다.

에 얼마나 전가되었는가를 추정하였다. 2006년 종합부동산세의 부과대상이 공시가격 9억원에서 6억원으로 하향 조정된 상황에서 대상이 된 아파트들의 전세가격 변화를 대상이 아닌 다른 아파트들과 비교하여 분석한 것인데 조세부담 증가분의 약 6% 정도가 전세가격 상승을 통해서 세입자에게 전가된 것으로 평가하고 있다. 저자들은 이와 같이 그 전가정도가 매우 낮은 이유로서 우선 전세대상 아파트는 다주택 소유자들이 가지고 있는 물량으로서 전세공급이 사실상 거의 변화하지 않을 것이라는 점과 함께 세부담 자체가 전세가격에 비해서 낮기 때문이라는 점을 들고 있다.

15) 우석진 · 전병힐, "종합부동산세가 전세가격에 미치는 효과: 준자연적 실험으로부터의 증거," 『재정학연구』, 제2권 제2호(통권 제61호), 2009. 5, 87-119.

CHAPTER

The Modern Public Finance

14 최적과세론

제1절 최적과세의 개념

1. 최적조세의 의의

제10장에서 우리는 바람직한 조세제도가 가져야 하는 조건들에 대해서 살펴보았다. 개념적으로 볼 때 최적조세(optimal taxation)란 세부담의 공평성, 경제적 효율성, 적은 징세비용 및 납세자 순응비용, 그리고 충분한 세수 등 여러 바람직한 조건들을 다 가지고 있는 조세를 말한다고 할 것이다. 그러나 현실적으로 이러한 조건들을 다 갖추고 있는 조세제도를 실현하는 것은 사실상 불가능하다. 우선 어떠한 조세가 공평한 조세인가만 하더라도 시대나 장소에 따라서, 그리고 더 나아가서는 사람에 따라서 다른 기준을 제기하고 있는 것이다. 또 대부분의 경우 세부담의 공평성과 효율성은 서로 상충되는 결과를 만들어내는 것이다.

현실적으로 최적조세제도에 대한 논의는 다른 조건들은 동일하다는 가정하에 효율성에 대한 논의로 집중된다. 즉 일정한 세수를 확보하면서도 경제적 효율성을 왜곡하지 않는 조세는 과연 어떠한 조세인지, 과연 그러한 조세가 가능한 것인지, 현실의 조세정책에서 최적조세란 어떠한 의미를 가지는 것 등이다. 또한 세율구조의 문제가 무엇보다도 중요한 연구대상이 되고 있는데, 단일세율이 좋은지 아니면 차등세율이 좋은지, 차등세율이라면 어느 정도 차등을 두는 것이 좋은지 등등이 주요 연구대상이 된다.

2. 최선의 조세와 차선의 조세

최선의 조세(the first-best taxation)란 시장경제를 통해서 달성된 파레토 최적 상태를 왜곡하지 않는 조세를 말한다. 제12장에서 설명한 바와 같이 이러한 최선의 조세는 우리의 경제활동에 왜곡을 초래하지 않는 조세로서 경제활동과 무관하게 조세를 부과하는 정액세나 제반 경제활동에 비례적으로 과세함으로써 상대가격에 왜곡을 초래하지 않는 조세를 말하는 것이다.

우리는 앞에서 초과부담을 공부하면서 일반소비세는 정액세의 경우와 마찬가지로 초과부담 문제가 발생하지 않는다고 하였다. 일반소비세란 모든 재화와 용역에 대하여 일률적으로 단일세율(flat tax rate)을 부과하는 세이다. 그러나 일반소비세가 진정으로 초과부담을 발생시키지 않으려면 "여가를 포함한 모든 재화와 용역"에 단일세율을 부과할 경우에만 가능할 것이다. 다시 말해서 세제가 초과부담을 발생시키지 않는다는 것은 여가(leisure)를 포함한 일체의 재화와 용역에 동일한 세율로 과세할 때만 가능한 아주 특수한 경우에 한정되는 것이다.

논의를 단순하게 하기 위하여 우리 경제는 저축행위가 없으며 외부효과도 없는 완전자유경쟁상태에 놓여 있다고 가정하고 사회구성원의 취미나 선호도 꼭 같다고 가정하자. 이것은 결국 경제가 1인의 소비자로 구성되어 있다는 것과 같은 의미가 되며 이를 1인 경제라고 부를 수 있을 것이다. 이러한 1인 경제하에서는 조세부담의 형평문제나 소득재분배문제는 정책의 목표로 등장하지 않고 오로지 조세로 인한 자원분배의 왜곡문제, 즉 효율성 문제만이 정책의 유일한 목표로 제기된다.

이러한 경제의 구성원들은 두 개의 상품 X와 Y 그리고 여가 Z를 소비한다고 하자. X재와 Y재의 가격을 각각 P_X와 P_Y라 하고, 여가의 가격은 기회비용으로서 임금률(w)이 된다. 우리 사회구성원 모두에게는 동일한 가용시간($\overline{T}$)이 주어지게 되는데, 따라서 실제 일하는 시간 L은 $\overline{T}-Z$가 될 것이고 이에 따른 소득액은 $w(\overline{T}-Z)$가 될 것이다. 그러므로 다음과 같은 예산제약식이 성립된다.

$$P_X X + P_Y Y = w(\overline{T} - Z) = wL \qquad \cdots\cdots \ (14-1)$$

이 식을 정리하면

$$P_X X + P_Y Y + wZ = w\overline{T} \qquad \cdots\cdots \ (14-2)$$

가 되는데, 이 식은 일할 수 있는 우리에게 주어진 시간량의 가치가 어떻게 소비되는가를 보여 주고 있다. 즉 우리는 주어진 시간을 가지고 일부는 여가를 즐기며, 나머지 시간에 일을 해서 획득한 소득으로 X재와 Y재를 소비하는 것이다.

이제 X, Y 및 Z에 t만큼의 일반소비세가 부과된다고 하면 과세 후의 예산제약식은 다음과 같이 된다.

$$P_X(1+t)X + P_Y(1+t)Y + w(1+t)Z = w\overline{T} \qquad \cdots\cdots \ (14-3)$$

이것을 (1+t)로 나누면

$$P_X X + P_Y Y + wZ = \frac{1}{(1+t)} w\overline{T} = (1-t_a)w\overline{T} \qquad \cdots\cdots \ (14-4)$$

로 된다. 위의 마지막 두 식이 보여 주고 있는 것은 여가를 포함한 모든 재화와 용역에 t만큼의 일반소비세를 부과한다는 것은 우리에게 주어진 시간량의 가치를 $w\overline{T}$ 에서 $\frac{1}{(1+t)}w\overline{T}$ 로 감소시키는 것, 즉 일정하게 주어진 시간의 가치를 t_a만큼 감액하는 것과 동일한 의미가 있다는 것이다. 다시 말하여 X, Y 및 Z에 10%의 소비세를 균일하게 부과하는 것은 시간량의 가치를 약 9.1% 감소시키는 것과 같다는 뜻이다. 그런데 우리에게 주어진 시간 $\overline{T}$는 고정되어 있으며 우리 마음대로 변화시킬 수는 없는 것이고, 이런 뜻에서 그 시간량의 가치를 감소시키는 조세는 정액세의 성격을 갖게 된다. 정액세가 초과부담을 야기시키지 않는다는 것은 자명한 일이기 때문에 결국 여기서 결론지을 수 있는 것은 여가를 포함한 모든 재화에 단일세를 부과하는 것은 정액세와 동일한 성격을 가지고 있고 따라서 초과부담이 없다는 것이다.

그러나 실제로 여가에 세금을 부과하는 것은 어려운 일이며 따라서 정액세의 성격을 가진 조세를 도입한다는 것은 현실적으로 불가능한 것이다. 또한 세수 측면에서도 어려운데, 식 (14-3)에서 식 (14-2)를 빼면 $P_x tX + P_y tY + wtZ = 0$

이 된다. 즉 세수가 0이 되는 것이다. 여가에 대한 과세란 임금상승을 의미하는 것인데, X재와 Y재에 대한 상품과세로 조달한 세수를 임금인상을 위한 보조금으로 지출해야 하는 것이다. 따라서 현실적으로는 X재와 Y재에만 세금을 부과하게 되고 초과부담이 어쩔 수 없이 발생하게 된다. 다시 말해서 현실에서 우리가 소득이나 소비, 재산 등에 부과하는 대부분의 조세는 과세대상간 상대가격의 변화를 초래하여 초과부담을 야기하게 되는 것이다. 따라서 현실의 조세정책에서 우리의 목표는 과세과정에서 발생하게 되는 이러한 초과부담을 최소화하는 것인데 이것이 소위 차선의 과세(the second-best taxation)인 것이다.

제 1 장에서 우리는 차선이론(the second-best theorem)에 대해서 공부하였다. 즉 파레토 최적조건을 위배하는 다수의 왜곡이 존재할 때 이를 전부 다 해결할 수 있다면 물론 바람직하겠지만, 그렇지 못할 때 그 중 일부 왜곡만 먼저 해소하는 것이 현재의 상태보다 반드시 사회후생을 개선하는 것은 아닐 수도 있다는 것이었다. 차선의 조세도 같은 맥락에서 이해될 수 있다. 즉 여가를 포함하는 모든 재화나 서비스에 대해서 동일의 세율을 부과하는 일반소비세가 초과부담을 야기하지 않는 최선의 조세이지만, 만약 그 중에서 여가에 대해서 과세가 어려운 경우 나머지 X재와 Y재에 대한 세율을 어떻게 해야 하는가? 우선 이 두 재화에 대해서 만이라도 동일한 세율을 적용하는 것이 초과부담을 최소화하는 바람직한 방식인가? 반드시 그렇지는 않다는 것을 다음 최적상품과세이론에서 살펴보자.

제 2 절 최적상품과세

최적상품과세론(optimal commodity taxation)이 추구하는 본질은 상품세율을 어떻게 구성하면 초과부담을 극소화시킬 수 있는가이다. 여기서 우리들은 제12장의 [그림 12 - 5]를 다시 살펴볼 필요가 있다. 이 그림은 상품수요의 가격탄력성이 초과부담의 크기에 미치는 영향을 보여 주고 있는데, 수요가 탄력적인 상품에 조세가 부과되면 초과부담이 상대적으로 커지기 때문에 가능한 한 수요가 비탄력적인 상품에 조세가 부과되는 것이 효율성의 측면에서 더 바람직하다는 것을 보여주었다. 따라서 상품의 수요가 서로 독립적인 경우 자원배분상의 효율성에 대한 피해를 가장 적게 하기 위해서는 각 상품에 대한 수요의 가격탄력성에 반비례하도록 세율을 설정하는 것이 바람직하다는 얘기가 된다. 이러한 결과를 통상 '역탄력성의 규칙'(inverse elasticity rule)이라고 부르고 있다.

X재와 Y재 두 재화에 대한 소비세를 통하여 전체적으로 일정한 세수를 확보하면서 초과부담을 최소화하기 위해서는 기본적으로 각 재화로부터 1원의 추가적인 세수를 확보할 때 야기되는 한계초과부담이 같아야 할 것이다. 초과부담을 정의한 12장의 식 (5)로부터 각 재화에 대한 상품세를 통하여 추가적인 한 단위의 세수를 징수할 때 발생하는 한계초과부담은 다음과 같이 표현된다.

$$\frac{dW}{dR} = \frac{\partial W/\partial t}{\partial R/\partial t} = \frac{\eta t P Q}{PQ} = \eta t \qquad \cdots\cdots \ (14-5)$$

여기서 R은 세수로서 거래액에 세율을 곱하여 계산되며, $R = tPQ$로 표현된다. 각 재화로부터의 한계초과부담이 같아야 하기 때문에 $\eta_X t_X = \eta_Y t_Y$가 되고 따라서 다음과 같은 역탄력성의 규칙이 도출된다.

$$\frac{\eta_X}{\eta_Y} = \frac{t_Y}{t_X} \qquad \cdots\cdots \ (14-6)$$

여기서 t_X와 t_Y는 각각 X재와 Y재의 세율이며, η_X와 η_Y는 보상수요의 탄력성(elasticity of compensated demand)을 뜻한다.[1] 이 식 (14-6)은 결국 효율적인 조세가 되기 위해서는 수요가 비탄력적인 재화에 높은 세율의 세금을 부과해야 하며, 그 수요가 탄력적일수록 세율이 낮아야 한다는 것을 의미한다. 다시 말해서 여가에 대한 과세가 이루어지지 않는 상황에서 나머지 재화들에 대한 세율은 수요탄력성의 크기에 따라 결정되어야 하는 것으로서, 두 재화의 수요탄력성이 같은 경우에만 동일한 세율이 바람직한 것이다. 한편 만약 한 상품의 보상수요(compensated demand)가 완전히 비탄력적이라면 조세수입을 이 상품에의 세금으로 전액 충당하여도 무방하다고 하겠다.

---

1) 여기서 보상수요곡선을 사용하는 것은 제12장에서도 살펴본 바와 같이 초과부담은 상대가격의 변화에 따른 대체효과에 의해 발생하기 때문에, 소득효과를 제거하고 대체효과만을 고려하기 때문이다(제12장의 [그림 12-3]을 참조).

그러나 이러한 역탄력성의 규칙은 경제적 효율성 관점에서 접근하는 것으로서 공평성의 관점에서 본다면 받아들이기 어려운 결과를 도출한다. 통상 수요의 가격탄력성이 큰 상품은 사치품이며 작은 상품은 필수품인데, 이 규칙은 탄력성이 높은 사치품에 대한 세율을 탄력성이 낮은 필수품에 대한 세율보다 낮게 설정해야 한다는 의미를 내포하는 것이기 때문이다.

한편 식 (14-5)는 다음과 같이 쓸 수 있다.

$$\eta t = \frac{\Delta Q}{\Delta P}\frac{P}{Q}t = \frac{\Delta Q}{Q} \qquad \cdots\cdots (14-7)$$

여기서 $\Delta P = tP$인데 이는 비용불변산업으로서 세금 크기만큼 가격인상이 이루어지는 것으로 가정한 것이다. 초과부담이 최소화되기 위해서는 두 재화로부터의 한계초과부담이 같아야 한다는 $\eta_X t_X = \eta_Y t_Y$ 조건에 따라 다음과 같은 식이 도출된다.

$$\frac{\Delta Q_X}{Q_X} = \frac{\Delta Q_Y}{Q_Y} \qquad \cdots\cdots (14-8)$$

위 식이 의미하는 것은 세금부과에 따라 발생하는 수요량의 변화비율이 두 재화에 동일하도록 소비세가 부과될 때 초과부담이 최소화된다는 것이다. 이것을 람제이 규칙(Ramsey rule)이라고 한다.[2]

콜렛과 헤이그(Corlett and Hague)[3]는 람제이 규칙을 보완하여 과세가 가능한 재화와 과세가 불가능한 재화를 구분하여 여가와 같은 과세가 불가능한 재화에 있어서는 이 재화와 보완적인 관계에 있는 재화에 대하여 중과함으로써 조세의 효율성을 높일 수 있다고 주장하였다. 이것은 여가처럼 실제 과세가 불가능하더라도 이와 관련 있는 재화에 과세함으로써 해당 재화를 간접적으로 과세토록 하고자 하는 것이며, 예컨대 여가와 관련 있는 재화로서 호텔, 골프장, 여행상품등

2) Frank P. Ramsey, "A Contribution to the Theory of Taxation," *Economic Journal*, Vol. 37(March 1927), pp. 47~61.

3) W. J. Corlett and D. C. Hague, "Complimentarity and the Excess Burden of Taxation," *Review of Economic Studies*, Vol. 21(1953), pp. 21~30.

에 중과해야 한다는 결론이 도출될 수 있는 것이다.

이상의 논의를 통하여 우리는 최적상품과세론에 있어서 단일세율보다는 수요탄력성에 따른 차등세율이 더 효율적임을 밝히고 있음을 알게 되었다. 그러나 한편으로 단일세율이 최적과세가 될 수 있는 특수한 상황들을 규명해 보려는 노력이 그동안 많은 학자들에 의하여 이루어졌다. 대표적인 연구결과들을 소개하면 다음과 같다.

단일세율을 가장 적극적으로 권유하고 있는 대표적인 학자로서 뷰케넌(J. M. Buchanan)을 들 수 있다. 뷰케넌은 가장 효율적인 조세란 바로 단일세율로 구성된 일반세(general taxation)이며, 그 이유는 예외규정이 없는 일반과세야말로 사회구성원 모두를 동등하게 취급하기 때문이라는 것이다. 일반과세는 사람들이 정치적 부당이득(political rent)을 추구하고자 하는 욕구를 억제하며, 초과부담 및 행정비용을 줄일 수 있을 뿐만 아니라 예산의 지나친 팽창도 견제하는 역할을 담당할 수 있다고 그는 주장하고 있다. 일반과세에서 공평성 문제가 제기될 수 있으나 이것은 정부의 직접적인 이전지출정책으로 보완이 가능하다고 그는 보고 있다.[4)]

앳킨슨(A. B. Atkinson)이나 산드모(A. Sandmo) 같은 학자들은 단일세율이 최적과세가 될 수 있는 경우로서, 첫째, 노동공급이 완전히 비탄력적인 경우, 둘째, 사람들의 재화에 대한 무차별곡선이 동조적(homothetic)[5)]인 경우, 그리고 셋째로 사람들의 효용함수가 노동(여가)과 소비재간에 분리가 가능하도록 되어 있는 경우 등을 지적하고 있다.[6)] 한편 조금 다른 입장에서 멀리즈(J. A. Mirrlees)는 1인 경제를 확대시켜 다수인 경제 가운데서 가장 단순한 두 계층경제(two-class economy) 하에서의 최적과세문제를 연구하였는데, 사회적 관점에서 보아 덜 값어치가 있는 계층(less-deserving class)에 의해 소비되는 상품에 높은 세율을 부과하는 것이 최적과세라고 결론지었다.[7)]

---

4) J. M. Buchanan, "The Political Efficiency of General Taxation," *National Tax Journal*, Vol. XLVI, No. 4(1995), pp. 401～410.

5) 재화의 양이 같은 비율로 증가할 때 무차별곡선의 기울기, 즉 한계대체율이 동일하다.

6) A. B. Atkinson, "Optimal Taxation and the Direct versus Indirect Tax Controversy," *Canadian Journal of Economics*, Vo. 10(November 1977), pp. 590～601; A. Sandmo, "Optimal Taxation: An Introduction to the Literature," *Journal of Public Economics*, Vol. 6(July-August 1976), pp. 37～54.

7) J. A. Mirrless, "Optimal Commodity Taxation in a Two-Class Economy," *Journal of Public Economics*, Vol. 4(February 1975), pp. 27～33.

그러나 최적상품과세론이 지니고 있는 현실적인 취약점은 이것이 비록 간접세에 해당되는 조세라 하더라도 효율성의 측면만 강조하고 있으며 계층간의 조세부담의 형평성에 대해서는 별로 고려하고 있지 않다는 점이다. 따라서 분배 측면을 고려할 때는 람제이 법칙은 좀더 보완될 필요가 있을 것이다. 예를 들어, 가난한 계층이 X재를 더 많이 소비하고 부유한 계층이 Y재를 상대적으로 더 많이 소비하며 또한 사회후생함수가 가난한 자의 효용에 더 높은 가중치를 주도록 되어 있다면, 비록 X재의 수요에 대한 가격탄력성이 Y재에 비해 더 비탄력적이라고 하더라도 X재보다는 Y재에 더 높은 세율을 부과하여야 할 것이다.[8]

제 3 절 최적소득과세

앞에서는 상품에 대한 최적과세에 대해 논의했는데, 이제 생산요소에 대한 최적과세, 즉 소득과세에서의 최적세율은 어떻게 구성되어야 하는가를 살펴보자. 19세기 말경 에지워스(F. Y. Edgeworth)는 효용이론의 몇 가지 가정하에서 간단한 모형을 사용하여 최적소득과세를 연구하였다.[9] 그가 설정한 가정은 다음과 같다.

첫째, 정부의 국고수입목표는 달성되었다는 전제하에서 조세체계는 모든 사람들의 효용의 합을 극대화시키는 것을 목표로 한다. 즉, $W = U_1 + U_2 + U_3 + \cdots + U_n$을 극대화시키는 것이다. 여기서 W는 사회후생, U는 각자들의 효용수준, 그리고 n은 사회구성원수이다.

둘째, 모든 사람들은 동일한 효용함수를 가지고 있다. 이 효용함수는 오직 각자들의 소득수준에 의해서만 영향을 받으며 소득의 한계효용체감의 법칙이 적용된다.

셋째, 사회 전체의 총소득은 고정되어 있다.

위의 세 가지 가정들은 제 6 장에서 적정소득분배의 기준을 소개할 때의 공

8) P. A. Diamond, "A Many-Person Ramsey Tax Rule," *Journal of Public Economics*, Vol. 4(November 1975), pp. 335~342.

9) F. Y. Edgeworth, "The Pure Theory of Taxation,"(1987) in *Readings in the Economics of Taxation*, ed. R. A. Musgrave and C. S. Shoup(Homewood, Ill.: Richard D. Irwin, 1959), pp. 258~296.

리주의기준(utilitarian criterion)을 우리에게 상기시킨다. 다시 말하여 사회후생을 극대화시키기 위해서는 각자들의 소득의 한계효용을 일치시켜야 한다는 것이다. 더욱이 모든 사람들의 효용함수들이 모두 동일하기 때문에 소득의 한계효용이 일치될 때의 소득수준도 모두 동일하게 된다. 이것은 소득분배의 '완전한 평등'을 뜻하는 것이며 이러한 상황하에서의 조세체계는 세후소득이 균등하도록 설정되어져야 한다. 따라서 부자의 소득에는 높은 세율이 적용되어야 하는데, 그 이유는 같은 세율하에서는 부자들에게서 상실되는 한계효용 크기가 가난한 자들의 그것에 비하여 작기 때문이다. 이렇게 에지워스 모형은 급격한 누진세율 구조를 최적인 것으로 간주하고 있으며 과세 후 완전한 균등이 이루어질 때까지 고소득층에서부터 중과해 나가야 함을 지적하고 있다.

그러나 에지워스모형이 지니고 있는 하나의 논쟁점은 사회 전체의 총소득이 고정되어 있다는 가정이다. 이러한 가정은 노동공급이 임금에 대해 완전비탄력적이며 노동공급량이 변하지 않아 조세가 사람들의 경제행위에 아무런 영향을 주지 않기 때문에 고용 및 생산에 변동이 없다는 것을 뜻한다. 이러한 가정은 현실성이 없으며 실제로 소득세가 근로의욕이라든가 소비행태에 상당한 영향을 끼친다는 것을 우리는 잘 알고 있다. 따라서 최적소득과세론(optimal income taxation)의 과제는 사회후생을 극대화시키도록 소득세율을 소득계층별로 조정하는 것도 중요하지만 동시에 분배과정에서 발생하는 후생비용(즉 초과부담)을 어떻게 하면 축소할 수 있느냐 하는 것을 살펴보는 것이다. 에지워스모형에서는 노동공급의 완전비탄력성 때문에 후생비용을 영(0)으로 간주하고 있으나 실제로 최적소득과세에서 초과부담측면을 무시할 수 없는 것이다.

스턴(N. H. Stern)은 적정소득세율에 관한 연구에서 에지워스모형과 유사한 접근방법을 택하면서도 상당히 다른 주목할 만한 결과를 도출하였다.[10] 스턴은 개인소득과 조세수입의 관계를 다음과 같은 1차함수로 표시하였다.

$$R = -\alpha + tY$$

여기서 R은 조세수입, Y는 개인소득, t는 한계세율, 그리고 α는 소득이 없

10) Nicholas H. Stern, "On the Specification of Models of Optimum Income Taxation," *Journal of Public Economics*, Vol. 6(July-August 1976), pp. 123~162.

그림 14-1 | 선형소득세

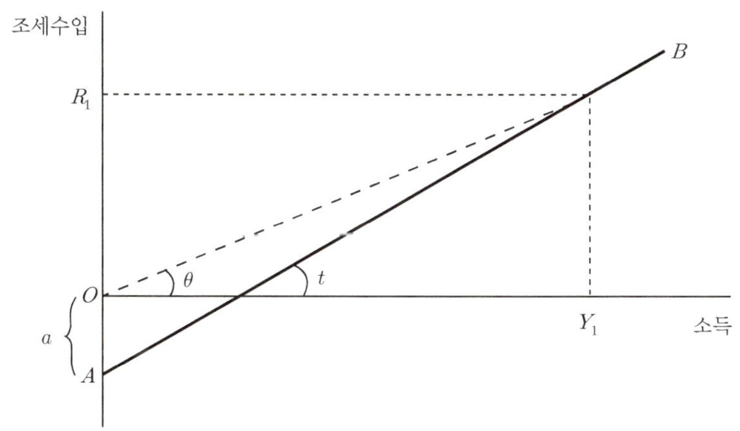

을 때 정부가 제공하는 일괄보조금을 가리킨다. 윗 식을 그림으로 표시하면 [그림 14-1]과 같이 된다.

[그림 14-1]에서 AB선이 각자의 소득수준에서 부담해야 하는 세금액을 보여 주고 있는데, 한계세율 t를 일정수준에 고정시키고 있으므로 AB선은 일직선의 형태를 취한다. 한계세율이 고정되어 있는 세율을 통상 단일세율(flat tax rate)이라고 부르며 이러한 소득세제를 선형소득세제(linear income tax schedule)라고 한다. 여기서 주의할 것은 한계세율이 고정되어 있다고 하여 소득계층간의 평균세율도 고정되어 있다고 생각해서는 안된다는 것이다. 그림에서 볼 때 소득수준 Y_1에서 지불하는 소득세액은 R_1이며 따라서 평균세율은 $R_1/Y_1=\theta$가 된다. 소득수준이 높을수록 평균세율(θ)도 커지므로 위의 선형소득세는 여전히 누진적인 세율구조를 가지고 있다.

이제 최적소득과세에서 규명해야 하는 것은 정부의 조세수입 목표달성이라는 제약조건하에서 사회후생을 극대화시킬 수 있는 a와 t사이의 최적의 조합을 발견해 내는 것이다. 스턴(Stern)은 납세자들의 소득과 여가간의 대체성 정도를 적절히 고려하고 또 조세수입 목표를 국민소득의 20%선으로 잡는다고 할 때 그러한 상황에서 사회후생을 극대로 하게 하는 한계세율(t)은 상당히 낮아야 함을 발견하였다. 이것은 에지워스모형에서 암시하고 있는 최고 100%까지의 한계세율에 비하여 크게 낮은 수준이어야 한다는 것이다.

스턴(Stern)은 노동공급이 탄력적일수록 한계세율의 적정수준이 더욱 낮아질 수 있음을 보여 주고 있다. 노동공급이 탄력적이라는 것은 조세가 근로의욕에 미치는 영향이 매우 크다는 뜻이며 따라서 조세의 초과부담문제가 더욱 심각해진다. 그러므로 노동공급이 임금에 매우 탄력적일 경우에는 후생비용을 줄이기 위해 한계세율을 더욱 낮추어야 하는 것이다. 또한 스턴은 부자와 빈자의 효용함수가 서로 다르다는 전제 아래에서 평등주의사상에 따른 사회후생함수, 즉 부자의 효용보다는 빈자의 효용에 더 많은 가중치를 주는 사회후생함수를 고려해 보았다. 그래서 롤즈(J. Rawls)가 제시한 최소최대화기준(maximin criterion)을 적용해 볼 때, 다시 말하여 최소의 효용수준을 가진 극빈자들에게 최대의 효용가중치를 허용해야 하는 완전평등주의적인 소득분배기준을 적용할 때, 그 때 요구되는 한계세율은 약 80%수준이면 족하다는 결론을 얻어 내었다. 이것 역시 100%보다는 낮은 것이다.

지금까지 소개한 스턴(Stern)의 연구결과는 한계세율이 소득수준과는 관계없이 일정하게 고정시킨 선형소득세제의 경우에 한한 것이었다. 물론 그 동안 한계세율이 소득수준에 따라 변화되는 그러한 비선형소득세제에 대한 연구도 많이 진행되었다.[11)]

여러 가지 연구의 공통적인 결론은 대체로 높은 한계세율이 소득분배개선에 긍정적인 효과를 가져온다 하더라도 효율성 손실에 따른 사회후생의 감소효과가 더 크게 나타날 수 있으므로 적정한계세율이라는 것이 우리가 막연히 생각하는 것보다 훨씬 낮을 수 있다는 것이다. 가장 극단적인 연구결과의 하나는 사회후생을 극대화시키기 위해서 최고소득계층에게 적용되는 한계세율이 0으로 되어야 한다는 것이다.

최고소득계층에 대한 한계세율이 0이 될 수 있다는 근거는 다음과 같이 설명된다. 갑이라는 사람이 최고소득자라고 하고 그의 연간소득이 예컨대 100억원이라고 하자. 만약 정부가 갑에게 100억원 이상의 소득분에 대해서는 세금을 부과하지 않는다고 하자. 즉 100억원 이상에 대해서는 0의 한계세율을 적용하는 것이

---

11) J. A. Mirrlees, "An Exploration in the Theory of Optimum Income Taxation," *Review of Economic Studies*, Vol. 38(1971), pp. 175~208.

다. 이 때 갑이 100억원 이상의 소득을 얻으려고 노력하여 소기의 성과가 있었다면 그는 추가소득분에 대하여 세금을 전혀 내지 않으므로 분명히 그는 혜택을 보게 된다. 그리고 정부의 입장에서 보면 100억원까지에 대한 세금은 계속 징수되므로 세수손실을 보지 않으며, 다른 납세자들의 입장에서도 그들의 후생이 감소될 이유는 없는 것이다. 따라서 100억원 초과소득에 대한 한계세율이 0이 됨으로써 갑이 이득을 보게 되고 아무도 손해를 보는 사람은 없으므로 사회후생은 증가된다는 결론이다.

이상으로 최적소득과세의 중심이론을 살펴보았는데, 적성소득세율에 대한 견해는 한 두 가지의 기준에 의해 설명되기에는 부족함이 많다. 형평성·효율성뿐만 아니라 윤리적인 측면, 정치적 실현성 등 고려해야 할 변수들이 너무나 많은 것이다. 사람들의 행태에도 여러 가지 다른 가정들이 전제될 수 있다. 사람들의 효용이 자신의 효용수준에만 영향을 받는 것이 아니라 타인의 소득수준에 의해서도 영향을 받게 되는 소위 상호의존적인 효용함수(interdependent utility function)를 고려할 때에는 적정소득세율에 대한 결론도 다른 방향으로 유도될 수 있는 것이다.[12)]

제4절 최적과세를 위한 기타 고려사항

1. 세무행정비용

앞에서 소개한 최적과세론에서는 조세를 부과하고 징수, 납부하는 데 들어가는 비용은 무시하고 있다. 그러나 세무행정에는 비용이 발생하기 마련인데 세무행정비용은 통상 징세비용(administrative costs)과 납세비용(compliance costs)으로 구성되고 있다.

조세제도가 아무리 공평하고 효율적이라고 하더라도 조세를 징수하고 관리하는 데 많은 비용이 들어가고 또한 납세자가 조세를 납부하는 데 많은 불편을

---

12) Michael J. Boskin and Eyton Sheshinski, "Optimal Income, Redistribution when Individual Welfare Depends on Relative Income," *Quarterly Journal of Economics*, Vol. 92(1978), pp. 589~602.

야기한다면 그 제도는 바람직스러운 것이라고 할 수 없다. 공평한 과세를 위하여 가능한 모든 세원은 발굴되어야 하지만 그렇다고 엄청난 징세비용을 발생시키면서 세원을 포착하려고 한다면 그것은 도리어 낭비를 초래한다. 예컨대 가정주부들이 가정에서 만들어 내는 각종 생산물과 서비스는 이론상으로는 국민소득의 일환으로 간주되어야 한다. 그러나 그렇다고 하여 이것에 대하여 과세한다면 공연히 가정주부들의 근로의욕만 상실시킬 뿐만 아니라 상당한 징세비용이 발생될 것이므로 이러한 과세를 적정과세라고 보기 어려운 것이다.

따라서 최적과세를 위해서는 세무당국이 조세를 징수하고 관리하는 데 드는 징세비용과 납세자가 납세액을 계산하고 신고납부하는 데 드는 납세비용을 가능한 한 낮은 수준으로 유지하여야 한다. 이렇게 볼 때 적정한 규모의 세무행정이란 바로 세무행정비용을 최소화시킬 수 있는 규모를 의미한다고 하겠다. 세무행정의 규모가 커지면 이를 관리하는 데 드는 징세비용은 증가하기 마련이다. 그러나 세무행정의 규모가 커짐으로써 납세자의 편익을 위한 여러 가지 서비스가 제공되고 과세대상도 다양화되고 정밀화될 수 있으므로 납세비용은 줄어들게 된다. 다시 말하여 세무행정규모가 커짐으로써 징세비용은 증가하고 납세비용은 감소하는 역의 관계가 성립하게 된다. [그림 14-2]가 바로 이러한 관계를 그림으로

그림 14-2 | 세무행정의 적정규모

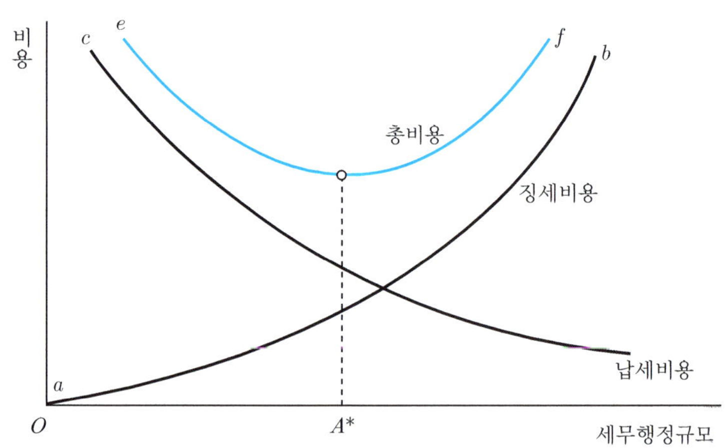

보여 주고 있다.

[그림 14-2]에서 횡축은 세무행정규모를, 종축은 세무행정비용을 표시한다. 세무행정의 규모가 커짐에 따라 징세비용이 증가하는데 곡선 ab가 이를 보여 주고 있으며, 납세비용은 감소하게 되는데 곡선 cd가 이를 보여 주고 있다. 총비용곡선 ef는 ab와 cd를 수직적으로 합친 것으로 총비용이 최소로 되는 점에서 적정세무행정규모가 결정된다고 하겠다. 그림에서 A^*가 바로 적정규모를 가리킨다고 하겠다.

2. 탈 세

사람들은 가능하면 조세부담을 줄이고자 하는 행위를 하게 된다. 조세부담을 경감하는 행위 가운데는 합법적인 것과 불법적인 것이 있겠는데, 전자의 경우를 절세(tax saving) 또는 조세회피(tax avoidance)라 하며 후자의 경우를 탈세(tax evasion)라고 한다. 탈세란 납세의무자가 세법이 정하는 각종 의무를 제대로 이행하지 않음으로써 국가의 재정권을 침해한 일체의 행위를 말한다.

탈세는 불가피하게 지하경제(underground economy)와 직접적으로 연결되어 있다. 탈세수법은 여러 가지 형태를 띠고 있지만 일반적으로 사금융의 비대화에 따른 지하소득의 탈세, 부동산 및 증권 등의 투기로 인한 소득의 탈세, 영업거래의 기장누락에 의한 탈세, 명의대여 등에 의한 소득분산 및 은폐 등이 그 대표적인 예라 하겠다. 한 나라의 지하경제규모가 어느 정도인가는 추정의 방법과 내용에 따라 상이한 결과를 가져다 주고 있지만, 2002/2003년 기간을 대상으로 한 연구결과 선진 OECD 국가들의 경우 GDP의 16.3% 수준으로 측정되고 있다. 국가별로도 상당한 차이를 보이고 있어 그리스와 이태리가 각각 28.2%와 25.7%로 높은 수준을 보이고 있는 반면, 스위스와 미국이 각각 9.4%와 8.4%로 낮게 추정되고 있다. 한편 아시아 국가들의 경우 GDP의 약 30%, 그리고 러시아나 동구권 등 전환경제들의 경우 지하경제 규모는 약 40% 수준으로 추정되고 있다. 한편 이 연구에서 우리나라의 지하경제 규모는 28.8%로 추정되고 있다.[13)]

우리나라의 지하경제 규모에 대한 국내연구도 다양하게 이루어지고 있다. 안

13) Friedrich Schneider, “Shadow Economies and Corruption All Over the World: Waht Do We Really Know?” IZA DP No.2315, 2006(http://ftp.iza.org/dp2315.pdf)

종석 외(2010)[14]는 이러한 여러 연구들의 결과를 요약하여 제시하고 있는데, 1985년의 지하경제 규모는 GNP의 10~25%로 추정[15] 되었으며 2006년을 대상으로 한 연구에서는 GDP의 22.04%로 추정[16]하고 있다. 한편 이 연구에서는 앞의 국제비교에서 사용한 방법론을 적용하여 우리나라의 지하경제규모를 추정하고 있는데 2002/2003년 28.8% 이던 것을 21.5~21.3%로 재추정하고 있으며, 2008년 경우 지하경제 규모는 GDP의 17.1%로 추정하고 있다.

(1) 탈세의 실증분석

갑이라는 사람은 그의 세후소득을 최대화하려고 하고 따라서 세무당국에 신고하는 소득액 중에서 R만큼의 소득을 누락시킨 후 신고한다고 하자. R은 탈세가 일어나는 소득포탈원이라 하겠다. 갑의 한계소득세율이 t라고 할 때 탈세액은 tR이 된다. 따라서 소득의 한계세율 t는 소득 한 단위를 신고에서 누락시킴으로써 얻게 되는 한계편익이 된다.

한편 세무당국은 무작위추출법에 의해 납세자에게 세무조사를 실시하게 되는데 과소신고가 적발되면 소정의 벌금을 부과한다. 갑이 세무조사를 받게 되는 확률은 π라고 하고 신고누락소득에 대한 한계벌금액을 P라고 하면 πP는 소득 한 단위를 신고에서 누락시킴으로써 발생하는 한계비용이 된다.

이와 같이 소득의 과소신고로부터 생기는 한계편익 및 한계비용의 개념을 이용하여 적정탈세규모를 결정할 수 있겠는데 [그림 14-3]에서 이것을 보여 주고 있다. 갑이 만약 t, π 및 P의 값을 알고 있다면 그림에서처럼 한계편익(MB)과 한계비용(MC)을 구할 수 있다. 소득에 대한 한계세율은 일정하다고 간주하며 한계비용은 신고누락소득이 증가할수록 함께 증가한다고 간주한다. 이제 한계편익과 한계비용이 일치하는 점에서 적정탈세규모 R^*을 얻을 수 있다. [그림 14-3]의 ⓐ는 적정탈세규모가 0보다 큰 규모의 경우인 것으로서, R^*를 적정탈세규모로 간주하는 이유는 $MB=MC$에 의해 갑의 소득이 극대화되기 때문이다. 그러

14) 안종석 외, 『지하경제 규모의 측정과 정책시사점』, 한국조세연구원, 연구보고서 10-12, 2010.

15) 최광, 「한국의 지하경제에 관한 연구」, 한국경제연구원, 1987.

16) 노기성 · 윤여필, 「정보화의 진전에 따른 과세기반 확충방안」, 한국개발연구원, 정책연구시리즈, 2007-11, 2007.

그림 14-3 | 적정탈세규모

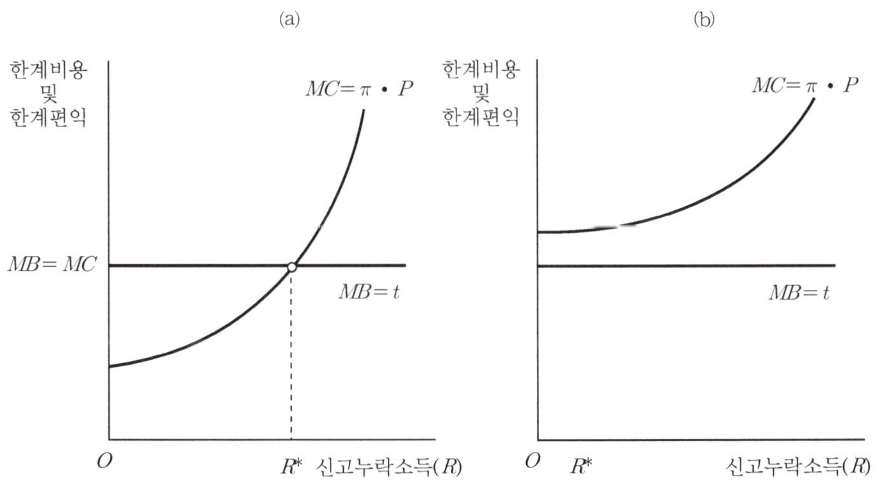

나 적정탈세규모가 0이 되는 경우도 있다. 이것이 바로 [그림 14-3]의 (b)와 같은 경우인데, 이러한 상황이 가능해지기 위해서는 t가 매우 낮은 수준이거나, π 혹은 P가 매우 높은 수준에 있어야 할 것이다. 다시 말하여 소득의 한계세율을 낮춤으로써 납세자로 하여금 스스로 납세의욕을 고취시키든가 아니면 세무사찰을 빈번히 하고 과소신고에 대하여 과중한 벌금을 부과함으로써 납세자로 하여금 탈세하려는 생각을 버리도록 하는 것이 [그림 14-3]의 (b)의 내용이라고 하겠다.

이와 같은 탈세의 실증적 분석은 정책도구로서 유용한 일면을 제공해주고 있지만 이를 좀더 발전시키기 위해서는 탈세라는 불법행위에 대한 사람들의 심리적 성향 그리고 한계세율이 노동의욕 및 직업선택에 끼치는 영향 등을 포괄적으로 분석하여야 할 것이다.

(2) 탈세의 규범분석

지하경제라는 것이 항상 사회에 해를 끼치고 그래서 이를 가능한 한 근절시켜야 되며 지하경제에 종사하는 사람들에게는 무거운 세금을 부과해야 하는가 하는 질문은 간혹 규범적인 측면에서 논란의 대상이 될 수 있다. 지하경제는 분명히 바람직하지 못한 것이지만 만약 이것이 사회후생을 증가시키고 있는 경우에는 이를 어떻게 받아들여야 할 것인가? 예컨대 노동공급이 정상적인 경제구조에서보다도 지하경제구조에서 더 탄력적이라면 '역탄력성의 규칙'(inverse elasticity rule)에 따라 지하경제의 노동에 대하여 저율의 조세를 적용하는 것이 최적과세로서 더 효율적이다. 한편 지하경제에 종사하는 사람들이 정상적인 경제에 종사하는 사람들에 비해 가난한 소득계층의 사람들이라면 평등주의기준에 입각한 소득재분배 목표에 따라 세무당국은 이들을 가만히 놓아 두는 것이 사회적으로 더 바람직할지도 모르겠다. 이처럼 규범적인 측면에서 볼 때는 지하경제의 유용성에 대하여 상당히 모호한 결론들을 도출할 수 있게 된다.[17)]

개인의 효용, 나아가서 사회후생에 대한 배려는 전혀 함이 없이 탈세 그 자체만 근절시키는 것을 조세정책의 목표로 삼는다면 그러한 목표의 달성이 그리 불가능한 것은 아니다. 세무당국에 막대한 예산을 배정하여 세무사찰을 강화하고 혹은 탈세자에 극형과 같은 매우 무거운 형벌을 내린다면 탈세행위는 없어질 것이다. 그러나 이러한 탈세방지책을 시행하는 나라는 민주국가들 중에는 사실상 발견하기 어렵다. 그 이유는 우리 사회가 탈세범 근절이라는 목표달성도 중요하게 생각하지만 그러한 목표달성을 가능하게 하는 준칙과 과정을 또한 중요시하기 때문이리라 여겨진다.

---

17) 이 점에 대한 좀더 심층적인 연구로서 A. Sandmo, "Income Tax Evasion, Labour Supply, and the Equity-Efficiency Trade-off," *Journal of Public Economy*, Vol. 16(December 1981), pp. 265~288을 참조할 것.

CHAPTER 15

The Modern Public Finance

조세와 경제행위

조세가 소득활동이나 소비활동 등 우리의 각종 경제행위에 어떠한 영향을 미칠 것인가는 현대 조세이론이 관심을 가지고 있는 가장 중요한 주제 중의 하나이다. 소득과 소비, 재산에 대한 과세를 중심으로 하는 현대 조세는 사실상 우리의 거의 모든 경제활동에 직간접적인 영향을 마치게 된다. 현대 정부가 재정기능을 수행하는 데 있어 핵심적인 정책수단의 하나인 조세가 그 기능을 충실히 수행할 수 있도록 하기 위해서는 이러한 제반 경제활동에 대한 조세의 유인효과가 어떠한 경로를 통해서 어떻게 나타나는가를 파악하는 것이 매우 중요하다. 조세의 제반 유인효과에 대한 관심은 특히 공급중시 경제학(supply-side economics)을 통해서 더욱 강하게 부각되었다고 할 수 있다. 경제성장의 원동력을 노동과 자본 등 생산요소의 확충과 기술진보 등을 통한 총공급의 확대에 찾고 있는 공급중시의 경제학에서는 조세의 유인효과를 핵심적인 정책수단으로 여기고 있는 것이다. 이하에서는 노동의 공급과 저축, 투자, 그리고 위험선택행위와 관련한 조세의 유인효과에 대해서 살펴본다.[1)]

1) 조세가 각종 경제행위에 미치는 효과들을 분석한 논문들을 요약한 자료로서 다음 참조. Gareth D. Myles, "Economic Growth and the Role of Taxation-Disaggregate Data," OECD ECO/WKP(2009) 56, 2009.

제 1 절 조세와 노동공급

1. 기본모형

개인들이 얼마나 노동을 공급할 것인가의 결정은 기본적으로 우리에게 주어진 시간을 여가(휴식)와 노동간에 어떻게 배분할 것인가의 선택을 통에서 이루어진다고 할 수 있다. 노동은 물론 그 자체로서 삶의 가치를 높여주는 중요한 의미를 지니는 것이지만, 경제학의 시각에서 볼 때 우리는 결국 주어진 시간을 여가를 즐길 것인지 아니면 노동을 통해서 소득을 획득할 것인지를 선택하는 것이다.

[그림 15-1]은 여가와 소득 평면상에 그린 무차별곡선과 시간당 임금률을 기울기로 하는 예산선을 보여 주고 있다. X축은 여가시간을 나타내고 있으며 예산선의 X축 절편은 개인이 이용가능한 총시간을 나타내고 있으므로, 노동시간은 총이용가능시간(OH)에서 여가를 뺀 길이로 표현된다. 한편 Y축 절편 Y_1은 여가를 전혀 즐기지 않고 OH라는 시간을 전부 노동에 투입하였을 때 얻을 수 있는 소득을 나타내고 있다. 세금이 부과되지 않은 경우 소비자의 균형은 A점에서 성립하는데, 이 점에서 여가의 소비는 OL_0가 되고, 따라서 근로시간은 L_0H이며,

그림 15-1 | 노동공급의 결정모형

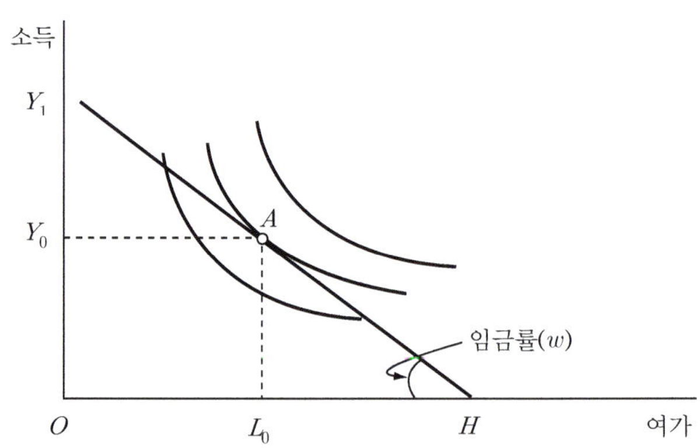

이때의 소득은 시간당 임금에 근로시간을 곱한 크기로서 Y_0가 된다. 시간당 임금(w)은 예산선 Y_1H의 기울기로 표시되고 있음을 알 수 있다.

한편 여가를 소비자가 선택해야 하는 대상이라고 한다면 여가의 가격은 무엇인가? 여가의 가격은 바로 시간당 임금인데, 우리가 여가를 1시간 즐기게 되면 이는 결국 1시간의 임금을 포기하는 것이다. 즉 여가 1시간을 즐기기 위해서 우리가 지불하는 가격은 바로 그로 인해서 포기한 임금이라고 할 수 있는 것이다.

2. 대체효과와 소득효과

이제 임금에 비례세율(t)로 근로소득세가 부과된다고 가정하자. 그렇다면 [그림 15-2]의 (가)에서 세후임금률은 w에서 $w(1-t)$로 낮아지게 되는데, 그림상으로는 원래의 예산선이 Y_1H보다 기울기가 작은, 예를 들어 Y_2H로 바뀌게 된다. 그러면 새로운 균형점 B점으로 이동하게 되는데, 이 점에서는 OL_1만큼의 여가를 소비하게 되어 근로시간은 세금이 부과되지 않았을 때보다 L_0L_1만큼이 줄어든 L_1H가 됨을 알 수 있다.

결국 근로소득세가 부과되면 세금 후에 수령하는 실질임금률이 낮아지게 되며 근로시간이 줄어들고 있음을 알 수 있다. 그렇다면 근로시간이 줄어드는 현상이 왜 발생하는가? 또 세금이 부과되면 근로시간은 항상 줄어들게 되는가? 이러한 의문에 답하기 위해서는 위의 균형점의 이동을 소득효과와 대체효과로 구분하여 살펴보는 것이 필요하다.

조세부과로 인하여 균형점은 A점에서 B점으로 이동하고 있는데, 이는 A점에서 C점으로의 이동과 C점에서 B점으로의 이동 두 가지로 구분할 수 있다. 여기서 전자는 대체효과, 그리고 후자는 소득효과이다. (가)의 경우 노동공급량은 대체효과로 인하여 L_0L_2만큼 감소하고 있으며 소득효과로 인해서는 L_2L_1만큼 증가하여, 전체적으로는 L_0L_1만큼이 감소하고 있는 것이다.

대체효과와 소득효과를 구분하는 과정을 좀 더 자세히 살펴보자. 우선 새로운 예산선 Y_2H를 평행하게 이동하여 원래의 무차별곡선 U_0에 접하도록 하면 접점은 C점이 된다. 여기서 예산선을 평행하게 이동한다는 의미는 조세부과로 인하여 감소된 실질소득을 회복시켜 원래의 효용수준에 이르도록 한다는 것으로서, 조세부과로 인한 소득효과를 보상을 통해서 차감하는 과정이라고 할 수 있다.

그림 15-2 | 비례소득세 부과와 노동공급의 변화

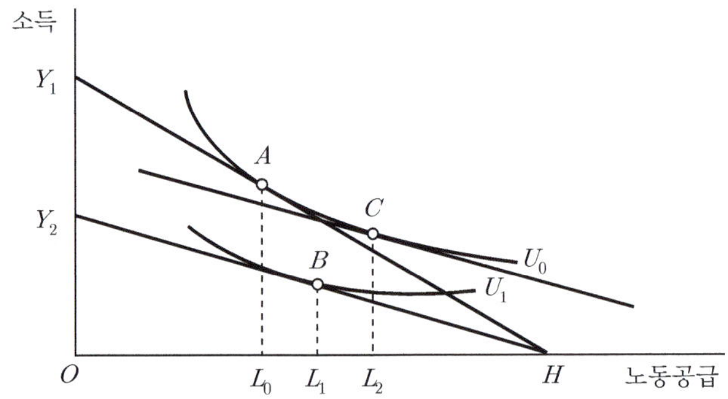

(가) 대체효과가 큰 경우

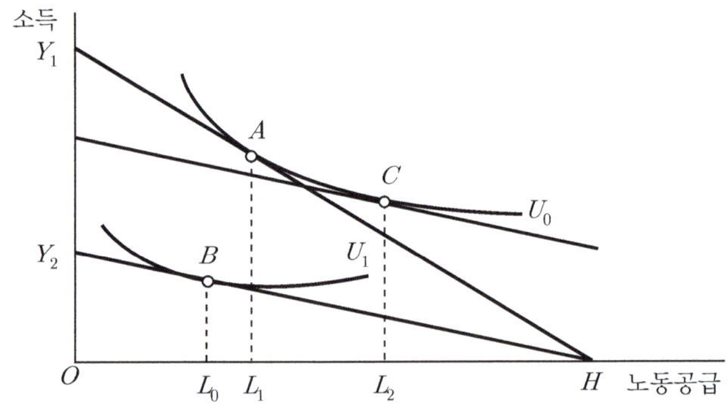

(나) 소득효과가 큰 경우

따라서 원래의 균형점인 A점에서 C점으로 이동하는 것은 소득과 여가간의 상대가격의 변화만을 반영한 대체효과로 인한 것이며, C점에서 B점으로의 이동은 소득효과를 반영하는 것이다.

그렇다면 대체효과와 소득효과는 노동공급에 어떠한 영향을 미치게 되는가? 조세가 부과되면 근로자가 받는 시간당 임금이 낮아지는데 이것은 여가의 가격이 낮아지는 것을 의미한다. 예를 들어, 조세가 부과되기 이전의 시간당 임금이 1만 원이었는데, 30%의 근로소득세가 부과된다면 세후 임금이 7,000원으로 하락하게 된다. 이것은 이전에는 1시간의 여가를 즐기게 되면 1만 원의 임금을 포기하

였는데, 이제는 7,000원의 임금만 포기하면 된다는 것으로서 결과적으로 여가의 가격이 싸져서 전에 비해 많은 여가를 소비하게 된다는 것을 의미하는 것이다. 따라서 임금에 부과되는 조세에 의한 대체효과는 여가소비를 증가시키고 노동공급을 감소시키는 역할을 하게 된다. 한편 소득효과에 의해서는 노동공급이 늘어나게 된다. 조세의 부과로 인하여 실질소득이 감소하면 그 여가의 소비가 감소하게 되고 따라서 노동공급은 늘어나는 것인데, 이는 여가가 정상재이기 때문이다.

따라서 전체적으로 조세의 부과에 따른 노동공급의 변화는 대체효과와 소득효과의 크기에 따라 결정되는데, 통상 임금이 낮은 수준에서는 대체효과가 소득효과보다 크게 나타나게 되며, 임금이 상당히 높은 수준에서는 소득효과가 크게 나타나는 것이 일반적인 현상이라고 할 수 있다.2)

3. 부의 소득세 및 근로장려세제와 근로의욕

(1) 부의 소득세

1) 제도의 내용

부(負)의 소득세(negative income tax: NIT)는 기본적으로 저소득층에 대한 소득보조의 일환으로 고려된 제도로서, 소득금액이 일정기준액에 미달하는 경우 그 미달액에 따라 일정한 공식에 따라 산출한 보조금을 지급하는 것이다. 통상의 소득세는 면세점 이상에 대해서는 누진세율이 적용되어 소득재분배의 역할을 수행하고 있지만, 면세점 이하의 소득에 대해서 세금을 납부하지 않도록 하는 것에 그치고 있는데, NIT는 이를 보다 적극적으로 보완하기 위한 것이라고 할 수 있다.

[그림 15－3]은 NIT의 기본구조를 보여주고 있다. NIT는 기본적으로 보조금 최대급부액(M), 기준소득(B), 그리고 세율(t)의 세 가지 구성요소를 지니게 된다. 최대급부액은 정부보조금의 최대액으로서 현실적으로 그 수준은 정부의 소요예산 등이 고려되어 결정되는 것이지만, 개념적으로 볼 때 소득이 없는 사람이 최

---

2) 한편 이것을 임금과 노동공급의 관계 즉 노동공급곡선의 측면에서 살펴보면, 통상 임금이 증가함에 따라 노동을 증가시키는 작용을 하는 대체효과가 소득효과보다 크기 때문에 노동이 공급하게 된다. 그러나 임금이 일정수준 이상 높아지는 경우 소득효과가 대체효과보다 크기 때문에 오히려 노동공급이 하락하게 됨으로써 전체적인 노동공급곡선은 소위 후방굴절형(Backward bending)이 되는 것이다.

그림 15-3 | 부의 소득세의 기본구조

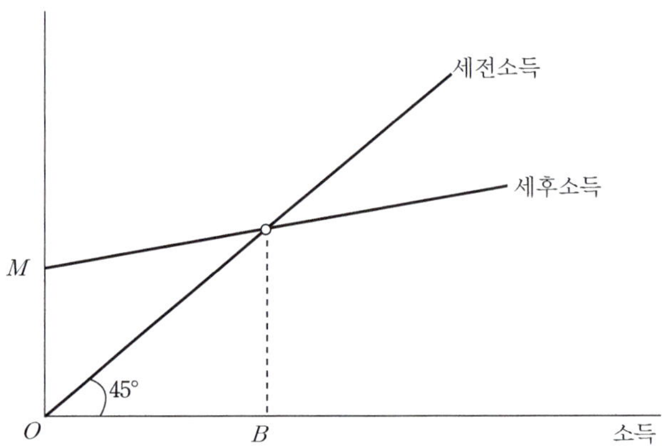

소한의 기본생활을 유지하기 위하여 필요한 금액이 기준이 될 수 있다. 기준소득은 NIT가 적용되는 기준이 되는 소득금액으로서, 그림에서 이 금액(B) 이하의 구간에서 세후소득과 세전소득간의 차이는 정부로부터의 보조금이라고 할 수 있다. 보조금의 크기는 소득이 전혀 없는 경우 OM으로서 가장 크고, 소득이 증가함에 따라 점차 감소하다가 OB에 이르게 되면 영이 된다.

NIT의 세율이란 무엇을 의미하는가? 부의 소득세이기 때문에 세율이 음의 수라고 생각할 수도 있지만 그렇지 않다. 소득이 증가함에 따라 국가로부터의 보조금이 점차 감소하게 되는데, 비록 형식적인 의미에서의 세금을 납부하는 것은 아니지만 실질적으로는 보조금의 감소분만큼을 국가에 세금으로 납부하는 것이라고 할 수 있다. 따라서 부의 소득세가 [그림 15-3]과 같이 직선으로 표시되는 경우 세율(t)은 OM/OB로 계산된다. 소득이 OB인 사람의 경우 보조금 감소액, 즉 실질적인 조세액이 OM이 되기 때문이다.

2) NIT와 노동공급

NIT가 도입되는 경우 근로의욕에는 어떠한 영향을 미칠 것인가? 흔히 과도한 사회보장제도는 근로의욕을 떨어뜨려 저소득층의 자립기회를 오히려 낮추게 되는 결과를 가져온다고 주장되기도 한다. 아래에서는 이론적인 측면에서 부의

그림 15-4 | 부의 소득세와 근로의욕

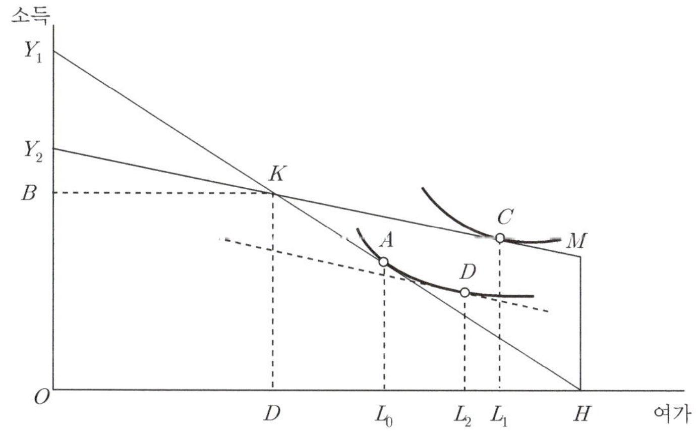

소득세제의 효과를 분석해보자.

[그림 15-4]는 NIT를 소득과 여가의 선택 평면상에 그려 본 것이다. 점 H의 경우 노동시간과 소득이 영이 되는 점을 표시한다. 따라서 이 경우에는 국가가 MH만큼의 보조금을 지급하게 되므로 그 세후소득은 MH가 된다. H점에서 왼쪽으로 옮겨감에 따라 점차 노동시간이 늘어나서 소득도 임금률에 따라 증가하고 있으며, 그에 따라 보조금액은 점차 줄어들고 있음이 표시되고 있다. 한편 소득금액이 $OB(=DK)$에 이른 이후에는 보조금은 없어지고 그 이후의 소득에 대해서는 일정률의 소득세가 부과되고 있음을 알 수 있다. 결국 부의 소득세가 도입되면 예산선은 Y_1H에서 Y_2MH로 바뀌게 된다.

우리가 여기서 관심을 가지는 사람은 기준소득 이하의 저소득층이므로 NIT 도입 이전에 균형점이 A점에 있는 경우를 가정하자. 이 점에서 노동의 공급량은 L_0H가 된다. 부의 소득세가 도입되면 균형점은 C점으로 이동하게 되는데, 노동의 공급은 L_1H로서 L_0L_1만큼이 감소하고 있음을 알 수 있다.

이를 대체효과와 소득효과로 구분하여 분석해보자. 우선 대체효과의 경우 중요한 것은 여가의 상대가격이라고 할 수 있는 세후임금률의 변화이다. 보조금이 포함된 세후임금률은 근로시간이 늘어남에 따라 보조금이 줄어들기 때문에 그만큼 줄어들게 된다. 세후임금률이 적용된 새로운 예산선을 원래의 무차별곡선에 접하게 그렸을 때 접하는 D점 까지의 변화, 즉 A점에서 D점으로의 변화는 대체효과를 보여주는 것이다. 임금률의 감소, 즉 여가의 가격이 낮아지게 되면 여가소비가 늘어나고 따라서 노동공급은 줄어드는 효과가 있는데, 대체효과에 의해서 노동은 L_0L_2만큼 하락하고 있다. 한편 NIT가 도입됨에 따라 저소득층의 세후소득은 전에 비해서 보조금 지급액만큼 높아지게 된다. 이러한 소득의 증가가 이루어지는 경우 정상재인 여가소비가 늘어나게 되고, 이에 따라 노동공급은 줄어들게 되는 소득효과가 나타나게 되는데, 그림상으로는 L_2L_1만큼의 노동공급이 감소하고 있다.

결국 NIT가 도입되면 소득효과와 대체효과 모두가 노동공급을 줄이는 방향으로 작용하고 있음을 알 수 있다. 이는 통상의 비례소득세가 도입된 경우 대체효과는 노동공급을 줄이는 반면 소득효과는 노동공급을 늘리는 방향으로 작용한 것과 비교되는 것이다. 이러한 결과는 저소득층의 보호를 위하여 도입되는 NIT가 소득보전이라는 목적은 달성하고 있지만 그들의 근로의욕을 낮추게 됨으로써 조세정책적인 측면에서 어려운 과제를 제시하고 있는 것이다.

이러한 NIT는 1960년대 미국의 프리드만(M. Friedman) 등에 의해서 주창되었으며 실제 세법에 반영하기 위한 노력들도 이루어졌지만 실제 도입되지는 못하였다. NIT의 경제적 효과를 측정하기 위하여 대단위의 가구들을 대상으로 하는 사회실험도 여러 차례에 걸쳐 이루어졌는데, 대체적으로 근로의욕에 대해 일정한 정도의 부정적인 효과가 있는 것으로 나타났다.

(2) 근로장려세제

1) 근로장려세제의 내용

현재 우리나라와 미국 등 여러 나라에서 시행되고 있는 근로장려세제 (Earned Income Tax Credit: EITC)는 조세를 통해서 저소득층에 대한 지원이 이루어지도록 하면서도 동시에 근로의욕을 증진시키고자 하는 취지를 가지는 제도이다. 이는 부의 소득세제가 가지고 있는 근로의욕에 미치는 부정적인 효과를 일정부분 완화한 것이라고 할 수 있는데, 기본적으로 근로를 통해서 소득이 증가함에 따라 국가로부터의 보조금도 증가하도록 하고 있다.

정책적인 관점에서 볼 때 NIT 제도의 취지가 저소득층을 지원하는 것인 이상 세후소득이 이전에 비해서 늘어나는 것은 당연한 것이며 따라서 그에 따른 소득효과에 의해 근로의욕이 저해되는 현상은 받아들일 수밖에 없는 현상이다. 따라서 근로의욕이라는 관점에서 볼 때 정책적인 논의의 대상은 대체효과라고 할 수 있는데, 그 초점은 세후임금률이 하락하여 여가의 가격이 낮아지는 현상을 조정하는 것이다. 이론적으로 볼 때 세후임금률을 높여서 여가의 가격을 비싸게 함으로써 여가소비를 줄이고 결과적으로 노동공급을 늘리도록 하는 소위 부의 임금세(negative wage tax)를 고려할 수 있다. 이는 근로소득에 대해서 조세를 징수하는 것이 아니라 오히려 일정비율의 임금보조를 하는 방안이다.

물론 한정된 재원등으로 인해 보조금이 계속 증가할 수는 없기 때문에 통상 일정한 수준부터는 보조금이 감액되도록 설계되고 있는데, 구체적인 세율구조는 나라에 따라 다르게 설정되고 있다. 우리나라와 미국의 경우 처음 일정구간까지는 소득이 증가함에 따라 보조금이 증가하는 점증구간(phase-in range), 최고한도의 보조금이 유지되는 평탄구간(plateau range), 그리고 소득의 증가에 따라 보조금이 감액되는 점감구간 (phase-out range)로 이루어진다.

[그림 15-5]은 우리나라 근로장려세제의 기본구조를 보여주고 있다. 2011년까지는 그림상 1인자녀의 경우와 같이 부양자녀가 있으면서 일정한 소득미만의

그림 15-5 | 우리나라의 근로장려세제(2012년 현재)

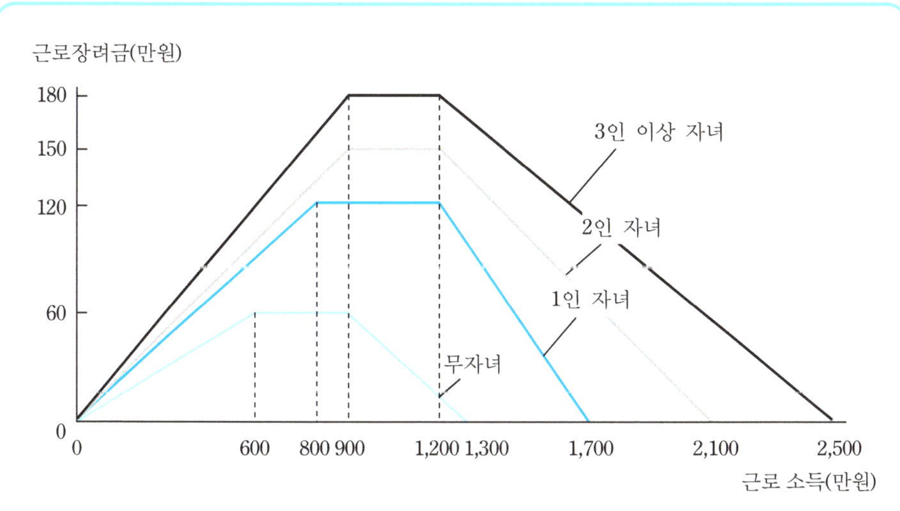

가구를 대상으로 총급여액이 800만원까지는 점증구간으로서 급여액이 증가함에 따라 그 15%를 근로장려금으로 지급하여 최대 120만원까지 지원되도록 하고 있으며, 이후 1,200만원까지는 평탄구간으로서 근로장려금은 120만원으로 유지되고, 이후 점감구간인 1,700만원까지는 증가된 소득의 24%만큼을 근로장려금에서 감액하도록 하고 있다. 2012년부터는 무자녀가구에게도 적용되도록 하고 있으며, 또 부양자녀수에 따라 보조금 등이 달라지도록 설계되고 있다.

2) 근로장려세제와 근로의욕

[그림 15-6]은 근로장려세제를 노동공급을 결정하는 여가와 소득의 평면상에 추가하여 그린 것이다. 이 그림에서 근로소득이 OB_3까지는 소득증가에 따라 근로장려금이 증가하는 점증구간, B_3B_2구간은 근로장려금이 최대금액에서 유지되는 평탄구간, 그리고 B_2B_1는 소득증가에 따라 근로장려금이 감소하는 점감구간을 보여준다.

그림 15-6 | 근로장려세제와 근로의욕

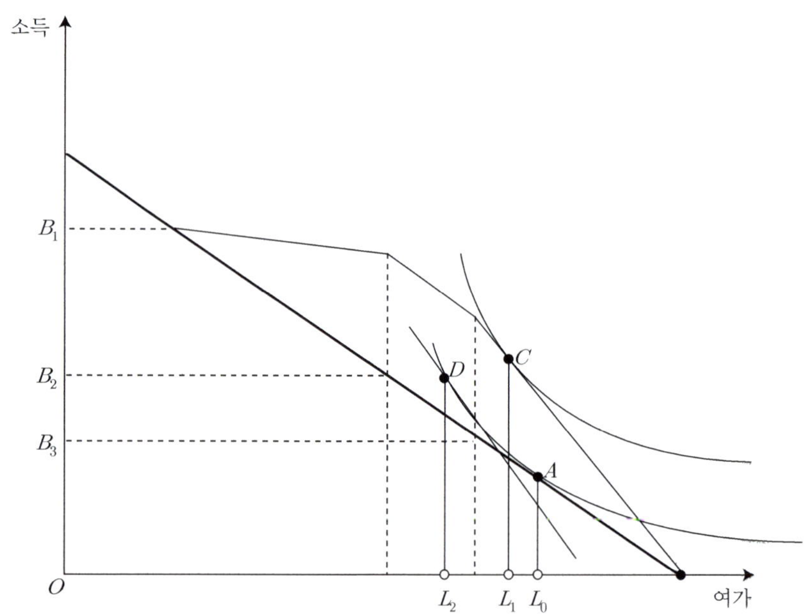

근로장려세제의 근로장려효과가 나타나는 부분은 점증구간인데, 최초의 균형점이 A점이라고 하자. 근로장려세제가 도입되면 새로운 균형점은 C로 이동하게 되는데, 이러한 변화는 A점에서 D점으로의 대체효과와 D점에서 C점으로 이동하는 소득효과로 구분할 수 있다. 대체효과에 의해서는 노동공급이 L_0L_2만큼 증가하고 있는데 이는 근로장려금의 지급에 따라 세후임금률이 증가하기 때문에 여가의 가격이 상승해서 여가소비가 줄고 노동공급이 늘아나는 것이다. 소득효과에 의해서는 노동공급이 L_2L_1만큼 감소하게 되고 따라 전체적으로 노동공급은 L_0L_1만큼 감소하고 있다. 결과적으로 볼 때 노동공급은 감소하는 것으로 나타나고 있지만 앞에서 살펴본 부의 소득세제에 비해서는 작게 될 것이다. 근로장려금의 지급으로 세후소득이 증가하기 때문에 소득효과에 의해 근로의욕이 감소하는 것은 NIT와 같다고 할 수 있는데, 다른 점은 대체효과인 것이다. 한편 고원구간의 경우 세후임금률이 변하지 않기 때문에 대체효과는 0이 되며, 점감구간에서는 세후임금률이 하락하고 따라서 대체효과에 의해 근로의욕이 하락하는 것은 NIT와 같다고 할 수 있다.

따라서 소득을 보전하면서도 근로의욕에 대한 저해효과를 줄인다는 정책목표를 고려한다면 점증구간을 가능한 넓게 하고 소득증가에 따른 근로장려금 증가도 크게 하는 것이 바람직하다고 할 수 있다. 그러나 현실에서 이 제도를 설계할 때는 예산소요에 대한 고려와 함께 점증구간이 넓고 근로장려금의 증가가 가파를수록 근로의욕에 부정적인 효과가 나타나는 점감구간도 넓고 가파르게 된다는 점도 고려되어야 하는 것이다.

4. 실증연구

조세가 근로의욕 및 노동공급에 미치는 영향을 실증적으로 분석하는 연구는 대략 세 가지 접근방법에 의해 이루어진다. 첫째가 설문조사를 통한 방법이고, 둘째가 계량모형을 통한 방법이며, 셋째로는 실험(experiment)에 의한 방법이다.

(1) 설문조사

여러 계층의 사람들에게 설문조사를 하여서 도출된 연구결과들은 대개가 미흡한 결론을 맺고 있다.[3] 응답자 중의 약간수가 소득세가 근로의욕에 부정적인 영향을 끼친다고 응답하고 있으나 대부분의 사람들은 근로의욕에 아무런 영향을 받지 않는다고 대답한 것으로 나타나 있다. 이러한 결과는 물론 그리 놀랄 일은 아니라고 생각된다. 이론적으로도 명확한 설명이 부족한데, 하물며 사람들이 자신들의 행위를 정확하게 인식한다든가 또는 조세에 의한 영향 정도를 제대로 파악하여 전달할 만한 능력을 갖춘다는 것이 용이하지 않기 때문이다.

(2) 계량모형을 통한 연구

계량모형을 만들고 여기에 통계자료를 대입시켜 분석한 연구로서는 MIT대학의 하우즈만(J. Hausman)의 연구를 들 수 있다.[4] 그는 다음과 같은 몇 가지 사항을 발견하였다. 첫째, 미국의 연방 소득세는는 결혼한 평균 남자들의 노동공급을 대략 6.5% 정도 감소시켜 왔다. 그러나 1986년에 행한 조세개혁은 고소득자의 한계세율을 인하시킨 탓에 고소득자들의 노동공급을 약간 증가시켰으며 그 이외에는 노동공급에 아무런 영향을 끼치지 않았다. 둘째, 노동으로부터 징수되는 조세수입이 증가할 때에 이에 의해 발생되는 후생의 손실(초과부담)을 금액으로 계산했을 때는 그 규모는 상당한 것이었다. 셋째, 조세 후의 임금변화에 대하여 남성들의 반응은 매우 미비한 편이라 하더라도 여성들의 반응은 비교적 탄력적이었다. 이는 남성들은 웬만하면 일을 계속하려는 성향이 있지만 여성들은 보수수준에 상당히 민감하다는 것을 뜻하는 것이었다.

우리나라에서의 연구결과로는 김현숙 · 성명재(2006)[5]를 들 수 있다. 이 연구에서는 2004년 한국노동패널자료를 이용하여 기혼여성의 노동공급함수를 추정하고 근로장려세제 형태의 지원이 이루어지는 경우 여성의 노동공급의 증가가 상당할 것으로 추정하고 있다. 구체적으로 살펴보면 근로소득 500만원까지는 30%의 보조금을 지급하고, 500만원~700만원까지는 150만원을 정액으로 지급하며, 700만원~1000만원까지는 700만원 초과분의 50%를 줄여가는 방식으로 제도를 가정하였다. 추정결과 노동시장에 참가한 기혼여성의 경우 노동공급이 9.5% 확대

---

3) Geoye Break, "Income Taxes and Incentives to Work: An Empirical Study," *American Economic Review*(September, 1957), pp. 529~549.

4) Jerry Hausman, "Labor Supply," in *How Taxes Affect Economic Behavior*, H. Aaron and J. Peckman, eds.(Washington, D.C.: Brookings Institution, 1981), pp. 27~72.

5) 김현숙 · 성명재, 『여성노동공급 활성화를 위한 소득세 개편방안 연구』, 한국조세연구원 연구보고 06-06, 2006.

되고 신규 노동시장 참가비율은 19.6% 증가하여 그 효과가 상당할 것으로 추정하고 있다. 그리고 이러한 노동공급 확대를 통한 소득창출효과는 제도운영에 필요한 재정소요의 약 4배 수준인 것으로 추정하고 있다.

(3) 실험에 의한 연구

실험(experiment)에 의한 방법은 사람들을 실험에 직접 참여시켜 그 반응을 관찰하는 것이다. 물론 세율을 변동시킨 후 사람들이 근로의욕에 어떠한 반응을 일으키는가를 직접 관찰하는 것은 대단히 어렵고 경비가 많이 드는 방법이다. 미국에서 1970년대 초에 일련의 이러한 실험들이 실시되었는데, 그 결과는 조세의 노동공급에 끼치는 종합적인 효과는 비교적 미약하다는 것이었다. 미국의 뉴저지(New Jersey)주에서 실시된 첫 번째 실험에서는 기존의 조세체제와 다른 대체적인 조세체제 사이에서 일어난 사람들의 노동공급 차이는 매우 미약했고 다만 가정주부들 가운데서 약간의 변화가 있었음이 관찰되었다.[6)]

그러나 이러한 실험방법에서는 몇 가지 유의할 점이 있다. 첫째, 사람들은 자신들의 행위가 관찰대상이 되고 있다고 느낄 때는 행위를 자주 변화시키기 때문에 진짜 행위를 찾아 내기가 어렵다는 사실이다. 둘째, 실험에 참여하는 사람들을 표본(sample)으로 선발할 때 오류가 발생할 수 있다. 셋째, 관찰하는 기간이 단기인가 또는 장기인가에 따라서 다른 결과가 나타날 수 있다.

제 2 절 조세와 저축

저축은 투자재원을 공급함으로써 한 나라의 경제성장의 밑바탕이 되는 것으로서, 우리나라에서도 저축을 장려하기 위하여 세금우대를 적용하는 등 여러 정책을 펼치고 있다. 또한 제11장에서 설명하였던 것처럼 저축에 유리하다는 점이 현행의 소득세제를 개편하여 개인소비세와 같은 소비세제를 도입 또는 강화하고자 하는 주장의 주된 논거가 되고 있다. 한 나라의 총저축은 통상 가계저축, 기업

6) U. S. Department of Health, Education and Welfare, *Summary Report: New Jersey Graduated Work Incentive Experiments*(Washington D. C.: Government Printing office, 1973).

저축, 그리고 정부저축으로 구분된다. 2010년의 경우를 살펴보면 우리나라의 총저축률은 32.0%로 나타나고 있는데, 민간저축 25.2%, 정부저축 6.8%로 구분되고 있다. 민간저축은 다시 기업저축과 개인저축으로 구분되는데 각각 20.2%와 5.0%로서 특히 90년대 후반까지 10% 중반대를 보이던 개인저축이 2000년대에 들어오면서 큰 폭으로 하락하는 특징을 보이고 있다.[7] 이 절에서는 가계저축과 기업저축을 중심으로 하여 저축이 결정되는 메커니즘과 조세의 영향에 대해서 살펴본다.

1. 가계저축

(1) 저축결정의 기본모형

소득은 그 사용 측면에서 보면 소비와 저축으로 구성된다. 즉, 개인들은 통상 현재의 소득 중 일부를 현재 소비하지 않고 저축하여 미래에 소비하는 것이다. 개인들이 저축을 하는 이유는 은퇴 이후를 대비하거나 앞날의 예기치 않은 필요에 대비하기 위한 것 등 여러 가지를 들 수 있겠지만, 기본적으로 저축이란 개인들이 소비자로서 효용극대화를 위해 소득을 현재 소비할 것인지 또는 미래에 소비할 것인지를 선택하는 행위의 결과라고 할 수 있다.

우선 현재와 미래 두 기간을 가정하고, 현재에는 근로소득이 있는 반면 미래기에는 은퇴하여 근로소득이 없으며 저축으로부터의 이자소득만 발생한다고 하자. 그리고 발생한 소득은 다 소비되고 유산은 없다고 가정하자. 현재와 미래를 각각 하첨자 0과 1로 표시하고 근로소득을 Y, 소비를 C, 그리고 이자율을 r이라고 하면 어떤 개인의 두 기간에 걸친 예산제약조건을 현재가치로 표현하면 다음과 같다.

$$C_0 + \frac{1}{1+r}C_1 = Y_0 \tag{15-1}$$

이는 결국 Y_0의 소득을 현재소비 C_0와 미래소비 C_1이라는 두 재화에 배분

7) 저축률은 일정기간 동안 국민경제가 생산한 생산물 또는 수취한 소득에 대한 저축의 비율을 백분비로 산출한 것으로서, 국민총가처분소득 중 소비되지 않고 남는 부분으로 계산된다(통계청, KOSIS 국가통계포털).

그림 15-7 | 저축결정의 기본모형

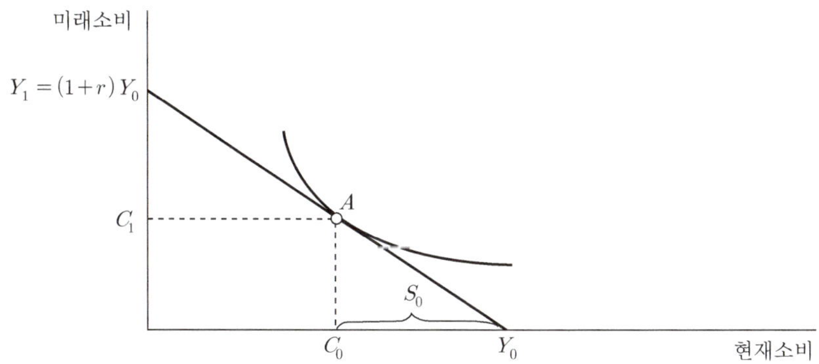

하는 것을 의미한다. 이때 현재소비의 가격은 1이며, 미래소비의 가격은 $\frac{1}{1+r}$로 표현되는데 이는 미래 1원의 현재가치를 의미한다.

[그림 15-7]은 저축이 결정되는 기본모형을 보여 주고 있다. 예산선의 X축과 Y축 절편은 현재의 근로소득을 전부 현재 또는 미래에 소비할 때 그 가능액을 표시하며 기울기는 $(1+r)$로 계산된다. 여기서 예산선의 기울기 $(1+r)$은 미래가치로 표현한 현재소비의 가격으로서 현재소비 1원의 기회비용을 보여 주는 것이다. 무차별곡선은 현재소비와 미래소비간의 선택의 조합으로 제시되고 있는데, 기본적으로 무차별곡선의 기울기는 미래소비에 대한 현재소비의 상대적 가치, 즉 시간선호율(rate of time preference)을 보여 준다. 소비자 균형은 A점에서 이루어지고 있는데, 이때 현재소비는 C_0이며, 따라서 저축(S_0)은 현재소득 Y_0에서 C_0를 뺀 잔여분(residual)으로 계산된다. 미래소비 C_1은 현재기 저축의 미래가치로서 $(1+r)S_0$로 계산된다.

(2) 이자소득세와 저축

이제 비례세율 t로 이자소득세가 부과된다고 하자. [그림 15-8]에서 예산선은 Y_1Y_0에서 $Y_1'Y_0$로 이동하고 새로운 균형은 B점에서 이루어지는데, 이 점에서 현재소비는 C_1이 되고 따라서 과세 이전에 비해서 저축은 C_0C_1만큼 감소하

그림 15-8 | 이자소득세가 저축에 미치는 영향

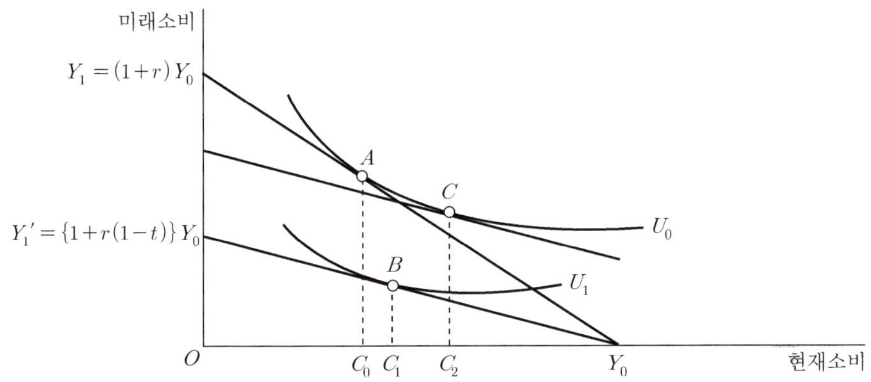

고 있는데 이는 현재소비와 미래소비간 상대가격의 변화에 따른 대체효과와 실질소득의 변화에 따른 소득효과가 합해서 생기는 결과이다.

이자소득세의 부과에 따른 실질소득 감소를 보상해 주기 위하여, 새로운 예산선을 원래의 무차별곡선(U_0)에 접하도록 평행이동하면, 그 접점이 C점이 된다. 즉 A점에서 C점으로의 이동은 실질소득의 변화 없이 상대가격의 변화만을 반영하는 대체효과를 보여주는 것으로 저축이 C_0C_2만큼 감소하고 있음을 알 수 있다. 이와 같이 대체효과가 저축을 감소시키게 되는 것은 이자소득세의 부과에 따라 현재소비의 가격이 $(1+r)$에서 $1+(1-t)r$로 하락하고 따라서 현재소비가 증가하기 때문이다. C점에서 B점으로 이동하는 것은 조세부과로 인한 실질소득의 감소에 따라 발생하는 소득효과로서, 저축이 C_2C_1만큼 증가하고 있는 것을 알 수 있다. 이는 소득의 감소에 따라 정상재인 현재소비가 감소하기 때문에 나타나는 것이다.

따라서 전체적으로 이자소득세의 부과에 따라 저축이 어떻게 변할 것인가는 대체효과와 소득효과의 상대적 크기에 따라 달라진다고 할 수 있다. [그림 15-8]은 대체효과가 소득효과보다 커서 전체적으로는 저축이 감소하는 경우를 그려 놓은 것이라고 할 수 있다. 만약 소득효과가 대체효과보다 크다면 C_1이 C_0의 왼쪽에 위치하게 되어 저축이 증가하게 될 것이다.

이자소득세의 부과에 따른 세후이자율의 변화에 따라 저축이 얼마나 달라질

것인가, 또는 이자율의 변화에 저축이 얼마나 민감하게 반응하는가는 정책적으로 매우 중요한 분석대상으로서 지금까지 많은 연구결과들이 발표되었다. 그러나 지금까지의 연구결과들은 그 크기에 대해 다양한 수치들을 제시하였을 뿐, 명확한 결론에 도달하지는 못하고 있다. 가계 또는 개인 저축의 많은 부분이 고소득층에서 이루어지기 때문에 조세의 대체효과가 상당히 클 것으로 생각되어질 수 있으나 현실은 항상 그런 것도 아니다. 또한 소득세가 퇴직금, 연금, 근로수당 등의 임금외지급을 촉진시키는 기능을 가지고 있으므로 조세가 저축을 반드시 감소시킨다고 단언할 수도 없다. 그리고 가계저축이 이자율의 함수이냐 또는 소득의 함수이냐에 따라 조세의 영향이 달라질 수도 있을 것이다.

(3) 조세의 형태가 저축에 미치는 영향 비교

제11장에서 우리는 종합소득세와 개인소비세의 제반 장단점에 대해서 비교하였으며, 특히 저축이라는 관점에서 볼 때 저축을 과세대상에서 제외하는 후자가 저축에 유리할 것이라는 점을 언급하였다. 여기서는 조세의 형태에 따라 저축에는 어떠한 영향을 미치는지를 보다 구체적으로 살펴본다.

우선 종합소득세와 개인소비세가 부과될 때 식 (15-1)에서 제시된 두 시점에 걸친 예산제약선이 어떻게 달라지는가 살펴보자. 우선 종합소득세는 이자소득과 근로소득에 대해서 과세가 이루어지며, 개인소비세는 현재소비와 미래소비에 대해서 과세하는 것이다. 이를 수식으로 표현하면,

$$\text{종합소득세:}\ C_0 + \frac{1}{1+(1-t)r} C_1 = (1-t)Y_0 \tag{15-2}$$

$$\text{개인소비세:}\ (1+t_c)C_0 + \frac{1+t_c}{1+r} C_1 = Y_0 \tag{15-3}$$

여기서 t는 종합소득세율, t_c는 개인소비세율을 나타낸다. 한편 식 (15-3)의 양변을 $(1+t_c)$로 나누어 정리하면 다음 식 (15-4)와 같이 나타낼 수 있는데, 여기서 $t_w - \frac{t_c}{1+t_c}$이다.

$$C_0 + \frac{1}{1+r} C_1 = \frac{1}{1+t_c} Y_0 = (1-t_w) Y_0 \tag{15-4}$$

식 (15-4)의 가장 마지막 부분은 세율이 t_w인 근로소득세를 부과했을 경우를 보여 주는 것으로서, 이는 결국 현재소비와 미래소비에 동일한 세율로 과세하는 개인소비세는 이자에는 과세하지 않고 임금에만 과세하는 근로소득세와 경제적으로 같은 의미를 지니고 있음을 보여 주는 것이다.

이제 이러한 세제상의 차이가 저축에는 어떠한 영향을 주게 되는지 그림을 통하여 살펴보기로 하자. [그림 15-9]는 종합소득세와 개인소비세가 부과될 때 예산선과 균형점 등을 보여 주고 있다. 우선 종합소득세가 부과되면 예산선은 Y_1Y_0에서 $Y_1'Y_0'$로 이동하게 되는데 그 기울기는 절대치로 $1+r(1-t)$가 된다. 새로운 균형은 B점에서 이루어지는데, 이 점에서 현재소비는 C_0', 미래소비는 C_1'이며, 이때 이자와 근로소득으로부터의 세수는 현재가치로 BB'로 나타나고 있다.

이때 저축은 어떻게 변화하는가? 위에서도 언급하였지만 저축이란 현재소득에서 현재소비를 뺀 금액이라고 할 수 있다. 우선 종합소득세가 부과되면 현재기의 가처분소득은 OY_0'로 낮아지게 되는데, 이는 $Y_0'Y_0$만큼이 근로소득세로 납부되기 때문이다. 이때 이자소득세는 없다고 할 수 있는데, 여기에서 논의하고 있는 2기 모형에서 현재기에는 저축으로부터의 이자소득이 발생하지 않았기 때문이다. 따라서 개인의 가계저축은 가처분소득에서 현재소비를 공제한 금액인

그림 15-9 | 종합소득세와 개인소비세가 저축에 미치는 영향 비교

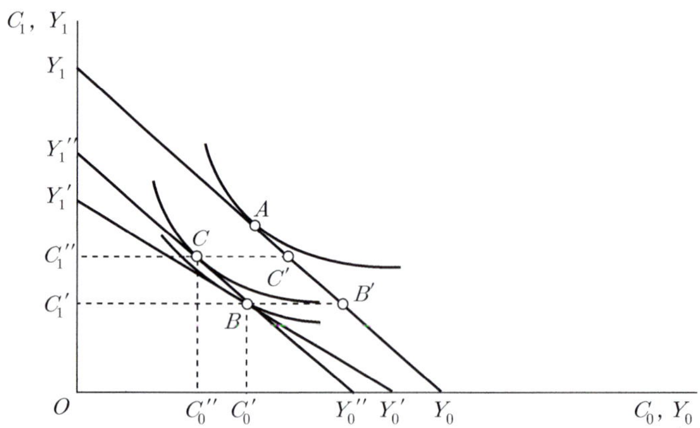

$C_0'Y_0'$로 측정된다.

그렇다면 개인소비세를 부과할 때는 어떻게 되는가? 식 (15－3)이나 식 (15－4)에서 보는 것처럼 개인소비세는 현재소비와 미래소비간의 상대가격에 변화를 초래하지 않고 따라서 예산선의 기울기는 원래의 예산선에 평행하게 된다. 여기서는 비교를 위해서 종합소득세를 부과했을 때의 세수(BB')와 동일한 세수를 얻을 수 있도록 예산선이 B점을 통과하도록 그리고 있다. 새로운 균형은 C점에서 이루어지고 있는데, 이때 현재 소비는 C_0''로 나타나고 있으며 세수는 CC'(＝BB')이다. 현재기의 가처분소득은 OY_0''이기 때문에 저축은 $C_0''Y_0''$가 된다.

결국 종합소득세를 부과하는 경우와 개인소비세를 부과하는 경우 가계저축은 각각 $C_0'Y_0'$와 $C_0''Y_0''$가 되는데, 어느 것이 더 큰지는 사전적으로 알 수 없다. 한편 양자의 경우에 있어서 현재기의 정부세수는 각각 $Y_0'Y_0$와 $Y_0''Y_0$가 되기 때문에, 개인소비세를 택하는 경우에 $Y_0''Y_0'$만큼 높게 나타나고 있음을 알 수 있다. 즉 비록 전체 세수의 현재가치는 동일하지만 근로소득세를 택하는 경우에 현재기의 정부세수가 높게 나타나는 것이다. 따라서 정부의 지출패턴이 동일하다고 한다면 근로소득세를 택하는 경우 현재기의 세수 차이만큼 정부저축이 높다고 할 수 있다. 결국 가계저축과 정부저축을 포함하는 전체적인 저축이라는 측면에서 본다면 개별소비세를 택하는 경우의 저축이 $C_0''C_0'$만큼 높다고 할 수 있는 것이다.

2. 기업저축

가계나 개인이 가처분소득의 일부를 소비하지 않고 저축하는 것처럼 기업저축은 기업의 세후이윤을 어떻게 처분할 것인지의 의사결정을 바탕으로 이루어지는 것이다. 기업은 그 세후이윤을 주주에게 배당을 하든지 또는 사내유보(retained earnings)를 하게 되는데 사내유보된 부분이 기업저축을 구성하는 것이다. 이러한 사내유보는 기업의 미래 투자재원으로서 가급적 이를 확대할 수 있도록 하는 유인이 필요하다고 할 것인데, 아래에서 살펴보는 바와 같이 조세 측면에서 사내유보에 대해서는 여러 우대조치들이 적용되고 있다.

기업이 얼마를 배당을 하고 또 사내유보를 할 것인지의 결정은 기본적으로 주주총회에서 이루어지기 때문에 이 두 가지 형태의 이익배분이 주주에게 어떠한 효과를 줄 것인지를 살펴보는 것이 중요하다. 주주에게 이루어지는 배당은 주주의 소득을 구성하기 때문에 개인소득세가 과세된다. 따라서 같은 소득에 대해서 이미 법인세가 과세되었다는 점에서 이중과세의 문제가 대두된다. 한편 사내유보는 회사 주식가치의 변화, 즉 자본이득을 통해서 주주에게 그 효과가 전해지게 되는데 배당에 비교한다면 개인소득세 측면에서 낮은 과세가 이루어지게 된다. 우선 주식양도차익은 자본이득이 발생한 연도에 바로 과세되는 것이 아니라 실제 매매가 이루어지는 시점까지 과세가 연기된다. 즉 과세시점을 납세자가 선택할 수 있는 것이다. 또한 많은 나라들은 주식양도차익에 대해서는 배당 등 경상소득에 비해서 낮은 세율로 과세하거나 일부를 소득공제함으로써 부담을 낮게 하고 있는데 이는 기본적으로 양도차익이 여러 해에 걸쳐 축적된 것이라는 점을 반영하는 것이다. 한편 우리나라의 경우 상장기업의 소액주주에게 발생하는 주식양도차익에 대해서는 아예 비과세하고 있다.

이와 같이 법인세후 소득을 배당을 하는 경우 사내유보에 비해서 상대적으로 무거운 세금을 부담하게 되는데 왜 기업들이 배당을 하는지를 배당의 수수께끼(dividend puzzle)라고 한다. 기본적으로 배당을 함으로써 잠재적인 투자자들에게 기업의 장래성을 알리는 소위 신호효과를 기대할 수 있으며 배당을 통해서 투자이익을 확실하게 환수할 수 있다는 등 여러 이유를 생각할 수 있을 것이다. 한편 우리나라의 배당세액공제 제도와 같이 많은 나라들은 배당의 이중과세 문제를 완화하기 위한 제도들을 운영하고 있다. 또한 지나치게 많은 사내유보를 통해서 과세를 회피하는 것을 억제하기 위한 제도가 적용되기도 하는데, 과거 우리나라에서 운영되었던 지상배당제도는 일정 수준 이상의 사내유보는 배당으로 간주하여 당년도에 과세하였던 것이다.

제3절 조세와 민간투자

1. 기본모형

기업가의 입장에서 투자를 어떻게 결정하는가 살펴보자. 1단위의 투자를 추가할 것인지 여부는 투자를 통해 획득할 수 있는 한계수입과 투입하여야 하는 한계비용과의 비교를 통하여 결정된다. 우선 투자로 획득할 수 있는 한계수입이란 투자가 추가하는 한계생산물(MP)에 그 시장가격(p)을 곱한 한계생산물가치(VMP)이다. 한편 투자에 소요되는 한계비용은 투자자본의 재원조달비용과 감가상각 등을 들 수 있는데,[8] 이러한 비용을 자본의 사용자비용(user cost of capital)이라고 하며, 다음과 같이 표현될 수 있다. 즉,

$$C = q(r + \delta) \tag{15-5}$$

여기서 q는 투자자산의 가격, r은 재원조달의 구성을 고려한 가중평균이자율이며, δ는 경제적 감가률을 나타낸다. 따라서 투자는 한계수입과 한계투자비용이 같아지는, 즉 $pMP_k = q(r+\delta)$가 이루어지는 점에서 결정되는데 이를 정리하면 다음과 같다.

$$\frac{pMP_k}{q} = r + \delta \tag{15-6}$$

한편 재원조달비용은 재원조달의 구성에 따라 달라지는데, 크게 자기자본과 타인자본인 차입금으로 구별된다. 투자재원 중에서 타인자본 비율을 f, 시장이자율을 i, 배당이나 자본이득 등을 통해서 주주가 요구하는 수익률 ρ라고 한다면 재원조달비용은 다음과 같이 표현된다.

$$r = fi + (1 - f)\rho \tag{15-7}$$

2. 법인세가 투자에 미치는 영향

이제 법인세가 도입되면 투자는 어떻게 영향을 받을 것인가 살펴보자. 우선 법인세는 기업의 수익에 적용되기 때문에, 식 (15-6)의 좌변, 즉 한계수익

8) 물론 이들 이외에도 기술진보에 따라 투자된 기계 등이 진부화될 수 있는 위험 등 여러 다른 비용들도 존재할 것이다.

률은 법인세만큼 감소하게 된다. 즉 법인세율을 t라고 하면 세후한계수익률은 $\frac{(1-t)pMP_k}{q}$가 된다.

식 (15-6)의 우변, 즉 자본의 사용자비용에는 어떠한 변화가 있을 것인가? 우선 법인의 재원조달 중에서 차입금에 대한 이자지급은 법인세의 계산에서 비용으로 공제된다. 따라서 차입금에 대한 이자로 i를 지불한 경우 법인세 계산에서 비용으로 공제되는 효과를 고려한다면 실제 법인의 비용은 $(1-t)i$가 되는 것이다. 이에 따라 새로운 세후 재원조달비용(r')은 $f(1-t)i+(1-f)\rho$가 된다. 둘째로 법인세에는 감가상각이나 투자세액공제 제도와 같은 자본비용을 반영하는 제반 지원제도들이 포함되게 된다. 이들 효과를 반영하면 q원의 투자에 대해 사용자가 지불하게 되는 실제비용은 $q(1-k-tz)$로 계산된다.[9] 여기서 k는 투자세액공제율, z는 세법상 감가상각의 현재가치를 의미한다.[10]

따라서 이러한 사항들을 반영하여 식 (15-6)을 다시 써서 정리하면, 법인세가 도입되었을 때 투자가 결정되는 한계조건을 나타낸다. 즉,

$$\frac{pMP_k}{q}=\frac{(r'+\delta)(1-k-tz)}{1-t} \tag{15-8}$$

우리가 여기서 알아보고자 하는 것은 법인세가 도입되는 경우 투자가 과연 어떻게 될 것인가 하는 것이었다. 그 해답은 식 (15-6)과 식 (15-8)을 비교하여

9) 조세감면제도의 유형은 특례세율의 적용, 세액감면, 세액공제, 소득공제, 준비금의 손금산입 등을 들 수 있다. 이 모형에 반영된 감가상각과 투자세액공제 이외에도 우리나라의 법인세법이나 조세특례제한법에 설정되어 있는 중요한 조세감면제도들을 들어보면, 투자준비금제도와 같은 각종 준비금제도와 증자소득공제제도, 또 중소기업에 대한 조세감면제도로 중소기업특별세액감면 등을 들 수 있다.

10) 기업이 기계나 건물 등 상각대상 자산에 투자할 경우 세법상 정해진 기간에 걸쳐 그 투자금액을 전액 비용으로 반영하게 된다. 그러나 그 상각이 여러 해에 걸쳐 이루어지기 때문에 실제 비용으로 반영된 금액의 현재가치는 투자금액보다 작게 되는 것이다. 예를 들어, 1억원의 기계자산에 대한 투자금액을 5년에 걸쳐 매년 2천만원씩 정액법에 의해 상각하는 경우, 형식적으로 보면 1억원 전액이 비용으로 반영되었지만 그 현재가치는 할인된 가격으로 계상되어야 하는 것이다. 만약 투자가 연초에 이루어졌고 할인율을 10%라고 하면 연말 결산을 기준으로 볼 때 세법상 감가상각의 현재가치는 $\frac{2천만원}{1+0.1}+\frac{2천만원}{(1+0.1)^2}+\frac{2천만원}{(1+0.1)^3}+\frac{2천만원}{(1+0.1)^4}+\frac{2천만원}{(1+0.1)^5}=7{,}582만원$이 된다.

한편 정률법에 의한 감가상각에서 상각률을 d, 상각기간을 n이라고 하고, 마지막 n년도의 상각액이 무시할만큼 작다면 감가상각액의 현재가치 $z=\frac{r'+d}{r'}$로 표현된다.

얻을 수 있는 것이다. 이 두 식의 우변은 투자의 한계비용 또는 자본의 사용자비용을 보여주는 것으로, 그 수치가 작을수록 투자는 증가하게 된다. 즉 투자자가 지불해야 하는 한계비용이 낮아짐에 따라 낮은 한계생산가치를 창출하는 투자까지도 가능하기 때문에 더 많은 투자가 이루어지는 것이다.

우선 식 (15-8) 우변의 분모에 추가된 $(1-t)$는 수익에 대한 법인세를 반영하는 것으로서, 전체 한계비용을 크게 함으로써 투자를 감소시키는 작용을 하게 된다. 분자를 살펴보면 재원조달비용 r'는 차입금이자에 대한 공제로 인하여 r보다 작아지게 되는데, 이는 한계비용을 낮추어 투자를 증가시키게 된다. 또한 투자세액공제 k와 감가상각의 현재가치 z도 한계비용을 낮춤으로써 투자를 증가시키게 됨을 알 수 있다.

따라서 전체적으로 법인세 도입이 투자에 어떠한 영향을 미칠 것인가는 위의 각 요인들의 크기에 좌우된다고 할 수 있다. 투자를 촉진하기 위해서는 이러한 요인들에 대한 개편이 이루어지게 되는데, 가속상각 등을 통하여 감가상각을 촉진하거나 투자세액공제율을 확대하는 것 등을 들 수 있을 것이다. 통상 법인세로 인하여 한계비용이 높아지는 것이 일반적인 경우라고 하겠으나, 각종 조세감면규정들의 효과가 매우 큰 경우에는 오히려 한계비용이 낮아지는 경우도 있게 된다. 예를 들어, 낮은 세율이 적용되는 중소기업이 차입한 재원으로 많은 조세지원들이 적용되는 기계자산에 투자하는 경우, 대기업이 자기자본으로 건물 등에 투자하는 것보다는 조세감면효과가 크게 나타나게 된다.

한 나라의 법인세 부담이 어느 수준인가를 알기 위하여 단순히 법정세율만을 살펴보는 것은 잘못될 가능성이 매우 높다. 위에서 알 수 있듯이 법인세의 실효세부담은 법정세율만이 아니라 제반 조세감면효과까지 고려되어 결정되는 것이기 때문이다. 법인세의 실효세율을 측정하기 위한 수단으로 한계유효세율(marginal effective tax rate)의 개념이 활용되기도 한다. 이것은 법인의 한계투자로부터 발생하는 세전수익률과 제반 조세감면 등이 적용되어 법인세를 납부한 후의 세후수익률간의 차이를 세전수익률로 나누어 계산하게 되는데, 그 크기는 투자재원의 조달방법이나 투자자산의 종류, 그리고 법인의 종류 등에 따라 달라지게 된다.

3. 최적법인세

법인세를 도입한 경우에도 도입하지 않을 경우와 비교하여 투자가 달라지지 않게 할 수 있을까? 즉 일정한 세수를 확보하면서도 투자에 왜곡을 끼치지 않는다면 어떤 의미에서는 최적법인세라고 할 수 있을 것이다. 그렇다면 어떠한 경우에 투자가 달라지지 않게 되는가? 이는 법인세가 도입된 이후 사용자비용인 식(15-8)의 우변의 크기가 도입되기 이전인 식(15-6)의 우변과 같은 경우에 해당할 것이다. 개념적으로 본다면 법인세가 투자를 감소시키는 것은 투자에 소요된 자본비용이 법인세 계산에서 전액 비용을 반영되지 않음으로써 일정한 법인세 부담을 하게 되는 경우일 것이다. 따라서 투자에 따르는 자본비용이 전부 비용으로 반영된다면 투자에 미치는 부정적인 영향이 해소될 것이다.

이러한 관점에서 법인이 수행한 투자에 관련된 자본비용을 전액 법인세 계산에서 공제하는 방법으로서 다음과 같은 세 가지를 고려할 수 있다. 세 가지 모든 경우에 투자세액공제율(k)은 0이다.

첫째, 투자비용을 즉시비용처리(immediate expensing)하는 방법이다. 즉 투자가 일어나는 즉시 모든 투자액을 비용처리하는 것으로서 따라서 감가상각의 현재가치(z)는 1이 된다. 한편 투자비용을 전액 비용으로 처리하였기 때문에 투자를 위해 차입한 차입금에 대한 이자를 비용으로 반영할 필요가 없게 된다. 결국 이 대안은 $k=0$, $z=1$, $r'=r$으로 표현되는 것으로서 이를 식(15-8)의 우변에 대입하면,

$$\frac{pMP_k}{q} = \frac{(r'+\delta)(1-k-tz)}{1-t} = r+\delta \qquad \text{식 (15-9)}$$

결국 자본의 사용자 비용은 법인세 부과이전과 동일하게 유지됨으로써 투자는 변하지 않게 되는 것이다. 이러한 방식은 공제하는 데 있어 소득세 방식인 감가상각을 적용하지 않고 투자 당년도에 전액 비용으로 반영한다는 점에서 지출세 방식을 의미한다.[11)]

11) 이에 대한 자세한 내용은 제11장 제3절을 참조할 것.

둘째, 세법상 감가상각률을 진정한 경제적 상각률에 맞추어 설정하고 차입금에 대한 이자만이 아니라 자기자본에 지불하는 수익(ρ)도 비용으로 공제하여 전체 재원조달비용을 비용으로 반영하는 방안이다. 이는 세법상 상각액을 경제적 상각이 이루어지는 만큼으로 설정하고 상각이 이루어지는 동안 소요되는 자본비용을 자기자본과 타인자본을 구분하지 않고 전액 공제하도록 하는 것이다. 즉 이 대안은 $k=0$, $r'=r(1-t)$, $d=\delta$으로 표현된다. 이를 식 (15－8)의 우변에 대입하여 정리하면 역시 식 (15－9)와 같은 결과가 도출된다.

셋째, 매년 감가상각이 이루어지고 잔존가액을 유지하는 데 필요한 자본비용을 추가로 공제하는 방법이다. 이 경우 투자관련 비용들이 다 공제되기 때문에 지급이자에 대한 손금산입은 반영할 필요가 없다. 즉 $k=0$, $z=\dfrac{d}{r+d}$, $r'=r$이며 잔존가액의 자본비용에 대한 공제(A)가 추가되는데, 그에 따른 감면효과는 $tA=t\dfrac{r}{r+d}$가 된다.[12] 따라서 이를 반영하여 정리하면

$$\frac{pMP_k}{q}=\frac{(r'+\delta)(1-k-tz-tA)}{1-t}=r+\delta\text{가 도출된다.}$$

제 4 절 조세와 위험부담

모든 투자는 어느 정도의 위험을 부담하지 않으면 안 된다. 위험을 안고 있는 투자가 가능하기 위해서는 저축이나 국채와 같이 위험이 없거나 매우 낮은 투자에 비해서 더 높은 수익이 주어져야 하는데, 이때 위험을 보상하기 위한 추가적인 수익률을 위험프리미엄(risk premium)이라고 한다. 법인세 등을 통하여 투자수익에 대한 과세가 이루어지는 경우 이러한 위험과 보상의 관계에 영향을 미치게 되기 때문에 투자가 달라지게 될 것이다. 따라서 투자에 대한 조세의 영향을 고찰할 때에는 이러한 위험부담의 측면을 고려해야 한다. 투자가 성공적이어서 기대한 수익이 발생하더라도 과세 때문에 수익이 지나치게 감소된다면 투자가

12) 주 10)에서 감가상각의 현재가치(z)를 $\dfrac{d}{r'+d}$로 도출하였다. 따라서 매년 감가상각이 이루어진 이후 잔존가액의 현재가치는 $\dfrac{r'}{r'+d}$가 된다.

그림 5-10 | 조세와 위험부담행위

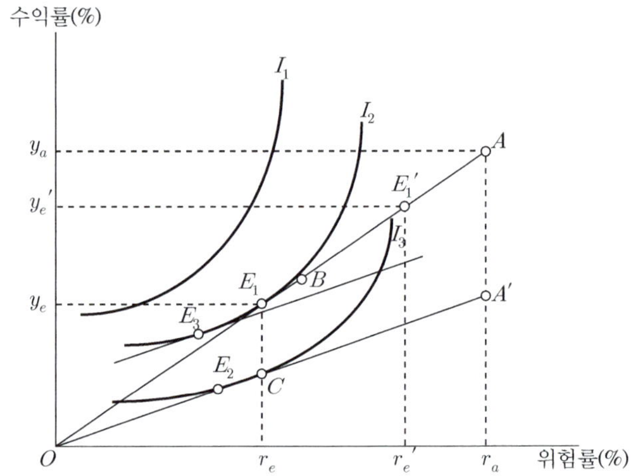

촉진될 리가 없다. 그러나 과세제도 속에 손실상쇄(loss offset)가 허용되어 있다면 과세는 투자의 실패로 초래된 손실을 축소하여 주므로 경우에 따라서 위험부담의 행위를 촉진하여 투자를 자극할 수 있는 것이다.

조세의 위험부담행위 촉진가능성에 대하여 [그림 15-10]을 통하여 다시 살펴보자. 그림의 종축은 수익률을 표시하고 횡축은 위험률을 표시하고 있다. 간단한 예로서 위험이 없는 현금[13]과 어느 정도의 위험을 지니고 있는 회사채(corporate bond) 사이의 보유비율을 투자가가 결정한다고 하자. 직선 OA는 이와 같은 보유비율의 모든 가능성을 보여 주고 있다. 투자가가 전액을 현금으로 보유하고자 하면 점 O를 택할 것인데, 이때에는 위험률은 영(0)이지만 수익률도 영(0)이 된다. 만약 전액을 회사채에 투자한다면 점 A를 택할 것이다. 이때의 위험률은 r_a이며 수익률은 y_a가 된다. 각 무차별곡선 I_1, I_2, I_3는 투자가에게 동일한 만족을 주는 위험률과 수익률의 배합을 보여 주고 있는데, 곡선이 위에 위치할수록 더 높은 만족수준을 나타내고 있다. 또 이 무차별곡선은 위험이 증가할수록 기울기가 급한 모습을 보이고 있는데 이는 위험이 증가할수록 이를 보상하기 위해 요

13) 물론 인플레이션이 있는 경우 현금도 그 가치가 하락하는 위험을 가지게 된다.

구되는 수익의 증가가 더 많아야 한다는 것을 의미한다.

이제 조세가 부과되기 전의 투자가는 투자기회곡선 OA와 무차별곡선 I_2가 서로 접하는 점 E_1에서 현금과 회사채간의 최선의 보유비율을 설정하게 되며, 이때의 위험률과 수익률은 각기 r_e와 y_e가 된다. 또한 투자가의 위험투자의 비중은 OE_1/OA가 된다.

이러한 상태에서 정부가 50%의 소득세를 징수한다고 하자. 조세제도 속에 손실상쇄(loss offset)의 장치가 마련되어 있지 않으면 투자기회곡선은 OA에서 OA'로 이동하게 되고 새로운 균형은 E_2에서 결정된다. 이때 이 균형점이 원래의 균형점인 E_1에 대응하는 C보다 오른쪽에서 이루어지면 위험투자의 비중이 증가하는 것이고 왼쪽에서 성립하면 그 비중이 감소하는 것이다. [그림 15－10]에서는 감소하는 것으로 나타나고 있는데, 실제 어디서 균형이 이루어질 것인가는 소득효과와 대체효과의 크기에 따라 좌우된다. 새로운 예산선, 즉 투자기회선이 원래의 무차별곡선 I_2에 접하는 점을 E_3라고 하면, E_1에서 E_3로의 변화는 대체효과이며, E_3에서 E_2로의 변화는 소득효과이다. 예산선의 기울기가 작아지는 것은 추가적인 위험부담에 따른 보상이 크기가 작아진다는 것을 의미하기 때문에 대체효과에 의해서는 위험부담행위가 감소하게 된다. 한편 수익률 즉 소득이 감소함에 따라 위험부담이 증가할 것인가 또는 감소할 것인가 여부는 선험적으로 알 수 없는데, 감소하게 된다고 하면 전체적으로 위험부담은 감소하게 될 것이다. 전체적으로 조세제도에서 손실상쇄 제도가 반영되지 않는 경우 위험부담행위는 낮아지게 될 것이다.

이제 정부가 수익에 대해서 과세하는 것만이 아니라 손실이 발생할 경우 이를 일정부분 부담하는 완전손실상쇄(full loss offset) 제도를 반영한다고 하자. 즉 수익과 손실을 같은 수준으로 법인세 계산에 반영하는 것이다. 이 경우 수익과 위험이 동시에 감소하게 됨으로써 예산선은 OA에서 세율만큼 그 안쪽으로 줄어들게 될 것인데, OB는 그 한 경우를 보여주고 있다. 새로운 예산선(OB)에서 투자자의 균형은 원래의 E_1점에 그대로 유지되고 있다. 그러나 이 경우 위험투자의 비중은 OE_1/OB가 되기 때문에 위험투자 비중은 높아진 것을 의미하는 것이다. 이 균형점 E_1을 원래의 예산선 OA를 기준으로 하면 E_1'에 해당하는 것이다.

개인투자의 균형점은 그대로인데 위험선택의 비중이 높아진 것은 정부가 조세제도를 통해서 위험선택의 일부를 담당하기 때문이다. 정부가 분담하는 위험의 크기는 $r_e r_e'$이며 그에 따른 기대조세수입은 $y_e y_e'$가 된다. 조세가 없을 경우 균형점 E_1에 비교하면 개인 투자자의 후생수준은 낮아지고 있음을 알 수 있다. 그러나 사회 전체적으로 본다면 오히려 후생수준이 증가할 수 있는데, 다양한 기업이나 산업에서 조세를 징수하는 정부는 일종의 위험공유(risk pooling)를 통해서 더 낮은 비용으로 위험을 부담할 수 있기 때문이다.

한편 우리나라의 경우 어떤 사업연도에서 발생한 결손금을 이후 10년간의 사업연도 소득금액에서 공제하는 이월공제(carry-over)를 허용함으로써 손실상쇄를 세법에 반영하고 있다. 또한 중소기업에 대해서는 결손금을 1년간 소급공제(carry-back)도 할 수 있도록 함으로써 이러한 손실상쇄를 더욱 강화하고 있다.

이상의 설명에서 알 수 있는 것은 일정한 조건하에서 손실상쇄장치를 갖고 있는 조세는 위험부담행위를 촉진하여 투자가 증가된다는 것이다. 물론 현실은 이보다 훨씬 더 복잡하며, 인플레이션에 따른 현금보유의 위험성이라든가, 다른 자산의 선택 등을 함께 고려하여 분석하여야 한다. 따라서 조세의 순효과는 위험부담행위를 촉진할 수도 있고 위축시킬 수도 있으며, 간단하게 어떤 일반화된 결론을 내리기는 힘들다고 하겠다.

CHAPTER 16

The Modern Public Finance

개별 조세론

제1절 소 득 세

1. 소득의 개념과 측정

(1) 소득의 개념

현대 조세의 가장 핵심적인 세목으로 활용되는 소득세(personal income tax)는 개인의 소득을 부담능력의 척도로 하여 과세된다. 따라서 소득의 개념을 정확하게 파악하는 것이 소득세를 이해하는 출발점이 된다. 제11장에서 살펴보았던 것처럼 소득의 개념은 요소소득의 지급이라는 발생원천 측면에서 파악하는 방식(factor payment view)과 소득이 사용되는 측면에서 파악하는 방식(uses view) 등 두 가지 측면에서 살펴볼 수 있다.

첫째, 발생원천 측면에서 지급된 요소소득의 합으로 소득을 정의할 수 있을 것이다. 구체적으로는 근로소득, 사업소득, 이자소득, 배당소득 등 일정한 기간 동안 여러 원천에서 발생한 소득을 합하여 산정하는 것이다. 우리나라의 소득세는 바로 이러한 방식을 채택하고 있다. 한편 어떤 사람의 지불능력을 증가시키는 것이지만 요소소득이 아닌 경우에는 소득으로 포함시키지 않고 별도로 과세하는 경우가 많은데 상속이나 증여를 그 대표적인 예로 들 수 있을 것이다.

둘째, 획득된 소득은 어떠한 방식으로든 사용되게 되는데, 크게 본다면 소득은 소비하거나 저축하는 두 가지로 구분된다. 즉 소득을 소비와 저축의 합으로 계산하는 것인데, 헤이그와 사이먼(R. M. Haig and H. C. Simons)의 포괄적 소득(comprehensive income)은 '일정기간 동안의 개인의 소비(C)와 순자산가치 변화분(ΔW)의 합'으로 정의된다. 저축의 증가는 결국 자산가치의 증가로 나타나게 되는 것이다. 즉,

$$Y = C + S = C + \Delta W$$

현재 우리나라의 법인세는 법인의 소득을 각 사업연도에 속하는 익금의 총액에서 손금의 총액을 공제하여 계산한 순자산의 변화로 계산하는 소위 순자산증가설을 채택하고 있는데, 여기서 익금과 손금은 각각 해당 법인의 순자산을 증가시키는 거래와 순자산을 감소시키는 거래에 의한 금액으로 정의된다.

(2) 소득의 측정

소득의 개념이 일단 규명되었다 하더라도 이에 못지않게 어려운 문제는 바로 이 소득을 어떻게 측정하느냐인데, 다음과 같은 세 가지 이슈가 제기된다. 첫째, 소득과 수입금액의 구분이 필요한데 또 다른 측면에서는 소득을 구성하는 소비와 그렇지 않은 지출인 경비를 구분하는 문제이다. 어떤 개인사업자를 예로 들어보자. 이 사업자는 기본적으로 영업매출을 통해서 수입을 획득하게 되는데, 이 수입금액이 전부 소득은 아닌 것이다. 즉 수입금액(R)에서 영업활동에 필요한 제반 경비, 즉 재료비나 임대료, 차입금 이자, 종업원 임금 등 여러 가지의 필요경비(E)를 제한 것이 소득을 구성한다. 즉, $Y=R-E=C+S$인데, 이를 R로 정리하면 $R=E+C+S$가 되는 것이다. 결국 사용 측면에서 소득을 측정할 때 주의할 필요가 있는 것은 어떠한 지출이 소득에 포함되는 소비지출인지 또는 소득에 포함되지 않는 경비지출인지를 구분하는 것이다. 기본적으로 수입을 획득하는데 필요한 지출인 경우 경비라고 할 수 있는 반면 개인의 효용을 증가시키는 지출은 소비로서 소득에 포함해야 하는 것이다. 예를 들어, 직장에 출퇴근하는 데 필요한 교통비의 경우 소득을 획득하기 위하여 필요한 지출로서 기본적으로 경비라고 할 수 있다. 그러나 한편으로 전원에서 사는 것을 선호하여 통근거리가 멀어졌기 때문에 통근비용이 많이 소요되는 경우 그 전체가 다 경비라기 보다는 상당부분은 소비선택의 결과로 인한 것이기 때문에 경비로 공제하지 않고 소비로서 소득

에 포함하여야 하는 것이다. 근로소득자인 경우에도 소득을 획득하기 위하여 지출되어야 하는 여러 경비가 발생하게 되는데, 우리나라의 경우 이를 일일이 계산하기보다는 징세와 납세의 편의를 위하여 근로소득공제라는 형태로 소득[1]에 연계하여 일괄적으로 공제하고 있다.

둘째, 소득이 정상적인 화폐소득의 형태가 아니라 '소득의 일종'(income in kind)으로 발생하는 경우 측정문제가 대두된다. 가장 좋은 예로서 집 뒷마당에서 재배하여 수확한 야채를 들 수 있다. 이것을 시장에 내다 팔았을 경우에는 분명히 화폐소득으로 측정되지만, 그렇지 않고 가정에서 그냥 소모하였다면 '소득의 일종'인 귀속소득(imputed income)이 된다. 다른 또 하나의 예로서 가정주부가 가정에서 제공하는 각종 서비스를 지적할 수 있다. 가정주부는 집안청소로부터 육아교육까지 많은 일을 담당하고 있다. 따라서 가정주부가 실질소득을 창조하고 있음은 아무도 부인할 수 없는데, 이와 같은 서비스가 시장기구를 통하여 이루어지지 않는 한 소득으로 측정하기는 매우 어려울 수밖에 없는 것이다. 또 자기가 소유하고 있는 주택에서 살고 있는 사람에게는 귀속임대소득이 발생하는 것이다. 이러한 귀속소득의 문제 이외에도 회사가 종업원에게 지급하는 각종 복지나 의료서비스 등과 같이 화폐소득이 아닌 현물의 형태로 지급되는 부가급여(fringe benefits)의 경우에도 측정상의 문제가 제기된다. 이와 같은 '소득의 일종'을 어떻게 측정하느냐, 그리고 이를 과연 세원으로 간주하여 과세하느냐에 대하여서는 각 나라마다 다르게 처리하고 있다. 통상 귀속소득은 과세대상으로 포함하지 않고 있는 대신 부가급여의 경우 과세대상이 되는 경우가 많다고 할 것이다. 예를 들어, 우리나라의 소득세에서는 주택을 제공받음으로서 받는 이익은 근로소득에 포함하여 과세한다.

셋째, 발생된 자본이득은 개념상 포괄적 소득에 해당하지만 이것이 일단 매매를 통해서 실현되기 이전에는 과세소득으로 평가되지 않는 것이 일반적인 조세정책상의 관행이다. 이는 현금화 되지 않았기 때문에 세금을 부과하는 경우 유동성의 문제가 나타나게 된다는 문제점과 함께 실현되지 않은 상황에서 이를 정확하게 평가하는 것이 매우 어렵기 때문이다.

---

1) 사실 세법상 근로소득이나 사업소득 등의 용어를 사용하고 있는데 보다 엄격히 말하면 근로수입과 사업수입으로 규정해야 하고, 여기서 필요경비를 공제한 것을 근로소득과 사업소득이라고 하는 것이 타당하다.

2. 수평적 공평과 수직적 공평의 현실적 적용: 차등과세와 누진율

소득의 개념과 측정문제가 효율적으로 해결되었다고 하여도 개인소득세는 소득규모만을 기준으로 과세되는 것은 아니다. 이는 측정된 과세소득이 바로 그 납세자의 부담능력을 보여 주는 것은 아니기 때문인데 특히 다른 납세자들과의 상대적 비교라는 측면에서 납세자들의 부담능력에 영향을 주는 제반 요인들을 고려하여 과세가 이루어질 때 수평적 공평(horizontal equity)이 실현될 수 있는 것이다. 즉 동일한 소득을 획득하는 사람들이라고 하여 바로 동일한 소득세를 납부하는 것이 바람직한 것은 아니며 부담능력에 영향을 미치는 제반 요인들을 고려하면서 과세에 차등(tax discrimination)을 두는 것이 도리어 공평한 결과를 가져다준다. 만약 여러 상황이 다른데도 동일하게 세금을 부과한다면 그것은 오히려 수평적 공평원칙을 위반하게 되는 것이다.

소득 이외의 차등과세요인으로 가장 대표적인 것이 가족 수이다. 가족 중 소득을 벌어들이는 사람이 한 사람뿐이라면 이 가장에게 부과되는 세금은 가족 수가 많으면 많을수록 경감되는 것이 마땅할 것이다. 또 부양가족의 연령이 어느 정도인가에 따라 세 부담의 차이를 둘 수 있으며, 장애인인 경우 인적 공제를 추가적으로 반영하여 세 부담을 줄이도록 하는 장치를 마련하기도 한다. 이러한 제반 고려요인들을 반영하도록 하는 것이 소득공제(deduction) 제도이다.

한편 소득의 원천(source of income)에 따라 과세에 차별을 두기도 한다. 소득의 유형에 따라서 인플레이션의 영향을 다르게 받는다면 명목소득이 상대적으로 빠르게 증가하는 소득에 대해서는 그에 대한 조정이 이루어지도록 하여야 하는 것이다. 이러한 관점에서 장기보유한 자본이득에 대해서 낮은 세율을 적용하거나 일정한 소득공제를 적용하게 된다. 한편 일부 국가에서는 이자·배당·임대료 등과 같은 자본소득(금융소득)에 대해서는 임금과 같은 노동소득에 비하여 오히려 상대적으로 높은 세율을 적용하기도 한다. 자본소득에 대해서는 그 계산과정에서 감가상각의 반영 등이 이루어지고 있는 반면 근로소득자에게는 이들 역시 인적 자본의 소유자임에도 불구하고 인적 자본에 대한 감가상각 내지 기타 경비의 상각이 허용되지 않기 때문에 근로소득에는 낮은 세율을 적용하여야 한다는 것이다.

가장 이상적인 소득세제로 제시되고 있는 포괄적 소득세제는 모든 유형의 소득을 동일하게 취급하여 종합하여 과세함으로써 부담능력에 부합하는 공평한 세부담이 이루어지도록 하는 것이다. 따라서 소득유형별 차등과세는 불공평한 결과를 야기한다는 비판도 제기될 수 있지만 명목소득에 과세하는 현행의 조세체계하에서 과연 진정한 부담능력을 어떻게 찾을 것인지는 매우 어려운 과제가 되고 있는 것이다. 특히 투자와 저축의 장려 등과 같은 정책적 목적이 반영되는 경우 현실의 조세정책은 더욱 복잡한 선택의 문제를 제기하게 된다. 저율분리과세를 하되 일정 소득 이상의 금융소득에 대해서는 종합과세를 하고 있는 우리나라의 금융소득종합과세 정책은 이러한 고민을 반영하고 있는 대표적인 사례라고 할 수 있다.

지금까지 가족수·소득원천 등 소득규모 외의 차등과세요인에 대하여 설명하였는데, 근대 개인소득세의 가장 두드러진 특징은 역시 소득의 크기에 따라 개인에게 차등과세하는 것이다. 다시 말하여 현대의 소득세제는 소득의 크기에 따라 서로 상이한 세율을 적용하고 있으며, 주로 그것은 누진세율(progressive tax rate)의 형태를 취하고 있는 것이다.

현대의 개인소득세가 누진세율로 짜여져 있는 이유를 논리적으로 규명하여 보는 것은 매우 중요하다. 우리는 앞의 제11장에서 부담능력에 따른 과세원칙을 설명하였는데, 이 원칙이 갖고 있는 당위성은 어느 나라를 막론하고 당연히 인정되고 있다. 고전학파의 견해를 따르면 조세에 의한 효용의 희생분(sacrifice of utility)을 극소화시키기 위해서는 세율이 누진적으로 이루어져야 하며, 그 이유는 소득의 한계효용이 소득의 증가에 따라 체감하기 때문이다. 물론 효용이라는 것이 측정하기 어렵고 더욱이 개개인의 효용을 서로 비교한다는 것이 거의 불가능하기 때문에 이러한 견해를 전적으로 받아들이기는 어렵다고 할 것이다.

누진세에 대한 다른 측면에서의 당위성으로서, 사회목표로서의 '소득의 균등화(equalization of income)'에 초점을 맞추어 설명할 수 있다. 그러나 소득균등이 누진세를 통하여 어느 정도 달성된다 하더라도 그것이 완전할 수는 없는 것이며, 더욱이 재분배정책은 조세보다는 지출정책을 통하는 것이 더 바람직한 정책효과를 얻을 수 있다는 측면에서 이것 역시 완벽한 주장이라고 하기 어렵다.

이처럼 누진세의 당위성을 공리주의적인 입장과 평등주의적인 입장에 따라 달리 설명할 수 있는데,[2] 이에 첨부하여 미국의 재정학자 뷰케넌(J. Buchanan)은

2) 제6장 제2절의 소득의 적정분배기준을 참조할 것.

그 자신의 독특한 견해를 제시하고 있다. 즉 조세란 일단 채택되면 그것은 반영구적으로 존재하는 것인데, 납세자들은 자신의 장래소득에 대하여서는 매우 불확실하게 생각하고 있다. 따라서 납세자들은 자신이 운이 있어 높은 소득을 취득했을 때 한하여 고액의 세금을 낼 것으로 생각할 뿐, 그렇지 않고 불운하여 충분한 소득을 얻지 못할 때는 소득의 감소 이상의 세율로 세금이 감소되기를 희망하고 있다. 납세자들의 생각이 모두 이러하고 장래소득에 대하여 높은 불확실성을 지니고 있다면 불운한 시기에 소득재분배의 혜택을 받으면서 자신들을 보호하기 위해서 자연히 누진세제를 지지하게 된다는 것이다. 이처럼 뷰케넌은 누진세제가 재정헌법(fiscal constitution)의 일환으로 채택되고 있다고 보고 있는 것이다. 다시 말하여 재정규칙이 헌법에 규정되어 있듯이 누진세제 역시 반영구적으로 채택되어 운영되고 있다는 것이다.[3)]

3. 소득세의 경제적 효과

소득세는 개인의 경제적 행위에 여러 가지 형태로 영향을 끼친다. 소득세는 개인의 노동의욕 및 저축의욕에 영향을 끼치며 직업선택에도 영향을 끼친다. 소득세의 노동·저축에 대한 영향분석은 이미 제15장에서 살펴보았으므로 여기서는 간략하게 달리 설명해 보고자 한다.

(1) 노동의욕(노동과 여가간의 선택)에 대한 영향

소득세는 객관적으로 측정할 수 있는 세원을 가지고 있지 않으면 안 되는데, 통상 개인들이 획득하는 실질소득의 화폐가치가 세원이 된다. 그런데 만약 세액과 실질소득액 사이에 어떤 직접적인 상관관계가 존재하고 있다면 납세자들은 자신의 실질소득을 변동시켜 납세액을 줄이고자 행동하게 된다. 모든 개인들에게 시간이야말로 가장 기본적인 희소자원이다. 이 희소자원을 사용하는 방법으로서, 일하며 돈을 버는 것만이 유일한 방법이 될 수 없는 것이고 여가를 즐기는 것도 시간사용의 중요한 대체적인 방법인 것이다.

이제 문제는 이 여가에 얼마만큼의 가치 혹은 프리미엄(premium)을 두느냐이

---

3) James Buchanan and Marilyn Flowers, *The Public Finances*, 5th edition(Richard D. Irwin, Inc., 1980), Chs. 13과 22.

다. 여가의 중요성은 개개인의 성격이라든가 문화적인 배경에 따라 달라질 것이다. 원시적이거나 미개발된 사회에서는 소득을 획득한다는 것이 문명사회에 비하여 그리 중요하지 않을 수 있다. 따라서 이러한 저개발사회에서는 소득에 과세하여 세수를 증가시키고자 하는 노력이 개인들의 단순한 노동의욕감소 때문에 실패할 가능성이 높다. 한편 경제적으로 발달한 문명사회에서는 여가에 비하여 소득이 중요하게 인식되는 경향이 있으므로 소득에 무거운 세금을 부과하더라도 개인들의 경제행위에 큰 변화를 가져다 주지 않을 수도 있다. 물론 정반대의 행태가 미개발사회와 문명사회에서 발생할 수 있다.

한편 노동과 여가간의 선택도 소득수준이 어느 정도인가에 따라 차이가 난다. 간단한 예를 들어 보자. 선진사회에서 일반적으로 의사라면 고소득층에 속하며, 이에 반하여 대학의 시간강사는 저소득층에 속한다고 볼 수 있다. 이제 의사가 1년 동안 10개월 일하는 것 대신에 12개월을 일함으로써 연간소득이 $100,000에서 $120,000로 증가된다고 하자. 이때 만약 한계세율이 50%라면 $20,000의 추가소득에 대하여 $10,000를 세금으로 지불하게 되어 소득의 순증은 $10,000가 된다. 이것을 거꾸로 이야기하면 10개월만 일하고 2개월은 휴가를 택하는 데 발생한 기회비용은 $10,000라는 것이다. 이와 비교하여 대학의 시간강사가 10개월 대신 12개월 일하여 소득을 $10,000에서 $12,000로 증가시킬 수 있다고 하고 이때의 한계세율을 25%라고 하면 추가적인 소득에 대한 세금은 $500($2,000×0.25)이므로 소득의 순증은 $1,500가 된다. 따라서 대학의 시간강사가 2개월 휴가를 택하는 데 발생한 기회비용은 바로 $1,500인 것이다. 여기서 중요한 것은 양자의 기회비용(즉 여가의 구입가격)의 절대액이 아니라 이것이 소득에서 차지하는 상대적 비중이다. 의사의 경우에는 여가의 기회비용이 추가소득의 50%이지만 대학의 시간강사에게는 이 기회비용이 추가소득의 75%에 해당되는 것이다. 이상의 예를 통하여 볼 때 의사와 같은 고소득자는 대학의 시간강사와 같은 저소득자에 비해 누진세율하에서 여가를 선택하고자 하는 의욕이 더 높은 것이다. 이와 같은 여가 선택의욕은 세율이 누진적일수록 더 심하게 된다.

(2) 저축의욕에 대한 영향

어떠한 조세라도 이것이 소득에 근거하여 과세될 때에는 소비에 근거하여 과세될 경우와 비교하여 개인의 저축의욕을 어느 정도 감소시키기 마련이다. 물론 소득세가 항상 절대적으로 저축을 감소시킨다고는 볼 수 없다. 소득세가 개인 소득세를 회피할 수 있는 퇴직금, 연금, 근속수당 등의 임금외지급을 촉진시킨다면 저축을 반드시 감소시키지는 않을 것이다. 그러나 이것은 매우 특수한 경우이고 일반적으로는 저축에 부정적인 효과를 가져올 것이라고 인식되고 있는 것이다. 저축에 대한 이중과세 논쟁은 조세이론에서 오랫동안 논쟁의 대상이 되어 왔는데, 이것 역시 소득의 개념을 어떻게 규정하느냐에 달려 있다. 소득을 재화 및 용역의 '흐름'으로 파악한다면 저축 및 투자로부터 발생한 소득에 대한 과세는 이중과세라 하겠다. 즉 소득이 최초에 수취되었을 때 한 번 과세하고 그리고 나서 나중에 저축 혹은 투자의 수익에 대하여 두 번째로 과세된다는 뜻이다. 이러한 이유 때문에 소득세가 저축에 부정적인 영향을 끼치므로 지출세(expenditure tax)로 대체되어야 된다는 주장이 나온 것이다.[4)]

한편 소득을 재화 및 용역의 '순수익'으로 파악할 때에는 저축에 대한 이중과세는 없다. 개개인들이 최초의 소득을 수취할 때 순수익도 증가하며 이 순수익에 대하여 과세하는 것이지 재화 및 용역의 흐름에 대해서 과세하는 것이 아니기 때문이다. 저축이나 투자를 통해 장래에 새로운 순수익이 발생하면 새로이 과세대상이 되지만 이중과세 문제는 생기지 않는다.

소득이 증가하면 저축몫도 증가한다. 그런데 고소득자와 저소득자를 비교할 때 고소득자의 저축량은 저소득자보다 비례적으로 많을 뿐만 아니라 대부분의 경우 고소득자들의 한계저축성향은 저소득자의 그것보다 높을 것이다. 이것이 사실이라면 고소득자에게 중과하는 누진세가 비례세에 비하여 저축을 더 많이 감소시키게 될 가능성이 높다.

(3) 직업선택에 대한 효과

소득세가 직업선택에 어느 정도 영향을 끼치는가는 소득을 벌어들일 수 있는 가능성과 세율의 고저에 따라 좌우될 것이다. 더욱이 소득의 격차가 직업을 선택하고 변경하는 주된 동기라면 이럴 때에는 누진소득세가 개인들의 직업선택에 매우 중요한 변수로 작용할 것이다. 분명한 것은 누진소득세제하에서 사람들은 비화폐적 혜택을 가져다 주는 직업에 많은 선호를 나타내게 될 것인데, 그 이

---

4) 지출세에 대해서는 제11장에서 살펴보았고 본장의 제3절에서 다시 언급된다.

유는 말할 필요도 없이 비화폐적 혜택(예: 의료보험, 자녀교육보조금, 휴가 등)은 많은 경우 소득세원에서 제외되기 때문이다.

이와 관련하여 누진소득세제하에서는 비례소득세제하에서의 경우와 비교할 때 위험부담과 불확실성이 매우 높은 모험적인 직장에 대한 선호가 상대적으로 낮게 된다. 불확실한 상황에서 높은 소득을 올리기 위해서는 운이 따라야 하는데, 그렇더라도 누진세하에서는 많은 세금을 내야 한다. 그러나 반대로 불운일 경우에는 사업이 망하게 되는 데도 아무런 보조도 기대할 수 없으므로 누진세가 비례세에 비하여 이러한 위험부담을 가진 직업에 대한 선호를 낮추게 할 것은 분명해진다.

4. 인플레이션과 누진세

인플레이션이 진행되는 과정에서 물가가 오르면 화폐소득이 늘어나기 마련인데, 만약 물가와 화폐소득이 같은 비율로 늘어났다면 실질소득에는 변화가 없다. 이때 소득세가 비례세율로 과세되면 과세 후의 실질소득에도 물가상승 전의 세후소득과 비교하여 실질적인 변화가 없다. 그러나 현실의 소득세는 누진세율로 과세되기 때문에 화폐소득이 늘어나게 되면 세부담이 화폐소득 증가보다 더 크게 늘어나 실질소득이 감소하게 되는 문제가 발생하는 것이다. 이와 같은 결과는 세수를 증가시켜 경제안정(물가안정)을 위한 자동안정화의 역할을 소득세가 담당한다는 긍정적인 면도 있으나 인플레이션이 조세부담을 빠르게 증가시켜 정부의 재정수입을 높여 주는 수단으로도 사용된다는 점을 부인할 수 없는 것이다.

예를 하나 들어 보자. [표 16-1] (A)에서와 같은 가상의 소득세 세율체계에서 과세소득 1,000만원까지는 10%, 이후 4,000만원까지는 20%, 4,000만원 이상에 대해서는 30%의 세율이 적용된다고 하자. 그렇다면 소득 2,000만원인 사람은 300만원(=1,000만원×10%+1,000만원×20%)의 세금을 납부하게 된다. 이제 인플레이션이 10% 발생하였고 이 사람의 화폐소득도 200만원 증가하여 2,200만원이 되었다고 하면, 실질소득은 변화하지 않았다. 그럼 이 사람의 세금은 얼마나 되는가? 처음 1,000만원까지는 10%의 세율이 적용되지만 이후 1,200만원에 대해서는 20%의 세율이 적용되기 때문에 전체 세부담은 340만원이 되며 따라서 세후소득은 1,860만원이 된다. 즉 화폐소득은 10% 증가하였는데 세부담은 300만원에서 340만원으로 13.3%가 증가하고 따라서 세후소득은 1,700만원에서 1,860만원으로 9.4%으로 증가함으로써 세후실질소득은 오히려 감소하는 것이다. 그러면 이러한 실질소득의 감소분은 누구의 혜택으로 돌아간 것일까? 그것은 바로 정부이다. 인플레이션 때문에 정부의 모든 경비가 10% 증가하였다고 하더라도 조세수입은 13.3% 증가하였으므로 경제 전반에서 차지하는 정부의 몫은 인플레이션 때문에 그만큼 커지게 된 것이다.

이와 같은 인플레이션으로 인한 세부담의 실질적인 인상효과를 과세구간 상승효과(bracket creeping effect)라 하는데 사실상 정부에 의한 강제저축의 의미를 가지는 것이며 많은 후진국들에서 정부의 재원을 조달하기 위한 방편의 하나로 사용되기도 하였다. 한편 이러한 부작용을 해소하기 위하여 미국이나 영국 등 여러 나라에서는 인플레이션에 따라 과세구간 소득을 자동적으로 조절하는 물가연동제(indexation)를 채택하고 있다.

물가연동제를 [표 16－1]을 통해 간략히 설명해 보자. [표 16－1] (B)는 인플레이션 이후 물가연동이 이루어진 이후의 과표구간과 세율을 보여주고 있다. 위에서와 같이 과세소득이 2,000만원에서 2,200만원으로 증가한 경우 세부담은 330만원(=1,100만원×10% + 1,100만원×20%)이 되어 10% 증가하며, 따라서 세후소득도 1,700만원에서 1,870만원으로 10% 증가하는 것이다. 즉 화폐소득과 조세부담, 그리고 세후소득 모두가 10%씩 증가하게 됨으로써 실질가치에는 변화가 없게 되는 것이다.

표 16-1 | 물가연동제

인플레이션 이전(A)		10% 인플레이션에 대한 물가연동 이후(B)	
과세구간	한계세율	과세구간	한계세율
1,000만원 미만	10%	1,100만원 미만	10%
1,000만원 이상~4,000만원 미만	20%	1,100만원 이상 ~4,400만원 미만	20%
4,000만원 이상~	30%	4,400만원 이상 ~	30%

5. 우리나라의 현행 소득세

소득세는 과세방법에 따라 분류소득세제(classified income tax system)와 종합소득세제(global income tax system)로 구분된다. 분류소득세제는 소득을 발생원천별로 구분한 후 소득원천에 따라 별도의 세율체계를 적용하여 과세하는 방법이다. 종합소득세제는 개인별로 여러 원천에서 발생한 소득을 종합한 뒤 개인별 상황을 반영하여 담세력을 조정하고 이에 대해서 과세하는 방식이다. 한편 종합과세의 경우에도 일부 소득에 대해서는 분리하여 별도의 원천징수 세율을 적용하는 분리과세 방식이 적용되는 경우가 있는데, 우리나라의 경우 이자와 배당 소득 등 금융소득은 원칙적으로 종합과세가 이루어지지만 연간 4,000만원 미만의 금융소득은 저율로 분리과세하고 있다.[5)]

우리나라의 소득세는 1934년 최초로 도입된 이래 1966년까지 분류소득세제가 주축이었다. 그러나 1967년 제2차 5개년계획의 시작과 함께 종합소득세제가 부분적으로 도입되었고 그 후 수차에 걸쳐 적용대상을 점진적으로 확대하여 왔으며, 1975년부터는 전 소득자에게 확대 적용하여 현재에 이르고 있다. 현재 우리나라는 소득의 성격상 장기간에 걸쳐 발생한 소득인 양도소득과 퇴직소득에 대해서는 분류과세하고 있으며, 다른 소득들은 종합소득으로 합산하여 과세한다.

[그림 16－1]은 우리나라의 현행 종합소득세의 과세방법을 요약·제시해 주고 있다. 소득이 발생하는 원천에 따라 수입금액에서 필요경비를 공제하고 이를 합산하여 종합소득 금액을 산정한다. 여기에서 본인과 배우자, 부양가족 등에 대한 기본공제와 장애인이나 경로우대자 등에 대한 추가공제, 그리고 다자녀추가공제 등의 인적공제를 차감하고 또 보험료, 의료비, 교육비, 기부금 등과 같은 각종 특별공제를 반영하여 과세표준액이 결정된다. 여기에다 2012년 현재 5단계로 설정된 6~38%의 한계세율을 적용함으로써 소득세액이 산출된다. 이렇게 법정세율을 적용하여 산출된 세액에서 다시 각종의 세액공제(tax credit)를 차감하면 납세

5) 1993년 금융실명제가 도입된 것을 계기로 그동안 분리과세하였던 금융소득을 1996년과 1997년 귀속분에 대해서 종합과세가 실시되었는데, 외환위기를 맞아 1998년부터 시행이 유보되었다가 2001년부터 다시 실시되고 있다. 금융소득이 연간 4,000만원까지는 14%의 원천징수세율을 적용하고 4,000만원을 초과하는 초과하는 금융소득에 대해서는 다른 종합소득과 합산하여 종합소득세의 기본세율을 적용하여 세액을 산출한다.

그림 16-1 | 우리나라 종합소득세의 체계(2012년 현재)

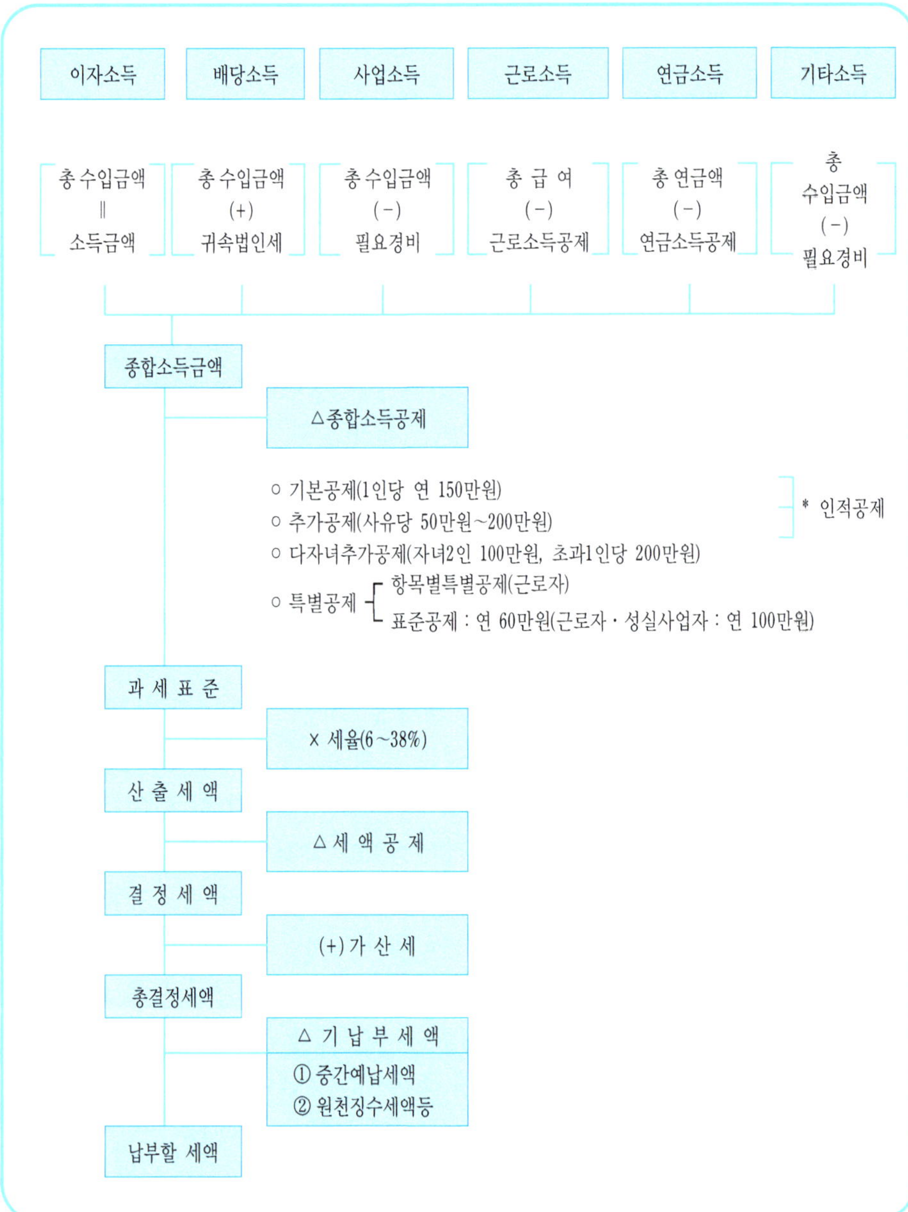

자료: 기획재정부, 『조세개요』, 2010, p. 53의 내용을 수정.

자가 당해연도에 획득한 소득에 대한 법정세액이 결정되는 것이다.

세액공제제도란 근로자에 대한 우대, 저축 및 투자의 촉진, 국제간의 이중과세의 방지, 그 밖의 특정 정책목표를 달성하기 위하여 비과세조치나 소득공제 대신에 일단 산출된 세액에서 일정한 금액을 공제하는 제도이다. 우리나라의 현행 소득세법에서 채택하고 있는 세액공제에는 근로소득세액공제, 배당세액공제, 외국납부세액공제, 기장세액공제 등이 있다. 한편 2009년부터 운영되고 있는 근로장려세제의 경우 계산된 근로장려금이 당해 연도에 납부할 소득세액을 초과하는 경우 초과된 금액을 환급하는 등 환급가능한 세액공제(refundable tax credit) 방식을 적용하고 있는데, 다른 세액공제의 경우 납부할 소득세액을 초과하더라도 세액을 0으로 하고 환급이 이루어지지 않는다는 점과 차이가 있다.

한편 통상 1년인 과세기간 동안에 발생한 소득을 대상으로 과세되는 종합소득과는 달리 퇴직소득과 양도소득은 다년간에 걸쳐 발생한 소득이라는 점에서 별도로 분류과세가 이루어지고 있다. 퇴직소득의 경우 퇴직소득 과세표준을 근속연수로 나눈 금액에 종합소득세 세율과 같은 세율체계를 적용하여 세액을 계산하고 이를 다시 근속연수로 곱하여 세액을 계산하게 된다. 이러한 방식을 평균화(averaging)라고 하는데 이는 누진세율 체계하에서 다년도에 누적된 소득에 과도하게 세부담이 부과되는 것을 방지하기 위한 것이다.

양도소득에 대한 소득세는 특히 투기억제라는 정책적 목적인 반영되어 복잡한 과세체계를 이루고 있다. 양도소득은 토지와 건물 등 부동산이나 주식과 출자지분 등 금융자산 등을 매매할 때 발생하는 양도차익에 대해서 과세하는 것으로서 양도차익(양도가액과 취득가액 등간의 차이)이 발생하면 여기서 물가상승에 의한 명목가치의 상승을 보정하기 위한 장기보유특별공제를 적용하여 양도소득금액을 계산하고 이 금액에서 양도소득기본공제를 차감하여 과세표준을 산출한다. 양도소득세의 세율은 부동산 등의 보유기간과 등기 여부, 또 주택보유 수 등에 따라서 최서 6%에서 최고 70%까지 다양하게 적용되고 있다. 특히 1가구 1주택이나 상장법인의 소액주주가 보유하는 주식 등에 대해서는 양도소득세가 비과세되는 반면, 다주택보유나 단기보유, 그리고 미등기전매 등에 대해서는 중과세율을 적용하는 등 정책적인 목적에 따라 매우 복잡하게 제도가 운영되고 있다.

[표 16-2]는 우리나라 소득세의 징수현황과 소득세가 전체 조세에서 차지하는 비중을 보여 주고 있는데, 전체적으로 볼 때 우리나라의 개인소득세 세수이

표 16-2 | 개인소득세의 비중

(단위: 조 원, %)

연도	징수액	비중			OECD 평균 개인소득세 대 GDP 비중[1)]
		대 GDP	대 국세	대 내국세	
1980	0.7	1.7	11.4	18.0	–
1990	4.7	2.5	17.6	24.7	10.4
2000	17.5	2.9	18.8	24.6	9.5
2010	37.5	3.2	21.1	26.1	9.0[2)]

자료: 통계청, 국가통계포털 KOSIS.
OECD, *Revenue Statistics*, 1965-2009
주 1) 단순평균임; 2) 2008년 수치임

중요성은 빠르게 증가하고 있음을 알 수 있다. 세수규모를 살펴보면 1980년에 0.7조원이던 개인소득세 징수액이 1990년에는 4.7조원, 그리고 2010년에는 37.5조원에 달하고 있다. 증가율 측면에서는 1980년대 연평균 20% 이상의 세수증가율을 보였는데, 이러한 증가율은 점차 감소하여 90년대에는 14%, 그리고 2000년대에는 연평균 약 8%의 증가율을 보이고 있다. 소득세수의 GDP 대비 비중을 살펴보면 1980년 1.7%이던 것이 2010년에는 3.2%로 증가하고 있다. 그러나 OECD 국가들의 개인소득세수가 GDP에서 점하는 비중이 9~10% 내외로 나타나고 있다는 점과 큰 대조를 이룬다. 1980년대 이후 우리나라 개인소득세의 비중이 빠르게 증가하고 있지만 그 비중 측면에서는 아직도 다른 선진국들에 비하여 미약한 실정임을 알 수 있다.

이처럼 소득세의 비중이 여전히 낮은 이유로는 여러 가지를 들 수 있겠지만 자영사업자들의 소득파악율이 낮다는 점을 한 원인으로 들 수 있다. 자영사업자들의 소득파악은 부가가치세를 통해서 파악되는 매출액과 연계되어 있는데, 2009년 현재 연간 매출액이 4,800만원에 미달하는 간이과세자가 전체 개인사업자의 40%에 이르고 있는 실정이다. 그 결과 자영사업자들의 소득세 부담은 낮은 수준에서 결정되고 있으며 이와 일정부분 형평을 맞추기 위하여 근로소득자의 소득세 부담도 낮게 설정되고 있는 것이다. 현재 전체 근로자의 40% 정도가 면세점 이하에 해당하고 있는 실정이다.

이와 같이 소득세 비중이 낮다는 것은 소득세가 가져야 할 형평성 제고의 기능을 제대로 수행하지 못하고 있다는 것을 의미한다. 앞의 제6장에서 살펴보았던 것처럼 우리나라는 세전소득에 비교한 세후소득의 지니계수 개선도가 다른 선진국들에 비해서 상대적으로 높지 않은 것으로 나타나고 있는 것이다. 앞으로 지하경제를 축소하고 소득세의 세수비중을 높이는 등 그 기능을 강화하기 위한 노력이 필요할 것이다.

제2절 법 인 세

1. 법인세의 성격

법인세(corporation income tax)란 기업을 하나의 법인(legal person)으로 간주하고 이 법인에 대하여 과세하는 조세이다. 법인의 소득이 과세대상이 되므로 그 산정방법은 개인소득세와 별로 차이가 없다. 기업이 벌어들인 총수입에서 실질경비를 우선 차감하고 감가상각 및 설비투자에 대한 특별공제 등을 제하고 난 후의 기업이윤에 대하여 과세한다. 개인소득세에서 개인당 얼마씩 공제받는 기초공제 등은 법인세에서는 적용되지 않는다.

기업을 독립적인 인격을 가진 법인으로 설정함으로써 기업이 계약관계 등을 통해서 재원을 조달하고 영업활동을 수행하는 등의 경재활동을 촉진함과 아울러 조세의 징수도 더 용이하게 된다. 기업을 독립적인 조세주체로 간주함으로써 자연인과 같이 소득을 획득하였을 때 조세를 부과하는 근거를 마련하게 되는 것이다. 그러나 모든 조세의 최종적인 부담자는 개인인 까닭에 법인세도 궁극적으로 개개인들이 내는 것이나 다름이 없다. 다시 말하여 법인세를 지불함으로써 기업의 주주들에게 돌아갈 소득이 법인세가 없을 때와 비교하여 줄어들 수밖에 없는 것이다. 이런 뜻에서 만약 기업을 개인(주주)들의 집합체로 간주할 경우에는 법인세가 갖고 있는 낭위성은 약해지며, 법인세 때문에 개인(주주)들은 공연히 이중의 조세부담을 안게 되는 것이다. 이렇게 볼 때 법인세는 그 존재가 매우 불분명한 세제로 인식되어 버린다.

그러나 한편 법인세의 부과를 합리화시키는 노력도 그동안 꾸준히 진행되어 왔다. 법인세의 궁극적인 부담자가 개인이라는 것을 부인할 수는 없으나 기업이 영리행위를 하는 과정에서 정부로부터 유형무형의 혜택을 받아왔고, 이 혜택은 기업에 투자한 개인들에게 과세하여도 괜찮을 만큼 충분한 가치가 있다는 주장이다. 따라서 법인기업이 국가로부터 받은 혜택에 대하여 법인세를 납부함은 당연하다는 것이다.

법인세의 타당성에 관한 다른 측면의 주장으로서는, 정치가의 입장에서 소득세에 비하여 그래도 법인세를 부과하는 것이 더 용이하다는 견해이다. 사실상 기업이 독립적인 주체성을 가지고 있다는 것은 현실적으로 받아들여져야 하고 또 많은 사람들이 기업을 소유자들로부터 분리시켜 생각하고 있는 데다가 법인세의 진정한 조세부담이 어느 누구에게 귀착되느냐가 분명치 않기 때문이다. 이러한 이유 때문에 법인소득에 대하여 과세하는 데 큰 어려움은 없다는 것이다.

법인세는 기업의 소득을 세원으로 과세하는데, 여기서 말하는 기업소득은 자기자본에 대한 정상수익과 경제적 초과이윤으로 구성된다. 그러나 이와 같은 기업소득은 잔여분(residual)의 성격을 갖고 있는바, 다시 말하여 인건비·원자재비·채무이자 등을 지불하고 난 후의 순소득이 과세대상이 된다. 이러한 순소득은 시장의 경기변동에 민감할 수밖에 없으므로 법인세는 매우 불안정한 조세로 간주될 때가 많다.

2. 법인세의 이중과세 문제

법인의 소득은 법인세의 과세대상이 되고, 법인세후 소득이 배당이나 사내유보의 형태로 주주에게 지급될 때 다시 개인소득세가 과세됨으로써 동일한 소득에 대해서 법인세와 개인소득세가 이중과세되는 문제가 발생한다. 이러한 이중과세 문제는 특히 배당소득과 관련하여 더 강하게 부각되는데, 사내유보된 부분은 주가에 반영되어 주식매각을 통해 양도차익으로 실현되는데 통상 주식양도차익에 대한 과세는 당년도의 현금소득으로 지급되는 배당에 비해서 낮은 수준의 과세가 이루어지기 때문이다.

법인소득에 대한 이중과세는 자본소득에 중과함으로써 상대적으로 근로소득을 더 우대한다는 측면에서 타당성이 인정된다는 주장도 제기된다. 근로소득을 더 우대하는 근거는 근로소득세에는 인적자본(human capital)에 대한 감가상각 등 조세부담을 줄이는 장치가 많지 않기 때문에 자본소득에 비해서 상대적으로 그

세부담이 무겁다는 점에 두고 있다. 노동도 자본과 마찬가지로 질을 높이고 유지하기 위하여 상당한 비용이 발생하는 것이며, 이런 뜻에서 노동도 그 비용을 반영하기 위한 조치들이 필요하다는 것이다. 또한 법인도 하나의 법적인 실체로서 계약 등 각종 법률행위를 수행하고 있는 만큼 그러한 특혜에 대한 과세는 당연한 것이라는 점과 함께 법인세의 세수효과도 중요시되고 있는 것이다.

그러나 법인은 하나의 실체라기 보다는 법에 의해 의제된 것이며 그 구성원인 주주나 출자자와는 구별할 수 없는 것이라고 보는 견해에 따르면 법인세와 개인소득세를 별도로 과세하는 것은 이중과세인 것이다. 또한 이러한 이중과세의 성격 때문에 법인세는 그리 공평한 조세로 간주되지 못하고 있다. 법인세가 소비자들에게 전가됨이 없이 주주들이 부담한다면 주주들은 법인세 때문에 배당이 줄어들었을 뿐만 아니라, 각자들의 소득수준과는 관계 없이 동일한 세부담을 하였다는 점에서 부담능력에 따른 공평한 세부담이 이루어지지 않는 것이다. 법인세가 소비자들에게 전적으로 전가될 경우에는 이중과세의 문제는 비록 생기지 않는다 하더라도 소비자가 법인세를 부담하여야 하기 때문에 이것 역시 불공평한 것이다. 앞에서 언급된 바와 같이 개인소득이나 개인소비가 가장 적절한 과세기준으로 인정되고 있다면 법인세는 조세부담이 누구에게 귀착되든지간에 불공평한 것이다.

법인세의 이중과제문제를 해결 또는 완화하는 방법은 기본적으로 두 조세를 통합하여 과세하는 것이라고 할 수 있는데, 크게 완전통합방식(full integration method)과 부분통합방식(partial intergration method)으로 구분할 수 있다. 완전통합방식은 사내유보 부분까지를 포함하여 이중과세를 완전히 해소하려는 것으로, 사실상 법인세를 폐지하는 효과를 기대하는 것이다. 이러한 방식의 대표적인 예로는 조합과세방식(partnership method)을 들 수 있는데, 이는 법인소득을 배당 여부에 관계 없이 모두 주주에게 할당하여 귀속시킨 다음 주주단계의 소득세만 과세하는 것이다.

부분통합방식(partial integration method)은 이중과세의 정도가 크다고 할 수 있는 배당부분에 대해 이중과세를 조정하는 것이다. 이는 다시 법인단계에서 조정하는 방법과 주주단계에서 조정하는 방식으로 나눌 수 있다. 법인단계에서 조정하는 방법은 법인의 이윤에 대하여 법인세를 부과할 때 배당으로 지불할 몫을 공제하고 난 후의 이윤에 대하여 과세하는 방법이다. 다시 말하여 법인기업이 사내에 유보시킬 미분배이윤(사내유보)에 대하여서만 법인세를 과세하고 배당소득은 주주에 대한 개인소득세로 과세하는 방법이다. 이를 지급배당공제법이라 한다. 이 방법에 의하면 배당된 부분은 법인세의 과세대상에서 빠지게 되기 때문에 이중과세문제는 생기지 않으나 기업으로 하여금 배당을 촉진시키는 효과가 발생할 것이다. 현재 우리나라의 법인세법은 유동화전문회사나 투자목적회사 등 도관회사가 배당가능이익의 90% 이상을 배당한 경우에는 그 배당금액의 전액을 당해 사업연도의 소득금액에서 공제함으로써 법인세가 과세되지 않도록 하고 있다.

주주단계에서 조정하는 대표적인 것으로 임퓨테이션(imputation)방식을 들 수 있다. 이는 주주가 받은 배당만이 아니라 법인세가 없었으면 배당되었을 부분, 즉 귀속법인세액까지를 배당과 합하여 소득세를 과세하고, 산출된 소득세액에서 이미 납부한 그 귀속법인세액을 세액 공제하는 방법이다. 우리나라의 경우에는 이러한 임퓨테이션 방식인 소위 그로스업(gross-up)방식을 사용하고 있는데, 귀속법인세액을 계산하는 과정에서 1993년까지는 귀속법인세액인 1/3만을 조정하는 1/3 그로스업 방식을 사용하였으며, 2011년 현재에는 배당소득금액의 11/100을 귀속법인세액으로 계산하고 있다.[6] 즉 배당소득금액에 0.11를 곱하여 귀속법인세액을 계산하고 이를 배당소득금액과 같이 종합소득세의 소득금액에 합산하여 종합소득세액을 산출한다. 그리고 산출된 종합소득세액에서 귀속법인세액만큼을 세액공제하게 되는데, 이를 배당세액공제라고 한다.

3. 법인세의 경제적 효과

(1) 재무구조에 대한 효과

법인세가 기업의 형태에 끼치는 효과로서 전통적으로 지적되는 것으로는 법인기업이 새로운 투자사업을 벌일 때 자기자본의 확대를 통하여 자금을 조달하려고 하기보다는 타인자본인 부채의 증가를 통하여 자금을 마련하고자 하는 경향이 있다는 것이다.

법인세는 기업의 순소득에 과세하는 것이고, 이 순소득은 회계적으로 계산된

6) 이는 귀속법인세액을 계산하는 과정에 낮은 법인세율인 10%를 적용하는 것이다. 즉 10%의 법인세를 납부한 후 그 나머지인 90%가 주주에 배당된 것으로 보는 것으로서, 1원의 배당소득이라면 그 귀속법인세액은 0.10/(1－0.10)=약 0.11이 되는 것이다.

기업의 이윤이다. 즉 총수입에서 실질경비가 감해지고 감가상각 등이 공제된 것이다. 또한 차입금(부채)에 대한 이자지불은 당연히 비용으로 공제되므로 지불이자가 많을수록 법인세부담을 줄이게 된다. 그러나 한편 똑같은 자금을 마련하는데 있어 자기자본에 의존할 경우에는 그 기회비용이라고 할 수 있는 정상수익(normal profit)에 대해 세제상 아무런 공제도 허용하고 있지 않다. 이러한 이유 때문에 법인세는 부채에 의한 자금조달을 유인시키는 경향을 갖게 되며, 그 결과로 기업의 재무구조는 자기자본보다는 타인자본에 의존하게 되는 불균형적인 구조를 지니게 된다.

이상의 주장은 법인세 하나만을 독립적으로 볼 때 물론 이치에 맞으며 정확한 주장이다. 그러나 전체의 조세체계 속에서 법인세를 개인소득세와 동시에 함께 고려하여 본다면 위에서 주장한 재무구조에의 효과는 그리 큰 것이 아닐 수도 있다. 예를 들어, 주식투자에 의하여 실현된 양도소득(capital gains)에 대하여서는 특별히 저율의 소득세율을 적용하도록 한다면 개인들은 주식투자를 선호하게 될 것인바, 이렇게 되면 법인세에 의한 타인자본에의 의존경향은 개인소득세에서 연유된 자기자본의 선호추세와 서로 상쇄되는 결과를 가져올 수도 있는 것이다.

(2) 투자에 대한 효과

법인세는 그 부담이 기업 자체에 귀착된다는 것을 전제로 했을 때, 기업의 순수익률을 저하시키기 때문에 새로운 투자의 의욕을 저하시킨다. 신규시설투자에 대하여 특별한 투자세액공제를 마련한다든가 투자로부터 파생되는 위험부담을 세액으로 보상하여 주지 않는 한 법인세는 투자에 역효과를 발생시킨다. 우리는 제15장에서 투자에 왜곡을 초래하지 않는 법인세 과세방식에 대해서 살펴보았다. 예를 들어, 투자액을 여러 해에 걸쳐 비용으로 반영하는 감가상각 방식이 아니라 투자 즉시 비용으로 처리하는 방식을 도입하는 경우 차입금 이자에 대한 손금산입을 폐지하고 투자세액공제를 없애더라도 신규투자에 따른 자본의 사용자 비용은 증가하지 않기 때문이다.

한편 법인세의 한계세율이 높으면 높을수록 법인기업은 자금을 투자보다는 일반경비에 해당하는 곳에다 사용하고자 하는 경향이 있다. 예컨대 한계법인세율이 50%라면 기업이 지불하는 추가적인 일반경비에 대한 실질적인 비용은 이의 절반에 불과하며, 나머지 반은 결국 일반납세자에게로 전가되는 셈이다. 왜냐하면 추가적인 경비를 발생시킴으로써 정부의 법인세수입은 그 절반만큼 감소하기 때문이다. 따라서 기업경영인들의 일반경비사용이 과도하게 이루어질 가능성이 높게 되는데, 이러한 이유로 기업의 접대비 등 지출에는 일정한 비용공제한도를 적용하게 되는 것이다.

(3) 자원이동에 대한 효과

시장경제는 이윤을 추구하는 경제이다. 시장의 이윤추구기능은 생산적인 자원이 이윤이 발생할 가능성이 높은 곳으로 신속히 이동하게끔 유도한다. 이윤의 기회가 높은 산업으로 자원은 자연히 모이게 되고, 반대로 손실이 발생하는 산업으로부터는 자원이 이탈하게 된다. 전체 산업을 법인부문과 비법인부문으로 구분한다면 법인부문에 부과되는 법인세는 자원을 비법인부문으로 이동시키는 효과를 가져오게 될 것이며 그로 인해 자원배분의 왜곡에 따른 초과부담이 발생하게 된다는 점을 살펴보았다.

한편 법인세의 전가와 귀착분석에서 법인세는 비록 법인기업의 이윤에만 과세되지만 산업 전체 자본의 이윤율을 하락하게 한다는 것을 살펴보았다. 이러한 이윤율의 하락에 따라 자원이 기업부문으로 이동하고자 하는 동기가 약화될 것이다. 나아가서 법인세는 자원이동의 속도도 감소시키게 될 것이고, 급속히 변화하는 여건 속에서 경제가 둔하게 반응하는 결과마저도 초래할 수 있는 것이다.

4. 법인세의 특수문제

(1) 감가상각

감가상각이란 고정자산의 취득비용을 내용연수기간에 걸쳐 배분하여 비용으로 상각시켜 나가는 것으로서, 이렇게 고정자산을 매년 감가상각함으로써 장래의 고정자산의 획득을 위한 내부자금을 미리 회수·확보할 수 있는 것이다. 그러므로 감가상각을 많이 하면 해당연도의 기업순이윤은 적어지므로 법인세액이 적어지며, 기업이 감각상각을 적게 하면 외형상의 기업이윤이 많아져 법인세액도 늘어난다. 이처럼 감각상각의 크기가 법인세수에 영향을 끼치므로 세법에서는 상각자산에 대한 내용연수, 상각방법, 상각자산의 잔존비율 등에 대하여 자세한 규정을 마련하고 있다.

우리나라의 법인세에서는 기업들이 비용을 반영할 수 있는 감가상각비의 최고한도를 설정하고 그 범위안에서는 기업들이 선택할 수 있도록 하고 있다. 상각방법은 정액법과 정률법, 생산량비례법 중에서 자산유형별로 정해진 방법중에서 선택할 수 있도록 하고 있으며, 감가상각의 내용연수도 자산별로 법정화하고 있지만 정해진 기준내용연수의 25% 범위 내에서 가감한 내용연수를 정하여 신고하도록 함으로써 기업들이 그 실정에 맞게 감가상각제도를 운영할 수 있도록 하고 있다.

(2) 결손금의 소급 및 이월

기업은 경기변동에 따라 이윤도 생기고 결손도 생기는데, 이를 세법상으로 적절히 평균화(averaging)시켜 주는 장치를 마련하지 않으면 위험부담과 불확실성을 안고 있는 기업에 대한 투자가 감소하게 되며 동시에 기술진보의 속도도 줄어들게 된다. 따라서 이익을 창출하였을 때 과세할 뿐만 아니라 반대로 손실이 발생할 경우에 법인세를 감액받을 수 있도록 함으로써 위험부담(risk taking) 행위를 장려할 수 있는 것이다.

구체적으로 살펴보면 어느 기업에 순사업손실이 발생했다면 이 손실을 향후 이익이 발생한 연도로 이월(carry-over)하거나 또는 이익이 발생하였던 이전연도로 소급(carry-back) 하여 공제하도록 하는 결손금 이월 또는 소급 공제를 통해서 위험자산에 대한 투자를 촉진할 수 있는 것이다. 우리나라의 경우 향후 10년간에 걸쳐 이월공제가 허용되고 있으며, 중소기업의 경우 결손금을 1년간 소급공제하여 직전 사업연도의 납부세액의 범위내에서 환급해줄 수 있도록 하고 있다.

(3) 유보소득에 대한 과세(지상배당세)

우리나라에서는 1967년부터 1980년대 초까지 비상장법인의 사내보유금(유보소득)의 일정액을 주주들에게 배당된 것으로 간주하여 주주들에게 개인소득세를 과세한 바가 있다. 이를 지상배당과세라고 하는데, 이처럼 유보된 소득에 대하여 특별과세하는 이유는 법인이, 특히 소수의 지배주주가 회사의 결정을 좌우하는 비상장법인이 자기이윤을 적절히 분배하지 않고 사내에 지나치게 많이 유보시킴으로써 주주로 하여금 소득세를 포탈하게 하려는 경향을 억제하고자 하는 데 있었다. 사내유보의 경우 자본이득의 형태로 주주에게 발생하게 되는데 자본이득에 대한 소득세는 통상 낮은 세율로 과세되고 있으며 또 주식매매를 통하여 납세시기가 결정되는데 그 결정을 개인이 결정할 수 있기 때문이다. 그러나 이 제도는 비상장법인의 저축의욕을 저하시켜 재무구조가 악화되고 불필요한 조세부담을 가중시킨다는 이유로 비판되었다. 지금은 지상배당과세는 폐지되었지만 비상장법인의 사내유보소득이 정상유보소득을 초과하는 경우 그 초과분에 대하여 일정률의 법인세를 추가부과하고 있다. 외국에서도 법인이 사업에 필요한 범위를 넘어 부당하게 이익을 사내에 유보할 때에는 주주에 대한 소득세를 포탈하려는 의도를 가지고 있다고 보아 법인세 이외의 특별과세가 행하여지고 있다. 미국의 유보수익세(accumulated earning tax)나 영국의 동족회사부당유보에 대한 특별과세제도 등이 이에 해당되며 아직도 부분적으로 계속 운용되고 있다.

(4) 인플레이션과 법인세

법인세 역시 소득세와 마찬가지로 인플레이션에 의하여 상당한 영향을 받는다. 첫째, 세율구조가 누진적으로 되어 있으므로 앞 절에서 누진적인 개인소득세을 가지고 논의했던 것과 같은 형태의 과세구간 상승효과가 발생한다. 즉 법인기업에 인플레이션율과 동등한 명목소득의 증가가 일어났더라도 보다 높은 한계세율을 적용받음으로써 인플레이션 때문에 조세의 실질부담이 증가하는 결과를 초래한다. 둘째로, 인플레이션이 진행되면 역사적 원가를 바탕으로 하는 감가상각의 현재가치는 감소하게 된다. 따라서 자산재평가 등을 통하여 감가상각액을 적절히 조정하지 못하면 법인기업의 세부담은 증가하게 될 것이다. 이와 반대로 이자지불의 경우는 반대방향의 효과를 가지고 있는데, 이는 인플레이션이 명목이자지불액을 증가시킴으로써 이를 통해 기업의 세부담이 도리어 감소될 수도 있는 것이다. 이자지불액은 비용으로 간주되어 공제되기 때문이다.

6. 우리나라의 현행 법인세

우리나라 법인세 세수는 1980년대 초반에는 GDP 대비 1.2~1.3% 수준이던 것이 1990년대 초반에는 2%를 넘어섰고, 2000년대 초반에는 3%, 그리고 최근에는 4%를 넘어서는 등 매우 빠른 속도로 증가하고 있다. 또한 전체 조세에서 점하는 법인세의 비중은 OECD 국가중에서 가장 높은 국가 중의 하나로 나타나는 등

법인세 부담은 매우 높은 수준이다.

2012년의 현재 세율은 일반법인(비영리법인 포함)의 경우 과세표준액 2억원까지는 일률적으로 10%, 2억원 초과 200억원 이하에 대해서는 20%, 200억원 초과분에 대해서는 22%를 부과하도록 되어 있다. 이렇게 우리나라의 법인세율은 3단계 누진구조로 되어 있다. 여기다가 법인의 토지등 부동산 양도소득에 대해서는 법인세 외에 10~40% 추가로 납부해야 하는 과세특례가 적용된다.

법인세 세율이 어느 정도가 적정한가에 대해서는 외국의 예나 과거 우리나라의 법인세율 변동추세 등을 감안할 수 있을 것이다. [표 16-3]은 우리나라 법인세율의 변화추이를 보여 주고 있는데, 최고세율을 기준으로 할 때 우리나라의 법인세율은 1981년 40%에서 1991년 34%, 2002년 27%, 그리고 2009년에 22% 등으로 지속적으로 인하되어 왔다. 이명박 정부 출범 이후 이를 다시 20%로 인하하는 감세정책이 추진되었지만 많은 논란을 거치면서 중소기업에 대해서만 세율을 인하하고 과세표준 200억원 초과의 대기업에 대한 세율은 22%로 유지되고 있다. 결국 법인세의 세율수준에 대해서는 기업의 투자활성화와 우리 기업들의 국제경쟁력 강화 등의 정책목표를 실현하는데 있어 세율인하가 얼마나 효과가 있는지에 대한 논의와 함께 재정건전성 회복을 위한 세수 확보의 필요성에 대한 종합적인 검토를 거칠 필요가 있을 것이다.

표 16-3 | 우리나라 법인세율 변화추이

과세표준	1991-	1994	1995	1996-	2002	2004-	과세표준	2009	2010-	과세표준	2012-
1억원 이하 1억원 초과	20 34	18 32	18 30	16 28	15 27	13 25	2억원 이하 2억원 초과	11 22	10 22	2억원 이하 2억원-200억원 200억원 초과	10 20 22

제3절 소 비 세

1. 소비세의 성격 및 형태

소비세(consumption tax)란 재화 및 용역의 생산·판매·소비과정에서 부과되는 조세인데, 소득세와의 비교를 통하여 그 성격을 살펴보자. 우리는 제10장의 [그림 10－1]에서 소득순환과 과세점을 살펴본 바가 있는데, 소비세나 소득세가 재화 및 용역의 생산과정에서 발생한 '흐름'에 대하여 부과된다는 점에서 양 조세는 서로 비슷하다. 그러나 소득세는 [그림 10－1]의 점 ①에서 생산요소의 거래에 대해 부과되는 조세인 반면, 소비세는 점 ②에서 가계의 소비나 점 ④에서 기업의 판매에 대해 부과되는 조세이다.

한편 소득세는 가계수입의 원천에 대하여 과세하는 인세인 데 반하여, 소비세는 가계소득의 사용(지출)에 대하여 과세하는 물세이다. 따라서 소득세는 인적 공제와 같은 인적 사정이 참작되나 소비세에서는 이러한 인적 사정이 고려되지 못한다. 소비세를 물적 과세의 범주에서 벗어나 인적 과세의 범주로 발전시키기 위하여 영국의 밀(J. S. Mill)이나 그 후의 칼도(N. Kaldor)와 같은 경제학자들은 개인의 총지출에 과세하는 지출세(expenditure tax)를 소득세의 대체적인 조세로서 적극 권장하였다.7)

소비세의 형태는 용어상의 혼란이 올 정도로 다양하다. 우선 소비세를 일반소비세와 개별소비세로 구별할 수 있다. 일반소비세는 모든 재화와 용역에 대하여 일률적으로 부과하는 조세로서 대표적인 것이 일반판매세와 부가가치세이다. 개별소비세는 특정한 재화와 용역에 특정세율을 선별적으로 부과하는 조세인데, 우리나라에서는 현재 개별소비세 · 주세 · 담배소비세 · 교통 · 에너지 · 환경세 등이 이에 해당한다.

소비세는 과세대상과 과세단계에 따라 [표 16－3]에서 보는 것과 같이 여러 가지 형태가 있다. [표 16－3]을 과세대상별로 검토하면 소비재 전반에 걸쳐 과세하는 것(Ⅰ), 특정소비재를 선정하여 과세하는 것(Ⅱ), 소비재와 자본재를 포함하여 과세하는 것(Ⅲ), 그리고 총거래고를 세원으로 과세하는 것(Ⅳ) 등의 네 가지로 대별된다. 첫 번째(Ⅰ)의 세원은 바로 GNP의 소비지출부분에 해당되며, 세 번째(Ⅲ)의 세원은 GNP와 동일한 것이다. 그리고 네 번째(Ⅳ)의 총거래고 세원은 총판매액을 포함하고 있으므로 동일 생산품에 대하여 시발점에서 최종소비단계에 이르기까지 1회 이상 조세가 부과될 수도 있다.

[표 16－4]를 과세단계별로 검토하면 난일단계 과세방법으로 소매, 도매 및

7) Nicholas Kaldor, *An Expenditure Tax*, 4th imperession(London: Unwin University Books, 1965).

표 16-4 | 소비세의 형태

과세단계	과세대상			
	소비재		소비재와 자본재 (Ⅲ)	총거래고 (Ⅳ)
	일반재(Ⅰ)	개별재(Ⅱ)		
단일단계				
소 매	(1)	(5)	(9)	–
도 매	(2)	(6)	(10)	–
제조업자	(3)	(7)	(11)	–
다 단 계				
부가가치	(4)	(8)	(12)	–
거 래 고	–	–	–	(13)

자료: R. A. Musgrave & P. B. Musgrave, *Public Finance in Theory and Practice*, 3rd ed.(New York: McGraw-Hill Co., 1980), p. 446.

제조업자판매세가 있으며, 다단계과세방법에는 부가가치세와 거래고세(turnover tax)가 있다. 미국의 주정부가 부과하는 판매세는 소매단계에서 부과되며 완전히 일반적이라 할 수는 없으나(식품 및 의약품은 판매세에서 면제) 대략 (1)의 경우와 가까우며, 우리나라와 유럽국가들에서 부과하고 있는 부가가치세는 (4)에 속한다. 우리나라에서 과거에 과세되었던 통행세 · 입장세 및 전기가스세는 (5)의 경우에 속하며, 물품세 · 석유류세 및 주세는 (7)의 경우에 해당된다. 그리고 (13)의 거래고세는 생산 및 분배 과정의 각 단계에서 동일한 재화와 용역에 매번 과세하는 조세이다. 예를 들어 어떤 재화의 생산 및 분배의 매 단계에서 1%의 거래고세가 부과되고 최종소비자에게 이 재화가 도달되는 데는 3단계의 과정을 거쳐야 한다면 거래고세의 실효세율(effective tax rate)은 3%가 된다. 거래고세는 생산 및 분배과정을 다변화시키기보다는 수직적으로 통합시키는 작용을 한다는 비난을 받아 왔다. 이와 같은 거래고세의 문제점을 피하면서 다단계과세가 갖는 행정적 장점을 계속 살리고자 하는 조세가 부가가치세인 것이다. 즉 과세가 생산 및 분배의 여러 단계에서 이루어지지만 오직 가치가 새로이 부가된 범위에서만 징수가 허용되는 것이다. 전후 유럽에서 이 제도를 가장 성공적으로 사용한 나라가 프랑스이며, 우리나라는 1977년 이후부터 이 부가가치세를 도입하였다.

조세가 부과되는 형태에 따라 소비세는 종가세와 종량세로 구별된다. 전자는 생산가격 혹은 판매가격에 대해서 그 일정비율을 과세하는 것이고, 후자는 생산량 혹은 판매량에 대한 과세로서 예를 들어 판매 1단위당 일정금액을 부과하게 된다. 전반적인 생산물에 대하여 일률적인 세율을 적용하는 일반소비세는 종가세의 형태를 택하여야 할 것이다.

2. 소비세의 경제적 효과

소비세의 경제적 효과를 조세부담의 귀착문제와 연관시켜 살펴보자. 제13장 제 4 절에서 살펴보았듯이, 부분균형분석을 통한 소비세 귀착은 일반균형분석을 통한 그것과 상이한 결과를 가져다 주고 있다. 즉 물품세와 같은 개별소비세의 귀착과 일반판매세와 같은 일반소비세의 귀착은 서로 상이한 것이다.

물품세는 과세대상이 특정재화 및 용역이므로 부분균형적인 분석방법이 가능하다. 그러나 일반판매세는 모든 재화나 용역에 걸쳐서 적용되는 조세이므로 분석방법도 일반균형적 분석방법이어야 한다. 다시 말하여 경제 전반에 걸친 상호의존관계를 고려하여야 하며, 그렇지 않고서는 일반판매세의 귀착 여부를 분명히 파악할 수 없는 것이다.

물품세의 귀착분석은 비교적 간단하다. 시장이 완전경쟁적인 상황 속에 있다고 가정할 때 물품세는 한계비용의 증가를 의미하므로 과세산업의 생산량은 감소하며 상품가격은 상승한다. 상품가격이 얼마만큼 빨리 상승하느냐는 자원이 과세산업으로부터 비과세산업으로 이동하는 속도에 크게 의존할 것이다. 아무튼 과세상품 가격의 인상은 이 상품을 많이 소비하는 소비자에게 불리한 것이며, 이 범주 속에서 소비자는 세부담을 진다고 하겠다.

그러면 일반판매세의 귀착은 어떠한가? 세원이 모든 상품에 일률적으로 적용되는 일반판매세란 현실적으로 그리 흔하게 존재한다고는 볼 수 없다. 미국이 일반판매세를 사용하는 가장 대표적인 국가이지만 여기서도 상당한 수의 소비제품이 면세대상으로 과세에서 제외되어 있다. 그러나 분석의 편의를 위하여 이 조세가 진정으로 일반적이라고 가정하여 소매단계에서 판매되는 모든 재화와 용역뿐만 아니라 개인이 자기 자신에게 판매하는 여가 및 정부구매품까지도 모두 포함한 것을 세원으로 삼고 있다고 하자. 이와 같은 일반조세가 특정조세의 경우와 가장 두드러지게 다른 것은 조세가 모든 재화와 용역의 판매에 일률적으로 부과되므로 과세산업으로부터 비과세산업으로의 자원의 이동이라는 것이 일어나지 않는다는 점이다. 그러면 이때의 상품가격에는 어떠한 변화가 일어나며 소비자는 과연 어떠한 조세부담을 질 것인가? 이 질문에는 지금까지 상당한 논쟁이 제기되어 왔는데, 학자마다 다른 개념과 다른 모형을 이용하여 분석하였기에 제각기 다른 결론에 도달하고 있다.

우리가 물품세를 분석할 때에는 화폐량에 관한 어떠한 특정가정을 세울 필요가 없었다. 그것은 과세에 의한 상대가격의 변화에 분석의 초점이 맞추어졌기 때문이며, 이러한 상대가격의 변화는 절대가격수준이 어느 정도인가에 불문하고 발생하기 때문이다. 그러나 일반판매세의 경우에는 과세 때문에 상대가격이 직접적으로 변화하지는 않으며 단지 절대가격이 일률적으로 증가한다. 이러한 때에는 화폐 측면의 가정이 분명히 있어야 분석이 가능하다.

이제 중앙은행에서 최종생산물의 절대가격을 일정한 수준에 묶어 두고자 하는 화폐정책을 수립·집행한다고 하자. 경제상황이 이러하다면 아무리 일반판매세를 부과하여도 상품가격은 상승할 수 없으므로 결국 과세는 생산요소의 가격을 하락시킬 수밖에 없는 것이다. 즉 일반판매세는 생산요소의 소유자에게 전가(후전)되며 소비자가 아닌 요소소유자가 조세를 최종부담하게 된다.

일반판매세의 귀착이 생산요소소유자에게 전달되는 과정을 좀더 살펴보면 이해에 도움이 될 것이다. 물품세에서와 마찬가지로 일반판매세도 제품의 한계비용을 증가시킨다. 그러면 이 제품을 생산하는 기업은 극대이윤을 확보하기 위하여 생산량을 줄일 수밖에 없고, 이렇게 되면 투입량도 감소하게 된다. 노동자는 직업을 잃게 되고 원자재와 장비의 구입도 과세 전보다 적어질 것이 분명하다. 그러나 이때의 문제는 직업을 잃은 노동자가 인접한 다른 비과세산업에서 일자리를 구한다는 것이 불가능하다는 점이다. 왜냐하면 일반판매세의 개념상 비과세산업이라는 것이 존재하지 않으며 따라서 다른 대체적인 취업기회가 없기 때문이다. 결국 생산요소 소유자가 요소가격이 하락하는 것을 감수하지 않는 한 실업자는 발생할 것이고, 요소시장이 경쟁적인 상황에 놓여 있다면 요소소득이 감소하는 것은 불가피하게 된다.[8)]

이렇게 보면 일반판매세란 모든 요소소득에 대한 비례적 소득세(proportional income tax)와 다를 바 없나. 그렇다면 소비자가 조세의 최종부담자는 아닌 것이

8) 장기적으로 보아서는 생산요소의 공급이 변하게 되므로 요소소득에 조정이 일어난다. 그러나 여기서는 이와 같은 조정을 무시하고 있다.

다. 요소시장이 비경쟁적인 상황에 놓여 있다 하더라도 결론은 마찬가지이다. 요소시장이 비경쟁적이므로 요소가격이 하락하는 데는 상당히 경직적일 것이다. 그러면 물가 및 임금이 하락하기보다는 실업이 발생할 것인데, 이때 피해를 보는 사람은 실업을 당한 요소소유자이지 소비자는 아닌 것이다. 그러므로 이 경우에도 소비자는 조세부담을 지지 않는다.

화폐당국이 최종생산물의 절대가격을 안정시키도록 노력하는 대신에 조세 때문에 발생한 상품가격 상승을 충분히 보상하기 위하여 화폐량을 팽창시키는 경우를 보더라도 결과는 또한 동일하다. 일반판매세는 최종생산물의 가격을 상승시킨다. 그러나 이때 조세가 비록 가격상승의 한 요인으로 작용을 했지만 좀더 직접적인 요인은 화폐량의 증가에 있다고 보아야 한다. 조세가 물가상승에 기여했다고 하여 화폐량과 물가의 인과관계를 변동시킬 수는 없는 것이다. 이렇게 볼 때 요소소유자는 계속 과세 전보다 과세 후에 더 불리한 위치에 놓이게 됨은 분명하다.

지금까지의 분석을 통해 나타난 바와 같이 판매세가 완전히 일반적(general)이라면 조세부담은 후전한다.[9] 판매세가 전전하느냐 후전하느냐의 정도는 그 판매세의 일반성이 어느 정도이냐에 달려 있다. 예를 들어 미국의 50개 주 가운데서 오직 1개 주만 일반판매세를 부과하고 나머지 주들은 다른 방법으로 재원을 마련한다면 이 일반판매세는 장기적으로 거의 완전히 전전할 것이 틀림없다. 반대로 50개 주 전부가 진정한 일반판매세를 동시에 부과한다면 조세부담의 대부분은 요소소유자로 후전될 것이다.

일반판매세는 제 2 차적인 효과도 발휘하고 있다. 제 2 차적 경제효과란 조세수입의 일면만 보는 것이 아니라 지출 측면도 함께 고려할 때 파생되는 효과이다. 즉 거두어들인 조세수입을 어떻게 사용할 것인가를 파악함으로써 예산귀착(budget incidence)의 측정이 가능한 것이다. 세 가지의 대표적인 경우를 생각해 보면 다음과 같다. 첫째로, 해당 조세수입을 주요 공공서비스의 재원에 충당시킬 경우, 둘째로 해당 조세수입을 통해 다른 조세수입을 감소시키고자 할 경우, 그리고 셋째로 해당 조세수입을 전혀 사용하지 않을 경우이다. 위의 세 가지 경우를 각기 별도로 분석함으로써 보다 바람직한 제 2 차적 귀착효과를 파악할 수 있겠는

9) 우리는 제13장 제 4 절의 일반균형분석에서도 이와 동일한 결론에 도달하였다.

데, 그 중 세 번째의 경우는 정부가 디플레이션을 조장시키는 경우로서 재정분석이 금융분석과 혼합되어지는 경우라 하겠다.

3. 소비세의 장 · 단점

소비세가 갖고 있는 주요 장점은 다음과 같다. 첫 번째의 장점은 소비세가 갖고 있는 잠재적인 조세징수능력이다. 소비세는 정부의 입장에서 징수하기가 비교적 용이하며 납세자는 재화를 구입할 때에 세금을 납부하므로 조세저항이 크지 못하다. 이에 비하여 소득세는 조세징수에 많은 행정비용이 발생하고 납세자의 조세저항도 무시 못할 정도로 큰 것이다. 두 번째의 장점은 소비세가 특정재화의 소비 및 사치를 억제하고 동시에 저축과 자본형성을 촉진시킴으로써 경제성장에 이바지할 수 있다는 것이다. 우리나라에서 부가가치세를 도입하면서 동시에 도입하였던 특별소비세는 특정사치품에 대한 과세를 강화함으로써 비례세인 부가가치세의 역진성을 완화하고 또 해당 물품에 대한 소비지출을 억제하고자 하는 것이며, 최소한 소비가 억제되지 못하더라도 국고수입을 증대시킨다는 장점을 가지고 있었던 것이다.

한편 소비세가 갖고 있는 주요 단점은 다음과 같다. 첫째, 앞에서 소비세의 장점으로서 조세저항이 크지 않음으로써 조세징수가 비교적 용이하다 함을 지적하였는데, 이것은 사실상 소비세를 지불하는 납세자가 자기가 부담하는 조세부담의 진정한 몫을 제대로 인식하지 못하는 경우가 있기 때문이다. 이처럼 물가상승 등으로 실질소득이 감소될 때 납세자들이 이를 즉각적으로 인식하지 못하는 재정착각(fiscal illusion)이 소비세를 비롯한 간접세에 흔히 발생한다. 재정착각이 발생할 때에는 납세자들은 각종 정부서비스의 비용과 편익을 제대로 평가하는 능력을 상실하기 때문에 공공선택에 관한 평가를 어렵게 만든다. 소비세가 갖는 두 번째의 단점으로 역진적인 성격을 지적할 수 있겠다. 소비세는 지불능력에 따라 납부하는 조세이기보다는 각자가 받는 이익에 따라 납부하는 조세이고, 빈자나 부자나 모두 단일세율의 적용을 받기 때문에 총소득을 기준으로 한 실효세율은 역진적인 성격을 띠지 않을 수 없다. 다시 말하여 저소득층의 한계소비성향은 고소득층의 그것보다 높은데, 양 소득층 모두에 동일한 세율을 적용하면 저소득층의 소비세부담이 고소득층의 소비세부담보다 높게 될 수밖에 없는 것이다. 그러나 여기서 유의할 것은 소비세가 역진적 세율구조를 가지고 있다는 말은 소비세부담이 전적으로 소비자에게 귀착될 때에만 타당하다는 점이다. 소비세부담이 전적으로 요소소유자에게 귀착된다면 소비세구조는 역진적이기보다는 비례적이라고 보아야 할 것이다.[10)]

4. 부가가치세

(1) 개 념

1977년부터 우리나라에 도입된 부가가치세(value added tax: VAT)는 본래 유럽에서 발전된 일반소비세의 일종인데, 생산 및 분배과정의 각 단계에서 재화 및 용역에 부가되는 가치에 과세된다. 부가가치세의 특징은 무엇보다도 과세표준이 판매액의 총가치(gross value)가 아니라 각 판매단계에서 부가되는 순가치(net value)에 있다는 것이다. [표 16-5]의 간단한 예를 통해 이를 다시 살펴보자.

[표 16-5]는 원면으로부터 양복이 만들어지는 과정을 대략 4단계로 구분하여, 각 단계에서 창조되는 부가가치를 가상적으로 보여 주는 표이다. 우선 농부가 목화(cotton)으로부터 원면을 생산하여, 그것을 가지고 면사를 생산하는 방적회사에 400원을 받고 팔았다고 하자. 방적회사는 노동, 자본, 토지 등의 생산요소를

표 16-5 | 부가가치의 창조

(단위: 원)

생산 및 분배과정	판 매 가 격	부 가 가 치
Ⅰ. 원 면(농 부)	400	400
Ⅱ. 면 사(방적회사)	700	300
Ⅲ. 면 직 물(방직회사)	1,000	300
Ⅳ. 양 복(양 복 점)	1,200	200
	3,300	1,200

10) 우리나라의 간접세부담분포에 관한 실증적인 연구결과들을 보면 소득기준이냐 소비지출기준이냐에 따라 부담분포에 크게 차이가 나타난다. 소득기준에서는 부담분포가 역진적이지만 소비지출기준에서는 거의 비례적인 부담분포를 나타내고 있다. 이계식 · 배준호, "우리나라 간접세부담분포 분석," 「조세정책과 세제발전」(한국개발연구원, 1986), pp. 61~122; 성명재, 「소득 · 자산 · 부채 결합분포 분석 및 정책적 함의 연구」(한국조세연구원, 2011), pp, 49~70 참조할 것.

사용하여 원면을 가공함으로써 면사를 생산하여 그것을 700원을 받고 방직회사에 팔았다. 방직회사에서는 면사를 다시 가공하여 면직물을 생산한 다음 1,000원을 받고 이것을 양복점에 팔았다. 양복점에서는 면직물을 가지고 양복을 만들어 최종소비자에게 1,200원을 받고 팔았다. 이 예에서 우리는 다음과 같은 두 가지를 발견할 수 있다.

(1) 양복제조과정에서 일어난 총거래액은 400+700+1,000+1,200=3,300원이다. 그런데 최종생산물(양복)의 가격은 1,200원이어서 총거래액과의 차이는 다름 아닌 중간생산물의 가치이다.

(2) 최종생산물의 가격 1,200원은 양복제조과정의 각 단계에서 생긴 부가가치의 합계이다. 즉 400+300+300+200=1,200원이다. 부가가치세는 바로 이와 같은 4단계에서 발생한 부가가치에 부과하는 조세인 것이다.

이상은 1개의 생산물의 경우이지만 이 원칙은 경제 전반의 모든 재화와 용역에도 해당된다. 또한 국민총생산(GNP)이란 모든 생산과정에서 창출되는 부가가치와 감가상각의 합계와 같다라는 것은 이미 잘 알고 있는 사실이다([표 16-5]에서는 감가상각을 0으로 간주하고 있다).

(2) 형 태

부가가치세는 대략 세 가지 형태로 분류된다. 세원이라 할 수 있는 부가가치의 총규모가 국민총생산(GNP)과 일치하느냐, 국민순생산(NNP)과 일치하느냐, 혹은 GNP 중의 소비지출분과 일치하느냐에 따라 국민총생산형 부가가치세, 소득형 부가가치세, 소비형 부가가치세로 구분된다. 실제적으로는 소비형 부가가치세만이 각국에서 고려의 대상이 되고 있다.

1) 국민총생산형 부가가치세

이 방식은 모든 최종생산물의 가치에 대하여 과세하는 것으로 결국 소비재와 자본재를 전부 포함한 GNP를 과세표준으로 한다. 따라서 각 생산단계의 과세표준은 임금, 이자, 지대 및 이윤의 합계에다 감가상각액을 합한 것이며, 달리 표현하면 총거래수입액에서 중간생산물의 가치를 감한 것과 같다. 이것은 [그림 10-1]에서는 점 ④에서 과세하는 것과 같으며, [표 16-4]에서는 ⑿에 해당된다.

2) 소득형 부가가치세

이 방식은 과세표준액이 국민순생산(NNP)과 같은 것으로서 GNP에서 자본소모충당금(즉 감가상각비)을 공제한 것과 같다. 따라서 소득형 부가가치세는 소비재의 생산과정에서 부과된 가치와 자본재의 순증가를 합한 것에 과세하는 세이다. 그런데 순생산(net product)의 가치는 소득의 규모와 같은 것이므로 순생산에 일률적으로 부과하는 소득형 부가가치세와 소득에 대하여 일률적으로 부과하는 비례적 소득세는 서로 동일한 결과를 가져다 줄 수 있다. 이 세는 [그림 10－1]의 점 ⑤에서 과세하는 것과 같다.

3) 소비형 부가가치세

이 방식이 소득형 부가가치세와 다른 점은 소득형 부가가치세는 자본재의 감가상각비를 공제하고 과세하는 반면에, 소비형 부가가치세는 자본재 구입비용 즉 총투자액을 공제하고 나머지 소비재만을 과세대상으로 한다는 것이다. 그러므로 이 세는 소비재에 대한 일반소매판매세와 같은 것이고 다만 행정적인 절차만 다르다. [그림 10－1]의 점 ③에서 과세하는 경우와 같으며, [표 16－4]에서는 ⑷에 해당된다.

(3) 과세방식

현실에서 부가가치를 계산하는 방식은 크게 가산법과 공제법으로 구분된다. 가산법(addition method)이란 부가가치의 구성요소인 임금과 이자, 이윤, 지대 등 요소소득을 합하여 부가가치를 산정하는 방식이다. 이에 비해서 공제법(subtraction method)이란 기업의 매출액에서 중간투입물인 매입액을 차감하여 계산하는 것이다. 소비형 부가가치세의 경우는 중간투입물뿐만 아니라 투자액까지도 매입액으로 공제하게 되며, 소득형 부가가치세는 감가상각을 통해서 투자비용을 공제한다.

한편 부가가치세액의 계산은 다시 부가가치를 직접 계산하는지의 여부에 따라 직접법과 간접법으로 구분된다. 직접법(direct method)이란 먼저 부가가치를 직접 계산하고 그 부가가치에 세율을 적용하여 세액을 산출하는 방식이며, 간접법(indirect method)이란 부가가치를 직접 계산하지 않고 각 구성부분에 세율을 적용하여 세액을 계산하는 방법이다. 이와 같은 방식들은 조합되는 방식에 따라서 다음과 같은 네 가지의 과세방식으로 제시될 수 있다. 여기서 t는 세율, w, r, π, h는 각각 임금, 이자, 이윤, 지대 등의 요소소득을 나타낸다.

직접가산법: $(w+r+\pi+h)\times t$
직접공제법: (매출액－매입액)$\times t$
간접가산법: $(w\times t)+(r\times t)+(\pi\times t)+(h\times t)$
간접공제법: 매출액$\times t$－매입액$\times t$

우리나라를 포함하여 부가가치세를 택하고 있는 거의 대부분의 국가에서는 간접공제법을 사용하고 있는데, 이는 흔히 전단계매입세액공제법 또는 송장법(invoice method)라고 한다. 이 방식에서는 매출액에 세율을 곱하여 계산된 매출세액에서 중간재나 설비 등의 구입시 받은 세금계산서 상에 표시된 매입세액을 공제하여 납부할 부가가치세를 계산하는 것이다. 모든 거래단계마다 이와 같은 과정을 거쳐 세액이 계산되면 최종소비자에게 판매하는 소매상의 경우, 매출액은 이전단계들에서의 부가가치와 소매상 자신이 창출한 부가가치의 합으로 계산되며, 따라서 소비자는 전체 부가가치에 대한 부가가치세를 부담하게 되는 것이다.

이러한 전단계매입세액공제법의 가장 큰 장점으로 들 수 있는 것은 세금계산서의 수취과정을 통하여 재화와 용역의 거래가 명확히 밝혀지게 되어 탈세를 방지할 수 있고 세무행정상 집행이 용이하다는 점이다. 각 납세자의 납부세액은 매출세액에서 매입세액을 공제하여 계산되는데, 매입세액을 공제받기 위해서는 중간재 구입시 세금계산서를 수취하여 이를 자기의 세금납부시 제출하여야 하기 때문이다.

그러나 현실적으로 세금계산서의 수취가 정상적으로 이루어지지 않는 지하음성거래가 성행함으로써 부가가치세의 이러한 장점들이 실현되고 있지 못한 실정이다. 특히 우리나라의 경우 40%에 가까운 개인사업자가 매출액을 기준으로 부가가치세가 계산되는 간이과세자에 해당하고 있는데 이들이 매출액을 축소하기 위하여 세금계산서의 수취를 거절하는 경우가 흔히 발생하고 있기 때문이다.

(4) 영세율과 면세

영세율과 면세제도는 부가가치세 부담을 경감하는 제도인데, 영세율은 완전면제인 반면 면세는 부분면제라는 점에 차이가 있다. 우선 영세율은 매출세율을 영(零)으로 하는 것으로서 따라서 매출세액은 영이 되는 반면 매입세액은 전액 공제하여 환급받는 제도이다. 따라서 영세율은 전단계에서 납부한 부가가치세를 모두 환급받는 완전면세 제도로서 기본적으로 수출하는 재화나 국외제공 용역 등에 적용된다. 즉 수출품에 대해서는 소비세의 소비지과세원칙에 따라 수출국인 국내의 부가가치세를 완전면제하고 수입국가의 소비세를 과세하도록 하는 것이다.

이에 비해서 면세제도는 재화 또는 용역의 공급에 대하여 납세의무를 면제하는 제도이다. 면세는 당해 면세사업자 단계에서 발생하는 부가가치에 대한 세부담을 면제하는 것으로서 기초생활필수품, 국민후생용역, 문화 관련 재화・용역 등의 소비와 관련하여 소비자의 부담을 경감하고자 하는 정책적 목적을 가지는 것이다. 면세사업자는 등록, 거래징수, 신고・납부 등 부가가치세법상의 제반 의무가 없기 때문에 전단계에서 부담한 매입세액은 공제받지 못하게 된다.

한편 면세는 거래의 중간단계에 적용되는 경우 중복과세에 의한 누적효과를 통해서 최종 소비자가격은 면세가 없을 때에 비해서 오히려 높아지는 효과가 발생한다. 따라서 면세는 중간 유통단계가 아닌 최종소비자의 거래에 대하여 적용하는 것이 원칙이다. 또 최종소비단계에 부과되는 경우에도 비록 매출세액에 대한 과세가 없는 반면 매입세액을 공제받지 못하기 때문에 영세율과 같이 완전면제가 아닌 부분면제이다.

(5) 장・단점

부가가치세의 장점으로는 거래 각 단계에서 발생하는 부가가치에 과세함으로써 세부담이 명확하기 때문에 조세수입원으로서 매우 유리하다는 점이다. 더욱이 납세자는 조세를 납부할 근거로서 송장(invoice)을 구비하여야 하므로 세원을 양성화시킬 수 있는 것이다. 따라서 개별소비세와 비교해 볼 때 조세수입을 용이하게 증대시킬 수 있다. 두 번째 장점으로는 과세의 중립성이다. 이 세는 모든 부가가치에 대하여 적용되므로 개별소비세와 비교하여 경제행위에 훨씬 중립적이다. 세 번째로 중요한 장점은 수출에 대하여 면세조치를 취함으로써 수출상품의 가격을 하락시키고 경쟁력을 높여 수출을 촉진시키는 데 기여할 수 있다는 것이다. 반면에 수입에 대하여서는 전면적으로 과세함으로써 수입대체를 촉진시키고 나아가서 국제수지 개선효과를 기대할 수 있다. 미국이 1970년대에 부가가치세의 도입을 고려한 적이 있는데, 이때 수출촉진 가능성이 중요한 이유중의 하나였다.

부가가치세의 단점으로는 우선 조세부담의 역진성을 지적하지 않을 수 없다. 물론 이 조세가 소득에 대하여 역진적임으로 말미암아 소득세가 갖는 급격한 누진도를 완화시켜 조세 전반의 세율구조를 비례적이고 중립적으로 유지할 수 있다는 보편적 과세주의의 일면이 없는 것은 아니다. 그러나 세부담이 판매자에서 구매자로 전가되므로 부가가치세 하나만을 볼 때 세부담의 불공평이 어쩔 수 없이 발생하는 것이다. 두 번째의 단점은 물가상승효과와 경기조정기능의 약화이다. 부가가치세의 세부담이 최종구매자에게 귀착된다면 이것은 바로 재화와 용역의 가격이 상승됨을 의미한다. 이러한 가격상승효과는 인플레이션을 유발시키고 이것은 다시 부가가치세수를 증대시켜 가격상승을 더욱 부채질하는 악순환이 일어날 수 있음에 유의하여야 한다. 더욱이 간접세로서의 부가가치세는 자동안정장치(built-in flexibility)로서의 기능이 미약하여 세제의 경기조절기능이라는 측면에서는 소득세에 비하여 비효율적이다. 끝으로 조세행정상의 난점을 들 수 있다. 이 조세가 조세행정상 합리적이고 효율적으로 운용되기 위하여서는 세금계산서에 의한 근거과세제도가 확립되어야 하고 납세절차 및 행정이 간편하여 납세자가 이에 쉽게 적응할 수 있어야 한다. 그러나 개발도상국에 있어서는 아직도 조세행정이 취약하여 생산·도매·소매 등의 모든 단계에 걸쳐 과세하는 데 행정적인 어려움이 있으며, 또한 장부기재상의 미비, 납세자의 건전한 조세의식부족 등에 의해 세무행정이 더욱 어렵게 되는 문제점이 나타날 수 있다.

5. 우리나라의 현행 소비세

우리나라의 소비세제는 부가가치세, 개별소비세, 주세, 교통에너지환경세 등으로 구성되어 있는데 여기서는 부가가치세에 대해서 간단히 살펴본다. 우리나라의 부가가치세는 1977년 7월 기존의 8개 간접세목을 통합하여 특별소비세[11]와 같이 신설되었으며, 현재 14개 국세 중 가장 많은 세수를 징수하고 있다. 2010년의 경우 부가가치세 세수는 49.1조원으로 전체 국세수입의 27.6%에 달하고 있다.

---

11) 현재 개별소비세임.

현행 우리나라 부가가치세의 특징 중의 하나는 부가가치세의 과세가 위에서 설명한 전단계매입세액공제법을 통하여 세액이 산출되는 일반과세제도와, 매출액을 기준으로 세액이 산출되는 간이과세제도로 구분되어 있다는 점이다. 부가가치세 도입초기 과세자는 일반과세자와 과세특례자로 구분되었는데, 1996년에 연간 매출액이 4,800만원 이상 1억 5,000만원 미만의 개인사업자를 대상으로 간이과세제도가 도입됨으로써 세 가지 유형으로 전환되었다. 간이과세제도는 기본적으로 매출액에 업종별 부가가치율을 곱하여 부가가치를 추정하고 이에 10%의 세율을 적용하여 납부세액을 계산하는 것이다. 이러한 제도가 도입된 이유는 사업규모가 상대적으로 작은 중소개인사업자에 대한 조세부담 감소와 신고납부절차의 간소화를 위한 것이며, 특히 과세특례자가 일반과세자로 전환될 때 그 조세부담이 크게 늘어나지 않게 함으로써 과세특례자가 일반과세자로 전환되는 데 대한 저항을 줄이기 위한 것이라고 할 수 있다.[12]

현행의 간이과세제도는 2000년 7월부터 기존의 과세특례제도를 개편하여 도입하였는데, 연간매출액이 4천 800만원 미만인 개인사업자에 대하여 매출액에 10%~50%의 업종별 부가가치율을 곱하여 부가가치 금액을 계산하고 이에 대해 10%의 세율을 적용하여 세액을 계산하는 것이다.[13] [표 16-6]은 일반과세자와 간이과세자의 주요 특징을 요약 비교하여 보여주고 있다.

그러나 이러한 간이과세제도는 기본적으로 매출액을 기준으로 하여 세액을 계산하게 됨으로써, 부가가치세제의 가장 큰 장점 중의 하나라고 할 수 있는 세금계산서를 통한 거래내용의 파악을 어렵게 하는 문제점을 지니고 있다. 이러한 문제점들은 우리나라 부가가치세제의 정상적인 운영에 있어서 큰 제약요인으로 작용하고 있으며, 더 나아가 자영업자의 낮은 소득파악률을 야기하는 근본적인

---

12) 과세특례제도는 연간 공급대가가 일정 금액 미만(도입초기인 1977년 1,200만원에서 이후 2,400만원, 3,600만원으로 인상되었으며, 1996년부터 4,800만원) 미만의 영세사업자로서 그 세액 계산은 공급대가에 2%의 세율을 적용하여 이루어졌다. 즉 전단계매입세액공제법을 적용하는 일반과세자와는 달리 과세특례자의 경우 그 매출액에 특례세율 2%를 곱하여 세액을 계산하는 것이다. 이는 소규모 영세사업자의 경우 그 규모나 기장능력의 측면에서 세금계산서에 의한 일반과세방법을 적용하기 어렵기 때문에 세액계산 및 신고납부절차에 간편한 방법을 적용하는 것이다. 그러나 세금계산서 수취를 요구하지 않는다는 점에서 부가가치세의 장점이라고 할 수 있는 세금계산서를 통한 거래투명화를 저해하는 문제점을 가지고 있었던 것이다.

13) 기존의 간이과세자, 즉 연간매출액이 4,800만원 이상 1억 5천만원 미만인 개인사업자는 일반과세자로 흡수하였다.

표 16-6 | 일반과세자간이과세자의 비교

구 분	일반과세자	간이과세자
1. 대상사업자	간이과세자가 아닌 모든 사업자	직전연도 1역년 공급대가가 4,800만원 미만인 개인사업자
2. 과세표준	공급가액	공급대가
3. 세율	10%, 0%	업종별 부가가치율×10%, 0%
4. 거래징수	의무 있음.	별도규정 없음.
5. 세금계산서	세금계산서 또는 영수증 교부	세금계산서 교부 불가능하고 영수증 교부만 가능
6. 납부세액	매출세액 – 매입세액	과세표준(공급대가)×당해 업종별 부가가치율×10%
7. 예정신고납부	당해 예정신고기간의 과세표준과 세액 자진신고 · 납부. 단, 개인사업자 예정고지	예정고지 생략
8. 매입세금 계산서 등	매입세액으로 공제	매입세액에 해당 업종별 부가가치율(10%~50%)을 곱하여 계산한 금액을 납부세액에서 공제
9. 미등록가산세	공급가액의 1%	개인 : 공급대가의 0.5%
10. 납부의무면제	적용대상 아님.	과세기간 공급대가가 1,200만원 미만인 경우 납부의무 면제

자료: 기획재정부, 『조세개요』, 2010.10, p. 195을 수정.

문제를 야기하고 있다. 2010년 현재 간이과세자는 법인사업자를 포함한 전체 부가가치세 사업자의 34.9%를 점하고 있는데, 이들이 납부하는 부가가치세 세수비중은 불과 0.57%에 불과한 실정이다.

우리나라 부가가치세의 세율은 10%의 단일세율로 책정되어 있으며[14] 수출품 등에 대해서는 영세율이 적용된다. 또한 일부 세부담의 역진성 완화, 행정절차의 간소화 그리고 국가정책적인 고려 등 다양한 이유에 따라 광범위한 면세를 허용하고 있다. 주요 면세대상으로는 가공되지 않은 식료품 등 기초생할필수품, 의료, 교육, 금융, 보험, 우편, 도서, 예술창작품 등이다.

14) EU 국가들은 25%의 단일세율로 운영되는 덴마크를 제외하고는 표준세율과 경감세율 등 복수의 세율로 운영되고 있다. 다음 표는 2011년 7월 1일 현재 EU 주요국가들의 부가가세치세 세율을 보여주고 있다.

제4절 재 산 세

1. 재산세의 개념과 분류

재산과세는 넓은 의미로 본다면 재산의 보유나 이용, 또는 거래 등과 관련하여 부과되는 제반 조세들을 통칭하는 것이다. OECD 조세분류에 따르면 재산과

표 16-7 | 재산과세의 분류(OECD 기준)

구 분	재산과세중 세수비중				우리나라 주요 세목
	미국	영국	한국	캐나다	
부동산에 대한 정기세(Recurrent taxes on immovable property)	93.4	83.9	27.9	87.7	재산세, 종합부동산세
순자산에 대한 정기세(Recurrent taxes on net wealth)	–	–	–	–	
상속 증여세(Taxes on estates and inheritances and gifts)	6.6	4.1	7.6	–	상속세, 증여세
금융 및 자산 거래세(Taxes on financial and capital transactions)	–	12.0	64.5	4.4	증권거래세, 취득세, 등록면허세
기타 비정기 재산과세 (Other non-recurrent taxes on property)	–	–	–	4.4	

자료: OECD, Revenue Statistics 1965-2009, 2010

(단위: %)

국가	초경감세율	경감세율	표준세율
독일	-	7	19
그리스	-	6.5, 13	23
스페인	4	8	18
프랑스	2.1	5.5	19.6
이태리	4	10	20
스웨덴	-	6, 12	25
영국	-	5	20
덴마크	-	-	25

자료: European Commission, "VAT Rates Applied in the Member States of the European Union," http://ec.europa.eu/taxation_customs/resources/documents/taxation/vat/how_vat_works/rates/vat_rates_en.pdf

세(taxes on property)는 [표 16-7]에 제시된 바와 같이 다섯 가지로 분류되고 있다. 이 구분중에서 '부동산에 대한 정기세'는 부동산의 보유에 대해서 매년 정기적으로 부과되는 보유과세이며, 우리나라의 재산세와 종합부동산세가 이에 해당한다. '금융 및 자산 거래세'는 주식 등 금융자산과 부동산 등의 거래에 부과되는 세목으로서 우리나라의 증권거래세나 취득세, 등록면허세 등이 이에 해당한다. 한편 이러한 OECD 분류에서 부동산에 대한 양도소득세는 재산과세가 아닌 소득과세로 분류되어 있다.

한편 이 표는 OECD 국가 중 전체 세수에서 재산과세의 비중이 가장 높은 4개국인 미국과 영국, 우리나라와 캐나다 등의 재산과세 세수구조를 비교하여 보여주고 있다. 이 표에서 나타나고 있는 바와 같이 우리나라의 재산과세 구조는 다른 나라들에 비교할 때 보유과세보다는 거래과세 비중이 크게 높다는 특징을 가지고 있다. 즉 다른 세 나라들의 경우 재산과세는 부동산 보유과세가 가장 핵심적인 역할을 담당하고 있는 것에 비해서 우리나라의 경우 그보다는 오히려 거래과세의 비중이 높게 나타나고 있음을 할 수 있다.

재산세를 부과하는 형태에 따라 분류하여 보면 세원인 재산을 개별적으로 포착하여 과세하는가 또는 그 전부를 포착하여 과세하는가에 따라 개별적 재산세와 일반재산세로 구별된다. 개별적 재산세와 일반재산세가 재산의 총액에 대하여 과세하는 물세인 반면에, 재산총액에서 개인의 부채를 공제한 재산순액에 대하여 과세하는 부유세가 있는데 이것은 인세로 취급된다. 일반재산세와 부유세 등 보유과세를 정적 재산세라고도 하며, 납세자 소유재산 자체의 침식을 가급적 피하고 조세를 납세자의 소득에서 부담한다는 의미에서 '명목적 재산세'라고 부른다. 한편 재산의 이동 또는 재산가치의 증가에 과하는 조세를 동적 재산세라고도 하며, 조세가 실질적으로 납세자의 재산에서 부담된다는 의미에서 '실질적 재산세'라고 한다. 대표적인 실질적 재산세로서는 양도소득세, 상속세, 증여세 등을 들 수 있다. 명목적 재산세가 소득세를 보완하는 의미가 있는 반면에, 실질적 재산세는 불로재산소득에 과세하는 것과 동시에 부의 재분배, 부동산투기억제, 인플레이션방지 등의 여러 가지 목적을 위해 사용되고 있다.

이와 같이 재산세는 다양한 기준에 따라 구분되기 때문에 '재산세'라는 용어 자체는 매우 다양한 의미를 가지게 된다. 이하에서는 재산의 보유에 따라 정기적으로 부과되고 있는 조세, 즉 재산 보유과세로서의 재산세를 중심으로 논의를 진행한다.

재산세(property tax)란 개인이 소유하는 자산의 가치에 부과되는 조세인데, 지방세로 과세되고 있는 것이 대부분 나라들의 공통적인 특징이다. 재산세에서 가장 큰 쟁점은 과세대상이 되는 재산의 범위를 어디까지 잡느냐와 과세재산의 가치를 어떻게 평가하느냐이다. 재산세가 일반재산세(general property tax)의 성격을 갖고 있으면 세원도 일반화되어야 하므로 교환가치를 가지고 있는 유형·무형의 모든 재산을 과세대상으로 삼아야 할 것이다. 토지나 건물·광산시설·관개시설 등의 부동산은 물론 자동차·가구·보석 등의 개인적 유형재산(tangible property), 그리고 더 나아가 주식, 채권, 현금, 예금 등 각종 동산을 포함하여야 할 것이다.

그러나 현실적으로 현금 등 동산에 대한 과세는 용이하지 않을 뿐 아니라 조세를 포탈할 가능성이 매우 높고 또 징세비용도 많이 발생하므로, 동산과 부동산을 서로 다른 세율로 차별과세하든가 그렇지 않으면 동산은 비과세하고 사실상 토지와 이에 부착된 건물 등의 실질재산에 주로 과세하게 된다. 본장의 제1절 소득세에서 언급한 바와 같이 소득의 개념을 소비와 자산의 순증가(accretion of wealth)를 합한 것으로 간주하여 모든 형태의 순자산증가분에 완전한 소득세가 부과된다면 재산세로서의 자산에 대한 추가적인 과세는 수평적 공평성이라는 관점에서 그 근거가 희박해진다. 따라서 이런 경우의 재산세의 과세범위는 매우 축소될 수밖에 없을 것이다. 그러나 소득의 개념을 '흐름'으로 간주할 때에는 재산세의 근거는 명확해지는데, 이 점은 다음에 다시 언급하기로 한다.

미국에서는 주에 따라 사정이 다르나 절반 이상의 주에서는 동산·부동산을 모두 포함한 재산을 평가하여 과세하고 있다. 영국·일본에서는 부동산만을 과세대상으로 하고 있으며, 우리나라에서는 토지와 건축물, 주택, 항공기, 선박을 재산세의 과세대상으로 하고 있다.

2. 재산세의 근거

우리는 앞에서 재산세가 소득세의 보완세적인 성격을 가지고 있다고 언급하였는데, 재산세는 본질상 소득세와 끊을 수 없는 밀접한 관계를 가지고 있다. 모든 자산은 시간의 흐름에 따라 일정한 소득을 창출시킬 수 있는 능력을 가지고 있다. 따라서 자산의 가치는 소득의 흐름을 통하여 파악될 수 있는데, 자산의 가치를 평가한다는 것은 바로 장래에 걸쳐 자산으로부터 발생할 것이라고 기대되는 소득의 총액을 파악하는 것과 다름이 없다. 어떠한 소득의 흐름도 자산의 가치로 전환될 수 있으며 또한 어떠한 자산가치도 소득의 흐름으로 전환될 수 있는 것이다. 단지 이때의 전환과정에서 요구되는 것은 적절한 할인율을 사용하여 장래에 발생할 소득을 현재가치로 바꾸어 주는 것뿐이다. 주어진 할인율 아래에서 자산은 현재가치로 환산된 자산의 총체적인 가치로 표시될 수 있으며 혹은 연간 소득의 흐름액으로 표시될 수 있다. 연간 100만원의 소득을 가져다 주는 유가증권(bond)을 예로 들어 보자. 이 자산(채권)의 연간소득의 흐름액은 100만원인데 5%의 할인율을 적용하여 만기일은 무한하다고 가정할 때의 자산의 총체적 가치는 2,000만원이 된다. 이처럼 자산은 두 가지 형태로 평가되는 것이다.

이렇게 본다면 조세를 부과하는 데 있어서 소득세와 재산세 사이에는 개념상 아무런 차이가 없다. 위의 채권의 예에서 자산의 총가치인 2,000만원에 대하여 연 1%의 재산세를 부과하여 20만원의 조세수입을 마련하는 것이나, 그렇지 않고 연간소득액인 100만원에 대하여 연 20%의 소득세를 부과하여 동일한 액수의 조세수입을 거두어들이는 것이나 양 조세간에는 아무런 차이가 없다. 1% 세율과 20% 세율 사이의 비율은 소득흐름을 자산의 총가치로 바꾸는 데 사용된 할인율(5%)에 해당되는 것이다. 자산소득자의 입장에서는 양 조세간에 아무런 차이를 느끼지 않을 것이며, 양 조세의 경제적 효과도 동일하게 될 것이다.

소득세와 재산세가 서로 대체적으로 전환될 수 있다는 점은 양 조세의 비교분석에 중요한 시발점의 역할을 하며 또한 재산세가 조세로서 근거를 마련하는 데 중요한 의미를 부여한다. 재산세의 역사는 소득세보다도 훨씬 오래된다. 근대 소득세제가 정의로운 분배를 위하여 19세기 말 내지 20세기 초기부터 본격적으로 발전되어 왔는 데 비하여, 재산세는 이보다 1~2세기 전인 18세기 중엽의 프랑스의 중농주의자(physiocrats)들로까지 거슬러 올라간다. 재산세의 근거에 관한 논리적 발전과정을 역사적으로 간략히 살펴보자.

(1) 중농주의자들의 견해

18세기의 프랑스 중농주의자들은 소득이 경제의 한 분야에서 다른 분야로 이동하는 과정을 분석하는 데 관심을 기울였다. 이러한 연구를 통하여 이들이 얻은 결론은 농업만이 오직 생산적인 분야이고 다른 경제분야의 모든 활동들은 단순히 재산을 전환시키는 것에 불과한 비생산적인 면으로 구성되어 있다는 것이었다. 오직 토지에서 생산되는 것을 통하여 진정한 순생산(net product)이 발생할 수 있으며, 이 순생산은 실질생산비를 초과한 순수한 잉여분이라고 생각되었다. 순생산(혹은 잉여분)은 지주들에게 지대의 형태로 돌아가게 되는데, 이것이 바로 조세의 유일한 원천으로 인정되는 것이다.

중농주의자들은 물론 분석상의 잘못을 범하였다. 그들은 오직 재화의 물리적 측면에만 관심을 쏟고, 재화가 한 단계에서 다른 단계로 전화되는 과정에서 창조되는 가치를 파악하는 데 실패한 것이다. 또한 그들의 분석은 효용(utility)에 관한 근대적인 개념도 전혀 반영되지 못한 아주 초보적인 이론에 불과하였다. 그러나 중농주의자들은 토지가 사회적 순잉여분을 창조하는 유일한 곳이므로 과세대상으로서 가장 적절한 것이라고 주장한 최초의 사람들이라는 데 중요한 의미가 있다고 하겠다.

(2) 리카도의 지대론

중농주의자들의 견해는 그 후 고전경제이론에 많은 영향을 끼쳤는데, 지대에 관한 고전이론을 형성시킨 학자가 리카도(David Ricardo)이다. 리카도는 노동가치설(labor theory of value)에 기반을 두고서 "가치의 원인"을 규명하는 데 많은 노력을 기울인 사람이다. 그러나 리카도에게 있어서 토지의 지대를 설명하는 데는 상당한 어려움이 있었다. 자본에 대한 반대급부(the return to capital)는 이를 궁극적으로 노동에 대한 보상이라고 간주하여 설명할 수 있었으나 토지에 대해서는 이와 같은 접근방법이 허용되지 않았다. 결국 리카도는 모든 재화의 가치는 아무런 지대를 벌어들이지 못하는 한계지대(marginal land)에서 결정된다고 결론지음으로써 이 문제를 해결하려고 하였다. 이 점에 대하여 좀더 설명하여 보자.

인구가 증가함에 따라 식량생산도 증대되어야 하므로 질적으로 낙후된 토지도 점차 사용도가 증가된다. 그러나 저질의 토지에서 생산에 종사하는 노동자의 수는 비옥한 토지에서 일하는 사람들의 수를 초과할 수밖에 없으므로 노동가치설에 입각하여 볼 때 토지의 경작이 확대될수록 농작물의 가격(가치)은 증가하게 된다. 이렇게 인구의 증가에 따라 농작물의 가격이 전반적으로 상승하게 되는데, 이때 비옥한 토지를 소유하고 있는 지주는 일정한 실제임금만을 노동자에게 지불하면 될 것이므로 위의 지주들에게는 저질토지(한계토지)를 소유하고 있는 지주에 비하여 일종의 잉여분이라고 볼 수 있는 소위 지대라는 것이 발생하게 된다. 이 지대는 바로 한계토지에서의 생산비를 초과한 수익분으로서 비옥한 토지에서 생기는 것이다. 이와 같은 토지는 인구의 증가에 따라 계속 상승할 것이다.

리카도의 지대론은 중농주의자들의 분석보다도 훨씬 정교한 것이지만 근본적으로는 동일한 결론에 도달하고 있다. 즉, 순수한 토지의 지대야말로 흙에서 나오는 원천적인 불멸의 힘인 것이며 주주들에게 돌아가는 진정한 잉여분이라고 결론짓고 있다. 따라서 지대는 실질생산비의 일부가 아니라고 규정하고 있다. 즉 지대는 가격의 결과이지 그 원인은 아닌 것이다(Rent is the result of the price, and not a cause of it).

이와 같은 리카도의 지대론은 생산요소의 한계생산성 내지 기회비용의 개념을 이해하지 못한 데에 치명적인 결함을 지니고 있다. 한계생산성이론에 따르면 지주가 수령하는 지대란 총생산과정에 투하된 토지의 한계생산성의 크기와 같은 것이다. 이렇게 볼 때 토지는 노동, 자본 등과 더불어 하나의 생산요소에 지나지 않는 것이다. 주주에게 돌아가는 지대가 잉여분의 성격을 가지려면 토지의 대체적 사용도가 전무한, 즉 토지의 기회비용이 영(0)인 경우에만 해당될 것인데, 이러한 경우는 현실적으로 그리 많이 존재하고 있지 않다.

(3) 헨리 조지의 토지단일세

리카도의 지대론은 신고전이론이 형성될 때까지 근 1세기에 걸쳐 중요한 영향력을 행사하였으며, 특히 토지세 정책을 지지하는 데 이론적인 근거를 마련하였다. 토지세를 지지하는 운동은 미국에도 파급되었는데, 이 운동의 지도자가 헨리 조지(Henry George)이다. 그는 그의 저서 「번영과 빈곤」(*Progress and Poverty*)에서 모든 종류의 조세는 토지에 부과하는 토지세로 단일화시켜야 한다고 주장하였다.

헨리 조지는 리카도 이론을 받아들여 순수한 토지(이것은 토지에 부착된 건물과 구별된다)에서의 조수익은 사회적 잉여분인 것으로 여기에 대하여 과세할 경우에는 전반적인 경제행위에 아무런 교란이 발생하지 않는다고 보고 있다. 따라서 토지단일세는 가장 효율적인 과세방법이며 순수한 토지에만 과세함으로써 다른 조세가 갖는 여러 가지 불리한 효과들을 완전히 제거할 수 있다고 주장하였다.

토지에의 단일세 주장은 지금까지 채택된 적은 없다. 그러나 이와 같은 주장에 힘입어 미국 지방정부의 재정체계 속에서 재산세의 위치가 훨씬 강화되어 온 것은 사실이다. 또한 토지에 대한 과세와 토지에 부착된 물건들에 대한 과세를 분리하게 되었으며, 재산의 유형에 따라 과세를 분리하는 그런 재정체계가 점차 형성된 것이다.

(4) 경제적 지대론(근대이론)

근대이론에서의 지대는 토지 등과 같은 자원의 반대급부(수익)로 통상 규정됨으로써 임금이나 이자와 개념상 다를 바 없다. 그런데 만약 이 자원의 사용처가 완전히 하나에 고정되어 있으면, 즉 다시 말하여 대체적인 사용기회가 전혀 없으면, 이 때의 자원의 반대급부(수익)는 지대라는 말 대신 경제적 지대(economic rent)라고 부르게 된다. 경제적 지대란 자원이 대체적인 다른 어떤 사용처로부터 얻을 수 있는 수익을 초과한 몫으로서, 만약 자원의 대체적 사용도가 전혀 없으면 (즉 기회비용이 영(0)이면) 그 자원에서 나오는 모든 수익이 경제적 지대가 된다.[15)]

이와 같은 경제적 지대는 개념상 생산과는 무관한 불필요한 지불액이 되고 만다. 예를 들어 프로야구선수가 연간 5억원의 소득을 올리고 있는데 이 사람이 프로야구 대신에 다른 직업을 구할 경우에는 봉급이 연간 5천만원 정도라고 하자. 이때 프로야구에서의 연간 봉급액 5억원의 9/10에 해당되는 4억 5천만원은 바로 경제적 지대로 간주된다. 4억 5천만원에 해당되는 소득은 잉여분이라 볼 수 있는데, 그 이유는 위의 야구선수는 5천만원 이상의 어떠한 봉급규모에서도 야구선수 생활을 계속하려고 하기 때문이다. 이제 4억 5천만원이라는 경제적 지대에 대하여 과세하는 것은 지극히 당연한 것임을 알 수 있다.

경제적 지대에 대하여 과세하는 것이 실제로 그리 용이한 일은 아니다. 자원에서의 수익 가운데서 경제적 지대와 진정한 기회비용을 구별하기란 무척 어렵다. 용케도 경제적 지대분만을 뽑아내어 여기에 세금을 부과하면 효율의 측면에서 부정적인 경제효과의 발생 없이 소기의 목적을 달성할 수 있을 것이다. 그러나 그렇다고 해서 공평성의 입장에서 이러한 조세정책이 항상 용납될 수 있는 것은 아니다. 사회계층의 빈민그룹에 있어서는 그들의 소득이 대부분 경제적 지대

15) 경제적 지대라는 용어의 개념은 이미 제13장에서 [그림 13-5] (b)를 가지고 설명하였다.

의 성격을 지니고 있는 경우가 있을 것이며, 이렇게 되면 이들에게 지나치게 과중한 조세부담이 따르기 때문이다.

이상에서 살펴본 토지를 중심으로 한 재산세의 논리적 근거도 그 동안 재산세가 개혁되어 오는 과정에서 많이 빛을 잃어 버렸고 그 대신 좀더 현실적인 면이 강조되어 왔다. 즉 토지는 이동성에 제약이 있다는 점이다. 자유롭게 이동하지 못하는 재산에 과세하는 것은 세원의 확보에 용이하며 탈세방지에도 효과적이다. 이와 같은 현실적인 이점 때문에 토지 같은 비이동성 재산에 대하여 보다 높은 세율이 적용되어 온 것은 부인할 수 없다.

3. 재산의 평가

과세대상인 재산을 어떻게 평가하느냐는 재산세를 부과하는 과정에서 매우 중요한 절차이다. 일반적인 재산평가의 기준으로서 세 가지를 들 수 있다. 즉 ① 판매가격 또는 시장가격에 기준하는 것, ② 임대가격에 기준하는 것, ③ 잠재가격을 적용하는 것 등이다.

미국은 일반적으로 판매가격 혹은 시장가격에 따라 재산을 평가하는 데 비하여 영국은 실제의 임대가격을 기준으로 재산을 평가하여 과세하고 있다. 만일 시장이 완전하다면 판매가격이나 임대가격 그리고 잠재가격까지 모두 동일할 것이다. 완전한 시장하에서는 재산의 판매가격이 그 재산에서 발생하는 소득을 할인율을 사용하여 현재가치로 자본화(capitalization)시킨 것과 동일하게 되며, 이것은 결국 재산이 갖는 잠재적 소득가득능력과 같기 때문이다.

시장이 불완전한 상태에서 대장에 기재된 판매가격에 의해 재산을 평가하게 되면 이때의 가격은 잠재가격을 하회(또는 상회)할 수 있기 때문에 실질가치를 반영하는 충분한 평가를 위해서는 정확하고 빈번한 시장조사를 통해 평가액을 수정할 필요가 있게 된다. 개발도상국에서는 시장조사를 위한 충분한 선행조건이 구비되어 있지 못하고 또 납세부담을 줄여 준다는 정책적 목적 때문에 과세를 위한 재산평가액이 실질가격을 훨씬 하회하고 있는 것이 일반적인 실정이다. 우리나라의 경우 1989년 도입된 공시지가 제도에 따라 매년 전국의 50만필지의 표준지 공시지가를 조사하여 평가하고 있으며 이를 바탕으로 약 2,700만 필지의 개별 공시지가가 평가된다. 또한 단독주택과 공동주택 등 주택가격도 조사 공시되고 있다. 이러한 토지 및 주택 등의 공시가격은 지방세 과세에서 과세표준을 정하는 데 이용되고 있는데, 취득세와 등록면허세의 경우 위의 공시가격으로 정한 시가표준액을 적용하며, 재산세의 경우에는 시가표준액에 부동산 시장의 동향과 지방재정 여건 등을 고려하여 정하는 공정시장가액비율을 곱하여 산정한 가액으로 하고 있다.

4. 재산세의 경제적 효과

(1) 일반재산세의 조세귀착

재산세의 과세대상이 모든 자산에 일률적으로 적용되는 일반재산세에 있어서는 조세부담이 타인에게 전가되지 않고 재산소유자가 전액부담하는 것이 원칙이다. 즉, 일반재산세는 다른 형태의 모든 일반세가 다 그러하듯이 개인의 행태를 교란시키지 않으며 조세부담은 재산소유자에게 귀착된다.[16)]

그러나 한편으로 다음과 같은 두 가지 측면을 살펴볼 필요가 있다. 첫째로, 일반재산세는 투자의 순생산성을 감소시킬 것임은 분명하다. 투자의 수익률이 떨어지면 개인들의 저축의욕은 떨어지고 소비가 조장될 것이며, 이것은 경제성장을 둔화시켜 궁극에 가서는 사회구성원 모두에게 조세부담이 돌아간다고 볼 수 있다. 이와 같은 효과가 얼마만큼 강력할 것인가는 물론 미지수이며 실증적인 검증결과도 아직까지 불분명하다. 두 번째의 효과로는 재산세 때문에 투자가 다른 형태로 전환될 수 있는 점이다. 즉 투자대상이 실물자산으로부터 재산세를 회피할 수 있는 금융자산 또는 인적 자산으로 바꾸어질 수 있는 가능성이다. 인적 자산에 대한 투자란 교육투자를 주로 의미하는데, 재산세를 피하기 위하여 교육투자가 사실상 얼마만큼 촉질될 것인가는 매우 흥미 있는 논의라 하겠으나 실제의 효과는 어쩌면 아주 미미한 것에 불과할지도 모른다.

(2) 조세환원(조세자본화)

재산세 때문에 피해를 입는 그룹을 분명히 밝히기 위하여 조세자본화(tax ca-

16) 재산세부담을 누가 질 것인가에 대한 전반적인 검토를 행한 연구보고서로서는 Henry J. Aaron, *Who Pays the Property Tax?*(Washington, D.C.: The Brookings Institution, 1975)를 들 수 있겠다.

pitalization) 또는 조세환원의 개념을 소개하지 않으면 안 된다. 조세부담이 현재의 재산소유자에게 집중되어 있을 때 우리는 조세가 재산가치(토지가격)에 자본화되었다고 하며 또는 조세환원이라는 말을 쓴다. 재산의 현재소유자에게 발생하는 소득이 경제적 지대의 성격을 가지고 있으면 이때는 당연히 조세부담이 전적으로 현재소유자에게 귀착되어야 한다. 그러나 그렇지 않은 경우에도 조세환원은 발생한다. 왜냐하면 조세는 재산의 판매가격을 하락시키기 때문이다. 이 말의 뜻을 간추려 살펴보자.

조세는 그 실질자산으로부터 발생되는 장래의 순소득을 감소시킨다. 그런데 앞에서도 이미 언급한 바처럼 자산의 총체적 가치는 순소득의 흐름을 할인하여 현재가치화 함으로써 파악되어지는 것이므로 조세가 이 자산의 총체적 가치를 하락시키는 작용을 하게 된다. 결국 조세가 발표되는 것과 동시에 자산의 가치는 떨어지는 셈이며, 현재의 소유자는 가치하락을 감수할 수밖에 없다. 현재의 소유자가 그 자산을 매각한다 하더라도 구매자는 하락된 가치만큼의 낮은 가격으로 구입할 것이므로 조세부담은 현재의 재산소유자가 짊어지게 된다.

그러나 이와 같은 조세환원도 재산세가 진정으로 일반적인 재산세의 경우에 있어서는 그 내용이 달라진다. 재산세는 자산으로부터 기대되는 순소득을 감소시키지만 동시에 이것이 일반세이면 투자의 수익률(이자율)인 할인율도 순소득이 감소되는 비율과 비례적으로 하락될 것이므로 자산의 총체적 가치에는 아무런 변동이 일어나지 않는다. 이러한 경우에는 조세의 부담이 현재소유자에게만 국한되어진다고 할 수 없다. 좀더 명확하게 말한다면 어느 한 시기의 소유자에게 조세가 귀착된다고 보기보다는, 현재소유자이건 나중에 구입할 미래소유자이건 시간에 관계 없이 자산을 보유하는 모든 소유자에게 조세부담이 발생한다고 보아야 할 것이다.

(3) 개별재산세의 조세귀착

이제 재산세가 모든 재산에 일률적으로 적용되는 것이 아니라 어느 특정재산을 세원으로 하여 부과된다고 하자. 한 예로서 토지세를 살펴보자.

토지는 단기적으로 공급이 고정되어 있으므로 조세 때문에 공급이 감소되지는 않아서 토지가격(지대 혹은 임대료)에 직접적인 영향을 줄 수 없다. 그 대신 조세환원을 통하여 토지가격이 하락될 가능성은 크다. 따라서 토지세는 전가되기보

다는 현재의 토지소유자가 이를 전부 부담하게 된다.[17)]

그러나 이를 좀더 장기적인 관점에서 보면 반드시 그렇지도 않다. 토지는 다른 형태의 부동산과 상호대체적인 관계에 있다. 토지에 조세가 부과되면 토지에서 나오는 수익은 감소할 것이고, 이는 다른 형태의 부동산투자를 자극하게 될 것이다. 즉 자본스톡의 양적 증가가 일어난다. 이것은 전반적인 자본의 한계생산성을 줄일 것이고 나아가서 자본으로부터 수익을 감소시킬 것이므로, 장기적인 견지에서 토지세는 자본소유자에게 전가될 수도 있다고 말할 수 있다.

그러면 주택(건물)에 대한 재산세는 어떠할 것인가? 주택소유자가 거주하고 있는 주택에 대한 과세는 전가될 수가 없고 소유자가 세를 부담하게 된다. 그러나 주택이 임대되어졌을 경우에는 건물소유주는 세금을 추가적인 건물유지비로 간주함으로써 임대료를 인상하여 전가시키고자 할 것이다. 장기적으로 볼 때 높은 건물유지비가 지속되면 건물의 건축은 억제되어 공급이 감소할 뿐만 아니라 건물의 보수마저 지연될 것이므로, 이 모든 것은 건물임대료를 상승시켜 결국 소비자에게로의 조세전가가 일어날 것이다.

재산세는 사실 토지와 건물과 같은 부동산에 집약되어 있는 것이 현실인데, 소유주의 소득상태 및 인적 사항을 전혀 고려함이 없이 부과된다는 점에서 공평성의 기준에 문제가 생긴다. 이러한 결점에도 불구하고 재산세는 이제 지방정부에서는 빼놓을 수 없는 가장 중요한 조세로 부각되어 왔다. 지방정부에서 재산세원에 크게 의지하고 있는 이유를 간추려 보면 대략 다음과 같다.

첫째, 재산소유자는 지방정부의 특정공공서비스에 의하여 자기의 재산을 보호받을 수 있으며 재산가치를 상승시킬 수 있다. 따라서 재산소유자는 이 혜택의 대가를 지방정부에 납부하여야 할 당위성이 있는 것이다. 물론 이와 같은 이익원칙에 입각한 재산세의 당위성은 이 혜택이 너무나 부분적이고 개별적이기 때문에 일반화시키는 데는 문제가 없는 것은 아니다.

둘째, 부동산세는 이동성이 없기 때문에 조세회피 및 세원이전이 어렵고 최소한 단기에는 재산소유자가 조세부담을 직접 질 수밖에 없는 직접세이다. 따라서 지방정부는 조세귀착에 대하여 분명한 판단을 할 수가 있다. 제21장에서는 설명하고 있는 바와 같이 지방세가 가져야 하는 가장 중요한 특성의 하나는 편익지

17) 제13장의 [그림 13－5]의 (b) 생산요소공급이 비탄력적인 경우의 조세귀착을 상기할 것.

역의 원칙이다. 즉 지방세는 지방정부가 지방공공서비스를 제공하는 데 필요한 지원을 조달하는 것이기 때문에 그 부담은 해당 지방공공서비스의 편익이 미치는 지역에 있는 세원에 부과되어야 하며 다른 지방정부로의 이동성이 작아야 하는 것이다. 부동산에 대한 재산세는 바로 이동성이 제약된다는 점에서 지방세로 가장 적합한 것이다.

셋째, 완전한 지방자치제가 이루어져서 웬만한 공공서비스는 지방정부에서 독립적으로 결정된다고 할 때 재산세를 세분화시켜서 재산세의 몇 %는 교육사업으로 가고, 몇 %는 도로사업으로 가고, 몇 %는 경찰·소방 등의 일반행정업무로 간다는 식으로 각각의 공공서비스의 비용과 세수를 연결시킬 수 있다. 이렇게 함으로써 납세자 및 지방정부는 각 공공서비스의 평가를 비교적 용이하게 할 수 있는 이점이 있는 것이다.

5. 우리나라의 현행 재산세

재산관련 세제라고 할 때는 국세로서의 상속·증여세, 종합부동산세가 있고 지방세로서는 취득세, 등록면허세, 재산세 등이 포함된다. 앞에서 살펴본 바와 같이 OECD 분류 등에서 부동산에 대한 양도소득세는 재산과세가 아닌 소득과세로 분류되지만 현실적으로는 재산과세의 하나로 인식되기도 한다. 그러나 좁은 의미의 재산과세란 재산의 이전이나 거래에 대해 과세하는 것보다는 재산의 보유에 대해 과세하는 것을 가리키므로, 이렇게 볼 때 현행 재산세제에서 검토하고자 하는 것은 지방세로서의 재산세와 2005년도부터 국세로 도입된 종합부동산세를 의미한다고 할 수 있다.

1991년에 종합토지세가 도입됨으로써 토지에 대해서는 종합토지세가, 건축물에 대해서는 재산세가 부과되었다. 그러나 지방세 가운데서 재산세와 종합토지세가 차지하고 있는 비중은 그리 높지 못하였다. 1992년의 경우 재산세가 지방세수의 3.5%, 종합토지세가 지방세수의 7.4%로서 양자를 합쳐도 10.9%에 불과하다. 이는 등록세 22.0%, 취득세 18.3%와 현격하게 비교가 되는데 이를 통해 볼 때 우리나라의 지방세구조가 재산의 보유보다는 재산의 이전 및 거래에 크게 의존하고 있음을 알 수 있다. 이러한 현상은 현재의 시점에서 크게 달라지지 않고 있다. 이미 [표 16-6]에서 살펴보았던 것처럼 우리의 경우 재산보유과세 부담은 다른 국가들에 비해서 현저히 낮으며 주로 거래과세 중심으로 되어 있는 것이다.

앞의 제10장에서 2000년대 우리나라 세제개편을 이야기하면서 간략하게 언급한 것처럼 정부는 2005년부터 종합토지세와 재산세를 재산세 하나로 다시 통합하였고 동시에 국세인 종합부동산세를 신설하였다. 종합부동산세를 국세로 신설한 것은 지방분권화에 역행한다는 주장이 제기되기도 하였으나, 부동산투기억제에 대한 정책기능을 중앙정부로 이관함으로써 이에 좀더 탄력적으로 대응하겠다는 것과 징수된 세금을 재정이 취약한 시·군·구에 지원하여 지역간 세수불균형을 완화시키겠다는 정부의 의지가 반영된 것이라고 하겠다.

그러나 지나치게 급격한 누진구조와 함께 시가를 바탕으로 빠르게 현실화된 과세표준 등으로 인하여 세부담이 매우 급격하게 증가하였고, 특히 1가구 1주택을 장기보유한 경우에까지 징벌적인 세부담이 이루어짐으로써 납세자들의 강력한 조세저항에 부딪히게 되었다. 2008년 등장한 이명박 정부는 이러한 종합부동산세를 대폭 개편하였는데, 기본적으로 과세대상을 축소하고 세율의 누진구조를 완화하였으며, 과세표준도 공정시장가액비율을 적용하여 줄이도록 하였다. 이러한 개편에 따라 2007년 2.4조원이던 종합부동산세 세수는 2009년 1.2조원으로 크게 하락하였다.

재산세와 종합부동산세 제도의 주요 변천내용은 [표 16-8]과 같다. 이 표에서 보듯이 재산세와 종합부동산세를 합한 전체 보유과세의 세율은 주택을 기준으로 볼 때 2008년까지는 0.15~3%이던 것이 2009년 이후에는 0.1~2%로 완화되었다. 공정시장가액비율은 현재 80%로 적용하고 있는데, 주택가격의 시세와 지방재정의 여건, 납세자의 납세 부담 등을 고려하여 그 비율을 결정하도록 하고 있다. 2005년 개편당시 정부는 보유관련 재산과세를 강화하기 위하여 과세표준을 크게 현실화하기 위하여 공시가격에 대한 과표적용비율을 50%에서 출발하여 해마다 5%p씩 인상하여 100%까지 인상하도록 하였다. 그러나 공시가격의 100%를 적용하여 과세표준으로 하는 것은 지나치게 세부담을 무겁게 하고 또 부동산 가격의 변화에 따라 세수변동을 크게 할 뿐만 아니라 가치평가의 정확성에 대한 논란도 야기할 수 있다는 점에서 일정한 적용비율을 대통령령으로 결정할 수 있도록 한 것이었다.

전체적으로 볼 때 부동산의 보유과세를 강화하고 거래과세를 완화하는 것은 우리나라 재산과세가 지향해야 하는 올바른 정책방향이다. 자산형태 변경이라고

표 16-8 | 부동산 보유과세의 내용

과세대상	2005년 이전	2008년 이전		2009년 이후	
		1차(시·군·구) 재산세	2차(국가) 종합부동산세	1차(시·군·구) 재산세	2차(국가) 종합부동산세
주택	구분평가 및 구분과세토지:종합토지세 (0.2%~5%) 건물: 재산세 (0.3%~7%)	통합평가 통합과세 (0.15%~0.5%)	6억원 초과분 (1%~3%)	통합평가 통합과세 (0.1%~0.4%)	6억원 초과분(1가구 1주택은 9억원 초과분)×공정시장가액비율 (0.5%~2%)
나대지	종합토지세 (0.2%~5%)	0.2%~0.5% (종함합산)	3억원 초과분 (1%~4%)	0.2%~0.5% (종함합산)	5억원 초과분×공정시장가액비율 (0.75%~2%)
사업용 건물 부속토지	종합토지세 (0.3%~2%)	0.2%~0.4% (별도합산)	40억원 초과분 (0.6%~1.6%)	0.2%~0.4% (별도합산)	80억원 초과분×공정시장가액비율 0.5%~0.7%)
사업용 건물	재산세(0.3%)	0.25%	과세제외	0.25%	과세제외

주 1) 2011년 현재 공정시장가액비율은 주택과 토지 모두 80%임.

할 수 있는 거래보다는 부동산 보유규모가 납세자의 부담능력을 더 잘 반영할 수 있다는 점에서 공평과세 원칙에 부합하고 또 부동산에 대한 가수요를 억제할 수 있기 때문이다. 그러나 이러한 보유과세 강화는 점진적으로 이루어질 필요가 있으며 지나치게 급격한 세부담은 오히려 납세자들의 조세저항을 야기하는 등의 문제를 낳을 수 있기 때문이다. 그러므로 정부는 재산세에 대한 국민들의 인식을 높이고 보유과세 강화에 대한 국민들의 동의를 구하는 데 많은 노력을 기울여야 할 것이다. 또한 거래관련 재산과세인 등록면허세나 취득세 등의 부담 등을 종합적으로 고려하여 이들의 세율을 낮춤으로써 총체적인 재산과세의 적정부담규모를 도출하는 노력이 필요하다고 하겠다.

제 5 편

경제안정과 성장

CHAPTER

The Modern Public Finance

17 거시재정이론

제 1 절 재정목표와 총수요의 역할

1. 재정목표

우리는 제 1 장에서 재정의 3대 기능으로서 자원의 효율적 배분 기능, 소득재분배 기능 그리고 경제안정화 기능을 열거하였다. 그 중 경제안정화 기능에서 완전고용 · 물가안정 · 경제성장을 재정의 주요 정책목표로 지적하였다. 현대경제는 그 체제와 선 · 후진 여하를 막론하고 위의 세 가지 정책목표를 추구하고 있는데, 이것에 관하여 다시 간략히 살펴보자.

현대경제에 있어서의 우선적인 목표는 완전고용을 달성하는 것이다. 완전고용이란 생산에 종사할 능력이 있고 또 생산에 종사할 의사가 있는 노동의 소유자들을 최대한으로 고용하고 있는 상태를 말한다. 고용의 증대는 생산 및 소득의 증대를 의미하기에 완전고용이 가지고 있는 중요성은 긴 설명이 불필요하다. 불완전고용은 단기적으로 경기순환과정에서 발생하는 총수요의 부족으로 일어나고 장기적으로는 경제구조의 변화를 통하여 발생하므로, 완전고용의 달성은 경제의 단기목표도 되고 장기목표도 된다.

현대경제에 있어서는 물가의 안정을 이루는 것이 또한 중요한 목표로 되어 있다. 오늘날 선 · 후진국을 막론하고 모두 물가의 급속한 상승을 경험하고 있으므로 물가안정은 가장 중요한 정책목표의 하나가 되었다. 인플레이션(inflation)에는 호황기의 초과수요에 의해 발생하는 수요견인(demand-pull)형, 임금 · 원자재비 같은 생산코스트의 상승에 의해 발생하는 비용인상(cost-push)형, 총수요의 증가 또는 비용의 인상 없이 산업부문 사이에 수요가 단순히 이동함에 의하여 발생하는 수요이동(demand-shift)형, 그리고 경제의 이중구조하에서 발생하는 생산성 격차형 등이 있다. 현실의 인플레이션은 이들의 혼합형인 경우가 많고 복잡하게 얽힌 원인으로 일어나므로 인플레이션을 해결하는 것은 그만큼 어렵고 힘든 일인 것이다.

끝으로, 현대경제는 생산력의 확대를 추구하고 있으며 가능하다면 높은 경제성장률을 유지하고자 하는 목표를 세우고 있다. 높은 경제성장은 유한한 자원을 가지고 인간의 무한한 욕구를 충족시키는 방법으로 중요시되어 왔다. 노동자의 근로의욕(work effort)이라든가 투자재원을 마련하게 하는 저축의욕(saving effort) 등은 지속적인 경제성장에 필수적인 요인들이다. 그러나 근래에 사회환경의 악화와 인플레이션의 가속화 등 고도성장에 수반되는 왜곡현상이 나타나 경제성장지상주의에 대한 비판과 재검토가 요구되고 있다. 따라서 종래의 고도성장에 대신하여 적정성장을 추구하는 것이 새로운 정책목표로 되는 경우가 많아지고 있다. 그러나 완전고용 및 기간산업을 육성하는 방법으로 고도성장을 중요시하는 경향은 개발도상국에서 아직도 강력하다.

2. 총수요와 산출량 및 물가

총수요(aggregate demand)와 산출량 및 물가와의 관계를 밝히기 위해 다음과 같은 간단한 공식을 생각해 보자.

$$E = P \cdot Q$$

여기서 E는 총지출(total expenditures), 즉 화폐단위로 측정한 GNP이며, P는 산출단위당 가격이고, Q는 산출량이다. [그림 17-1]은 종축에 물가, 횡축에 산출량을 표시함으로써 E_1, E_2, E_3와 같은 총지출 혹은 총수요(aggregate demand)곡선을 그릴 수 있다. 총지출곡선이 원점에서 멀리 떨어져 있다는 것은 더 높은 지출수준이 가능함을 의미하는 것이다. 한편 AB선은 산출량의 총공급(aggregate supply)곡선을 표시하고 있다. 이제 총지출(총수요)이 산출량과 물가에 어떤 영향

그림 17-1 | 총수요와 산출량 및 물가

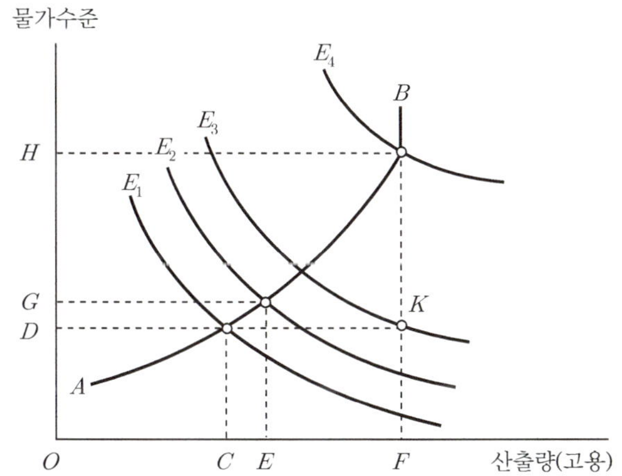

을 주는가는 E선과 AB선의 교차점을 살펴봄으로써 쉽게 파악된다.

최초의 총지출수준을 E_1이라고 하면 이때의 국민경제의 산출량은 OC이고 물가수준은 OD가 된다. 총지출이 E_1에서 E_2로 증가되면 산출량은 OC에서 OE로 증가되지만 물가도 OD에서 OG로 상승하게 된다. OF수준의 산출량에서 완전고용이 이루어진다면 이때의 필요한 총지출은 E_4만큼 되어야 하며, 동시에 OH수준의 물가를 감수하여야 된다는 논리가 성립된다. 따라서 산출량 내지 고용의 증가는 물가의 상승과 깊은 관계가 있다고 하겠다.

1930년대와 같은 세계대공황의 상황 아래에서는 대량실업이 존재하므로 이때의 총공급곡선은 그림에서 DKB선과 같은 직각선이 된다. 이럴 경우에는 총지출을 E_3로 증가시킴으로써 물가상승의 문제가 발생함이 없이 완전고용수준이 OF에 도달하게 된다. 그러나 제2차 세계대전 이후로 많은 나라에서 수요 측면에서는 초과수요(excess demand)문제가 발생하였고, 공급 측면에서는 총공급곡선이 AB선과 같은 형태로 유지되면서 그 내면에는 좀더 복잡한 요인들이 작용하게 됨으로써 경제안정화의 달성에 많은 어려움을 낳게 되었다. 더욱이 비용인상으로 총공급곡선 AB선이 좌측으로 이동하게 되어 실업과 물가고가 동시에 존재하는 스태그플레이션(stagflation)현상이 발생함으로써 경제정책의 어려움을 더욱 가중시키고 있는 것이다.

제2절 케인지안 거시재정이론(Ⅰ)

[그림 17-1]을 통해 알 수 있듯이, 경제가 안정되고 지속적인 성장을 유지하기 위해서는 국민경제의 총수요와 총공급 사이의 불균형을 해소시켜야 한다. 총수요가 바람직한 총공급수준에 미달하면 불황이 발생하며, 반대로 현존하는 총수요에 총공급이 미달하면 인플레이션이 발생한다. 이와 같은 불황 혹은 인플레이션을 극복하기 위하여 총수요와 총공급의 원만한 균형관계가 절대적으로 중요하다. 또한 지속적인 성장을 위하여서는 생산능력수준을 계속 증가시키면서 이에 알맞는 총지출수준도 증가시켜야 한다.

그러면 정부재정이 국민경제의 총수요 및 총공급에 어떤 영향을 행사하는가를 살펴보기 위해서는 케인즈(J. M. Keynes)의 국민소득결정이론(theory of income determination)에 정부부문을 도입하여 정부재정에 의해 국민소득이 어떻게 결정되는가를 고찰하여야 한다. 이를 케인지안 거시재정이론(Keynesian macro-fiscal theory)이라 부르기로 하자.

1. 단순국민소득결정모형

우선 정부부문을 제외시킨 민간부문의 가계와 기업만이 존재하는 단순국민소득결정이론을 살펴보자. 케인즈의 단순이론에는 몇 가지 가정이 필요하다. 첫째, 국민경제에 상당한 규모의 유휴자원이 존재하고 있으므로 수요의 증가는 물가상승을 초래함이 없이 실질생산량(실질소득)을 증가시킬 수 있다. 둘째, 명목임금 및 가격수준은 하방경직적이므로 하락하지 않는다. 셋째, 소비는 소득만의 함수이며 투자는 외생적인 변수로 일단 고정되어 있는 것으로 간주한다.

이와 같은 가정하에 국민소득(Y)은 다음과 같이 가계의 소비(C)와 기업투자(I)에 의해 결정된다. 즉,

그림 17-2 | 민간부문의 국민소득결정

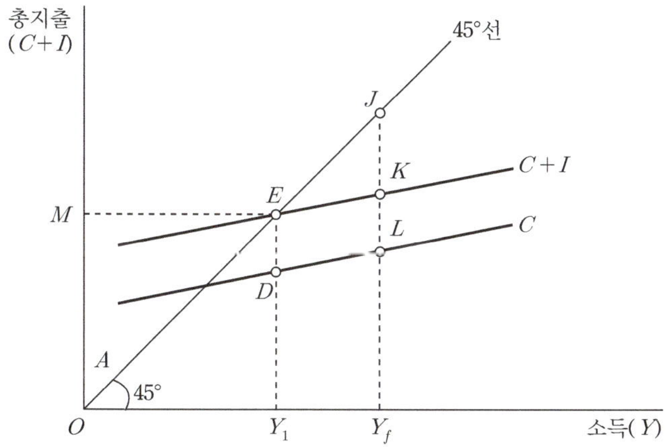

$$Y = C + I$$

가 된다. 투자는 독립투자(autonomous investment)로 가정하고 있으므로 별 문제가 없으나, 소비는 소득의 함수로 간주되므로 소비함수를 이해할 필요가 있다. 가계의 소비함수는

$$C = f(Y) = a + cY$$

로 표시된다. 이 함수를 그림으로 표시하면 [그림 17-2]에서와 같이 C선이 되는데, a는 소비함수가 그림의 종축에 닿는 점으로서 상수에 해당되며, c는 C선의 기울기, 즉 $\Delta C/\Delta Y$로서 한계소비성향(marginal propensity to consume: MPC)이 된다. 이 소비함수에다 독립투자 I만큼을 더해 주면 C선은 $C+I$선이 되는데, 이 선이 바로 민간부문에서의 총수요(총지출)곡선이 되는 것이다. 균형국민소득은 총수요곡선 $C+I$선과 총공급곡선에 해당되는 45°선이 서로 교차하는 점에서 이루어지는데, 그림에서 Y_1이 바로 균형국민소득수준이 된다. OY_1은 OM과 일치하므로 균형하에서는 소득수준과 총지출수준이 일치하게 되며 $Y = C + 1$의 관계를 확인할 수 있다. 소득 OY_1에서 가계는 DY_1만큼 소비하고 ED만큼 저축하

는데, 이 저축(S)은 결국 기업투자(I)로 전환된다. 따라서 균형국민소득수준에서 $S=I$의 관계가 성립된다. 이상의 소득결정원리를 방정식으로 다시 정리해 놓은 것이 [표 17-1]이다. 식 (1)과 (2)는 앞에서 이미 설명되었고, 식 (3)은 식 (1)에 식 (2)를 대입하여 얻은 결과이다.

여기서 $1/(1-c)$은 소위 승수(multiplier)라 부르는데, 케인즈의 국민소득결정이론에서 매우 중요한 역할을 담당하고 있다. 만약 한계소비성향(c)이 0.8이면 승수 5가 된다. 따라서 상수(a)가 500억원이고 기업투자(I)가 1,000억원이라면 균

표 17-1 | 국민소득결정과 재정승수(고정된 독립투자의 경우)

정부 없는 민간경제

$$Y=C+I \quad \cdots\cdots (1)$$

$$C=a+cY \quad \cdots\cdots (2)$$

$$Y=\frac{1}{1-c}(a+I) \quad \cdots\cdots (3)$$

정부지출이 포함된 국민경제

$$Y=C+I+G \quad \cdots\cdots (4)$$

$$C=a+cY \quad \cdots\cdots (5)$$

$$Y=\frac{1}{1-c}(a+I+G) \quad \cdots\cdots (6)$$

$$\Delta Y=\frac{1}{1-c}\Delta G \quad \cdots\cdots (7)$$

정액세가 고려된 국민경제

$$Y=C+I \quad \cdots\cdots (8)$$

$$C=a+c(Y-T) \quad \cdots\cdots (9)$$

$$Y=\frac{1}{1-c}(a+I-cT) \quad \cdots\cdots (10)$$

$$\Delta Y=\frac{-c}{1-c}\Delta T \quad \cdots\cdots (11)$$

소득세가 고려된 국민경제

$$Y=C+I \quad \cdots\cdots (12)$$

$$C=a+c(1-t)Y \quad \cdots\cdots (13)$$

$$Y=\frac{1}{1-c(1-t)}(a+I) \quad \cdots\cdots (14)$$

소득세와 정부지출을 고려한 국민경제

$$Y=C+I+G \quad \cdots\cdots (15)$$

$$C=a+c(1-t)Y \quad \cdots\cdots (16)$$

$$Y=\frac{1}{1-c(1-t)}(a+I+G) \quad \cdots\cdots (17)$$

$$\Delta Y=\frac{1}{1-c(1-t)}\Delta G \quad \cdots\cdots (18)$$

형국민소득(Y)은 7,500억원(=1,500억원×5)이 될 것이다. 나아가서 만약 기업투자가 100억원 증가된다면 500억원의 추가적인 균형국민소득 증가가 일어나는 승수효과(multiplier effect)가 발생하게 된다.

그러면 [그림 17-2]로 다시 돌아가서, 균형국민소득수준 OY_1이 우리가 원하는 국민소득수준인지에 대하여 생각해 보자. 우리가 바라는 국민소득수준은 완전고용이 이루어지는 소득수준임은 말할 필요가 없다. 그러나 실제로 균형국민소득이 완전고용을 이루게 해 주는 수준에서 결정된다는 보장은 전혀 없는 것이다. 그림에서 Y_f가 바로 이러한 완전고용이 이루어지는 바람직한 국민소득수준이라 한다면 이 소득수준에 자동적으로 도달하도록 보장하는 어떤 장치(mechanism)를 민간부분에서는 기대하기 어려운 것이다. OY_f에서 사람들이 의도하는 저축액은 JL만큼 되는데, 기업의 계획된 투자액은 KL에 불과하므로 저축액이 KL만큼으로 줄어들어 투자액과 같아질 때까지 소득은 감소할 수밖에 없으며 결국 OY_1 수준에서 정착하게 되는 것이다. 따라서 균형국민소득을 OY_f까지 끌어올리기 위해서는 JK만큼의 추가적인 총수요가 필요하며, 이것을 디플레이션 갭(deflationary gap)[1)]이라고 부른다. 이러한 디플레이션 갭을 해소하기 위하여 이제 정부의 정책적 조치가 요구되는 것이다.

2. 정부지출이 포함된 국민소득결정

앞의 모형에 정부부분을 이제 포함시켜 보자. 분석의 편의를 위해 조세수입은 일단 무시하고 정부지출만을 고려해 본다. 정부지출의 변화가 국민소득에 끼치는 영향을 명확히 밝히기 위하여 정부지출의 규모는 독립적(autonomous)으로 결정된다고 가정한다. 이것은 정부지출을 국민소득에 의하여서는 영향을 받지 않는 외생적인 변수로 본다는 것이며, 이렇게 본다면 정부지출은 외생적인 기업투자의 경우와 같게 된다.

즉 [그림 17-3]에서 기업투자를 표시할 때 C선과 평행하는 $C+I$선을 C선

---

1) 완전고용을 이루는 국민소득을 달성하기 위하여 필요한 총수요의 증가분을 디플레이션 갭(deflationary gap)이라고 한다면, 이에 대응되는 개념으로 인플레이션 갭(inflationary gap)이 있다. 인플레이션 갭이란 실제의 국민소득이 완전고용수준을 넘어선 상태일 때 이때의 총수요의 초과분을 가리키는 말이다.

그림 17-3 | 정부지출과 국민소득결정(조세수입을 고려치 않을 경우)

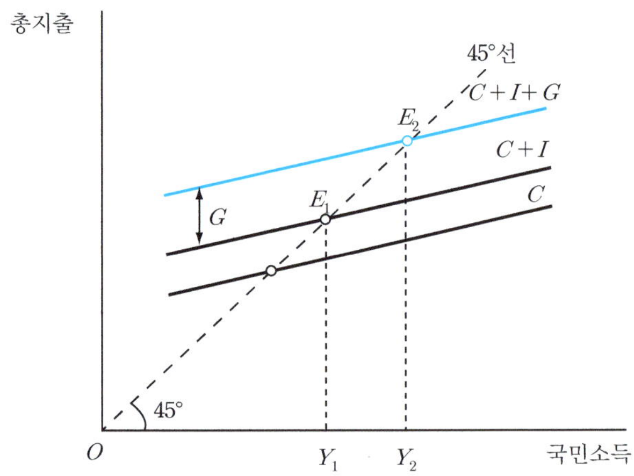

위에 그리듯이, 정부지출을 표시할 때는 $C+I$선 위에 이와 평행하는 $C+I+G$선을 그리면 된다. $C+I+G$선과 $C+I$선의 수직거리는 바로 정부지출의 크기를 나타낸다. 이때 국민소득은 총수요곡선 $C+I+G$선이 총공급곡선 45°선과 교차하는 점인 E_2에서 균형을 이루게 된다. 다시 말하면 민간부분 안에서 형성된 국민소득 Y_1은 독립적인 정부지출 G에 의하면 Y_2로 증가됨을 알 수 있다(균형점이 E_1에서 E_2로 이동되었다).

그러면 정부지출 G에 의하여 국민소득은 과연 얼마만큼 증가되는가를 살펴보자. 이것을 설명하기 위해서는 우리는 정부지출의 재원조달이 어떻게 이루어졌는가를 밝힐 필요가 있다. 정부지출의 재원을 중앙은행의 화폐발행으로 하는 경우와 조세징수(혹은 공채발행)로 하는 경우와는 그 결과에 상당한 차이가 생기는 것이다. [그림 17-3]은 정부지출이 조세징수에 의하지 않고 이루어진 경우, 즉 조세수입면을 고려하지 않은 채 독립적인 정부지출만이 발생한 경우에 해당되므로 [표 17-1]의 식 (7)에 의하여 그 효과를 파악할 수 있다. 식 (7)은 식 (4), (5), (6)을 거쳐서 얻게 된 것으로, 여기서 주목하여야 할 것은 독립적 정부지출은 독립적인 기업투자의 경우와 마찬가지의 승수효과(multiplier effect)를 가지고 있다는 것이다. 즉 ΔG의 승수는 ΔI의 경우와 같이 $1/(1-c)$로 계산되어, 만약 $c=0.8$

이면 승수는 5가 되어 정부지출 1원의 증가는 균형국민소득을 5원만큼 추가적으로 증가시키게 된다.

3. 조세수입이 고려된 국민소득결정

앞에서 제시된 예는 조세수입면을 일단 고려하지 않은 상태에서 정부지출의 증가가 국민소득증가에 끼친 영향의 정도를 보여 주고 있다. 이때의 승수인 $1/(1-c)$은 정부지출이 기대할 수 있는 최대의 승수효과라 하겠다. 그러나 실제로 조세수입면을 고려한다면 정부지출에 의한 승수효과는 이만큼 기대할 수 없다. 조세는 저축과 같이 누출인 것으로 가계 및 기업의 소비를 감소시켜 국민소득규모를 감소시킨다.

우선 소득수준과 관계 없이 일정하게 부과되는 정액세(lump-sum tax)를 고려해 보자. [표 17-1]의 식 ⑼가 보여 주는 바와 같이 정액세 T 때문에 가처분소득이 $(Y-T)$로 줄어들게 되므로 소비함수는 이에 맞춰 변형될 수밖에 없다. 식 ⑼를 식 ⑻에 대입함으로써 식 ⑽이 생기는데, 여기서 다시 도출된 식 ⑾은 정액세에 의한 負의 승수효과를 보여 주고 있다. 즉, 정액세가 ΔT만큼 증가하면 균형국민소득은 ΔT에 $c/(1-c)$의 승수를 곱한 것만큼 감소한다.

개인소득세(personal income tax)를 보면 이 사실이 더욱 분명해진다. 소득세율이 불변인 상태에서 개인소득이 증가하면 소득세액이 증가할 것이고, 개인소득이 감소하면 소득세액도 감소하게 될 것이다. 따라서 독립적인 정부지출이 증가되었을 때 국민소득은 틀림없이 증가될 것이나, 소득증가에 의해 소득세액도 자동적으로 증가되므로 조세증가에 의한 누출을 고려한 후의 최종적인 균형국민소득은 조세면을 고려하지 않은 경우보다 상당히 낮은 수준에서 결정될 것이다. 이 관계가 [표 17-1]의 식 ⒂에서 식 ⒅에 걸쳐 잘 나타나 있다. 이를 다시 이해하기 쉽게 설명하면 다음과 같다.

$\Delta Y = \Delta C + \Delta G$ (편의상 ΔI는 생략)

$\Delta C = c\Delta D$ (c는 가처분소득 D에 대한 한계소비성향)

$\Delta D = \Delta Y - \Delta T$

$\Delta T = t\Delta Y$ (t는 소득세율)

따라서

$$\begin{aligned}\Delta C &= c\Delta D \\ &= c(\Delta Y - \Delta T) \\ &= c(\Delta Y - t\Delta Y) \\ &= c(1-t)\Delta Y\end{aligned}$$

이제 윗식을 ΔY에 관하여 풀면

$$\Delta Y = c(1-t)\Delta Y + \Delta G$$
$$\therefore \ \Delta Y = \left(\frac{1}{1-c(1-t)}\right)\Delta G$$

로 된다. 즉 조세를 고려할 경우 ΔG의 승수는 $\frac{1}{(1-c)}$이 아니라 $\frac{1}{1-c(1-t)}$가 되는 것이다. 조세가 고려됨으로써 승수의 크기는 작아지게 되며, 세율 t가 크면 클수록 승수의 크기는 더욱 작아지게 되어 정부지출이 국민소득의 증가에 끼치는 효과 역시 그만큼 작아진다고 하겠다.

[그림 17-4]는 이처럼 조세수입면을 고려할 때의 균형국민소득을 보여 주고 있다. 독립적인 정부지출을 G로 하고, 조세수입면을 고려하지 않았을 때의 균형국민소득은 Y_2였다. 이제 국민소득(개인소득)에 t%의 소득세를 부과하였을 때의 새로운 균형소득은 Y_3가 되는데, 그것은 소비함수의 변동에 따라 총수요곡선 $C+I+G$선이 $C'+I+G$선으로 하락하였고, 따라서 균형점이 E_2에서 E_3로 이동하였기 때문이다.

4. 균형예산하의 국민소득결정

이상의 정부지출의 국민소득 결정효과분석에서 정부지출은 그 재정조달이 조세징수에 의존하지 않은 독립적인 것이면서도 첫 번째의 경우는 자동적인 조세수입에 의한 누출면을 고려하지 않은 경우이고, 두 번째의 경우는 조세수입(특히 소득세수입)면을 고려한 경우로 구분하여 분석하였다. 그러면 정부지출이 조세징수에 의하여 전적으로 이루어지는 균형예산의 경우에 대하여 살펴보자. 설명의

그림 17-4 | 정부지출과 국민소득결정(조세수입을 고려할 경우)

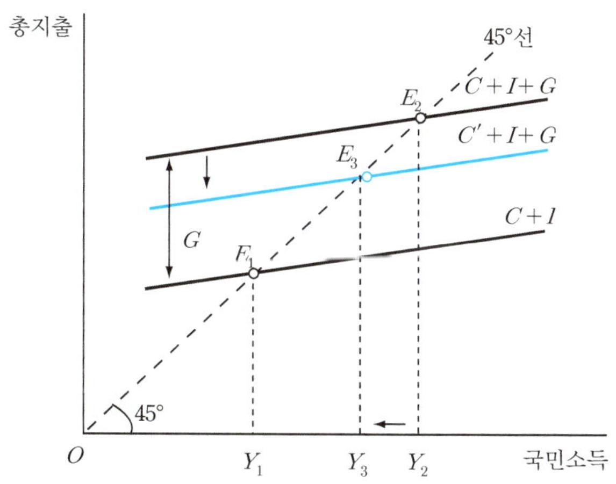

편의상 조세는 여전히 소득수준과 관계 없는 정액세라고 가정한다. 정부지출 G는 정액세 T에 의하여 전액 조달된다. 정액세 T의 부과는 국민소득에 부(-)의 영향을 미치게 되고, 정부지출 G는 국민소득에 정(+)의 영향을 미친다. 즉,

$$\Delta Y = \Delta C + \Delta G \quad (\text{편의상 } \Delta I\text{는 생략})$$
$$\Delta C = c(\Delta Y - \Delta T) \quad (c\text{는 한계소비성향})$$

따라서

$$\Delta Y = c\Delta Y - c\Delta T + \Delta G$$
$$(1-c)\Delta Y = -c\Delta T + \Delta G$$
$$\therefore \ \Delta Y = \frac{-c}{1-c}\Delta T + \frac{1}{1-c}\Delta G$$

다시 말하면 균형예산을 위한 동일액의 ΔG와 ΔT가 국민소득 ΔY에 끼친 효과는 $\frac{1}{1-c}\Delta G$의 소득증가효과와 $\frac{-c}{1-c}\Delta T$의 소득감소효과를 합친 것으로 나타나게 된다. 그런데 우리는 $\Delta G = \Delta T$로 가정하였으므로 윗 식의 ΔT를

ΔG로 대치하면,

$$\Delta Y = \frac{-c}{1-c}\Delta G + \frac{1}{1-c}\Delta G = \frac{1-c}{1-c}\Delta G$$
$$= \Delta G \text{ (즉, } \Delta T)$$

가 된다. 다시 말하면 동일수준의 정부지출의 증가와 조세징수의 증가가 동시에 이루어졌을 때 국민소득은 정부지출의 증가분(즉, 조세징수의 증가분)만큼 증가되는 것이다. 이러한 경우의 승수를 소위 균형예산승수(balanced-budget multiplier)라 부르고, 그 승수의 크기는 1이다. 따라서 정부지출과 조세징수가 똑같이 늘어났을 경우 재정정책은 여전히 팽창적이라고 말할 수 있다.

이와 같은 관계를 예를 중심으로 다시 살펴보겠다. 소득자의 한계소비성향은 0.8이라 하고, 정부지출은 1,000원이라고 하자. 또한 정액세 역시 1,000원이 징수되었다고 하자. 1,000원의 정부지출에 의하여 국민소득은 5,000원$\left(= \Delta G \times \frac{1}{1-c} = 1,000\text{원} \times 5\text{배}\right)$만큼 증가할 수 있다. 그러나 1,000원의 조세 때문에 국민소득은 4,000원$\left(\Delta T \times \frac{-c}{1-c} = 1,000 \times (-4)\text{배}\right)$만큼 감소하게 되어 국민소득의 순증은 결국 1,000원(=5,000원－4,000원)이 되는 것이다. 이러한 결과를 표시하고 있는 것

그림 17-5 | 균형예산과 국민소득결정($\Delta G = \Delta T$의 경우)

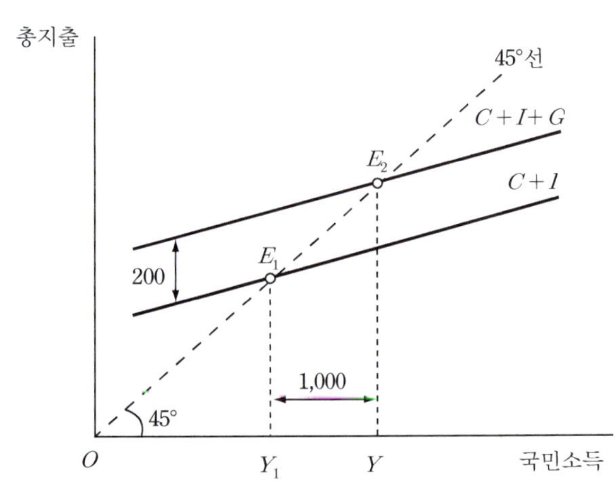

이 [그림 17-5]인데, 이 그림에서는 조세를 고려하지 않을 경우의 정부지출이 마치 200원만 이루어졌을 경우의 국민소득효과와 마찬가지의 결과를 가져다 주고 있음을 보여 주고 있다.

제3절 케인지안거시재정이론(Ⅱ)

앞 절의 케인지안(Keynesian) 국민소득결정론에서는 기업의 투자를 소득에 독립적(autonomous)이면서 외생적(exogenous)인 것으로 간주하였고, 이러한 민간투자와 동일한 성격을 가진 정부지출이 국민소득결정에 어떠한 영향을 끼치는가를 살펴보았다. 이제 본 절에서는 민간투자를 내생적(endogenous)인 것으로 파악하여, 투자규모가 소득모형 밖에 주어져 있는 것이 아니라 모형 내에서 형성되는 것으로 취급하고자 한다. 즉 민간투자는 이자율(rate of interest)의 함수로서 이자율의 변동에 따라 그 규모가 영향을 받는다. 한편 이자율은 화폐시장(money market)에서 화폐의 수요와 공급에 의해 결정된다. 이처럼 민간투자를 이자율의 함수로 결정하고 이자율을 화폐수급의 변수로 간주함으로써 케인지안 소득결정이론은 실물부문과 화폐부문을 연결시키게 된다.

1. 유동성선호이론(케인즈의 화폐이론)

케인즈의 거시이론에서는 국민소득의 변화를 가져올 수 있는 가장 중요한 요인은 기업투자이고, 이 투자는 이자율에 의하여 영향을 받는다. 그러면 이자율은 무엇에 의하여 결정되는가? 이자율은 통화량(화폐의 공급)과 유동성선호(화폐에 대한 수요)에 의하여 결정된다는 것이 케인즈 화폐이론의 요점이다. 케인즈의 거시이론에서 화폐부문과 실물부문을 연결시키는 것이 이자율이며, 이것이 기업투자에 영향을 미침으로써 국민소득의 수준에 영향을 미치는 것이다.

이자율이 화폐부문에서의 화폐의 공급과 수요에 의하여 결정된다는 것은 고전학파의 이론과는 확연히 구별된다. 고전학파이론에서는 이자율은 실물부문에서의 투자와 저축에 의하여 결정된다고 보았고, 화폐부문에서의 통화량의 증감은 오직 물가에만 영향을 줄 뿐 실물부문에는 아무런 영향을 주지 않으므로 화폐의 수급변화와 이자율은 아무런 관계가 없다고 보았던 것이다. 이것을 고전학파의 화폐수량설이라고 부른다. 시카고대학의 프리드만(Milton Friedman) 교수를 비롯한 시카고학파의 '신화폐수량설'[2]에서는 이자율이 화폐의 공급과 수요에 따라 변동된다는 것은 인정하나 이자율이 국민소득에 끼치는 영향력에 대하여서는 케인즈이론과 상당한 차이가 있는 것이다. 케인즈는 이자율을 국민소득의 변화를 가져오는 가장 중요한 매개변수(mechanism)로 보고 있는 반면에, 시카고학파는 화폐의 유통속도(velocity of money)를 더욱 중요한 매개변수로 보아 통화량의 변화가 이자율을 변동시키든 변동시키지 않든간에 안정적인 화폐의 유통속도를 통하여 화폐는 실물부문에 직접적인 영향을 끼친다고 믿고 있는 것이다.[3]

이와 같이 이자율의 결정 및 그 역할에 대하여 학자들 사이에 견해의 차이가 있는데, 어느 견해가 더 타당성이 있는지에 관하여 여기서는 논외에 붙이기로 하나, 아무튼 케인즈의 화폐이론이 현대화폐이론의 급속한 발전에 지대한 공헌을 한 것은 사실이다. 이제 케인즈의 화폐이론을 그래프를 통하여 단계적으로 하나씩 설명하여 보자.

(1) 화폐의 공급과 수요

우리는 우선 화폐의 공급과 수요를 분명히 구별할 필요가 있다. 화폐공급은 어느 한 시점에서 민간예금은행 및 일반대중이 보유하고 있는 주어진 화폐의 양이며, 이 화폐공급의 변화는 중앙은행에 크게 의존한다. 한편 화폐수요는 어느 한 시점에서 비은행 일반대중이 보유하고자 하는 의도된 화폐의 양을 뜻한다. 다시 말하여 민간인이 자기의 재산을 화폐 형태의 자산으로 보유하려고 하는 것을 화폐의 수요라고 한다.

사람들은 무엇 때문에 자기 자산의 일부를 화폐의 형태로 보유하려고 하는 것일까? 화폐를 보유하는 데는 분명히 기회비용(opportunity cost)이 발생한다. 예를 들어 현금 대신에 주식 혹은 부동산을 보유할 때에는 이자 혹은 불노소득을

2) Milton Friedman, "The Quantity Theory of Money ○ A Restatement," *Studies in the Quantity Theory of Money*, edited by Milton Friedman(University of Chicago Press, 1956), pp. 3~21.

3) 케인즈 학파와 시카고 학파간의 논쟁은 다음 장(제18장)의 재정정책과 금융정책의 조화에서 다시 언급한다.

얻을 수 있는데, 이를 마다하고 굳이 현금으로 보유함으로써 그만큼의 기회비용이 생기는 것이다. 그럼에도 불구하고 화폐를 보유하고자 하는 동기, 즉 화폐수요의 동기는 무엇인가? 우리는 이 동기를 대략 세 가지로 분리하여 생각할 수 있다.

첫째는 거래적 동기이다. 가계나 기업을 막론하고 매일매일의 거래행위를 위하여서는 어느 정도의 화폐를 보유하여야 한다. 각 개인들은 그들이 받는 월급을 가지고 한 달 동안 어떠한 재화와 용역을 구입할 것인가를 계획하게 될 것이고, 따라서 각자의 소득의 상당부문을 현금으로 보유하고 있지 않으면 안 될 것이다. 기업의 경우도 마찬가지이다. 기업은 정규적으로 봉급, 세금 및 각종 비용을 지불하지 않으면 안 되는데, 이를 위해 항상 일정수준의 화폐보유가 절대적으로 필요하다. 이러한 일상의 거래를 위하여 화폐를 보유하고자 하는 동기를 거래적 동기(transactions motive)라고 하며, 거래적 동기에 의해 보유하고자 하는 화폐의 수요량은 각자의 소득수준에 비례하게 된다.

둘째는 예비적 동기이다. 가계나 기업이 보유하고자 하는 화폐의 수요량은 실제로 거래적 동기에 의한 것보다 훨씬 더 많은 것이 일반적인 현상이다. 그 이유는 때에 따라서는 예상하지 않은 위급한 사태가 발생하여 지출이 필요해진다든가 혹은 예상하지 않은 청구서가 날아오는 경우를 대비하여 화폐를 보유하여야 하기 때문이다. 이러한 동기를 예비적 동기(precautionary motive)라고 한다. 예비적 동기에 의한 화폐보유는 장래에 대한 불확실성 때문에 발생하는 것이므로 각자의 심리적인 요인에 의해 크게 영향을 받겠지만, 이것 역시 각자의 소득수준이 크면 예비적 동기에 의한 화폐수요량도 많아질 것이다.

끝으로 세 번째의 동기로서 투기적 동기(speculative motive)가 있다. 이것은 케인즈의 화폐이론에서 가장 중요한 의미를 가지고 있다. 사람들은 자기가 구입하고자 하는 상품이나 원자재의 값이 곧 하락할 것이라고 판단되면 그것들을 지금 당장 사려고 하기보다는 화폐를 일시적으로 보유하고서 값이 떨어질 때까지 기다릴 것이다. 이것은 각각의 사람들이 화폐를 얼마만큼 보유할 것인가를 결정할 때 일종의 투기적인 동기에 따르게 된다는 것을 의미한다.

다시 말하면, 화폐는 다른 모든 자산과 마찬가지로 가치를 보장할 수 있는 하나의 자산이므로, 모든 다른 자산과 비교하여 화폐를 보유하는 것이 더 유리하다고 생각될 때 화폐를 보유하는 것이다. 가령 어떤 사람이 일정한 현금을 가지고 있다고 가정하자. 보통의 경우라면 그는 현금을 가지고 있는 것보다는 가급적 사채(bond) 같은 유가증권을 구입하는 것이 더 유리할 것이다. 왜냐하면 유가증권을 가지고 있으면 이자나 배당금을 받을 수 있지만 화폐를 가지고 있으면 이러한 이득을 희생하게 되기 때문이다.

그러나 만약 이 유가증권의 시장가격이 너무 높은 것으로 판단되고 따라서 앞으로 곧 하락할 것이라고 예상된다면, 그 사람은 지금 증권을 사기보다는 화폐를 보유하고 있으면서 증권가격이 하락할 때까지 기다리는 것이 현명하다. 이것은 결국 증권가격이 높으면 화폐의 수요가 많아지고 반대로 증권가격이 낮으면 화폐의 수요는 감소하게 됨을 의미한다고 하겠다. 그런데 증권의 가격과 증권에서 얻게 되는 이자율과는 서로 역의 관계에 있다. 높은 가격을 지불하면서 증권을 구입한다면 그 증권에서 얻게 되는 반대급부인 이자율은 그만큼 작게 되며, 낮은 가격으로 증권을 구입한다면 증권에서 생기는 이자율은 그만큼 크다고 보아야 하기 때문이다. 따라서 이자율과 화폐수요의 관계를 살펴보면, 이자율이 낮으면(즉, 증권의 가격이 높으면) 화폐의 수요는 많아지고, 반대로 이자율이 높으면(즉, 증권의 가격이 낮으면) 화폐의 수요는 적게 되어, 이자율과 화폐수요는 역의 관계에 있다고 하겠다.

물론 위에서 지적한 세 가지 동기에 의한 화폐수요가 각각 별도로 결정되는 것은 아니다. 한 사람이 어떤 시점에서 얼마의 화폐를 보유할 것인가를 결정할 때에는 항상 세 가지 동기가 동시에 작용한다고 보아야 할 것이다. 그 사람의 지금의 소득수준이 얼마냐에 의하여 거래적 및 예비적 동기에 의한 화폐수요량이 결정될 것이고, 이와 동시에 증권시장에서의 이자율이 얼마냐에 의하여 투자적 동기에 의한 화폐수요량이 결정되어 이것들이 서로 합계됨으로써 그 사람의 화폐에 대한 수요량이 결정될 것이다.

이와 같은 논리에 의하여 화폐에 대한 공급함수와 수요함수를 수식으로 표현하면 다음과 같게 된다.

$$M^s = \overline{M}$$
$$M^d = f(Y, i)$$

M^s는 화폐공급량, M^d는 화폐수요량, Y는 소득수준, 그리고 i는 이자율을 나타낸다. 화폐공급량은 $\overline{M}$으로 주어져 있으며, 반면에 화폐수요량은 소득수준

(Y)에 정비례하며, 이자율(i)에 반비례하는 관계에 있다.

위의 화폐의 수요함수에서는 화폐의 수요량이 소득과 이자율에 의하여서만 결정되는 것으로 표시하였으나, 실제로는 이것들 이외에도 사람들이 앞으로 예상하고 있는 일반물가의 상승률, 부의 스톡량의 수준, 나아가서는 각자의 심리적 요인 등에 의하여서도 크게 영향을 받는 것이 사실이다. 그러나 논리를 보다 간명하게 펼쳐 나가기 위하여 소득과 이자율이라는 두 가지 변수만을 고려한 것이고, 또한 그렇게 하는 것이 현실적으로 보아서 크게 불합리한 것은 아닌 것이다.

(2) 통화량과 이자율

화폐공급량(즉 통화량)을 변화시킬 때 화폐부문에서 어떤 변화가 발생하는가를 살펴보기 위하여 화폐의 공급 및 수요곡선을 그려 보자. 우리는 일반상품의 수요곡선을 공부할 때 수요곡선은 상품의 가격과 그 수요량과의 관계를 표시하고 있는 곡선이라는 것을 잘 알고 있다. 화폐의 수요곡선도 화폐의 가격과 그 수요량과의 관계를 표시하고 있는 것인데, 화폐의 가격이란 무엇을 가리키는 것일까? 화폐의 가격은 바로 이자율을 가리킨다. 화폐의 가격이란 화폐를 보유함으로써 발생되는 기회비용인데, 증권 대신에 화폐를 보유(수요)함으로써 증권으로부터 얻을 수 있는 이자를 희생하게 되는 것이므로 바로 이자율이 그 기회비용인 것이다.

이자율과 화폐수요량은 서로 역의 관계에 있음을 우리는 앞에서 지적하였다. 소득이 일단 변하지 않고 주어져 있는 상황이라는 가정하에 화폐의 수요곡선은 [그림 17－6]과 같이 우하향의 경사를 이룬다. 이 곡선을 유동성선호곡선(liquidity preference curve)이라고 한다. 화폐의 공급곡선은 수직선으로 나타나고 있는데, 이것은 화폐공급량(통화량)이란 일정시점에서 그 경제에 존재하고 있는 스톡량이므로 중앙은행의 금융정책에 변화가 없는 한 일단 고정되어 있는 것으로 간주하기 때문이다. M^d와 M^s는 이자율이 i일 때 서로 교차된다. 따라서 i보다 높거나 혹은 낮은 이자율은 주어진 M^d 및 M^s곡선하에서는 오래 유지될 수 없고, 수요·공급의 원칙에 따라 i로 결국 귀착될 수밖에 없다. 균형점 E에서 화폐시장은 균형상태를 이룬다고 하겠다.

이제 중앙은행이 어떤 적절한 정책적인 조치에 따라 통화량을 증가시켰다고 하자. 이때는 [그림 17－7]에서와 같이 M^s곡선이 우측으로(M_1^s에서 M_2^s로) 이동

그림 17-6 | 화폐시장의 균형(이자율의 결정)

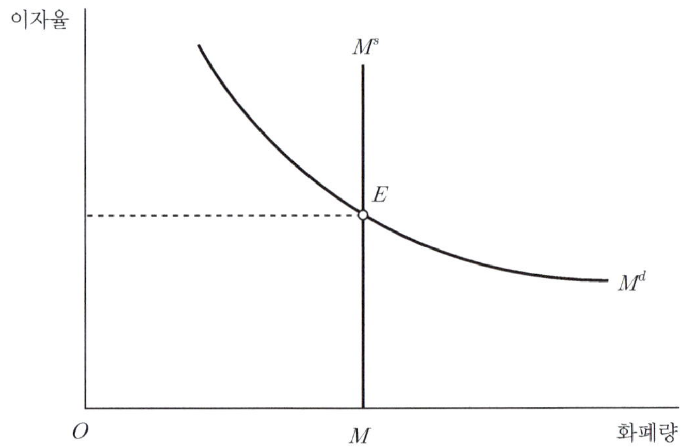

그림 17-7 | 통화량의 변화

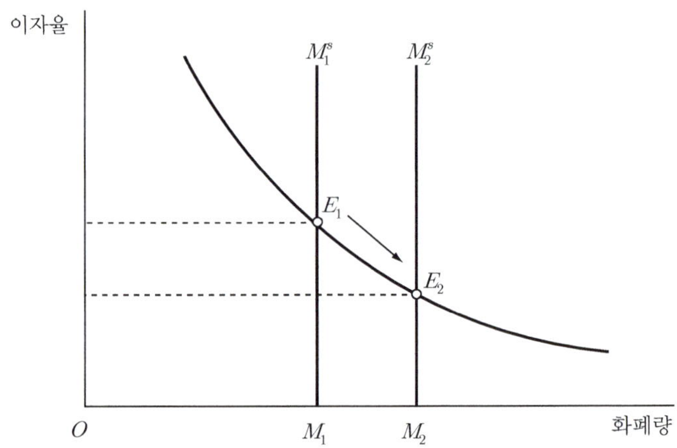

하게 되며, 따라서 균형이자율은 i_1에서 i_2로 하락하게 된다. 통화량이 증가하게 되면 사람들은 이자율 i_1에서 자기들이 보유하기를 원하는 화폐량보다 더 많은 양을 보유하고 있게 되므로 이 화폐잉여분(surplus)을 가지고 증권과 같은 자산을

구입하게 될 것이다. 증권구입이 늘어나면 증권가격은 상승하게 되고 이것은 곧 이자율의 하락을 의미하는 것이다. 통화량이 감소하면 똑같은 논리에 의하여 균형이자율은 상승하다.

(3) 이자율과 투자

이자율은 기업의 투자를 결정하는 요인이라고 우리는 이미 앞에서 지적하였다. 이자율이 높으면 기업의 시설 및 장비에 대한 투자지출이 감소한다. 그것은 투자지출에 의하여 기대되는 예상수익률이 증권 등의 자산구입으로부터 얻는 수익률보다 낮게 될 가능성이 많기 때문이다. 또한 높은 이자율은 자금을 차입하는 비용이 높다는 것을 의미하며, 따라서 투자지출로부터 기대되는 수익률이 낮게 되므로 투자지출이 감소한다. 이자율이 낮으면 그 반대현상이 발생한다. 이러한 결과가 [그림 17-8]의 투자의 한계효율곡선(Marginal Efficiency of Investment: *MEI*)에 의하여 나타나 있다. 즉, 이자율이 i_1이면 투자지출액은 I_1이나, 이자율이 i_2로 하락하면 투자지출액은 I_2로 증가한다.

그림 17-8 | 투자의 한계효율곡선

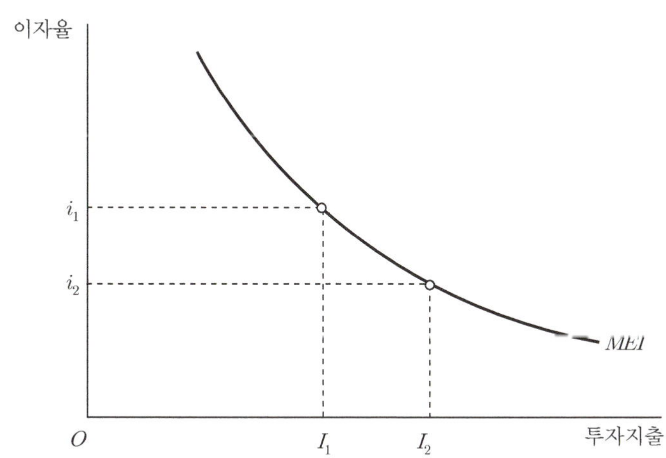

(4) 통화량, 이자율, 투자 및 총수요(국민소득)와의 관계

그러면 이제 통화량 - 이자율 - 투자로 연결되는 과정을 케인즈의 이론의 최종부분인 균형국민소득결정에 귀착시켜 보자.

$$\text{통화량}(M)\uparrow \rightarrow \text{이자율}(i)\downarrow \rightarrow \text{투자}(I)\uparrow \xrightarrow[(\text{승수효과})]{} \text{국민소득}(\text{GNP})\uparrow$$

$$\text{통화량}(M)\downarrow \rightarrow \text{이자율}(i)\uparrow \rightarrow \text{투자}(I)\downarrow \xrightarrow[(\text{승수효과})]{} \text{국민소득}(\text{GNP})\downarrow$$

통화량이 증가함으로써 이자율이 하락하고, 이것은 투자지출을 증가시켜 GNP는 승수효과에 의해 승수적으로 증가한다. 반대로 통화량이 감소하면 이자율은 증가하고, 이것은 투자지출을 감소시켜 GNP는 승수효과에 의해 승수적으로 감소한다.

지금까지의 설명을 통하여 화폐부문과 실물부문을 연결시킨 케인즈의 거시이론의 전체를 대략적으로 살펴보았는데, 마지막으로 한 가지 문제점이 남게 된다. 즉, 일정규모의 화폐량이 변화하면 국민소득은 과연 얼마만큼 변화할 것인가에 대한 질문이다. 이것은 대체로 다음과 같은 세 단계의 질문으로 나누어서 살펴보아야 한다.

첫째, 일정규모의 화폐량의 증가는 이자율을 얼마만큼 하락시킬 것인가?

둘째, 이자율의 하락은 투자지출을 얼마만큼 증가시킬 것인가?

셋째, 투자지출의 증가는 국민소득을 얼마만큼 증가시킬 것인가?

첫 번째 질문에 대한 결과는 주로 화폐의 수요곡선(유동성선호곡선)의 기울기에 크게 좌우된다. 화폐의 수요곡선의 기울기가 급경사를 이루고 있을 때는 약간의 통화량 증가에도 이자율은 급속히 하락될 수 있다. 그러나 화폐의 수요곡선의 기울기가 완만하게 경사를 이루고 있을 때는 통화량증가에 따른 이자율의 하락이 그리 크지 못하다. [그림 17-9]의 ⓐ는 이자율에 대한 화폐수요의 탄력성이 무한대로 큰 경우, 다시 말하여 화폐의 수요곡선이 거의 수평선으로 되는 극단적인 경우를 보여 주고 있다.

이러한 화폐수요곡선 아래서는 통화량을 아무리 증가시킨다고 하더라도 이자율의 하락은 일어나지 않는다. 경제가 단순한 불황(recession)의 범위를 넘어 1930년대 초반에 경험했던 것과 같은 공황(depression)에 빠져 있을 때는 시장이

그림 17-9 | 통화량의 변화가 국민소득에 큰 효과를 발휘할 수 없는 두 가지의 극단적인 경우

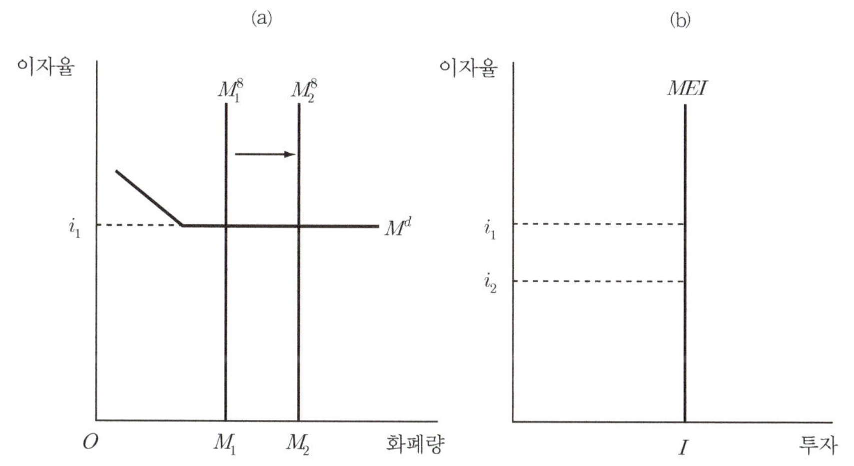

자율은 최저수준까지 내려가고, 따라서 사람들이 화폐를 보유하고자 하는 의도(즉, 화폐수요)는 극도로 많아져 [그림 17-9]와 같은 수평적인 수요곡선이 존재할 수 있다. 이러한 상황을 케인즈는 유동성함정(liquidity trap)이라고 칭하였다. 이러한 상황하에서는 금융정책에 의한 통화량의 증가는 별로 큰 효과를 가져오지 못하므로 케인즈는 재정정책을 써서 총수요의 부족을 보전하여야 한다고 생각한 것이다.

두 번째 질문에 대한 결과는 주로 투자의 한계효율곡선의 기울기에 좌우된다. 다시 말하여 기업투자가 이자율의 변화에 민감하다면(즉, 이자율에 대한 기업투자의 탄력성이 크다면), 약간의 이자율하락에도 기업투자는 크게 증가될 수 있다. 그러나 [그림 17-9]의 (b)의 경우처럼 투자의 한계효율곡선이 수직으로 될 경우에는 이자율이 아무리 하락하더라도 기업투자는 촉진되지 못한다. 이러한 상황 역시 경제가 극심한 불황에 처해 있어 경기전망에 대해 기업이 비판적인 태도를 가지고 있을 때에 해당된다. 케인즈는 이러한 상황하에서도 금융정책에 의한 통화량증가보다는 재정정책을 통한 정부의 직접적 정부투자지출로 경기를 더욱 효과적으로 회복시킬 수 있다고 생각한 것이다.

끝으로 세 번째 질문에 대한 결과는 주로 승수효과의 크기에 좌우된다고 하

겠다. 승수의 크기가 크면 약간의 투자증가에도 국민소득은 크게 증가될 수 있다. 승수는 소비자들의 한계소비성향(MPC)에 의해 결정되므로 MPC가 크면 승수도 크다. 따라서 소득이 증가함에 따라 사람들이 너무 저축을 많이 하게 하기보다는 소비를 촉진시키는 것이 경기를 회복시키고 고용을 증가시키는 길이라고 케인즈는 주장한 것이다.

2. 실물부문과 화폐부문의 일반균형

(1) 일반균형분석

실물부문에서 국민소득이 결정되는 균형조건은 투자와 저축이 일치하는 것이며($I=S$), 화폐부문에서의 균형조건은 화폐의 수요와 공급이 일치하는 것이다($M^d=M^s$). 양 부문에서의 균형이 동시에 성립하는 상황을 일반균형이라 하겠는데, 이러한 일반균형상황하에서는 $I=S$와 $M^d=M^s$를 동시에 충족시켜 주는 국민소득(Y)과 이자율(i)이 존재하게 된다.

양 부분의 일반균형을 [그림 17-10]을 통하여 살펴보자. 이것은 네 개의 그림 (a), (b), (c), (d)를 원점을 중심으로 모은 것이다. 그림 (a)와 (b)는 실물부문과 관련되어 있는데, (a)는 투자의 한계효율곡선을 보여 주고 있으며 (b)는 저축곡선으로서 소비함수처럼 저축도 소득의 함수임을 밝히고 있다. 실물부문의 균형은 저축과 투자가 다 같이 I_1이 될 때 이루어지며, 이때의 국민소득은 Y_1이고 이자율은 i_1이다. 실물부문에서는 이자율이 낮으면 낮을수록 국민소득이 증가한다. 왜냐하면 이자율이 낮으면 투자가 증가하고 이것이 승수효과를 통해 국민소득을 증가시키기 때문이다.

한편 그림 (c)와 (d)는 화폐부문을 표시한다. 그림 (c)는 거래적 동기에 의한 화폐수요곡선(M_t)을 보여 주고 있으며, 따라서 소득수준 Y_1에서 거래적 동기에 의한 화폐수요량은 M_1이다. 그림 (d)는 투기적 동기에 의한 화폐수요곡선(M_a)을 보여 주고 있는데, 여기서 주의할 것은 그림의 원점에서부터가 아니라 점 M_s에서부터 떨어진 거리로 화폐수요량이 측정된다는 것이다. 즉 이자율이 i_1일 때의 투기적 동기에 의한 화폐수요량은 M_sM_1의 거리가 된다. 화폐부문의 균형은 국민소득과 이자율이 각기 Y_1과 i_1일 때 이루어지는데 이때의 통화량은 M_s로서 총화폐수요량(M_t+M_a)과 일치한다. 화폐부문에서는 국민소득이 증가하면 이자율

그림 17-10 | 실물부문과 화폐부문의 일반균형

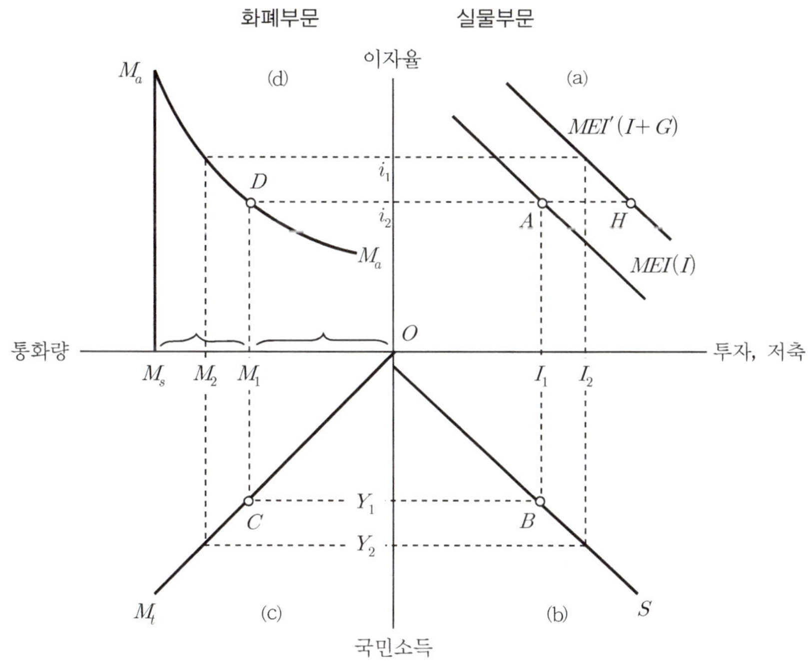

도 상승한다. 왜냐하면 소득의 증가는 거래적 동기의 화폐수요를 증가시키므로 통화의 공급이 고정되어 있는 상황에서 투기적 동기를 만족시켜 주는 통화량은 감소하게 된다. 이때 증권과 같은 자산의 소유자는 자산선택의 균형을 회복하기 위해 증권을 매각하게 되는데, 이에 따라 이자율이 상승하게 되는 것이다.

양 부문에 공통되는 일반균형은 그림에서 점선으로 표시한 사각형 $ABCD$로 나타나게 된다. 이 균형은 물론 완전고용을 달성시켜 주는 수준이라는 보장이 없다. 실업이 존재할 수 있으며, 이런 경우에는 정부지출을 통해 실업을 해소해야 할 것이다. 정부지출이 위 모형에 포함되면 경제 전반에 어떤 영향을 미칠 것인가?

이제 정부투자지출(G)이 AH만큼 이루어졌다고 하자. 이는 총투자의 규모를 증가시키므로 MEI곡선이 MEI'곡선으로 이동하게 된다. 총투자의 증가는 승수효과를 불러일으켜 소득이 Y_2로 증가하며, 이에 따라 M_t는 M_2로 증가되고 M_a

는 상대적으로 M_sM_2로 감소됨으로써 이자율은 i_2로 상승한다. 이렇게 하여 양 부문에 새로운 균형이 형성된다. 그런데 여기서 주목하여야 할 것은 총투자가 정부투자규모인 AH를 완전히 반영시켜 충분히 증가되지 않고 I_2에서 머무르게 된다는 것이다. 이것은 화폐부문에서 통화공급의 증가가 수반되지 않음으로써 이자율이 상승하고 따라서 민간투자가 억제되기 때문이다. 이것을 구축효과(crowding-out effect)라고 하는데, 통화공급의 증가가 수반되지 않는 한 정부투자의 승수효과가 완전하게 나타나지 못함을 의미하고 있다.

(2) IS곡선과 LM곡선

위에서 설명한 실물부분과 화폐부분의 일반균형을 보다 간략하게 하나의 그림으로 설명할 수 있는데, 이것이 영국의 힉스(J. R. Hicks) 교수에 의해 소개된 IS-LM곡선이다.

우선 IS곡선에 대하여 살펴보자. 실물부분의 균형조건은 투자(I)=저축(S)인바, I는 이자율의 함수이고 S는 소득의 함수이므로 $I=S$를 만족시켜 주는 소득(Y)과 이자율(i)의 결합은 무수히 존재한다. IS선은 바로 실물부문의 $I=S$를 만족시켜 주는 Y와 i의 결합의 궤적이다. [그림 17-11]에서 횡축에는 Y를, 종축에는 i를 표시하고 있는데, [그림 17-10]을 통해 밝혀졌듯이 실물부문에서의 균형은 i와 Y간의 負의 관계(i가 감소하면 Y가 증가한다)를 나타내고 있으므로 IS곡선은 負의 기울기를 가지고 있다.

다음으로 LM곡선을 살펴보자. 화폐부문에서의 균형조건은 화폐수요(L)=화폐공급(M)인바, M은 중앙은행에 의해 주어져 있으나, L은 소득 및 이자율의 함수이므로 $L=M$을 만족시켜 주는 소득(Y)과 이자율(i)의 결합은 또한 무수히 존재한다. LM곡선은 바로 화폐부문의 $L=M$을 만족시켜 주는 Y와 i의 결합의 궤적이다. [그림 17-10]을 통해 알 수 있었듯이, 화폐부문에서의 균형은 Y와 i간의 正의 관계를 나타내고 있으므로 [그림 17-11]에서 LM곡선은 正의 기울기를 가지고 있다.

이제 IS곡선과 LM곡선이 서로 교차되는 Z점에서 양 부문에 공통되는 오직 한 가지의 소득과 이자율의 결합을 얻을 수 있게 되는데, 그것이 바로 Y_1과 i_1인 것이다. 정부투자지출(G)의 증가는 IS곡선을 우상방으로 이동시킨다. 따라서 새로운 일반균형점(Z')이 형성되며 소득이 증가되고 이자율이 상승되는 결과로 나

그림 17-11 | *IS*-*LM* 곡선

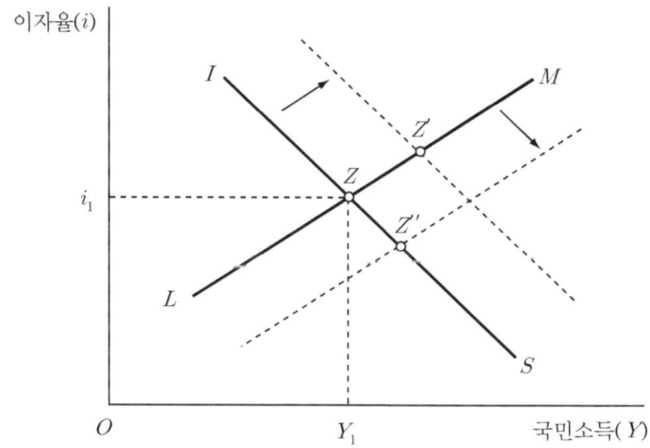

타난다. 통화량(M)의 증가는 LM곡선을 우로 이동시킨다. 이에 따라 새로운 일반균형점(Z'')은 소득이 증가되고 이자율이 하락되는 결과로 나타나게 된다.

3. 재정승수와 화폐승수[4)]

실물부문과 화폐부문을 연결시킨 케인지안 국민소득결정이론을 다시 수식으로 표시하면 다음 식 (19)에서 식 (24)까지와 같게 된다. 식 (19), (20), (21)은 실물부문에 관한 방정식이며, 식 (22), (23), (24)는 화폐부문에 관한 방정식이다.

$$Y = C + I + G \qquad \cdots\cdots (19)$$

$$C = a + c(1 - t)Y \qquad \cdots\cdots (20)$$

$$I = d - ei \qquad \cdots\cdots (21)$$

$$M_a = f - hi \qquad \cdots\cdots (22)$$

$$M_a = M - M_t \qquad \cdots\cdots (23)$$

$$M_t = kY \qquad \cdots\cdots (24)$$

4) R. A. Musgrave and P. B. Musgrave, *Public Finance in Theory and Practice*, 3rd edition (McGraw-Hill, 1980), Ch. 27 중의 pp. 604~606 참조.

방정식 (19)와 (20)은 국민소득균형조건과 소비함수인 것으로 [표 17-1]에서의 식 (15)와 (16)과 동일하다. 식 (21)은 투자함수인데, e는 투자의 한계효율곡선의 기울이다. 식 (22)는 유동성함수로서 h는 화폐수요곡선(유동성선호곡선)의 기울기이다. 식 (23)은 화폐공급 M이 거래적 동기에 의한 화폐수요 M_t와 투기적 동기에 의한 화폐수요 M_a로 나누어진다는 것을 보여 주고 있다. 식 (24)는 M_t가 소득의 함수로서 소득의 $k\%$만큼 거래에 필요한 화폐를 보유하게 됨을 보여 주고 있다. M, G, t는 외생적 정책변수로서 주어져 있고, 계수 a, c, d, e, f, h 및 k의 크기가 알려져 있다면, 위의 6개의 방정식들은 Y, C, I, i, M_a와 M_t 등 6개 변수의 값을 각기 결정할 수 있게 된다.

[표 17-1]에서 식 (17)이 식 (16)을 식 (15)에 대입하여 얻어졌듯이, 위의 6개 방정식을 서로 대입함으로써 다음과 같은 식을 만들 수 있다.

$$Y = \frac{1}{1-c(1-t)+ek/h}\left(a+d-\frac{ef}{h}+\frac{e}{h}M+G\right) \quad \cdots\cdots (25)$$

이제 식 (25)를 통하여 정부지출 G의 변화가 국민소득에 변화에 끼치는 승수효과를 구하면 다음의 식 (26)과 같이 된다.

$$\Delta Y = \frac{1}{1-c(1-t)+ek/h}\Delta G \quad \cdots\cdots (26)$$

방정식 (26)의 승수를 재정승수(fiscal multiplier)라 부르며, [표 17-1]의 식 (18)의 승수와 유사하다. 식 (18)과 다른 점이라면 ek/h가 분모에 추가되어 있다는 점뿐이다. k가 클수록 승수는 작아지는데, 그 원인은 앞에서도 언급하였듯이 소득의 증가에 따라 거래적 동기에 의한 M_t가 커지고 따라서 M_a가 상대적으로 줄어듦으로써 이자율을 상승시켜 민간투자를 억제케 하는 구축효과(crowding-out effect)가 발생하기 때문이다. 즉 화폐변수가 전혀 개입되지 않은 상태보다 승수효과가 작게 된다.

한편 통화량 M의 변화가 국민소득의 변화에 끼치는 승수효과는 식 (25)로부터 다음과 같은 식 (27)을 구함으로써 알 수 있다.

$$\Delta Y = \frac{e/h}{1-c(1-t)+ek/h}\Delta M \qquad \cdots\cdots (27)$$

방정식 (27)의 승수는 화폐승수(money multiplier)라 하겠는데, 식 (26)의 재정승수와 다른 점이라면 e/h가 분자에 추가되어 있는 것이다. 재정승수와 화폐승수의 비교는 케인지안 거시이론의 범주 안에서 재정정책과 금융정책이 소득증가에 얼마만큼 유효하느냐의 비교평가에 해당된다. 즉 e/h가 1보다 크다면 금융정책이 재정정책보다 더 강력하게 되며, 한편으로 e/h가 1보다 작다면 재정정책이 금융정책보다 더 유효하게 된다. 극단적인 경우로 $e=0$ 혹은 $h=\infty$로 되면 금융정책은 아무런 효력을 발휘하지 못하게 됨을 식 (26)과 식 (27)을 통해 알 수 있다. $e=0$이면 투자의 한계효율곡선이 수직으로 되며, $h=\infty$이면 이자율에 대한 화폐수요곡선이 수평으로 되는 극단적인 경우인 것임을 우리는 앞의 [그림 17-9]에서 이미 살펴보았고 여기서 다시 확인한 셈이다.

재정승수와 화폐승수의 비교를 앞에서 설명한 [그림 17-11]의 *IS*선과 *LM*선에 적용시켜 보자. 승수의 분모가 되는 〔$1-c(1-t)+ek/h$〕 중에서 $1-c(1-t)$는 *IS*선의 기울기와 관련이 있고, ek/h는 *LM*선의 기울기와 관련이 있다.[5)]

한계소비성향(c)과 소득세율(t)이 주어져 있어 *IS*선의 기울기는 일단 고정되어 있다는 전제하에서 볼 때 재정정책과 금융정책의 상대적 유효성 여부는 *LM*선의 기울기가 어떠한가에 좌우된다. ek/h의 크기가 상당히 높아서 *LM*선이 가파르게 수직적으로 기울어져 있으면 웬만한 정부투자지출을 통한 *IS*선의 이동은 국민소득을 별로 증가시킴이 없이 이자율만 상승시키므로 재정정책은 그 효력을 발휘 못한다. 극단적인 경우가 [그림 17-12]의 (a)로서 *LM*선이 수직으로 나타나 있을 때이다. 이때에는 재정지출의 증가로 *IS*선을 우상방으로 이동하여도 소득(Y)의 변화는 없으며, 오로지 통화량증가로 *LM*선을 이동시켜야만 소득에의 효력이 발생한다. 한편 ek/h의 크기가 매우 작다면 *LM*선은 평평하게 수평적으로 기울어져 있게 된다. 이때에는 통화량을 많이 증가시켜도 *LM*선을 우측으로 이동시키기 어렵게 되어 있으므로 금융정책의 효력은 의문시된다. 그러나 재정정책

5) 여기서 비록 *IS*선과 *LM*선의 기울기를 도출하지 않더라도 앞에 소개된 6개 방정식의 계수들(coefficients)을 살펴보면 그 의미가 분명해진다. 식 (19)~(21)은 실물부문으로서 이 속에서 *IS*선이 형성되고, 식 (22)~(24)는 화폐부문으로서 이 속에서 *LM*선이 형성된다.

그림 7-12 | 재정정책과 금융정책의 상대적 유효성

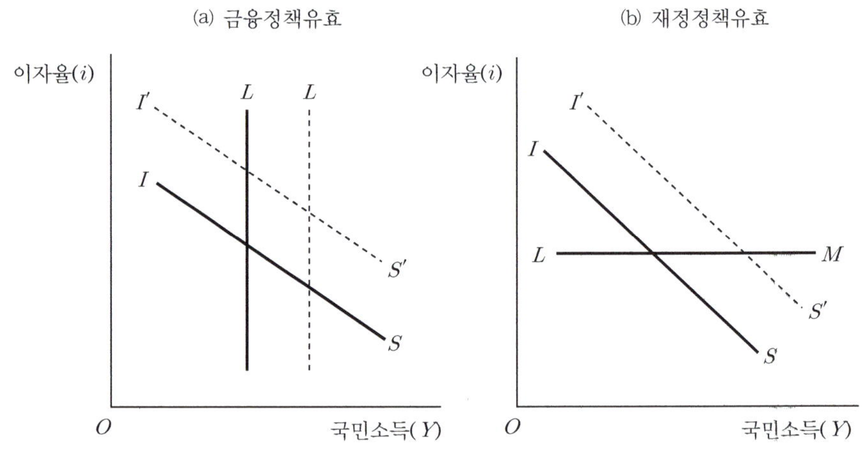

을 통한 *IS*선의 이동은 화폐부문의 반작용(즉, 이자율상승) 없이 승수효과를 충분히 발휘하면서 국민소득을 증가시키게 된다. 이에 해당되는 극단적인 경우가 [그림 17-12]의 (b)로서 *LM*선이 수평으로 나타나 있을 때이다.

재정정책과 금융정책의 유효성에 관한 논의는 거시경제학자들을 재정주의자(fiscalist)와 통화주의자(monetarist)로 구별시켜 놓게 하였다. 재정주의자는 재정정책을 신봉하는 학자로, 극단적인 재정주의자들은 경제사회에 유동성함정(liquidity trap)이 존재하여 *LM*곡선은 수평적으로 된다고 믿고 있다. 반면에 통화주의자들은 *LM*곡선이 수직인 것을 전제로 금융정책의 중요성을 강조하고 있다. 그러나 [그림 17-12]의 (a)와 (b)에서와 같은 극단적인 경우는 이를 현실적으로 받아들이기 어렵다. 문제는 현실의 경제가 어느 상황에 있으냐에 달려 있다. 이자율이 아주 낮은 상황에서는 *LM*곡선이 수평선에 가까워질 수도 있으며, 완전고용수준에 가까운 상황에서는 *LM*곡선이 수직선에 가까워질 수도 있다. 따라서 이자율이 아주 낮을 때에는 재정정책이 더 유효하고, 완전고용에 가까운 상황에서 반대로 금융정책이 더 유효할 수도 있다는 것이 일반적인 견해라 하겠다. 재정정책과 금융정책간의 비교는 다음 장에서 다시 논의될 것이다.

제 4 절 재정이론의 동태적 분석6)

지금까지 우리는 정부재정이 국민소득의 변화에 끼치는 영향을 설명하면서 변화가 오기 전 단계의 소득수준과 일단 변화가 온 후 단계의 소득수준을 비교하였다. 이와 같은 비교정태분석(comparative statics)은 모형 속의 변수들을 분석하는 데는 아주 유용한 방법이지만, 정책을 집행·조정하여 생기는 효과들이 가지는 시간성에 대하여는 분석이 미흡하다. 정책의 바람직한 효과가 너무 느리게 나타난다면 그러는 사이에 경제여건들이 바뀌게 되고, 따라서 최초의 정책이 더 이상 적절치 못한 정책으로 변해 버리고 마는 것이다. 더욱이 소비자와 기업이 어느 정도로 반응을 보이는가에 따라서 재정정책의 집행은 어느 하나의 새로운 균형점을 찾아 그것으로 완료되는 것이 아니라 도리어 계속적인 변화를 유발시키는 동태적 움직임을 가지고 있는 것이다.

1. 승수효과의 시간분석

이처럼 정책의 효과가 파급되는 시간분석을 설명하기 위하여 [표 17-1]의 방정식 (4)에서 (7)까지의 모형을 다시 살펴보자. 식 (7)은 정부의 재정지출이 증가하면 국민소득은 $\Delta Y = \frac{1}{(1-c)} \cdot \Delta G$로 증가함을 보여 주고 있다. 여기에서 시간성을 도입시켜 최초의 정부지출증가분이 국민소득에 영향을 미치는 과정을 살펴보면 [표 17-2]와 같다.

정부지출증분(ΔG)을 발생한 최초의 제 1 기에는 소비자들이 아직 추가적인 소득을 재소비할 시간적 여유가 없으므로 정부지출증분 그 자체가 소득증분이 된다($\Delta Y = \Delta G$). 제 2 기는 그리한 재소비가 일어나므로 소득증분은 최초의 증분(ΔG)에 $c\Delta G$를 추가하게 된다. 제 3 기에서는 제 2 기 때의 추가적인 소득증분에 대하여 재소비하게 되므로 $c \cdot c\Delta G = c^2 \Delta G$가 새로이 추가되게 된다. 이와 같은 추가적인 소비증분은 계속되지만 그 크기는 점차 감소되어 최종단계에 가서는 추가적인 소득증분(즉 $c^n \Delta G$)이 0에 접근하게 됨으로써 전과정의 승수효과는 끝

6) R. A. Musgrave and P. B. Musgrave, *op. cit.*, Ch. 28 중의 pp. 609~612에서 인용하였음.

표 17-2 | 승수효과의 시간분석

기 간	정부지출증분에 따른 국민소득증분
1	ΔG
2	$\Delta G + c\Delta G = (1+c)\Delta G$
3	$\Delta G + c\Delta G + c^2\Delta G = (1+c+c^2)\Delta G$
⋮	⋮
n	$\Delta G + c\Delta G + c^2\Delta G + \cdots + c^{n-1}\Delta G$ $= (1+c+c^2+\cdots+c^{n-1})\Delta G$ $\fallingdotseq \frac{1}{1-c}\Delta G$

나게 된다. 이렇게 하여 얻은 소득의 총증가분이 $[1/(1-c)]\Delta G$가 되는 것이다.

정책입안자는 이와 같은 승수과정이 얼마나 오래 걸리고 소득의 총증가분은 얼마만큼 실현될 것인가를 알아야 한다. 다시 말하여 얼마만큼의 시차(time lag)를 두고 얼마만큼의 효과가 나타나는가를 알아야 유효한 재정정책을 수립 · 집행할 수 있는 것이다. 승수효과의 시간적 규모를 실제로 측정하기 위하여서는 고도의 계량경제학적인 모형작성이 필요하다. [표 17-3]은 미국의 상무성(Department of Commerce)이 자신의 계량모형을 사용하여 1971년부터 1975년 사이에 측정한 여러 가지 정책수단의 승수효과의 시간적 규모를 보여 주고 있다.

[표 17-3]에서 보듯이, 정부지출은 제 3 차분기 내에서 최대효과의 2/3가 발생

표 17-3 | GNP 승수의 시간적 규모(미국)

분 기 별	승 수 의 규 모			
	정부지출	소 득 세	법인세	통화량
1	1.0	0.3	0.2	0.3
2	1.7	0.6	0.4	0.9
3	2.1	0.8	0.6	1.8
4	2.4	0.9	0.7	2.7
5	2.6	1.1	0.7	3.2
8	3.1	1.4	1.0	4.3
12	3.0	1.7	1.4	5.7
16	2.4	1.5	1.3	5.3
20	2.5	1.7	1.4	5.3

자료: U.S. Department of Commerce, *Survey of Current Business*, June 1977, p. 64.

하며, 2년 후에 가서 재정승수가 3.1로 그 극대에 도달한다. 조세감면에 의한 승수효과는 상대적으로 미약하고 느리게 나타나고 있음이 표의 조사결과에서 알 수 있다. 그리고 통화량에 의한 화폐승수는 다른 수단에 비해 시차가 길며, 3년 후에 5.7로 극대에 도달하고 5년 후까지도 상당히 높게 계속됨을 보여 주고 있다.[7)]

[표 17-4]는 우리나라의 경우를 대상으로 추정한 조세와 각 분야별 재정지출의 단기와 장기 재정승수를 보여주고 있다. 조세의 장 단기 승수는 각각 -1과 -0.729로 나타나고 있는데, 모든 분야의 재정지출승수에 비해 작은 것으로 나타나고 있어 지출의 경기안정화 효과가 상대적으로 크게 나타나고 있다. 경상이전지출의 경우 단기승수가 1.6으로 장기효과에 비해서 크게 나타나고 있는 반면 자본지출의 경우 장기승수효과가 단기승수효과에 비해서 약 3배 정도 큰 것으로 나타나고 있다. 전체적으로 분야별 재정지출의 승수효과는 재화 및 용역에 대한 경상지출이 가장 크며 다음으로는 자본지출, 그리고 경상이전지출의 효과가 가장 낮게 나타나고 있다.

표 17-4 | 우리나라의 조세와 분야별 재정지출의 장단기 승수효과

구 분	조세	G1	G2	G3
단기 재정승수(1년)	-0.729	2.514	1.607	0.944
장기 재정승수(3년)	-1	4.069	1.267	2.667

주: G1: 재화 및 용역에 대한 경상지출; G2: 경상이전지출; G3: 자본지출

자료: 김승래 · 송호신 · 김우철, 『부문별 재정지출의 거시경제적 효과에 관한 연구』, 한국조세연구원 , 2009, p. 77

2. 가속도원리

앞 절의 케인지안 거시재정이론(Ⅱ)에서는 투자를 내생적 변수로 간주하면서도 이를 단순히 이자율에 대한 함수로만 취급하였다[식 (21) 참조]. 그러나 현실적인 실증을 통해서 투자는 또한 과거소득 변화의 함수임이 밝혀지고 있으며, 과거소득의 변화에 투자가 민감한 반응을 보임을 여러 연구에서 지적하고 있다.[8)]

---

7) 시차(time lag)에 대한 분류는 제18장 제 2 절 참조.

8) Paul A. Samuelson, “Interaction between the Multiplier Analysis and the Principle of Acceleration,” *Review of Economics and Statistics*(May 1939).

이것을 소위 투자함수의 가속장치(accelerator)라고 하는데, 이러한 투자함수를 수식으로 표시하면 다음과 같다.

$$I_t = b + \beta(Y_{t-1} - Y_{t-2})$$

여기에서 t는 t기의 시간을 표시한다. β는 소득변화에 따른 투자규모를 결정해 주는 계수로서 일종의 자본계수(capital coefficient)와 같은 것이다. 위의 방정식을 [표 17-1]의 식 (4)와 (5)에 대입함으로써

$$Y_t = a + cY_{t-1} + b + \beta(Y_{t-1} - Y_{t-2}) + G$$

의 새로운 국민소득결정방정식을 얻을 수 있다. 소비함수 역시 전기($t-1$)의 가처분소득의 함수로서 취급한다.

이러한 동태적 모형에서는 정부지출이 승수효과에 의해 소득을 증가시킬 뿐만 아니라 이 소득증가가 다시 투자의 증가를 유도하고, 투자의 증가는 다시 승수효과를 창출케 함으로써 이 연쇄적인 작용이 새로운 소비와 소득을 증가시키게 됨을 설명하고 있는데, 이것이 바로 가속도원리의 핵심이다. 여기서 승수의 크기는 한계소비성향(c)에 좌우되며, 가속도효과는 가속도계수(β)에 좌우되므로, 결국 c와 β의 변동에 의하여 경제체제는 새로운 균형점을 찾아 움직이든지, 안정된 주기적인 변화를 보이든지, 혹은 폭발적인 경기변동을 일으키든지 하게 될 것이다. 한편 동태분석에 따른 소득변화의 형태에 대한 설명을 위해 시차구조(lag structure)에 대한 이해가 대단히 중요하게 되는데, 불행히도 이것이 어떠한 것인지를 옳게 정립한 이론은 아직 형성되어 있지 못하다. 이것이 바로 동태분석을 적용할 때 직면하게 되는 가장 큰 어려움인 것이고 좀더 본격적인 실증적 연구가 이루어져야 할 것이다. 그러나 지금까지의 연구결과로 보아 경제의 거시적 행태가 그렇게 지나치게 경기과열적이고 변동적이라고 할 수는 없으며, 다음 장에서 논의될 자동안정화장치가 여기서 어느 정도의 역할을 한다고 하겠다.

CHAPTER 18

The Modern Public Finance

경제안정 및 성장과 재정정책

제 1 절 재정의 자동안정화기능

앞 장에서 우리는 정부지출이나 조세가 국민소득에 미치는 효과를 살펴 보았다. 정부는 이러한 정책수단을 재량에 의해 임의로 변경시킴으로써 경기를 조절할 수 있다. 이것을 우리는 통상 재량적 재정정책(discretionary fiscal policy)이라고 부른다. 재량적 재정정책이란 경기가 불황이면 정부지출의 증가나 조세감면 등의 팽창정책에 의하여 경기를 확장시키고, 경기가 호황이며 정부지출의 감축이나 세율인상 등에 의해 긴축정책을 펴 나가는 것을 가리킨다.

그러나 재정제도 속에는 정부가 재량적으로 정책수단을 변경시키지 않아도 경기가 상승하면 그 과열을 자동적으로 막고, 경기가 하강하면 그것이 지나치게 하강하지 않도록 자동적으로 막게 하는 장치가 마련되어 있다. 이들 장치를 자동안정장치(automatic stabilizers 혹은 built-in stabilizers)라고 부르는데, 이들은 경기를 안정시키는 데 완벽한 힘을 발휘하고 있다고는 볼 수 없지만 경기변동의 지나친 진폭을 막아 주는 데는 상당한 역할을 하고 있는 것이다. 이처럼 재정의 자동안정장치에 주로 의존하여 경제를 안정화시키고자 하는 정책을 자동적 재정정책(automatic fiscal policy)이라고 한다.

재량적 재정정책과 자동적 재정정책간의 비교평가는 다음 절에서 하기로 하고 우선 재정의 자동안정화기능에 대하여 설명하기로 하자. 자동안정장치 가운데서 대표적인 것으로 소득세(personal income tax)를 들 수 있으며, 실업수당(unemployment compensation)도 상당한 자동안정화기능을 담당하고 있다.

1. 자동안정장치의 효과

자동안정장치의 효과를 이해하기 위하여 누진적인 세율로 형성된 소득세(progressive income tax)를 가지고 설명해 보자. 지금 경제가 거의 완전고용상태에서 운용되고 있다고 상정하자. 이럴 때에는 경제가 거의 포화상태에 도달하였기 때문에 새로운 산업에 대한 신규투자의 기회가 점차 감소하게 되는 경향이 있다. 따라서 자연히 기업의 신규투자율이 하락하게 되고, 이것은 승수효과에 의해 국민소득(NNP 또는 NI)의 더욱 급격한 하락을 초래하게 된다. 이와 같이 경기변동에 따라 국민소득이 하락하게 되면 소득세 징수액도 하락할 것인데, 소득세가 소득에 근거하고 있고 그 세율이 누진적이므로 소득세액의 감소는 자동적으로 일어나게 된다.

이와 같은 자동적인 조세의 감소는 국민경제에 어떤 효과를 미치는 것인가? [표 18-1]이 그 답을 보여 주고 있다. 1차 연도와 2차 연도 사이에 국민소득(NI)이 1,000조원에서 950조원으로 50조원 하락하였다고 하자. 이것은 5%의 소득감소율에 해당된다. 한편 이에 따라 조세징수액도 같은 기간에 200조원에서 171조원으로 29조원 감소하여 14.5%의 감소율을 보여 주고 있다. 여기서 중요한 것은 세율이 누진적이므로 조세징수감소율(14.5%)이 국민소득감소율(5%)보다 훨씬 더 크다는 사실이다. 그런데 납세자들의 소비는 세금을 공제하고 난 후의 가처분소득에 근거하여 이루어지는데, 정부에 지급하는 세금액이 상대적으로 많이 감소되었으므로 가처분소득은 그리 크게 감소되지 않는다. 따라서 그러한 조세징수감소율 때문에 소비감소율은 국민소득감소율보다 작아지게 된다. 이처럼 국민소득이 비록 감소되더라도 소득세 때문에 가계의 소비는 그리 크게 감소되지 않게 됨으로써 경기의 급격한 하락을 부분적으로 방지할 수 있는 것이다.

국민소득이 증가하는 경우에 있어서도 누진적인 조세는 그 효과의 방향이 정반대라는 것에 불과할 뿐, 똑같은 안정화기능을 담당하고 있다. 즉, 국민소득이 상승할 때 조세도 상승하게 되는데, 조세징수증가율이 국민소득증가율을 앞지르게 됨으로써 가처분소득의 증가율 내지 소비의 증가율이 국민소득의 증가율보다 낮게 되어 과열된 경기팽창에 어느 정도 제동을 걸게 되는 것이다.

표 18-1 | 누진적 조세의 자동안정효과

	(1) 1차 연도	(2) 2차 연도	(3) 감소율
국민소득(NI)	1,000조원	950조원	5%
세율(누진적)	20%	18%	–
조세징수액	200조원	171조원	14.5%

이상의 소득세를 중심으로 한 설명에서 우리는 경기변동에 부응한 정부의 공공지출율에 아무런 변화가 없다고 가정하였다. 그러나 실제로는 경기가 하락하여 조세징수액이 감소하였을 때 이에 맞춰 공공지출액을 동시에 같은 비율로 감소시킬 수는 없을 것이다. 한편으로 대부분의 국가에서는 실업수당을 도입하여 불경기 때에 실업이 증가하면 실업자에 대한 수당을 지급하도록 되어 있다. 즉, 불경기 때에 정부지출이 자동적으로 증가하도록 제도적 장치를 마련하고 있는 것이다. 이러한 장치는 국민의 가처분소득의 크기를 비교적 일정한 수준에서 유지되도록 하는 안정화 역할을 하는 것이다.

2. 자동안정장치의 지표

재정제도 속의 누진적 소득세는 소득증가에 따른 세수증가로 인하여 경기변동에 견제적이고 충격완화적인 효과(cushioning effect)를 자동적으로 발휘하고 있다. 이와 같은 소득세가 갖는 충격완화효과의 규모를 분명히 파악하기 위해서는 누진적 소득세제도하에서의 소득변화와 정액세(lump-sum tax)제도하에서의 소득변화를 서로 비교해 보면 된다.

앞의 제17장에서의 [표 17-1]에 있는 식 ⑽과 식 ⒁를 다시 상기하여 보자. 식 ⑽을 통하여 정액세제도하에서의 민간투자(I)의 증가는 소득을

$$\Delta Y^* = \frac{1}{(1-c)}\Delta I$$

만큼 증가시킴을 알 수 있다. 한편 식 ⒁를 통하여 보면 소득세제도하에서의 민간투자(I)의 증가는 소득을

$$\Delta Y = \frac{1}{1-c(1-t)})\Delta I$$

만큼 증가시킨다. 승수크기의 차이 때문에 ΔY는 ΔY^*보다 작게 된다는 것은 이제 더 긴 설명을 필요로 하지 않는다. 이것이 뜻하고 있는 것은 ΔI로 인하여 ΔY^*만큼 증가될 수 있는 소득이 소득세 제도의 존재 탓으로 ΔY로 되게끔 영향을 받게 된다는 것이다.

이제 ΔY^*와 ΔY의 차이를 ΔY^*에 대한 비율로 표시하면

$$\alpha = \frac{(\Delta Y^* - \Delta Y)}{\Delta Y^*} = \frac{ct}{1-c(1-t)}$$

로 나타나는데, 이 α는 자동안정장치효과의 크기를 밝히는 지표(index of built-in stabilization)인 것이다.[1] 즉 α는 세수증대에 따른 자동적인 견제효과로 인하여 줄어든 소득변화율을 가리키는 것이다. 만약 c=0.6이고, t=0.3일 때 α는 0.43이 된다. 이것은 총지출수준의 증가로 국민소득이 팽창하게 될 때 그 총변화분의 43% 가량은 조세 속의 자동안정장치의 효력 때문에 상쇄되고 만다는 것이다.

자동안정장치의 규모는 위에서 보는 바와 같이 한계소비성향(c)과 소득세율(t)에 의존하고 있다. 공공부문이 크면 클수록 t도 커지게 되고, 그렇게 되면 자동안정장치의 효과도 커지게 된다. 물론 현실적으로 앞에서와 같은 단순한 관계가 항상 유지된다고는 보기 어렵고, 앞 장에서 설명한 화폐부문을 포함한 일반균형분석을 적용한다면 좀더 복잡한 관계가 형성될 것이다. 그러나 자동안정장치가 가지고 있는 원칙적인 효과에는 변화가 없다.

3. 자동안정장치의 유용성

그러면 자동안정장치는 경제안정에 과연 얼마만큼 바람직한 역할을 하는가를 단기적인 측면과 장기적인 측면으로 나누어 살펴보자. 여기서 논의되는 내용의 핵심을 먼저 밝힌다면, 자동안정장치란 거시재정운용의 유용한 제도임이 분명

---

1) R. A. Musgrave and P. B. Musgrave, *Public Finance in Theory and Practice*, 3rd edition (McGraw-Hill, 1980), Ch. 28, p. 616.

하지만 그러나 여기에도 상당한 제약점이 있다는 것을 지적하고자 하는 것이다.

(1) 단기적 측면

자동안정장치는 예산의 자동적 신축성(built-in flexibility)을 이용하여 경기변동을 완화시키므로 재량적 정책의 개입 없이 경제안정을 도모할 수 있다. 이와 같은 자동적 신축성은 경기가 완전고용수준에 머물러 있어서 인플레의 압박을 받고 있을 때에는 매우 바람직하고 유용한 재정구조이다. 그러나 반대로 경기가 불황이고 대량실업이 존재하고 있는 상황에서는 자동적 신축성이 항상 바람직한 재정구조라고 보기가 어렵다. 때에 따라서는 경기를 도리어 격화시키어 재량적인 조치를 더욱 가중시키는 결과를 빚어낼 수도 있는 것이다. 그 이유는 자동적 신축성은 일련의 재량적 조치(예 : 공공지출증가)에 의하여 발휘된 재정효과를 위축시켜 버리기 때문이다.

이를 간단한 수식으로 증명해 보자. 일단 목표로 설정한 바람직한 소득의 증분을 ΔY라고 할 때 ΔY는 다음과 같이 두 가지로 표시될 수 있다.

$$\Delta Y = \frac{1}{(1-c)}\Delta G = \frac{1}{1-c(1-t)}\Delta G'$$

따라서

$$\Delta G' = \frac{1-c(1-t)}{1-c}\Delta G$$

로 표시된다. ΔG는 자동적 신축성이 없는 상태에서 요구되는 공공지출의 증가분이고, $\Delta G'$는 자동적 신축성을 고려할 경우에 요구되는 공공지출의 증가분이다. 윗 식에서 알 수 있듯이, 일정한 크기의 조세율 t 아래에서는 그것이 負(negative)의 세율이 아닌 한 $\Delta G' > \Delta G$의 현상이 일어난다. 즉 자동적 신축성 때문에 정부지출의 필요액은 자동적 신축성이 없는 때보다 도리어 커지게 되는 것이다.

더욱이 자동안정장치가 갖는 안정화효력은 국민경제 전반을 취급하는 중앙정부에 적용될 수 있는 것이며, 이 기능이 지방정부에 적용된다면 상이한 결과를 가져온다. 지방정부는 통화 및 공채정책에 대하여 아무런 조정력을 가지고 있지 못하기 때문에 조세수입이 변동되면 즉각적으로 지방정부지출에 영향을 줄 수밖에 없는 것이다. 호황기에 조세수입이 증가하고 불황기에 조세수입이 감소하면 이에 따라 정부지출의 진폭도 커지게 되어 경기변동을 더욱 심화시키게 된다. 따라서 지방정부수준에서의 자동적 신축성은 지방정부의 입장에서도 결코 유리하지 못하며, 나아가서 국민경제 전반에 대하여서도 바람직한 것이 못된다.

(2) 장기적 측면

자동안정장치에 의한 자동적 신축성(built-in flexibility)을 장기적인 측면에서 살펴본다면 이 때에도 자동적 신축성이 재량적 조치의 필요성을 감소시키기보다는 이를 오히려 증가시키는 경우가 생긴다.

국민소득이 증가하여 조세징수액이 자동적으로 증가하면 정부는 기대하지 않은 예산의 잉여분(surplus)을 갖게 된다. 정부는 이 잉여분을 어떻게 사용할 것인가에 대한 몇 가지 선택에 직면하게 된다. 즉 정부지출을 증가시켜 경기를 더욱 확산시킬 것인가, 혹은 발행된 공채를 상환하는 데 사용할 것인가, 그렇지 않으면 그냥 화폐로 보유하고 있을 것인가 등이다. 만약 경제가 인플레이션 갭에 시달리고 있다면 예산의 잉여분을 화폐로 그냥 보유하는 것이 경제안정화에 도움이 될 것이다. 왜냐하면 이러한 상황에서의 정부지출 증가는 물가상승만 불러일으킬 것이기 때문이다.

그러나 만약 경제가 높은 고용수준에서 운용되고 있으나 인플레이션 갭을 수반하고 있지 않은 상태라면 정부가 잉여분을 화폐로 보유함으로써 도리어 디플레이션적인 결과를 불러일으킬 수가 있다. 왜냐하면 예산잉여분의 보유는 화폐의 유통과정에서 자금을 일시적으로 빼돌리는 작용을 하게 되므로 총지출규모가 감소하게 되고 승수효과에 의하여 국민소득은 곧 더욱 크게 감소될 것이기 때문이다. 이러한 디플레이션현상을 재정장애(fiscal drag)라고 부르고 있다. 재정의 자동안정화기능에 관련하여 정부는 이와 같은 재정장애가 발생하지 않도록 주의하여야 한다. 1950년대 하반기 및 1960년대 초반기에 있었던 미국의 불경기는 바로 이 재정장애에 기인하였다고 일반적으로 인정되고 있다. 따라서 정부는 이와 같은 재정장애를 없애고 계속적이 경제성장을 꾀하기 위하여서는 세율을 인하시킨다든가 혹은 세율인상 없이 정부지출을 증가시키는 재량적 조치가 필요한 것이다. 이것은 헬러(W. Heller) 교수가 말하고 있는 경제성장을 통하여 정부가 국민들에게 지불하는 일종의 재정배당금(fiscal dividend)이라고 하겠다.[2] 성장하고 있는 경제에 대하여 아무런 조치도 없이 예산수준을 고정시켜 놓고 방관하고 있는 그런 정책을 취한다는 것은 사실상 경기억제정책을 택하는 것과 마찬가지이다. 계속적인 경제성장을 위하여서는 정부는 수요팽창정책을 어느 정도 꾸준히 밀고 나가야 한다는 결론이다.[3]

장기적 측면에서 또 한 가지 첨부할 점은 확장적 재정정책이 반드시 적자재정을 수반하는 것은 아니라는 주장의 근거를 재정의 자동안정장치기능에서 찾아볼 수 있다는 것이다. 즉 정부지출이 증가되고 세율이 인하되더라도 이러한 재량적 확장정책은 소득증가를 유도하며, 소득증가는 세수를 증가시켜 적자폭의 확대를 방지하게 된다는 논리이다. 이와 같은 재량적 정책을 통한 적자증가요인과 자동적 신축성을 통한 적자감소요인이 서로 상쇄되어 나타나는 순효과는 한계소비성향(c)의 크기가 어느 정도이냐에 따라 달라진다. 이 관계를 수식을 통해 살펴보자. 이제 초기의 재정적자를 D'라고 하고 최종결과가 나타나는 후기의 재정적자를 D''라 하면

$$D' = G' - tY' \quad \text{(여기서 } G'\text{와 } Y'\text{는 각기 초기의 정부지출과 소득수준이다.)}$$

그리고

$$D'' = (G' + \Delta G) - tY'' \qquad \text{(여기서 } Y''\text{는 후기의 소득수준이다.)}$$

이다. 양 기간의 재정적자의 차이는

$$\begin{aligned}\Delta D &= D'' - D' \\ &= \Delta G - t\Delta Y \qquad \text{(여기서 } \Delta Y = Y'' - Y'\text{ 이다.)}\end{aligned}$$

가 된다. 이제 제17장 [표 17－1]의 식 (18)을 다시 인용하면,

2) Walter Heller, New *Dimensions of Political Economy* (New York: Norton, 1967).

3) 이와 같은 사고방식은 1960년대 초기 미국 케네디행정부의 재정정책수립에 중심적인 역할을 하였다고 하겠다.

$$\Delta Y = \frac{1}{1-c(1-t)}\Delta G$$

인데, 이를 위의 ΔD에 대입함으로써

$$\Delta D = \left(1 - \frac{t}{1-c(1-t)}\right)\Delta G$$

를 얻게 된다. 따라서 만약 $c<1$이면 $\frac{t}{1-c(1-t)}<1$이 되어 ΔD는 ΔG의 증가와 더불어 증가하여 적자폭이 커지며, $c=1$ 이면 ΔD는 불변이고, $c>1$이면 ΔD가 감소하여 적자폭이 줄어들게 된다. 일반적으로 한계소비성향(c)은 1보다 작다. 따라서 확장적인 재정정책의 운용은 그 적자증가분의 일부가 자동적 신축성에 의하여 상쇄된다고 하더라도 새로운 소득수준에서의 적자폭은 초기보다 증가될 것이다. 그러나 상황에 따라서는 한계소비성향이 1보다 클 때가 존재한다. 소비자들이 장래소득의 증대를 기대하고 있든가, 또는 다른 특수한 이유로 인하여 은행대출 등에 의존하여 소득보다 더 높은 소비를 흔히 할 수 있는 것이다. 이때의 재정적자폭은 초기보다 감소되든가 나아가서 재정흑자로 전환될 수 있는 것이다.[4)]

제 2 절 재정정책의 선택(재량 대 준칙)

재정정책을 수립하는 데의 접근방법으로 재량적인 방법을 택하는 것과 자동안정장치를 염두에 둔 특정한 준칙(rule) 혹은 정식(formula)에 따르는 방법, 이렇게 두 가지 방법으로 구분할 수 있겠다. 전자를 재량적 재정정책이라고 하고 후자를 자동적 재정정책이라고 부른다. 이 양자를 비판적 시각에서 좀 더 고찰해 보자.

4) R. A. Musgrave and P. B. Musgrave, *op. cit.*, Ch. 28. pp. 619~620.

1. 재량적 재정정책과 자동적 재정정책

(1) 재량적 재정정책

자동적 재정정책을 중요시하는 사람들의 입장에서 재량적 재정정책은 대체로 다음과 같은 두 가지 측면에서 비판을 받고 있다.

첫째, 재량적 재정정책은 필요에 따라 적자재정(불황시) 혹은 흑자재정(호황시)을 수립하게 되는데, 이러한 불균형예산(unbalanced budget)은 경제의 불안정한 상태를 완화시키기보다는 오히려 악화시킨다고 이들은 믿는다. 적자재정의 운용은 재정규율을 문란시키고 공공부문에 과도한 자원을 배분시키며, 반면에 흑자재정은 자원을 공공부문에 과소하게 배분시킨다는 이유이다. 이러한 견해를 극단적으로 주장하는 사람들은 연차균형예산(annually balanced budget)을 최상의 재정정책이라고 믿고 있다.[5)]

둘째, 재량적 재정정책은 그 규모와 시기를 결정하는 데 있어서 매우 어렵고 자칫 정책결정자의 작은 실수가 문제를 크게 악화시킬 수 있다는 것이다. 경제상황에 대한 정확한 정보와 이해 없이 불규칙적인 정책(stop-and-go policy)을 집행할 때에는 경제안정화에 득보다는 해가 더 크게 된다는 견해이다. 또 한편 재정정책을 재량적으로 결정할 때에는 그 정책결정이 자칫 경제적 이유보다는 정치적 이유에 의하여 이루어지는 경우가 많다는 사실도 지적되고 있다.

이와 같은 두 가지 논평은 그대로의 의미가 있고 시사하는 바가 많다. 그러나 이에 대하여 좀 더 깊게 살펴볼 필요가 있다. 첫 번째 비판을 살펴보면 불균형예산이 자원의 배분을 왜곡시킬 가능성은 다분히 많으나, 그렇다고 연차균형예산을 그 대안으로 삼는다는 것은 공공부문의 역할을 부인하는 것과 다를 바 없다. 연차균형예산은 재정의 자동안정화작용을 배제할 뿐만 아니라 경기변동에 능동적으로 대처하기에 부족한 것이다. 다시 말하여 연차균형예산을 시도한다면 불황에 접하여 세수가 부족할 때 지출의 삭감이 불가피하게 되고, 반면에 호황에 접하여 세수가 증가할 때 지출의 확장을 필요로 하므로 경기대응이라기보다는

5) 사실상 재정정책의 효과를 부인하고 있는 통화주의자(monetarist)들은 연차균형예산을 적극 주장하고 있다. 걷잡을 수 없는 적자재정에서 벗어나는 길은 연차예산을 무조건 균형되게 편성하는 것이라고 이들은 믿고 있다.

오히려 경기격화적이 된다. 따라서 재정수지의 밸런스(balance) 여부는 장기적인 기간에 걸쳐 종합적으로 균형에 도달되도록 하면서 단기적(연차적)으로는 경기변동에 탄력적으로 대응하도록 운영되어야 할 것이다.

두 번째 비판은 재량적 재정정책에 있어서의 가장 중요한 문제점을 지적하고 있다. 모든 경제정책은 정책의 집행과 그 효과발생 사이에 존재하는 시차(time lag)와 앞으로의 경기변화에 대한 불확실성(uncertainty) 때문에 정확한 시기선택과 그 규모결정에 항상 어려움을 겪고 있다. 이 점에 대해서는 앞 장의 동태적 분석에서도 이미 언급된 바 있다. 경제에 어떤 변화가 발생하여 이를 조정해야 할 새로운 정책의 채택이 필요하다고 인정될 때부터 시작하여 실제로 정책이 집행된 후에 그 효과가 나타날 때 쯤이면 경기가 또 다른 방향으로 변하게 될 수가 있어, 이때는 오히려 정반대의 정책을 필요로 하는 상태에 놓이게 된다. 이러한 경우는 이미 집행중에 있는 정책이 경제목표를 달성하기는커녕 오히려 유해한 결과만을 가져다 주게 되는 것이다. 따라서 시차가 짧을수록 효율적인 정책이라 하겠다.

시차에 대하여서는 다음의 세 가지가 고려되어야 한다.

첫째, 인지의 시차(recognition lag)이다. 어떠한 사태의 변화를 예측하고 이에 따른 정책변화의 필요성을 사전에 인지하기까지의 시차를 말한다. 이러한 시차를 줄이기 위하여는 계량적인 예측방법의 개발이 중요하다고 하겠다.

둘째, 집행의 시차(implementation lag)이다. 이것은 정책변경의 필요가 인지된 때부터 실제로 집행될 때까지의 시차이다. 재정정책에 있어서는 이 집행의 시차가 가장 문제가 된다. 지출정책과 조세정책을 결정하고 집행하는 데는 행정부 내에서의 조정이 있어야 하고 의회에서의 심의 및 의결이 필요하기 때문이다.

끝으로, 반응의 시차(response lag)이다. 정책이 집행된 다음부터 경제에 실제로 영향을 미치기까지의 시차를 말한다. 지출정책의 반응은 정부구입 혹은 공공지출이 집행되는 것과 동시에 1차적으로 일어나며, 그 다음부터는 민간부문의 상태가 어떠한가에 달려 있다. 조세정책의 반응은 납세자들이 자신의 가처분소득에 대한 변화에 어떻게 적응하는가에 좌우될 것이다. 재정정책과 금융정책을 비교하여 보면, 집행의 시차는 재정정책이 길고 금융정책이 짧으나, 반응의 시차는 금융정책이 길고 재정정책이 짧다는 것이 일반적인 견해이다.[6)]

---

6) 재정정책의 시차는 앞 장 제17장의 [표 17-3]을 참조할 것. 한편 밀튼 프리드만(Milton Friedman) 교수는 금융정책의 시차는 짧게는 6개월, 길게는 18개월에 걸쳐 나타난다고 분

이처럼 재량적 재정정책을 성공적으로 집행하기 위하여서는 위에 지적한 세 가지 시차를 가능한 한 축소시키면서 적절한 집행시기를 택하는 것이 무엇보다 중요하다. 그러나 그렇다고 재량적 재정정책의 유효성을 과소평가할 이유는 없는 것이다.

(2) 자동적 재정정책

그러면 자동적 재정정책에는 어떠한 문제점들이 있는가? 자동적 재정정책은 재량적 재정정책에서 비롯되는 시차를 어느 정도 극복할 수 있나는 상섬을 지니고 있지만, 반면 이의 적용에는 상당한 한계가 있다는 것을 간과해서는 안 된다. 우리는 앞 절에서 자동안정장치가 단기적으로 불황극복에 미약하고 장기적으로는 재정장애를 초래할 수 있음을 이미 지적하였다. 자동적 재정정책의 문제점을 다시 요약하면 다음과 같다.

첫째, 자동안정장치가 반드시 의도했던 대로 목표를 실현한다는 보장은 결코 없으며, 실현된다고 하더라도 그 효과는 아주 미약할 경우가 많다. 예를 들어 경기회복기에 있어서 증대된 소득의 일부는 세수로서 흡수되며, 이는 가처분소득을 감소시킴으로써 경기상승추세를 도리어 억제할 가능성이 있다.

둘째, 자동안정장치가 경제적 불안정을 극복하는 데 유일한 수단일 수는 없다. 실업의 발생이라든가 물가상승은 일시적이고 단기적인 요인에 기인하기도 하며 또는 국내외적인 급격한 상황변경(예 : 전쟁발생)에 기인할 수 있기도 한데, 이럴 때의 자동안정장치는 그 기능을 다하지 못하게 된다.

셋째, 자동안정장치의 효과는 안정추구를 위해서는 긍정적이지만 경제성장의 관점에서 볼 때 부정적일 수도 있다. 자동안정장치의 중심개념은 누진소득세율인데, 경기상승기에는 높은 누진세율 때문에 기업가의 투자의욕을 저해할 우려가 있는 만큼, 이는 경제의 성장을 저해할 것이다.

우리는 이상과 같이 재량적 재정정책과 자동적 재정정책을 비교하여보았는데, 과거의 경험에 비추어보더라도 재정의 자동적 신축기능을 가능한 충분히 살리면서 적기의 적절한 재량적 정책을 동시에 수반함으로써 재정정책의 효과를 더욱 충분히 발휘할 수 있을 것이다. 즉, 양 정책의 적절한 통합과 조화가 중요한

석하고 있다. Milton Friedman, "A Monetary and Fiscal Framework for Economic Stability," *Essays in Positive Economics*, 2nd ed.(University of Chicago Press, 1959).

것이다.

2. 완전고용예산

1947년 미국의 '경제발전위원회'(Committee for Economic Development)는 재량적 재정정책의 결함을 보완하고 재정의 자동적 신축성을 반영시키는 하나의 재정준칙을 제창하였는데, 이것을 완전고용예산(full employment budget) 혹은 안정화 예산(stabilizing budget)이라고 부른다.[7)]

완전고용예산이란 경제가 완전고용상황에 놓여 있을 때에는 예산수지가 균형 혹은 약간의 흑자가 발생되는 것이 바람직하다는 논리 아래서, 정부지출을 필요적절한 어떤 수준으로 증가시킨다면 세율도 완전고용수준(노동력의 96%가 고용된 수준)에서 예산의 균형 혹은 약간의 흑자가 발생되도록 인상조정하여 편성되는 예산을 말한다. 이렇게 세출과 세입을 조정하여 예산을 결정하면 재정 속의 자동안정장치가 경제의 호황과 불황의 기간을 평준화시키는 역할을 할 것으로 보고 있는 것이다. 이와 같은 예산정책은 1960년대 초 미국의 학계나 행정부에 많은 관심을 불러일으켰고, 이와 비슷한 사고방식을 현재에도 실제예산편성에 반영하고 있기도 하다.

완전고용예산이 도입된 배경에는 실제예산을 중심으로 재정정책의 효과를 측정한다든가 또는 다음 해의 예산을 결정하는 것은 상당한 문제가 있기 때문에 이를 보완해 보자는 의도가 있다. 다시 말하여 과거의 실제예산규모(결산기준)는 이 속에 이미 재량적 정책에 의한 영향과 자동적 조정에 의한 결과가 서로 혼합되어 있기에 지난 해의 재량적 조치가 얼마만큼 타당했는가 또는 다음 해의 재량적 조치를 얼마만큼 취해야 하는가에 대한 정보를 명확히 제공해 주지 못하고 있다. 따라서 이의 해결책으로 완전고용상태라는 것을 기준으로 삼고 완전고용이 달성될 때에 예산이 흑자인가 적자인가를 파악함으로써 그 정책이 너무 지나치게 긴축인가 팽창인가를 평가할 수 있으며 또한 차후 실제예산을 편성할 때 하나의 정책적 지침으로서 이를 고려하는 것이 바람직하다는 결론이 도출된 것이다.

---

7) Committee for Economic Development(CED), *Taxes and the Budget: A Program for Prosperity in a Free Economy*(1947)와 *Fiscal and Monetary Policy for High Employment*(1961) 참조.

그림 18-1 | 완전고용잉여

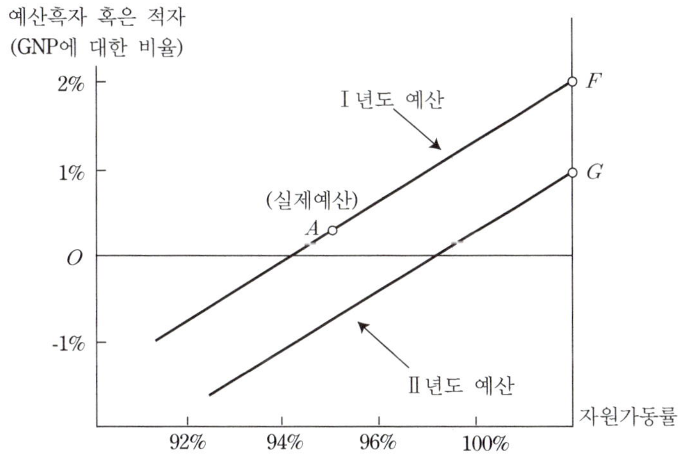

이렇게 완전고용예산은 자동적 재정정책과 재량적 재정정책이 함께 고려되어 조화를 이루게 하는 역할을 담당한다. 이 점에 대하여 완전고용잉여(full-employment surplus)라는 개념을 가지고 설명하여 보자.

완전고용잉여란 경제가 완전고용상태에 놓여 있다고 가정할 때 기대(예측)될 수 있는 예산의 흑자분을 뜻한다. 정부의 예산프로그램(세율 및 지출계획)이 일단 책정되어 고정되어 있다면 조세수입은 경제가 자원을 얼마만큼 가동시키고 있느냐에 따라 자동적으로 변하게 된다. 경제가 100% 가동된다면(즉, 완전고용상태에 있다면) 주어진 예산프로그램하에서 예산이 흑자화될 것이라 기대할 수 있다. 이러한 관계를 [그림 18-1]이 보여 주고 있다.

[그림 18-1]에서는 두 개의 선이 그려져 있는데, 각각 I년도와 II년도 예산을 반영하고 있다. 두 선이 모두 우상향하고 있는 것은 경제의 가동률이 증가함에 따라 조세수입이 자동적으로 증가함을 의미하고 있다. I년도 예산을 볼 때 경제가 만약 100% 가동하면 GNP의 약 2%에 해당되는 예산의 흑자가 발생할 것이라고 예측되었고 점 *F*가 바로 이와 같은 완전고용잉여를 가리키고 있다. 마찬가지로 II년도의 경우에는 GNP의 약 1%에 해당되는 완전고용잉여가 예상되었고 점 *G*가 이를 가리키고 있다. 여기서 I년도 예산과 II년도 예산을 비교하여 보면, II

년도 예산이 I년도보다 더 팽창적으로 짜여져 있음을 알 수 있다. 그 이유는 II년도의 완전고용잉여분이 I년도의 그것보다 작기 때문이다. 이렇게 볼 때 재량적 재정정책의 변경은 선 자체를 이동(shifting the line)시키며, 한편 주어져 있는 예산프로그램하에서 자동적 재정정책의 변경은 선상에서의 이동(movements along the line)을 일으킨다.

그러면 이와 같은 분석이 갖고 있는 정책적 의미는 무엇인가? 완전고용잉여가 너무 크다면 예산은 그만큼 긴축적으로 짜여져 있다는 것을 의미하고 있으며, 실제로 실현되는 예산은 완전고용잉여에 훨씬 미달하게 되고 경제는 충분한 가동을 못하게 된다. 반대로 완전고용잉여가 너무 작다면 예산은 그만큼 팽창적으로 짜여져 있다는 것을 의미하며, 완전고용달성에는 용이하겠으나 인플레이션의 위협을 받게 된다. [그림 18-1]을 보더라도 I년도의 실제예산잉여(actual budget surplus)가 점 A에서 발생했다면, 완전고용수준인 점 F에는 훨씬 미달되었고 경제는 95% 정도만 실제로 가동되는 결과가 발생하였던 것이다. 이것은 사후적으로 볼 때 I년도의 예산이 필요 이상으로 긴축적으로 짜여졌음을 의미하고 있는 것이다. 물론 경우에 따라서는 실제예산이 적자로 나타날 수 있음은 말할 필요가 없다.

따라서 정부가 예산을 편성할 때 이와 같은 완전고용잉여분을 예측하여 볼 필요가 있으며, 그 규모가 어느 정도이냐에 따라 예산프로그램을 재량적으로 조정시켜야 할 것이다. 물론 완전고용예산의 개념에 문제가 없는 것은 아니다. 우선 완전고용이라는 가정하에서 세수를 예측해야 하므로 측정상의 어려움이 있고 또 재량적 정책의 효과와 자동적 정책의 효과를 완전히 분리하지 못하는 단점이 있다.[8]

3. 정식적 신축성

재량적 재정정책의 결함을 보완하려는 또 하나의 다른 방안으로 대두되는 것이 바로 정식적 신축성에 의한 예산수립이다.[9] 정식적 신축성(formula flexibility)

---

8) A. S. Blinder and R. M. Solow, "Analytical Foundations of Fiscal Policy," in A. S. Blinder, et al.(eds), *The Economics of Public Finance* (Brookings Institution, 1974), pp. 3~45.

9) R. A. Musgrave and P. B. Musgrave, *op. cit.*, Ch. 28, p. 623.

이란 경제활동에 변동이 생기면 이에 따라 자동적으로 세율 및 정부지출에 변화가 일어나도록 입법화시키는 것을 뜻한다. 예를 들어, 실업률이 6개월에 걸쳐 계속 6%를 초과하면 소득세를 자동적으로 10% 인하시킨다든지, 반대로 같은 기간에 물가상승률이 6%를 초과하면 소득세를 자동적으로 10% 인상시키도록 법으로 정해 놓는 경우에 해당된다. 이와 같은 규정은 경기변동에 따라 재정정책수단을 수시로 변경시키지만 자동적 안정장치와 똑같은 효과를 가져오게 할 수 있다. 따라서 이것은 자동적 재정정책의 일종으로 간주된다.

그러나 정식적 정책을 집행하는 데 있어서 문제가 전혀 없는 것은 아니다. 첫째, 재정정책이 사전적인 계획에 입각하여 작성됨으로써 야기되는 문제이다. 실업률이 6%이면 세율인하가 10%라는 이러한 숫자의 정식화는 경제상태의 예상치 못한 변화와 관련하여 바람직한 정책효과를 가져오지 못할 가능성이 있다. 더욱이 실업률, 물가지수, GNP에 관한 자료(data)가 신빙성이 없을 때 이러한 문제는 더욱 심각해진다. 둘째, 정식적 정책은 의회가 조세에 대한 자유재량권을 정부에게 전적으로 위임하는 제도라고 하겠다. 아무리 정식(formula)이 적절히 성립되고 원만히 작용한다 하더라도 의회가 조세의 통제권을 정부에 위임한다는 것은 정치적으로 용납될 수 없을 것이다.

4. 정치적 경기순환

최근 정치경제학자들은 자동안정화장치를 정치적 측면에 적용시켜 소위 자동적 정치(built-in politics)라는 개념을 정립해 보려는 노력을 하고 있다.[10] 즉 선거가 실시되는 해에는 예산이 팽창적으로 늘어나는 정책을 세우고 선거기간이 지난 해에는 긴축적인 예산정책을 수립함으로써 이것이 정치적 경기순환(political business cycle)을 형성하고 나아가서 정치적 자동안정화수단이 될 수 있다는 가설이다.

정치적 경기순환의 이론적 배경은 제 5 장에서 공부한 비시장적 또는 정치적

---

10) Ray C. Fair, "The Effect of Economic Events on Votes for President," *Review of Economics and Statistics*(May 1978); Duncan MacRae, "A Political Model of Business Cycle," *Journal of Political Economy*, Vol. 85(1977); William D. Nordhaus, "The Political Business Cycle," *Review of Economic Studies*, Vol. 42(1975).

의사결정과정에 관한 경제학적 연구인 공공선택이론에 근거하고 있다. 정치적 경기순환은 이처럼 공공선택이론의 한 분야인데, 최근의 실증적 연구는 정부의 경제정책과 경기변동 그리고 경제정책과 인플레이션, 실업률과의 관계에 집중되고 있다.

경기변동, 인플레이션, 실업률과 투표자의 불만과의 관계, 그리고 이러한 관계가 투표에 미치는 영향과 집권당의 경제정책이 실증적 분석자료로 이용된다. 이러한 분석자료를 토대로 정치적 경기순환의 존재를 증명하려고 하는데 이의 논리는 단순하다. 즉 집권당이 재집권하기 위해서 선거 직전에 호황국면을 맞도록 경제정책을 추구하고 선거에서 승리하여 집권하면 경제안정을 추구하기 위하여 선거 전의 부양된 경기를 진정시키는 경제정책을 채택한다는 것이다. 이러한 과정에서 정치인들은 자신의 정치적 이익을 증진시키고 득표극대화(voting maximization)를 통해 재집권하기 위해 자신의 경제조작능력을 이용하여 경제를 불안정하게 만드는 정치적 경기순환을 발생시키게 되는 것이다.

정치적 경기순환을 그림으로 표시하면 [그림 18-2]와 같다. 그림에서 보듯이 선거가 t_1, t_2기에 있다고 할 때 실업률은 선거가 가까울수록 낮아지는 추세를 보이고 인플레이션율은 선거가 가까울수록 높아지는 추세를 보인 후, 선거가 끝나

그림 18-2 | 정치적 경기순환

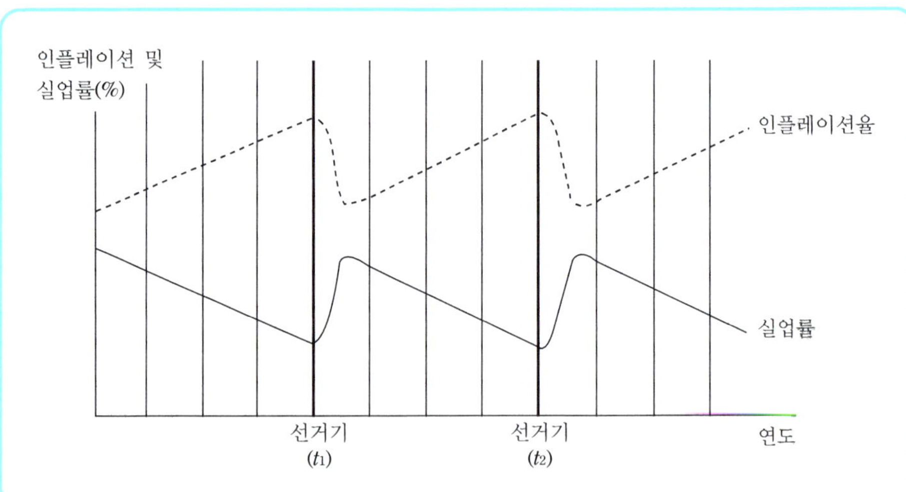

면 급격한 그 반대의 추세가 일어나는 일종의 순환관계가 발생한다.

이러한 정치적 경기순환에 관한 논리는 첫째, 정부가 경제를 완전하게 조절할 수 있고 모든 정보를 완벽하게 가지고 있어야 하며, 둘째 정부가 선거 전에 조작한 인플레이션율의 상승에 대하여 선거에서 심판받지 아니하며, 셋째 정치적 행위가 선거에서의 승리라는 상당히 근시적(myopic) 목표에 의해 이루어진다는 것을 전제로 하고 있다. 그러나 이러한 전제는 매우 제한적인 것이며 특히 정부가 경제를 완전히 조절한다는 것은 현실적으로 매우 어렵다. 또한 만약 차기선거에서 승리가 확실하다면 집권당은 정치적 안정을 위해 굳이 경제적 불안성을 유도할 필요가 없는 것이다. 정치적 경기순환은 이와 같은 한계성을 지니고 있지만 이 분야의 연구에 많은 관심이 집중되고 있다.

김지영 외(2010)[11]는 선거가 우리나라 일반정부 지출수준에 미치는 영향을 분석하고 있는데, 노태우 및 김영삼 정부기간에는 대통령 선거가 총지출을 유의하게 증가시켰으나 이후 김대중 및 노무현 정부기간에는 그 상관관계가 관측되지 않은 것으로 보고하고 있다. 한편 기초자치단체의 경우 경상지출이 선거에 크게 영향을 받는 것으로 분석하고 있다.

5. 공급중시경제학과 래퍼곡선

1981년 미국의 레이건(Reagan)행정부가 들어오면서 각광을 받기 시작한 분야가 소위 '공급중시경제학'(supply-side economics)이라는 것이다. 경제학자들 사이에는 아직도 공급중시경제학의 개념에 대하여 공통된 의견의 일치는 보지 못하고 있지만, 경제안정과 관련시켜 여기서 그 개념을 간략하게 소개하기로 한다.

공급중시경제학자들은 경제를 안정시키기 이해서는 무엇보다도 생산능력을 증강시키는 데 정책을 집중시켜야 된다고 주장하고 있다. 이것은 언뜻 지극히 당연한 주장 같지만 정부의 역할을 강조하고 있는 데서 고전학파와 다르며, 수요측면보다는 공급 측면을 강조하고 있는 데서 케인즈학파와 다르다. [그림 18-3]의 (a)와 (b)는 물가와 생산량의 관계를 설명하는 고전학파와 케인즈학파의 견해를 각기 보여 주고 있다.

---

11) 김지영 · 박상원 · 성명재 · 송호신 · 전병한 · 조명환, 「정치구조가 조세 · 재정정책에 미치는 영향」, 한국조세연구원(2010).

그림 18-3 | 물가와 생산량의 관계

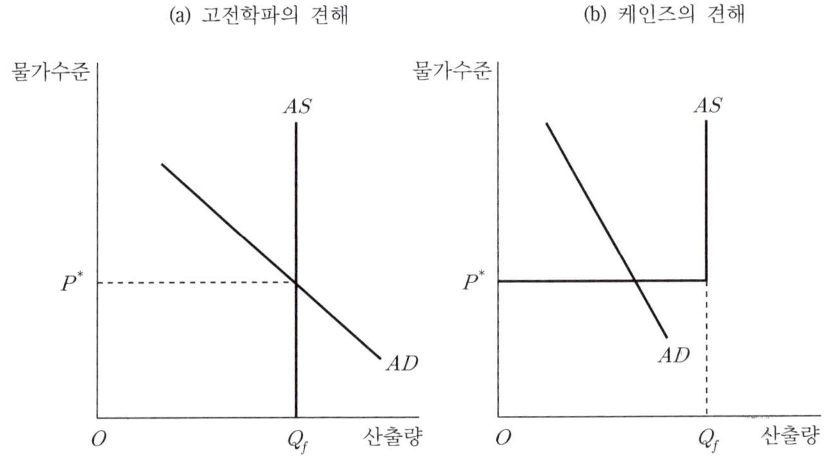

고전경제학자들은 임금과 물가가 시장에서 수요과 공급의 법칙에 따라 상하로 완전히 변동될 수 있는 탄력적이고 가변적인 변수로 보기 때문에 시장기능에 의해 완전고용이 자동적으로 이루어진다고 믿고 있다. 따라서 [그림 18-3]의 (a)에서 보는 바와 같이 총공급곡선(AS)은 완전고용수준의 산출량(Q_f)에서 수직선으로 나타나 있으며, 총수요곡선(AD)이 이에 교차함으로써 균형물가수준(P^*)을 형성하게 되는 것이다.

한편 케인즈경제학자들은 임금과 물가를 하향적으로는 매우 경직되어 있는 것으로 간주하고 있다. 따라서 총공급곡선(AS)은 [그림 18-3]의 (b)에서 보듯이 완전고용수준(Q_f)의 산출량에 도달할 때까지는 수평선으로 되어 있다가 그 후부터는 수직선으로 되는 형태를 취하고 있다(이와 비슷한 그림이 제17장의 [그림 17-1]에 이미 소개되었다). 이와 같은 상황에서는 총수요곡선(AD)을 이동시킴으로써 완전고용수준에 도달할 때까지 물가수준(P^*)의 변동없이 산출량을 증가시킬 수 있다.

공급 측면을 중요시하는 경제학자들은 인플레이션기간에는 고용수준이 완전고용수준상에 가까이 근접해 있고 여기에 초과총수요(excess aggregate demand)가 존재하고 있다고 생각하고 있다. [그림 18-4]의 (a)에서 보여 주는 바와 같이 이

그림 18-4 | 초과수요의 발생과 총공급의 증가

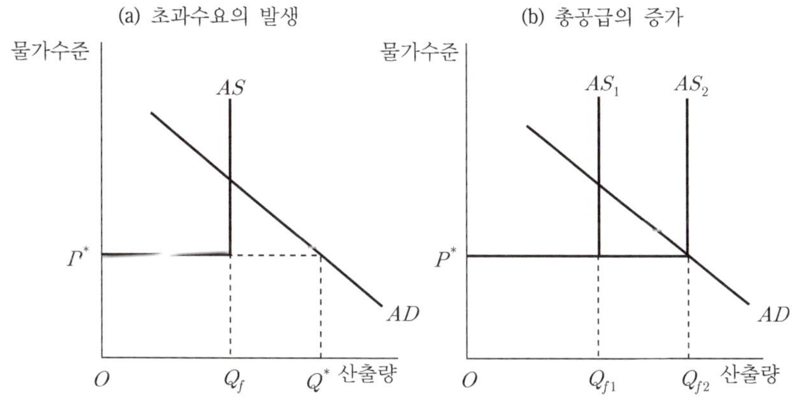

러한 초과총수요량은 물가 P^*에서 $[Q^* - Q_f]$의 양과 같게 된다. 한편 공급중시경제학자들은 총공급곡선(AS)이 고정되어 있다고 결코 보지 않는다. 기술의 진보, 노동공급의 증가, 그리고 투자의 확대 등을 통해 경제의 생산능력은 계속 증가한다고 본다. 여기서 중요한 것은 정부가 총공급을 증가시킬 수 있는 그러한 정책을 수립하여 집행할 수 있는 힘을 가지고 있다는 것이다. 총공급을 증가시키는 정책을 통하여 물가상승의 압박을 받음이 없이 보다 높은 완전고용수준을 달성할 수 있는 것이다. 이와 같은 결과가 [그림 18-4]의 (b)에 나타나 있다. 총공급곡선을 AS_1에서 AS_2로 이동시킴으로써 완전고용수준의 산출량을 Q_{f1}에서 Q_{f2}로 증가시키는 것이다.

그러면 정부는 총공급곡선을 우로 이동시키기 위하여 어떤 정책을 추진하여야 하는가? 공급중시경제학자들은 무엇보다도 민간저축과 기업투자를 장려하는 정책이 절대적으로 필요하다고 보며, 이를 위하여 소늑세율의 과감한 인하를 주장하고 있다. 특히 기업이윤과 이자소득에 대한 세율을 감소시킴으로써 투자의욕을 촉진하도록 권유하고 있다. 미국의 레이건행정부는 이러한 공급중시경제학자들의 주장을 받아들여 1981년 봄에 향후 3년간에 걸쳐 개인소득세를 전반적으로 25% 삭감할 것과 동시에 기업투자를 촉진하는 조세유인방안 및 민간저축을 장려하기 위한 금융자산에 대한 조세감면 등 일련의 정책을 발표하였고, 같은 해 의

회의 승인을 얻은 바 있다. 또한 1986년에는 미국 소득세 역사상 가장 큰 규모의 조세개혁을 단행하였는데, 세율을 대폭 인하하고 또 비과세 감면의 축소 등을 통해서 세원을 크게 넓히는 것을 기본으로 하고 있다. 소득세 최고세율은 50%에서 28%로 인하되었으며 과세구간도 기존의 15개 구간에서 4개 구간으로 대폭 축소하였다.[12)]

과거의 케인즈 경제학자들은 세율의 인하는 가처분소득(disposable income)을 증가시키고, 이것은 가계소비를 조장하여 총수요가 증가된다고 생각하였다. 그러나 공급중시경제학자들은 세율인하가 가져다 주는 공급측면에 더 많은 관심을 가지고 있다. 즉 개인소득세율의 감소는 노동자들에게는 임금률이 증가하는 것과 동일한 결과를 가져다 줌으로써 과세 후의 임금상승은 노동공급량을 증가시키고 나아가서 노동생산성을 증가시킨다고 그들은 믿고 있다. 케인즈 경제학자들도 이와 같은 공급측면을 부인하지는 않았으나 그 효과가 그리 강력한 것으로는 보지 않았다.

1974년 미국의 경제학자인 래퍼(Arthur B. Laffer) 교수는 소득세율의 인하가 도리어 정부의 세입을 증가시키도록 유도한다고 주장하고 나섰고, 이것이 공급중시경제학의 이론적 토대가 되었다고 해도 과언이 아니다. 래퍼 교수는 소위 '래퍼곡선'(Laffer curve)이라고 불리어지는 곡선을 제시하였는데, 이것이 [그림 18-5]에 나타나 있다. 그림에서 소득세율은 횡축에 표시되어 있는데 0%에서 100%의 범위 내에 있다. 정부가 거두어들인 세수입의 크기는 그림의 종축에 표시되어 있다. 세율이 0%이면 세수입이 0인 것은 당연하다. 세율이 100%이면 정부가 사람들의 소득 전부를 세금으로 거두어들인다는 의미이므로 이러한 상황에서는 아무도 일을 하려고 시도하지 않을 것이고, 세금을 낼 소득조차 발생하지 않으므로 세수입이 또한 0이 된다. 이렇게 본다면 세율이 0%에서부터 시작하여 점차 상승함에 따라 세수입도 어느 수준까지는 증가하였다가 세율이 어느 점을 넘어서면 서부터는 세수입은 감소하기 시작할 것이다. 바로 이 전환점이 되는 세율이 그림에서 T^*로 나타나 있다. T^*를 넘어선 세율 아래에서는 사람들의 노동의욕은 감퇴되고 경제에 불리한 영향이 발생하게 되는 것이다.

래퍼곡선이 지니고 있는 가장 커다란 논쟁은 T^*의 규모가 현실적으로 어느

---

12) 미국의 The Economic Recovery Tax Act of 1981과 Tax Reform Act of 1986 참조.

그림 18-5 | 래퍼곡선

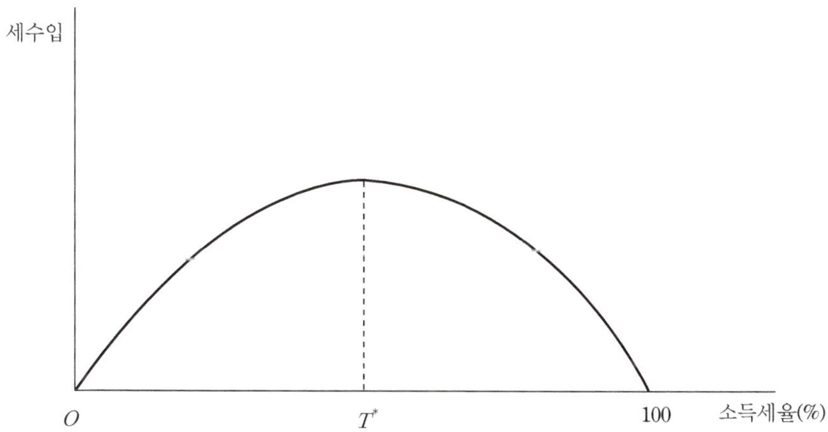

정도이냐이다. 상당수의 미국 경제학자들은 T^* 점이 당시 미국에서의 세율보다 더 높은 수준에 놓여 있을 것이라고 생각하고 있는가 하면, 반대로 래퍼 교수를 비롯한 공급중시경제학자들은 T^* 점이 당시 소득세율보다 훨씬 낮은 수준에 놓여 있는 것으로 믿어 세율을 대폭 인하하여야 한다고 주장하였던 것이다.

사실 공급중시경제학의 논리가 얼마만큼 타당한 것인가는 그 동안 많은 논의가 이루어져 왔다. 조세감면을 통해 노동공급이 증가되고 생산성이 증가될 수도 있지만, 한편으로 조세감면 때문에 사람들이 전과 동등한 생활수준을 유지하고자 하는 입장에서 노동시간을 줄일 수도 있는 것이다. 더욱이 많은 노동자들이 노동계약에 의하여 주당 근무시간을 확정시켜 놓고 있기 때문에 세율변동이 노동시간에 큰 영향을 미치지 못하는 경우도 많을 것이다. 각종 조세유인이 기업투자에 미치는 효과라든가 이자 및 배당소득에 대한 세율삭감이 민간저축에 주는 효과 같은 것도 항상 분명한 것이 아니다. 세율의 삭감에 의하여 사람들은 더 많은 과세 후 이자와 배당을 지급받지만, 이것 때문에 투자가 더욱 증가될 수도 있으나 전과 동일한 이익을 유지하기 위하여 투자율을 줄일 가능성도 있는 것이다.

조세가 노동공급, 민간투자 내지 민간저축, 창업활동, 연구개발 등 각종 경제활동, 그리고 궁극적으로 경제성장에 미치는 영향이 과연 얼마나 큰 것인가에 대해서는 아직도 완벽한 정설은 없다고 할 것이다. 그러나 그 동안 많은 실증적인 연구결과들은 상당한 긍정적인 효과가 있다는 점을 보고하고 있다. 예를 들어, Myles(2009a, 2009b)는 조세가 개인이나 기업의 각종 경제활동과 더 나아가 성장에 미치는 경제적 효과를 분석한 그 동안의 많은 연구들을 조사하여 요약 제시하고 있다. 전체적으로 많은 연구들이 조세가 각종 창업활동이나 기업투자, 연구개발 등 여러 경제활동에 상당한 영향을 미치고 있는 것으로 분석되고 있는 것이다.[13]

6. 필립스곡선과 합리적 기대가설

앞 장의 [그림 17-1]의 설명에서 우리는 물가의 안정과 고용수준의 유지 사이에는 어떤 역의 관계(trade-off)가 있음을 발견할 수 있다. 영국의 경제학자 필립스(A. W. Phillips)는 이러한 역의 관계에 관하여 영국의 통계자료를 가지고 실증적 연구를 행한 바 있다.[14]

그는 물가상승률(혹은 임금상승률)과 실업률 사이에 일정한 역의 관계가 있음을 실증적으로 증명하였는데, 이것을 그림으로 표시하면 [그림 18-6]의 곡선과 같게 된다. 이 곡선은 그의 이름을 따서 필립스곡선(Phillips curve)이라고 부르고 있다. 필립스곡선이 의미하고 있는 것은 물가상승률이 낮을수록(즉, 물가가 안정될수록) 실업률이 높다는 것이다. 바꾸어 말하면 물가안정과 완전고용이라는 두 가지 경제정책목표는 동시에 달성될 수 없으며, 어느 한쪽을 달성키 위해서는 다른 한쪽을 희생해야 함을 의미하는 것이다.

1970년대 이후 많은 국가들은 필립스곡선의 역의 관계를 넘어서, 이제는 물가는 계속 상승하면서도 실업률마저 높은 상황에 있는 스태그플레이션(stagflation)에 시달리고 있다. 스태그플레이션이 통상의 인플레이션과 어떤 점이 다르며 그 원인이 어디에 있는가에 대하여서는 아직 이렇다 할 통설이 확립되지 않았지만,

---

13) Gareth D. Myles, Economic Growth and the Role of Taxation- Aggregate Data, OECD ECO/WKP(2009)55, 2009a; ---------, Economic Growth and the Role of Taxation- Disaggregate Data, OECD ECO/WKP(2009)56, 2009b.

14) 필립스는 1861~1957년의 자료를 가지고 명목임금상승률과 실업률 사이의 관계를 분석하였는데, 명목임금상승률이 0%이면 실업률은 5.5%에 해당된다고 밝혔다. A. W. Phillips, "The Relation between Unemployment and the Rate of Change of Money Wage Rates in the United Kingdom, 1861~1957," *Economica*, New Series 25(November 1958), pp. 283~299.

그림 18-6 | 필립스 곡선

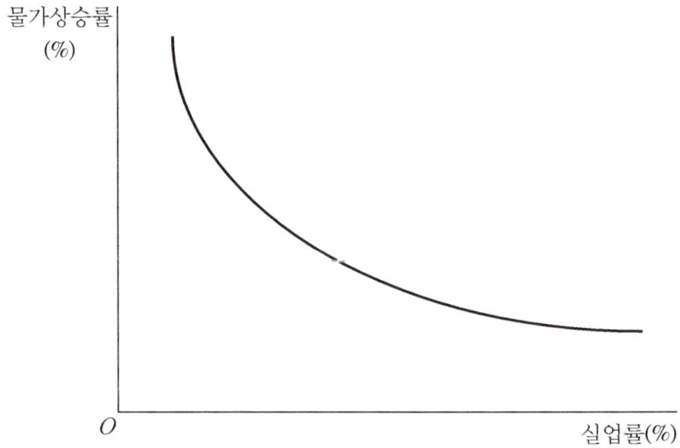

스태그플레이션 현상은 수요견인 인플레이션의 후유증으로서의 비용인상 인플레이션이라는 성격이 농후하다고 볼 수 있다. 수요견인 인플레이션에 뒤이어 공급애로(bottle-necks)가 출현하고 생산성 증가추세가 둔화되어, 생산의 증가가 현저히 둔화되고 있음에도 불구하고 물가와 임금은 앞에서의 심각한 인플레이션의 후유증으로 아직도 그 상승추세가 유지되고 있는 현상이라고 하겠다.

스테그플레이션하에서처럼 물가와 실업간의 관계가 역의 관계가 아니라면 그 때의 필립스곡선은 우하향의 형태를 취하기보다는 수직선의 형태를 취하여야 할 것이다. 장기적으로 필립스곡선이 이렇게 수직선이 된다는 논리가 프리드만(M. Friedman) 교수에 의하여 제기되었는데, 그 이후 학계에서 이에 대한 많은 관심을 불러일으켰다.[15] 이에 대하여 간략히 살펴보자.

프리드만은 물가상승과정에서 예상인플레이션율이 달라짐에 따라 필립스곡선의 위치가 이동하게 된다고 주장한다. [그림 18-7]에서와 같이 AA, BB, CC는 각각 예상인플레이션율이 서로 다른 경우의 단기필립스곡선들로서, 위쪽에 있는 곡선일수록 예상인플레이션이 높다.

15) Milton Friedman, "The Role of Monetary Policy," *American Economic Review*, 58(March 1968), pp. 1~17.

그림 18-7 | 장기필립스곡선

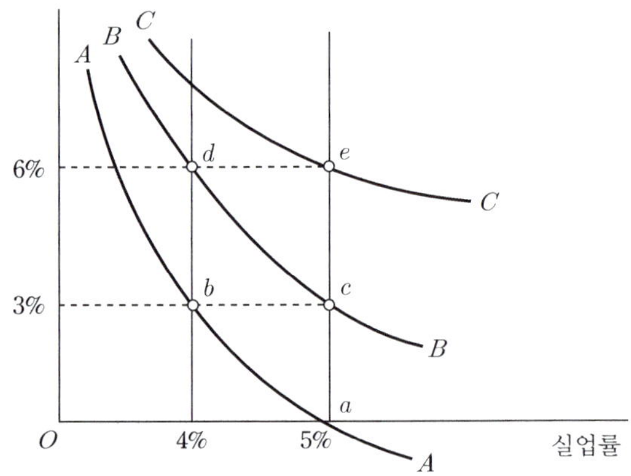

우선 최초의 경제가 그림에서 점 a와 같은 인플레이션율이 0이고 실업률이 5%인 상태에 놓여 있다고 하자. 더욱이 5%의 실업률은 자연적으로 발생하게 되는 일종의 자연실업률(natural rate of unemployment)[16] 수준이라고 하자. 이러한 초기상태에서 정부가 어떤 정치적 이유 때문에 실업률을 4%로 감소시키면서 그 대신 3%의 인플레이션율을 감수하기로 결정했다고 하자. 정부는 실업률을 4%로 줄이기 위해 확장적인 재정정책을 쓸 것이며, 그 결과 인플레이션율이 상승하게 되어 경제는 점 b에 이르게 된다. 이 때 노동자들이 물가가 계속 오를 것이라는 것을 전혀 예상하지 않으면 정부는 경제를 AA선상의 점 b에 머무르게 하는 데 성공할 수 있다. 그러나 실제로는 노동자들은 인플레이션이 계속될 것을 예상하게 되므로 필립스곡선은 상방으로 이동하여 BB선이 된다.

이렇게 되면 경제는 새로운 필립스곡선 BB선상에 놓여 있게 되는데, 이 때 노동자들이 예상하는 인플레이션율과 실제의 인플레이션율이 동일하게 3%로 된다면 노동자들은 화폐환상(money illusion)에서 벗어나고 그 결과 노동시장은 종전과 같은 자연실업률수준에서 균형을 이루게 된다. 즉 경제는 점 b에서 점 c로 움

16) 자연실업률이란 경제가 완전가동되고 있는 상태에서 최저수준에 도달된 마찰적 실업률(frictional rate of unemployment)을 의미한다.

직여 거기서 정착하게 된다. 그러나 만약 정부가 실업률을 4%로 유지하고자 하는 과정에서 실제인플레이션율이 6%가 되었다면 이 때의 경제는 점 d로 이동하게 될 것이다. 점 d에서는 실제인플레이션율이 6%이지만 예상인플레이션율은 여전히 3%이므로 두 인플레이션율간에는 괴리가 생기게 되므로 이 점은 장기균형점이 될 수 없다. 노동자들은 자신들의 예상인플레이션율을 조정하여 새로운 균형점을 찾게 된다. 결국 정부가 실업률을 계속 4% 수준으로 유지하려고 하고, 이러한 과정에서 또한 노동자들이 실제인플레이션율에 맞추어 자신들의 예상인플레이션율을 조정하게 되면, 단기필립스곡선은 계속 상방으로 이동하게 된다.

이상과 같은 과정이 장기에 걸쳐 일어날 때 장기균형점은 자연실업률 5%를 통과하는 수직선상의 어느 점에서 이루어지며, 따라서 장기필립스곡선은 점 a, b, e를 연결하는 직선이 된다. 이 직선이 암시하고 있는 것은 모든 사람들이 장기적으로 인플레이션을 완전히 예상하고 있을 때는 정부가 실업률을 자연실업률 이하로 줄이고자 노력한다 하더라도 소용없는 일이고, 노동자의 임금인상요구 때문에 물가만 상승하게 된다는 것이다. 따라서 경제안정화정책도 장기적으로 실업률이나 실질산출고와 같은 실질변수에 아무런 영향을 미칠 수 없으며, 다만 인플레이션율에만 영향을 미친다는 것을 의미하고 있다.

장기필립스곡선이 직선으로 되는 중요한 이유는 모든 사람이 미래의 인플레이션에 대하여 정확한 예측을 하고 이에 따라 행동을 하기 때문인데, 이와 비슷한 견해를 가지고 있는 학설로서 합리적 기대가설(rational expectations hypothesis)이 제시되었다. 합리적 기대가설이란 사람들이 미래에 대처하여 여러 가지 준비를 할 때 과거의 경험은 물론이고 현재 진행중에 있는 정부의 재정·금융정책 및 각종 경제현황에 대한 모든 정보를 충분히 고려한 후에 정확한 예측을 가지고 합리적으로 행동하기 때문에 정부가 어떤 정책을 시도한다 하더라도, 장기에서는 말할 것도 없고 단기에서조차 사람들의 합리적 기대에 의한 행동 때문에 그 효과가 전무하게 되어 버리고 만다는 사실이다. 예를 들어 정부가 고용수준을 어느 범위를 넘어선 수준으로 높이려고 금융·재정정책을 통해 추진해 나간다면, 단기적으로도 그 효과가 의문스럽지만 장기적으로 노동자들은 즉각 인플레이션이 일어날 것으로 예측하고 이에 대처하기 위해 임금인상을 요구하게 될 것이며 결과적으로 고용수준의 증대가 이루어지지 못한다는 것이다. 노동자들이 화폐환상에 취해 있지 않는 한 정부는 노동자들을 현혹시키지 못할 것이고, 그렇게 되면 정부의 안정화시책은 그 효력을 상실하게 된다는 것이다.[17] 이와 같은 합리적 기대가설에 입각하여 제시될 수 있는 정부의 정책방향은 다음 절에서 언급될 통화주의자(monetarist)들의 주장과 동일한 맥락을 이루고 있다. 즉 재량적(discretionary) 재정·금융정책은 무용하다는 것이다. 재량보다는 준칙(rule)에 따른 안정적 통화정책이 인플레이션억제는 물론이고 안정적인 고용수준을 유지하는 데 유용하다고 그들은 믿고 있다.

제3절 재정정책과 금융정책의 조화

우리는 앞 장에서 재정승수와 화폐승수를 중심으로 재정정책과 금융정책의 유효성을 설명하면서 경제학자들간의 재정주의자(fiscalist)와 통화주의자(monetarist)로서의 상이한 의견이 존재하고 있음을 간략히 지적한 바 있다. 재정정책을 중요시하는 재정주의자는 케인즈이론을 근거로 그들의 주장을 펴고 있는 반면에, 통화주의자들은 재정정책의 효과를 경시하고 금융정책을 중요시하고 있다.

1. 통화주의자들의 기본명제

1970년대에 들어와 그동안 누적되어 왔던 인플레이션 압력이 점차 표면화되어 급기야는 스태그플레이션 현상이 대두하게 되자, 종래의 케인즈적 정책처방으로는 당면한 경제문제를 해결하기 힘들다는 인식이 널리 퍼지게 되었으며, 그 대안으로 나타난 것이 다름 아닌 통화주의(monetarism)이다.

프리드만(M. Friedman) 교수를 중심으로 한 일군의 통화주의자들은 1950년대 후반부터 케인즈 이론을 신랄하게 비판하면서 그들대로의 독특한 논리를 전개하기 시작하였다. 경제에 대한 이들의 기본입장은 한 마디로 말해서 고전학파들의 주장처럼 자본주의적 시장기구의 자유경쟁원리에 대한 확고한 신념이라고 할 수 있다. 케인즈가 자본주의 경제체제의 유지를 위해 정부지출증대나 관리통화제도

17) Bennett McCallum, "The Significance of Rational Expectations Theory," *Challenge*(Jan./Feb. 1980), pp. 37~43. 합리적 기대가설은 루카스(R. Lucas)에 의해 1970년대 후반에 제창되었다.

등 정부의 직접 개입을 제안한 데 반하여, 통화주의자들은 대부분의 경제활동을 시장기구의 경쟁원리에 맡겨 두면 시장기구 자체의 자동조절기능에 의하여 최선의 결과가 나오게 된다는 입장을 취하고 있다. 따라서 정부당국의 정책편성 및 집행방향도 자유재량이 아닌 준칙(rule)에 입각한 정책을 이들은 지지하고 있는 것이다.

통화주의자들의 기본명제를 요약하면 다음과 같다. 첫째, 화폐의 역할에 대한 통화주의자들의 견해는 통화량의 변화가 실질생산에 분명히 중요한 영향을 끼친다는 것으로, 이 점에 대해서는 케인즈의 의견과 근본적으로 다를 바 없다. 그러나 통화량의 증가가 장기간에 걸쳐 계속적으로 누적된다면 실질생산의 증가보다는 물가상승에 더 크고 심각한 영향을 미친다는 것으로 고전학파의 화폐수량설의 결론이 장기적으로 타당함을 인정하고 있다. 따라서 이들의 주장을 또한 '신화폐수량설'이라고도 한다.[18] 고전학파의 화폐수량설은 피셔(I. Fisher)의 교환방정식 $MV=PQ$를 통하여 주로 설명된다. 즉 경제는 항상 완전고용수준을 유지하고 있으므로 생산량(Q)은 항상 극대수준에 도달하고 있으며, 화폐의 유통속도(V)는 상당히 안정적인 것으로 일정수준에 고정되어 있다고 가정한다. 이러한 가정하에서 통화량(M)이 증가하면 그 효과는 오직 물가(P)의 상승뿐이며, 더욱이 통화량의 변화율과 물가의 변화율은 항상 동일하게 된다는 것이다.

둘째, 케인즈 이론에서는 이자율을 통화정책의 주요 지표 및 매개체로 인정하고 이자율의 변동을 통하여 통화정책의 유용성을 설명하고 있는 반면에, 통화주의자들은 이자율이 정책지표로는 적합지 못하다고 생각하고 도리어 화폐의 유통속도(V)를 매개체로서 더 중요시한다. 화폐의 유통속도(V)는 비록 일정불변한 것으로 간주될 수는 없으나 그 변동의 폭은 아주 경미한 것이고 그 변동추세를 충분히 예측할 수 있다는 것이다. 안정적인 유통속도를 통해 통화량(M)은 명목국민소득(Y)에 직접적인 영향을 끼치므로 이자율의 변동과는 상관없이 통화량은 명목국민소득의 가장 중요하고 직접적인 결정요인이라는 것이다. 그런데 명목국민소득(Y)은 물가(P)와 생산량(Q)을 곱한 것(즉, $Y=P\cdot Q$)과 같으므로 피셔의 교환방정식은 계속 화폐분석의 유용한 기틀이 된다고 이들은 믿고 있다.

셋째, 케인즈는 금융정책의 취약점을 지적하면서, 경기가 침체상태의 불황

18) 第17장의 주 2) 참조.

(recession)에 놓이게 될 때에는 통화량의 증가만을 통해서는 경기를 회복시킬 수 없고 재정정책이 이에 개입되어야 함을 주장한다. 이에 반하여 통화주의자들은 통화량의 변화를 수반하지 않는 재정정책은 국민소득결정에 거의 영향을 미치지 못함을 역설한다. 이들은 극단적인 견해로서 "통화만이 중요하다"(Money only matters)라는 주장을 펴고 있으며, 정책당국의 자유재량이 아닌 중앙은행의 독립성을 통한 엄격한 준칙하의 안정적인 화폐금융정책(예 : 연간 통화증가율 3~5%로 유지)을 강조하고 있다.

끝으로, 통화주의자들은 장기적으로 인플레이션과 실업간의 역의 상관관계가 존재하지 않는다고 믿는다. 즉 장기적으로 필립스곡선은 수직선으로 된다고 생각하고 있다. 이들은 또한 현대의 스태그플레이션(stagflation)도 정부의 과도한 재정지출과 시장경제에의 무리한 정부간섭 때문이라고 보고 있다.

2. 재정정책에 대한 비판과 옹호

(1) 재정정책에 대한 비판[19]

정부의 재정적자를 보전하는 방법으로 다음과 같은 두 가지가 있다. 첫 번째의 방법은 정부가 재정적자분을 공채발행을 통해 민간부문으로부터 조달할 경우이다. 이와 같은 경우는 통화량의 변동은 없고 정부지출이 늘어나는 대신 민간부문의 지출은 어쩔 수 없이 감소하게 된다. 따라서 정부지출 증가를 통한 재정정책의 순효과는 정부부문과 민간부문의 지출성향이 어느 정도이냐에 달려 있게 되는데, 정부부문의 지출성향이 민간부문의 그것보다 클 경우에만 재정정책은 효과를 발휘하게 되고, 그 반대의 경우에는 총지출의 규모가 도리어 감소하게 될 것으로 본다.

두 번째의 방법은 정부가 중앙은행으로부터의 차입을 통해 재정적자를 보전하는 것이다. 이 때는 정부지출의 증가가 통화량의 증가를 통해 이루어졌으므로 민간지출에는 아무런 제약을 가하지 않는다. 따라서 두 번째의 방법은 분명히 첫 번째의 방법보다 그 효과가 훨씬 클 것이 분명한데, 통화주의자들의 눈에는 이것은 재정정책의 범주에 속한다기보다는 금융정책에 속한다는 것이다.

---

19) 재정정책에 대한 비판을 잘 나타낸 것으로 Milton Friedman, *Capitalism and Freedom*

통화주의자들에게 문제가 되는 것은 바로 위의 첫째 방법에 의한 재정정책이다. 통화공급의 증가가 수반되지 않는 순수한 재정지출의 증가는 민간지출을 그만큼 감소시키게 되므로 소득수준의 증가에는 별로 영향을 미치지 못한다는 견해이다. 이것이 바로 앞 장에서도 언급한 바 있는 구축효과(crowding-out effect)라고 하겠다. 즉 공채발행을 통한 정부지출의 증가는 이자율을 상승시키고, 이것은 민간부문의 투자를 위축시킴으로써 충분한 소득의 증가가 일어나지 않는다는 것이다. $IS-LM$곡선상의 분석을 다시 상기하여 보더라도 정부지출의 증가에 의해 IS곡선이 우측으로 이동하면 이자율은 상승하게 되고, 이때 LM곡선이 수직선의 형태를 취할수록 구축효과가 더욱 크게 일어나게 된다(제17장의 [그림 17-12] 참조).

통화주의자들은 금융정책이 재정정책보다 더 유효하다는 것을 실증적으로 증명하기 위하여 여러 가지 통계적 방법을 통한 실례연구를 행하였는데, 이들의 연구결과는 화폐의 유통속도가 케인지안들의 승수보다 더 안정적이며, 따라서 통화량의 변화가 재정적 변화보다 국민소득을 더 효과적으로 통제할 수 있으며 보다 더 신뢰할 만한 수단이라고 결론짓고 있다.[20]

(2) 재정정책에 대한 옹호

이와 같은 통화주의자들의 주장에 대하여 케인지안(Keynesians)들의 반격도 만만치 않다. 우선 케인지안들은 화폐의 유통속도(V)를 매우 불안정한 변수로 보고 있기 때문에 피셔의 교환방정식도 매우 불안정한 것이라고 주장한다. 따라서 이자율이라는 변수를 고려함이 없이 교환방정식의 범주 내에서 화폐가 국민경제

(University of Chicago Press, 1962)를 참조할 것. 또한 재정정책과 금융정책에 대한 대논쟁이 프리드만 교수와 헬러 교수간에 있었는데, 이에 관하여 M. Friedman and Walter W. Heller, *Monetary vs Fiscal Policy*(New York: W. W Norton & Co., 1969)를 참조할 것.

20) 실증적 검증을 위해 다음과 같은 간략한 모형을 생각할 수 있다. 즉, $Y=a+kG+vM$과 같은 회귀방정식이다. 여기서 k는 정부지출(G)의 승수이며, v는 통화량(M)의 유통속도임은 쉽게 이해된다. 통화주의자들은 회귀분석을 통해 v가 k보다 더 안정적이고 더 강력하다는 것을 증명함으로써 통화량이 국민소득(Y)에 더 강력한 영향을 끼친다고 주장하고 있다. 실증연구의 대표적 예로서, Milton Friedman and David Meiselman, "The Relative Stability of Monetary Velocity and the Investment Multiplier in the United States, 1897~1958," *Stabilization Policies*(Prentice-Hall, Inc., 1963) 그리고 Leonald C. Anderson and Jerry L. Jordan, "Monetary and Fiscal Actions: A Test of Their Relative Importance in Economic Stabilization," *Review of Federal Reserve Bank of St. Louis*(Nov. 1968)을 참조할 것.

에 미치는 효과를 분석한다는 것은 온당치 못하다고 주장한다. 그리고 통화주의자들은 통화량의 변화가 국민소득에 영향을 미치는 경로(process)를 좀더 명확하게 설명해야 한다고 케인지안들은 주장하고 있다.

케인지안들은 또한 통화주의자들이 제시한 실증결과 및 연구방법에 대해 많은 의문점을 지적하면서 케인지안모형에 입각하여 정반대의 실증결과를 보여 주고 있다.[21] 앞 장의 [표 17-3]에서도 나타났듯이 정부지출의 승수는 2.0~3.0 의 값을 가지고 있으며, 그 효과가 발생하는 기간도 5년 가까이 계속되는 경우 강력한 것임을 보여 주고 있다. 더욱이 케인지안들의 입장은 재정정책뿐만 아니라 금융정책의 중요성도 동시에 인정한다는 것이다. 다만 화폐부문에 유동성함정(liquidity trap)이 존재할 때와 같은 특수한 경우에는 금융정책만으로는 그 효력을 발휘할 수 없으므로 재정정책의 개입이 필요하다는 것이다.

오늘날까지 통화주의자들의 견해는 많은 관심을 불러일으키고 이들의 학문적인 공헌도 많지만, 아직까지는 소수의견으로 남아 있다고 보아야 할 것이고 여전히 케인지안의 입장이 경제학자들의 다수를 구성하고 있다. 앞으로의 중요한 과제는 양측의 주장을 이론적으로 더욱 발전시키고 정책적으로 이를 활용하는 것이지만, 또 한편으로 어느 한쪽의 주장에 몰두하기에 앞서 양대 정책을 어떻게 조화시키느냐의 정책혼용(policy mix)을 터득하는 것이 더 중요한 과제라 하겠다.

3. 정책의 조화

현대자본주의경제에서 높은 고용수준을 유지하면서 물가를 안정시키고 이를 바탕으로 경제성장을 꾀하는 것이 최대의 정책과제임은 너무나 자명하다. 그러나 오늘날과 같이 스태그플레이션(stagflation)이 만연하고 있는 경제에서 안정적인 경제성장이라는 목표를 달성하기 위해 어떠한 정책을 어떻게 수립하여야 하는가는 매우 중요하면서도 무척 어려운 과제이다. 어떤 의미에서는 이러한 과제를 풀어줄 이론적인 바탕이 아직 마련되어 있지 못하다.

우리는 [그림 17-1]에서 비용인상에 의해 총공급곡선(AB선)이 좌로 이동함으로써 물가상승과 고용감소가 동시에 생기고 이것이 누적되어 스태그플레이션

21) 예로서 Lawrence Klein, "Commentary on the State of the Monetarist Debate," *Review of Federal Reserve Bank of St. Louis*(Sept. 1973).

현상이 발생함을 알고 있다. 따라서 근본적인 해결방향으로서는 이 총공급곡선을 다시 우로 이동시켜야 할 것이며, 이것은 오직 생산성향상을 통해서만 가능한 것이다. 따라서 경제성장의 원천이 되는 능률향상, 자본축적(저축증대), 인적자본개발, 기술진보 등이 모두 중요한 정책과제로 대두된다.

안정적인 경제성장을 위해서는 정책들간의 조화(policy mix)가 무엇보다도 중요하다. 정책간의 조화는 일종의 기술적인 문제이므로 각 나라마다 사정이 다를 수 있겠다. 다음 절에서 살펴볼 경제성장의 목표와 관련시켜 볼 때 안정적 성장을 위해 재정정책은 비교적 긴축적으로 세우고, 금융정책은 다소 완화시키는 것이 원칙적으로 바람직한 정책의 조화라고 일반적으로 보고 있다.[22] 즉, 금융 측면에서는 이자율을 인하하고 금융을 완화시켜 기업투자를 자극함으로써 생산능력을 증대시킨다. 한편으로 재정측면에서는 동일한 세율하에서 정부지출을 억제하여 재정인플레이션의 요인을 없애든가 혹은 긴축예산을 통해 정부지출을 억제시키고 함께 세율도 인하시켜 민간부문의 자원을 저축과 투자로 전환시키게 하는 것이다. 정부가 세율을 인하하고 정부지출을 억제할 때 정부의 재정규모가 단기적으로 줄어들 수가 있겠으나, 이것은 어디까지나 단기적인 현상이고 장기적으로는 민간부문의 활성화를 통해 재정규모가 도리어 늘어나게 될 수 있는 것이다. 팽창적인 금융정책은 대외경제(국제수지)에 불리한 영향을 끼친다는 측면에서 문제가 없는 것은 아니지만 금융을 완화시켜 수출산업을 중점지원하면 국제수지를 개선시킬 수도 있는 것이다. 물론 통화량의 지나친 팽창은 국내이자율을 해외보다 낮게 하락시켜 국내자본의 해외유출을 초래하며 국내물가의 상승으로 국제경쟁력을 약화시킬 가능성이 있음을 항상 명심해야 한다. 이처럼 재정 · 금융정책의 조화 있는 집행을 추구함에 있어서 국내경제뿐만 아니라 대외경제의 상황을 동시에 고려하면서 균형을 찾아야 한다는 데 정책조화의 어려움이 더하여진다고 하겠다.

끝으로, 경제의 안정성장을 위한 하나의 방법으로서 소득정책(income policy)이란 수단이 제창되었다. 소득정책이란 일반적으로 정부가 직접 중요한 가격 및 임금결정과정에 관여하여 가격 및 임금의 과도한 상승을 억제함으로써 단기적으로는 완전고용과 물가안정을 조화시킬 뿐만 아니라, 나아가서 장기적으로는 국제

22) Warren L. Smith. "Monetary and Fiscal Policies for Economic Growth," *Perspectives on Economic Growth*(Random House, Inc., 1968).

수지의 개선과 지속적 성장을 꾀하는 정책이다.

소득정책은 대략 다음과 같은 두 가지 지표하에 운용된다. 첫째, 각 기업의 임금상승률은 경제 전체의 평균노동생산성의 증가율보다 더 높일 수 없다. 둘째, 기업이 상품가격을 인상시키고자 할 때는 평균노동비용(임금)의 상승이 있었을 때 한하여 가격인상이 가능하다. 이와 같은 두 가지의 기준(지표)이 제대로 활용된다면 경제는 고용상태를 파괴하지 않고 물가수준을 안정적으로 유지할 수 있는 것이다. 즉, 평균노동생산성이 연 3%의 추세로 증가하고 있다면 각 산업의 임금은 역시 연 3% 상승해도 무방한 것이다. 이럴 경우에는 평균노동비용은 불변이므로 제품가격은 안정될 수 있는 것이다.

대략 이와 같은 내용을 가지고 있는 소득정책은 원래 정통적인 재정·금융정책을 보완·조화하고자 하는 목적을 가지고 고안된 것인데, 실제로 이 속에는 몇 가지 문제점을 내포하고 있다. 첫째, 임금상승이 각 산업의 노동생산성에 맞추어 결정되므로 소득분배의 공평성이 감소되기 쉽고 나아가서는 경제성장을 저해시킬 수 있다. 둘째, 규제대상이 광범위하므로 효율적인 정책운영을 위해서는 별도의 행정기관을 설치해야 하는데, 이러한 데서 오는 행정경비가 막대하다. 또한 기업과 노동자 사이에 불평등한 차별대우가 발생할 여지가 많다. 셋째, 소득정책은 임금과 가격을 일정한 지표(wage price guidelines)에 묶어 규제하는 것으로, 단기적으로는 어느 정도 효력이 있다고 하더라도 장기적으로는 큰 효과를 기대할 수 없는 정책이라고 하겠다.

제 4 절 경제성장과 재정의 역할

1. 경제성장의 원천

경제성장이란 사회가 이용할 수 있는 재화 및 서비스가 전반적으로 확대되어 나가는 것을 뜻한다. 좀더 논리적으로 정의한다면 경제성장은 한 나라의 잠재적인 생산확대능력을 총수요의 증가에 대응시켜 현실적인 국민생산의 증대로 실현시켜 나가는 과정이라고 하겠다. 경제성장의 주요 관심사는 노동력, 자본설비,

기술수준, 천연자원 등과 같은 한 나라의 잠재적 생산능력을 실제로 어느 정도까지 현실화시킬 수 있느냐인데, 이 현실화는 소비, 민간투자, 정부지출, 수출 등으로 구성되는 총수요의 크기에 달려 있다고 하겠다. 따라서 총수요가 생산능력에 가깝게 유지될수록 실제경제성장(actual economic growth)은 잠재경제성장(potential economic growth)에 근접하게 되고, 양자간의 괴리가 클수록 주어진 생산요소들이 충분히 가용되고 있지 못하다는 결론을 얻게 된다.

이렇게 본다면 경제성장은 공급 측면에 생산요소들을 어떻게 증가시켜 생산능력을 확대하여 나갈 것인가와, 수요 측면에 총수요를 어떻게 적절히 관리해야 하는가의 양 측면을 가지고 있다. 이러한 관계가 [그림 18-8]에 나타나 있다. 공급측면에서의 생산능력은 이용가능한 노동력, 자본축적, 부존자원 등에 의하여 복합적으로 결정되며, 국내에서 조달되지 못하거나 부족한 일부 자본설비와 원자재는 수입에 의하여 확충된다. 한편 소비·투자·수출로서 구성되는 총수요는 재정, 금융, 외환 등의 정책변수에 의하여 그 크기가 관리되어지는 것인데, 이러한 총수요가 생산능력을 초과하면 인플레이션을 야기하고 생산능력에 비하여 총수요가 부족할 경우에는 실업과 불황이 발행하게 된다.

경제성장과 경제발전이라는 용어는 상호 밀접한 관련을 지니고 있는 말이지

그림 18-8 | 경제성장의 원천

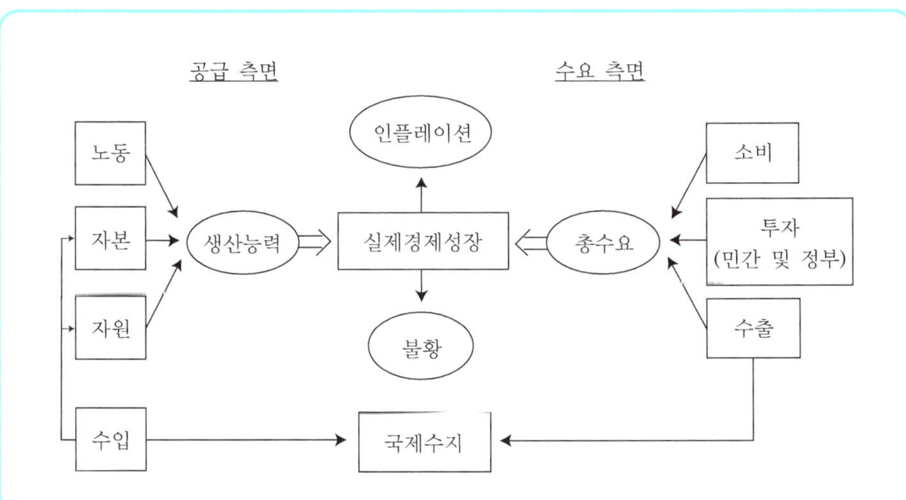

만, 약간의 다른 의미를 서로 가지고 있다. 경제성장은 주로 생산의 증대에 주목하여 GDP를 증가시키는 것을 가리킨다. 그러나 경제발전이란 생산증대뿐만 아니라 여러 가지 새로운 경제적 제도의 개혁, 즉 경제구조의 변동을 아울러 추구하는 것을 뜻한다. 따라서 경제발전은 경제성장보다 더 포괄적인 개념이라고 하겠다.

경제성장은 보통 총GDP 또는 1인당 GDP의 증가율로 측정된다. 1인당 GDP 개념이 중요한 것은 생산량 증가와 더불어 인구도 같은 속도로 증가해 가면 사회구성원 각자가 이용할 수 있는 재화의 양은 불변이므로 개인의 입장에서 본 진정한 성장은 없기 때문이다. 경제성장 문제를 다룰 때 사회의 총생산량도 중요하지만, 1인당 생산량에 대하여서 더 많은 관심을 가져야 할 것이다.

[그림 18-8]에서 보는 바와 같이 실제경제성장은 공급측면과 수요측면과의 교호작용에 의하여 실현되는 것이다. 수요측면은 경제안정화에 더 밀접하게 관련되어 있는 반면에 공급측면의 제 요인은 경제성장의 주요 결정요인으로 작용한다. 공급측면의 주요 경제성장 결정요인에 대하여 간략히 살펴보기로 하자.

(1) 노 동

노동이 성장에 있어서 결정적인 역할을 한다는 사실은 아무도 부인할 수 없다. 18세기 고전학파 경제학에서도 노동을 토대로 한 성장론을 전개하였는데, 그 대표적인 학자는 애덤 스미스(A. Smith)와 맬서스(T. R. Malthus)였다. 애덤 스미스는 생산물의 양과 가치는 생산과정에 투하된 노동에 의하여 결정된다고 하는 노동가치설(labor theory of value)에 입각하여 노동의 중요성을 강조하였다. 그는 노동의 분업 및 전문화를 통하여 생산의 능률을 촉진하고 국민경제 전체의 생산량을 증대시킬 수 있다고 주장하였다.

한편 맬서스는 「인구론」(*An Essay on the Principle of Population*, 1798)에서 노동(인구)은 경제성장의 가장 중요한 결정요인이지만 동시에 인구의 계속적인 증가 때문에 경제성장은 중단되고 빈곤의 수렁에 빠지게 된다는 비관론을 펴고 있다. 그의 이론은 수확체감의 법칙(law of diminishing returns)에 근거를 두고 있다. 인구는 기하급수적으로 증가하는 반면에 토지는 산술급수적으로만 증가하므로 1인당 토지면적이 계속 체감하고 1인당 수확도 계속 체감하게 된다. 따라서 1인당 실질소득도 계속 감소할 수밖에 없는데, 어디까지 감소하느냐 하면 더 이상의 인구증가가 불가능한 최저생계비수준까지 내려가게 되고, 국민경제는 결국 이 수준에서 정체상태(stationary status)에 빠지게 된다는 것이다.

그러나 맬서스의 이론은 기술진보를 도외시하거나 성장의 잠재력을 과소평가하고 있다. 선진자본주의국가의 역사적 발달과정을 살펴보면 경제 전체수준에서 수확체감의 현상이 발생하였다기보다는 오히려 1인당 소득은 계속 증가하여 왔음을 알 수 있다. 이것은 자본축적 및 기술수준에 의한 생산증가가 수확체감의 효과를 상쇄하고도 남음이 있었음을 의미하는 것이다.

(2) 자 본

경제성장의 가장 기본적인 필수요건은 자본형성(capital formation)이며, 이를 위한 자본축적이 무엇보다도 중요하다. 자본형성이란 경제의 생산성을 높이는 모든 지출행위를 의미하는데, 이로 직결되는 지출은 바로 민간부문과 정부부문에서의 투자라고 하겠다.

자본형성을 위하여서는 투자에 대한 우선순위가 효율적으로 결정되어야 하며, 한편으로 투자의 재원을 어떻게 조달할 것인가의 문제가 해결되어야 한다. 국내경제에 유휴자원이 존재하고 있으면 투자재원 마련에 큰 애로는 없을 것이다. 그러나 유휴자원이 별로 없다든가, 혹은 있다 하더라도 이를 활용하는 것이 용이치 못한 경우에는 현재소비의 억제를 통한 국내저축만이 자본형성을 위한 투자재원의 수단이 되는 것이다. 국내저축은 민간부문 및 정부부문에서 공히 이루어질 수 있다. 완전히 중앙집권적인 경제체제하에서 저축은 일련의 강제적 수단에 의해 이루어질 수 있겠으나, 지방분권적인 경제체제하에서는 간접적인 재정 · 금융 정책수단을 통해 저축행위를 유도하고 촉진시켜야 할 것이다. 국내저축만으로 투자재원을 조달하기 어려울 때에는 해외저축에 의존할 수밖에 없다. 해외저축은 해외차관, 외국인 직접투자(foreign direct investment) 및 합작투자(joint venture) 등에 의하여 이루어진다.

자본이 경제성장에 끼치는 효과에는 노동의 경우와 마찬가지로 수확체감의 법칙이 적용된다. 자본증가에 따라 자본-노동 관계에 변화가 일어나게 되는데, 이는 인구증가에 따른 인구-토지 관계의 변화와 유사한 결과를 가져온다. 즉, 자본축적에 의하여 생산은 증가하나 자본단위당 노동의 비율은 떨어지게 되므로 자본의 수익률(이윤율)은 계속 하락하게 된다. 반면에 노동단위당 자본의 비율은 증가하게 되므로 임금은 계속 증가하게 되는 현상이 발생한다. 이것을 소위 '자본의 심화'(deepening of capital)현상이라고 하며 자본의 계속적 축적에 따른 경제성장의 둔화를 의미하는 것이다. 그러나 자본주의의 역사적 경험에 비추어 볼 때 기술진보가 인구증가의 수확체감효과를 상쇄시켰듯이 자본심화에 따른 이윤율 저하현상도 상쇄하고도 남음이 있었다고 하겠다.

(3) 기술진보와 인적자본의 개발

지금까지는 경제성장의 원천을 생산요소의 양적 확대라는 측면에서 살펴보았는데, 이에 못지않게 중요한, 어쩌면 이보다 훨씬 더 중요한 것으로는 생산요소의 질적 향상을 지적하지 않을 수 없다. 생산요소의 질적 향상이란 다른 말로 표현하면 생산요소의 생산성향상이다. 생산성은 어느 경제조직을 막론하고 조직의 합리적 운영, 적절한 처우개선과 환경개선, 그리고 조직원간의 협동 등을 통해 향상된다.

그러나 이러한 생산성향상은 기술의 진보 없이는 불가능하다. 많은 경제학자들은 미국 경제성장의 반 이상이 기술진보에 기인한다고 주장하고 있다. 오스트리아 태생의 미국 경제학자 슘페터(J. Schumpeter)는 「경제발전론」(*The Theory of Economic Development*, 1934)에서 자본주의경제가 계속 성장해 온 근본적인 기간은 기술진보와 기술혁신에 있었다고 갈파하였고, 무엇보다도 혁신자의 역할이 중요함을 강조하였다. 비록 새로운 자원의 증가가 없더라도 기술혁신에 의해 새로운 생산방법, 새로운 관리기법이 발견되는 것이며, 이를 통해 생산성은 계속 증가되는 것이다. 기술진보를 위해 계속적인 연구개발이 무엇보다도 중요하다. 그런데 실제로 기술진보는 노동력이나 자본시설에 체화(embodied)되어서 나타나기 때문에 기술 하나만을 독립적으로 떼어내어 분석할 수는 없고, 노동 및 자본과의 상호 연결관계를 통해 그 효과를 분석하여야 한다.

한편 기술진보와 관련하여 생산성 향상을 위하여서는 물적 자본 못지않게 인적 자본(human capital)도 중요하다. 특히 노동자들의 양보다는 질이 중요한 것이다. 선진국의 노동자들과 후진국의 노동자들의 생산성이 크게 다른 이유는 비단 노동자들의 자본장비율이 다른 데도 기인하지만, 그보다는 노동자들의 교육이나 지식수준이 다른 데 그 이유가 있는 것이다. 물적자원의 부존량이 부족하면 부족할수록 인적자원의 개발, 즉 교육이 중요하며, 따라서 교육 및 훈련에 대한 충분한 투자가 이루어져야 한다.

표 18-2 | 주요 국가의 경제성장의 원천

	한국(1963~73)	일본(1953~71)	미국(1948~62)
성장률	9.54	8.81	4.00
1. 생산요소의 증가	4.81	3.95	2.09
가. 노 동	2.88	1.85	1.30
근로자수	2.30	1.14	1.17
노동시간	0.50	0.21	-0.21
연령·성별구성	-0.62	0.14	-0.10
교육수준	0.68	0.34	0.41
기 타	0.02	0.02	0.03
나. 자 본	1.93	2.10	0.79
다. 토 지	0.00	0.00	0.00
2. 생산성의 향상	4.73	4.86	1.91
가. 지식의 진보	1.56	1.97	1.19
나. 자원배분의 개선	1.12	0.95	0.30
다. 규모의 경제	2.05	1.94	0.42

자료: 송병락, 「한국경제론」(1981), p. 98.

[표 18-2]는 미국, 일본 그리고 한국에서의 경제성장원천들의 성장기여도를 보여 주고 있다. 우리나라의 경제성장과정에서 중요한 시기라고 할 수 있는 1963~73년 동안의 경제성장률은 연평균 9.54%로서 자본, 노동 등 생산요소의 증가와 기술진보에 의한 생산성향상이 다 같이 경제성장에 큰 공헌을 하였음을 알 수 있다.

표 18-3 | 한국경제의 성장요인별 증가율 추이

	GDP 성장율	자본스톡 증가율	노동 증가율	총요소생산성 증가율
1981~85	9.1	9.8 (9.5)	0.7 (2.7)	3.7 (2.5)
1986~90	10.5	11.3 (12.3)	2.3 (4.0)	3.8 (2.3)
1991~95	7.9	11.4 (11.6)	2.5 (4.2)	1.9 (0.8)
1996~2000	5.4	6.9 (6.6)	0.1 (1.6)	1.8 (1.0)
2001~05	4.5	5.0 (4.7)	0.0 (1.3)	2.8 (2.0)

주) ( )안은 자본스톡 혹은 노동의 질적변화를 감안한 경우

자료: 한진희·신석하, 「경제위기 이후 한국경제의 성장: 성장회계 및 성장 회귀분석」, 『한국개발연구』, 제30권 제1호, 한국개발연구원, 2008; 한국경제 60년사 편찬위원회, 『한국경제 60년사』, 제1권, p.146에서 재인용.

그러나 우리나라의 성장률이 지속적으로 하락하여 최근에는 3%대에 머무르고 있는데, 최근의 성장둔화는 요소생산성의 저하보다는 요소투입 증가세가 저하된 것에 기인하는 것으로 분석되고 있다. [표 18-3]에 나타나고 있는 바와 같이 2000년대 들어 총요소생산성은 80-90년대의 고도성장기와 비슷하거나 오히려 빠르게 증가하고 있으나, 자본스톡 증가율이나 노동증가율은 현저히 둔화된 것으로 나타나고 있다.

(4) 사회적 · 정치적 요인

위의 노동, 자본 및 기술은 경제성장의 경제적 요인에 불과하며, 한편으로 경제성장 및 경제발전에는 긍정적인 사회제도 내지 가치관이 전제되어야 한다. 막스 베버(Max Weber)는 오늘날 서구사회의 경제발전의 원동력이 바로 근면 · 성실하고 절약하는 청교도적 윤리관에 있었다고 오래 전에 갈파하였는데, 이것은 경제발전이 경제적 요인뿐만 아니라 사회이론적 요인에 절대적으로 영향을 받음을 단적으로 잘 설명하고 있는 것이다. 경제발전은 또한 정치적 안정 위에서 촉진되는 것이다. 정부는 자본민주주의의 발전에 최선을 다하면서 국민의 발전의욕을 총동원할 수 있는 안정적인 정치적 여건을 마련하여야 할 것이다.

이상으로 열거한 경제성장의 원천을 마련하는 데 있어서 재정이 담당해야 할 역할과 기능은 다음과 같다.

첫째, 조세의 수준과 구조는 민간부문의 저축은 물론이고 공공부문의 저축에도 영향을 줌으로써 자본형성에 기여하여야 한다.

둘째, 경제성장의 선행조건이며 사회간접자본인 기초구조(infra-structure)는 정부의 공공투자에 의해 건설되어져야 한다.

셋째, 조세유인제도는 자원의 효율적 이용에 일조를 담당하도록 짜여져야 한다. 특히 기업의 투자활동을 지원하도록 짜여져야 한다.

넷째, 조세부담의 분배는 성장과정에서 나타날 수 있는 소득의 불평등을 시정하는 데 중요한 역할을 담당하여야 한다.

다섯째, 외국자본에 대한 조세의 특별우대조치는 외자에 의한 자본형성에 영향을 준다. 또한 수입 및 수출에 대한 각종 조세조치는 국제수지에 직접적인 영향을 주므로 경제성장에 기여한다.

이렇게 볼 때 경제성장에 있어서 재정의 역할은 대단히 막중하다고 하지 않을 수 없다.

2. 해로드 - 도마성장이론

앞에서 경제성장의 원천이 될 수 있는 몇 가지 주요 요인들을 열거하였으나, 역시 성장의 기본적 원동력으로서는 자본의 축적이 가장 중심적이며 결정적인 역할을 담당한다. 자본축적은 투자에 의하여 이루어지는 것이며, 투자를 가능케 하는 재원은 저축임을 우리는 잘 알고 있다. 투자는 일면으로 유효수요의 한 구성요소로서 경제의 총수요를 상승시키는 동시에, 다른 일면으로 자본스톡을 증가시킴으로써 경제의 생산능력을 증대시킨다. 해로드(R. F. Harrod)와 도마(E. Domar)는 투자의 이러한 이중적 성격에 착안하여 케인즈이론을 동태화시킨 성장이론을 제시하였다.[23]

해로드-도마이론은 자본주의 제도하에서 장기적으로 어떤 경제성장을 이룩하여야 하는가를 규명하는 데 그 목적이 있다. 즉, 경제의 적정성장률(warranted rate of growth)과 실제성장률(actual rate of growth)을 구별하여, 실제성장률이 적정성장률을 상회하는 경우에는 총수요가 총공급을 초과하므로 인플레이션 갭이 발생하며, 이와 반대로 실제성장률이 적정성장률을 하회하면 총공급이 총수요를 초과하므로 디플레이션 갭이 발생하여 경제가 침체한다. 따라서 적정성장률의 달성과 유지는 안정적인 성장을 위해 매우 중요하나 자본주의경제에 있어서의 불안정한 경기변동 때문에 그 실현이 매우 어렵다는 것이 해로드-도마이론의 골자이다.

그러면 적정성장률은 어떻게 파악되는가를 살펴보자. 우선 정부부문을 제외한 민간부문만을 대상으로 한다. 또한 사람들의 평균저축성향(APS)과 한계저축성향(MPS)은 장기적으로 보아서 동일하다고 가정한다. 나아가서 자본과 산출량 간의 비율을 표시하는 자본계수(capital-output ratio 또는 capital coefficient)는 일정하다고 가정한다. 자본계수란 산출량 1단위를 생산하기 위하여 자본량이 얼마만큼 소요되는가를 나타내는 계수로서, 예를 들어 자본계수가 3이라면 산출량(국민소득)을 1단위 생산하기 위하여 자본량은 3단위 필요함을 의미한다.

이제 자본과 산출량의 관계를 수식으로 표시해 보자. 산출량(Q) 혹은 국민소

---

23) R. F. Harrod, *Towards a Dynamic Economics*(London: Macmillan, 1948) ; E. D. Domar, Essays in the *Theory of Economic Growth*(Oxford University Press, 1957).

득(Y)은 자본량(K)을 자본계수(v)로 나눈 것과 같다. 즉,

$$Y = Q = \frac{1}{v}K \qquad \cdots\cdots (1)$$

로 표시한다. 그런데 저축(S)은 소득의 함수이므로 $S = sY$(s는 한계 혹은 평균저축성향)이며, 균형소득에서는 투자(I)와 같아지므로 $I = sY$로 표시할 수 있다. 나아가서 투자가 이루어졌다는 것은 곧 자본의 증가(ΔK)를 의미하는 것이므로 자본의 증가는

$$\Delta K = sY \qquad \cdots\cdots (2)$$

로 나타낼 수 있다. 자본의 증가가 이루어지면 소득(혹은 산출량)도 증가하는데, 그것은 식 (1)을 이용하여

$$\Delta Y = \frac{1}{v}\Delta K \qquad \cdots\cdots (3)$$

로 표시된다. 윗식 (2)를 식 (3)에다 대입하면

$$\Delta Y = \frac{1}{v} \cdot sY$$

$$\therefore \frac{\Delta Y}{Y} = \frac{s}{v} \qquad \cdots\cdots (4)$$

로 된다. 여기서 $\Delta Y/Y$는 바로 적정성장률을 표시하고 있으며, 이것은 투자에 의해 증가된 자본이 완전히 정상적으로 운전가동되기 위해 필요한 성장률이다. 이러한 적정성장률은 바로 s/v(즉, 한계 혹은 평균저축성향/자본계수)와 같아야 한다는 것을 식 (4)가 의미하고 있다. 예를 들어 한 나라의 경제의 평균저축성향이 0.3이고 자본계수가 3이라면 적정성장률은 10%(=0.3÷3=0.1)로서, 이보다 더 높은 실제성장률은 인플레이션을 유발시킨다고 하겠다.

한편 이러한 경제가 장기적으로 노동의 완전고용을 달성하면서 균형성장을

유지하기 위하여서는 위의 적정성장률이 노동공급의 자연성장률(n)과 같은 비율로 성장하여야 한다고 해로드-도마이론은 주장하고 있다. 즉,

$$\frac{\Delta Y}{Y} = \frac{s}{v} = n \qquad \cdots\cdots (5)$$

의 조건이 충족되어야 한다는 것이며, 이 때의 성장률을 자연성장률(natural rate of growth)이라고 부른다. 그러나 노동의 자연성장률(n)이란 것이 자본계수(v) 및 한계 혹은 평균저축률(s)과 서로 완전히 독립적이고 외생적인 것이므로 위의 식 (5)가 충족된다는 것은 어디까지나 우연에 불과한 것이며, 따라서 자본주의시장경제는 장기적인 동태적 불안정성을 내포하고 있다는 것을 헤로드-도마모형은 함축하고 있는 것이다.

그러면 이상과 같은 해로드-도마모형에 정부의 재정(지출과 세율)을 도입하여 보자. 정부지출(G)도 기업투자(I)와 마찬가지로 승수효과를 발생시키며 나아가서 자본축적에 기여한다. 따라서 자본의 증가는 $\Delta K = I + G$로 구분하여 표시한다. 우리는 제17장의 [표 17-1]에서 ΔG(혹은 ΔI)에 대한 승수는 $\frac{1}{1-c(1-t)}$(c는 한계소비성향)이 됨을 지적하였다. 그런데 정부지출을 독립적인 것으로 보기보다는 국민소득의 일정비율로 본다면 $G = gY$로 표시되며, 이 때의 ΔG(혹은 ΔI)에 대한 승수는 $\frac{1}{1-c(1-t)}$이 아니라 $\frac{1}{1-c(1-t)-g}$로 될 것이다. 이것은 또한 $\frac{1}{s+ct-g}$와 같다. 이러한 관계를 윗식 (2)에 적용하면,

$$\Delta K = (s + ct - g)Y \qquad \cdots\cdots (6)$$

로 재정립된다. 식 (6)을 식 (3)에 대입함으로써

$$\therefore \ \frac{\Delta Y}{Y} = \frac{s + ct - g}{v} \qquad \cdots\cdots (7)$$

를 얻을 수 있다. 식 (7)이 가지고 있는 중요한 의미는 자본스톡의 완전가동을 유지하기 위해 필요한 적정성장률은 정부의 재정지출규모(g)와 세율(t)에 의하여 조정될 수 있다는 것이다. 따라서 만약 실제성장률이 적정성장률보다 낮아졌다면

그것은 디플레이션 갭이 있다는 뜻인데, 정부는 투자유인책 등의 조치를 적용하여 실제성장률을 높일 수 있고 혹은 조세 및 지출규모를 조정하여 적정성장률을 절감시킬 수 있는 것이다.

3. 신고전학파의 성장이론

해로드-도마모형의 식 (5) $\Delta Y/Y = s/v = n$은 장기적 적정성장률이 노동의 자연성장률과 같아져야 한다는 것을 나타내고 있다. 그러나 이러한 조건이 충족되는 것은 우연한 것에 불과하고 현실적으로는 매우 불안정한 경기변동 및 성장이 이루어지고 있음을 위 모형은 지적하고 있다. 이에 반하여 자본주의경제에는 아직 뚜렷한 불안정한 사태는 별로 일어나지 않았으며, 실제로 경제는 노동의 자연성장률과 일치하는 그러한 경제성장률을 달성하게 되어 균제적인 성장(steady growth)을 유지할 수 있으며, 인구성장률을 초과하는 경제성장률은 장기적으로 일어나지 않는다는 학설이 새로이 등장하게 되었다. 이러한 학설을 신고전학파의 성장이론이라고 부른다.[24)]

신고전학파의 성장이론을 수식으로 간략이 설명하면 다음과 같다. 우선 '콥-더글러스'(Cobb-Douglas)생산함수를 소개하면

$$Y = AK^{\alpha}N^{\beta} \qquad \cdots\cdots (8)$$

인데 Y는 소득, K는 자본, N은 노동 그리고 α와 β는 각 계수이다. 규모에 대한 수익불변(constant return to scale)을 가정하면 $\alpha + \beta = 1$이 된다. 따라서 식 (8)은

$$Y = AK^{\alpha}N^{(1-\alpha)} \qquad \cdots\cdots (9)$$

로 되는데, 윗식 (9)를 '로그'(log)를 사용하면서 성장률로 바꾸면

$$y = \alpha k + (1-\alpha)n \qquad \cdots\cdots (10)$$

24) Robert M. Solow, "A Contribution to the Theory of Economic Growth," *Quarterly Journal of Economics*(February 1956).

으로 된다. y는 소득의 성장률, k는 자본의 성장률, 그리고 n은 노동(인구)의 성장률을 가리킨다. 여기서 저축 및 투자는 소득의 일정량(%)으로 고정되어 있으므로 균형상태하에서는 자본의 성장률은 소득의 성장률에 일치하지 않으면 안 된다(이 점에 관한 설명으로 다음 페이지의 내용을 참조 바람). 따라서 식 ⑽에서 k를 y로 대체시키면

$$y = n \qquad \cdots\cdots (11)$$

로 된다. 즉, 결론적으로 소득의 균형성장률은 노동, 즉 인구의 성장률과 같아지게 된다.

신고전학파의 성장이론은 해로드-도마이론이 갖고 있는 결점을 보완해 주고 있다. 해로드-도마이론이 갖는 가장 중요한 문제점은 이 이론이 불변적인 자본-산출비율(즉, 자본계수 v가 불변)의 가정에 기초를 두고 있다는 것이다. 기술변화의 영향을 일단 무시하더라도 이러한 가정은 생산요소간의 대체성이 없다는 것을 의미하고 있으므로 현실성이 결여되게 된다. 자본과 산출간의 관계를 경직적인 것으로 본 결과 적정성장률이 불안정하게 변동된다고 보게 되는 것이다. 이에 반하여 신고전학파는 자본-산출비율은 노동과 자본의 배합비율에 의존하는 것으로 간주함으로써 자본계수(v)의 값이 신축적으로 변동되어질 수 있다고 보았으며, 특히 신축성 있게 변화하는 가격기구에 의해 실제성장률은 적정성장률과 일치하는 방향으로 자동적으로 조정되어지며 나아가서 자연성장률과도 같아지게 된다고 보고 있다.

이와 같은 신고전학파의 성장이론을 그대로 받아들인다면 경제성장률에 대해 정부가 개입할 여지는 없게 된다. 이 점에 대하여 좀더 고찰하여 보자.

경제가 최초에 균형성장상태에 놓여 있다고 가정하자. 즉 소득의 증가율도, 인구의 증가율도 그리고 자본스톡의 증가율도 모두 공히 2%인 그러한 균제성장(steady growth)의 상태에 있다고 가정한다. 기술상황은 고정되어 있다고 가정함으로써 기술변화의 효과는 무시한다. 인구와 자본스톡은 동일률로 성장하므로 자본-노동비율은 일정하며, 따라서 노동과 자본의 생산성마저도 일정하다. 여기에서 저축률(투자율)은 국민소득의 20%에 해당되고 있다고 하자. 이제 정부가 적절한 재정정책을 통해 저축률을 20%에서 25%로 증가시켰다고 하자. 이러한 정부의 조

치로 자본스톡은 인구증가에 의존하는 노동공급보다 더 빨리 증가하게 되어 노동에 대한 자본의 비율은 올라가고 소득도 전보다 더욱 급속히 성장할 것이다. 그렇다고 이러한 자본 및 소득의 증가가 무한정 계속될 수는 없다. 왜냐하면 자본-노동비율의 증가에 의해 자본의 수확체감현상이 발생하기 때문이다. 자본의 수확체감현상은 소득증가에 일종의 견제역할을 하게 된다. 이렇게 소득의 증가가 둔화되니까 이것은 다시 자본스톡의 증가율을 떨어뜨리게 된다.

이처럼 정부시책에 의해 자본스톡의 증가율이 변동되는 과정은 소득증가율이 인구증가율(2%)로 다시 떨어지게 될 때까지 계속된다. 이 시점에서 자본스톡의 증가율은 소득증가율과 일치하게 되어, 결국 소득증가율, 자본스톡증가율, 노동(인구)증가율의 세 가지가 2%에서 서로 일치하는 최초의 상태로 다시 되돌아오게 된다. 여기서 자본-노동비율에는 더 이상의 변화가 발생하지 않으며 자본의 수확체감현상도 이제 중단하게 된다. 이렇게 경제성장률은 최초의 상태로 다시 되돌아왔으며, 결과적으로 정부가 성장률 자체에 영향을 끼친 것은 없다. 다만 자본스톡의 양은 전보다 더 커졌으며, 자본-노동비율도 전보다 높아졌다. 인구증가율은 외생적인 주어져 있는 것으로 간주하고 있으므로 인구증가율이 고정되어 있는 한 GNP의 절대수준뿐만 아니라 1인당 국민소득도 모두 증가하게 된다. 오직 경제성장률 자체에 변동이 없게 될 뿐이다.

이와 같은 과정을 [그림 18-9]를 통해 다시 살펴보자. 그림에서 종축에서는 생산능력수준을 표시하고 있으며, 횡측은 해당연도를 표시한다. 이제 직선 AY는 일정한 규모의 저축률(s) 아래에서의 소득의 균형성장경로를 보여 주고 있다. 종축의 생산능력수준을 '로그'수치(log scale)로 표시하면 직선 AY의 기울기는 경제성장률이 되며, 따라서 그 성장률은 일정하다. 직선 BC는 소비의 경로를 표시하는 것으로 소득 EJ의 수준에서 소비는 DJ이고 저축은 ED만큼 이루어진다. 이제 정부의 적절한 시책을 통해 최초연도인 J년에서 저축률이 s에서 s*로 증가했다고 하자. 이에 따라 소득은 EY^*의 경로를 따라 증가하게 된다. 처음에는 소득의 성장률이 전보다 크게 될 것이나 궁극적으로는 EY^*선이 종전의 AY선과 같은 기울기를 갖는 평행선을 이루게 된다. 그러나 소득수준 그 자체는 전보다 높아졌다. 소비는 FC^*의 경로를 따르게 될 것인데, 최초연도인 J년도에 J^*년까지는 저축의 증가 때문에 전보다 소비가 감소된다. 이것은 미래의 소득 및 소비를 위해 현재소비를 희생하게 됨을 의미하고 있다. 그러나 J^*년 이후부

그림 18-9 | 소득 및 소비의 성장경로(신고전학파의 성장이론)

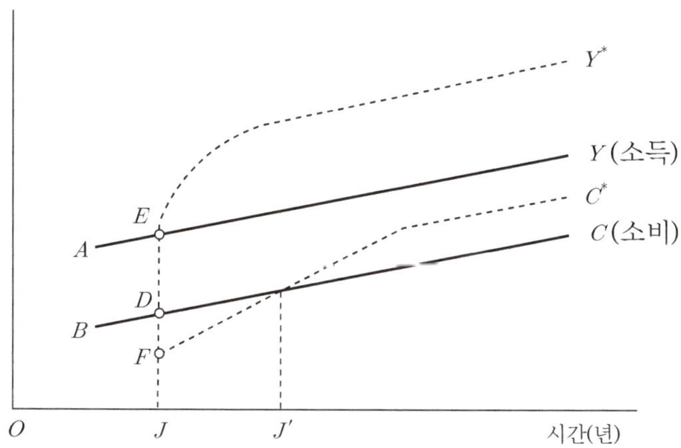

터는 소비의 절대수준이 성장에 힘입어 전보다 더 높게 되었다. 결국 정부의 재정정책은 장기적으로 경제성장률 자체는 변경시키지 못하지만 소득·저축·소비의 수준은 증가시킴을 그림을 통해 알 수 있다. 이것이 신고전학파의 성장이론에 입각한 재정의 역할이라 하겠다.

제 5 절 선진화를 위한 재정정책

1. 자본형성을 위한 조세정책

현대국가에 있어서 정부가 경제성장에 절대적으로 중요한 역할을 행하고 있다는 사실은 아무도 부인할 수 없으며, 재정정책의 중요성도 아울러 인식된다. 정부는 그 역할을 효과적으로 수행하기 위하여 여러 가지 형태로 국민의 경제활동을 간섭하고 규제하게 된다. 규제방식이 정부의 직접규제일 수도 있으며, 가격기구를 통한 간접규제일 수도 있다. 따라서 경제의 발전단계에 따라 정부의 재정정책도 판이하게 다른 경우가 생길 것이다.

재정정책은 기본적으로 지출정책(expenditure policy)과 조세정책(tax policy)으로 구분되겠는데, 지출정책은 주로 재정투융자정책으로 대변되는 사회간접자본에 대한 투자가 핵심을 이루며, 조세정책은 이를 위한 재원마련에 초점을 맞추게 된다.

경제발전과정에서 정부의 역할이 보다 중요한 개발도상국에서는 기초시설(infra-structure)를 중심으로 한 사회간접자본(social overhead capital) 및 주요 기간산업의 육성을 위해 막대한 재원이 필요하고, 이러한 투자재원은 민간부문의 민간저축과 정부부문의 정부저축[25]을 통해 마련하지 않으면 안 된다. 재원수요는 개발계획이 진전됨에 따라 더욱더 증대하는 경향이 있으므로 이와 같은 재원의 마련이 과연 현실적으로 얼마만큼 가능한가의 문제가 주요 과제로 제기된다.

정부는 우선 민간저축의 증대를 위해 저축에 대한 조세상의 우대조치를 강구하여야 할 것이다. 민간기업의 자금원으로는 기업의 신규주식 및 사채의 발행, 금융기관에의 예금, 각종 보험료 등을 생각할 수 있다. 따라서 이들 형태의 저축에는 적절한 방법으로의 조세감면조치가 강구되는 것이 민간저축증대를 위하여 바람직할 것이다. 그리고 그 감면의 정도는 개개의 저축형태를 재원으로 하여 이루어지는 개개의 투자사업의 중요성에 따라 결정되어야 할 것이다. 한편 정부저축을 위해서는 민간부문이 담당할 수 있는 담세 능력(tax capacity)과 세원(tax source)의 발굴이 무엇보다 중요하다고 하겠다. 대부분의 개발도상국에서는 세원이 빈약하다. 그 이유는 소득수준이 낮은 데 기인하나, 한편으로 소득 및 부의 불균등한 분포상태에도 그 원인이 있다. 개발도상국에서는 많은 재원이 낭비적인 사치품지출에 충당되고 있음을 흔히 발견하게 되는데, 여기에 바로 잠재적 세원이 있다는 것을 인식해야 할 것이다.

개발도상국에서는 간혹 인플레이션을 통해 강제저축(forced savings)을 추구하고자 하는 경향이 있다. 인플레이션에 의해 명목소득이 비록 물가상승률만큼 상승하게 되어도 누진적인 소득세율은 조세수입을 물가상승률 이상으로 증대시키므로 소비자의 실질소비수준은 그만큼 저하된다. 정부는 이처럼 인플레이션을 통해 자원을 여러 분야로 배분·이전시킬 수 있다. 그러나 인플레이션을 통한 강제저축은 서민생활의 부담을 가중시킴으로써 소득계층의 격차를 더욱 심화시킬 우

25) 정부저축(government saving)이란 정부의 경상예산상의 잉여금을 의미한다. 즉, 총조세수입에서 경상지출을 빼고 난 후의 잉여분으로서 이것은 정부투자의 재원이 되는 것이다.

려가 있으며, 비록 정부저축률이 일시적으로 증가된다고 하더라도 만성적인 인플레이션하에서는 총저축률이 반드시 높아진다고 할 수 없는 것이다. 인플레이션이 장기화되면 개인의 저축의욕이 현격히 감퇴할 것이라는 것은 명백한 일이기 때문이다.

한편 자본형성을 위한 조세정책의 일환으로서 각종 투자유인조치를 개발도상국은 강구하여야 할 것이다. 투자촉진을 위하여 취할 수 있는 조세의 유인조치로서는 세율인하, 가속상각(accelerated depreciation) 그리고 투자세액공제(investment tax credit) 등을 들 수 있다. 급속한 공업화와 경제성장을 개발도상국이 원한다면 일정한 개발계획하에서 전략적 산업을 선정하고 이에 대한 조세의 특혜조치를 마련할 수 있다. 중화학공업, 수입대체산업 및 수출산업 등이 주요 전략산업으로 지적될 수 있을 것이다. 그러나 전략산업에 대한 각종의 조세감면조치가 너무 무질서하게 채택된다면 개발전략에 도리어 부정적인 효과가 일어난다는 것을 유의하여야 한다.

개발도상국의 조세와 관련된 마지막 과제는 조세당국이 합리적이고 효율적인 조세징수노력(tax effort)을 기울이고 동시에 정직하고 유능한 세무공무원을 확보하는 일이다. 개발도상국에서의 재정정책의 성공 여부는 정부가 조세행정에 얼마나 엄격하고 공정하느냐에 달려 있으며, 납세자의 조세당국에 대한 신뢰도가 어느 정도인가에 전적으로 좌우된다고 해도 과언은 아닌 것이다.

2. 재원배분과 예산정책

경제위기를 극복하는 데 있어 재정은 핵심적인 역할을 수행한다. 공공투자를 확대하고 실업자 구제를 위해 정부지출을 증대시킨다. 이는 바람직하고 불가피한 조치라고 하겠으나 이로 인해 재정적자가 늘어나고 국가채무(부채)가 대폭 증가하는 문제가 발생한다.

본 장 앞에서 지적했듯이 재정적자(적자예산)가 결코 부정적인 것이 아니고 때에 따라 필요한 경우도 있지만 이것이 누적되어 국가채무가 늘어난다면 재정운영에 여러 가지 문제를 야기한다. 먼저 재정적자 때문에 국채(채권)를 발행하여야 하고 그러면 이자지출이 증가되면서 여타 투자사업에 투입될 자금이 고갈된다. 이자지출은 정책의지와는 상관없이 반드시 예산에 반영되어야 하며, 이러한 의미에서 이자지출은 대표적인 경직성 경비로 간주된다.[26] 또한 이자지출의 증가로 이해 국가채무관리에 있어 악순환이 형성되기도 한다. 즉, 재정적자가 확대되면 이자지출이 증가하고 이는 재정적자를 더욱 확대시키게 되어 국가부채가 크게 누적되는 악순환이 형성된다. 실제로 이러한 예는 선진국의 경우에 찾아볼 수 있다. 미국을 비롯한 선진국들은 1970년대 중반의 석유파동 직후 경기가 악화되자 이를 극복하고자 재정적자를 급속히 확대시켰다. 이 결과 이자부담이 증가하여 30여 년이 지난 최근에 이르기까지 적자상태에서 벗어나지 못하고 있는 나라들이 상당수 있다.

또한 2008년 미국의 서브프라임 모기지 사태에서 촉발된 세계적인 금융위기와 그에 따른 경제불황을 타개하기 위하여 세계 각국은 재정지출을 크게 확대하였고 그에 따라 재정수지 적자와 국가채무가 크게 증가하였다. 또한 이러한 경제위기의 여파는 그 동안 유로화라는 단일통화체계가 내포하고 있던 근본적인 문제가 보다 명확하게 표면에 들어나게 되는 계기로 작용하였다.[27] PIGS 국가[28]로 일컬어지는 남유럽의 국가재정위기는 빠른 속도로 유럽 전역에 확산되면서 세계경제를 불안하게 만드는 요인이 되고 있다.

[표 18-4]는 2011년 현재 주요 국가들의 국가채무와 재정수지 추계치를 보여주고 있다. GDP에 대비한 국가채무 규모는 일본의 233%와 그리스의 166%, 이태리의 121% 등의 순으로 높게 나타나고 있으며 우리나라는 32%로 추계되고 있다. 재정수지는 이자지급을 뺀 기초수지와 전체 재정수지를 보여주고 있는데 양자의 차이는 기본적으로 이자지급의 크기를 보여주는 것이다. 2011년 재정수지 적자는 일본과 아일랜드가 10.3%로 가장 높게 나타나고 있으며 다음으로는 미국, 영국, 그리스가 각각 9.3%, 8.2%, 8.0%로 나타나고 있다. 우리나라의 경우 재정수지는 1.7% 흑자로 나타나고 있는데 국민연금 등 사회보장기금을 제외한 관리대

---

26) 미국에서는 이자지출을 사회보장지출과 더불어 의무지출(mandatory spending)로 분류하여 관리하고 있다. 의무지출 이외의 지출은 정책의지에 따라 조절이 가능하므로 이러한 지출을 재량지출(discretionary spending)이라 부른다.

27) 그리스 등 남유럽국가와 독일 등 북유럽 국가들이 유로라는 단일의 통화체제로 통합되었는데, 환율변동이라는 수단이 없는 상황에서 생산성이나 국가경쟁력 등의 제반 차이를 해소하려는 구조조정 등의 노력보다는 재정을 통해 복지 확충 등이 이루어졌으며 재정규율을 통해 이를 규제하려는 노력도 이루어지지 못했다.

28) 포루투갈(Portugal), 이태리(Italy), 그리스(Greece), 스페인(Spain)의 머릿글자를 따서 만든 것임.

표 18-4 | 주요국가의 국가부채 및 재정수지 (대 GDP 비중; 2011년 추계치)

(단위: %)

국가	국가채무	기초수지[1] (A)	재정수지 (B)	B-A
우리나라	32.0	3.3	1.7[2]	-1.6
일본	233.1	-8.9	-10.3	-1.4
미국	100.0	-8.0	-9.3	-1.3
영국	80.8	-5.6	-8.2	-2.6
프랑스	86.9	3.4	-5.9	-2.5
독일	82.6	0.4	-1.7	-2.1
그리스	165.6	-1.3	-8.0	-6.7
아일랜드	109.3	-6.8	-10.3	-3.5
이태리	121.1	0.5	-4.0	-4.5
포르투갈	106.0	-1.9	-5.9	-4.0
스페인	67.4	-4.4	-6.1	-1.7

주 1) 재정수지에서 이자지급은 제외(primary balance)
2) 사회보장기금등을 제외한 관리대상수지는 -2.0%임

자료: IMF, Global Financial Stability Report-Grapping with Crisis Legacies, 2011, p. 8
IMF, Fiscal Monitor, 2011

상수지의 경우 2.0% 적자로 추정된다. 한편 그리스의 6.7%를 비롯해서 PIGS 국가들의 이자지급 비용이 매우 높게 나타나고 있음을 알 수 있다. 반면 일본의 경우 국가채무 규모는 매우 높은 수준임에도 불구하고 이자지급은 상대적으로 작게 나타나고 있는데 이는 기본적으로 일본의 이자율이 매우 낮은 사실상 제로금리에 가깝게 유지되고 있기 때문이다.

재정적자와 국가채무를 어느 정도 유지하고 어떻게 관리하는 것이 중·장기적으로 재정의 건전성을 회복하여 안정된 모습을 되찾을 수 있는가가 중요한 정책과제가 된다. 이러한 과제를 흔히 재정의 지속가능성(fiscal sustainability) 문제라고 부른다.

재정의 지속가능성을 살펴보기 위해서는 대체로 다음과 같은 사항들에 대한 면밀한 검토가 필요할 것이다. 첫째, 재정적자와 국가채무를 GDP의 몇 % 미만으로 유지해야 할 것인가의 문제이다. [표 18-4]에서 살펴본 바와 같이 각국의 재정적자나 국가부채 규모는 매우 다양하게 나타나고 있는데 일률적으로 어떠한

기준을 제시하기는 어렵다고 할 것이다. 전체적으로 해당 국가들의 국가채무 증가추이나 국채의 보유주체, 그리고 대외개방도 등 다양한 요인들이 종합적으로 고려될 필요가 있다. EU의 경우 그 설립조약인 마스트리히트 조약에 따라 회원국은 매년 재정적자를 3% 이내, 그리고 국가채무 규모를 60% 이내로 유지하여야 한다.[29] 우리나라의 경우 IMF 외환위기와 최근의 금융위기를 거치면서 국가채무 규모가 빠르게 증가하여 2011년 현재 32% 수준에 이르고 있다. 물론 이 수치는 다른 국가들에 비해서 크게 낮기 때문에 우리의 재정건전성은 높은 것으로 평가된다. 그러나 우리의 경우 최근 국가채무 규모가 비교적 빠르게 증가하였고, 또 해외의존도가 매우 높기 때문에 유럽 등 다른 나라들의 경제상황에 따라 우리의 자본시장이 민감하게 반응한다는 점에서 국가채무 규모에 대한 보다 신중한 관리가 필요하다고 할 수 있다. 더구나 저출산 고령화가 빠르게 진행되면서 향후 재정수요가 크게 증가할 것으로 예상되고 있고 또 통일재원을 준비하는 것도 필요하다는 점에서 재정의 건전성을 확보하는 것이 매우 중요한 것이다.

둘째, 재정적자를 초래하는 요인을 확인하고 또 재정건전성을 확보하기 위하여 어떠한 조치가 취해져야 하는가에 대해서도 관심을 가져야 한다. 그 동안 재정위기가 발생했던 많은 나라들을 살펴보면 그 이유는 매우 다양하게 나타나고 있다. 기본적으로 최근과 같은 경제위기 상황에서 이를 극복하기 위한 재정지출이 많이 소요되었거나 또 복지수준을 크게 확충함으로써 그에 따른 많은 재원이 필요하게 된 경우, 또 방만한 재정운영으로 인하여 재정지출이 늘어난 경우 등과 함께 필요한 재정수요를 조세수입보다는 국채 발행에 의존한 경우 등 그 이유는 다양하게 나타나고 있다. 재정건전성을 회복하는 길은 물론 정부지출을 축소하고 조세 등을 통하여 세입을 확보하는 것이라고 할 수 있는데, 특히 적정한 구조조정을 통해서 정부의 지출을 할 때 경제성장이나 재정건전성 회복 측면에서 가장 성공적인 경우로 나타나고 있다. 구체적으로 재정건전성 회복을 위한 정책 대안들은 다양한 형태로 제시되고 있다. 매년 예산지출의 상한선(ceiling)을 설정하거나 재정이 따라야 하는 준칙이나 규율을 설정하고 이를 지켜가는 노력을 기울이고 있다. 예를 들어, 영국은 2005년 예산운영의 황금률(golden rule)을 제시하였는데, 정부 차입은 투자지출을 위해서만 허용되며, 경상지출은 경기순환주기에 걸

29) 이를 지키지 못할 경우 벌과금 부과 등 제재조치가 있지만 잘 지켜지지 못했으며, 이를 강화하기 위한 논의들이 이루어지고 있다.

쳐 균형 또는 흑자를 유지하는 것으로 하고 있다. 우리의 경우 최근 예산편성에서 재정지출 증가율을 재정수입 증가율보다 낮게 편성하도록 하는 원칙을 지켜가고 있다.

셋째, 예산편성 및 집행을 둘러싼 제도적 환경이 잘 갖추어져야 할 것이다. 우선 향후 우리 재정이 어떠한 모습을 보이게 될 것인가에 대한 중장기 전망이 이루어져야 할 필요가 있다. 현재 우리나라의 재정은 양호한 모습을 보이고 있으나 저출산·고령화가 진행되고 잠재성장률이 저하되고 있으며 또 복지서비스 확충에 대한 요구가 지속적으로 강화됨에 따라 건전재정의 지속가능성에 대해서는 낙관하기가 어려운 실정이다. EU나 OECD 등 대부분의 선진국에서 시행하고 있는 것처럼 정부차원에서 체계적인 장기재정전망을 실시함으로써 관련 정책수립과 효과분석에 활용할 필요가 있다.

한편 우리나라에서는 2004년 이후 향후 우리 경제에 대한 전망을 바탕으로 중기적인 시각에서 총지출 규모와 국가채무 및 재정수지 등 재정운영의 총량목표를 설정하고 또 분야별 재원배분 계획을 제시하는 5년 단위의 국가재정운영계획을 수립하여 운영하고 있다. 이러한 중장기 재정운용계획 틀 속에서 각 지출부처에 배분될 예산총액(지출한도)을 국가전략적 차원에서 결정한 다음에는 각 부처가 재량을 가지고 해당 분야의 예산편성과 집행에 상당한 자율권이 인정되게 되는데, 이러한 제도를 예산총액배분 자율편성(top-down)제도라고 부른다. 한편 이러한 중기재정계획이 그 실효성을 발휘하기 위해서는 추상적인 재정운영방향 및 재원배분규모를 기술하는 데 그쳐서는 안 되며, 연도별·기능별·분야별 예산배분에 대해 개별부처와 충분한 협의를 거친 후 국회의 의결로 이를 확정함으로써 보다 강력한 기속력을 부여하는 것도 고려하여야 할 것이다. 중장기적 시각에서 총지출 규모와 재정수지 등 재정운영의 총량목표가 설정되고 연도별·분야별 재원배분 규모가 결정되면 각 해당 부처는 사업별로 재원을 배분받게 된다. 이 과정에서 각 해당 지출부처에 보다 폭넓은 실질적인 자율권이 부여되어야 하는 것이다.

재정당국은 연도별·분야별·부처별 재원배분 규모를 결정할 때 각 부처·이해집단 등의 의견을 최대한 수렴함으로써 국민적인 공감대를 형성하고 국회의 승인 내지 지지를 받도록 해야 한다. 또한 각 부처의 예산집행 상황을 점검하고 그 성과를 평가하여 그 결과를 다음해 재원배분에 반영토록 하는 성과관리체제

(performance management system)를 강화해 나가야 할 것이다. 우리는 2003년부터 성과목표관리제도를 시행하고 있는데 이는 부처별로 그 임무와 비전에 부합하는 성과목표를 설정하여 사업을 수행하고 그 목표달성 결과를 분석 평가하여 재정운용에 활용하는 것이다. 이를 위하여 부처들은 예산안 첨부서류로 성과계획서를, 그리고 결산보고시 성과보고서를 작성하여 국회에 제출하고 있다. 또한 예비타당성 조사의 활성화 등 기획단계에서부터 사업관리를 강화하고 재정사업 자율평가나 심층평가, 그리고 보조금 사업 운용평가 등 각종 평가결과를 보다 엄격히 다음 예산편성에 반영하는 등 성과중심의 재정운용을 강화하고 있다.

제 6 편 기타 재정수입 조달이론 및 지방재정

CHAPTER

The Modern Public Finance

19 공 채 론

제 1 절 공채의 개념과 종류

1. 공채의 개념

정부가 재원을 마련하는 수단으로서는 조세를 통하는 방법과 조세 외의 방법을 통하는 두 가지로 대별할 수 있다. 조세 외의 방법도 두 가지로 나누어 생각할 수 있는데, 첫 번째 방법은 수익자부담원칙과 시장경제의 원칙을 어느 정도 적용하여 수수료 등의 공공요금을 책정하고 이를 통해 필요경비를 마련하는 것이다. 두 번째 방법으로서는 정부가 다른 경제주체로부터 자금을 차입하여 필요경비를 충당하는데, 이때 직접적인 차입도 이루어지지만 주로 공채(public debt 혹은 government securities)를 발행하여 이를 자본시장에서 매각하는 방법이 주로 사용된다. 본장에서는 공채에 대하여 논의하고 공공요금에 대하여서는 다음 장에서 논의하고자 한다.

2009년 이후 유로존의 남유럽국가들을 중심으로 진행되고 있는 재정위기는 국가의 재원조달 수단으로서 공채의 역할과 그 파급효과 등에 대한 우리의 관심을 크게 높이는 계기가 되고 있다. 제18장 제5절에서 살펴본 바와 같이 2008년 세계적 금융위기로 촉발된 경제위기를 타개하기 위하여 각국은 적극적인 재정정책을 추진하였고 이 과정에서 공채(국채)발행을 통한 재원조달의 필요성이 더욱 부각되었던 것이다.

조세와 공채는 다 같은 국가수입이지만 각기 상이한 특징을 지니고 있다. 조세는 국가재정수입의 가장 보편적인 원천으로서 특정한 서비스에 대한 반대급부로 징수하는 것은 아니며 강제성을 띠고 있다. 이와 같은 강제적인 조세부담은 납세자의 실질소득을 어쩔 수 없이 감소시키게 된다. 반면 공채발행은 강제성보다는 자발적 교환원리가 더 잘 적용된다고 하겠다. 공채는 현재의 수입부족을 메우기 위한 대체적인 수입조달방법이므로 채무자인 정부는 채권자에게 미래의 기일에 원금을 상환할 것과 그 사이의 이자를 지불하는 의무를 지게 된다. 따라서 공채발행의 경우에는 조세와 달리 개인의 실질소득이 반드시 감소한다고는 볼 수 없다. 공채의 소화방법에 있어서는 그런 대로의 자발적 교환원리가 적용되는 것이 일반적이지만, 때에 따라서는 정부의 강력한 강제성에 의한 비자발적 교환원리가 적용되는 경우가 종종 있다. 예를 들어, 자동차등록시 지하철공채를 반드시 구입해야 하는 경우처럼 민간의 특정한 행위에 대한 정부의 인·허가 및 면허에 특정 공채를 구입하도록 규정하고 있다면 이것은 비자발적 교환원리에 따라 공채를 강제적으로 소화하고 있는 것이다.

2. 공채의 종류

공채는 그의 발행주체, 상환기간, 사용목적 등에 따라 여러 가지 형태로 분류된다. 우선 발행주체가 중앙정부인가 지방정부인가, 그리고 공기업인가에 따라 공채는 국채(national bond)와 지방채(local bond), 공사채(public corporation bond)로 구분된다. 한편 정부가 자국의 국민경제로부터 차입하기 위하여 발행한 공채를 내국채(internal bond)라 하며, 외국으로부터의 차입을 위해 발행한 공채를 외국채(external bond)라고 부른다. 공채는 다시 상환기일 1년을 기준으로 하여 1년 이상의 공채를 장기채라 하며, 1년 이내의 공채를 단기채라고 부른다.

한편 사용목적에 따라 공채의 종류를 우리나라의 경우를 예로 하여 분류해 보면 ① 일반회계의 재정적자를 보전(충당)하기 위하여 발행하는 일반국채(예: 국고채권), ② 국민경제와 직결된 정책사업 및 특정사업의 재원을 조달하기 위하여 발행한 사업국채(예: 국민주택채권), ③ 재정자금의 수요조절을 통해 통화정책의 효율적 수행을 보완하고자 발행하는 단기성 국채(예: 재정증권[1]) 등으로 대별할

1) 재정증권이란 회계연도 중 일시적으로 부족한 자금을 금융시장에서 조달하기 위해 발행하는 만기 1년 이내의 증권으로서 통상 1개월 내지 3개월물로 발행함.

수 있다.

3. 공채와 채무부담

공채는 여러 가지 이유로 발행되지만 역시 가장 근본적인 이유는 정부의 재정적자를 메우기 위한 것이며 공채가 발행되면 언젠가는 이를 상환해야 하므로 정부는 국민에 대해서 그 발행규모에 해당하는 부채를 지게 되는 셈이다. 국민들에 대한 진정한 부채의 의미가 무엇인가는 다음 절에서 다시 논의하도록 하겠는데, 하여간 많은 나라가 만성적인 재정적자에 허덕이고 있으며 어떻게 하면 좀 더 효율적인 재정운영을 함으로써 재정적자의 폭을 줄이고 결과적으로 공채 발행규모도 축소할 수 있을까 고민하고 있다.

재정적자가 자꾸 누적되므로 많은 나라에서는 국민들에 대한 채무부담을 줄이려는 노력의 일환으로 인플레이션을 조장하려는 의도를 나타내기도 한다. 물가상승은 채무를 자동적으로 변제해 주는 효과를 가져다 주게 되는데, 물가가 상승한다면 국가가 발행한 국채총액의 실질가치가 그만큼 하락할 뿐만 아니라 동시에 명목임금이 상승하게 되어 세금을 더 거두어들일 수 있게 됨으로써 채무부담이 이중적으로 감소될 수 있기 때문이다. 이러한 현상을 흔히 인플레이션세(inflation tax)라고 부른다.

인플레이션의 경우와 비슷하게 만약 이자율이 상승되면 국가가 지고 있는 채무의 일부를 자동적으로 갚아 주는 효과를 보이게 된다. 이자율의 상승은 발행된 채권의 시장가격을 하락시키며 이렇게 채권의 시장가치가 하락하게 되면 공채에 대한 정부의 실질적인 채무부담도 줄어드는 셈이라고 할 수 있다. 결국 이자율의 상승 때문에 정부의 부채부담이 줄어든다면 이는 국채를 보유하고 있는 국민에게 그만큼의 세금을 거둔 것이나 마찬가지라고 하겠다.

이렇게 볼 때 공채발행에 의한 국가의 실질적인 채무부담은 여러 가지 상황에 영향을 받게 됨을 알 수 있다. 물론 진정한 의미의 채무부담은 공채발행의 국민경제에 대한 효과가 어떻게 나타나느냐에 달려 있는 것이지만 위에서 지적한 바처럼 인플레이션이라든가 이자율 같은 변수가 어느 방향으로 작용하는가에 따라 실질적인 국가의 채무부담이 크게 영향을 받는다고 하겠다.

제2절 공채발행에 관한 찬반논쟁

1. 찬반논쟁

공채발행에 관한 고전학파 경제학자들의 견해는 당연히 부정적이다. 경제활동이 '보이지 않는 손'에 의하여 자동적으로 조절되는 사회에서 정부에 의한 공채발행은 민간부문에서 생산적으로 사용할 수 있는 자본을 감소시키고 결국 경제적 효율성만을 해치는 결과를 초래한다고 그들은 생각하였다. 흄(D. Hume), 스미스(A. Smith), 밀(J. S. Mill) 등으로 대표되는 고전학파 경제학자들은 공채가 미래세대의 조세부담을 가중시킬 뿐만 아니라, 국가가 일단 공채를 발행하면 계속 이에 의존하게 되어 종국에 가서는 국가파탄을 초래할 것으로 우려하였다.

'Debt is evil!'이란 주장에서 나타나는 것처럼 이들은 공채를 근본적으로 죄악시하였다. 공채란 낭비적인 지출인 것이며, 한 세대로부터 다음 세대로 이전되어 가는 특별한 부담에 불과한 것으로 간주하였다. 한편 발행된 공채는 결코 완전히 상환될 수가 없고 계속 누적됨으로써 나중에 가서는 정부가 통제하고 관리할 수 있는 능력을 상실하게 될 것이라고 염려하였다. 더욱이 공채를 통해 마련된 재원을 정부가 사용한다면 이것은 민간부문에 비해 훨씬 비효율적인 결과를 가져다 줄 것이므로 결국 자원의 낭비가 된다고 생각하였다.

한편 고전학파 중에는 공채발행에 관한 긍정적인 견해를 가진 학자들도 있었다. 인구경제학자인 맬서스(T. R. Malthus)는 공채발행을 통해 지출이 증가되고 이에 따라 국민경제의 건전한 발전을 꾀할 수 있다고 생각하였다. 1790년대에 영국의 재무장관을 지냈던 해밀톤(A. Hamilton) 같은 사람은 적절한 공채발행은 통화공급을 원활하게 함으로써 경제활동에 자극적인 역할을 할 수 있다고 보았고, 독일의 재정학자 바그너(A. Wagner)는 비경상적인 공공투자의 재원조달을 위해 공채를 발행하는 것은 타당하다고 주장하였다.

공채발행을 포함한 적극적인 재정정책이 각광을 받기 시작한 것은 1930년대 이후 케인즈(J. M. Keynes)의 유효수요이론에 근거한 재정정책의 경기대응적 기능이 강조되면서부터이다. 경기대응 및 복지증진을 위해 적자재정운용이 불가피하다면 이의 보전수단으로 공채가 발행될 수 있는 것이며, 따라서 공채발행 자체가 재정정책의 주요 수단이 되는 것이다. 또한 공채발행을 통해 조달된 재원은 통상 사회간접자본의 건설 등 투자재원으로 사용되게 되는데 이를 통해 건설된 시설은 이후 오랜 기간동안 공공서비스를 제공하게 된다. 따라서 그에 대한 재원조달도 현재의 세대가 조세를 통해 전액 부담하기 보다는 그 서비스가 제공되는 기간에 걸쳐 여러 세대가 공동으로 부담하는 것이 공평하다는 주장도 공채를 통한 재원조달의 유용성을 뒷받침하는 것이다.

이상의 주장은 공채발행에 관한 일반적인 논의라고 하겠는데, 근대에 들어와서 공채에 관한 논쟁으로서 관심을 끌고 있는 것은 공채부담이 현세대와 미래세대 중 과연 어느 세대에 귀착되느냐에 관한 논쟁이다.

2. 공채 부담의 귀착

(1) 현세대의 부담설

공채의 부담이 공채발행시의 세대에게 귀착된다는 주장은 케인즈 학파라고 할 수 있는 러너(Abba Lerner) 같은 학자의 주장으로 대표될 수 있으며, 이는 정통학파적인 견해라고 불려지고 있다.[2] 러너의 견해에 따르면 공채발행은 결국 '자기 자신에 대한 채무'(We owe it to ourselves)이기 때문에 미래세대에 그 부담이 전가될 수 없다는 것이다. '자기 자신에 대한 채무'가 뜻하고 있는 의미는 공채발행에 의해 발생한 진정한 부담이란 자원이 민간부문에서 공공부문으로 이동함으로써 민간부문에서 희생되지 않으면 안 되는 당대의 민간소비 및 민간투자의 감소분인 것이며, 따라서 공채부담은 발행시의 세대에게 낙착될 수밖에 없다는 것이다. 한편 미래세대가 비록 공채이자 지불을 조세부담의 형태로 부담해야 한다고 하더라도 공채이자를 받는 자도 미래세대이므로, 결국 조세부담자와 공채이자 수령자간의 소득이전(transfers of income)에 불과하고 득이 실이 상쇄되어 미래세대에 있어서의 순부담은 없어지게 된다는 것이다.

그러나 만약 공채를 구입한 현세대가 공채구입 비용으로 말미암아 그의 저

2) Abba, P. Lerner, "The Burden of the National Debt," *Income, Employment, and Public Policy: Essays in Honor of A. H. Hansen*(New York: W. W. Norton & Co., 1948).

축률을 감소시키게 된다면, 그것은 미래세대에게 보다 적은 규모의 자본재(capital goods)를 물려주게 됨을 의미하며, 따라서 보다 낮은 노동생산성을 통하여 낮은 소득수준을 미래세대가 물려받게 되므로 이때에는 공채발행의 부담이 미래세대에게 실질적으로 지워지게 된다고 하겠다. 미래세대의 부담몫은 공채발행 때문에 낮아지게 되는 소득수준이라 하겠다.

이처럼 정통파 견해의 핵심은 공채부담이 뜻하고 있는 진정한 개념을 밝히고자 하는 것인데, 공채부담의 개념을 공채발행에 의한 실질적인 자원희생의 대가로 해석하고 있다. 이렇게 볼 때 공채는 그로 인하여 현세대의 저축률이 감소되지 않는 한 현세대가 그 부담을 맡게 된다고 결론지을 수 있다.

(2) 미래세대의 부담설

이와 같은 정통파의 견해에 많은 반론이 제기되었는데, 여기서의 논의의 핵심도 공채부담의 개념에 있었던 것이다. 우선 뷰케넌(James Buchanan) 교수의 주장을 살펴보면 다음과 같다.[3] 뷰케넌은 공채부담의 개념을 세대 전체의 입장에서 보다는 개별구성원의 입장에서 규명하고 있다. 즉 공채발행에서 오는 개인적 부담은 그 공채가 소위 자발적 교환에 의하여 이루어졌느냐에 의해 전적으로 좌우된다는 것이다. 만약 공채구입이 자발적으로 이루어졌다면 그 때는 공채구입자가 저축을 비롯한 여러 가지 측면을 충분히 고려한 뒤에 결정한 것이므로 공채를 구입한 현세대에게는 실질부담이 이루어지지 않게 된다. 이렇게 보면 장래의 어느 시점에서 공채는 상환되어야 하고 미래세대의 납세자는 자기소득을 희생하면서 강제적으로 세금을 지불하여야 하므로 공채의 진정한 부담은 미래세대가 지게 된다는 것이다.

뷰케넌의 이론은 그의 지론인 개체주의적 접근방법(individualistic approach)을 적용하여 공채부담을 설명하고 있다. 그러므로 만약 공채가 자발적인 교환원칙에 의하여 구입되지 않고 반강제적으로 소화된다든가 혹은 강제적이라고 할 수는 없으나 어느 정도의 비자발적인 시장거래를 통해서 공채소화가 이루어지는 것을 고려할 때에는 뷰케넌의 주장이 반대방향의 결론으로 유도될 가능성도 있다.

공채부담이 현세대에서 미래세대로 전가된다고 주장하는 학자로서 모딜리아

---

3) James Buchanan, *Public Principle of Public Debt*(Homewood, Ill.: Richard D. Irwin, Inc., 1958).

니(F. Modigliani)[4]와 머스그레이브(R. A. Musgrave)[5]를 지적할 수 있다. 이들의 주장에 따르면 조세는 개인의 소비수준을 저하시키는 반면에 공채는 민간투자를 잠식하는 경향이 짙다는 것이다. 따라서 조세보다 공채가 저축 및 자본형성에 주는 영향이 더 크며 자본형성을 감소시켜 경제성장을 둔화시킨다는 것이다. 이에 따라 미래세대는 보다 적은 자산을 양도받게 되고 그만큼 낮은 수준의 소득을 취득하게 되므로 공채는 결국 미래세대가 부담하게 된다는 것이다.

공채부담이 미래세대에 전가되느냐의 여부는 공채발행 때문에 민간자본형성이 얼마만큼 잠식당하느냐에 좌우된다는 데는 이의가 있을 수 없다. 그러나 공채부담의 총체적 분석을 위해서는 공채발행의 결과로 발생된 공공지출의 효과를 분석하지 않고서는 아무런 결론을 내릴 수 없다. 다시 말하여 공채의 1차적 효과뿐만 아니라 공채의 2차적 효과도 고려하여 공공지출에 의해 유형·무형의 혜택이 미래세대에게 베풀어질 것이라는 점을 간과해서는 안 된다. 공공지출이 갖는 여러 가지 외부효과를 고려할 때 미래세대가 화폐적 형태에 있어서 비록 공채부담을 진다고 하더라도 실물적 형태에 있어서는 오히려 현세대보다 더 큰 편익을 얻을 수 있다는 가능성을 배제할 수 없는 것이다.[6]

제3절 공채발행의 경제적 효과

1. 공채발행과 총수요

고전경제학자들은 공채를 근본적으로 죄악시하였다고 앞에서 언급한 바 있다. 이들은 공채발행이 총수요에 영향을 주느냐의 여부를 떠나 공채란 낭비적인 것에 불과하여 경제를 파탄시킨다고 보았기 때문이다. 그런데 고전경제학자 가운데서 리카도(D. Ricardo) 같은 사람은 좀 다른 각도에서 적자재정을 메우기 위해

---

4) F. Modigliani, "Long-run Implications of Alternative Fiscal Policies and the Burden of the National Debt," *Economic Journal*(December 1961).

5) R. A. Musgrave, *Theory of Public Finance*(New York: McGraw-Hill Book & Co., 1959).

6) David J. Ott and Attiat F. Ott, "Fiscal Policy and The National Debt," *Federal Budget Policy*, Ch. 7(Washington. D.C.; The Brookings Institution, 1969).

발행한 공채는 총수요에 아무런 영향을 미치지 못하며 따라서 공채는 경제적으로 아무런 의미가 없다고 지적하였다. 좀더 구체적으로 살펴보면, 일단 어떤 정부지출수준이 결정되면 이것을 조달하는 방법은 아무 의미가 없는 것이고 따라서 이것이 조세로 조달되었든 아니면 공채발행을 통해 조달되었든 아무런 차이가 없다는 것이다. 만약 조세가 아니라 공채를 통해서 재원을 조달하는 경우 당장 납세자의 가처분소득을 줄이지 않기 때문에 소비를 위축시키지 않는 것 같지만, 공채를 상환하기 위하여 미래의 조세부담이 증가할 것으로 예상하기 때문에 이에 대비하기 위하여 현재소비를 줄이고 저축을 늘리는 방향으로 작용하게 된다는 것이다. 결국 조세이든 공채이든 민간부문에서 자원을 빼낸다는 측면에서 양자의 효과는 동일하다고 보았는데, 이를 리카도의 동등화가설(Ricardian equivalence hypothesis)이라 한다.

반면 전통적인 케인즈 학파는 공채발행이 총수요를 증대시킬 수 있다는 견해를 제기하였다. 우리가 앞 17장과 18장의 거시재정이론에서 공부한 바와 같이 정부지출은 승수효과를 통하여 총지출을 확대하는 효과를 가지는 것이다. 이러한 정부지출의 재원을 조달하는 방법으로서 공채발행은 국민들의 조세부담을 경감시키고 따라서 가처분소득을 그만큼 증가시켜 소비수준을 높일 수 있는 것이다. 특히 불경기나 경제위기 상황에 있어서는 미래 경제상황에 대한 불확실성으로 인하여 가계나 기업이 소비나 투자를 위축시키고 있는 상황에서 정부가 퇴장되고 있는 재원을 민간으로부터 차입하여 정부지출을 통하여 경제에 투입하는 것은 총수요 진작에 효과적인 것이라고 할 수 있다. 이처럼 케인지안(Keynesian)들은 적자재정 보전을 위한 공채발행을 일단 긍정적으로 보고 있는 것이다. 그러나 경제가 활성화되어 가계의 소비나 기업의 투자가 활발한 상황에서 정부가 공채발행을 확대하는 경우 통화주의자들이 주장하는 바와 같은 구축효과의 가능성이 높아지게 될 것이다.

통화주의자(monetarist)들은 공채발행이 민간부문의 자금부족 현상을 야기시키고 민간투자가 억제되는 소위 구축효과(crowding-out effect)가 발생하므로 정부의 공채발행으로 정부지출이 증대되어도 총수요에는 거의 변화가 없다고 주장하고 있다. 즉 정부의 공채발행은 자본시장에서 민간부문과 재원을 놓고 경쟁하게 되고 이 과정에서 이자율을 상승시켜 민간의 투자를 위축시키는 것이다. 통화주의자들에 의한 구축효과 논리와 리카도의 동등화가설은 공채발행이 총수요에 아무런 영향을 주지 않는다는 점에서 동일한 결론을 이끌고 있으나 그 내용은 서로 다르다. 구축효과의 논리는 적자재정으로 인한 팽창효과가 민간부문의 투자감소에 의해 상쇄되기 때문에 총수요가 증가하지 않는다는 것이며, 이에 반해 리카도의 동등화가설은 적자재정이 전반적인 자원배분과정에 어떤 영향도 주지 않기 때문에 총수요에도 아무 영향을 줄 수 없다는 것을 내용으로 하고 있다.

공채발행의 총수요에 대한 영향은 이처럼 학파에 따라 서로 상이한 견해를 가지고 있는데, 결국 중요한 관건은 공채발행으로 개인들이 현재의 소비를 얼마만큼 포기(혹은 증대)하는가와 민간부문의 투자위축을 얼마만큼 유발시키느냐이다. 공채발행 때문에 총수요가 만약 감소된다면 여기에 진정한 국가채무의 의미가 있는 것이다.

2. 공채발행과 화폐창조

공채발행이 만약 화폐를 창조시켜 통화증발을 유도한다면 이때에는 민간부문을 위축시킴이 없이 정부사업을 추진할 수 있을 것이다. 이것은 정부가 공채를 가계나 기업이 아닌 중앙은행에 매각시키는 경우에 해당된다. 중앙은행에의 공채매각은 중앙은행으로부터의 차입과 마찬가지의 성격을 띠게 되므로 직접적인 통화발행의 효과를 가지게 된다.

그런데 여기서 중요한 것은 화폐가 창조되는 당시의 경제상황이 어떠한가이다. 경제가 만약 완전고용상태하에 놓여 있으면 공채발행에 의한 새로운 화폐창조는 인플레이션을 유발시키고 이로 인해 개인들의 실질소득을 감소시키므로 조세징수와 다를 바가 없다. 인플레이션 때문에 정부경비의 부담은 현금을 소지하고 있는 사람들에게 주로 지워지게 되고, 중앙은행에 매각한 공채의 상환부담은 결국 후세의 납세자들이 지게 된다. 이와 같은 부담은 불필요한 초과부담인 것이며, 공채상환은 화폐를 창조할 수 있는 금융기관에 대하여 일종의 보조금을 지불한 것과 같은 성격이 되어 버린다.

그러나 만약 실업자와 유휴시설이 존재하고 있는 불완전고용경제 아래서는 화폐창조가 상당히 긍정적인 효과를 가져다 준다. 시장구조에 경직성이라든가 혹은 공급에의 애로(bottle-necks) 등이 없다면 화폐의 창조는 물가의 상승 없이 총수요를 증가시킬 수 있고 따라서 실질소득과 고용이 증가될 수 있다. 이러한 상황에서는 정부사업의 재원이 아주 저렴한 비용으로 마련될 수 있는데, 이는 공채를 민간에게 매각하여 진정한 의미의 정부부채를 야기하기보다는 화폐창조를 통해 재원을 마련하는 것이 더 효율적임을 의미한다. 중앙은행에 매각시킨 후의 공채상환 부담은 정부사업에 의하여 발생한 혜택에 비하면 별로 과중한 것이 아닌 것이다.

공채발행에서 항상 중요하게 고려하여야 할 규범적인 과제는 이것을 언제 발행하여야 하는가이다. 즉 정부가 언제 차입하는 것이 가장 바람직한가의 문제이다. 이의 해답을 위해서는 완전고용경제와 불완전고용경제간의 차이를 다시 구별할 필요가 있다.

공채발행의 긍정적 효과는 어디까지나 경제가 불완전고용상태에 있을 경우에 나타난다. 완전고용상태에 있어서는 정부가 언제 공채를 발행하여야 하는가의 문제가 그리 간단하지 않다. 무엇보다도 완전고용수준을 계속 유지하면서도 또한 물가안정도 동시에 고려하여야 하기 때문이다. 완전고용상태에서는 결국 조세와 '진정한 차입'(즉, 민간에게의 공채발행)간의 선택문제로 좁혀진다. 그러면 이 두 가지 재원조달방법에서 정부는 어떤 기준을 적용하여야 할 것인가? 양 방법의 선택기준은 이것들이 가지고 있는 실질비용 및 부담이 발생하는 시간상의 차이를 비교하는 것에 근거를 두는 것이 바람직하다고 하겠다. 즉 공공사업의 실질비용이 당장 발생하고 또 그 혜택 역시 비교적 빠른 시일에 나타나는 사업의 재원조달을 위해서는 조세의 방법을 택하는 것이 좋다. 한편 실질부담이나 혜택이 장기에 걸쳐 발생하는 사업에 대하여서는 공채를 통한 차입방법이 더 타당할 것이다.

정부부문에서 공채를 통한 차입이 장기에 걸쳐 편익이 발생하는 사업에 국한되어야 한다는 논리는 민간기업의 경우에도 마찬가지이다. 민간기업에서 장기사채(bond)를 매각하여 조달되는 재원은 주로 자본시설을 확충한다든가 시설장비를 구입하는 데 사용하는 것이 원칙인데, 이와 같은 투자사업은 그 효과가 장기에 걸쳐 발생하고 따라서 사업의 내용연수에 걸쳐 사채를 연차적으로 퇴각(상환)시키게 된다. 이와 같은 민간기업의 사채원칙이 그대로 정부부문의 공채원칙에도 적용된다고 볼 수 있다. 과거 국채발행의 기원은 전쟁경비를 조달하는 것이었다. 그러나 여기서도 위의 일반원칙이 적용될 수 있을 것이다. 즉 전쟁 때문에 불가피하게 발생된 경비는 사회 전체로 보아 자본투자의 형태를 취하게 되며, 전쟁에서 승리를 거두었을 경우 그 효과는 장기에 걸쳐(어쩌면 영원히) 발생하는 것으로 기대되기 때문이다.

그런데 이처럼 정부의 단기효과 사업에는 조세로 재원을 조달하고 장기효과 사업에는 공채발행을 통해 재원을 조달한다는 일반원칙에 관해서는 두 가지 조심해야 할 사항이 있다. 첫째, 조세에 의한 재원조달은 의회제도의 특성 때문에 이를 통한 공공사업에 대하여 비용과 편익을 비교하도록 유도하고 또 실제로 대부분 비용-편익분석이 이루어지고 있다. 그러나 공채에 의한 차입은 비용·편익이 장기에 걸쳐 발생하는 사업과 관련이 있는 만큼 이의 비교가 아무래도 등한시되는 경향이 있음에 유의해야 한다. 둘째, 민간으로부터의 차입은 자칫 나중에 기서 화폐창조로 직결되는 경우가 흔히 발생하는데, 이는 중앙정부가 통화량을 조정할 수 있는 힘을 가지고 있기 때문이다. 정부는 민간에게의 공채발행과 중앙은행에게의 공채발행이 서로 혼돈되지 않도록 정책상 주의를 하여야 한다.

한편 경제가 총수요의 감소를 필요로 하는 과열된 호경기하에서는 공채발행이 초과구매력을 흡수하는 하나의 방법으로서 이용된다. 공채판매에 의해 생긴 자금을 공공사업이나 공채상환에 쓰지 않고 정부 내에 유보시키든가 혹은 중앙은행이 보유하고 있는 공채를 퇴각시키기 위해 사용한다면 인플레이션 방지에 더욱 효과적일 것이다. 그러면 인플레이션 억제를 위한 수단으로서 사용되는 공채발행과 동일한 목적을 위해 징수하는 조세와를 비교할 때 어느 것이 더 타당할 것인가? 공채와 조세 모두 민간부문의 구매력을 흡수하고 총수요를 감소시킨다. 양자가 가지고 있는 차이란 조세는 강제적 방법으로 구매력을 감소시키지만, 공채는 공채 보유자에게 장래에 일정한 수익을 약속하는 과정을 통하여 현재의 구매력을 감소시킨다는 것이다. 따라서 공채는 현세대에 진정한 비용을 부담시킴이 없이 反인플레이션 목적을 달성하는 데 반하여, 조세는 현재의 납세자에게 실질비용을 부담시키면서 동일한 목적을 달성한다. 이렇게 공채가 그 부담을 현세대가 아니라 장래세대로 전가시킨다는 측면을 일단 인정한다면, 인플레이션 억제를 위하여 발생된 실질부담을 미래에나 전가시키는 공채보다는 현세대가 이를 부담하는 조세방법이 더 타당할 것이라 생각된다.[7)]

---

7) 이것은 물론 미래세대의 공채부담설에 입각한 견해라고 하겠다. James M. Buchanan and Marilyn R. Flowers, *The Public Finances*, 5th edition(Homewood, Ill.: Richard D. Irwin, Inc., 1980), Ch. 30, pp. 379~382.

3. 공채상환과 공채의 화폐화

공채발행과 더불어 또 하나의 중요한 규범적 과제는 공채를 언제 상환해야 할 것이냐이다. 앞에서 장기적 투자사업을 지원하기 위하여 공채가 발행되어야 한다고 지적하였는데, 이것을 그대로 받아들인다면 공채상환 문제는 간단히 결론지을 수 있다. 즉 공채상환은 투자사업의 총수명 년수에 걸쳐서 연차적으로 이루어져야 한다는 것이다. 그런데 기존공채의 상환은 잉여예산을 통하여 이루어져야 하므로 조세수입이 확보되어야만 한다. 따라서 공채를 장기간에 걸쳐 상환시키는 데의 문제를 처음부터 해결하기 위하여 공채발행시에 이미 조세징수계획을 함께 마련할 필요가 있다. 나아가서 국가예산을 경상계정과 자본계정으로 분명히 구분하고 자본예산(capital budget)을 편성하여 이를 활용하는 것이 중요하다고 하겠다.

공채를 조기상환하는 것은 어떨까? 좀더 근본적으로 공채를 완전히 퇴각(retirement)시킬 필요가 있을까? 이러한 문제에 대하여 간략히 살펴보자. 공채를 조기상환하기 위하여서는 조세징수를 통하여 자금을 조성하여야 하는데, 이는 결국 현세대의 납세자에게 그 부담을 지게 하는 것이다. 공채의 조기상환에 의해 득을 보는 그룹은 장래세대의 납세자들일 것이다. 왜냐하면 장래의 납세자들은 조기퇴각된 공채의 이자부담에서 벗어나게 되기 때문이다. 결국 공채를 언제 상환하느냐는 현재의 납세자와 장래의 납세자간의 가처분소득의 이전과 깊은 관계가 있다. 일견하여 공채를 조기상환하여 현재의 납세자가 장래의 납세자를 지원하고 보조해야 할 이유나 타당성은 없다고 본다.

공채를 완전히 퇴각해야 할 필요가 있는가에 대해서는 아직 뚜렷한 정설은 없다. 물론 정부가 발행한 공채는 기일이 만료되면 당연히 이자와 더불어 원금을 상환해야 한다. 그런데 공채가 내국채인 경우에 한하여 공채를 상환하기 위하여 새로운 공채를 발행하는 방법을 택하여 실질적으로 공채의 상환을 영원히 연장시키는 것이 정부에게 유리하다고 보는 견해가 있다. 이처럼 공채가 퇴각될 필요가 없다고 보는 견해는 공채발행에 의한 재원이 생산적으로 이용됨으로써 공채수입의 수익성이 공채발행의 비용을 상회하고 있다는 전제 아래에서만 그 타당성이 인정된다고 하겠다. 공채수입이 비생산적으로 이용되어 공채상환을 위해 어쩔 수 없이 새로운 공채를 발행할 수밖에 없는 상태라면, 이는 경제의 불안정을 초래할 뿐만 아니라 공채는 누적되어 결국 다음 세대의 조세부담을 가중시키고 통화량이 팽창되는 결과를 가져오게 할 것이다.

거시경제정책적 측면에서 정부의 연간 이자지불 부담을 줄이는 방법의 하나로서 공채의 화폐화(debt monetization)가 중요한 과제로 등장된다. 즉, 경제가 성장하면서 경기 및 생산자 가격을 어느 정도의 수준에서 유지하려면 화폐가 추가적으로 적정히 공급되어야 한다. 그런데 이때 화폐를 공급하는 방법으로 바람직한 것은 화폐를 무조건 찍어내는 것이 아니라 정부는 균형예산을 유지하면서 공채의 실질적 상환을 통하여 새로운 화폐를 조달하는 것이다. 다시 말하여 이것은 중앙은행이 일반대중이 보유하고 있는 공채를 점차적으로 구입함으로써 무난히 달성될 수 있다. 그렇게 되면 중앙은행이 공채를 더욱 많이 보유하게 될 뿐 명목상의 총 공채규모에는 변동이 없다. 그러나 이러한 과정에서 중앙은행이 공개시장조작을 통해 통화량을 적정히 공급함으로써 실질적인 공채규모는 점차적으로 감소하게 되고, 이에 따라 이자지불 부담도 적어지는 것이다. 이러한 과정을 공채의 화폐화라고 하는데, 공채가 화폐로 탈바꿈하는 과정이 지나치게 급격히 일어난다든가 또는 정부의 적자예산을 보전하는 데 이것이 악용된다든가 하는 경우를 제외하면 공채의 화폐화는 공채의 연간이자부담을 줄이는 순수한 수단으로 매우 중요하다고 하겠다.

제 4 절 공채관리

1. 공채관리의 중요성

공채가 발행되면 차환(refunding), 상환, 이자지불에 이르기까지 일련의 채무관리상의 문제가 발생하게 된다. 정책결정자는 ① 어떠한 종류의 공채(국채냐 지방채냐, 혹은 정부보증채냐)를 선정할 것인가, ② 상환기한의 장단(단기채냐 장기채냐), ③ 발행가격 및 액면이자율은 얼마로 하느냐 등의 여러 가지를 선택하지 않으면 안 되는데, 이와 같은 공채에 관한 여러 대안의 선택과 운영을 공채관리(public debt management)라고 한다.

공채관리정책은 재정자금의 조달이라는 측면에서 재정정책과 불가분의 관계가 있다. 또한 공채관리의 방법 여하에 따라서 시중의 국공채 구성의 변화가 발생하고, 이에 의해 시중금리 및 유동성(liquidity) 등에 직접적인 영향을 주기 때문에 금융정책과도 관계가 깊다. 일본이나 그리스, 이탈리아처럼 거액의 국채가 누적된 국가는 말할 것도 없고, 미국이나 영국, 서독 같은 선진국에서 국공채를 도외시한 금융시장의 움직임을 파악한다는 것은 아무런 의미가 없을 정도로 공채관리정책의 비중은 매우 높다.

2. 공채관리의 기본방향

공채관리의 기본방향에 관한 학설은 경기대응적 기능설과 경기순응적 기능설의 두 가지로 대별된다.

(1) 경기대응적 기능설

경기대응적 기능설(counter cyclical approach to stabilization)은 공채관리를 통해 경기를 안정화시킬 수 있고 또 안정화시키도록 대응해야 한다는 견해이다. 호황기에는 정부가 장기채를 발행하여 과잉유동성(excess liquidity)을 흡수함으로써 경기의 안정화를 도모하고, 한편 불황기에만 단기채를 발행하여 유동성을 증가하여 경기를 자극시켜야 한다는 주장이다.

단기공채는 통상 이자율이 낮다는 점에서 공채관리에 유리할 수도 있다. 그러나 이것은 연속적인 원금상환의 번거로움이 수반되기 때문에 단기공채에 지나치게 의존하면 인플레이션이 발생할 우려도 없지 않는 것이다. 또한 단기공채의 경우 경제의 상황변화에 따라 차환 여부나 이자율 수준이 결정되기 때문에 경제에 불확실성을 높이는 요인으로 작용하기도 한다. 한편 장기공채는 이자율이 단기채보다는 통상 높다. 그것은 상환기간의 장기화에 따른 위험부담이 그만큼 크기 때문이다. 단기공채와는 달리 장기공채는 연속적인 원금상환이 일어나지 않으므로 시중의 유동성증대를 억제할 수가 있다. 따라서 장기공채는 경기를 안정화시키는 데 중요한 역할을 한다고 하겠다.

(2) 경기순응적 기능설

경기순응적 기능설은 경기안정화정책으로서의 공채관리에 반대하는 입장이다. 이러한 견해에 의하면, 경기안정화는 중앙은행의 적절한 금융정책에 의하여 효율적으로 수행될 수 있다고 믿기 때문에 공채관리를 굳이 경기안정화정책에 포함시킬 필요가 없으며, 금리나 유동성에 미치는 효과도 아주 미미한 것으로 보고 있다. 도리어 공채관리는 공채이자비용의 최소화에 초점을 맞추어 운영되어야 한다고 주장하고 있다.[8]

따라서 자금수요가 왕성하고 이자율이 높은 호황기에는 이자율이 상대적으로 낮은 단기공채를 발행하고, 자금수요가 침체되고 이자율이 낮은 불황기에는 장기공채를 발행함으로써 공채이자비용을 줄이는 것이 바람직하게 된다. 이렇게 되면 위의 경기대응적 기능설에 입각한 공채관리정책과는 정반대의 상반된 정책이 채택된다고 하겠다.

공채의 경기순응적 기능설과 관련하여 공채의 중립성을 강조하는 주장이 또한 대두되었다. 프리드만(M. Friedman)에 의하여 대표되는 이러한 공채의 중립성 주장은 공채관리를 경기국면과 관련시켜 운용하는 것을 반대하고 공채발행규모·발행시기 등을 단순화시켜 공채관리에 의해 금융정책에 끼칠지도 모르는 불확실성과 불안정성을 최대로 줄여야 한다는 것이다. 따라서 공채는 일정한 간격을 두고 정기적으로 발행하여 예측가능하게 하고 그 구성도 단순하고 안정적으로 유지하여야 한다고 제의하고 있다.[9]

이상의 공채관리에 대한 여러 가지 견해를 종합하면 유동성 효과를 강조하는 적극적인 견해와 이자부담의 감소를 목적으로 하는 소극적인 견해로 나누어지지만, 대부분의 선진국이 재정수입의 부족을 중앙은행 차입에 의한 통화증발 수단에 의존하지 않고 공채이자 부담을 감수하더라도 공채발행 방법을 사용하는 것은 과잉유동성을 억제하고 재정인플레이션의 발생을 방지하고자 하는 데 정책의 중요성을 두고 있기 때문이다. 따라서 최근의 공채관리정책은 어떻게 하면 경제안정을 위한 적정유동성 수준을 유지하면서 정부의 이자부담을 최소화할 수

8) Warren L. Smith, "Debt Management in the United States," *Study of Employment, Growth, and Price Levels*(Study Paper No. 19, Joint Economic Committee, U.S. Congress, 1960).

9) Milton Friedman, *A Program for Monetary Stability*(Fordham University Press, 1959).

있느냐 하는 단기채와 장기채간의 조화문제에 초점을 맞추고 있다.

3. 우리나라의 국공채관리

(1) 국공채관리의 문제점과 개선방향

우리나라의 국공채 발행실적은 선진국에 비해 아주 미약하다. 앞 장의 [표 18-3]에서 살펴보았듯이 2011년 현재 주요 선진국가들의 국가채무 규모는 국내총생산(GDP)의 100%에 육박하고 있지만 우리나라의 경우 33% 수준에 불과하다. 물론 이러한 수치는 우리가 그동안 비교적 건실한 재정운용을 해왔다는 것을 의미하고 있지만, 우리의 경우에도 1998년 IMF 외환위기와 2008년 세계적 금융위기 등을 거치면서 국가채무가 빠르게 증가하여 왔다는 점에서 앞으로 국공채발행 및 관리에 보다 많은 노력을 기울여야 할 것이다.

우리나라의 국공채 발행추이를 보면, 건국과 더불어 곧 6·25전쟁이 발발하자 전비조달의 목적으로 국채발행이 증가하였으나, 1960~80년대에는 건전재정을 유지한다는 이유에서 대체로 국공채 발행이 미미하였다. 그러다가 1990년대에 들어와서 국공채 발행이 비교적 급격히 증가하기 시작하였는데, 그에 따라 1997년 GDP 대비 11.9%이던 우리나라의 국가채무 비중은 IMF 외환위기를 거치면서 크게 증가하여 2003년 21.6%, 그리고 2006년에는 31.1%로 현재에 이르고 있다. 그리고 IMF외환위기를 맞이한 1997년 이후부터는 일반회계에서도 적자예산이 편성되고 있다.

우리나라의 국가채무는 정부가 직접적인 상환의무를 부담하는 확정채무(IMF 기준)로서, 국채, 차입금,[10] 국고채무부담행위,[11] 지방정부순채무로 구분되고 있다.[12] 현재 우리나라는 국고채와 국민주택채권, 그리고 외국환평형채권 등 세 종류의 국채를 발행하고 있는데, [표 19-1]은 이러한 국가채무의 구성내용과 최근 세계적 금융위기에 따른 변화내용을 보여주고 있다. 2010년을 기준으로 할 때 전

10) 정부가 한국은행, 민간기금 또는 국제기구, 외국정부 등으로부터 유가증권의 발행없이 직접 차입한 금액을 말함.

11) 국가가 예산의 확보없이 미리 채무를 지는 행위로서 국회의 사전의결을 받은 범위 내에서 가능한데, 실제 지출을 위해서는 차년도 이후에 실제 예산에 반영되어야 함.

12) 보증채무, 공적연금 잠재채무, 공기업부채, 통화안정증권 등은 그 범위에서 제외됨.

표 19-1 | 우리나라 국가채무 구성

(단위: 조원, %)

	2008 (A)	2010 (B)		B/A
		잔액	비중	
국가채무	309.0	392.2	100.0	1.27
중앙정부	297.9	373.8	95.3	1.25
국채	289.4	367.2	93.6	1.27
국고채	239.3	310.1	79.1	1.30
국민주택채권	44.9	49.0	12.5	1.09
외국환평형채권	5.2	8.0	2.0	1.54
차입금	5.3	3.5	0.9	0.66
국고채무부담행위	3.2	3.1	0.8	0.97
지방정부	11.1	18.4	4.7	1.66

체 국가채무 중에서 국채의 비중이 93.6%에 이르고 있으며 특히 국고채가 79.1%로서 대부분을 점하고 있음을 알 수 있다. 다음으로는 국민주택채권 12.5%, 그리고 지방정부 순채무 4.7%의 순으로 나타나고 있다. 2008년과 비교하면 전체 국가채무는 27% 증가하였는데 증가율로는 지방정부 순채무가 66% 증가한 것으로 나타나고 있다.

한편 국가채무는 다시 적자성 채무와 금융성 채무로 구분할 수 있는데, 전자는 일반회계의 적자보전이나 공적자금의 국채 전환 등을 위한 것으로서 조세 등 국민부담으로 상환해야 할 채무이며, 후자는 외화자산이나 대출금의 형태로 채무상환을 위한 대응자산을 보유한 채무로서 자산매각이나 융자금 회수 등으로 자체 상환이 가능한 채무를 말한다. [표 19-2]에 나타나고 있는 바와 같이 2010년 현재 적자성 채무가 49.3%, 금융성 채무가 50.7%로 나타나고 있다. 세부 기능별로 볼 때 외환시장 안정을 위한 국채발행잔액이 120.6조원(30.7%)으로 가장 많고 다음으로 일반회계 적자보전용 119.7조원(30.5%), 서민주거 안정용 49.3조원(12.6%) 등의 순으로 나타나고 있다.

우리나라는 재정건전성을 유지하고 국가채무를 체계적으로 관리할 필요성에 따라 국가재정법을 통해서 매년 국가재정운용계획의 첨부서류로서 국가채무관리계획을 수립하여 국회에 제출하도록 하고 있다. 이 계획에는 국채나 차입금 등의 차

표 19-2 | 국가채무의 기능별 분류

(단위: 조원, %)

	2008 (A)	2010		B/A
		잔액 (B)	구성비	
국가채무	309.0	392.2	100.0	1.27
적자성 채무	132.6	193.3	49.3	1.46
일반회계 적자보전	63.0	119.7	30.5	1.90
공적자금 국채전환	49.2	47.0	12.0	0.96
지방정부 순채무	11.1	18.4	4.7	1.66
기타	9.3	8.2	2.1	0.88
금융성 채무	176.4	199.0	50.7	1.13
외환시장 안정용	94.0	120.6	30.7	1.28
서민주거 안정용	45.2	49.3	12.6	1.09
기타	37.2	29.1	7.4	0.78

입 및 상환실적과 중기 국가채무 전망 등을 반드시 포함하도록 하고 있다. 이러한 계획을 통해서 중기적 시각에서 국가채무에 대한 전망 및 상환계획을 제시하고 체계적이고 효율적으로 국가채무를 관리함으로서 재정의 지속가능성(sustainability)을 유지하고 정부의 재정정책 수행을 위한 재정자금을 안정적으로 확보하면서도 중장기 차입비용을 최소화하며, 국채시장의 효율적 발전을 도모하고 있는 것이다.

큰 틀에서 본다면 국가채무관리계획은 규모 측면에서 국가채무 수준을 안정적으로 관리하는 것과 함께 국고채의 발행 등과 관련한 재무위험을 최소화하기 위한 재무위험 관리의 측면으로 구분할 수 있다. 이하에서는 우리나라의 「2011~2015 국가채무관리계획」을 중심으로 재무위험을 줄이기 위한 정책방향을 간략히 살펴본다.

첫째, 국고채 시장의 안정적 운용 및 관리가 필요할 것이다. 국고채 발행에 있어 주기적인 발행 등을 통하여 예측가능성을 높이는 것과 함께 시장상황에 따라 발행물량이나 조건, 시기 등을 신축적 있게 조정할 수 있도록 하며, 외국인 투자증가에 따른 국채시장의 불안가능성에 대비하여야 한다.

둘째, 국고채의 만기 장기화 및 만기분산을 통한 차환위험을 관리하여야 한다. 2010년말 잔존하는 국가채무의 평균만기는 5.1년으로 지속적으로 증가하고 있는데, 향후에도 장기물의 발행을 확대하고 장기채 시장을 활성화하는 등을 통하여 만기를 장기화할 필요가 있다. 또한 조기상환(buy back)을 통한 만기분산도 필요한데, 조기상환 과정을 통해서 기존의 국채가 신규 국채로 전환되는 과정에서 국채시장이 활성화되는 효과도 누릴 수 있다. 국채는 계속적으로 차환(refunding)될 수 있는 것이므로 이것이 관행화되면 국채를 완전히 소멸시키지 않고 국채잔액을 계속 누적시킬 가능성이 크다. 국채의 누적은 원리금상환 부담을 가중시켜 재정구조를 경직화시키는데, 이 점에 각별한 주의가 있어야 한다. 원리금상 부담을 완화하기 위해서 감채기금(sinking fund)을 설치하는 것도 바람직할 것이다.

셋째, 재정자금의 안정적이고 원활한 조달을 위해서 국고채의 수요기반을 확대하고 유통시장을 활성화할 필요가 있다. 이를 위하여 국고채 투자상품을 다양화함으로써 국가채무의 포르트폴리오를 다변화하여 위함을 분산하며, 일반인을 대상으로 하는 소액국채시장을 활성화함으로써 국채시장을 다변화할 필요가 있다. 또한 국고채전문딜러의 선도적 시장조성 기능을 강화하는 등의 노력이 필요할 것이다.

넷째, [표 19-2]에 나타나는 것처럼 지방채 잔액도 최근들어 빠른 속도로 증가하였는데 지방자치단체의 지출효율화 및 세수확충 등을 통해서 상환재원을 확보하고 조기상환 등을 통해서 균형재정을 회복할 필요가 있다. 이를 위해서 채무가 일정수준 이상이거나 지방채 발행한도액을 초과한 경우에는 채무관리계획을 수립하고 감채기금을 적극 활용하며 세계잉여금을 채무상환에 사용하도록 하는 등 제반 조치들이 강하게 추진되어야 할 것이다.

(2) 우리나라 국공채의 구축효과

앞에서 지적하였듯이 우리나라는 국민총생산에 대한 국채발행 잔액의 비중이 선진국에 비교하여 아직 작기 때문에 국채가 우리 경제에 중요한 영향을 미쳤으리라고 기대되지는 않는다. 그러나 1970년에 대 GDP비율이 1.4%에 불과하던 국채발행잔액이 2011년 현재 33%로 크게 증대하였다는 점에서 국채의 경제적 효과도 크게 강화되었다. 특히 두 차례의 경제위기를 거치는 과정에서 국채 발행은 경기활성화에 필요한 재정지출 확대를 위한 재원으로 사용되었다는 점에서 총지출 증대 등 그 경제적 효과는 상당한 것으로 평가될 것이다.

국채발행이 거시경제변수들과 어떠한 관계를 가지고 있는가는 소위 구축효과(crowding-out effect)의 존재 여부를 파악하는 것과 직결되어 있다. 구축효과란 통화창조를 수반하지 않는 정책수단에 의해서 자금이 조달되어 정부지출이 이루어질 때 이것이 민간지출을 감소시켜 경제 내의 총수요의 증가를 억제시키는 효과를 말한다. 구축효과를 크게 나누면 실물부문의 작용으로 인한 실물구축효과와 금융부문의 작용으로 인한 금융구축효과로 나누어 볼 수 있다.

실물구축효과는 조세징수나 국채발행에 의하여 정부지출이 민간지출을 대치함으로써 단순히 자원이 민간부문으로부터 정부부문으로 이전되는 효과를 말한다. 따라서 경제가 완전고용되어 있는 경우에는 실물구축효과는 경제에 아무런 실질적 효과를 제공하지 않는다. 한편 금융구축효과는 정부지출의 증대가 금융시장에서 이자율의 상승을 수반함으로써 이자율에 민감한 민간투자를 감소시키고 또한 국채의 공급증대로 인하여 민간부문에서 자산보유선호(asset-holding preference)가 일어나고 이것이 민간지출수준을 위축시켜 정부지출의 국민소득증대효과를 상쇄시키는 작용을 말한다.

우리에게 관심의 대상이 되는 것은 공채발행에 의해 구축효과가 과연 발생할 것이며, 이것이 만약 발생한다면 그 규모가 어느 정도일 것인가이다. 구축효과는 관찰기간의 장·단기에 따라서 그 발생 여부가 달라지며, 또 국채발행을 통한 정부지출이 소비중심인지 투자중심인지, 그리고 소비중심이라도 그것이 민간소비에 대체적인 것인지 보완적인 것인지에 따라 민간소비에 미치는 영향과 효과는 달라지게 된다. 투자는 총수요구성의 한 요소이지만 장기적으로는 자본증가를 통하여 노동생산성을 향상시키고 그로 인하여 노동의 공급을 증가시킨다. 따라서 정부지출이 사회간접자본확충에 주력할 경우에 민간경제활동의 생산성과 효율성을 제고시키게 되므로 이것이 민간의 기대를 낙관적으로 만들어 오히려 민간투자를 증대시킬 수 있다. 또한 서구선진국들의 경우처럼 사회복지의 욕구충족을 위해 정부지출이 이전소비적인 성격을 가지고 있는 경우에도 이것이 민간소비와 보완적인 역할을 해낸다면 국채발행은 오히려 민간지출을 증대시키는 흡인효과(crowding-in effect)를 유발시킬 수 있는 것이다.

박형수 외(2008)[13]는 일반균형 시뮬레이션모형을 이용하여 정부지출의 증가나 조세 세수 감소로 국가채무가 지속적으로 증가하여 10년후 국가채무 비율이

13) 박형수 외, 『경제·사회환경 변화에 대응한 국가채무 관리방안』, 한국조세연구원, 2008.

10% 증가할 경우 경제적 영향을 이자율 상승이 없는 경우와 구축효과로 인한 이자율 상승이 있는 경우, 그리고 단기효과와 장기효과로 구분하여 제시하고 있다. [표 19-3]은 그 시뮬레이션 분석결과를 보여 주고 있다. 물론 이 결과는 통계분석을 이용한 추정치가 아니기 때문에 숫자 그 자체가 절대적인 의미를 가지는 것은 아니지만 구축효과 여부에 따른 경제적 효과의 차이가 크게 나타나고 있음을 알 수 있다. 예를 들어, 구축효과가 없는 경우 정부지출이 증가하면 경제 내에 소비를 위해 이용가능한 자원이 부족하게 되어 가계는 소비증가를 위해 노동공급을 늘리게 되고 이는 자본의 한계생산성을 높이기 때문에 투자 또한 증가하게 되며 결국 GDP가 0.64% 증가하는 것으로 분석하고 있다. 이에 비해 구축효과로 인해 이자율이 0.5% 인상되는 경우 소비나 투자가 감소하는 것은 노동공급도 이자율 상승에 따른 투자감소와 소득감소를 만회하기 위하여 단기적으로 증가했다가 시간이 지남에 따라 조금씩 감소하는 것으로 분석하고 있다. 이에 따라 궁극적으로 GDP도 4.72% 감소하는 것으로 분석되어 이자율에 영향이 없는 경우와 큰 차이를 보이고 있음을 알 수 있다.

표 19-3 | 국가채무 증가의 경제적 효과[1]에 대한 시뮬레이션 분석결과(장기균형)

(단위: %)

	이자율 상승 없음	이자율 상승 0.5%
효 용	-0.40	-2.28
생 산	0.64	-4.72
소 비	-0.25	-4.27
노동투입	0.64	-0.34
투 자	0.64	-8.36
자본형성	0.64	-8.36

주 1) GDP 대비 비율임.

CHAPTER 20

The Modern Public Finance

공공요금과 기타 세외수입

우리 재정은 기본적으로 조세를 통해서 그 재원을 조달하고 있지만 조세 이외의 제반 수단을 통해서도 상당 부분의 재원을 조달하고 있다. 제도적인 측면에서 조세 이외의 모든 재원조달 수단을 세외수입(세외수입)이라고 하는데, 이에는 앞 장에서 살펴본 국채발행을 통한 차입은 물론 사용료나 수수료 등 수익자부담원리에 따른 수입, 그리고 각종 부담금 등 준조세를 포함한다. 본 장에서는 공공요금을 중심으로 수익자부담원리에 따른 수입과 함께 준조세로서 부담금 제도, 그리고 목적세 제도 등에 대해서 살펴본다.

제 1 절 공공요금의 의의와 결정원칙

1. 공공요금의 의의

일반적으로 공공요금은 정부나 공기업이 제공하는 공공재나 공공서비스에 대한 사용자가격(user price)을 말한다. 우리나라의 공공요금은 중앙정부 수준에서 철도요금, 우편요금, 전기요금, 고속도로 통행료 등이 있으며, 지방정부에서는 상하수도요금, 지하철요금 등을 들 수 있다.

우리는 제 3 장 공공재이론에서 전적으로 비배제성의 원리가 적용되는 순수공공재의 경우에는 시장기구에 의하여 공급될 수 없고 따라서 정부 등이 공급하면서 그 재원은 조세를 통해서 조달할 수밖에 없음을 지적하였다. 그러나 소비의 분할성과 배제성의 원리가 어느 정도 적용되는 준공공재의 경우에는 조세에 의해 공급될 수도 있고, 경우에 따라서는 사용자가격에 의해 제공될 수도 있는 것이다.

사용자가격이 적용되는 기본적인 이유는 주로 자원배분의 효율성에 있다. 소비의 분할성과 배제성의 원리가 부분적으로 적용되는 준공공재를 정부가 조세로 공급하다가는 자칫 자원의 낭비를 가져올 가능성이 많다. 예로서 상수도 공급의 경우를 보자. 상수도 당국이 식수공급에 필요한 재원을 조달하기 위하여 사용자가격 대신 조세를 소비자에게 부과하였다고 하자. 이 경우 조세는 소비자의 식수에 대한 가격이라고 할 수 있다. 그러나 사용자가격 대신 조세가 소비자에게 부과될 때 소비자는 조세와 상수도 사용량 사이에 직접적인 관계가 있다는 것을 거의 의식하지 못하게 되어 자연히 식수를 낭비하게 된다. 그러나 사용자 가격이 적용되면 소비자는 자기가 소비하는 상수도량과 가격을 직결시키게 되며 따라서 물을 아껴 쓸 것이다. 한 마디로 조세부과의 경우에는 가격기구가 기능을 제대로 못하지만 사용자가격의 경우에는 가격기구가 기능을 함으로써 자원배분의 효율성을 기할 수 있게 된다.

현실적으로 준공공재는 혼합적 재원조달(mixed financing)에 의하여 공급되는 경우가 많다. 다시 말하여 사용자 가격과 조세수입이 혼합되어 재원을 조달하고 있음을 뜻한다. 특히 공기업이 공익성보장을 위해 낮은 사용자 가격을 유지하고 이로 인하여 손실을 보게 되면 정부는 어쩔 수 없이 조세에 의하여 그 손실을 메워 주어야 하기 때문에 여기서 혼합적 재원조달이 이루어지는 것이다. 준공공재가 공익성과 분할성을 동시에 갖추고 있을 때에는 공공재와 민간재의 두 가지 특성을 함께 가지고 있음을 뜻하므로, 이때는 혼합적 재원조달에 아무런 문제가 없다. 그러나 준공공재가 시장에서도 그 생산이 가능하다면 혼합적 재원조달에는 상당한 문제가 발생하게 된다. 왜냐하면 조세수입에 의하여 공기업을 보조한다는 것은 낮은 사용자가격을 유지하겠다는 것이므로 자칫 준공공재의 사용자들에게 별도의 부당한 이익을 가져다 줌으로써 분배면의 불평등을 초래할 가능성이 있기 때문이다.

2. 공공요금의 결정원칙

현대 사회에서 공공요금정책은 최소한 몇 가지의 목표 혹은 기본전제 아래에서 이루어지지 않으면 안 된다. 여기에는 대략 다섯 가지의 전제조건을 지적할 수 있다.

첫째, 국가의 경제적 자원을 가장 효율적으로 배분할 수 있는 방향에서 공공요금이 결정되어야 한다. 공공요금이 자원의 효율적 사용과 동일한 맥락에서 결정되어야 한다는 의미는 공공요금이 각 소비자에게 진정한 경제적 비용(true economic cost)을 반영하는 가격이 되어야 한다는 것을 뜻한다. 이와 같은 효율적인 공공요금 책정은 자원절약이라는 기본적인 정책목표와도 부합되는 것이다.

둘째, 공공요금은 공평하여야 한다. 소비자들이 자기가 사용한 소비량에 따라 공정한 생산비용을 분담할 때 일반적으로 그 공공요금은 공평하다고 말한다. 그러나 자기가 사용한 비용을 충분히 지불할 수가 없는 저소득층에 대해서는 최소한 최저수준의 서비스공급을 보장할 수가 있는 공공요금이어야 한다. 요금체계가 저소득층에게 최저수준의 서비스공급을 보장해 줄 수 없는 체계로 형성되었다면 그 요금체계는 공평성을 완전히 상실하고 있는 것이다. 또 한편으로 가격변동의 폭을 가능한 한 줄이고 가격의 안정도를 어느 정도 유지할 때 공공요금은 공평하다고 하겠다.

셋째, 공공요금은 공기업에게 충분한 수입을 보장해 줄 수 있는 수준이어야 한다. 공공요금이 공기업에게 초과이윤을 제공해 준다면 그것은 공익성에 입각하여 볼 때 바람직하지 못할 것이다. 그러나 공기업으로 하여금 재투자를 가능하게 하는 정상이윤은 보장되어야 한다. 그러므로 공공요금도 정상이윤이 확보되는 수준이 되어야 할 것이다.

넷째, 공공요금의 구조는 소비자의 이해를 위해서 비교적 단순하여야 하며, 또한 사용량을 기록하고 청구서를 신속히 발송할 수 있도록 편리하게 짜여 있어야 한다.

끝으로, 공공요금을 결정하는 데는 경제적 측면뿐만 아니라 정치적 요인도 충분히 반영하여야 할 것이다. 예를 들어, 경제성장을 위하여 어느 특정부문에 특별한 저가의 공공재를 공급한다든가, 혹은 지역간의 균형발전을 위하여 어느 특정지역의 공공요금을 특별히 낮추어 준다든가 하는 정치적인 배려는 충분히 그 나름대로의 타당성이 있을 수도 있는 것이다.

이상으로 공공요금결정의 다섯 가지 전제조건들을 살펴보았는데, 이들은 각기 상호보완적이기보다는 상호배타적인 성질을 가지고 있다. 위의 다섯 가지 조건을 모두 충족시키는 공공요금은 현실적으로 거의 존재하지 않을지도 모른다. 때에 따라서는 어느 한 가지의 목표(조건)를 달성하기 위하여 다른 어떤 목표(조건)을 포기하지 않으면 안 될 수도 있다. 그럼에도 불구하고 위의 다섯 가지 조건을 가능한 한 모두 충족시켜 주는 방향에서의 최선의 노력이 있어야 함은 당연하다.

이와 같은 전제조건을 염두에 두면서 공공요금수준의 결정원칙을 살펴본다면 대략 다음과 같은 세 가지로 요약된다.

(1) 원가주의 원칙(cost of service principle)

이 원칙은 공공요금이 공공서비스의 제공에 소요되는 원가를 반영해야 된다는 것으로 공공요금결정의 가장 기본적인 원칙이라 하겠다. 이 원칙의 핵심이 되는 것은 원가계산이라고 하겠으며, 비용의 개념을 평균비용으로 하느냐 혹은 한계비용으로 하느냐에 따라 요금수준이 달라진다고 하겠다.

(2) 가치주의 원칙(value of service principle)

이 원칙에 따르면 공공서비스의 가격은 소비자가 그 서비스에 대하여 부여하는 가치를 나타내야 한다는 것으로 소비자들이 향유하는 혜택의 크기에 따라 요금수준이 결정된다고 본다. 이 원칙은 원가주의 원칙의 보조적 성질을 가지고 있는데, 예로서 철도요금의 경우에 원가주의에 입각하여 책정된 기본요금과 가치주의에 따른 등급별 요금이 병행되는 것이 그 예이다. 그러나 이 원칙은 각자가 부여하는 가치의 측정이 어렵다는 문제점을 가지고 있다.

(3) 사회적 원칙(social principle)

이 원칙은 공공요금을 공공정책의 수단으로 보아 경제적 원칙만을 채택할 것이 아니라 정치적 고려도 함께 반영해야 한다는 것으로 공공요금이 사회적 규범 및 공정성에 따라 결정되어야 함을 강조한다. 따라서 사회 전체의 이익이 된다면 경우에 따라서 공공서비스는 원가 이하 혹은 이상으로 제공될 수 있으며, 지불능력에 따라 요금수준을 차등화할 수도 있는 것이다.

제 2 절 공공요금의 책정원리

이상과 같은 공공요금수준의 결정원칙을 염두에 두고 실제적인 공공요금의 책정원리를 전력에 적용시켜 설명하여 보자. 전력과 같은 준공공재의 가격결정은 논리상 다음과 같은 세 가지 방법에 의하여 이루어진다. 즉 한계비용에 의한 가격책정(marginal cost pricing), 평균비용에 의한 가격책정(average cost pricing), 그리고 차별적 가격책정(discriminating pricing)이 바로 그것이다.

1. 한계비용에 의한 가격책정원리

소비자가 지불하는 전력요금을 한계비용과 일치되도록 설정하는 방식이다. 이 원리는 완전경쟁하에서 최적효율이 소비자의 한계편익곡선과 생산자의 한계비용곡선이 서로 교차하는 곳에서 이루어진다는 것에 근거하고 있다. 소비자의 한계편익곡선은 바로 수요곡선이며 이는 생산자 입장에서 본다면 평균수입을 의미하는 것으로서 결국 가격이 한계비용과 일치한다는 것을 의미하는 것이다. 가격이 한계비용과 한계편익이 일치하는 그 수준에서 형성됨으로써 자원의 효율적 사용 내지 사회후생의 극대화를 이룰 수가 있게 되는 것이다.

[그림 20－1]을 살펴보자. 여기서 AC와 MC선은 장기평균비용곡선과 장기한계비용곡선을 표시하고 있다. AR선과 MR선은 평균수입곡선과 한계수입곡선을 가리키고 있는데, AR선은 전력의 수요곡선(D선)이기도 하다. AR선이 우하향하고 있는 것은 공기업으로서의 전력회사가 시장에서 독점력을 행사하고 있음을 뜻한다. 만약 이 기업이 민간기업이라면 독점기업으로서의 특권을 최대로 향유하기 위하여 이윤극대조건인 MC선과 MR선이 교차하는 J점에서 전력공급량을 결정할 것이고, 따라서 전력생산량은 OD, 전력요금은 OA가 될 것이다. 그러나 OA라는 높은 가격은 공기업의 입장에서는 용납될 수 없는 것이다. 한계비용

그림 20-1 | 한계비용 및 평균비용에 의한 가격정책(비용체감의 경우)

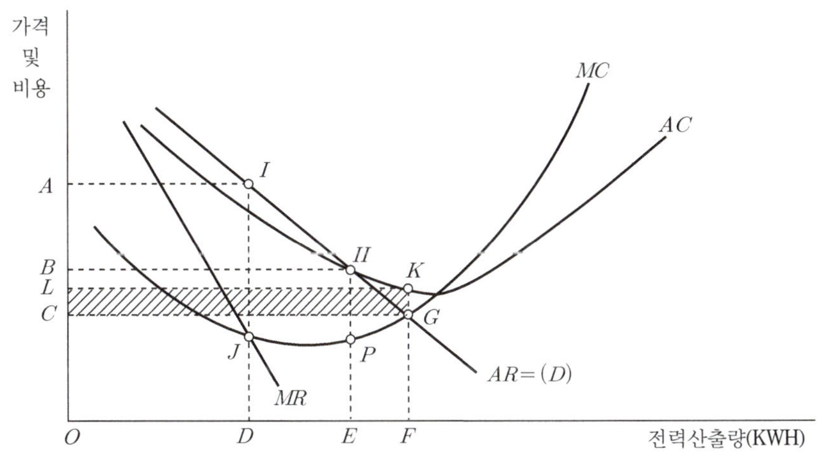

에 의한 가격책정은 한계비용곡선(MC선)이 평균수입곡선(AR선)과 교차하는 G점에서 가격과 산출량을 결정하는 것이다. 즉 한계비용에 의한 가격책정원리에 의하면 전력산출량은 OF이며, 적정가격은 $OC(=FG)$가 되는 것이다.

만약 한계비용(공급 측면)과 한계편익(수요 측면)이 일치하지 않는 곳에서 가격이 결정되면 그것은 사회후생의 감소를 초래할 것이며, 양자가 서로 일치하도록 가격을 수정함으로써 사회후생은 증가될 수 있는 것이다. 예를 들어 한계비용이 한계편익(평균수입)보다 작은 곳, 예를 들어 OE만큼의 생산이 이루어지고 따라서 가격이 OH에서 결정되었다고 하자. 이때는 소비자는 마지막 한 단위의 소비로부터 EH만큼의 한계효용을 획득하며 따라서 그에 해당하는 만큼의 가격을 지불함에도 불구하고 생산의 한계비용은 EP에 불과한 것이다. 이것은 과소생산이 이루어졌고 또 가격은 가격대로 한계비용 이상으로 높음을 뜻하게 된다. 이것을 바로 잡기 위하여 생산량을 높이고 가격을 $MC=AR$이 되도록 조정함으로써 사회후생은 증가할 수 있는 것이다. 이처럼 한계비용에 의한 가격책정원리는 완전경쟁하에서의 자원의 최적배분원칙에 따르고 있으므로 사회후생 측면에서 바람직한 접근방법이라 하지 않을 수 없다.

그러나 이러한 한계비용에 의한 가격책정은 전력회사가 비용체감 조건에 놓여 있을 경우 가격이 평균비용에 미달하게 됨으로써 기업에 손실을 가져다 주게 된다는 문제점을 내포하는 것이다. 전력생산처럼 대규모의 시설을 필요로 하는 산업에서는 통상 평균비용이 체감하는 상황에서 생산을 하는 소위 자연독점(natural monopoly)인 경우가 많다. 평균비용이 체감하는 경우 한계비용은 평균비용을 하회하기 때문에 한계비용에 의한 가격책정원리에 따른다면 이 기업의 손실은 불가피하게 된다.

[그림 20-1]에서 가격 OC가 바로 그런 가격이며, 이때의 기업손실은 빗금 친 $CLKG$로 표시된다. 산출량 OF에서 가격 OC는 평균비용 $OL(=FK)$보다 $CL(=GK)$만큼 낮기 때문이다. 결국 공기업이 사용자가격만으로는 최적산출량을 공급할 수 없다는 것을 뜻하며, 정부의 보조금을 통해 손실을 보전해 주어야 할 것이다.

그러나 모든 전력회사가 항상 평균비용이 체감하는 상황에 놓여 있는 것은 아니다. 대규모의 시설을 보유하고 있더라도 여러 가지 경영상의 어려움 때문에 비용이 체증하는 상황에 놓일 수도 있고, 현실적으로 보아도 이러한 비용체증 현상이 많이 나타나고 있는 것이다. 이러한 비용체증하에서 한계비용에 의한 가격

그림 20-2 | 한계비용에 의한 가격책정(비용체증의 경우)

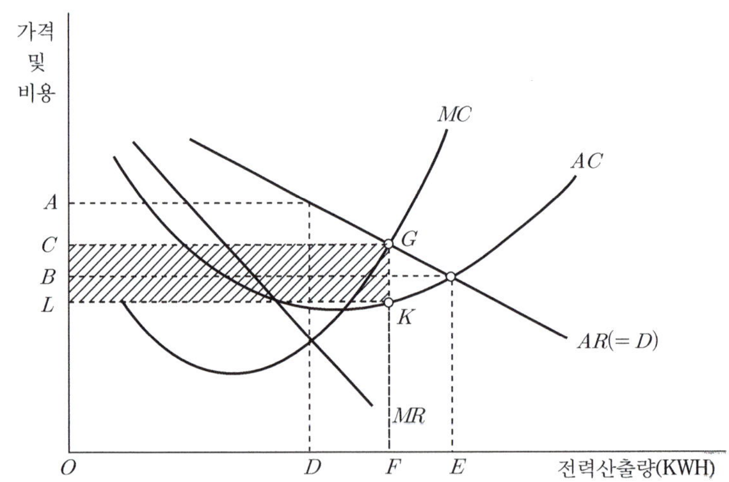

책정원리를 적용한다면, 그 기업은 도리어 초과이윤을 실현하게 된다. [그림 20-2]가 바로 비용체증하에 전력을 생산하는 경우를 보여주는데, 한계비용과 일치하는 가격 OC를 적용한다면 이 기업은 초과이윤(▨$LCGK$)을 실현하게 된다. 산출량 OF에서 가격 OC는 평균비용 $OL(=FK)$보다 $CL(=GK)$만큼 높기 때문이다. 공기업에서 이러한 초과이윤은 바람직하지 못할 수도 있으므로 이때에는 정치적인 판단에 따라 소비자계층간의 가격을 조정할 필요가 있을 것이다. 예를 들어, 저소득층에게 저가로 기본적인 최저전력공급을 보장할 수 있을 것이다.한계비용에 의한 가격책정원리에서 비용의 개념은 중요한 논의의 대상이 된다. 통상비용이 주로 과거의 실적에 의한 역사적 비용을 바탕으로 계산되는데, 한계비용에 의한 가격책정 방식에서는 과거의 비용은 매몰비용(sunk cost)으로 처리하고 앞으로의 장기계획에 따라 발생할 비용에만 치중하는 것이 특색이다. 더욱이 여기서의 한계비용은 장기적인 비용이므로 단기적인 운영비는 물론이고 장기적인 시설투자비가 한계비용 속에 포함되어 있는 것이다. 또한 경제적 측면에서 모든 비용은 기회비용으로 파악하여 계산되어야 하며, 진정한 비용계산을 위하여 잠재가격(shadow price)을 추정하여 이를 적용함이 바람직하다.

2. 평균비용에 의한 가격책정원리

평균비용에 의한 전력요금의 책정원리는 공기업의 성격을 띠고 있는 많은 나라의 전력회사에서 통상적으로 채택되고 있는 방법이다. 특히 한계비용에 의한 가격책정이 비록 사회후생을 극대화하는 방식으로 경제원리에 부합하는 것이지만 비용 체감이나 체증 상황에서 공기업에 손실이나 초과이윤을 야기한다는 점에서 그것을 대체하는 방식이라고 할 수 있다. 전력요금을 평균비용에 따라 책정할 때의 그 비용 속에는 정당한 수익(fair return) 혹은 정상이윤이 포함되고 있으므로, 이 기업은 새로운 신규투자를 유지할 수 있는 최소한의 이윤율을 확보하고 있는 것이다.

이것을 그림으로 설명하면 다음과 같다. 평균비용에 의한 가격책정원리에 따라 AC선이 AR선과 교차하는 H점에서 전력생산량과 가격이 결정될 수 있다. 이때 산출량은 OE가 되고 가격은 OB에서 결정된다. 이는 앞에서 살펴본 한계비용에 의한 가격책정의 경우 생산량은 OF, 가격은 OC에서 결정되었던 것에 비교하면 생산량은 적어지고 가격은 높아진 것이다. 그러나 독점기업으로서 행동했을 때의 생산량 OD보다는 많아지고 독점가격 OA보다 낮아진 것이다.

이와 같이 평균비용에 의해 가격을 책정하는 경우 기업은 초과이윤도 손실도 없는 오직 정상이윤만 실현시키는 상태에서 운영되게 된다. 이러한 평균비용원리에서 중요한 논의의 대상이 되는 것은 비용의 개념이다. 평균비용이란 총비용을 총산출량으로 나누어 준 것으로, 다시 말하여 전력 1 Kwh당 비용을 말한다. 여기서 말하는 비용이란 과거의 실적에 입각한 역사적 비용(historical cost)을 가리키는 것이며, 대략 다음과 같은 요소를 포함하게 된다.

$$TC = E + d + T + (V - D)R$$

TC=총비용

E=운영비(발전비, 인건비, 유지관리비 등)

d=감가상각액

T=각종 세금지불액

V=재산총가치액

D=발생된 감각상각액

R=정상수익률

$(V-D)R$=정상이윤

이상의 비용계산에서 가장 계산하기 어려운 비용항목은 역시 정상수익률(R)이라고 하겠다. 어떤 수익률이 투자에 대한 정상수익을 대변하여 주느냐 하는 것은 기업에 있어서 가장 중요한 과제이기 때문이다. 만일 현실의 이윤률이 정상수익률 이하로 책정된다면 그 기업은 쇠퇴할 수밖에 없을 것이며, 그 이상으로 책정된다면 기업은 비용을 과대계상하게 되어 초과이윤을 발생시키게 될 것이다.

정상수익률은 결국 투자에 사용되는 자본비용(cost of capital)과 밀접한 관련이 있다. 자본비용이 높으면 정상수익률도 높아야 하며, 자본비용이 낮으면 정상수익률도 낮게 된다. 자본비용을 계산하는 방법은 전통적으로 자본의 역사적 비용에 의한 계산방법과 자본의 기회비용에 의한 계산방법으로 대별될 수 있다. 평균비용에 의한 전력요금책정원리 하에서는 통상 전자의 방법이 사용되고 있으나, 앞에서 설명한 바와 같이 한계비용에 의한 가격책정방식 하에서는 후자의 방법,

즉 자본의 기회비용 개념이 매우 중요하게 된다.

3. 차별적 가격책정원리

차별적 가격책정원리란 한 마디로 전력에 대한 가격을 소비자에 따라 상이하게 책정하는 원리이다. 즉 계절에 따라, 시간에 따라 상이한 가격이 적용되어야 한다는 것이다. 이러한 차별적 가격책정의 근거는 비용부담을 공평하게 한다는 데 있으나, 한편으로는 가격조정을 통해 생산시설을 완전가동시키도록 유도하면서 공기업의 손실을 보전하고자 하는 데 있다.

그러면 문제는 차별적 가격을 무엇을 기준으로 누구에게 어떻게 부담시키느냐 하는 것이다. 일반적으로 전력사업의 경우에는 사용자의 혜택과 지불능력에 따라 그 부담이 분배되어야 함은 당연한 일이고, 해당 사용자에 의해 발생된 추가적인 비용은 해당 사용자가 전적으로 부담해야 함이 타당하다. 또한 차별가격을 통해 전력의 산출능력(생산시설)을 완전가동할 수 있다면 그것은 매우 바람직한 일이다. 여기서 바로 전력요금을 최대부하가격(peak-load pricing)과 상시부하가격(off-peak-load-pricing)으로 차별하는 필요성이 생기게 되며, 이렇게 함으로써 전력의 부하율(load factor)을 높일 수 있게 된다.

발전시설규모가 고정되어 있을 때 전력요금을 단기적인 한계운영비용(marginal operating cost)과 일치시켜 소비자들에게 부과시키면 최대부하시에는 전력수요가 발전능력을 초과하여 공급부족 현상이 발생하고, 상시부하시에는 상당한 시설이 유휴상태에 빠지는 결과를 초래한다. 이때 상시부하시의 전력요금은 소비되는 전력 그 자체의 비용(한계운영비용)에만 일치하도록 하고, 그 대신 최대부하시의 전력요금은 전력 그 자체의 비용뿐만 아니라 발전시설비용(capacity cost)까지도 포함하도록 함으로써 소비자들로 하여금 전력의 시간적 소비패턴을 최대부하 시기에서 상시부하 시기로 이동하도록 유도할 수 있을 것이다. 이것은 공급부족 현상 및 유휴시설의 존재현상을 없앰으로써 자원의 낭비를 방지하고 사회후생을 증가시키는 것이다.

[그림 20-3]에서 주어진 시설규모하에서의 최대발전량을 OD라고 할 때, D_0D_0곡선은 상시부하(off-peak load)시의 수요곡선이며, D_pD_p곡선은 최대부하(peak load)시의 수요곡선임을 보여 주고 있다. AE선은 단기적 한계운영비용곡선

그림 20-3 | 차별적 가격책정

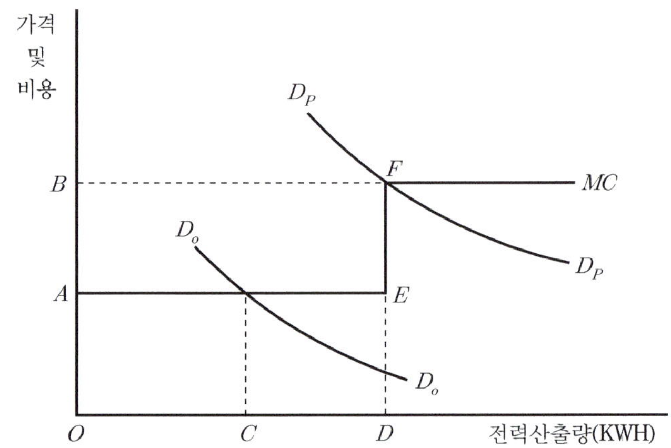

을 표시하며, 여기에 시설비를 포함시킨 장기적 한계비용을 고찰하면 비용곡선은 EF만큼 상향이동하게 된다. 이제 차별가격을 여기에다 적용시켜 볼 때 상시부하시의 전력요금은 OA가 되며, 최대부하시의 전력요금은 OB가 된다. 결국 상시부하가격은 단기한계비용($SRMC$)과 일치하며 최대부하가격은 단기한계비용과 한계시설비를 합한 장기한계비용($LRMC$)과 같아지게 되는 것이다. 즉,

$$\text{상시부하가격} : P_0 = SRMC = OA$$
$$\text{최대부하가격} : P_p = LRMC = OA + EF = OB$$

가 되도록 차별적으로 가격을 책정할 수 있는 것이다.

제 3 절 차선이론

1. 한계비용에 의한 가격책정의 문제점

우리는 제 2 장에서 시장의 실패를 지적하면서 민간경제하에서의 문제점을 해결하기 위하여 정부의 개입이 불가피한 경우를 공부하였다. 즉, 민간경제에 독점기업이 등장하게 되므로 이를 효율적으로 운영하기 위하여 정부가 직접 생산에 참여하게 되고, 또는 외부효과의 발생 때문에 공급의 부족현상이 일어나는데 이를 시정하기 위하여 정부가 직접 생산에 관여하게 되는 것이다. 어느 경우이든 정부는 공기업을 만들어 민간재의 성격을 가진 재화를 직접 생산하고 있는 것이다. 물론 정부가 민간재 혹은 준공공재를 공기업을 통해 직접 생산한다고 하여 자원배분의 효율성을 항상 증진시킨다는 보장은 없다. 때에 따라서는 공기업의 운영이 자원배분상의 비효율성(소위 X-inefficiency)을 더욱 심화시킬 수 있고 나아가서 정부의 개입이 정부의 실패를 불러일으킬 가능성은 얼마든지 존재하고 있다.

그러나 아무튼 공기업이 민간경제의 취약성을 보완할 수 있다고 일단 가정할 때, 공기업이 생산하는 재화 및 용역의 가격을 어떻게 책정하느냐가 주요 정책과제가 되며 이것은 앞 절에서 지적한 바와 같이 한계비용에 의한 가격책정이 최적요건이 되는 것이다. 이제 한계비용에 의한 가격책정이 최적요건이 된다는 것을 조금 다른 측면에서 검토하여 보자.

[그림 20 - 1]에서 공기업이 이윤극대화를 가능케 하는 가격수준 OA에서 가격을 결정하였다고 하자. 이때의 생산량은 OD가 되는데, 소비자들이 재화를 OF가 아니라 OD만큼을 소비함으로써 발생한 총편익의 감소분은 수요곡선 아랫부분의 면적인 $DIGF$가 된다. 한편, 생산량을 OF에서 OD로 감소시킴으로써 발생한 자원비용상의 절약분은 한계비용곡선 아래 부분의 면적인 $DJGF$가 된다. 그러므로 이때의 사회 전체의 순비용(net cost to society)은 양 면적의 차이인 면적 IGJ가 된다. 다시 말하여 공기업이 이윤극대의 원칙을 고수하기 위하여 책정한 가격을 한계비용에 맞추어 책정한 가격과 비교하여 볼 때 사회후생의 손실이 면적 IGJ만큼 발생하는 것이다. [그림 20 - 1]에서 가격을 평균비용에 맞추어

책정할 경우에도 사회후생의 손실은 여전히 발생하는데 그 면적은 면적 HGP로 축소된다.

이처럼 사회후생의 측면에서 한계비용에 의한 가격책정이 자원의 최적배분을 가져다 주는 방식인데, [그림 20-1]의 경우에서는 면적 $CLKG$만큼의 손실을 발생시킨다는 데 문제가 있었다. 그런데 문제를 더욱 어렵게 만드는 것은 전력공사와 같은 자연독점(natural monopoly)의 성격을 지닌 공기업에서 평균비용에 의한 가격책정마저도 불가능해지게 되는 경우이다. [그림 20-4]가 바로 이런 경우를 보여 주고 있다. 평균비용곡선이 수요곡선의 상부에 위치함으로써 평균비용과 일치하는 가격을 책정할 방도가 없다. 그러나 이때에도 공기업이 손실을 감수하는 한 어떤 수준의 생산량을 결정할 수는 있다. 가격을 OC수준으로 하고 따라서 생산량을 OF로 할 때, 이때의 소비자에게 돌아가는 총혜택은 수요곡선 아랫부분의 면적 $OAGF$가 된다. 총비용은 평균비용에다가 생산량을 곱한 면적으로서 $OBKF$가 된다. 따라서 면적 $OAGF$가 면적 $OBKF$보다 크다면(혹은 면적 BAH가 면적 HKG보다 크다면)이 공기업은 한계비용에 의한 가격책정원칙에 따라 결정된 생산량 OF를 생산하는 것이 무방하고 또한 그렇게 하는 것이 바람직할 것이다.

그림 20-4 | 한계비용가격책정의 문제점

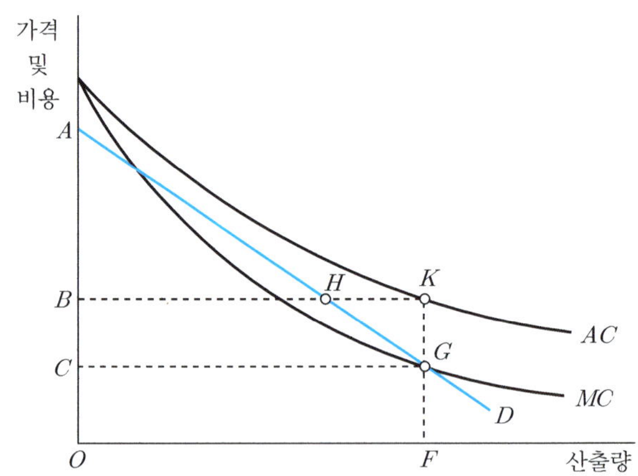

그러면 이제 공기업이 [그림 20-4]의 경우처럼 자원배분상의 효율성 제고를 위해 생산량을 *OF* 만큼 생산함으로써 발생되는 손실을 어떻게 보전하느냐가 문제인데, 기업경영을 지속하기 위해서는 재원조달의 방안이 강구되지 않으면 안 된다. 두 가지의 방안을 고려해 볼 수 있다. 첫째가 정액세(lump-sum tax)를 사용자에게 부과하는 방안이다. 정액세는 자원배분상의 왜곡현상을 야기시키지 않는다는 측면에서 고려의 대상이 될 수 있다. 그러나 이 조세는 누진성이 결여되어 있어 소득분배상의 문제를 발생시키므로 공평하지 못한 결과를 초래한다. 두 번째의 방안은 앞 절에서도 소개한 차별가격(price discrimination)제도의 적절한 도입이다. 만약 완벽한 차별가격의 적용이 가능하다면 공기업은 각 사용자에게 그들이 지불할 용의가 있는 가격을 차등적으로 부과하여 징수함이 옳을 것이다. 그러나 이와 같은 완전차별가격의 적용은 현실적으로 어려운 일이다. 그 대신 비록 완벽하지는 못하다 하더라도 사용자들의 소득계층별, 사용내용별 그리고 이용시간대별로 차별가격을 형성함으로써 시설이용의 효율성 제고 및 소득분배상의 형평성, 그리고 재정수입의 확보 등 가격정책의 여러 목표를 두루 충족시킬 수 있도록 하여야 할 것이다.

차별가격제도를 운영하는 방안은 어떤 기준을 채택하느냐에 따라 다양하다고 하겠고 또 공기업의 성격에 따라 제각기 다를 수 있겠다. 그러나 이러한 제도 운용이 현실적으로 그리 용이한 것이 아닌 만큼 공기업의 재원조달문제는 어쩌면 공공부문 전체에서 조세를 포함한 전반적인 재원조달문제를 다루는 맥락에서 파악되어야 할 것이다.

2. 차선이론의 적용

공기업부문에서 가격을 책정하려고 할 때 서로 관련이 있는 부문이지만 정책결정자의 영향 밖에 있는 부문에서 자원배분의 왜곡이 일어나고 있다면 이때 공기업에서 어떤 가격책정원리를 적용해야 할 것인가는 후생경제학에서 하나의 흥미 있는 연구가 되어 왔다. 이것이 소위 차선이론(theory of second best)의 핵심이라 하겠는데, 이 점에 대하여 간략히 검토한다.

우리가 통상 파레토 최적상태라고 얘기할 때에는 최적조건이 전체 경제의 모든 산업부문에 고루 적용되고 있는 경우를 의미하며 이러한 상태에서 최적조건에 입각한 가격정책을 채택한다면 그것은 당연히 '최선'(first best)의 선택이 될 것이다. 그러나 파레토 최적조건이 모든 산업부문에 고루 부합되기는 힘들고 어떤 부문에서는 이 최적조건이 파괴되는 경우가 흔히 발생한다. 우리가 잘 알고 있듯이 독점이라든가 외부효과 또는 조세 때문에 재화의 가격이 한계비용과 흔히 일치하지 않게 되는 것이다. 또 공공부문이라는 것도 여러 형태의 재화를 생산하고 있으며 각각의 정책결정자가 있으므로 상호 연관되어 있는 부문이라도 영향력 행사에는 한계가 있기 마련이다. 만약 어느 영향력 밖에 있는 부문에서 자원배분의 왜곡이 존재하고 있는데(즉, $P \neq MC$), 현재 고려되고 있는 해당부문에서 계속 파레토 최적조건에 합당한 정책(즉, $P = MC$)을 집행해야 할 것인지의 질문이 제기될 수 있다. 여기에 대한 해답은 그렇지 않다는 것이다. 이처럼 차선이론은 다른 부문에서 왜곡현상이 존재하고 있는 주어진 상태에서 해당부문(controllable sector)에서는 어떤 가격책정원리를 설정해야 하는가를 규명해 보고자 하는 것을 목적으로 하고 있다.[1)]

차선이론의 결론을 미리 밝히면 다음과 같다. 왜곡되어 있는 다른 부문에서의 재화의 가격이 한계비용보다 적고(즉, $P < MC$) 해당부문의 재화와 대체적인 관계가 있을 때, 해당부문에서도 재화의 가격을 한계비용보다 적게 하는 것이 자원배분의 효율성을 위해 더 타당하다는 것이다. 이를 [그림 20-5]를 가지고 설명해 본다. 두 개의 공기업에서 재화 X_1과 X_2를 각기 생산한다고 하고 X_1부문이 우리의 해당부문이며 X_2부문이 자원의 왜곡이 존재하는 타부문이라고 하자.[2)] X_1과 X_2는 서로 대체적인 관계에 있다. 예를 들어 X_1을 대중버스, X_2를 지하철이라고 할 수 있겠다. [그림 20-5]에서 D_1과 D_2는 X_1부문과 X_2부문의 수요곡선을 의미하는데, 이는 X_1부문에서 한계비용에 의한 가격책정원리를 추구할 때 형성되어질 수요곡선에 해당된다. 양 부문 모두 한계비용곡선은 수평을 이루고 있다고 가정한다.

이제 X_1부문에서 가격을 $\overline{P_1}$에서 유지하고 생산량을 $\overline{X_1}$에서 이루어지도록 하더라도, X_2부문에서 가격 P_2^*와 생산량 $\overline{X_2}$가 이루어지고 있다면 $P_2^* < MC_2$

1) R. G. Lipsey and K. Lancaster, "The General Theory of Second Best," *Review of Economic Studies*, Vol. 24(1956~57), pp. 11~32.

2) 엄격히 말하여 여기에 제 3 의 부문이 추가되어야 하며 이 제 3 부문은 X_1과 X_2 이외의 모든 재화를 포괄하는 부문으로서 왜곡현상이 존재하고 있지 않다는 전제가 필요하다.

그림 20-5 | 차선이론의 적용

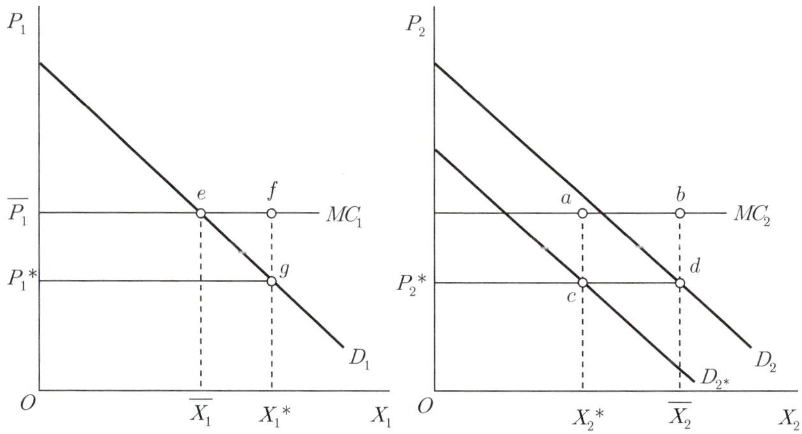

이므로 자원배분의 왜곡이 발생하고 있다. 이러한 상태에서는 자원이 X_2부문에 너무 많이 몰려 있다는 것을 쉽게 인식할 수 있다. X_2를 지하철이라고 한다면 지하철 이용객이 너무 많을 것이며 지하철 이용객을 대중버스쪽으로 일부 전환시킨다면 사회후생 측면에서 바람직할 것이라 쉽게 인식된다. 따라서 X_1부문에서 가격을 P_1^*으로 인하하는 것을 고려할 수 있겠는데, 이렇게 가격인하 조치를 취하면 X_2부문의 수요곡선은 D_2^*으로 이동하게 된다.[3] 우리는 X_2부문이 영향력 밖에 있는 부문으로서 주어진 것으로 가정하고 있으므로 X_2부문의 가격은 계속 P_2^*에 머무르고 있으면서 생산량 및 소비량은 X_2^*로 감소하게 될 것이다.

이처럼 X_1부문에서 가격을 P_1^*로 인하시킴으로써 파레토최적 조건을 위배하였는데 이것이 사회후생에 어떤 효과를 줄 것인가를 분석해 보자. 우선 X_1부문에서는 생산량이 X_1^*로 증가하였으므로 총자원비용이 면적 $\overline{X_1}efX_1^*$만큼 증가하였다. 동시에 소비자에게는 총혜택이 면적 $\overline{X_1}egX_1^*$만큼 증가하였기 때문에 자원비용의 순증가는 면적 efg가 된다. 한편 X_2부문에서는 생산량이 X_2^*로 감소됨으로써 총자원비용이 면적 $X_2^*ab\overline{X_2}$ 만큼 절감되었지만 소비자의 순혜택도 면적

3) '다른 조건이 동일하다면(ceteris paribus)'의 가정에 따라 통상의 수요곡선은 타관련재화의 가격이 변하면 이동한다는 점을 상기하라.

$X_2^* cd\overline{X_2}$만큼 감소하였으므로 자원비용의 순절감효과는 면적 $abdc$가 된다. 따라서 자원비용의 순증가분인 면적 efg와 자원비용의 순절감분인 면적 $abdc$와의 비교가 필요하게 되는데, 만약 면적 $abdc$가 면적 efg보다 크다면 X_1부문에서의 가격인하는 사회후생에 긍정적인 영향을 가져다 준다는 결론에 도달한다. 면적 $abdc$가 면적 efg보다 크다고 할 때 차선이론이 추구하는 것은 이 양 면적의 차이가 극대가 되도록 하는 가격을 책정하는 것이며 이러한 가격을 차선의 적정가격이라고 부를 수 있겠다.

위의 예는 X_1과 X_2의 관계가 대체적인 경우이고 만약 X_1과 X_2의 관계가 보완적이라면 결론은 반대로 도출되어야 한다. 즉, X_2부문에서 $P_2 < MC_2$이면 X_1부문에서는 $P_1 > MC_1$으로 조정되어야 한다. 나아가서 X_2부문에서 $P_2 > MC_2$일 경우에는 X_1과 X_2가 대체적일 때 $P_1 > MC_1$, 그리고 X_1과 X_2가 보완적일 때 $P_1 < MC_1$으로 조정되어야 할 것이다.[4]

차선이론을 현실에 적용하는 데 있어서는 지금까지 설명하고 도출한 결론보다 훨씬 더 복잡하다. 예를 들어 영향력 밖에 있는 왜곡부문이 하나만 있는 것이 아니라 여러 개 존재할 수 있으며 또 한계비용곡선도 수평선이 아닌 체증 혹은 체감하는 경우가 더 일반적인 것이다. 따라서 차선이론에서 제기된 공공요금의 책정원리는 보다 광범위한 응용범위를 지니고 있으며, 우리가 앞의 제 9장에서 공부한 비용-편익분석(cost-benefit analysis)과 밀접한 조화를 이루어 나가는 것이 바람직할 것이다.

제 4 절 부담금과 목적세

1. 부담금[5]

"부담금"이란 중앙행정기관이나 지방자치단체의 장, 행정권한을 위탁받은 공

4) R. W. Boadway and D. E. Wildasin, *Public Sector Economics*, 2nd ed.(Little, Brown and Co., 1984), Ch. 7, pp. 176~179.

5) 이 부분은 기획재정부, 『2010년도 부담금운용종합보고서』 2010을 참조하여 정리.

공단체 또는 법인의 장 등 부과권자가 분담금, 부과금, 기여금, 그 밖의 명칭에도 불구하고 재화 또는 용역의 제공과 관계없이 특정 공익사업과 관련하여 부과하는 조세 외의 금전지급의무로서 대표적인 준조세(quasi tax)이다.[6] 이러한 부담금들은 강제적으로 부과되는 국민의 부담이라는 점에서 조세와 유사하지만 그것이 특정한 공익사업과 연계되어 부과되며 또 통상 기금이나 특별회계 또는 특정 공공기관의 수입으로 계상됨으로써 특정한 공익사업과 연계되어 그 사용용도가 정해져 있다는 점에서 일반재원인 조세와 차이가 있는 것이다. 우리나라는 2001년 말 부담금관리기본법을 제정하여 시행하고 있는데, 이는 각 개별 법률에 근거하여 설치·운영되던 각종 부담금의 신설을 억제하고, 그 관리와 운용에 있어 공정성과 투명성을 제고하기 위한 것이다.[7]

부담금은 그 설치목적이나 성격에 따라 이용자·원인자 부담금, 수익자 부담금, 유도성 부담금 등 여러 가지로 분류되고 있다. 첫째, 이용자·원인자 부담금은 각종 시설을 건설 또는 유지하기 위하여 그 사용자 또는 원인자에게서 관련 비용을 징수하는 경우로 기반시설부담금, 수도법상 원인자부담금, 물이용부담금, 환경개선부담금 등을 그 예로 들 수 있다. 둘째, 수익자부담금은 공공사업 또는 시설로 인해 특별한 이익을 받은 자에게 징수하는 부담금으로 개발부담금, 농산물수입이익금 등이 있다. 셋째, 유도성 부담금은 직접적인 규제수단이 아닌 금전에 의한 간접적인 규제수단을 통하여 일정한 국가정책적인 목적을 달성하기 위한 것으로서 장애인고용부담금, 배출부과금, 과밀부담금 등을 들 수 있다.

이와 같이 부담금은 많은 경우 원인자 또는 수익자 부담의 원칙하에서 특정한 공공사업의 원인을 제공한 자나 그로부터 편익을 얻는 자 등에게 부과한다는 점에서 해당사업의 시행과 재원 확보가 연계된다는 특징을 지닌다. 또한 일부 부담금의 경우 사회적 또는 법적으로 가치 있는 행위를 국민에게 유도하는 기능을 수행하는데, 국민의 금전적 부담을 통해서 의무를 이행하도록 하는 수단으로서의 기능도 수행한다. [표 20-1]은 부담금과 조세 등 다른 유형의 재원조달수단과의 차이를 보여 주고 있다.

[표 20-2]는 우리나라 부담금의 규모와 함께 귀속주체별 배분추이를 보여

6) 특정한 의무이행을 담보하기 위한 예치금 또는 보증금의 성격을 가진 것은 제외한다.
7) 2011년 현재 부담금관리기본법의 별표에 열거하여 그 적용대상으로 정한 부담금은 총 97개이다.

표 20-1 | 부담금과 다른 재원조달수단들과의 비교

유 형	부담금과의 비교
조세	• 조세: 일반국민 또는 주민의 담세능력 등을 기준으로 부과되며, 국가 또는 지방자치단체의 일반재원으로 사용 • 부담금: 특정한 공익사업의 경비에 충당하기 위하여 당해 사업과 특별한 관계가 있는 자에게 사업의 소요경비나 사업과의 관계 등을 기준으로 부과하며, 통상 기금이나 특별회계, 특정 공공기관의 수입으로 사용됨으로써 재원사용에서 특정 공익사업과 연계
목적세	특정한 사업의 경비에 충당하기 위한 경비라는 점에서 목적세와 부담금은 그 성질이 같으나, • 목적세: 사업과 관련이 없는 일반개인에 대하여도 그 납세능력에 따라 부과 • 부담금: 그 사업과 밀접한 관계가 있는 자에게만 부과
사회보험료	• 사회보험료: 피보험자들간의 연대적 배분 및 차등적 조절을 감안해서 부과됨 • 부담금: 특정의 공공사업과 특별한 관계가 있는 자에 대해 부과
사용료, 수수료	• 수수료: 국가 또는 지방자치단체가 제공하는 개별적인 서비스에 대한 반대급부(요금) • 사용료: 국가 또는 지방자치단체가 제공하는 공공시설을 이용하거나 재산사용에 대한 반대급부(대가)로서 부과 • 부담금: 특정의 공공서비스를 창출하거나 바람직한 행위를 유도하기 위해 특별한 이해관계자에게 부과
과태료, 벌금, 범칙금, 가산금 등 행정제재금	• 행정제재금: 재정수입의 목적이 아닌 행정상 의무이행의 확보를 위하여 또는 의무위반자에 대한 처벌을 목적으로 부과 • 부담금: 특정의 공공서비스를 창출하거나 바람직한 행위를 유도하기 위해 특별한 이해관계자에게 부과

주고 있다. 우선 2010년 현재 우리나라 부담금은 총 14.5조원으로 전체 조세수입의 6.6% 수준을 보이고 있다. 이러한 부담금의 비중은 2001년 5.1%에서 계속 증가하고 있는 추세임을 알 수 있다. 부담금 수입은 정부의 기금이나 특별회계, 그리고 특정 공공기관으로 귀속되어 해당 분야의 특정 공익사업에 사용되고 있는데, 2010년을 기준으로 볼 때 중앙정부의 기금에 전체 수입의 63.6%가 귀속되고 있으며 다음으로 중앙정부 특별회계 23.4% 등의 순으로 나타나고 있다. 한편 2009년에 비해서 2010년 공공기관 등에 대한 귀속분이 크게 감소하고 있는데 이는 부담금 제도개선에 따라 실질적으로 국민에게 부담을 주지 않는 산림복구비용예치금 등 8개 예치금·보증금을 부담금 관리대상에서 제외했기 때문이다.

표 20-2 | 부담금의 귀속주체별 추이

(단위: 억원, %)

	중앙정부		지방자치단체		공공기관 등	합 계[1]
	기금	특별회계	광역	기초		
2001	33,099	19,207	2,403	2,543	5,653	62,938 (5.1)
2002	38,358	19,733	4,184	3,671	8,536	74,482 (5.5)
2003	48,564	17,673	6,419	4,255	11,282	88,193 (6.0)
2004	54,231	21,086	7,840	5,662	11,596	100,415 (6.6)
2005	65,779	26,463	5,872	6,885	9,298	114,296 (7.0)
2006	64,653	29,994	5,805	5,895	13,187	119,534 (6.7)
2007	76,032	33,526	8,565	9,207	16,321	143,650 (7.0)
2008	87,576	32,598	6,580	7,114	18,911	152,780 (7.2)
2009	84,473	33,266	5,797	7,480	17,031	148,047 (7.0)
2010	92,017	33,837	6,847	7,100	4,790	144,591 (6.6)
(비중)						
2001	52.6	30.5	3.8	4.0	9.0	100.0
2002	51.5	26.5	5.6	4.9	11.5	100.0
2003	55.1	20.0	7.3	4.8	12.8	100.0
2004	54.0	21.0	7.8	5.6	11.5	100.0
2005	57.6	23.2	5.1	6.0	8.1	100.0
2006	54.1	25.1	4.9	4.9	11.0	100.0
2007	52.9	23.3	6.0	6.4	11.4	100.0
2008	57.3	21.3	4.3	4.7	12.4	100.0
2009	57.1	22.5	3.9	5.1	11.5	100.0
2010	63.6	23.4	4.7	4.9	3.3	100.0

주 1) 괄호안은 전체 조세 세수대비 비중임.
자료: 기획재정부, 『부담금운용종합보고서』, 각년도

[표 20-3]은 부담금의 분야별 사용내역 추이를 보여 주고 있다. 2010년을 기준으로 할 때 산업·정보·에너지 분야의 부담금이 27.9%로 가장 높은 비중을 보이고 있는데, 이는 전기요금에 부과되는 전력산업기반기금 부담금과 석유 등에 부과되는 수입·판매부과금의 규모가 크기 때문이다. 다음으로는 금융분야인데 이는 신용보증기금 출연금 등 각종 신용보증 관련 부담금의 규모를 반영하는 것

표 20-3 | 부담금의 분야별 사용추이

(단위: 억원, %)

	산업·정보·에너지	환경	금융	건설 교통	보건 의료	기타	총계
2008	35,464	24,323	26,105	9,162	16,369	41,284	152,707
2009	36,262	25,323	28,057	10,051	16,380	31,941	148,014
2010	40,390	22,842	29,264	8,483	15,848	27,763	144,590
(비중)							
2008	23.2	15.9	17.1	6.0	10.7	27.0	100.0
2009	24.5	17.1	19.0	6.8	11.1	21.6	100.0
2010	27.9	15.8	20.2	5.9	11.0	19.2	100.0

이다. 환경의 경우 전체 부담금의 15.8%를 점하고 있는데 환경개선부담금 등 환경관련 부담금들은 환경개선특별회계로 귀속되어 환경관련 사업에 사용되고 있다.

2. 목 적 세

목적세(earmarked tax)는 기본적으로 그 재원을 특정한 지출사용처에 연계시켜 징수하는 조세이다. 이러한 목적세는 물론 그 부과대상이 그 사용처와 직접 관련이 없는 경우도 있지만 많은 경우 그 지출용도와 연계된 세원을 통해서 조달되도록 함으로써 수혜자의 직접 부담에서 오는 효율성 내지 공평성을 달성할 수 있게 된다. 또한 지원이 필요한 특정분야에 대해서 일정기간 안정적으로 재원을 확보해줌으로써 해당 분야의 집중적인 발전을 도모할 수 있다는 정책적인 장점도 제시된다.

그러나 한편 이러한 목적세는 지출사용처를 사전에 정해 놓고 있으므로 재정운용상의 경직성을 가져다 준다는 비판을 받고 있다. 또한 목적세는 교육이나 농어촌과 같이 특정분야에 대한 세출확보를 목적으로 하고 있어 관련되는 논의가 경제적 효율성보다는 정치적 타당성 등이 보다 강조되며 일정기간이라는 한시성도 잘 지켜지지 않는다는 문제점도 지적되고 있다. 그리고 교육세와 같이 많은 경우 그 부담과 지출간의 연계성이 없기 때문에 수익자부담원칙을 통한 자원배분의 효율성을 제고한다는 취지가 퇴색하고 있다는 비판도 제기되고 있는 것이다.

우리나라는 2011년 현재 국세에서 교통·에너지·환경세와 교육세, 농어촌특별세 등 세 가지, 그리고 지방세에는 지역자원시설세와 지방교육세 등 두 가지의 목적세를 가지고 있다.[8] 다음에서는 목적세로서의 대표적인 예라고 할 수 있는 교통·에너지·환경세에 대하여 간략하게 살펴보기로 한다.

교통·에너지·환경세는 도로·도시철도 등 교통시설의 확충 및 대중교통 육성을 위한 사업, 에너지 및 자원 관련 사업, 환경의 보전과 개선을 위한 사업에 필요한 재원을 확보하기 위하여 휘발유와 경유에 부과하는 세목이다. 1994년 도입 당시에는 교통세로서 출발하여 교통시설 확보에 그 재원이 사용되었는데 2007년부터 현재와 같은 교통·에너지·환경세로 개편되어 대상사업이 확대되었다.

많은 나라에서는 고속도로를 건설하고 유지관리하는 데 발생하는 비용을 충당하는 재원으로 휘발유 및 기타 관련제품의 소비에 과세하는 세목을 마련하고 있다. 휘발유세(gasoline tax)를 고속도로의 재원으로 삼는 이유는 휘발유의 소비가 고속도로의 소비(사용)와 직결되어 있다고 보기 때문이다. 따라서 휘발유세는 고속도로 사용자가 직접 부담하는 사용자가격(toll)에 대한 대체 재원조달수단이 된다.

그러나 이와 같은 목적세는 그 성격상 사용자 가격의 완벽한 대체수단이 되기는 어렵고 어디까지나 대략적인 대체수단(proxy)에 불과하다. 더욱이 경쟁시장이라는 것이 존재하고 있지 않기 때문에 목적세의 규모가 균형가격수준에 근접하기는 더욱 어려운 실정이다. 이러한 이유 때문에 목적세에 의해 조달된 공공서비스의 공급량이 그 수요량에 미치지 못하는 불균형상태에 놓이게 되는 경우가 흔히 발생한다.[9]

이론상 공공서비스의 수급균형은 소득이 증가함에 따라 공공서비스(고속도로) 수요의 소득탄력성이 목적세의 수입탄력성과 일치하고 목적세의 수입탄력성

---

8) 한편 그 세수가 특정 특별회계의 재원으로 투입되는 등 특정 목적에 연계되어 사용된다는 점에서는 광역·지역발전특별회계의 재원이 되는 주세, 세수의 45%가 지방자치단체 교육비특별회계의 재원이 되는 담배소비세, 세수의 일부가 교통시설특별회계의 재원으로 사용되는 개별소비세와 관세, 부동산교부세의 재원이 되는 종합부동산세 등도 그에 해당하는 부분에 대해서는 넓은 의미의 목적재원이라고 할 수 있다.

9) Walter W. McMahon and Case M. Sprenkle, "A Theory of Earmarking," *National Tax Journal*, 23(September 1970), pp. 255~261.

은 다시 목적세가 징수되는 과세대상품(휘발유)에 대한 수요의 소득탄력성과 일치할 때에 자동적으로 달성된다.[10] 따라서 만약 고속도로의 수요의 소득탄력성이 1이라면 소득이 10% 증가함으로써 고속도로의 수요도 10% 증가한다. 그런데 고속도로 공급의 재원은 휘발유 시장의 조건에 좌우되는 것이므로 충분한 재원을 마련하느냐는 휘발유 수요의 소득탄력성에 달려 있다. 즉 휘발유 수요의 소득탄력성이 1이고 휘발유 단위당 고속도로의 사용량이 일정불변하다면 10%의 소득증가는 목적세로부터 10%의 세수증가를 가져다 준다. 그러나 휘발유 수요의 소득탄력성이 1보다 작으면 목적세에 의한 세수는 세율을 추가적으로 증가시키지 않는 한 고속도로의 수요량에 미달하고 만다. 반대로 휘발유 수요의 소득탄력성이 1보다 크다면 목적세의 세수는 세율을 감소시키지 않는 한 고속도로의 수요를 초과하게 된다. 이와 같은 수급의 불균형은 경제적·정치적으로 경쟁요인을 제고시키고 이를 통해 조정함으로써 시정될 수 있을 것이다.

이처럼 고속도로를 위한 목적세가 고속도로의 소비에 좌우되기보다는 휘발유의 소비에 좌우되므로 사용자 가격의 대체적인 재원조달수단으로 완벽해질 수가 없다. 또한 목적세는 고속도로의 소비시간 및 소비장소와는 무관한 장소에서 징수되기 때문에 사용자 가격과는 달리 고속도로의 혼잡도 내지 최대부하(peak-load)를 조정할 능력을 가지고 있지 못하다.

이와 같은 관점에서 목적세와 사용자 가격을 비교하여 본다면 사용자 가격이 더 효율적이라는 결론을 얻게 된다. 특히 고속도로의 재원을 휘발유세 이외에 모든 차량에 일률적으로 적용하는 차량등록세(혹은 자동차세)라든가 타이어(tire)세 등에 의존하게 한다면 고속도로를 사용하든 하지 않든간에 모든 차량들이 고속도로의 재정을 지원하는 것이 된다. 이것은 오직 고속도로를 사용하는 차량만이 지불하는 사용자 가격(toll)에 비해 목적세가 덜 효율적이라고 이야기할 수밖에 없다.

그럼에도 불구하고 현재 많은 나라에서 사용자 가격보다 목적세에 더 많이 의존하고 있는데 그 이유는 고속도로와 같은 사회간접자본을 공공요금이 적용되는 공공시설(public utility)로 보기보다는 무료재화의 성격을 띤 공공재로 이해하고 있기 때문이다. 우리나라에서도 고속도로에 대한 통행료 이외에 교통세라는 목적

---

10) Richard E. Wagner, *The Public Economy*(Chicago, Ill.: Markham Publishing Co., 1973), Ch. 8, "User Pricing, Tax Earmarking, and Trust Funding," pp. 127~139.

세를 징수하여 도로 등의 건설 및 관리비용에 충당하고 있다. 또한 교육세라는 목적세를 징수하여 교육재원으로 활용하고 있다. 그러나 목적세는 재정운용에 경직성을 야기하므로 재원조달을 일반적인 과세로 마련하고 목적세는 가능한 최소화하는 것이 재정운용상 바람직하다고 결론지을 수 있다.

CHAPTER

The Modern Public Finance

21 지방재정

제 1 절 지방분권의 원리

1. 지방분권의 의의

지방재정(local finance)이란 지방정부가 지방공공재를 공급하는 등 그 기능을 수행하기 위해 필요한 재원을 조달 · 지출 · 관리하는 것을 의미한다. 2011년말 현재 우리나라에는 서울특별시, 부산광역시 등 6개 광역시, 8개 도, 제주특별자치도 등 16개 광역자치단체와 75개 시, 86개 군, 69개 자치구 등 230개의 기초자치단체가 지방행정 체계를 구성하고 있다.[1) 2)] 물론 이러한 지방자치단체들은 국가의 체계내에서 국가가 제정한 법규의 틀 안에서 활동하며 사전 · 사후적 통제를 받게 되지만, 헌법에 근거하여 부여된 자치권과 법인격을 바탕으로 지역주민들의 기본적인 욕구충족 및 복리증진을 위하여 많은 기능을 수행하고 있다.

이와 같이 우리나라는 물론 세계의 거의 모든 나라들이 중앙정부와 함께 다양한 형태의 지방정부를 설치 운영함으로써 다층적인 정부구조를 가지고 있는데, 왜 지방정부가 필요한 것인가? 단일의 중앙정부에서 모든 공공사무를 처리할 수는 없는가? 라는 의문이 제기될 수 있다.

1) 2012년 7월 1일부터 연기군과 주변 일부 지역을 대체하여 정부의 직할로 세종특별자치시가 설치된다.

2) '지방정부'는 지방행정 주체를 의미하는 일반적인 용어이며, '지방자치단체'는 우리나라에서 법인격을 가지고 지방행정을 담당하는 주체를 의미하는 법률적인 용어이다.

이러한 물음에 답하기 위해서는 우선 지방공공재의 개념에 대해서 살펴볼 필요가 있다. 제 3 장에서 우리는 공공재에 대해서 살펴보았는데, 소비의 비경합성과 배제불가능성이라는 특성을 기준으로 국방이나 외교와 같은 순수공공재와 도로나 운동장 등과 같은 준공공재로 구분하였다. 이러한 기준에 추가하여 공공재를 그 서비스의 편익이 미치는 지역적 범위에 따라 구분할 수 있는데, 모든 공공재는 국방 등과 같이 전국적으로 모든 국민이 혜택을 누리는 것으로부터, 특정 마을의 진입로나 가로등과 같이 그 범위가 지극히 제한되어 있는 경우까지의 연속선상의 한 점에 위치하고 있다고 할 수 있다. 전자를 국가공공재(national public goods)라고 한다면 일정한 지역 안에 그 편익이 미치는 공공재를 지방공공재(local public goods)라고 부를 수 있을 것이다.

이와 같이 특정한 지역에 편익이 국한되는 지방공공재의 경우 해당지역 주민들의 선호에 따라 공급되고 비용도 그 편익의 혜택을 받은 주민들이 부담해야 하는 것이며, 국방과 같이 편익이 전국적으로 미치는 경우는 전국적인 규모의 정부가 담당하며 그 비용은 모든 국민이 부담하여야 한다. 따라서 편익귀속지역만을 기준으로 본다면 공공재의 종류에 따라 수많은 계층의 정부가 존재할 필요가 있을 것이다. 그러나 현실에서는 이러한 편익지역 이외에도 정부의 유지비용, 공공재 공급에서의 규모의 경제, 외부효과의 정도, 주민의 선호차이 여부 등이 종합적으로 고려되게 된다.

지방분권 또는 지방자치란 지방 공공사무의 처리와 관련한 제반 의사결정 및 정책수행 권한이 지방에 분산되어 있는 것을 의미한다. 즉 일정한 지역과 주민을 바탕으로 설립된 지방자치단체가 그 지역의 문제를 주민들의 의사에 따라 자율적으로 처리하고 동시에 그에 따른 재정부담 등의 책임을 지도록 하는 소위 자율과 책임의 메카니즘을 통하여 자원배분의 효율성을 확보하도록 하는 것이 지방자치의 기본적인 의의인 것이다.

2. 지방분권의 장·단점

그렇다면 왜 지방분권이 필요한 것인가? 즉 모든 공공행정을 중앙정부가 담당하기 보다는 지방정부에 많은 부분에 대한 권한을 이양하여 담당하도록 하는 것이 바람직한 이유는 무엇인가? 물론 지방분권화의 정도는 한 나라의 역사적·

정치적·경제적인 제반 상황에 따라 달라지는 것이지만, 특히 각 체제가 가지고 있는 장·단점에 대한 평가도 중요한 역할을 한다고 할 수 있다. 논리적으로 양 극단의 경우는 상호 대칭적이라고 할 수 있기 때문에 한 체제의 장점은 다른 체제의 단점이 될 것이다. 이하에서는 지방분권을 중심으로 그 장단점을 살펴본다.

(1) 지방분권화의 장점

1) 지방공공재의 효율적인 공급

지방분권의 가장 기본적인 논거는 각 지역은 다양한 특성과 선호를 가지고 있기 때문에 해당 지역의 사무들은 그 특성과 선호에 맞추어 그 지역 스스로 처리하는 것이 가장 효율적이라는 것이다. 이것을 오우츠(W. Oates)가 주장한 지방분권화의 정리(Decentralization Theorem)[3]를 통해서 살펴보자. 오우츠에 따르면 어느 공공재의 생산비용이 중앙정부나 지방정부차원에서 동일하다면, 중앙정부가 전 지역을 대상으로 동일한 수준의 공공재를 공급하는 것보다 지방정부가 주민들을 위해 해당 공공재를 공급하는 것이 더 효율적이라는 것이다. 다시 말하여 지방정부가 더 효율적으로 공공재를 공급할 수 있다는 것으로 이것을 지방분권

그림 21-1 | 공공재의 혜택과 비용

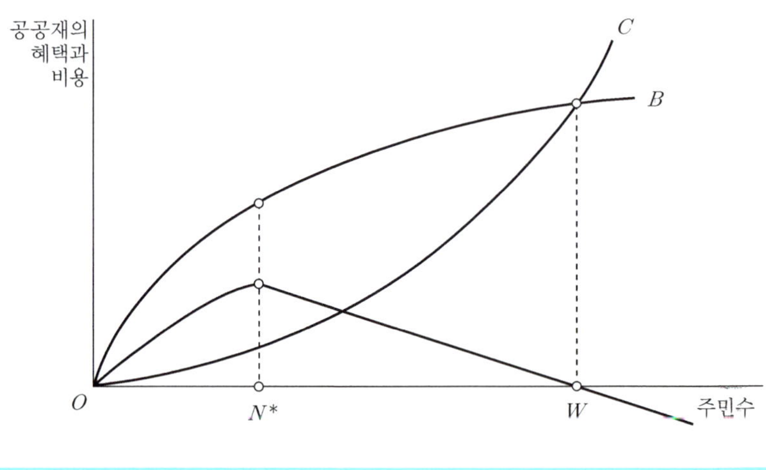

3) Wallace Oates, *Fiscal Federalism*(Harcourt Brace Jovanovich, New York, 1972), pp. 38～46

화 정리라고 한다. 이를 그림을 통해서 살펴보자.

[그림 21 - 1]은 공공재를 생산하고 소비하는 과정에서 발생하는 혜택과 비용을 종축에 표시하고 이에 관련되는 주민수를 횡축에 표시하고 있다. 여기서 공공재는 설명의 편의상 순수공공재로 가정하며 따라서 모든 주민들은 동일한 양의 공공재를 소비한다고 가정한다. 곡선 OB는 공공재를 소비하는 주민들에게 발생하는 혜택을 보여 주고 있다. 공공재가 일단 생산되고 이를 주민들이 소비하는 과정에서 주민들의 수가 점차 증가할 때 처음에는 주민당 지불해야 하는 가격이 줄어드므로 이들 개개인이 받는 혜택이 커지고 이러한 주민당 혜택을 합친 총혜택도 빠르게 증가하게 된다. 그러나 주민들의 수가 계속 증가할 때는 규모의 경제에서 기대되는 효과가 점차 줄어들게 되고 따라서 총혜택의 크기는 그리 크게 증가하지 않게 된다. 결국 곡선 OB는 점차 상승폭이 둔화하여 수평선과 같은 기울기를 유지하게 된다.

한편, 곡선 OC는 공공재를 생산하는 데 들어간 비용뿐만 아니라 해당 공공재를 소비하는 과정에서 발생하는 후생의 손실분을 함께 표시하고 있다. 공공재가 일단 생산될 때 주민들은 생산비용을 분담해야 한다. 주민들의 수가 증가함에 따라 처음에는 생산비용 분담액이 줄어들게 된다. 그러나 주민들의 수가 점차 증가함으로써 개인당 부담액이 감소하게 되고 그에 따라 낮은 가격에서 원하는 소비량은 매우 클 터인데 그 원하는 소비량을 제대로 충족시키지 못하게 되고 주민들의 불만이 증가하게 된다. 결국 곡선 OC는 일인당 부담액 감소와 불만의 증가를 합한 것인데 비용이 빠르게 상승하는 기울기를 갖게 된다.

이제 곡선 OW는 곡선 OB와 곡선 OC간의 수직적 간격의 차이를 보여 주는 순편익곡선이다. [그림 21 - 1]에서 보듯이 주민수 N^*에서 순편익이 극대가 되는데 이는 주민수 N^*가 특정 공공재를 생산하고 소비하는 데 있어 최적 주민수임을 의미한다. 만약 위의 특정 공공재가 중앙정부에서 생산하는 순수공공재라면 N^*는 전국인구를 가리키게 되며, 그렇지 않고 지방정부차원의 순수 지방공공재라면 N^*는 적정 지방주민인구로서 여러 개의 지방정부가 참여하는 것이 더 유리함을 암시하게 된다.

이러한 지방분권화 정리를 다른 그림을 이용해서 설명해보자. [그림 21 - 2]에서 D_A와 D_B는 각각 A와 B지역의 특정 공공재에 대한 수요곡선을 보여주고 있는데 B지역이 A지역에 비해서 이 공공재에 대한 선호가 높다는 것을 보여주고

그림 21-2 | 지방분권화 정리

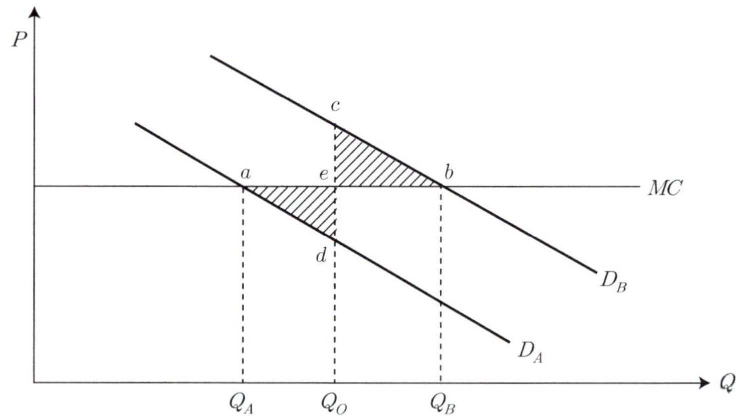

있다. MC는 이 공공재 생산의 한계비용을 의미하는데, 두 지역에서 비용은 동일하다고 가정한다. 만약 이 지방공공재의 공급을 각 지역에서 자율적으로 선택한다면 균형점은 각각 a와 b에서 이루어지고 공공재 공급량은 Q_A와 Q_B가 될 것이다. 즉 자신들의 선호에 따라 A지역은 이 공공재를 상대적으로 적게 공급하고 B지역은 많이 공급하게 되는 것이다.

이제 이 공공재를 중앙정부가 일괄적으로 공급한다고 생각해보자. 중앙정부는 각 지역에 대한 공공재 공급량 등을 결정할 때 통상 표준적인 기준을 따르게 되는데, 이 경우 두 지역에 일률적으로 Q_O를 공급한다고 하자. 즉, A지역에는 자신들이 결정할 때보다 많은 양이 공급되고 B지역에는 적은 양이 공급되는 것이다. 이 경우 어떠한 결과가 초래될 것인가. A지역의 경우 Q_A를 넘어서는 공급량의 부분은 한계비용이 소비자 즉 A지역 주민의 한계효용을 초과하게 된다. 결과적으로 Q_A와 비교할 때 Q_O의 공급량에서는 빗금친 aed 만큼의 사회후생이 감소하는 것이다. 이제 B지역의 경우를 살펴보자. Q_O의 공급량에서 B지역 주민의 공공재 한 단위의 한계효용은 한계비용에 비해서 ce만큼이 크다는 것을 알 수 있다. 따라서 공급량을 Q_O 이상으로 증가시킴에 따라 사회후생이 증가하게 되는데 Q_B까지 증가하는 경우 빗금친 ecb만큼의 사회후생이 증가하는 것이다. 결국 중앙정부가 집권적으로 공급하는 대신 지방정부들이 자신들의 선호에 따라 자율적으로 공공재 공급에 대한 결정을 하는 경우 빗금친 면적을 합한 만큼의 사회후생이 증가하게 되는 것이다.

2) 참여확대를 통한 민주성과 책임성의 증대

지방정부는 주민들에 보다 가까이 있고 주민들의 일상생활에 보다 밀접한 공공서비스를 공급하고 사무를 처리하는 정부로서, 소위 '풀뿌리 민주주의'를 통하여 주민들의 보다 적극적인 참여를 유도할 수 있으며 이를 통해서 지방행정이 민주성과 책임성을 제고할 수 있다. 지역주민들은 이러한 참여과정을 통하여 지역의 제반 의사결정에 영향을 줄 수 있고, 또한 이러한 결정이 자신의 부담과 연계된다는 점을 인식함으로써 효율적이고 책임 있는 지방행정이 이루어질 수 있도록 촉구하는 경향이 강하게 된다. 또한 이러한 참여과정을 통하여 지방정부는 주민들의 의사를 잘 파악할 수 있으며, 그 의사에 부응하는 정책을 실시하게 되는 등, 전체적으로 정부의 책임성 확보라는 측면에서도 바람직한 결과를 유도할 수 있는 것이다. 물론 인터넷이나 각종 소셜네트워 등 다양한 첨단매체들을 통해 국민들이 국가적 또는 지역적인 이슈들에 대해서 참여할 수 있는 통로가 확대됨에 따라 물리적인 거리에 따른 분권화의 이점은 상당 부분 희석되고 있지만, 보다 많은 정보들이 공유됨으로써 주민들의 일상생활에 관련되는 지역이슈들에 대한 관심은 더욱 높아지게 될 것이다.

3) 다양성과 경쟁성의 확보

지방정부는 제반 사회이슈들에 대한 정책방안들을 다양한 관점에서 연구·개발하고 새롭게 시도할 수 있다는 점에서 사회 전체에 긍정적인 역할을 할 수 있다. 즉 같은 이슈에 대해서도 중앙으로부터의 통일적인 기준에서가 아니라 지역의 상황을 반영하여 다양한 관점에서 접근함으로써, 문제해결을 위한 독창적인 방안을 제시할 수 있으며, 또한 공공서비스를 제공하는 새로운 방식을 개발할 가능성이 높은 것이다. 이러한 새로운 시도의 결과들은 결국 다른 지방정부 등으로 확산되어 사회 전체에 긍정적인 기여를 할 수 있게 되는 것이다. 또한 각 지방정부들은 이러한 다양한 정책시도 등을 통하여 다른 지방정부들과 경쟁하고, 이를 통하여 사회 전체의 효율성 증대에도 기여한다고 할 수 있다.

(2) 지방분권화의 단점

1) 규모의 경제 이익 약화

특정 공공재가 그 생산에 있어 규모의 경제가 작용하는 경우 분권화보다는 중앙집권화 또는 광역화를 통해서 보다 효율적으로 공공재를 공급할 수 있을 것이다. 특히 앞에서 논의하였던 분권화 정리는 기본적으로 생산에 있어 규모에 의한 수확불변을 가정한 것으로서 중앙정부에 의한 생산에 있어서 규모의 경제가 발생하는 경우 분권화 정리의 논리적 근거는 상당부분 약해질 수밖에 없는 것이다. 결국 지방공공재의 공급기능을 어느 수준으로 분권화할 것인가는 분권화로 인한 규모의 경제 이득의 감소와 지역주민의 선호 반영도의 증가에 따른 이익의 정도 등을 비교하여 결정하여야 할 것이다.

2) 지역 간 불공평의 야기

지방분권화는 선호 차이에 따른 사업의 규모나 내용 등 세출 측면에서 자율성을 인정하는 것뿐만 아니라 그에 필요한 재원도 각 지역이 스스로의 능력에 따라 조달하는 것을 원칙으로 한다. 또한 사업의 내용 측면에 있어서도 각 지역마다의 다양한 기준을 인정함으로써, 자칫 주민들이 향유하게 되는 공공서비스 수준에 지역 간 불공평을 야기할 수 있다. 특히 문제가 되는 공공서비스가 기본적인 삶의 질에 해당하는 것일 경우 이러한 불공평의 문제는 심각해진다고 할 수 있다.

이러한 지역간 경제력 및 재정력 등의 격차에 따른 지방공공서비스 수준의 격차문제는 우리나라 지방재정이 직면하고 있는 가장 큰 문제점 중의 하나로 대두하고 있다. 물론 이에 대처하기 위하여 지방교부세 등을 통한 지원이 이루어지고 있으며 지원방식에 있어서도 지역간 격차를 반영하기 위한 노력이 이루어지고 있다. 그럼에도 불구하고 지역간 격차문제가 모두 해결되기는 어려운 것이 현실이다.

3) 소득재분배나 경제안정화 정책의 효과적인 추진 곤란

현대 재정이 수행하는 다양한 기능 중에서 지방정부가 효과적으로 수행할 수 있는 기능은 제한적이라고 할 수 있다. 만일 특정의 지방정부가 고소득층으로부터 지방세를 많이 징수하여 저소득층에 보조금을 지급하는 소득재분배정책을 강하게 추진한다고 하자. 그렇게 되면 다른 지역으로부터 저소득층이 유입하게 되고, 고소득층은 타 지역으로 이주하는 등의 현상이 발생하게 됨으로써, 세수가 계속 감소하게 되기 때문에 지방정부가 소득재분배정책을 계속 추진하기는 어렵다고 할 수 있다.

경제의 성장과 안정을 위한 재정정책 등을 추진하는데 있어서도 지방분권적인 체제에 비해서 중앙집권적인 체제가 효과적이라고 할 수 있다. 각 지방정부는 경제안정을 위한 재정정책이나 금융정책을 효과적으로 수행하기 위해 통화량을 조절하거나 조세제도를 변경할 수 있는 권한이 없으며, 또한 각 지역이 나름대로의 경제안정정책을 추진한다고 하더라도 그 효과는 제한적이며 지역 상호간 조정문제도 매우 어렵다고 할 수 있다.

(3) 지방분권 수준의 결정요인

우리나라의 중앙집권적 행정체제는 그동안 국가발전이라는 목표를 능률적이고 효과적으로 달성해 왔지만, 지역간 · 산업간의 불균형을 해소하는 데 있어서는 효율적이지 못했다고 할 수 있다. 중앙정부와 지방정부간의 기능배분, 또는 지방분권화의 수준을 어떻게 설정할 것인가는 국가적으로 중요한 선택의 문제이다. 현실적으로 한 나라의 지방분권 수준에 영향을 미치는 요인을 살펴보면 다음과 같다.

첫째, 정치적 측면에서 민주주의에 대한 요구의 정도가 국가와 지방자치단체간의 기능배분에 영향을 끼친다. 즉 민주주의의 요구가 강할수록 지방자치단체의 역할이 강화되는 경향이 있다고 할 수 있다. 이는 지역주민의 참여를 높인다는 데 근본적인 의미가 있으며 지방행정을 민주적으로 수행하기 위하여 주민들이 쉽게 참여하고 또 주민들이 쉽게 통제할 수 있는 업무를 가능한 한 많이 일선행정단위에 배분해야 한다는 원칙을 의미한다.

둘째, 경제적 측면에서 각급 행정단위의 규모, 재정능력, 경제발전의 정도 등을 고려하여 각 업무를 최소의 경비로 최대의 효과를 낼 수 있도록 행정단위에 배분하여야 한다. 여기서 중요하게 고려되어야 할 요소가 지방재정의 자립성이다. 만약 지방재정이 궁핍할 때에는 설령 법령이 지방자치단체에게 많은 업무를 배분하고 있다 할지라도 이를 자주적으로 처리하지 못하게 된다. 또한 각종 공공서비스가 가지고 있는 파급효과도 함께 고려되어야 한다. 즉 특정 공공서비스의 편익이 미치는 지역의 범위에 비례하여 행정업무를 각급 행정단위에 적절히 배분시킬 수 있는 것이다. 그리고 경제성에 입각하여 업무를 배분하는 데 있어서 지역간의 경제적 불균형 해소노력도 아울러 이루어져야 한다.

셋째, 행정적 측면에서 지방행정의 역사와 경험이 어느 정도인가에 따라 중앙과 지방간의 기능배분이 달라질 수밖에 없다. 일반적으로 지방행정의 오랜 전통을 가진 나라일수록 지방자치가 그만큼 정착되어 있으므로 국가보다는 지방자치단체에 많은 업무가 배분되어 있다. 반면에 지방행정의 역사가 짧고 경험이 부족한 나라일수록 지방자치에 관한 법령이나 업무배분에 관한 실정법의 내용 여하에 불구하고, 실제로 행정업무가 중앙정부에 과도하게 배분되어 있다. 앞으로는 현지성이 높고 지방에서 종합조정기능을 충분히 발휘할 수 있는 일반적 업무를 지방자치단체에 하향배분함이 바람직하며, 각 자치단체별로 그 행정수요, 행·재정능력을 나타내는 지표를 개발하여 이에 의거 업무를 배정함이 좋을 것이다.

넷째, 사회·문화적 측면에서 국민들의 의식수준과 가치관이 기능배분의 중요한 변수가 된다. 일반적으로 국민들의 의식수준이 낮고 보수적인 가치관이 지배하는 나라일수록 행정기능이 중앙정부에 편중배분되는 경향을 보인다. 국민들의 의존적 사고는 문제를 스스로 해결하려는 노력보다는 국가나 정부의 힘에 의해 해결되기를 기대하게 되고, 결국 지방적 과제를 지방정부보다는 중앙정부가 담당하도록 하는 것이 더 능률적이라는 인식이 지배하게 된다. 그러므로 그 나라가 갖고 있는 역사적 전통과 사회적 환경을 면밀히 분석하고 거기에 적합한 지방행정모형을 개발하는 것이 필요하며 나아가서 국민의식의 진취적 향상을 위한 대책을 강구하고 이에 따라 업무배분이 결정되어야 할 것이다.

제 2 절 지방정부의 기능

제 1 장에서 살펴본 바와 같이 현대의 정부재정은 매우 다양하고 광범위한 기능들을 수행하고 있는데 이는 소득분배기능, 경제안정화기능, 그리고 자원배분

기능으로 대별되고 있다. 중앙정부와 지방정부는 그 서비스 대상지역이 다르고 또 사용할 수 있는 정책수단에도 차이가 있다는 점에서 효과적으로 수행할 수 있는 기능에 차이가 있을 수밖에 없다. 또한 중앙정부의 경우 국가 전체를 대상으로 하기 때문에 서비스 대상인 국민들의 지역간 이동이라는 현상이 없는 반면 지방정부의 경우 지역간의 이동이 가능하다는 점이 그 공공서비스의 생산이나 공급, 주민들의 소비 등 여러 측면에서 고려되어야 할 것이다. 이하에서는 현대재정이 수행하는 세 가지 기능을 지방재정이 수행하는 것이 가능한 것인지 또는 그것이 경제적 측면에서 효과적인지 등을 중심으로 살펴보자.

1. 소득재분배기능

정부가 갖고 있는 소득재분배기능이란 부유한 소득계층으로부터 부유하지 못한 소득계층으로 소득을 이전하는 것으로서 현대복지국가에서 이와 같은 소득배분배기능은 필수적인 것이다. 지방정부에서도 분명히 소득재분배와 관련된 여러 프로그램을 계획하고 추진할 수 있다. 사실상 정부의 행정단위규모가 작을수록 소득재분배관련 프로그램들을 좀더 효율적으로 운영할 수 있는데 그 이유는 잠재적 수혜자들이 누구이며 어떻게 전달되는지를 잘 알 수 있기 때문이다. 더욱이 지역에 따라 각기 특성에 맞는 소득재분배 프로그램을 유지할 수 있으므로 소득재분배기능은 지방정부에게 가장 적합한 것이라고 주장할 수도 있을 것이다.

그러나 지방정부가 소득재분배기능을 담당하기는 현실적으로 어렵다고 할 수 있는데, 그 이유 중의 하나는 주민들의 지역간 이동이 매우 활발하고 자유롭다는 점이다. 지역간의 이동이 자유로우면 사람들은 소득재분배 및 사회복지 프로그램들이 잘 갖추어진 지역으로 자연히 이동하게 되는데 이러한 주민들의 이동은 경제적으로 효율적이지 못하며 재정적으로는 큰 혼란을 불러일으킨다. 부유하지 못한 계층은 소득재분배기능이 적극적으로 추진되는 지역으로 모이는 반면에 부유한 계층은 떠나버리는 경향이 생기므로 그 지역의 재정상태는 악화될 수밖에 없는 것이다. 실제로 지역간의 주민이동에 있어서 가장 중요한 변수가 지역간의 사회복지수준의 차이에 있다는 연구결과도 제시되고 있다.[4] 이러한 상황에

4) Richard J. Celuba, "A Survey of the Literature on the Migration Impact of State and Local Government Policies," *Public Finance*, No. 1(1979).

서 소득재분배기능은 중앙정부가 전지역의 전체주민을 대상으로 일정한 기준을 갖고 운영하는 것이 더 효과적이라는 결론에 도달하게 된다.

현재 우리나라는 물론 대부분의 현대 국가에서 지방정부는 국민들에 대한 복지서비스를 제공하는데 있어 매우 중요한 역할을 담당하고 있다. 이는 특히 앞에서 설명한 바와 같이 지방정부가 지역사회의 상황을 잘 파악하고 있기 때문에 서비스 대상자 등의 선정이나 프로그램 운영을 직접 담당하는 것이 효과적이기 때문이다. 그러나 복지서비스 등 재분배 정책의 수혜자가 많은 경우 상대적으로 해당 지방정부의 재정능력은 약한 것이 일반적인 반면 그 서비스 제공비용은 많이 소요된다는 점, 그리고 복지정책은 중앙정부의 중요한 기능 중의 하나라는 점에서 특히 재원조달의 측면에서 중앙정부가 많은 역할을 담당하고 있는 것이다. [표 21－5]에 제시된 바와 같이 지방자치단체의 2011년 예산에서 사회복지기능은 지방정부 전체 세출예산의 20.2%를 점하고 있어 주요 세출기능별 분류상 가장 높은 비중을 점하고 있는데, 그 재원의 52.6%는 중앙정부가 보조금 등의 형식으로 지방에 이전하고 있는 것이다.

2. 경제안정화기능

경제안정화기능이란 한 나라의 경제를 안정되게 유지하면서 꾸준히 성장하도록 하는 기능으로서 물가를 안정시키고 고용수준을 안정적으로 확대시키는 것을 주 과제로 삼고 있다. 이러한 경제안정화 기능도 지방정부보다는 중앙정부차원에서 보다 효과적으로 추진될 수 있다. 물론 지방정부차원에서도 경제안정화 기능을 전혀 못한다고는 말할 수 없으며, 지역경제의 활성화 및 안정에 지방정부가 일정한 역할을 맡아야 할 필요가 있다. 그러나 지방정부의 수가 많은 나라에 있어서 개별 지방정부의 경제활동이 전체경제에 주는 영향은 별로 크지 않으며 지방정부는 통화나 금리, 조세 등 적절한 정책수단들을 가지고 있지 못하다는 점에서 그 역할은 한계가 있을 수밖에 없는 것이다. 지방정부가 예산상 흑자예산을 편성한다고 하더라도 그것이 국가전체의 인플레이션 상황에 대처하기에는 역부족이며, 경우에 따라서는 지방정부의 경제활동이 전체경제에 부정적인 효과를 끼칠 수 있고, 국가경제를 돕는다는 것이 지방정부에는 재정적으로 큰 부담을 야기시키는 경우도 상상할 수 있다. 이렇게 볼 때 한 나라의 경제안정화 기능은 중앙정부가 적절한 금융 및 재정정책을 통하여 추구하는 것이 훨씬 효과적이라고 하겠다.

3. 자원배분기능

지방정부가 분명히 효과적으로 수행할 수 있는 기능은 자원의 효율적 배분 기능이라고 할 수 있다. 자원배분기능이란 자원을 효과적으로 동원하고 적절한 분야에 적절한 재원을 배분하고 사용하는 기능으로서 여기서는 지역주민들의 욕구에 부합하는 지방공공재를 공급하는 것을 의미한다. 해당 지방공공재를 얼마만큼 공급하는 것이 가장 효율적인가에 대한 해답은 특정 공공재를 생산하고 소비하는 과정에서 발생하는 비용과 편익의 비교를 통하여 결정될 수 있다. 다시 말하여 비용과 편익의 차이인 순편익이 극대가 되는 그런 정도의 공공재를 공급하는 것이 가장 효율적인 방법이라 하겠다.

물론 비용과 편익의 측정이라는 것이 항상 용이한 일이 아니고, 실제로 공공재를 결정할 때 경제적 판단보다는 정치적 판단을 통해 정책결정자가 결정해 버리는 경우가 대부분이다. 순수한 지방공공재는 그 특성상 소비자에게 베푸는 혜택을 분할할 수 없는 성질을 가지고 있으므로 소비자에게는 공동소비라는 형태로 공급된다. 공동소비되는 지방공공재는 주민들이 싫든 좋든 일정한 규모의 공급이 이루어지므로 그 적정규모에 대한 주민들의 선호가 자발적으로 이루어지지 않아 주민들이 진정으로 얼마만큼의 해당 지방공공재를 원하는지 파악하기 어렵게 된다. 이런 이유로 순수한 지방공공재의 적정규모는 시장의 가격기구를 통해 결정되기보다는 적절한 정치적 과정을 거쳐 결정되는 것이 더 보편화되어 있는 것이다. 그러나 이것은 순수 지방공공재를 공급할 때의 경우이고, 비순수 지방공공재의 생산과 소비에서는 중앙정부에서 공급되는 공공재와 비교할 때 시장메커니즘의 원리가 훨씬 잘 적용될 수 있다. 이러한 점들에 대하여 좀더 고찰해 보자.

(1) 주민의 자유로운 이동과 지방공공재의 효율적 공급(Tiebout 가설)

중앙정부와 비교할 때 지방정부의 가장 중요한 특징의 하나는 전자가 국가 전체를 그 서비스 대상지역으로 하는 반면 후자는 일정한 특정지역을 그 대상으로 하며 주민들은 자유롭게 그 지역간을 이동할 수 있다는 점이다. 즉 주민들은 지역간의 자유로운 이동을 통해 자신들의 선호에 맞는 지방정부를 택할 수 있는데, 이렇게 자신의 선호에 부합하는 지역을 선택하는 행위를 소위 '발에 의한 투표'(voting with feet)라고 한다. 스포츠를 좋아하는 사람은 운동장시설이 좋은 지역으로 옮겨 살 것이며, 음악을 즐기는 사람은 연주시설이 갖추어져 있는 지역에 정착하려고 할 것이다. 또한 각 지방정부는 주민들이 원하는 일을 하게 되고 그렇게 함으로써 그 지역에 살고 있는 모든 사람들을 만족시키게 되는 것이다.

'발에 의한 투표' 논리를 처음 주장한 사람은 티부(C. M. Tiebout) 교수이다. 그래서 이 가설을 티부가설이라고 부르기도 하는데 이것을 자세히 설명해 보자.[5] 티부는 1954년 사무엘슨 교수가 중앙정부 차원의 공공재 이론을 제창하면서 공공재에 대하여 사람들이 자기의 선호를 표시하지 않기 때문에 적정 공공재 공급은 결국 정치적 과정을 통해 결정될 수밖에 없다고 주장한 것에 반론을 제기하면서 자신의 독특한 모형을 제시하였다. 즉, 지방공공재의 경우에는 지방공공재의 소비자이면서 투표자(consumer-voter)인 주민들이 지역간에 자유롭게 이동할 수 있기 때문에 지방공공재에 대한 주민들의 선호가 표시되며 따라서 지방공공재 공급의 적정규모가 결정될 수 있다는 것이다.

티부가설은 다음과 같은 가정에 근거하고 있다. 첫째, 일정한 수입(revenue)-지출(expenditure) 조합을 제시하는 수많은 지방정부들이 존재하고 있으며, 둘째, 주민들은 어떤 지방정부가 어떤 조합을 제시하는지 정확히 알고 있다. 셋째, 소비자이면서 투표자인 주민들은 고용에 따른 제약이나 이주비용 없이 자신의 선호에 부합하는 지역으로 자유롭게 이동할 수 있다. 넷째, 제공된 공공서비스는 외부경제나 외부불경제 효과를 나타내지 않으며, 다섯째, 공공재 공급에 있어 규모의 경제가 없이 각 지방정부는 최적규모에서 운영된다.

이러한 가정하에서 주민들은 자신의 선호에 가장 부합하는 지역으로 이사함으로써 자신의 선호를 표시하고 이를 바탕으로 지방공공재가 적정한 수준에서 공급되며 주민들의 지역선택도 효율적으로 이루어져 비슷한 선호를 가진 사람들끼리 지역을 형성하게 되고 그리하여 궁극적으로는 지방정부의 인구수도 적정수준에 머물게 된다는 것이다.

물론 이러한 티부모형은 엄격한 가정에 기초한 것이기 때문에 그에 따른 현

---

5) Charles M. Tiebout, "A Pure Theory of Local Expenditures," *Journal of Political Economy* (October 1956), pp. 416~424.

실적인 한계를 지닌다고 할 것이다. 우선 사람들의 자유로운 이동이라는 것이 현실적으로 그리 용이하지 못하다는 것이다. 그 지역에서의 취업기회라든가 주택·교육사정 등을 고려함이 없이 사람들의 자신의 선호에 따라 지역간을 자유롭게 이동한다는 논리는 현실적으로 무리가 없는 것은 아니다. 또한 이 가설 속에서는 공공재가 갖고 있는 외부효과를 전혀 고려하고 있지 않다는 약점도 지적되고 있다. 그리고 비슷한 선호를 가진 사람들로 지역을 형성한다는 주장에서 비슷한 선호가 정확히 어떤 것인지 분명하지 않다.

티부가설에 대하여 그동안 상당한 수의 실증적 검증이 행해져 왔다. 대표적인 것으로 오우츠(W. Oates)의 연구가 있다.[6] 오우츠는 주민들의 자유로운 이동이 그 지역의 지가에 직접적인 영향을 미칠 것이라는 데 초점을 맞추어 공공서비스가 많은 지역으로는 사람들이 모일 것이므로 공공서비스 수준(예컨대, 교육예산지출 규모)과 지가는 正의 관계가 있을 것이며, 조세부과가 많은 지역에서는 사람들이 빠져나갈 것이므로 조세징수 규모와 지가는 負의 관계가 있을 것이라는 가설을 세웠다. 그리고 이를 미국 뉴저지주의 여러 지역들을 대상으로 회귀분석(regression analysis)한 결과 위의 가설이 모두 의미있는 것으로 판명되었다. 즉, 티부가설이 실증적으로 맞다는 결론을 도출한 것이다.

그러나 오우츠의 연구결과에 의문을 제기하는 주장도 상당하다. 대표적인 것을 소개하면 오우츠의 연구는 결국 티부가설을 조세환원(tax capitalization)으로 증명하고자 한 것인데, 엄격히 말하여 티부모형이 완벽하게 작용할 경우에는 조세환원은 일어날 수 없다는 주장이 제기되었다.[7] 다시 말하여 두 지역간에 조세환원현상이 발생하기 위해서는 두 지역에 살고 있는 주민들의 선호는 동일하지만 두 지역에서의 공공지출수준 및 조세수준이 상이한 경우이다. 그러나 티부모형이 완벽히 적용되는 상태에서 두 지역간 주민들의 선호가 동일한 때에는 그 지역에서의 공공지출수준과 조세수준도 동일하다고 생각될 수밖에 없으며 이런 상태에서는 소세환원이 발생할 수 없다는 것이다.[8]

6) Wallace Oates, "The Effects of Property Taxes and Local Public Spendings on Property Values : An Empirical Study of Tax Capitalization and thc Ticbout Hypothcsis," *Journal of Political Economy*, 77(November 1969), pp. 957~971.

7) M. Edel and E. Sclon, "Taxes, Spendings, and Property Values : Supply Adjustment in the Tiebout-Oates Model," *Journal of Political Economy*, 82(September 1974), 941~954.

8) M. V. Pauly, "A Model of Local Government Expenditure and Tax Capitalization," *Journal of*

한편 이러한 티부모형이 효율적인 지방공공재의 공급으로 이어지는 것은 사실상 완전경쟁 상황과 유사한 가정에 따른 것이라고 평가할 수 있다. 즉 수입-지출의 재정조합을 제공하는 수많은 지방정부가 있고 주민들은 이러한 지방정부의 조합에 대해서 잘 알고 있으며 비용없이 자유롭게 이동할 수 있다는 가정은 수많은 수요자와 공급자의 존재, 완전한 정보, 자유로운 진입과 퇴출 등 완전경쟁 조건과 같은 의미를 가지는 것이다.

아무튼 주민들의 자유로운 이동은 지방정부의 행동에 지대한 영향을 미치게 된다. 지방정부간에는 어쩔 수 없이 경쟁을 불러일으키게 되고 주민과 기업에 무거운 세금을 부과할 수 없게 만든다. 너무 과중한 조세부과는 결국 인적·물적자원을 타지역으로 빼앗기는 결과를 불러일으키기 때문이다. 따라서 지방정부는 지역간의 이동이 불가능한 토지와 같은 부동산에 중점을 둔 재산세에 의존할 수밖에 없게 된다. 아무튼 주민들의 이동은 개인의 선택의 자유를 넓혀 준다는 데 의미가 있는데, 개인들은 자신들의 수준과 선호에 맞는 지방정부를 택할 수 있기 때문이다. 다시 말해서 특정 공공서비스에 높은 한계가치를 부여하는 사람들은 이러한 공공서비스를 보다 많이 제공하는 정부를 택할 것이고 또 그만큼의 높은 조세를 지불할 의사가 있을 것이다. 반대로 공공서비스에 그다지 높은 한계가치를 부여하지 않는 사람들은 작은 규모의 공공서비스를 제공하는 정부를 택하게 될 것이다.

결론적으로 말하여 지역간의 자유로운 이동은 주민들로 하여금 시장에서 민간재를 선택하는 것과 상당히 유사한 방식으로 공공서비스를 선택하도록 하게 하며, 이로 인해 지방정부의 강제성은 많이 약화된다. 반면에 개인의 선택의 자유는 그만큼 넓어지게 된다. 개인의 경제적 자유를 중요시한다면 보다 많은 공공재가 중앙정부보다는 지방정부에서 자율적으로 제공되어야 하며 여기에 지방분권화의 필요성이 존재하게 된다는 논리로 연결될 수 있는 것이다.

(2) 혼잡비용과 클럽재

티부모형은 주민들의 자유로운 이동을 통해 지방정부의 경제적 효율성이 달성된다는 것을 설명하고 있다. 이를 다시 경제이론적으로 설명하면 주민들의 자

Public Economics, 6(October 1976), pp. 231~242. 조세환원의 개념에 대해서는 제14장 제 4 절을 참조할 것.

유로운 이동이 허용되면서 몇 가지 가정이 용납될 때 지방정부에서는 적정규모의 지방공공재가 생산될 수 있고 지방정부의 자원배분기능이 최적화될 수 있다는 것이다.

그러나 너무 많은 인구가 한 지역으로 이동할 때 거기에는 항상 혼잡이라는 문제가 제기된다. 지방정부가 제공하는 공공서비스에서는 공동소비(비경합적 소비)가 가능하면서도 혼잡문제가 자주 대두되고 있다. 가장 대표적인 것으로 교량, 도로, 공원과 같은 대도시 사회간접자본의 혼잡이 좋은 예이다.

노벨경제학 수상자인 뷰게넌(J. Buchanan)은 이러한 문제를 그의 "클럽이론"이라는 독특한 이론을 가지고 설명하고 있다.[9] 여기서 클럽이란 어떤 특정한 공공재를 사용하는 잘 조직된 집단을 의미하며, 이 때의 공공재를 흔히 클럽재(club goods)라고 부른다. 클럽재를 혼잡없이 적절하게 공급한다는 것은 두 가지 측면에서 검토할 수 있는데, 하나는 클럽재의 이용자수가 결정되어 있을 때 클럽재의 시설규모(size)를 어떻게 적절하게 결정하여 공급하느냐이며, 다른 하나는 클럽재의 시설규모(size)가 결정되어 있을 때 클럽재의 이용자수를 어떻게 적절하게 결정하느냐이다. 통상 지방정부에서는 예산의 제약 등으로 클럽재의 시설규모가 미리 정해지는 것이 보통이므로 따라서 후자의 경우, 즉 주어진 시설규모에서 적정이용자수를 결정하고 이들에게 적절한 가격을 부과함으로써 혼잡발생을 피하도록 하는 것이 우리들의 주 관심사항이 된다고 하겠다.

뷰케넌의 클럽이론에서 제시되는 결론은 클럽재의 적정공급(적정이용자수의 결정)이 가능하다는 것이며, 이를 위해서는 이용자들에게 이용자수의 증가에 의해 추가되는 한계혼잡비용을 부과시켜야 한다는 것이다. 즉, 이용자부담액이 한계혼잡비용과 일치되도록 클럽재의 이용자수를 조절할 때 클럽재의 적정공급이 이루어지고 따라서 혼잡문제가 해결된다는 것이다.[10]

이와 같은 클럽이론이 갖고 있는 정책적 의미는 매우 중요하다. 지방공공재(클럽재)가 너무 많게 혹은 너무 적게 공급될 가능성이 항상 있는데 적정규모는 이용자부담과 직결되고 있다. 민간재의 경우, 예컨대 수영장 혹은 골프클럽 등에는 이것이 아무런 문제가 되지 않을 것이다. 그러나 지방공공재의 경우 혼잡을 피하기 위해 이용자에게 부담액을 증가시킨다는 것은 계층간의 형평성문제를 야

9) James Buchanan, "An Economic Theory of Clubs," *Economica*(February 1965).
10) 우리는 이 문제를 제 3 장 제 4 절에서 이미 고찰한 바 있다.

기하며 지역간의 자유로운 이동을 저해시키게 된다. 한편 많은 경우 선착순 방식이나 추첨방식 등을 적용하여 이용자를 선택하기도 하는데 궁극적으로는 자원배분의 조정을 통해서 시설규모를 조정할 필요가 있을 것이다.

제 3 절 지방정부의 적정규모

앞에서 언급한 바와 같이 2011년말 현재 우리나라는 16개의 광역자치단체와 230개의 기초자단체로 구성되어 있으며, 이들은 다시 특별시·광역시·도·특별자치도와 시·군·자치구로 구성되어 있다. 연방제를 채택하고 있는 미국 같은 나라는 더욱 다양한 지방정부로 구성되어 있는데, 50개의 주정부 및 80,000여 개에 달하는 지방정부로 구성되어 있으며, 지방정부에는 시, 카운티, 타운쉽과 같은 일반목적의 정부와 학교구 및 특별구와 같은 특별목적의 정부로 구성되어 있다.

이처럼 나라마다 다양한 형태의 지방정부를 가지고 있는데 왜 이토록 많은 지방정부를 가질 필요가 있으며 얼마만큼의 지방정부가 가장 적절한 수인가, 또 어느 정도의 규모가 적정한 것인가 등에 대해서 궁금해진다.

1. 공공서비스의 편익지역

우리는 앞에서 중앙정부과 지방정부간의 기능배분의 기준으로서 편익지역의 원칙을 지적하였다. 즉 특정한 공공서비스의 파급효과가 어느 지역까지 미치느냐의 범위에 따라 중앙정부가 할 일과 지방정부가 할 일이 구별될 수 있다는 원칙이다.

[그림 21-3]을 통하여 정부간의 기능분담에 관하여 다시 살펴보자. 이 그림은 각종 공공서비스가 갖고 있는 편익의 파급범위를 보여 주고 있다. 공원과 같은 지방의 휴식시설(2)이라든가 교통경찰·소방업무(3)는 그 편익의 파급범위가 일정지역에 한정되므로 시·군과 같은 지방정부가 취급함이 바람직하다. 한편 사법제도(4)와 교육(5)은 그 파급효과가 한 지역에 국한되기보다는 인접지역으로 확산되므로 어느 정도의 넓은 지역을 총괄하는 광역단위의 지방정부가 취급하여야

그림 21-3 | 각종 공급서비스의 파급효과

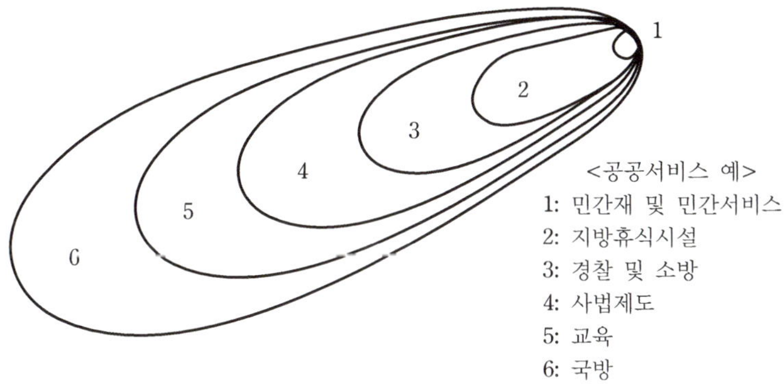

할 것이며, 끝으로 국방(6)은 그 파급효과가 전국에 미치므로 당연히 중앙정부가 취급하여야 한다.

이러한 기준은 정부단위의 규모가 공공서비스의 파급효과의 범위에 맞추어 조정될 때 가장 효율적인 정부조직을 가질 수 있음을 보여 주고 있다. 그러나 위에서의 기능분담 논의는 물론 아주 단편적인 것에 불과한 것으로서 위와 같은 기능분담기준과 관련해서는 다음과 같은 사항들을 고려할 필요가 있다.[11]

첫째, 정부의 규모와 기능을 결정하는 요인으로서 편익의 파급효과는 오직 수요 및 소비의 측면만을 고려하고 있는 것이며 공급의 측면은 고려하고 있지 않다는 사실이다. 예를 들어, 어느 한 지역의 주민들이 그 지역 내에 있는 공원을 모두 함께 즐기고 있다고 하자. 이들 주민들에게 공원은 공동소비의 특성을 가지고 있는 순수한 공공재인 것이다. 이러한 사실만을 고려한다면 공원이 그 지역의 지방정부에 의하여 건설되고 유지되어야 한다는 데 이견이 있을 수 없다. 그러나 이 때 생산측면을 무시한 결정이란 있을 수 없는 것이다. 즉 공원을 가장 저렴한 비용으로 효율적으로 제공할 수 있는 방법이 무엇인가를 생각하지 않을 수 없는 것이다. 필요하다면 공원시설을 하나의 지방정부가 아니라 여러 개의 지방정부가

11) James M. Buchanan and Marilyn R. Flowers, *The Public Finances*, 5th edition(Home\wood, Ill.; Richard D. Irwin, Inc., 1980), Ch. 37, pp. 490~498.

공동으로 마련하는 방법도 강구될 수 있겠고(이런 경우에는 서로 인접된 공동지역에 공원을 설치하여야 할 것이다), 또한 규모의 경제(economies of scale)원칙에 의하여 소비의 편익지역보다는 더 큰 규모의 공공시설을 마련하게 될 경우도 있을 것이다. 때에 따라서는 비용면을 고려하여 지방정부가 공공시설을 직접 제공하는 것이 아니라 민간기업으로 하여금 시설을 짓도록 하고 정부가 이를 임대하는 방법 등도 함께 고려될 수 있는 것이다.

둘째, 정부의 규모와 기능분담을 결정하는 데 있어 결정비용(decision cost) 내지 조직비용(organization cost)을 고려하지 않을 수 없다. 왜냐하면 이러한 비용들은 대개의 경우 매우 비싸고 또 큰 부담이 될 수 있기 때문이다. 각종의 공공서비스가 야기하는 파급효과나 그 범위가 각기 상이하다고 해서 모든 공공서비스를 상이한 규모의 정부조직이 각각 맡아 운영하기보다는, 조직비용을 고려하여 하나의 지방정부가 이를 모두 통합하여 운영하는 것이 더욱 바람직스러운 경우가 허다한 것이다. 하나의 일반정부가 대부분의 기능을 종합적으로 담당하도록 하며, 교육이나 소방 등 일부 예외적인 경우 개별 기능별로 특정 정부를 설치하여 그 기능을 담당하도록 하는 것이 일반적인 경우라고 할 것이다.

셋째, 외부효과의 범위를 분명히 파악하기가 결코 용이하지 못하다. [그림 21-3]에서 교육만 하더라도 이것의 파급효과는 교육을 제공받는 피교육자에 국한될 수도 있고, 어느 특정지역에만 해당될 수 있는가 하면 전국적인 범위로 확산될 수도 있는 것이다. 이렇게 보면 교육이라는 것은 민간재로부터 시작하여 준공공재 나아가서 순수공공재로 파악할 수 있는 그 범위가 모호한 서비스가 되어 버리고 만다.

끝으로, 정부간의 기능분담을 결정하는 데 있어 경제적인 특성뿐만 아니라 정치적인 특성도 함께 고려될 수밖에 없다. 경제적 측면의 고려가 중요한 요인인 것은 사실이나 각종의 정부가 서로 결합하여 형성된 행정체제가 사실상 정치적인 조직이라는 점을 상기할 때 경제적인 요인만 강조한다는 것은 매우 불합리하다. 때에 따라 편익지역으로 보아서는 분명히 지방정부의 소관이나 정치적인 고려에 의하여 중앙정부가 그 업무를 맡아 추진하는 경우가 많다. 좋은 예로서 지역개발사업 같은 것이 해당지역의 지방정부보다도 중앙정부에 더 많이 맡겨져 추진되고 있는 것도 이러한 이유 때문이라고 하겠다.

이상에서 살펴본 바와 같이 전체적인 정부간 관계 및 체계 속에서 정부간의 기능배분은 항상 유동적이고 동태적이다. 경제적 · 정치적 상황의 변동에 따라 정부간의 기능분담은 계속적으로 바뀌어지고 재정립되는데, 특히 경제성장의 과정에 있는 국가들에게는 이와 같은 변화가 더욱 급속히 일어난다고 하겠다.

2. 지방정부의 최적규모 결정[12)]

지방자치단체가 얼마만한 크기의 공공재 또는 공공서비스를 공급하는 것이 최적규모인가에 대한 해답을 이론적으로 규명해 보자. 분석을 위한 가정으로서 먼저 편익의 귀착이 특정지역에 국한되어 있다고 하고, 소비자의 소득 및 공공재에 대한 선호가 모두 동일하다고 하자. 이 같은 가정하에서 공공재 편익이 크기가 일정하다면 소비자의 수가 많으면 많을수록 개인당 공공재의 공급비용은 싸질 것이다.

우리는 지방재정의 최적규모 문제를 3 단계로 나누어 분석하고자 한다. 우선 최적주민규모(제 1 단계)와 최적공공재규모(제 2 단계)로 분리하여 이를 각각 별도로 분석하고, 나중에 이를 제 3 단계에서 서로 통합함으로써 최종적인 해답을 얻고자 한다.

(1) (제 1 단계) 최적주민규모의 결정

우선 제 1 단계로서 공공재(공공서비스)의 공급수준이 정해져 있다고 하고 이 수준에 합당한 최적주민규모에 관하여 살펴보자. [그림 21-4]에서 보는 바와 같이 종축에는 공공서비스의 1인당 비용을 표시하고, 횡축에는 주민수를 표시한다. 만일 일정한 크기의 공공서비스가 공급되어지면 이 때의 총비용 Z를 특정지역의 전주민 N이 전부 부담한다는 원칙에서, 공공서비스공급의 1인당 비용은 총비용 Z를 전주민 N으로 나눈 값(Z/N)이 될 것이다.

그림에서 AA곡선은 바로 이러한 개인당 비용(Z/N)을 나타내 주고 있다. 공공서비스공급의 개인당 비용은 주민수가 많을수록 감소하며, 주민수가 적을수록 증가한다. A_mA_m곡선은 주민수의 추가적 증가에 따라 개인당 비용이 추가적으로 얼마만큼 감소하는가를 말해 주는 소위 공공서비스 공급비용의 개인당 한계

12) R. A. Musgrave and P. B. Musgrave, *Public Finance in Theory and Practice*(New York: McGraw-Hill, 1980)의 제24장 “Principles of Multiunit Finance”의 일부 내용을 소개한 것임.

그림 21-4 | 공공서비스규모가 주어졌을 때 주민의 최적규모

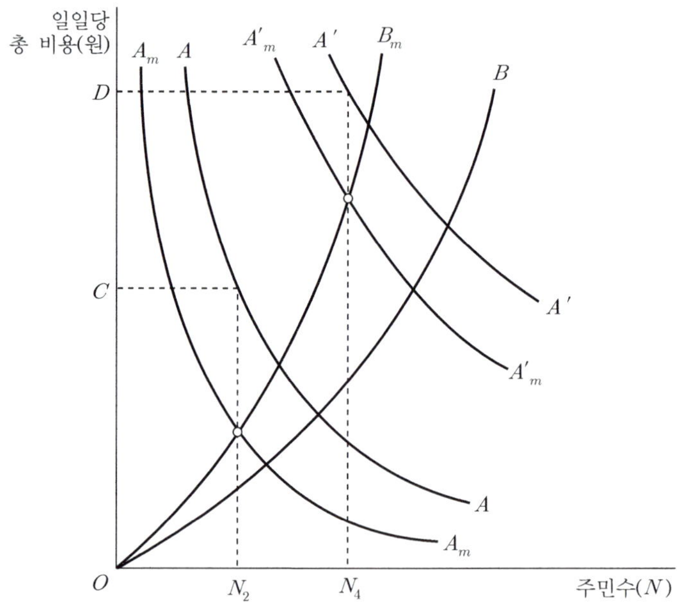

절약분을 보여 준다.

한편 일정한 크기의 공공서비스가 제공되었을 때 주민수가 많으면 많을수록 혼잡과 불편이 생기게 되는데, 이 혼잡은 개인에게 비효용을 초래할 것이다. OB 곡선은 바로 이러한 혼잡(congestion)에서 오는 개인당 피해비용을 말해 주며, OB_m은 혼잡의 개인당 한계비용을 말해 준다. 혼잡의 비용곡선은 공공서비스공급의 비용곡선과는 반대의 방향으로 그려진다. 즉, 혼잡비용은 주민수의 규모가 크면 클수록 증가할 것이다. 지금 일정한 규모의 공공서비스가 제공되었을 때 최적주민수의 선택(적정주민규모)은 OB_m 곡선과 A_mA_m 곡선이 서로 마주치는 점인 ON_2에서 결정된다. 다시 말하여 공공서비스의 크기가 주어졌을 때, 주민수의 크기는 개인당 공급비용의 한계감소 A_mA_m이 개인당 혼잡한계비용 OB_m을 상회하는 한 확대될 수 있다는 것이다. 이것은 공공서비스 소비에서의 혼잡 때문에 발생하는 개인의 불편에 비하여 공공서비스를 생산하는 데 드는 개인의 공급비용이 하락하는 정도가 크다는 뜻이며, 주민수가 증가함에 따라 개인의 부담을 줄

일 수 있다는 의미이다.

개인당 공공서비스의 비용은 N_2에서의 수직선이 AA곡선과 마주치는 곳 OC에서 결정될 것이고, 이 때 최적주민규모는 ON로 결정된다. 만일 그 국가의 총인구가 P라면 P/N_2에 해당하는 수의 지방자치단체 또는 지방행정구역을 갖는 것이 경제적으로 최적일 것이다.

그런데 이제 가정을 바꾸어서 공공서비스의 공급량이 주어져 있는 것이 아니라 만일 증대하는 경우에는 최적규모의 주민수 또는 행정구역의 최적규모는 어떻게 결정될까? 공공서비스가 증가하면 공공서비스의 개인당 비용곡선과 개인당 한계비용곡선은 모두 그림에서 보는 바와 같이 상방으로 이동한다. 따라서 새로운 최적규모의 주민수는 $A'_mA'_m$과 OB_m이 교차하는 곳에서 결정된다. 즉, 공공서비스의 공급량이 증가됨에 따라 총비용이 Z에서 Z'로 증가함으로써 새로운 행정구역의 최적규모는 ON_4이 되며, 이때 개인당 공공서비스의 비용부담은 OD가 된다.

(2) (제 2 단계) 최적공공재규모의 결정

앞의 제 1 단계에서는 공공재의 일정한 크기가 주어졌을 때 어떤 규모의 주민수를 가지는 것이 가장 최적인가를 분석해 보았다. 제 2 단계에서는 반대로 일정한 규모의 주민수를 가지고 있는 지역이 주어졌을 때 최적공공재규모는 어떻게 결정되는가를 보기로 하자.

[그림 21 - 5]에서 보는 바와 같이 종축에는 공공서비스의 개인당 비용을 표시하고, 횡축에는 공공서비스의 공급규모를 표시하자. 개인의 취미와 소득이 모든 사람의 경우 동일하다고 할 때, DD곡선은 개인의 공공서비스에 대한 수요곡선이라고 하자. 이 DD곡선은 그 사회의 대표적인 수요곡선이라고 볼 수 있겠다. S_1S_1곡선은 주민수가 N_1으로 주어졌을 때의 공공서비스의 생산곡선을 말해 주고 있으며, 이와 같은 의미에서 S_2S_2는 주민수가 N_2일 때, S_4S_4는 주민수가 N_4일 때의 공공서비스의 공급곡선을 나타내고 있다. 주어져 있는 주민수에서 개인이 맡아야 할 공공서비스의 개인당 생산비용은 공공서비스의 생산량 증대와 함께 증가하고 있으므로 각기의 공급곡선은 우상향하고 있다. 한편 각기의 상이한 공급곡선을 비교하여 보면 주민수가 크면 클수록 공급곡선은 그림의 아랫부분에 위치한다. 개인당 비용의 크기가 주민수가 클수록 작아지기 때문이다. 이제 이러

그림 21-5 | 주민규모가 주어졌을 때 공공서비스의 최적규모

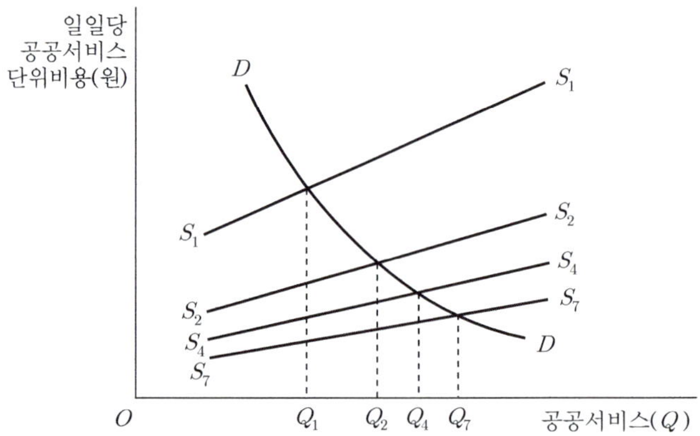

한 상황에서의 최적공공서비스의 규모는 수요곡선과 각기의 공급곡선이 교차하는 곳에서 결정된다. 즉, OQ_1의 공공서비스규모는 주민규모 N_1일 때에 최적규모를 말해 주며, OQ_2, OQ_4는 각기 주민규모 N_2, N_4일 때의 최적공공서비스규모를 말해 주고 있다.

(3) (제 3 단계) 지방재정의 최적규모 결정

그러면 이제 지방재정의 최적규모에 관한 최종적인 해답은 앞에서 다루었던 주민의 최적규모와 공공서비스의 최적규모를 함께 고려함으로써 얻을 수 있다. [그림 21-6]에서 보는 바와 같이 종축에는 공공서비스규모 Q, 횡축에는 주민규모 N을 표시한다.

최적주민규모의 모형([그림 21-4])에서 본 바와 같이 공공서비스공급의 총비용이 Z인 경우의 최적주민규모는 N_2였으며, Z보다 큰 Z'로 증가할 때 최적주민규모는 N_4로 팽창하고 있음을 보았다. 이처럼 상이한 공공서비스규모에 대한 최적주민규모가 [그림 21-6]에서 NN선으로 나타나고 있다. NN선에 의하면 상이한 공공서비스의 공급수준이 높으면 높을수록 주민규모는 더 증가해야 한다는 것을 보여 주고 있다.

[그림 21-6]의 QQ선은 최적공공재규모의 모형([그림 21-5])에서 보았던 상

그림 21-6 | 최적주민규모 및 최적공공서비스

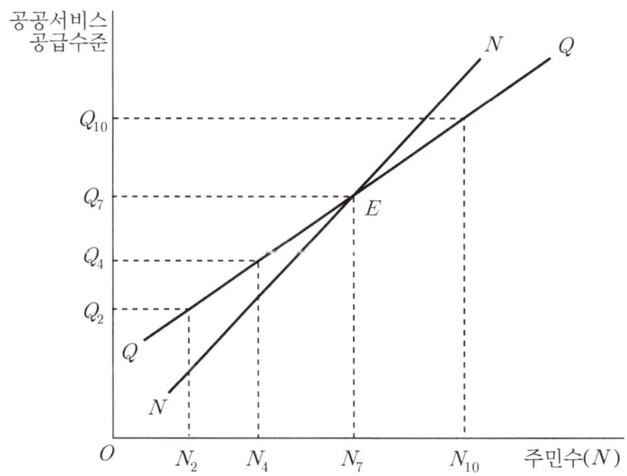

이한 주민규모에 대한 최적공공서비스규모를 보여 주고 있다. 즉, 주민규모가 크면 클수록 공공서비스규모도 커야 한다는 것을 보여 주고 있다.

이제 지방재정규모의 최적점은 NN선과 QQ선이 교차하는 점 E에서 이루어지며, 이 점에서 최적공공서비스규모는 Q_7, 최적주민모형은 N_7 로 각기 결정됨으로써 지방재정의 적정규모를 파악할 수 있다.

제4절 지 방 세

지방정부가 그 기능수행에 필요한 재원을 조달하는 수단은 크게 자주재원과 의존재원으로 구분된다. 자주재원은 지방세와 세외수입, 공채발행 등의 차입 등으로 구성되며 중앙정부의 재원조달수단과 유사하다고 할 수 있다. 지방정부의 재원조달이 중앙정부와 차이가 나는 점은 의존재원, 즉 중앙정부나 상위 지방정부로부터의 지원이 중요한 역할을 한다는 점이라고 할 수 있다. 이하에서는 자주재원 중에서 지방세를 중심으로 그 원리 등을 살펴보고, 다음 제5절에서는 의존

재원으로서 보조금 이론을 살펴본다.

1. 지방세의 의의

지방세란 지방정부가 지방공공서비스의 공급 등 그 기능을 수행하는 데 필요한 재원을 조달하기 위하여 부과·징수하는 조세이다. 이러한 재원조달기능은 지방세가 가지는 가장 중요한 역할이다. 한편 자주재원인 지방세가 국가로부터의 보조금 등 의존재원에 비해서 더 중요하고 강조되고 있는 것은 비단 재원조달 수단으로서만이 아니라 자율과 책임이라는 지방자치의 이념을 실행하는 핵심적인 수단이기 때문이다. 즉 지방자치는 주민들이, 자신들이 향유하는 지방공공서비스의 수준이나 내용 등을 그 선호에 따라 자율적으로 결정하면서 동시에 그에 대한 재정적인 책임을 부담함으로써 효율적인 자원배분이 이루어질 수 있도록 하는 것인데, 지방세는 바로 이러한 지방자치의 메커니즘이 잘 작동할 수 있도록 하는 가장 중요한 수단이다. 즉 지방세는 조세가격으로서의 역할을 통해서 주민들로 하여금 그들이 소비하는 지방공공서비스에 대한 부담을 인식하게 함으로써 부담에 걸맞는 자원배분이 이루어지도록 하는 것이다.

지방정부가 공급하는 지방공공재의 편익이 지역주민에게 귀속되는 것이라면 그 재원조달을 위한 지방세 부담도 원칙적으로 해당 지역주민에게 귀속되는 세원에 대해 부과되어야 한다. 전 세계적으로 지방세원의 대종은 토지와 건물 등 부동산에 대한 재산과세인데, 이것은 바로 부동산의 특성상 다른 지역으로의 이동성이 매우 제한되어 있어 이에 대한 조세는 거의 전적으로 그 지역에 존재하는 부동산의 소유자나 이용자가 부담하게 되기 때문이다.[13] 그러나 이러한 편익지역의 원칙을 구체적으로 적용하는데 있어서는 과연 그 편익의 수혜자가 누구인지, 그리고 주민들의 의사를 집약하는 수단으로서 선거와는 어떻게 연계될 수 있는지 등 많은 복잡한 문제가 제기될 수 있는데 이에 대해서는 아래에서 살펴본다.

---

13) 재산과세의 전가와 귀착에 대해서는 제13장에서 논의한 바 있다.

2. 지방세의 원칙

제10장에서 논의한 바와 같이 이상적인 조세가 갖추어야 할 조건으로서 충분한 조세수입, 공평한 조세부담, 경제적 효율성, 그리고 적은 납세비용이나 징세비용 등 여러 가지가 제시되고 있다. 지방세도 조세의 하나인 이상 조세가 가져야 하는 이러한 기본적인 조건들을 갖추어야 할 것이다. 한편 지방세는 국가내의 일부 지역에서만 과세되는 것이기 때문에 국세와는 또 다른 특성을 갖추어야 할 것이 요구된다.

지방세가 가져야 하는 특징이나 원칙들은 다양하게 제시되고 있다. 예를 들어, 버드(R. Bird, 1993)는 ① 세원의 비이동성, ② 세수의 충분성 및 신장성, ③ 세수의 안정성, ④ 공정성, ⑤ 세무행정의 용이성, ⑥ 조세수출의 비용이성, ⑦ 조세의 가시성 등을 들고 있으며, 이재기(1993)[14]는 ① 조세수입의 안정성, ② 응익성, ③ 책임분임, ④ 지역성, 그리고 ⑤ 보편성 등을 들고 있다. 권형신 외(2006)[15]는 ① 세원의 보편성, ② 세원의 귀속성, ③ 세원의 정착성, ④ 안정성과 신장성의 조화, ⑤ 응익의 원칙, ⑥ 부담분임의 원칙, ⑦ 지율·자주성의 원칙을 들고 있으며, 전상경(2011)[16]은 ① 편익성의 원칙, ② 보편성의 원칙, ③ 부담분임의 원칙, ④ 안정성의 원칙, ⑤ 신장성의 원칙 등을, 그리고 이희봉(2011)[17]은 ① 세원의 보편성 원칙, ② 세원의 정착성 원칙, ③ 응익성의 원칙, ④ 세수입의 안정성과 신장성의 원칙, ⑤ 부담분임의 원칙, ⑥ 자주성의 원칙을 들고 있다.

이상과 같은 지방세 원칙들은 현실의 우리나라 세제에서 비교적 잘 지켜지고 있다고 할 수 있다. 그러나 많은 경우 위에 제시된 원칙들 간에는 상충되는 경우가 많으며, 또한 지방자치시대에 있어서 이러한 원칙들 중에는 새로운 관점에서 평가되어야 할 원칙들도 있다고 할 수 있다. 이하에서는 지방세의 원칙으로 편익지역의 원칙, 보편성의 원칙, 세수안정성의 원칙 등을 중심으로 살펴본다.

---

14) 이재기, 『재정학』, 서울: 형설출판사, 1993.
15) 권형신·이상용·이재성, 『한국의 지방재정』, 서울: 해남, 2006.
16) 전상경, 『현대 지방재정론』, 서울: 박영사, 2011.
17) 이희봉, 『거버넌스 지방재정』, 서울: 사회문화사, 2011.

(1) 편익지역의 원칙

지방세는 각 지방정부가 공공서비스를 제공하는 데 필요한 재원을 조달하기 위한 것이기 때문에 그 재원은 기본적으로 해당 공공서비스로부터의 편익이 미치는 지역내에서 부과되어야 하는 지역성을 가져야 한다. 구체적으로 그 과세대상은 해당 공공서비스로부터 편익을 받는 사람이나 경제활동, 또는 물건 등 다양하게 이루어질 수 있을 것이다.

이와 같이 지방정부가 제공하는 공공서비스로부터 받게 되는 편익과 그 공급에 필요한 비용부담을 연계시킴으로써, 효율적이고 책임 있는 공공서비스의 제공을 달성할 수 있는 것이며, 이는 또한 공평성의 측면에서도 타당한 것이다. 이러한 지역성의 원칙에 따라 우리나라를 비롯한 대부분의 국가에서 지방세는 세원의 이동이 쉽지 않은 부동산에 대한 재산과세를 중심으로 하고 있다. 즉 부동산은 지역적인 고착성을 지니기 때문에 이러한 편익지역의 원칙에 부합하는 것이다.

그러나 이러한 지역성의 원칙도 여러 가지 측면에서 논란의 여지를 발견할 수 있다. 첫째는 지방선거에서의 투표권과 관련된 문제이다. 지방자치는 지역주민들의 선호에 따라 지방공공서비스의 공급과 그 재원부담을 결정하는 것인데, 주민의 대표자를 선출하고 특정 사안에 대한 의견을 묻는 지방선거는 주민들의 선호표출이 이루어지는 가장 중요한 수단이다. 부동산에 대한 재산세 납세의무자인 부동산소유자가 해당 지역에 거주하는 주민인 경우에는 납세지와 투표지가 일치하기 때문에 지방자치의 원칙은 충실히 지켜진다고 할 수 있다. 그러나 부동산의 소유자가 해당 지역에 거주하는 주민이 아닌 경우 이러한 담세자와 투표권자와의 연계관계는 약해지게 된다.

1990년에 이루어진 영국의 레이트 제도 개편은 이러한 투표권과의 연계를 고려하여 지방세제를 개편한 대표적인 사례이다. 개편 이전 영국의 지방세인 레이트(Rate)는 크게 주거용 재산과 비주거용 재산에 대한 레이트로 구성되어 있었는데, 대처(M. H. Thatcher) 정부의 개혁을 통하여 주거용 레이트(Domestic Rate)는 소위 인두세인 주민부담금(Community Charge)으로, 그리고 비주거용 레이트(Non-Domestic Rate)는 국세로 전환되어 그 세수가 중앙으로 집중된 후 성인 인구비례에 따라 다시 지방정부로 배분되고 있다. 이러한 개편의 기본취지는 납세지와 투표지를 일치시키고자하는 노력의 산물이라고 할 수 있는데, 주민부담금으로의 개편 전 주거용 레이트의 경우 투표권자의 약 30%만이 그 전액을 납부하고 있었던 것이다. 또한 비주거용 레이트는 많은 경우 납세의무자가 해당 지역에 거주하지 않는 타지역 주민이어서 투표권자가 아니기 때문에 지방세로 적합하지 않다는 것이었다. 이와 같이 지방정부가 제공하는 공공서비스로부터의 편익을 받게 되는 거주자, 즉 투표권자가 비용을 부담하는 납세자가 아닌 경우가 많았기 때문에 투표권자는 지방정부의 지출이 확대되는 방향으로 투표권을 행사하게 되었고, 이에 따라 자원배분의 효율성과 책임성이 저하되는 결과를 야기하였다고 주장되었던 것이다.

편익지역성의 원칙과 관련된 두 번째의 이슈는 새로운 지방세 세목을 법률이 아닌 조례로서 설치할 수 있는가의 문제이다. 우리나라의 헌법 59조는 '조세의 종목과 세율은 법률로 정한다'라고 규정하여 조세법률주의를 천명하고 있다. 이는 조세의 부과 등에 대한 사항은 국민이 직접 또는 그 대표를 통해서 동의를 하여야 하는데 법률이란 바로 그러한 동의가 이루어지는 형식인 것이다. 그런데 지방세는 특정 지역에 적용되는 조세이기 때문에 해당 지역의 주민들이 그 대표기구인 지방의회가 제정하는 조례로서 세로운 세목의 신설 등을 결정할 수 있다는 주장도 제기된다. 그러나 지방세의 과세대상은 반드시 해당 지역의 주민만이 아니라 그 지역에 재산을 보유하거나 또는 과세대상 활동을 하는 타지역의 주민까지를 포함하는 것이기 때문에 해당 지역 지방의회가 이들 모두를 대표한다고 할 수는 없는 것이다. 따라서 지방세라 하더라도 해당 지역의 조례로만 새로운 세목을 신설할 수는 없다고 할 것이다.

편익지역성의 원칙과 관련하여 또 다른 이슈로 제기할 수 있는 것은 과연 지방세 세원의 가치, 즉 과세표준이 지방정부가 제공하는 공공서비스의 편익과 얼마만큼의 연관관계를 가지고 있는 것인가 하는 점이다. 예를 들어, 우리나라의 재산세 능 부농산 보유과세는 부동산이라는 가장 지역적인 세원에 부과되는 세목으로서, 기초자치단체인 시·군세나 자치구세의 세목으로 적합하다고 여겨지고 있다. 부동산의 경우 이동성이 극히 제약되어 있으며, 통상 그 가치가 높을수록 해당 자치단체의 공공서비스로부터의 편익을 많이 받고 있다고 할 수 있다는 점이 그 이유로 제시되고 있다.

그러나 재산세 등의 과세표준이 되는 지가나 건물가액 등이 해당 기초자치단체에서 제공하는 공공서비스의 편익을 반영하는 것인가에 대해서는 의문이 제기 된다. 현실적으로 지가 등 부동산 가격은 토지의 위치와 용도, 도시계획, 주변 교통여건 등에 따라 크게 달라지는데, 이러한 기능은 많은 부분 국가나 광역자치단체에 속하는 것이기 때문이다.

(2) 보편성의 원칙

각 지방정부가 제공하는 공공서비스는 주민들의 일상생활에 밀접한 관련을 가지는 것이며 지방세는 이를 위한 재원을 조달하는 것이기 때문에, 지방세의 세원은 특정지역에 편중되지 않고 모든 지역에 고르게 분포하여야 한다. 이를 보편성의 원칙이라고 하는데, 이를 통해서 지방정부간의 재정력 격차가 완화되고 주민들이 향유하는 지방공공서비스의 질이나 수준이 형평화될 수 있기 때문이다.

그러나 한편 지방자치의 기본이념이 각 지역의 차이와 특성을 인정하고 이러한 특성에 입각하여 공공서비스의 공급 등 지방행정을 추진하는 것이 바람직한 것이라고 한다면, 지방세에 있어서도 이러한 각 지역의 독특한 특성을 반영하는 것은 자연스러운 것이며, 오히려 권장되어야 할 필요도 있는 것이다. 예를 들어, 2010년 기준으로 레저세의 경우 그 세수의 57%가 경기도에 집중되어 있으며, 지역개발세의 경우 세수의 68%가 전라남도와 경상북도에 집중되어 있다. 그러나 이러한 현상은 경마장이나 원자력발전소 등 특정한 시설이 위치한 지역적인 특성을 반영하는 것으로서 지방자치시대 지방세 세원으로서 나름대로의 타당성을 가지는 것이라고 할 수 있다.[18]

지방자치가 가지는 장점중의 하나가 각 지방이 새로운 아이디어를 가지고 다양한 시도를 할 수 있도록 하며 이를 통해서 지방행정의 발전을 선도할 수 있다는 것이다. 지방세 측면에서도 지역의 특성에 부합하는 신세원의 발굴노력도 필요하다고 할 수 있는데, 제도적인 측면에서는 지방세법에 부과근거 등을 규정하고 이를 토대로 조례를 통해 과세할 수 있을 것이다.

이러한 지방세 세원분포의 보편성과 지역적 특수성이라는 두 가지의 원칙은

18) 다만 현행의 레저세는 마권 구입 등 사행행위에 과세되고 있다는 점에서는 지방세로서의 타당성이 높지 않다고 보여진다. 사행행위에 대한 규제 등은 국가의 정책으로 접근해야 할 것이라는 점에서 그에 대한 과세는 국세로 이전하고 대신 경마장에의 입장 등에 대해 지방세인 레저세를 과세할 필요가 있다.

상반되는 것이지만 현실적으로 조화롭게 운영할 수 있을 것이다. 지방세수 측면에서 큰 비중을 점하는 기간세목의 경우에는 기본적으로 보편성의 원칙이 지켜질 수 있도록 하되, 그 비중이 크게 높지 않은 경우 특수성의 원칙을 적극 반영함으로써 지역의 특성이나 창의적인 세원확보 노력이 이루어질 수 있도록 할 것이다.

(3) 세수 안정성의 원칙

지방세는 그 수입이 안정적인 조세가 바람직하다. 이는 비단 지방세만이 아니라 국세에서도 중요하다고 할 수 있지만, 보건, 주민복지, 위생, 상·하수도, 교통 등 지방정부가 공급하는 지방공공재들은 주민들의 일상생활에 밀접히 관련이 있는 기본적인 재화들이기 때문에 이들의 공급은 안정적이어야 하고, 따라서 그 재원이 되는 지방세 세수도 안정적이어야 하는 것이다.

재산과세 위주의 지방세제는 세수가 비교적 안정적이라는 측면에서 바람직한 것으로 평가되어 왔다. 그러나 우리나라의 경우 재산보유에 대한 과세보다는 재산의 거래와 이전에 부과되는 취득세 등의 비중이 매우 높은 특징을 보여주고 있는데, 이들 세목은 국가의 경제상황과 부동산 경기에 민감하게 반응하기 때문에 세수의 변동성이 크게 나타나고 있다. 따라서 부담능력에 따른 과세 강화라는 부동산 세제의 합리적 개편과 함께 세수 안정성을 제고하기 위해서는 재산세 등 보유과세의 비중이 강화될 필요가 있다.

한편 국민소득이 증가함에 따라 주민생활에 있어 삶의 질에 대한 욕구가 커짐에 따라 지방정부의 기능이 점차 확대되고 있으며, 사회복지서비스 등 중앙정부가 수행했던 많은 기능들이 지방으로 이양되고 있는 추세이다. 이러한 확대되는 기능에 부합하는 재원조달이 가능할 수 있도록 지방세수의 신장성도 매우 중요하다고 할 수 있다.

3. 국세와 지방세 간 세원배분

국세와 지방세 등 정부 간 세원배분이 이루어지는 형식은 크게 세원분리방식과 세원공동이용방식의 두 가지로 구분된다. 세원분리방식은 각 단계의 정부들이 서로 중복되지 않고 독립적인 세원을 이용하는 것으로서, 우리나라의 경우

「국세와 지방세의 조정 등에 관한 법률」에서 국세와 지방세 간의 중복과세 금지의 원칙을 천명하고 있다.[19] 또한 기초자치단체와 광역자치단체의 경우에도 별도의 세원에 대해서 독립적으로 과세하도록 하고 있다. 이러한 세원분리원칙의 경우 중앙정부와 지방정부 등이 별도의 독립된 세원을 활용함으로써 한 쪽의 세제개편이 다른 쪽에 영향을 주지 않게 되기 때문에 보다 독립적이고 안정적인 세제 및 재정 운영을 기할 수 있다는 장점이 있다. 또한 특정세원에 세부담이 편중되는 문제점도 막을 수 있다는 장점을 가진다.

그러나 이러한 세원분리방식은 어떠한 세원이 배분되었는가에 따라서 세수의 안정성이나 신장성, 그리고 징세행정상에 큰 영향을 주게 된다. 우리나라의 경우 지방세는 재산과세 위주로 설정되고 있으며, 상대적으로 소득이나 소비를 세원으로 이용할 수 있는 여지가 제한되는 단점이 있다. 일단 어떤 세원이 한 정부에 배분되어 있으면 다른 정부가 관련되는 세원을 발굴하는데 있어 큰 제약요인으로 작용하게 된다.

세원공동이용방식은 각 단계의 정부들이 동일한 세원을 공동으로 이용하는 방식으로서 그 구체적인 형태는 크게 공동세 방식, 독립세 방식, 그리고 부가세 방식 등으로 구분할 수 있다. 공동세 방식은 특정세목의 세수를 정해진 비율에 따라 각 정부들이 공유하는 것으로서 독일의 소득세와 법인세, 부가가치세를 그 예로 들 수 있다. 독일의 경우 이들 세목은 국세나 지방세가 아닌 공동세(joint tax)라는 별도의 항목으로 분류되는데 단일 세목의 세수를 배분하는 세입분여(revenue sharing)방식이다. 한편 미국 캘리포니아주의 판매 및 사용세(sales and use tax)는 2011년 현재 7.25%의 세율로 부과되는데, 이는 주정부 일반기금, 주정부 재정회복기금(Fiscal Recovery Fund), 카운티정부 등 각각의 근거법령에 따른 7개의 세입주체별로 부과되는 세율들을 합한 것으로서 통합적으로 징수된 세액이 이들 세율에 따라 각 주체별로 귀속되고 있다.

부가세는 한 정부가 부과하는 세목에 다른 정부의 세목이 일정 비율로 추가되어 과세되는 방식으로서, 지방소비세는 부가가치세액의 5%, 자동차 주행에 대한 자동차세는 교통에너지환경세액의 3.6%로 과세되고 있는 것 등을 예로 들 수

19) 구체적으로 동법 제 4 조는 중복과세의 금지원칙을 천명하고 있는데, "국가와 지방자치단체는 이 법에 규정한 것을 제외하고는 과세물건이 중복되는 여하한 명목의 세법도 제정하지 못한다"고 밝히고 있다.

있다.

독립세 방식은 동일한 세원에 대해서 각 정부들이 별도의 세목으로 과세하는 방식으로서 담배소비에 대해서 국세인 부가가치세와 지방세인 담배소비세가 별도로 부과되고 있는 것을 그 예로 들 수 있다.

앞에서 언급한 바와 같이 우리나라의 경우 중복과세 금지의 원칙을 천명함으로써 기본적으로 세원분리원칙을 채택하고 있다. 그러나 위에서 살펴본 바와 같이 많은 예외를 가지고 있어 사실상 세원공동이용방식이 광범위하게 활용되고 있다고 할 것이다. 특히 최근에는 지방소비세가 부가세 방식으로 도입되는 등 더욱 확대되는 추세에 있다. 결국 세원분리원칙하에서 중복과세를 허용할 것인가의 여부는 원칙의 문제라기보다는 세수확보나 세무행정의 효율성 등 제반 요인들을 고려한 현실적인 정책선택의 문제라고 할 것이다.

4. 우리나라의 지방세제

[그림 21 - 7]에 제시한 바와 같이 2011년 현재 우리나라의 지방세는 총 11개 세목이 과세되고 있다.[20] 지방세는 다시 도세와 시 · 군세, 그리고 특별시 · 광역시세와 자치구세의 두 체계로 구분되고, 각각 일반재원으로 이용되는 보통세와 특정한 목적에 필요한 재원으로 이용되는 목적세로 구별된다. 농어촌 지역인 도 지역에서는 도세로 6개 세목, 시군세로 5개 세목이 배분되어 있는 반면, 대도시 지역에서는 특별시 · 광역시세로 9개 세목을 배분한 반면 자치구세는 2개 세목만 배분되어 있다. 이러한 차이는 자치단체간 기능배분상의 차이를 반영하는 것인데, 도 지역에 있어서는 시 · 군이 지역적으로 넓고 많은 행정기능을 담당하고 있

---

20) 2010년 3월 지방세법 개정을 통해서 기존의 지방세체계를 크게 개편하였다. 즉 2011년부터 기존의 지방세법을 지방세기본법(총칙), 지방세법(세목), 지방세특례제한법(감면) 등 3개법으로 분법하여 지방세법의 전문화와 선진화를 추구하였으며, 지방세목도 16개에서 11개 세목으로 간소화하였다. 구체적으로는 중복과세 통폐합(취득세와 취득관련분 등록세를 취득세로, 재산세와 도시계획세를 재산세로), 유사세목 통합(취득무관분 등록세와 면허세를 등록면허세로, 공동시설세와 지역개발세를 지역자원시설세로, 자동차세와 주행세를 자동차세로), 영세세목 폐지(도축세) 등이 이루어졌다. 주민세와 지방소득세, 지방소비세, 담배소비세, 레저세, 지방교육세 등은 현행과 같이 유지되었다. 기존의 16개 세목은 다음과 같다: 취득세, 등록세, 면허세, 주민세, 재산세, 자동차세, 도축세, 레저세, 담배소비세, 주행세, 지방소비세, 지방소득세, 도시계획세, 공동시설세, 지역개발세, 지방교육세

그림 21-7 | 우리나라 지방세 체계

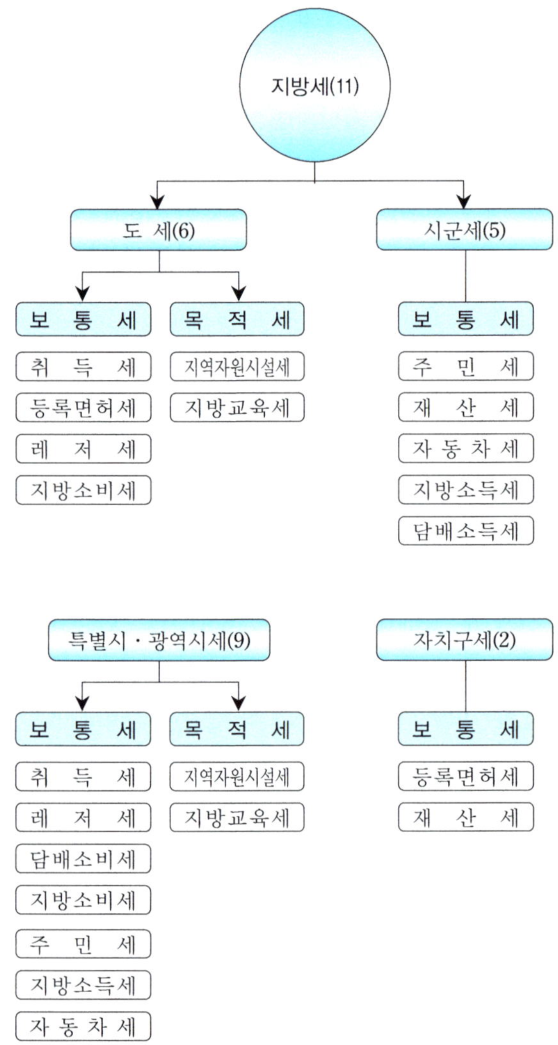

* 서울특별시의 경우 재산세는 시와 자치구간 공동세로 운영된다.

기 때문에 상대적으로 많은 세목을 배분하고 있지만, 대도시 지역의 자치구는 광역기능을 제외한 제한된 기능을 수행하고 있기 때문에[21] 적은 수의 세목만 배분하고 있는 것이다.

앞에서 설명한 바와 같이 헌법에서 규정하고 있는 조세법률주의에 따라 지방세의 종목이나 세율의 결정에 있어서 지방자치단체의 재량성은 상당히 제한되어 있다. 다만 지방세법의 위임에 의해서 지방자치단체장이 조례가 정하는 바에 따라 세율을 조정할 수 있는 탄력세율 제도가 대부분의 세목에 인정되어 있어 특별한 재정수요 등 자치단체의 상황을 고려하여 세율을 조정할 수 있도록 하고 있다.

제 5 절 지방재정조정제도

1. 지방재정조정의 의의

지방자치는 지역에 관련되는 공공사무 등에 대한 의사결정을 스스로의 결정에 의해서 자율적으로 처리하되 그에 따른 재정부담도 스스로 책임지도록 하는 것을 원칙으로 한다. 이를 통해서 지역주민들은 자신의 부담에 부합하는 편익을 제공하는 공공서비스의 범위나 수준을 결정하게 되고 궁극적으로 자원배분의 효율성를 기할 수 있는 것이다.

그러나 좀더 구체적으로 본다면 이러한 기본모형이 모든 경우에 그대로 적용되기는 어려울 것이다. 우선 지방공공서비스의 수요측면에서 볼 때 지역간의 경제력의 격차로 인하여 지방정부의 재정능력에 차이가 발생하게 되고 따라서 지방공공서비스의 공급능력에 차이가 발생하게 된다. 특히 중앙과 지방간의 세원배분에 있어 통상 경제력이 우수한 지방정부를 기준으로 하기 때문에 대다수의 지방정부들은 재원이 부족하게 된다는 점에서 중앙정부의 재정지원이 필요하게 되는 것이다. 한편 공급 측면을 살펴보면, 공공서비스의 종류에 따라 규모의 경제를 실현할 수 있는 적정공급수준이 달라지게 되고 따라서 그 편익이 미치는 범위도 달라짐에 따라 특정 지방정부가 제공하는 공공서비스의 편익이 인접 지역으로 넘어가는 파급효과가 발생하게 되는 것이다.

---

21) 지방자치법 제 2 조는 자치구의 자치권의 범위를 시군과 다르게 정할 수 있도록 하고 있다.

지방재정조정이란 이와 같이 지방정부의 공공서비스 공급과 그 재원조달 간에 체계적으로 발생하는 재정적인 불일치를 조정 해결하는 것으로서 이를 통해 지방재정 운영에 있어서 공평성과 효율성을 제고하기 위한 것이다. 이러한 재정조정은 중앙정부와 지방정부간 또는 상하 지방정부간의 수직적 재정조정과 지방정부간에 이루어지는 수평적 재정조정 등으로 나눌 수 있다.

2. 지방재정조정의 필요성

(1) 지방정부간의 재정격차

만약 지방정부간에 경제적 잠재력이 균등하고 소득수준 및 분배상태가 동일하다면 정부간의 재정조정은 불필요하게 된다. 여기다가 지역간 주민들의 이동마저 불가능하다면 정부간 관계에서 재정문제는 발생하지 않는다. 그러나 정부간 관계가 정치적 구조의 성격을 지니고 있고 지방정부의 관할구역이 균등한 경제적 잠재력을 기준으로 하여 형성된 것이 아닌만큼 정부간 재정력의 격차는 어쩔 수 없는 현상인 것이다.

어떤 지역은 다른 지역보다 자원이 풍부하고 고소득자들이 많이 거주하고 있으므로 지방정부의 세수입이 타 정부보다 월등히 많고 재원조달이 용이하다. 이처럼 부유한 지방정부는 동등한 수준의 공공서비스를 제공하는 데 있어서 타 정부에 비하여 주민들에게 낮은 조세부담을 부과하거나 또는 더 많고 수준 높은 공공서비스를 제공할 수 있다. 반대로 빈곤한 지방정부는 동일한 수준의 공공서비스를 제공하기 위해 과중한 조세부담을 주민들에게 부과하든지 아니면 동일한 조세부담하에서 양적·질적으로 작은 규모의 공공서비스를 제공할 수밖에 없게 된다. 또 이와 같은 지방정부간의 재정격차는 개인 및 기업들이 거주지 및 사업지를 선택하는 데도 상당한 영향을 주며, 지역이동의 중요한 요인이 되는 것이다.

그러면 지방정부간의 재정격차를 해소시키기 위한 중앙정부의 역할은 무엇인가? 그 역할은 어느 범위까지 미쳐야 되는가? 어떤 접근방법을 사용해야 하는가? 등등의 문제가 제기된다. 사실 경제이론상으로 볼 때, 만약 지역간의 재정격차가 순수한 경제적 이유에 기인한 것이라면 중앙정부가 이에 관여해야 할 이유가 없다. 어느 지방정부가 경제적으로 부유하여 그 지역의 주민들에게 값싸고 질 좋은 교육을 제공할 수 있다는 것은 마치 민간기업이 질 좋은 제품을 저가로 시장에 내놓는 것과 마찬가지이다. 따라서 모든 다른 여건들이 일정하다면 가장 효율적인 자원배분방법은 주민들로 하여금 재정격차에 따라 빈곤한 지역에서 부유한 지역으로 자유로이 이동하게끔 하는 것이며, 여기에 중앙정부가 특별히 개입할 필요는 없을 것이다.

그러나 지역간의 격차가 순수한 경제적 이유에만 기인하고 있는 것으로 보기는 어렵다. 또한 지역간의 자유로운 이동이 지역간의 균형을 이루게 하기보다는 자칫 자원의 비경제적 내지 비효율적 이전을 조장할 가능성이 많은 것이다. 빈곤한 농촌지역에서 부유한 대도시지역으로 많은 사람들이 이동하는 것과 부유한 중상류층이 대도시를 떠나 조용한 주변의 주택지역으로 이동하는 것 모두가 도시재정에 큰 타격을 주게 되는 것은 좋은 예이다.

중앙정부의 개입이 필요하게 되는 가장 중요한 이유중의 하나는 국민들이 어느 지역에 거주하든지 최소한의 지방공공서비스의 혜택을 누릴 수 있어야 하기 때문이다. 경제력 격차에 따라 재정이 열악한 지방정부에 거주하는 주민들이 열악한 수준의 공공서비스 환경에 방치되지 않도록 일정 부분 재원을 지원하여야 할 필요가 있으며 여기에 중앙정부가 지역간의 재정격차를 해소하기 위하여 개입하여야 하는 당위성이 인정되는 것이다.

(2) 외부효과의 존재

중앙정부가 지방정부의 지방공공재 생산에 대해서 보조금을 지급해야 하는 또 다른 당위성은 지방공공재의 외부효과 또는 지역을 넘어서는 파급효과에서 찾을 수 있다. 우리는 앞에서 지방공공재의 편익지역은 공공재에 따라 매우 다양하다는 점을 설명하였다. 또한 생산비용 측면에서는 규모의 경제 현상으로 인하여 가장 작은 비용으로 공공서비스를 공급할 수 있는 생산규모가 다를 것이며 이는 결국 적정한 공급구역의 범위가 서비스에 따라 다양하게 나타날 수 있음을 의미하는 것이다. 이론적으로 본다면 개별 공공서비스별로 가장 적정한 규모의 지방정부를 설치하여 서비스를 제공하는 것이 바람직할 것이다. 그러나 현실에서는 모든 행정서비스를 종합적으로 제공하는 일반정부를 설치하여 운영[22]하기 때문에 현재 지방정부가 공급하는 각 개별서비스의 편익은 반드시 해당 지방정부의

22) 교육이나 소방, 상수도 등 일부 서비스의 경우 별도의 특정정부를 설치하여 서비스 공급이 이루어지기도 한다.

관할범위에 국한하는 것이 아니라 인접지역까지 파급되는 경우가 많게 되는 것이다. 특히 생산비용 측면에서 특정 지방정부에 국한되는 수준에서 공공서비스를 생산하는 것보다는 규모의 경제효과를 극대화하는 수준에서 생산하고 이를 인접지역과 공동으로 소비하게 된다면 국가전체적인 자원배분의 효율성을 제고할 수 있다는 점에서 국가는 적극 장려할 필요가 있는 것이다.

[그림 21-8]에서 D_A는 공공재에 대한 수요곡선으로서 공공재에 대한 A지역 주민들의 선호를 표시하고 있다. S_A는 공급곡선이며 여기서는 단위당 생산비용이 일정불변하다고 가정하고 있다. 균형은 점 a에서 이루어지는데 이 때의 생산량은 OQ이며 단위당 가격은 OP가 된다.

그런데 여기서 고려되지 않으면 안 되는 것이 바로 지방공공재가 갖고 있는 외부효과이다. 어떤 지방공공재가 공급되어 그 편익이 해당 지역만이 아니라 인접지역에까지 미치는 경우를 살펴보자. 수요곡선 D_A는 해당지역 내에서의 수요만을 반영할 뿐 인근지역의 수요까지 포함시키지 못하고 있다. 따라서 보다 진정한 수요곡선은 인근지역에 파급되는 외부효과를 반영한 D_e곡선이며, 진정한 사회적 균형은 점 b에서 형성되고 적정생산량은 OQ가 아니라 OQ_e가 되는 것이

그림 21-8 | 지방공공재의 외부효과

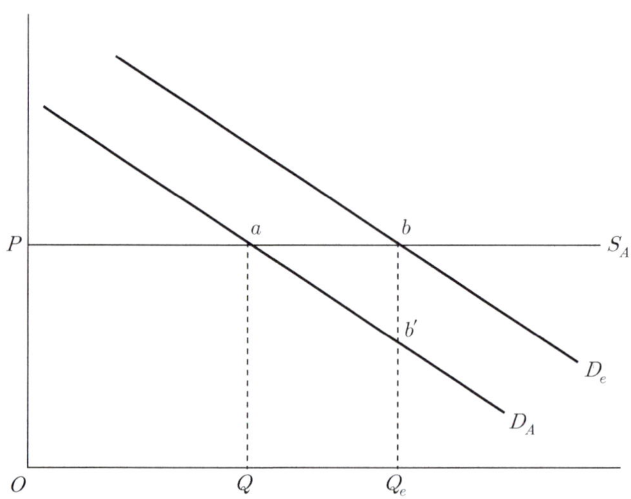

다. 결국 QQ_e만큼을 더 생산하는 것이 사회적으로 바람직한 것이다. 그런데 생산량 QQ_e수준에서 A지역 주민들의 한계효용은 $b'Q_e$이며 따라서 그 만큼 지불하고자 할 것이기 때문에 생산비용을 충당하기 위해서는 bb'만큼의 추가적인 재원이 필요하게 된다.

이제 문제는 bb'만큼의 재정지원을 누가 담당할 것인가이다. 원칙적으로는 해당 지방공공재로부터 편익을 얻게 되는 인근지역의 주민들이 부담해야 하겠지만 A지역 지방정부가 이들에 대해서 지방세를 과세할 방법은 사실상 없으며 또 이들이 스스로 부담을 지려고는 하지도 않을 것이다. 결국 중앙정부가 bb'만큼의 보조금을 지불함으로써 사회적으로 바람직한 생산수준인 Q_e가 달성될 수 있도록 하여야 하는 것이다.

3. 지방재정조정제도의 유형

(1) 다양한 형태의 지방재정조정

지방재정조정은 다양한 형태로 이루어질 수 있다. 가장 기본적인 형태는 중앙정부나 상위정부가 하위 지방정부에게 보조금을 지급하는 것으로서 수직적 재정조정이라고 한다. 우리나라의 지방교부세나 국고보조금은 중앙정부로부터의 재정지원이며, 재정보전금이나 조정교부금은 광역자치단체가 기초자치단체간의 재정조정을 위해 운영하는 것이다. 재정조정은 동급 지방정부간에도 이루어질 수 있는데 이를 수평적 재정조정이라 한다. 독일의 경우 재정조정의 한 단계로서 재정이 우수한 주 정부에서 재원을 조달하여 재정이 열악한 주 정부로 배분하고 있다. 우리나라의 경우에도 서울시 공동세 활용을 그 예로 들 수 있다. 서울시에서 과세되는 재산세의 50%는 서울시 본청과 자치구간 공동세로 운영되고 있는데, 이는 실질적으로 강남구나 서초구 등과 같이 재산세수가 많은 자치구에서 재원을 조달하여 재산세수가 적은 다른 자치구로 재원을 이전함으로써 자치구간의 재정형평화를 제고하기 위한 것이다.

한편 지방재정조정은 이루어지는 내용에 따라 세입측면에서의 재정조정과 세출측면에서의 재정조정으로 나누어 볼 수도 있다. 앞의 서울시 재산세 공동세제는 전자의 예라고 할 수 있다. 또한 국고보조금을 편성함에 있어 대상이 되는 지방자치단체의 재정 사정을 고려하여 차등보조율을 적용할 수 있도록 하고 있다. 세출측면에서 특정자치단체로 하여금 사업에 필요한 재원을 더 많이 부담하도록 하는 경우도 발견된다. 공립학교의 설치·운영 및 교육환경개선을 위하여 시·도는 지방교육세와 담배소비세의 45%에 추가하여, 서울특별시는 특별시세 총액의 10%, 광역시 및 경기도는 광역시세 또는 도세 총액의 5%, 그리고 그 밖의 도 및 특별자치도는 도세 또는 특별자치도세 총액의 3.6%에 해당하는 금액을 교육비특별회계로 전출하도록 하는 등 광역자치단체의 재정능력에 따라 차등율을 적용하고 있는 것이다.

(2) 보조금 제도

다양한 지방재정조정제도 중에서의 가장 중요한 것은 중앙정부 또는 상위정부로부터 지급되는 교부금(grants) 또는 보조금이다. 보조금은 그 내용이나 지급되는 형식 등에 따라 다양한 형태를 지니고 있는데, 지출용도를 한정하는지 여부에 따라 조건부 보조금과 무조건부 보조금, 보조되는 금액의 결정방식에 따라 정액보조금과 정률보조금, 수혜정부가 보조금의 일정비율을 부담해야하는지의 여부에 따라 대응보조금과 비대응보조금으로 구분된다. 아래에서는 무조건부 보조금과 조건부 보조금을 중심으로 보다 자세히 살펴본다.

1) 무조건부 보조금

무조건부 보조금(unconditional grants)은 그 사용을 어느 특정용도에 국한시키지 않고 지방정부가 원하는 방식으로 사용할 수 있으며 지방정부에게 아무런 조건도 요구하지 않는 보조금으로서 일반보조금이라고도 한다. 무조건부 보조금은 지방정부가 자유롭게 사용할 수 있다는 의미에서 일반재원의 성격을 지니게 되며 지방정부간의 수평적 재정불균등을 시정하는 데 가장 유효한 수단으로 인식되고 있다. 이러한 보조금은 통상 일정한 공식(formula)을 통해 배분액을 결정하고 이에 따라 각 지방정부에 배분하게 된다. 배분액을 결정하는 공식은 매우 다양하게 나타나고 있는데, 통상 지방정부가 공공서비스를 제공하는데 필요한 세출수요와 함께 세입조달능력, 세입노력(tax effort) 등을 반영하게 된다.

우리나라의 지방교부세와 함께 미국에서 1972년부터 1985년까지 시행했던 일반세입분여제도(general revenue sharing)는 가장 전형적인 무조건부 보조금이라고 할 수 있다. 이 프로그램은 주 및 지방정부에 아무 조건 없이 재정지원을 제공하여 재정력의 동등화를 꾀하자는 것이 목적이었으며, 배분방법으로는 주 및 지방정부의 소득수준, 인구수 및 세입규모 등 세 가지 변수에 의해 배분액이 결정되는 방법을 택하였다. 그러나 이 프로그램이 그 동안 재정력의 평등화에 어느 정도 기여한 것은 사실이었으나 여러 가지 문제로 도입 13년만에 폐지되었다. 폐지된 가장 큰 원인은 미국의 중앙정부가 적자재정에 허덕이고 따라서 지방정부에 대한 지원을 축소시키고자 하는 경향 때문이었지만, 한편으로는 배분과정에서 파생되는 주 및 지방정부간의 갈등, 그리고 주 및 지방정부에서 연방자금을 현명히게 시용할 용의니 능력이 없다는 의구심 등에 기인하기도 하였다.

2) 조건부 보조금

조건부 보조금(conditional grants)은 사용용도가 분명하고 특정목적에 제한되어 있는 보조금으로서 특정보조금(specific grant)이라고 하며, 보조금 중 가장 널리 활용되고 있는 형태이다. 기본적으로 중앙정부나 상위정부가 특정한 공공사업의 수행을 지방정부에 위임하고 그 재원의 일부를 보조하거나 또는 지방정부로 하여금 그 사업을 수행하도록 유도하기 위하여 사용하게 된다.

조건부 보조금은 다시 조건의 형태와 범위에 따라 포괄보조금(block grants)과 사업별보조금(categorical grants)으로 구분되는데, 포괄보조금은 특정의 범위가 포괄적인 것으로서 구체적인 세부사업은 그 사업을 수행하는 지방정부가 선택할 수 있도록 일정한 재량권을 부여하게 된다. 그에 비하여 사업별보조금은 보조금의 지원대상을 세부사업까지 특정함으로서 사업을 수행하는 지방정부의 재량성이 크게 제한되게 된다. 우리나라의 경우 2004년까지 시행되었던 지방양여금이 포괄보조금에 해당된다면, 국고보조금제도는 전형적인 사업별보조금에 해당하는 것이다.

조건부 보조금은 한편으로 지방정부에게 사업비용의 일부를 부담하도록 요구하느나의 여부에 따라 내응보조금(matching grants)과 비내응보조금(non-matching grants)으로 세분될 수 있다. 비대응보조금은 지방정부에게 아무런 부담을 요구하지 않으므로 무조건부 보조금의 성격을 가지고 있지만, 이 비대응보조금은 공공서비스의 추가적 공급에만 사용해야 한다는 조건이 붙어 있다는 점에서 무조건부 보조금과 차이를 갖는다. 우리나라 보조금 관리에 관한 법률은 그 시행령에서 보조금 지급대상 사업의 기준보조율을 제시하고 있는데, 일반여권발급이나 배수

개선 사업 등 100%를 보조하는 것에서부터 광역시의 하수처리장 확충사업에 10%까지 다양하게 분포하고 있다. 통상 해당 사업이 국가사무로서의 성격이 높아질수록, 그리고 교부대상 지방정부의 재정력이 약할수록 보조율은 높아지게 된다.

(3) 보조금의 경제적 효과

지방재정조정의 한 수단으로서 보조금이 가지는 가장 핵심적인 기능은 지방정부간 재정력의 불균형을 시정하기 위한 것인데 그 경제적 효율성을 여기서 살펴보고자 한다. 보조금을 지급하는 데에는 지방자치단체의 재정능력도[23]를 명확히 파악할 필요가 있다. 재정능력도는 재정능력(fiscal capacity)과 재정수요(fiscal need)에 의해 좌우된다. 재정능력은 조세수입능력을 의미하는 것으로 $C_j = t_s B_j$로 표시할 수 있겠다. C_j는 j단체(지역)의 재정능력이며, B_j는 j단체의 세원이고, t_s는 표준세율이다. 이 식에서 보는 바와 같이 재정능력을 대변하는 것은 지방자치단체의 소득수준과 조세징수노력(tax effort)이라고 하겠다.

한편 재정수요는 그 지역에서 필요하다고 판단되는 공공재를 공급하는 데 소요되는 비용을 가리키는 것으로 $N_j = n_s Z_j$ 로 표시된다. N_j는 j단체의 재정수요이며, Z_j는 j단체의 목표인구이고, n_s는 필요한 공공재를 적정수준으로 제공하는 데 드는 1인당 경비이다. 이 식에서 알 수 있는 것은 지방자치단체의 인구수가 가장 중요한 재정수요의 결정요인이라는 것이다.

이렇게 볼 때 지방자치단체의 재정능력도는 소득수준, 조세징수노력 및 인구수 등으로 결정된다고 하겠다. 이제 재정능력도는

$$P_j = C_j / N_j = t_s B_j / n_s Z_j$$

로 표시할 수 있다. 즉 P_j는 재정능력과 재정수요간의 비율을 의미하는 것이다.

---

23) 여기서 말하는 재정능력도란 재정자립도와 비슷한 개념이지만 엄격한 의미에서는 다르다. 지방재정자립도는 지방정부의 총세입 가운데서 자체수입이 차지하는 비중을 뜻하는 것으로 편의상 정의하고 있는 반면에, 재정능력도는 좀더 본질적으로 지방정부가 자치행정을 수행하는 데 필요한 적정재정수요에 대하여 자체적으로 조달할 수 있는 재정능력이 어느 정도인가를 밝히는 것이다. 우리나라에서는 재정력 지수라고 하는데, 지방교부세 배분과정에서 산정되는 기준재정수입액을 기준재정수요액으로 나누어 계산한다.

$P_j = 1$을 평균수준으로 삼을 때 $P_j > 1$이면 j단체(지역)의 재정상태는 양호하다고 하겠으며, $P_j < 1$이면 재정상태가 취약함을 나타내게 된다. 중앙정부의 교부금배정은 이와 같이 P의 크기를 산출하고 이를 각 단체(지역)간에 비교함으로써 적절히 결정되어야 할 것이다.

그러면 이제 공공재를 공급하고 소비하는 관점에서, 앞에서 지적한 두 가지 형태의 보조금, 즉 무조건부 일반보조금과 조건부 대응보조금의 경제적 효과를 살펴보자.

1) 비대응 일반보조금

[그림 21-9]는 비대응일반보조금의 경우를 보여 주고 있다. 민간재는 종축에, 공공재는 횡축에 표시한다. AB선은 그 지역의 예산선(가격선)으로서 민간재와 공공재의 여러 가지 결합을 보여 주고 있으며 i_1i_1선과 i_2i_2선은 그 지역주민들의 선호를 대변하는 무차별곡선이다. 최초의 균형은 점 E에서 이루어지며 예산선 AB와 무차별곡선 i_1i_1이 서로 접하는 점이다. 이 점에서 민간재는 OC만큼 소비되고 공공재는 OD만큼 소비된다. 그런데 OD만큼의 공공재소비를 위해 민간재를 CA만큼 포기하여야 한다. 따라서 OA를 민간재로 표시한 그 지역의 총

그림 21-9 | 무조건부 보조금의 효과

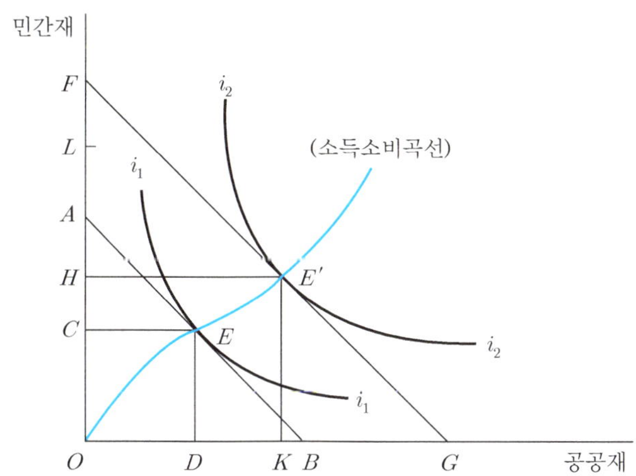

소득이라고 한다면 OD만큼의 공공재를 소비(생산)하기 위한 조세율은 CA/OA라고 하겠다.

이와 같은 상황에서 이제 비대응보조금이 민간재로 표시하여 AF만큼이 지역에 교부되었다고 하자. 보조금이 갖는 비대응적 특성 때문에 예산선은 AB선에서 FG선으로 평행이동하게 되며 새로운 균형점이 E'에서 이루어진다. 따라서 동 지역에서 OH만큼의 민간재와 OK만큼의 공공재소비가 가능하게 되는데, 교부금지급 전보다 민간재는 CH만큼의 소비가 증가 되었고 공공재는 DK만큼의 소비가 증가되었다. 즉 보조금의 일부가 민간부문으로 누출되어 공공재뿐만 아니라 민간재의 소비(생산)도 증가시키는 데 기여했다고 할 수 있다. 그리고 비대응보조금은 일반적 소득보조금(general income subsidy)과 같은 성격을 가지고 있으므로 오직 소득효과만을 나타내고 있으며 통상 긍정적인 正의 효과를 나타낸다.

보조금 때문에 민간재 소비가 OC에서 OH로 증가됨으로써 조세부담액은 CA에서 HA로 감소되었고, 조세율도 CA/OA에서 HA/OA로 인하되었다.[24] 정부의 교부금 지출비용은 민간재로 표시하여 AF만큼이지만, 조세액이 CH만큼 순감소되었기 때문에 이를 공제하고 난 후의 나머지 AL만이 공공재의 소비(생산)을 위하여 지출된 것이다(여기서 $LF=CH$로 간주함).

한편 위의 분석에서 비대응 일반보조금이 교부되는 대신 지역의 민간소득이 AF만큼 증가하였다면 어떠한 결과가 도출되는가? 개념적으로 볼 때 양자가 다른 결과를 만들어낼 이유는 없을 것이다. AF만큼의 민간소득 증가는 교부금과 마찬가지로 예산선을 AB에서 FG로 이동시키게 되고 따라서 새로운 균형은 위와 같이 E'에서 이루어지는 것이다. 그러나 이러한 이론적 추론에 대해서 의문을 제기하는 논의들이 실증적 연구들을 중심으로 제기되었다.[25] 즉 정부의 비대응보조금이 교부되는 경우 동일한 금액의 민간소득이 증가되는 것에 비해서 지

24) 조세율을 민간재로 표시한 총소득에 대한 민간재 희생몫의 비율로 측정함으로써 교부금 자체는 계산에서 제외된다. 만약 민간소비로의 누출이 훨씬 크다면(즉, 새로운 균형점 E'에서의 민간재소비가 OH가 아니라 OA를 넘어선다면) 조세율이 0이하의 負의 조세가 될 것이다.

25) Courant, Paul N., Edward Gramlich and Daniel L.Rubinfeld, "The Stimulative Effects of Intergovernmental Grants: Or Why Money Sticks Where It Hits," in P. Miezkowski and W. Oakland(eds.), *Fiscal Federalism and Grants-in-Aid*, The Urban Institute, 1979.

방공공재에 대한 지출이 더 많이 증가한다는 것이다. 이를 끈끈이 효과(flypaper effect)라고 하는데, '돈은 그 발생한 곳에서 머물게 된다(money sticks where it hits)'라는 말이 의미하는 것처럼 공공부문에 교부된 비대응보조금은 민간에서 발생한 소득증가에 비해서 공공부문의 지출을 더 증가시키게 된다는 것이다.

왜 이러한 현상이 발생하는가에 대해서는 여러 가지 논의들이 제기된다. 이는 실질적으로는 대응보조금을 비대응보조금으로 오해한 분석상의 실수이며 실제 양자의 효과는 같다라는 주장도 제기된다. 한편 보조금의 지급에 따라 지방공공재 생산의 평균비용이 하락하는 것을 한계비용이 하락하는 것으로 오해한 재정착각(fiscal illusion)이 그 원인으로 제기되기도 한다. 즉 비대응 일반보조금은 일정한 총액으로 교부되기 때문에 비록 평균비용은 하락하지만 한계비용의 변화는 발생시키지 않는다. 그러나 주민들은 이러한 평균비용의 하락을 한계비용, 즉 공공재 가격의 하락으로 인식하고 따라서 더 많이 소비하게 된다는 것이다. 또 지방의 공공재 공급 의사결정에 있어 관료들의 사익추구가 원인으로 제기되기도 한다. 즉 Niskanen 모형에서와 같이 의사결정과정에서 독점적 지위에 있는 관료들이 지방세 인하보다는 공공지출의 증가가 선택될 수 있도록 정보를 왜곡한다는 것이다.

2) 대응 조건부보조금

특정 공공재에 용도가 지정되고 지방정부가 일정비율을 부담해야하는 대응조건부보조금의 경우가 [그림 21-10]에 나타나 있다. 최초의 균형은 점 E 로서 이 점에서 민간재 OC와 공공재 OD가 소비된다. 여기에 대응보조금이 지급된다면 이 보조금이 갖고 있는 대응적 특성 때문에 예산선은 AB선에서 AM선으로 이동하게 된다. 다시 말하여, 대응 조건부보조금은 공공재 생산에만 사용되기 때문에 공공재의 공급이 증가되고 공공재의 상대적 가격이 하락하게 되는 결과가 일어난다. 새로운 균형점은 E'에서 이루어지며 민간재의 소비는 ON만큼, 공공재의 소비는 OP만큼 이루어진다. 보조금지급 전과 비교하여 볼 때 민간재소비는 CN만큼, 공공재소비는 DP만큼 추가적으로 증가되었다.

보조금지급 전에는 OD의 공공재소비를 위해 CA만큼의 소득을 포기해야 했으나, 보조금지급 후에는 OP의 공공재소비를 위해 NA의 소득을 조세로서 지출하게 된다. 따라서 조세부담액은 CA에서 NA로 감소됨으로써 CN만큼 조세

그림 21-10 | 대응 조건부보조금의 효과

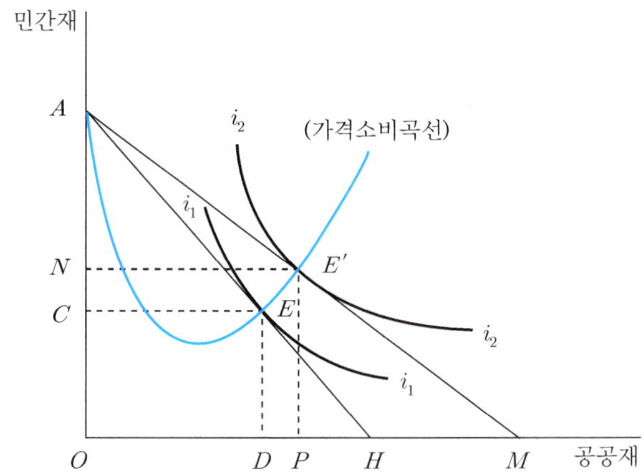

의 순감소를 가져오게 된다. 대응교부금이 교부되는 경우에도 민간재소비의 증가 때문에 조세율이 감소하게 되고, 따라서 CN만큼의 민간재 소비증가를 위한 누출이 있다는 것을 알 수 있다. 조세율은 CA/OA에서 NA/OA로 인하되었다.

[그림 21-10]에서는 보조금 지급 후에 공공재뿐만 아니라 민간재의 소비도 증가하는 것으로 되어 있으나, 민간재의 소비가 반드시 증가한다는 보장은 결코 없다. 그 이유는 공공재의 상대적 가격이 하락하기 때문에 소득효과와 더불어 대체효과가 발생하고, 이 대체효과의 크기가 강력하면 소득효과를 상쇄시켜 민간재 소비가 도리어 감소될 수도 있기 때문이다.

3) 양 보조금의 효과 비교

그러면 이제 [그림 21-11]을 이용하여 앞에서 분석한 무조건부 비대응보조금과 조건부 대응보조금을 상호 비교해 보자. E를 여전히 최초의 균형점이라고 하자. E_m은 대응보조금지급 후의 균형점이고, E_n은 비대응보조금지급 후의 균형점이다. E_m과 E_n은 동일한 공공재의 소비량 OP를 위하여 정부가 부담하여야 할 비용이 서로 상이하다는 것을 보여 주고 있다. 즉 대응보조금 지급 시의 정부비용은 E_mS인데, 비대응보조금을 지급하는 경우 그것은 E_nS로서, 후자의

그림 21-11 | 양 보조금의 효과비교

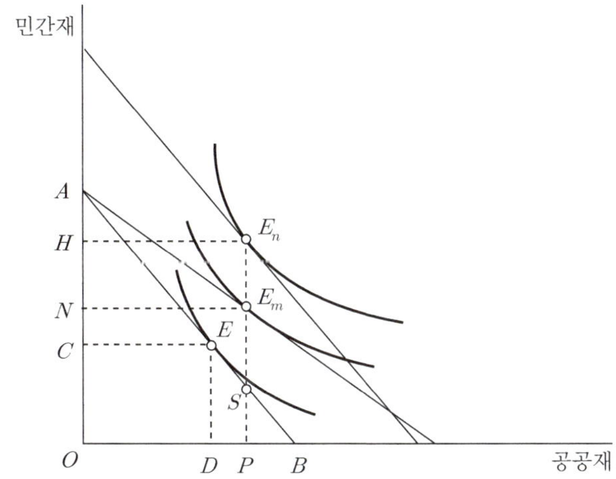

경우가 전자의 경우보다 더 많은 정부비용을 필요로 하고 있음을 알 수 있다.[26] 즉, 같은 양의 공공재를 공급하는 데 있어서 대응보조금은 비대응보조금보다 정부비용이 E_mE_n 만큼이 적으므로 경제적으로 더 효율적이라는 것을 알 수 있다. 대응보조금이 비대응보조금보다 공공재공급에 있어서 더 효율적인 이유는 대응보조금이 공공재생산을 위한 경비지출에 국한하여 지급한다는 데 반해, 비대응보조금은 공공재의 추가적 생산뿐 아니라 조세의 감소를 통하여 민간재까지도 증대시키는 효과를 지니고 있기 때문이다. 다시 말하여 대응보조금은 공공재생산만을 위한 선별적 보조금(selective grant)인 반면에, 비대응보조금은 공공재와 민간재 모두에 사용되는 일반적 보조금(general grant)으로서, 공공재공급을 촉진시킨다는 입장에서 선별적 보조금이 일반적 보조금보다 더 효율적이라고 하겠다.

그러나 이것은 어디까지나 공공재의 공급 측면만을 본 것이고 사회후생의 측면을 고려할 때에는 비대응보조금(일반적 보조금)이 더 효율적이라고 할 수 있다(E_n이 E_m보다 더 높은 무차별곡선상에 놓여 있음에 주목하여야 한다). 이는 비대

26) E_n은 E_m보다 반드시 위에 위치하고 있어야 한다. 왜냐하면 비대응보조금의 경우 공공재와 민간재간의 한계대체율이 대응보조금의 경우보다 크기 때문이다. 즉 같은 수직선상에서 E_n이 접하는 무차별곡선의 기울기가 더 크게 되어야 한다.

응 일반보조금의 경우 보조금을 수령하는 지방정부의 의사결정에 제약을 가하지 않기 때문에 지방정부는 자신의 사회후생이 가장 극대화되는 방향으로 의사결정을 할 수 있기 때문이다.

4. 우리나라의 지방재정조정제도

우리나라의 지방재정조정제도는 중앙정부가 지방자치단체들을 대상으로 운영하는 제도로서 지방교부세와 국고보조금이 있으며, 광역자치단체에 의한 기초자치단체 간의 재정조정제도로서 서울특별시와 광역시의 관할 자치구간 재정조정을 위한 조정교부금, 도에서 관할 시·군간 재정조정을 위한 재정보전금을 들 수 있다.[27] 한편 교육재정의 경우 중앙정부는 지방교육재정교부금을 각 교육자치단체에 배분하고 있다. [표 21-1]은 국가에 의한 지방자치단체간의 재정조정제도를, [표 21-2]는 광역자치단체에 의한 기초자치단체 재정조정제도를 요약하여 보여 주고 있다.

(1) 지방교부세

지방교부세는 지역 간의 재정력 격차를 시정하기 위하여 1962년부터 시행되어 오고 있는 지방재정조정제도로서, 2012년 현재 보통교부세, 특별교부세, 분권교부세, 부동산교부세 등 4가지 종류로 구성되어 있다. 지방교부세는 지방교부금 또는 지방재정교부금이라고도[28] 하는데 지방세와 같이 자치단체의 일반재원으로 사용된다.

지방교부세는 내국세 수입의 19.24%와 종합부동산세액을 재원으로 하고 있는데, 그 규모는 2012년 예산기준으로 약 33조원으로서 중앙정부 일반회계 예산의 약 14.8%에 이르고 있다. 만약 지방교부세의 재원이 내국세의 일정비율로 산정하는 것이 아니라 각 지방자치단체의 부족재원을 고려하여 결정된다면 상황에 따라서 그 지원규모를 신축성 있게 유지할 수 있는 반면 국가재정의 형편에 따라

27) 우리나라의 지방재정조정방식을 앞의 일반적인 형태에 맞추어 본다면 대체로 지방교부세는 무조건부 보조금, 국고보조금은 조건부 보조금과 유사하다고 할 수 있다.

28) '지방교부세'는 이것을 중앙과 지방간에 세원을 배분하는 공동세의 일종으로 여기는 시각이 반영된 것인 반면, '지방교부금'은 중앙정부가 국세를 통하여 조달한 재원을 예산과정을 통하여 지방에 배분해 주는 것이라는 시각이 반영된 개념이다.

지원규모가 삭감될 가능성도 없지 않기 때문에 조정재원이 불안정할 수도 있다.

1965년과 1966년에는 지방교부세 재원이 확대되었고, 지방교부세의 교부율이 인상조정되는 등의 개정이 있었다. 그러다가 1972년 '8.3 긴급조치'(경제의 안정과 성장에 관한 대통령 긴급명령)에 의하여 법정교부율을 폐지하고 대신에 국가예산으로 지방교부금액을 매년 반영하도록 하였다. 그러다가 1982년 법정교부율을 다시 부활시켜 1999년까지 내국세의 13.27%로 규정하였고, 2000년부터 2004년까지 15%로 인상하였으며 2005년 19.13%, 그리고 2006년 이후 현재의 19.24%로 운영하고 있다.

지방교부세 중에서 분권교부세는 국고보조사업을 지방으로 이양하고 그 필요재원을 보전하기 위하여 2005년부터 운영되고 있는 제도로서 내국세의 0.94%를 재원으로 하고 있다.[29] 부동산교부세의 경우 종합부동산세 도입과 재산세 개편 등 부동산 세제개편에 따라 도입된 제도이다. 종합부동산세 세수를 재원으로 하여 부동산 세제 개편에 따른 지방자치단체의 세수 감소분을 기초로 산정하되, 재정 여건이나 지방세 운영상황 등을 고려하여 배분하도록 하고 있다.[30]

이러한 분권교부세와 부동산교부세를 제외한다면 지방교부세는 기본적으로 보통교부세와 특별교부세로 구분되는데, 분권교부세와 부동산교부세를 제외한 재원중에서 96%는 보통교부세로, 나머지 4%는 특별교부세로 배분된다.

보통교부세는 지방자치단체가 기본적인 행정서비스를 제공할 수 있도록 하기 위해서, 기준재정수입액이 기준재정수요액에 미달하는 지방자치단체에 대해서 그 재정부족액을 기초로 산정하게 된다. 여기서 기준재정수요액이란 지방자치단체가 기본적인 행정수요를 충족하는데 필요한 소요재원을 의미하는 것으로, 2012년 현재 16개 측정항목과 측정단위를 기초로 하여 계산하고 지역의 특수성이나 균형발전, 건전재정운영을 위한 자체노력 정도 등을 반영하여 보정하게 된다. 기준재정수입액은 기본적으로 자치단체의 보통세 세수의 80%로 산정하게 되는데, 이에 보통세 이외의 목적세나 세외수입 등을 반영하여 보정하게 된다.

특별교부세는 보통교부세의 기준재정수요액이나 기준재정수입액 산정시 반

---

29) 원래는 2009년말까지 5년 한시로 도입되었으나 다시 2014년까지 연장되었으며 이후 보통교부세로 통합하도록 하고 있다.

30) 제주특별자치도에 부동산교부세 총액의 1.8%를 배분하며, 이외의 특별자치시 · 시 · 군 및 자치구에는 재정여건 50%, 사회복지 25%, 지역교육 20%, 그리고 부동산 보유세 규모 5%를 비중으로 산정한 금액을 배정한다.

영할 수 없는 개별자치단체의 구체적인 사정을 반영하는 것으로서, 보통교부세를 보완하여 지방교부세 전체로서 현실적 타당성을 확보하기 위한 제도이다. 구체적인 교부대상으로는 기준재정수요액의 산정방법으로는 파악할 수 없는 지역 현안에 대한 특별한 재정수요가 있는 경우에 재원의 30%, 보통교부세의 산정기일 후에 발생한 재해를 복구하거나 재해예방을 위한 특별한 재정수요가 생기거나 재정수입이 감소한 경우에 재원의 50%, 그리고 국가적 장려사업, 국가와 지방자치단체 간에 시급한 협력이 필요한 사업 또는 지역 역점시책 등 특별한 재정수요가 있을 경우에 20%를 배분하고 있다.

(2) 보 조 금[31]

지방교부세가 구체적인 용도를 지정하지 않고 지원하는 일반교부금이라고 한다면 보조금은 통상 특정 정책목적이나 사업의 수행을 위하여 그 용도와 조건 등 사용범위를 지정하여 그 경비의 전부 또는 일부를 보조하거나 재정상의 원조를 하는 특정교부금을 말한다. 보조금은 그 지원주체에 따라 국가가 지방자치단체 등에 지원하는 국고보조금과 광역자치단체가 기초자치단체에게 교부하는 시·도비보조금으로 구분된다.[32]

광의의 보조금은 세부적으로는 보조금, 부담금, 급부금 등 다양한 형식으로 구분될 수 있다. 협의의 보조금이란 국가나 광역자치단체가 지방자치단체가 수행하는 사무나 사업과 관련하여 이를 권장하는 등 정책상 필요하다고 인정할 때 또는 지방자치단체의 재정 사정상 특히 필요하다고 인정할 때 예산의 범위안에서 지급하는 것이다. 부담금은 지방자치단체 또는 그 기관이 법령에 의하여 처리하여야 할 사무로서 국가와 지방자치단체 간에 이해관계가 있는 경우에, 그 원활한 사무처리를 위하여 국가가 그 경비 전부 또는 일부를 부담하는 것을 의미한다. 또한 교부금은 국가가 스스로 행하여야 할 사무를 지방자치단체 또는 그 기관에 위임하여 수행하는 경우에, 그 소요되는 경비 전부를 국가가 당해 지방자치단체에 교부하는 것이며, 급부금은 농민들에 지급하는 소득보조금을 그 예로 들 수 있다.

31) 여기서 설명하고 있는 '보조금'은 현재 우리나라에서 운영하고 있는 특정제도로서의 보조금이다. 앞에서 설명하였던 일반적인 지방재정조정제도로서의 보조금(Grant)과는 구분하여야 한다.

32) 국고보조금은 「보조금 관리에 관한 법률」, 시도비보조금은 「지방재정법」에 근거하여 관리되고 있다.

보조금의 특징은 다음과 같이 요약할 수 있다. 첫째 보조금은 구체적인 용도를 지정하거나 조건을 붙여 교부하는 특정재원으로서, 특정 공공서비스의 공급을 유도하고 장려하거나 지역 간 외부효과의 시정, 공공서비스의 효율적 공급 등을 목적으로 한다. 둘째, 지방교부세는 그 재원의 규모가 법률에 의해서 정해져 있는 반면, 보조금의 경우는 중앙정부나 광역자치단체의 재정여건이나 정책목표 등을 고려하여 중앙정부 등이 예산에 반영하는 것이다. 사업별로 적용되는 기준보조율은 대통령령으로 정하고 있는데, 사업별·자치단체별로 10%~100%까지 다양하게 분포하고 있다. 한편 지방자치단체의 재정사정을 고려하여 기준보조율에서 일정비율을 더하거나 빼는 차등보조율이 적용되고 있다. 셋째, 통상 보조금의 배분은 보조 사업을 수행하고자 하는 자치단체의 신청에 의하지만, 또는 신청이 없더라도 국가시책 수행 상 부득이한 경우 국가가 임의로 예산에 계상하여 배정하기도 한다. 회계처리 면에 있어서 지방교부세가 관리부처인 행정안전부에 의해서 일괄 배분되는 데 비해서, 보조금은 각 중앙부처나 광역자치단체의 일반회계예산에 편성·운영되게 된다.

한편 '총액배분 자율편성'을 통하여 지방이전재원의 경직성을 해소하고 지방자치단체의 자율성을 강화하기 위한 제도로서 2004년부터 국가균형발전특별회계가 운영되었으며, 2010년부터는 광역경제권 중심의 신지역발전정책을 지원하기 위하여 광역·지역발전특별회계로 개편하여 운영하고 있다. 이는 기존에 각 부처가 여러 회계를 통해서 별도로 운영하고 있던 지역발전 사업들을 하나의 회계로 통합하여 운영함으로써 사업의 중복성을 줄이고 투자효율성을 제고하기 위한 것이었다. 2011년 현재 지역발전계정, 광역발전계정, 제주특별자치도계정 등 3개 계정 6개 사업군이 운영되고 있는데, 기본적으로 지역발전계정의 사업들은 총액배분 이후 구체적인 사업들은 지방자치단체들이 자율편성하며, 광역발전계정의 경우 부처가 직접 편성하는 사업들을 수행하고 있다.

전체적으로 국고보조금은 지방자치단체의 재정력의 불균형을 조정할 목적보다는 일정한 지방행정수준의 유지와 특정사업의 장려를 목적으로 하고 있기 때문에 지역간의 재정적 불균형을 조정하는 역할은 아무래도 미약하게 된다. 또 국고보조금은 지방자치단체의 재정부담을 경감시키는 이점이 있지만, 그 반면에 재정의 중앙통제의 강화라는 문제점을 함께 안고 있다. 또한 재정이 취약한 지방자치단체에서는 국고보조사업을 수행하는 데 드는 자체 지방비부담을 스스로 조달

표 21-1 | 국가에 의한 지방자치단체간의 재정조정제도

구분	지방교부세	국고보조금
근거법령	「지방교부세법」	「보조금의 예산 및 관리에 관한 법률」
재원구성	내국세의 19.24% - 보통교부세: 분권교부세 및 양여금 도로사업 보전분을 제외한 교부세 총액의 96% ※ 양여금 도로사업 보전분 8,500억원('05~'11년간 배분) - 특별교부세: 분권교부세 및 양여금 도로사업 보전분을 제외한 교부세 총액의 4% - 분권교부세: 내국세총액의 0.94% ('05~'14년간 배분) ※ 부동산 교부세 별도운영	국가의 일반회계 또는 특별회계 예산으로 계상
용　도	- 보통·분권교부세: 용도 지정없이 자치단체 일반예산으로 사용 - 특별교부세: 용도지정·조건부여 가능	용도와 조건이 지정되어 특정목적 재원으로 운용
배분방법	- 보통교부세: 단체별 기준재정수입액과 기준재정 수요액을 산정한 후 재정 부족액을 기준으로 포괄 배분 - 특별교부세: 지역현안, 재해대책, 시책수요 사업에 대하여 사업의 타당성 등을 종합적으로 심사하여 사업별·시책별 교부 - 분권교부세: 경상적 수요와 비경상적 수요의 합계액	소관 부처별 중장기사업계획 등을 고려하여 매년 정부예산으로 정함.
성　격	- 보통·분권교부세: 일반재원(자주재원 성격) - 특별교부세: 일반재원(특정사업)	특정목적재원 (의존재원 성격)

자료: 행정안전부, 『2011년도 지방자치단체 예산개요』, 2011, p. 48.

하기가 어려워 지방재정상태가 더욱 악화되는 사례가 발생하기도 한다.

(3) 재정보전금

재정보전금은 시·도지사가 관한 시군을 대상으로 시행하는 재정조정제도로서, 시·군의 행정운영에 필요한 재원을 보전하기 위한 일반재정보전금과 시·군의 지역개발사업 등 시책추진을 지원하기 위한 시책추진보전금, 그리고 지방교부세 불교부단체인 시·군에 대하여 그 재정적 결함을 보전하기 위하여 지급하는 특별재정보전금으로 구분된다. 재정보전금의 재원은 각 시·군에서 징수하는 광역시세·도세[33] 총액과 인구비례로 산정한 각 시·군별 지방소비세액의 27%(인

33) 원자력발전에 대한 지역자원시설세, 특정부동산에 대한 지역자원시설세 및 지방교육세는 제외

구 50만 이상의 시와 행정구가 설치되어 있는 시의 경우 47%)를 합한 금액으로 산정한다.

재정보전금의 시군별 배분은 시군별 인구와 징수실적, 해당 시 · 군의 재정사정 등을 반영하여 이루어지는데, 원자력발전에 대한 지역자원시설세의 경우 그 65%를 원자력발전소가 있는 시 · 군에 배분한다.[34]

재정보전금의 전체 재원은 일반재정보전금에 90%, 시책추진보전금에 10%가 배분되는데, 특별재정보전금의 재원은 일반재정보전금의 일부 금액으로 하되, 경기도의 경우에는 일반재정보전금이 25%로 하고, 광역시 및 경기도 외의 도의 경우에는 행정안전부장관이 정하는 범위 안에서 시 · 도의 조례가 정하는 비율에 해당하는 금액으로 한다.

일반재정보전금은 그 재원의 50%는 시 · 군의 인구수에 따라 배분하고, 40%는 시 · 군의 광역시세 · 도세 징수실적, 그리고 10%는 재정력지수[35]가 1 미만인 시 · 군을 대상으로 배분하고, 특별재정보전금은 당해 시 · 군의 재정결함금액에 비례하여 배분하되, 인구가 20만 미만인 시 · 군의 재정결함금액의 70%를 우선 배분하고 있다.

(4) 조정교부금

조정교부금은 서울특별시와 광역시가 관할 자치구 간의 재원을 조정하는 제도로서, 일반교부금과 특별교부금으로 구성된다. 부산의 5%를 제외하고는 특별교부금은 조정재원의 10%로 운영하며 나머지는 일반교부금으로 배분된다. 조정재원은 취득세로 하되 그 구체적인 교부율이나 산정방법, 교부시기 등은 특별시와 광역시의 조례로 정하도록 하고 있다. [표 21-2]에 제시된 바와 같이 자치단체별로 조정재원으로 하는 취득세의 비율은 다르게 설정되어 있는데, 인천의 40%에서부터 광주의 70%까지 분포하고 있다.

일반교부금의 배분은 지방교부세 보통교부금의 배분과 유사한 방식으로 이루어지는데, 기본적으로 기준재정수요액과 기준재정수입액을 산정하고 이를 바탕으로 재정부족액을 산정하여 배분하게 된다.

---

34) 2014년부터는 화력발전에 대한 지역자원시설세도 원자력발전의 경우와 같이 배분한다.

35) 지방교부세법에 따라 산정한 매년도 기준재정수입액을 기준재정수요액으로 나눈 값을 의미한다.

표 21-2 | 광역자치단체에 의한 기초자치단체 재정조정제도

구분	시·도 비보조금	조정교부금	재정보전금
근거법령	• 지방재정법 제23조 제2항 「시·도는 시책상 필요하다고 인정할 때 또는 시·군 및 자치구의 재정사정상 특히 필요하다고 인정할 때에는 예산의 범위안에서 시·군 및 자치구에 보조금을 교부할 수 있다.」	• 지방자치법 제173조 특별시장이나 광역시장은 시세(市稅) 수입중의 일정액을 확보하여 조례로 정하는 바에 따라 해당 지방자치단체의 관할 구역 안의 자치구 상호간의 재원을 조정하여야 한다.	• 지방재정법 제29조 제1항 「시·도지사(특별시장을 제외한다)는 시·군에서 징수하는 광역시 세·도세(원자력발전에 대한 지역개발세, 공동 시설세 및 지방교육세를 제외한다)의 27퍼센트(인구50만 이상의 시와 자치구가 아닌 구가 설치되어 있는 시의 경우에는 47퍼센트)에 해당하는 금액을 시·군에 대한 재정보전금으로 확보하여 인구, 징수실적, 당해 시·군의 재정사정 그 밖에 대통령령이 정하는 기준에 따라 당해 시·도(특별시를 제외한다)의 관할 구역 안의 시·군에 배분하여야 한다.」
재 원	시·도의 일반회계 또는 특별회계	• 특별시·광역시세인 취득세·등록세중 조례로 정하는 일정액 서울 50%, 부산55%, 대구 56%, 인천 40%, 광주 70%, 대전 68%, 울산 58% • 일반교부금과 특별교부금으로 운영 <특별교부금> 서울 10%, 부산 5%, 대구 10%, 인천 10%, 광주 10%, 대전 10%, 울산 10%	• 광역시·도의 징수교부금 중 조례로 정하는 일정액 - 일반재정보전금: 90% - 시책추진보전금: 10% - 특별재정보전금(경기도, 경상남도 해당)
용 도	특정한 지원대상사업 재정 수요 충당(용도지정)	용도지정없이 기초자치단체의 일반재원으로 사용	용도지정없이 기초자치단체의 일반재원으로 사용(시책추진보전금은 시장·군수가 요청하는 사업 또는 시·도지사가 필요하다고 인정하는 사업)
배분방법	지원사업별 사업우선순의 등에 의거 지원	기초자치단체별 기준재정 수입액과 기준재정 수요액을 분석한 후 재정부족액을 기준으로 포괄배분	인구, 징수실적, 당해 시·군의 재정사정 기타 대통령령이 정하는 기준에 따라 배분

자료: 행정안전부, 『2011년도 지방자치단체 예산개요』, 2011, p. 68.

(5) 지방교육재정교부금과 교육비특별회계

우리나라 지방재정분석에서는 지방교육비(지방교육재정)가 포함되고 있지 않다는 점은 앞에서 지적하였다. 이는 지방자치단체의 교육과 학예에 관한 사항은 시도의 사무로서 교육자치제라는 별도의 자치체계하에 수행되고 있으며, 재정도 지방교육비특별회계를 통해서 별도로 운영되고 있기 때문이다. 지방교육자치를 위해서 각 시도의 지방의회에 상임위원회로 설치된 교육위원회에서 관련 조례제정과 함께 예산안과 결산의 심사 등을 담당하며, 교육감이 교육과 학예에 관한 집행업무를 담당하고 있다.

지방교육예산은 시도별로 설치된 교육비특별회계를 통해 운영된다. 교육비특별회계는 지방교육재정교부금, 지방자치단체 일반회계로부터의 전입금, 교육에 관한 특별부과금·수수료 및 사용료, 학생들의 수업료와 같은 자체수입 등을 그 재원으로 하고 있다. [표 21-3]에 제시된 바와 같이 재원의 66.9%를 중앙정부로부터의 지원금인 지방교육재정교부금에 의존하고 있으며, 다음으로는 지방자치단체 등으로부터의 이전수입이 16.3%를 점하고 있다.

지방교육재정교부금은 지방자치단체가 교육기관 및 교육행정기관을 설치·경영하는데 필요한 재원의 전부 또는 일부를 국가가 교부하여 교육의 균형있는 발전을 도모함을 목적으로 교부된다. 교부금의 재원은 내국세[36] 총액의 20.27%와

표 21-3 | 자치단체 교육비특별회계의 재원구성 (2010년 결산)

구분	금액 (억원)	비중 (%)
세입 합계	484,821	100.0
지방교육재정교부금	324,372	66.9
국고보조금	1,285	0.3
법정이전수입 등	79,125	16.3
자체수입	15,149	3.1
지방교육채	10,402	2.1
순세계잉여금, 이월금등	54,487	11.2

자료: 행정안전부, 『지방재정연감』, 2011.

36) 목적세, 종합부동산세 및 다른 법률에 의하여 특별회계의 재원으로 사용되는 세목의 당해 금액을 제외한다.

교육세 전액을 합한 금액으로 하는데, 교육세 전액과 내국세 재원의 96%는 보통교부금으로, 내국세 재원의 4%는 특별교부금으로 배분한다.

보통교부금은 기준재정수입액이 기준재정수요액에 미달하는 지방자치단체에 그 미달액을 기준으로 하여 교부하며, 특별교부금의 재원은 전국에 걸쳐 시행하는 교육관련 국가시책사업에 60%, 기준재정수요액의 산정방법으로 포착할 수 없는 특별한 지역교육현안수요에 30%, 재해로 인한 특별한 재정수요나 재정수입의 감소에 대해 10%를 배분한다.

제6절 우리나라의 지방재정 운영현황

1. 세 출

우리나라 지방자치단체의 재정활동은 중앙정부와 마찬가지로 일반회계와 특별회계로 구분되어 경리되고 있으며, 특별회계는 다시 지방공기업특별회계와 기타 특별회계로 나누어지는데 총 90여 개의 특별회계가 설치되어 있었다. 이와 별도로 지방교육비 특별회계가 있어 교육재정을 담당하고 있는데 통상 지방재정을 논할 때는 교육재정분은 제외되는 것이 일반적이다.[37)]

[표 21-4]는 2011년 예산기준 지방자치단체별 세출예산 규모 및 비중을 보여주고 있다. 우선 지방예산 총액은 약 141조원으로 나타나고 있다. 한편 중앙정부 예산은 235.6조원이며 지방교육예산은 43.9조원으로서 중앙정부:지방정부:지방교육 예산의 비중은 56.0:33.5:10.5로 이루어지고 있다. 그러나 중앙정부 예산의 상당부분은 지방교부세나 지방교육재정교부금 등의 형태로 지방으로 이전되는데 이를 고려하여 최종적인 지출이 이루어지는 금액을 기준으로 하면 그 구성은 137.4조원(42.8%):136.5조원(42.5%):47.4조원(14.7%)로 계산된다.[38)]

37) 지방자치와 지방교육자치는 지방자치법이나 지방교육자치에 관한 법률 등 별개의 법령에 의해서 규정되고 있으며, 관장 중앙부처도 지방재정은 행정안전부가 그리고 교육재정은 교육과학기술부로 나뉘어 있다. 물론 지방의회에 상임위원회로 교육위원회를 설치하고 있으며 지방재정에서 지방교육재정으로 재정을 이전하는 등 연계성을 강화하려는 노력이 이루어지고 있다.

38) 행정안전부, 『2011년도 지방자치단체 예산개요』, 2011, p. 4.

표 21-4 | 지방자치단체별 세출예산 규모 (2011년 예산, 순계)

	세출예산		인구 (천명)	일인당 지출 (백만원)
	금액(억원)	비중(%)		
합계	1,410,393	100.0	50,516	2.79
광역단체 소계	527,529	37.4	50,516	1.04
특별시	136,229	9.7	10,313	1.32
광역시	178,238	12.6	12,922	1.38
특별자치도	27,286	1.9	571	4.78
도	185,775	13.2	26,709	0.70
기초단체 소계	882,864	62.6	49,944	1.77
시	453,288	32.1	22,457	2.02
군	239,292	17.0	4,820	4.96
자치구	190,283	13.5	22,667	0.84

자료: 행정자치부, 「2011년도 지방자치단체 예산개요」, 2011
통계청, 국가통계포털 KOSIS

세출예산 내역을 살펴보면 우선 광역자치단체와 기초자치단체의 예산규모는 각각 52.8조원(37.4%)과 88.3조원(62.6%)으로 나타나고 있으며, 시의 세출규모가 가장 큰 비중을 점하고 있음을 알 수 있다. 세출예산을 2010년 인구로 나누어 계산한 일인당 세출예산 규모를 비교하면 자치단체별로 큰 차이가 있음을 알 수 있다. 전국평균 일인당 세출예산은 2.79백만원으로 나타나고 있는데, 자치단체별로는 도의 0.7백만원에서부터 군의 4.96백만원까지 매우 큰 편차를 보이고 있다. 이는 자치단체별 기능의 차이를 일부 반영하는 것이지만 많은 차이는 공공서비스 공급에 있어 인구차이에 따른 규모의 경제현상에 따른 것이라고 할 수 있다.

[표 21-5]는 2011년 예산기준 지방자치단체의 분야별 세출규모 및 비중, 그리고 그 재원부담주체를 보여주고 있다. 지출분야별로 살펴보면 사회복지분야의 예산이 28.5조원으로 전체 예산의 20.2%를 점하고 있으며, 다음으로는 수송 및 교통 15.1조원(10.7%), 환경보호 15.0조원(10.7%) 등의 순으로 나타나고 있다. 재원은 크게 국비와 시도비, 시군구비, 그리고 지방채 발행 등 기타로 구분할 수 있는데 사회복지분야의 경우 전체 소요재원의 52.6%인 15조원을 국가가 부담하고 있는 반면 일반공공행정의 경우 1.4%만 국가가 부담하고 있음을 알 수 있다. 이는 기본적으로 해당 사무가 국가의 위임사무인지 아니면 지방사무인지 등에 따라

표 21-5 | 지방자치단체 세출 구조 및 재원 내역(2011년 예산, 순계)[1]

(단위: 억원, %)

	합계	국비	시도비	시군구비	기타
합 계 (금액)	1,410,393	304,965	503,981	571,969	29,479
일반공공행정	124,509	1,790	68,111	54,589	19
공공질서 및 안전	23,366	6,955	9,367	6,600	445
교육	90,143	249	78,270	11,621	3
문화 및 관광	69,872	11,711	24,074	33,820	267
환경보호	150,305	28,183	40,691	80,799	632
사회복지	284,632	149,668	76,546	57,320	1,098
보건	20,082	5,278	6,039	8,676	89
농림해양수산	97,944	42,172	14,514	40,142	1,116
산업 · 중소기업	30,437	6,966	13,563	9,689	220
수송 및 교통	151,118	27,744	69,077	53,927	370
국토 및 지역개발	116,385	22,736	31,821	61,710	118
과학기술	3,293	326	2,850	117	
예비비	23,650	106	9,422	14,122	
기타	224,658	1,081	59,637	138,838	25,102
합 계 (비중[2])	100.0	21.6	35.7	40.6	2.1
일반공공행정	100.0 (8.8)	1.4	54.7	43.8	0.0
공공질서 및 안전	100.0 (1.7)	29.8	40.1	28.2	1.9
교육	100.0 (6.4)	0.3	86.8	12.9	0.0
문화 및 관광	100.0 (5.0)	16.8	34.5	48.4	0.4
환경보호	100.0 (10.7)	18.8	27.1	53.8	0.4
사회복지	100.0 (20.2)	52.6	26.9	20.1	0.4
보건	100.0 (1.4)	26.3	30.1	43.2	0.4
농림해양수산	100.0 (6.9)	43.1	14.8	41.0	1.1
산업 · 중소기업	100.0 (2.2)	22.9	44.6	31.8	0.7
수송 및 교통	100.0 (10.7)	18.4	45.7	35.7	0.2
국토 및 지역개발	100.0 (8.3)	19.5	27.3	53.0	0.1
과학기술	100.0 (0.2)	9.9	86.6	3.6	0.0
예비비	100.0 (1.7)	0.4	39.8	59.7	0.0
기타	100.0 (15.9)	0.5	29.9	69.6	0.0

주 1) 당초예산기준 일반회계와 특별회계의 합계(지방교육비 특별회계는 제외)로서, 회계간 중복계산을 제외시킨 순계규모임.

2) 괄호안은 세출분야별 비중임.

자료: 행정자치부, 「2011년도 지방자치단체 예산개요」, 2011

재원의 주요 부담주체가 각각 국가와 지방이 되기 때문이다.

2. 세 입

지방자치단체의 세입예산은 지방세, 세외수입, 지방교부세, 국고보조금, 지방채 등으로 구성된다. [표 21-6]은 우리나라 지방재정의 세입구조 추이를 일반회반회계와 특별회계를 합한 순계 결산기준으로 보여주고 있다.39) 2010년을 기준으

표 21-6 | 지방자치단체 세입 구조 추이(결산, 순계)[1]

(단위: 억원, %)

	1990	1995	2000	2005	2010
합계 (금액)	228,603	523,789	771,762	1,284,146	1,664,284
지방세	63,786	153,169	203,616	359,769	500,799
세외수입	93,240	207,465	315,315	518,631	505,825
지방교부세	27,647	56,746	84,494	200,253	281,990
지방양여금[2]	-	18,701	37,134	-	-
보조금	21,368	41,092	98,927	169,457	320,333
지방채등	22,562	46,616	32,276	36,037	55,337
합계(비중)	100.0	100.0	100.0	100.0	100.0
자주재원 소계	66.9	66.4	64.2	63.7	58.1
지방세	41.2	41.8	35.3	36.1	37.1
세외수입	25.7	24.6	28.9	29.2	21.0
의존재원 소계	31.0	29.3	34.4	33.9	40.6
지방교부세	17.8	15.5	14.7	20.1	20.9
지방양여금	-	5.1	6.4	-	-
보조금	13.2	8.8	13.3	13.8	19.7
지방채등	2.1	4.2	1.4	0.8	1.3

주 1) 결산기준 일반회계와 특별회계의 합계(지방교육비 특별회계는 제외)로서, 회계간 중복계산을 제외시킨 순계규모임.
2) 지방양여금제도는 1991년부터 2004년 기간동안 운영됨.
자료: 행정자치부, 『지방재정연감』, 각 연도.

39) 앞에서 살펴본 세출구조는 사업과 관련하여 지방자치단체의 지출의지와 계획이 나타나

로 살펴보면 전체 세입 166.4조원 중에서 지방세가 그 37.1%인 50조원으로 가장 높은 비중을 점하고 있으며 다음으로 세외수입, 지방교부세, 국고보조금이 비슷한 수준으로 나타나고 있음을 알 수 있다. 따라서 자주재원인 지방세와 세외수입은 전체 세입의 58.1%를 점하고 있다.

세입항목별 추이를 살펴보면 우선 자주재원 비중이 계속 감소하고 있는 것으로 나타나고 있다. 1990년 66.9%이던 자주재원 비중은 2000년 64.2%, 그리고 2010년에 58.1%로 하락하고 있는 것이다. 이에 비해서 지방교부세와 국고보조금 등 의존재원 비중은 1990년 31.0%이던 것이 1990년 34.4%, 그리고 2010년에는 40.6%로 크게 증가하고 있음을 알 수 있다. 이는 지방세 등 자주재원의 확충보다는 중앙정부로부터의 지원에 의존하는 정도가 계속 증가하고 있다는 것을 의미하는 것이다. 물론 1998년 IMF 외환위기와 2008년 세계적 금융위기로 인한 경기침체 등에 따라 부동산 거래가 침체하는 등의 영향으로 지방세수가 상대적으로 감소하고 국고보조금 등 국가지원이 증가한 것도 한 원인으로 분석되지만, 기본적으로 지방재정의 자율성 확보를 위해서는 지방세 세원확충 노력이 필요하다는 것을 보여 주는 것이다.

[표 21-7]은 2010년 결산기준 자치단체별 세입구조를 보여주고 있다. 단체별 재정자립도는 특광역시가 69.6%인 반면 군 자치단체는 35.5%로 큰 차이를 보이고 있음을 알 수 있다. 한편 이러한 재정상황의 차이는 동급 자치단체내의 개별 단체별로도 큰 차이를 보이고 있다. 2011년 일반회계 예산을 기준으로 할 때 군 자치단체의 재정자립도 평균은 17.0%인데, 울산시 울주군의 경우 47.5%인 반면 전남 신안군의 재정자립도는 7.6%에 불과한 것으로 나타나고 있다. 자치구의 경우 전체 69개 자치구 평균은 36.6%인데, 서울 강남구의 경우 재정자립도가 82.8%인데 비해서 부산 영도구의 경우 14.0%에 불과한 것으로 나타나고 있다.[40]

[표 21-8]은 2010년 결산기준 지방세 세입구조를 보여주고 있다. 세목별로 본다면 전체 50조원의 세수중에서 지방소득세와 등록세, 취득세가 각각 8.0조원

는 예산기준으로 살펴본 반면, 세입의 경우 실제 조달된 금액이 중요하다는 관점에서 결산기준으로 살펴본다. 2010년 세입결산 수치를 당초예산인 139.9조원과 비교할 때 약 19% 많은데 가장 큰 원인으로는 사업 이월에 따른 전년도의 이월금이 세외수입 항목으로 계상되는 것을 들 수 있다. 한편 지방세의 경우 당초예산에 비해서 결산수치가 4.6% 많은 것으로 나타나고 있다.

40) 행정안전부, 『2011년도 지방자치단체 예산개요』, 2011, p. 118.

표 21-7 | 지방자치단체 단체별 세입 구조 추이(2010년 결산, 순계)1)

(단위: 억원, %)

	합계	특광역시	도	시	군	자치구
합계 (금액)	2,143,579	513,482	519,009	582,350	319,247	209,491
지방세	500,799	204,016	140,040	106,700	20,718	29,324
세외수입	601,870	153,586	81,040	211,156	92,677	63,411
지방교부세	281,990	28,763	53,669	94,482	100,310	4,766
조정교부금, 재정보전금	67,751	-	-	28,208	6,049	33,493
보조금	617,618	94,331	218,097	130,842	97,078	77,270
지방채등	73,551	32,787	26,163	10,961	2,413	1,227
합계(비중)	100.0	100.0	100.0	100.0	100.0	100.0
자주재원 소계	51.4	69.6	42.6	54.6	35.5	44.3
지방세	23.4	39.7	27.0	18.3	6.5	14.0
세외수입	28.1	29.9	15.6	36.3	29.0	30.3
의존재원 소계	45.1	24.0	52.4	43.5	63.7	55.1
지방교부세	13.2	5.6	10.3	16.2	31.4	2.3
조정교부금, 재정보전금	3.2	-	-	4.8	1.9	16.0
보조금	28.8	18.4	42.0	22.5	30.4	36.9
지방채등	3.4	6.4	5.0	1.9	0.8	0.6

주 1) 결산기준 일반회계와 특별회계의 합계(지방교육비 특별회계는 제외)로서, 자치단체내 회계간 중복계산을 제외시킨 순계규모임.

자료: 행정자치부, 「지방재정연감」, 2011.

(15.8%), 7.4조원(14.7%), 6.8조원(13.6%)로 가장 높은 세수비중을 보이고 있다. 자치단체별로는 특별시·광역시 세수가 20.4조원(40.7%)로서 가장 높은 비중을 보이고 있는 반면 군의 경우 그 세수비중이 불과 4.1%에 불과한 것으로 나타나고 있다.

한편 세입항목 중 세외수입이란 지방세 이외의 지방자치단체 자체수입을 의미하며 수익자부담원칙이 적용되는 사용료나 수수료를 비롯해서, 재산매각대금, 이월금과 세계잉여금 등 매우 다양한 종류들을 포괄하는 개념으로서 전체적인 모습은 [그림 21-12]가 보여 주고 있다. 2010년 결산기준으로 세외수입은 전체 세입에서 21%를 점하고 있는데 세외수입의 약 60%는 이월금과 세계잉여금 등 임시적 세외수입이며 다음으로는 사용료 11.3%로 나타나고 있다.

표 21-8 | 지방세 구조(2010년 결산)[1)]

(단위: 억원, %)

	합 계		특별광역시	도	시	군	자치구
	금액	구성비					
	500,799	100.0	204,016 (40.7)	140,040 (28.0)	106,700 (21.3)	20,718 (4.1)	29,324 (5.9)
보통세	413,730	82.6	162,039	107,318	95,743	19,732	28,898
취득세	68,249	13.6	28,224	40,025			
등록세	73,726	14.7	32,113	41,589			24
면허세	735	0.1	6	348			381
주민세	5,961	1.2	868	34	3,866	609	585
재산세	47,452	9.5		535	19,791	3,641	23,485
자동차세	32,082	6.4	13,516	313	15,040	3,212	
도축세	581	0.1	93	15	329	144	
레저세	10,675	2.1	2,848	7,827			
담배소비세	28,749	5.7	12,234	385	12,969	3,160	
주행세	30,805	6.2	11,832	261	14,339	4,373	
지방소비세	26,789	5.3	11,242	15,547			
지방소득세	79,163	15.8	40,923	440	29,409	4,593	3,798
특별시분 재산세	8,764	1.8	8,139				625
목적세	80,524	16.1	39,092	31,434	9,193	808	-3
도시계획세	24,366	4.9	14,213	152	9,193	808	
공동시설세	6,497	1.3	3,140	3,356	1	0	
지역개발세	951	0.2	162	792		0	-3
지방교육세	48,710		21,577	27,133			
지난년도수입	6,545		2,885	1,288	1,764	179	429

자료: 행정자치부, 「지방재정연감」, 2011.

그림 21-12 | 세외수입의 구조

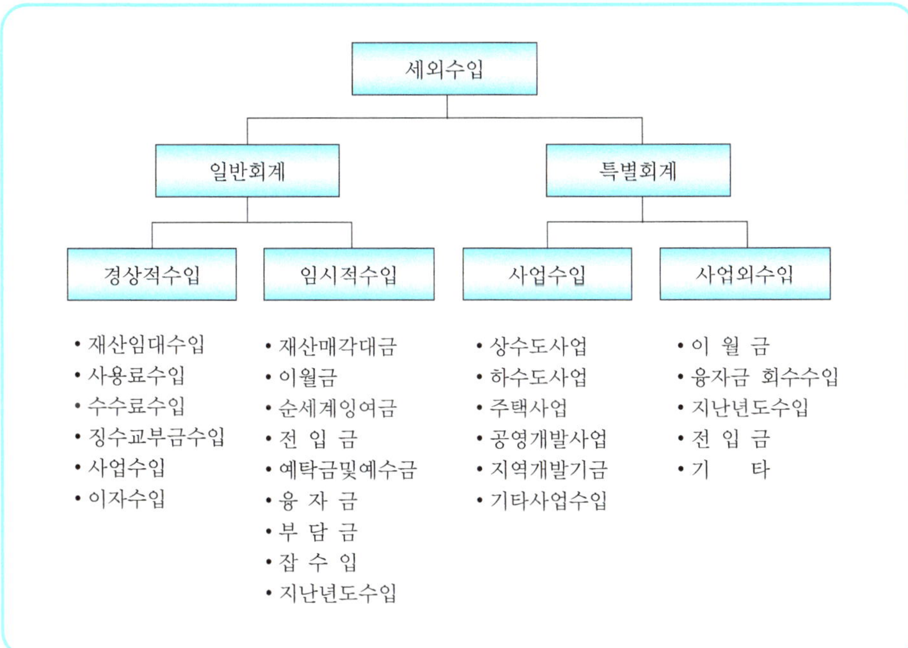

자료: 행정자치부, 「2011년도 지방자치단체 예산개요」, 2011, p. 40.

참고문헌

〈국내문헌〉

강태혁, 「한국예산제도론」(율곡출판사, 2010)
국민연금공단, 「2010 국민연금통계연보」(2011)
국세청, 「국세통계연보」(각년도)
권형신 · 이상용 · 이재성, 「한국의 지방재정」 (해남, 2006)
김동건, 「경제분석」(서울대학교 출판부, 1982).
——— 외, 「재정과 경제복지」(박영사, 1986).
———, 「비용 · 편익분석」(박영사, 1997).
기획재정부, 「조세개요」(2010)
———, 「2011～2015년 국가재정운용계획」(2011)
———, 「2011년도 나라살림 예산개요 참고자료」 (2011)
———, 「부담금운용종합보고서」 (각년도)
김승래 · 류덕현, 「감세의 경제적 효과와 재정운용」 (한국조세연구원, 2010)
김현숙 · 성명재, 「여성노동공급 활성화를 위한 소득세 개편방안 연구」 (한국조세연구원, 2006)
노기성 · 윤여필, 「정보화의 진전에 따른 과세기반 확충방안」 (한국개발연구원, 2007)
노형규 · 원윤희, 「재정학」(한국방송통신대학교 출판부, 2009)
대한민국, 「제 6 차경제사회발전 5 개년계획, 1987~1991」(1986).
박형수 외, 「경제 · 사회환경 변화에 대응한 국가채무 관리방안」(한국조세연구원, 2008)
송병락, 「한국경제론」(박영사, 1981).
안종석 외, 「지하경제 규모의 측정과 정책시사점」(한국조세연구원, 2010)
연하청 외, 「사회보장제도의 정책과제와 발전방향」(한국개발연구원, 1988).
우석진 · 전병힐, "종합부동산세가 전세가격에 미치는 효과: 준자연적 실험으로부터의 증거," 「재정학연구」, 제2권 제2호(통권 제61호), (2009. 5)
유헌성, 「재정학」(박영사, 1976).
이만우, 「공공경제학」(법문사, 1987).

이재기, 「재정학」(형설출판사, 1993)
이정전, 「경제학에서 본 정치와 정부」(박영사, 2005).
이준구, 「재정학」(다산출판사, 1994).
이필우, 「재정학개론」(법문사, 1976).
이현재, 「재정경제학」(박영사, 1986).
이희봉, 「거버넌스 지방재정」(사회문화사, 2011)
전상경, 「현대 지방재정론」 (박영사, 2011)
정부혁신지방분권위원회, 「참여정부의 재정세제개혁」(2005)
정운찬, 「거시경제학」(다산출판사, 1982).
조 순, 「경제학원론」(법문사, 1978).
주학중 편, 「한국의 소득분배와 결정요인」(상, 하)(한국개발연구원, 1979).
차병권, 「재정학개론」(박영사, 1977).
최 광, 「한국의 지하경제에 관한 연구」(한국경제연구원, 1987).
통계청, KOSIS 국가통계포털
한국개발연구원, 「국가예산과 정책목표」(한국개발연구원, 각 연도).
한승수, 「한국의 적자재정연구」(한국경제연구원, 1984).
행정안전부, 「지방세정연감」(각년도)
———, 「지방재정연감」(각년도)
———, 「지방자치단체 예산개요」 (각년도)

〈외국문헌〉

[A]

Aaron, Henry J., *Who Pays the Property Tax?*(Washington, D.C.: The Brookings Institution, 1975).

——— and Michael J. Boskin(eds.), *The Economics of Taxation*(Washington, D.C.: The Brookings Institution, 1980).

———, H. Galper, and J. Pechman, eds., *Uneasy Compromise—Problems of a Hybrid Income—Consumption Tax* (The Brookings Institution, 1988)

Amacher, R. C., R. D. Tollison, and T. D. Willett, "Budget Size in a Democracy," *Public Finance Quarterly*(April 1975).

———(eds.), *The Economic Approach to Public Policy*(Ithaca: Cornell University Press,

1976).

Anderson, Leonall C., and Jerry L. Jordan, "Monetary and Fiscal Actions: A Test of Their Relative Importance in Economic Stabilization," *Review of Federal Reserve Bank of St. Louis*(November 1968).

Arrow, Kenneth J., *Social Choice and Individual Values*, 2nd ed.(New York: Wiley, 1963).

Atkinson, Anthony B., On the measurement of economic inequality. *Journal of Economic Theory*, 2: 3 (1970)

———, "Optimal Taxation and the Direct vesus Indirect Tax Controversy," *Canadian Journal of Economics*, Vol. 10, pp. 590~601 (November 1977)

——— and Joseph E. Stiglitz, *Lectures on Public Economics*(New York: McGraw-Hill Book Co., 1980).

[B]

Balassa, Bela, "Estimating the Shadow Price of Foreign Exchange in Project Appraisal," *Oxford Economic Papers*(July 1974).

Barro,Roberto, *The Impact of Social Security on Private Saving: Evidence from the U.S. Time Series*(Washington, D.C.: American Enterprise Institute, 1977).

Barzel, Yoram, "An Alternative Approach to the Theory of Taxation," *Journal of Political Economy*, Vol. 84, No. 6(December 1976).

Bator, Francis M., "The Simple Analytics of Welfare Maximization," *American Economic Review*(March 1957), pp. 22~59.

Baumol, William, *Welfare Economics and the Theory of the State*(Cambridge, Mass.: Harvard University Press, 1952).

———, "On the Appropriate Discount Rate for Evaluation of Public Projects," in H. H. Hinrichs and G. M. Taylor(eds.) *Program Budgeting and Benefit-Cost Analysis*(Goodyear Publishing, 1969), pp. 202~212.

Black, Duncan, *The Theory of Committees and Elections*(Cambridge: Cambridge University Press, 1958).

Blinder, Alan S., et al., *The Economics of Public Finance*(Washington, D.C.: The Brookings Institution, 1974).

——— et al., "Reconsidering the Work Disincentive Effects of Social Security," *National Tax Journal*, Vol. 33(1980), pp. 431~442.

Boadway R. W., and D. E. Wildasin, *Public Sector Economics*, 2nd ed.(Little, Brown and Co., 1984)

Borcherding T. E., and R. T. Deacon, "The Demand for the Services of Non-Federal Governments," *American Economic Review*(December 1972).

——— (ed.), *Budgets and Bureaucrats, The Sources of Government Growth*(Durham: Duke University Press, 1977).

Boskin Michael J., and Eyton Sheshinski, "Optimal Income, Redistribution When Individual Welfare Depends on Relative Income," *Quarterly Journal of Economics*, Vol. 92(1978), pp. 589~602.

——— and Michael Hurd, "The Effect of Social Security on Early Retirement," *Journal of Public Economics*(December 1978).

Bowen, H. R., "Interpretation of Voting in the Allocation of Resources," *Quarterly Journal of Economics*, 58(November 1943), pp. 27~48.

———, *Toward Social Economy*(New York: Rinehart, 1948).

Break, George F., "Income Taxes and Incentive to Work: An Empirical Study," *American Economic Review*(September 1957), pp. 529~549.

———, "The Incidence and Economic Effects of Taxation," in Alan S. Blinder et al., *The Economics of Public Finance*(Washington, D.C.: The Brookings Institution, 1974).

———, *Financing Government in a Federal System*(Washington, D.C.: The Brookings Institution, 1980).

Breton, Albert, *The Economic Theory of Representative Government*(Chicago: Aldine Publishing Co., 1974).

Browning Edgar K., and J. M. Browning, *Public Finance and The Price System*(New York: Macmillan Publishing Co., 1979).

——— and William R. Johnson, *The Distribution of the Tax Burden*(Washington, D.C.: American Enterprise Institute, 1979).

Buchanan, James M., "The Pure Theory of Government Finance: A Suggested Approach," *Journal of Political Economy*, 57(December 1949), pp. 496~505.

———, *Public Principle of Public Debt*(Homewood, Ill.: Richard D. Irwin, Inc., 1958).

———, "An Economic Theory of Clubs," *Economics*(February 1965), pp. 1~14.

———, *Public Finance in Democratic Process*(Chapel Hill: The University of North Carolina Press, 1966).

———, *The Demand and Supply of Public Goods*(Chicago: Rand McNally, 1968).

———, "Social Insurance in a Growing Economy: A Proposal for Radical Reform," *National Tax Journal*, 21(December 1968), pp. 386~395.

——— and M. R. Flowers, *The Public Finances*, 5th edition(Homewood: Richard D. Irwin, Inc., 1980).

——— & G. Tullock, *The Calculus of Consent*(Ann Arbor: University of Michigan Press, 1962).

Burkhead Jesse, and Jerry Miner, *Public Expenditure*(Chicago: Aldine-Atherton, 1971).

[C]

Coase, Ronald H., "The Problem of Social Cost," *Journal of Law & Economics*, 3 :1(October 1960).

Colm, G., "Analyses Nationale Ziele," in H. C. Recktenwald(hrsg.), *Finanztheorie*(K○ln, 1970), pp. 75~83.

Committee for Economic Development(U.S.A.), *Taxes and the Budget: A Program for Prosperity in a Free Economy*(1947).

———, *Managing the Federal Debt*(New York, 1954).

———, *Fiscal and Monetary Policy for High Employment* (1961).

Council of Economic Advisors(U.S.A.), *The Annual Report*(January 1962).

Courant, Paul N., Edward Gramlich amd Daniel L.Rubinfeld, "The Stimulative Effects of Intergovernmental Grants: Or Why Money Sticks Where It Hits," in P. Miezkowski and W. Oakland(eds.), *Fiscal Federalism and Grants−in−Aid* (The Urban Institute, 1979)

[D]

Dahlman, Carl J., "The Problem of Externality," *Journal of Law and Economics*, Vol. 22(April 1979).

Dasqupta, P., A. Sen and S. Marglin, *Guidelines for Project Evaluation*(United Nations, 1972).

Diamond,P. A., "A Many-Person Ramsey Rule," *Journal of Public Economics*, Vol. 4(November 1975), pp. 335~342.

Doel, Hans van den, *Democracy and Welfare Economics*(Cambridge: Cambridge University Press, 1979), pp. 132.

Dorfman, Robert(ed.), *Measuring Benefits of Government Investments*(Washington, D.C.: The Brookings Institution, 1965).

Dormar, E. D., *Essays in the Theory of Economic Growth*(Oxford University Press, 1957).

Downs, Anthony, *An Economic Theory of Democracy*(New York: Harper, 1957).

———, "Why the Government Budget is Too Small in a Democracy," *World Politics* (July 1960).

Due, John, and Ann F. Friedlaender, *Government Finance: Economics of the Public Sector*, 5th ed.(Homewood, Ill.: Richard D. Irwin, Inc., 1973).

[E]

Edel M., and E. Sclon, "Taxes, Spending, and Property Values: Supply Adjustment in the Tiebout-Oates Model," *Journal of Political Economy*, 82(September 1974), pp. 941~954.

[F]

Fair, Ray C., "The Effect of Economic Events on Votes for President," *Review of Economics and Statistics*(May 1978).

Feldstein, Martin S., "The Social Time Preference Discount Rate in Cost-Benefit Analysis," *Economic Journal*(1964), pp. 360~379.

———, "The Effects of Taxation on Risk Taking," *Journal of Political Economy* (Sept./Oct. 1969).

———, "Social Security, Induced Retirement and Aggregate Accumulation," *Journal of Political Economy*(Sep./Oct. 1974), pp. 906~926.

———, "The Welfare Cost of Capital Income Taxation," *Journal of Political Economy*, Vol. 86, No. 2(April 1978).

——— and Lawrence Summers, "Inflation and the Taxation of Capital Income in the Corporate Sector," *National Tax Journal*, Vol. 32, No. 4(December 1979).

Freeman, Myrick A., Robert H. Haveman, and Allen K. Kneese, *The Economics of Environmental Policy*(New York: Wiley, 1977).

Friedman, Milton, "The Quantity Theory of Money: A Restatement," Milton Friedman (ed.), *Studies in the Quantity Theory of Money*(University of Chicago Press, 1956), pp. 3~21.

———, *A Program for Monetary Stability*(Fordham University Press, 1959).

———, "A Monetary and Fiscal Framework for Economic Stability," *Essays in Positive Economics*, 2nd ed.(University of Chicago Press, 1959).

———, *Capitalism and Freedom*(University of Chicago Press, 1962).

———, "The Role of Monetary Policy," *American Economic Review*, 58(March 1968), pp. 1~17.

——— and Walter W. Heller, *Monetary vs Fiscal Policy*(New York: W. W. Norton & Co., 1969).

——— and David Meiselman, "The Relative Stability of Monetary Velocity and the Investment Multiplier in the United States, 1897~1958," *Stabilization Policies* (Englewood Cliffs, N.J.: Prentice-Hall, Inc., 1963).

Fromm Gary, and Paul Taubman, *Public Economic Theory and Policy*(New York: Macmillan Co., 1973).

[G]

Galbraith,John K., *The Affluent Society*(Boston: Houghton Mifflin, 1958).

Garfinkel,Irwin, "Income Transfer Program and Work Effort: A Review," *Studies in Public Welfare*, U.S. Congress, Joint Economic Committee, Subcommittee on Fiscal Policy, Paper No. 13, 93rd Congress(U.S. Government Printing Office, 1974), pp. 11~32.

Gittinger, J. Price, *Economic Analysis of Agricultural Projects*(World Bank Publication, 1972).

Goods, Richard, *The Individual Income Tax*, revised edition(Washington, D.C.: Brookings Institution, 1976).

Gordon, R. J., "Incidence of Corproration Income Tax," *American Economic Review*, Vol. 57(September 1967), pp. 731~758.

Gramlich, Edward M., *Benefit-Cost Analysis of Government Programs*(Englewood Cliffs, N.J.: Prentice-Hall, 1981).

[H]

Harberger, Arnold C., "The Incidence of the Corporate Income Tax," *Journal of Political Economy*, Vol. 70(June 1962).

———, "On the Use of Distributional Weights in Social Cost-Benefit Analysis," *Journal of Political Economy*(April 1978).

Harrod, R. F., *Towards a Dynamic Economics*(London: Macmillan, 1948).

Haveman Rober H., and Julius Margolis, *Public Expenditures and Policy Analysis*, 2nd ed.(Chicago: Rand-McNally, 1977).

Hayek, Friedrich A., *The Road to Serfdom*(The University of Chicago Press, 1944).

Head, John G., *Public Goods and Public Welfare*(Durham, N.C.: Duke University Press, 1974).

Heller, Walter, *New Dimensions of Political Economy*(New York: Norton, 1967).

Herber, Bernard P., *Modern Public Finance: The Study of Public Sector Economics* (Richard D. Irwin, Inc., 1971).

Hines, James R. Jr., "Three sides of Harberger Triangles", *Journal of Economic Perspectives* 13 (2): 167 - 188 (1999)

Hirschman, A. O., *The Strategy of Economic Development*(New Haven, 1958).

Hochman Harold M., and James D. Rodgers, "Pareto-Optimal Redistribution," *American Economic Review*, Vol. 59(September 1969).

Holterman, S. E., "Externalities and Public Goods," *Economica*, 39 : 78(Feb. 1972).

Hotelling, Harold, "Stability in Competition," *Economic Journal*(March 1929), pp. 41~57.

Huges, Helen, "Moving Up the Market," *Symposium on Industrial Policy: An Exploration on Industrial Development Strategy for NICS*(Korea Development Institute, 1982).

Hyman, David N., *The Economics of Governmental Activity*(New York: Holt, Rinehart and Winston, Inc., 1973).

———, *Public Finance: a Contemporary Application of Theory to Policy*(Chicago: The Dryden Press, 1983).

[J]

Johansen, Leif, *Public Economics*, 4th edition(Amsterdam: North-Holland Publishing Co., 1975).

[K]

Kaldor, Nicholas, *An Expenditure Tax*, 4th impression(London: Unwin University Books, 1965).

Keynes, J. M., *General Theory of Employment, Interest and Money*(Macmillan & Co., 1936).

Kim, Dong-Kun, An Economic Model of Public Expenditure in Higher Education: a Study of Demand and Supply Analysis of Public Goods(Athens, Ga.: The University of Georgia Press, 1973).

——— and In-Jae Kang, "The Budget System and Structure in Korea," *Public Budgeting and Finance*, Vol. 3, No. 4(Winter 1983).

Klein, Lawrence, "Commentary on the State of the Monetarist Debate," *Review of Federal Reserve Bank of St. Louis*(September 1973).

Kopits George, and Padma Gotur, "Influence of Social Security on Household Savings: A Crose-Country Investigation," *IMF Staff Papers*(March, 1980), pp. 161~190.

Krzyzaniak M., and R. A. Musgrave, *The Shifting of the Corporation Income Tax* (Baltimore: The John Hopkins Press, 1963).

[L]

Lee, Robert D. Jr. and Ronald W. Johnson, *Public Budgeting Systems*, 2nd ed. (Baltimore: University Park Press, 1977).

Lerner, Abba P., "The Burden of the National Debt," *Income, Exployment and Public Policy: Essays in Honor of A. H. Hansen*(New York: W. W. Norton & Co., 1948).

Lindblom, C., *The Policy Making Process*(Englewood Cliffs: Prentice-Hall, 1968).

Lipsey R. G., and K. Lancaster, "The General Theory of Second Best," *Review of Economic Studies*, Vo. 24(1956~57), pp. 11~32.

Little I.M.D., and J. A. Mirrlees, *Project Appraisal and Planning for Developing Countries*(Paris: O.E.C.D., 1974).

[M]

MacRae, Duncan, "A Political Model of Business Cycle," *Journal of Political Economy*, Vol. 85(1977).

Marglin,S. A., "The Social Rate of Discount and the Optimal Rate of Investment," *Quarterly Journal of Economics*(1963), pp. 95~111.

Marshall,Alfred, *Principles of Economics*, 8th ed.(New York: Macmillan & Co., 1920).

Maxwell J. A., and J. R. Aronson, *Financing State and Local Government*, 3th ed.(Washington, D.C.: The Brookings Institution, 1977).

McCallum, Bennett, "The Significance of Rational Expectations Theory," *Challenge* (Jan./Feb. 1980), pp. 37~43.

McGuire, Thomas G., "Budget-Maximizing Governmental Agencies: An Empirical Test," *Public Choice*, Vol..36(February 1981), pp. 313~322.

McKean, Roland N., *Public Spending*(New York: McGraw-Hill Book Company, 1968).

McLure, Charles E., Jr., "General Equilibrium Incidence Analysis: The Harberger Model after Ten Year," *Journal of Political Economics*, Vol. 4(February 1975), pp. 125~161.

McMahon Walter W., and Case M. Sprenkle, "A Theory of Earmarking," National Tax Journal, 23(September 1970), pp. 255~261.

Miesezkowski,Peter, "Tax Incidence Theory: The Effect of Taxes on the Distribution of Income," *Journal of Economic Literature*, Vol. 7, No. 4(December 1969).

———, "The Choice of the Tax Base: Consumption Versus Income Taxation," in Michael J. Boskin(ed.), *Federal Tax Reform: Myths and Realities*(San Francisco: Institute for Contemporary Analysis, 1978).

Mill, J. S., *Principles of Political Economy with Some of Their Applications to Social Philosophy*(1847).

Mirrlees,J. A., "An Exploration in the Theory of Optimum Income Taxation," *Review of Economic Studies*, Vol. 38(1971), pp. 175~208.

———, "Optimal Commodity Taxation in a Two-Class Economy," *Journal of Public Economics*, Vol. 4(February 1975), pp. 27~33.

Mishan,E. J., "The Relationship between Joint Products, Collective Goods, and External Effects," *Journal of Political Economy*, 72: 329(May 1969).

———, "The Postwar Literature in Externalities: An Interpretative Essay," *Journal of Economic Literature*, Vol. 9(March 1971).

———, *Cost-Benefit Analysis*(New York: Praeger, 1976).

Modigliani, F., "Long-Run Implications of Alternative Fiscal Policies and the Burden of the National Debt," *Economic Journal*(December 1961).

Mueller, Dennis C., *Public Choice*(Cambridge: Cambridge University Press, 1979).

Munasinghe Mohan, and Jeremy J. Warford, *Electricity Pricing: Theory and Case Studies*(A World Bank Publication, 1982).

Musgrave, R. A., "The Voluntary Exchange Theory of Public Economy," *Quarterly*

Journal of Economics, 53(February 1938), pp. 213~237.

———, *The Theory of Public Finance*(New York: McGraw-Hill, 1959).

———, "Cost-Benefit Analysis and the Theory of Public Finance," *Journal of Economic Literature*, Vol. 7(September 1969).

——— and P. B. Musgrave, *Public Finance in Theory and Practice*, 3rd edition (McGraw-Hill, 1980).

——— and A. Peacock(eds.), *Classics in the Theory of Public Finance*(New York: Macmillan, 1958).

Myles, Gareth D., "Economic Growth and the Role of Taxation—Disaggregate Data," ECO/WKP(2009)56, (OECD, 2009)

[N]

Niskanen, William A. Jr., *Bureaucracy and Representative Government*(Chicago: Aldine Publishing Co., 1971).

Nordhaus, William D., "The Political Business Cycle," *Review of Economic Studies*, Vol. 42(1975).

Nurkse, R., *Problems of Capital Formation in Underdeveloped Countries*(Oxford University, 1953).

[O]

Oates,Wallace E., *Fiscal Federalism*(New York: Harcout Brace Jovanovich, 1972).

———, "The Effects of Property Taxes and Local Public Spendings on Property Values: An Empirical Study of Tax Capitalization and the Tiebout Hypothesis," *Journal of Political Economy*, 77(November 1969), pp. 957~971.

O'Connor, James, *The Fiscal Crisis of the State*(New York: St. Martin's, 1973).

OECD, *OECD Economic Outlook, No.90*, General government total outlays. http://stats.oecd.org/

———, *Society at a Glance* (2011)

———, Revenue Statistics 1965—2009 (2010)

Okun, Arthur M., *Equality and Efficiency: The Big Trade-off*(Washington, D.C.: The Brookings Institution, 1975).

Olson, Mancur Jr., *The Logic of Collective Action: Public Goods and the Theory of Groups*(Cambridge: Harvard University Press, 1965).

Ott David J., and Attiat F. Ott, *Federal Budget Policy*(Washington, D.C.: The Brookings Institution, 1969).

[P]

Pauly,Mark V., "Optimality, Public Goods, and Local Government: A General Theoretical Analysis," *Journal of Political Economy*, Vol. 75, No. 3(1970).

———, "A Model of Local Government Expenditure and Tax Capitalization," *Journal of Public Economics*, 6(October 1976), pp. 231~242.

Peacock A., & J. Wiseman, *The Growth of Public Expenditure in the United Kingdom* (Princeton: National Bureau of Economic Research, 1962).

Pechman, Joseph A., *Federal Tax Policy*, 3rd ed.(Washington, D.C.: The Brookings Institution, 1977).

——— and B. A. Oknert, *Who Bears the Tax Burden*(Washington, D.C.: The Brookings Institution, 1974).

Phillips, A. W., "The Relation between Unemployment and the Ratio of Change of Money Wage Rates in the United Kingdom, 1861~1957," *Economica*, New Series 25(November 1958).

Pogue Thomas F., and L. G. Sgontz, *Government and Economic Choice*(Boston: Houghton Mifflin Co., 1978).

Prest A. R., and R. Turvey, "Cost-Benefit Analysis: A Survey," *Surveys of Economic Theory*, Vol. ○(New York: St. Martin Press, 1968), pp. 155~207.

Pyhrr, Peter A., *Zero-Base Budgeting*(New York: John Wily & Sons, 1973).

[R]

Ramsey, Frank P., "A Contribution to the Theory of Taxation," *Economic Journal*, Vol. 37(March 1927), pp. 47~61.

Rawls, John, *A Theory of Justice*(Cambridge, Mass.: Harvard University Press, 1972).

Rosen, Harvey S., *Public Finance*(Homewood, Ill.: Richard D. Irwin, Inc., 1985).

Ricardo, David, *Principles of Political Economy and Taxation*(1817).

Romer Thomas, and Howard Rosenthal, "Bureaucrats versus Voters: On the Political Economy of Resource Allocation by Direct Democracy," *Quarterly Journal of Economics*, 43(November 1979), pp. 563~587.

[S]

Samuels Warren J., and Larry L. Wade(eds.), *Taxing and Spending Policy*(Lexington, Mass.: Lexington Books, 1980).

Samuelson, Paul A., "The Pure Theory of Public Expenditures," *Review of Economics and Statistics*, 36(November 1954), pp. 387~389.

———, "Pure Theory of Public Expenditures and Taxation," in J. Margolis and H. Guitton(eds.), *Public Economics*(New York: St. Martin's, 1969).

———, "Interactions between the Multiplier Analysis and the Principle of Acceleration," *Review of Economics and Statistics*(May 1939).

Sandmo,A., "Optimal Taxation: An Introduction to the Literature," *Journal of Public Economics*, Vol. 6(July/August 1976), pp. 37~54.

———, "Income Tax Evasion, Labour Supply, and the Equity-Efficiency Trade-off," *Journal of Public Economics*, Vol. 16(December 1981), pp. 265~288.

Schneider, Friedrich, "Shadow Economies and Corruption All Over the World: Waht Do We Really Know?" IZA DP No.2315, (2006), http://ftp.iza.org/dp2315.pdf

Schultze, Charles L., *The Politics and Economics of Public Spending*(Washington, D.C.: The Brookings Institution, 1968).

———, *The Public Use of Private Interest*(Washington, D.C.: The Brookings Institution, 1977).

Smith, Adam, *An Inquiry into the Nature and Causes of the Wealth of Nations*(1776).

Smith,,Warren L., "Debt Management in the United States," *Study of Employment, Growth, and Price Levels*(Study Paper No. 19, Joint Economic Committee, U.S. Congress, 1960).

———, "Monetary and Fiscal Policies for Economic Growth," *Perspectives on Economic Growth*(Random House, Inc., 1968).

Smolensky Eugene, and Morgan Reynolds, *Public Expenditures, Taxes, and the Distribution of Income*(New York: Academic Press, Inc., 1977).

Solow, Robert M., "Contribution to the Theory of Economic Growth," *Quarterly Journal of Economics*(February 1956).

Squire Lyn, and H. G. van der Tak, *Economic Analysis of Projects*(World Bank Publication, 1975).

Stern, Nicholas H., "On the Specification of Models of Income Taxation," *Journal of Public Economics*, Vol. 6(July/August 1976), pp. 123~162.

Stigler, George J., "The Tenable Range of Functions of Local Government," in Edmund S. Phelps(ed.), *Private Wants and Public Needs*, revised edition(New York: W. W. Norton and Co., 1965).

Stiglitz, J. E., "The Effects of Income, Wealth and Capital Gain Taxation on Risk Taking," *Quarterly Journal of Economics*(May 1969).

———, *Economics of the Public Sector*(New York: W. W. Norton & Co., 1986).

Stokey Edith, and Richard Zeckhauser, *A Primer for Policy Analysis*(New York: W. W. Norton & Co., 1978).

Stubblebine, Wm Craig, and Thomas D. Willett(eds), *Reaganomics*(San Francisco: Institute for Contemporary Studies, 1983).

[T]

Tanzi, Vito, "The Underground Economy," *Finance and Development*(December 1983).

Thurow, Lester C., "The Income Distribution as a Pure Public Good," *Quarterly Journal of Economics*(May 1971), pp. 327~336.

———, *The Zero-Sum Society*(New York: Penguin Books, 1981).

Tiebout, Charles M., "A Pure Theory of Local Expenditures," *Journal of Political Economy*(October 1956), pp. 416~424.

Thaler R., & S. Rosen, "The Value of Savings A Life," in *Conference on Income and Wealth, Household Production, and Consumption*(New York: NBER, 1975).

Tobin, James, "On Limiting the Domain of Inequality," *Journal of Law and Economics*, Vol. 13, No. 2(October 1970).

Tresch, Richard W., *Public Finance: a Normative Theory*(Plano, Texas: Business Publications, 1981).

[W]

Wagner, A., *Finanzwissenschaft*(Leipzig, 1890).

Wagner, Richard E., *The Public Economy*(Chicago, Ill.: Markham Publishing Co., 1973).

Weisbrod, Burton A., "Collective Action and the Distribution of Income: A Conceptual Approach," in Robert H. Haveman and Julius Margolis(eds.), *Public Expenditures and Policy Analysis*, 2nd ed.(Chicago: Markham Publishing Co., 1977).

Wicksell, K., "A New Principle of Just Taxation," in R. A. Musgrave & A. Peacock(eds.), *Classics in the Theory of Public Finance*(New York: Macmillan & Co., 1958), pp. 87~97.

Wildavsky, Aaron, "The Political Economy of Efficiency: Cost-Benefit Analysis, System Analysis and Program Budgeting," *Public Administration Review*(December 1966), pp. 292~310.

———, *The Politics of the Budgetary Process*, 3rd edition(Little, Brown & Co., 1979).

영문색인

사항색인

[ㅂ]

[ㅅ]

공저자약력

김 동 건

서울대학교 상과대학 경제학과 졸업
미국 Georgia대학교 대학원 졸업
(경제학석사 및 경제학박사)
미국 Tennessee대학교 경제학과 교수
미국 Chicago대학교 객원교수
미국 California대학교 초빙교수
서울대학교 기획실장 역임
한국재정학회 회장 역임
한국지방재정학회 회장 역임
대통령자문 「정부혁신추진위원회」 위원장 역임
서울대학교 행정대학원 교수
現 서울대학교 행정대학원 명예교수

저 서

「경제분석」
「재정과 경제복지」(공지)
「위험한 조류」(역서)
「경제발전에 있어서 국가재정의 역할」
(연구총서)
「비용·편익분석」 등

원 윤 희

서울대학교 사회과학대학 경제학과 졸업
서울대학교 행정대학원 졸업 (행정학 석사)
미국 오하이오 주립대학교 (정책학 박사)
서울시립대학교 기획발전처장, 세무대학원장 역임
한국재정학회 회장 역임
한국조세연구원 원장 역임
현 서울시립대학교 세무대학원 교수, 정경대학 학장

저 서

「재정학」(공저)
「주요국의 지방재정」(공저) 등

제 6 판

현대재정학

1984년	2월	25일	초판발행
1989년	3월	15일	개정판발행
1996년	1월	30일	전정판발행
2000년	2월	28일	제 4 판발행
2005년	12월	5일	제 5 판발행
2012년	3월	15일	제 6 판발행
2023년	3월	31일	중판발행

공저자 김동건·원윤희
발행인 안종만·안상준
발행처 (주) 박영사
서울특별시 금천구 가산디지털2로 53, 210호(가산동, 한라시그마밸리)
전화 (733)6771 FAX (736)4818
등록 1959. 3. 11. 제300-1959-1호(倫)

www.pybook.co.kr e-mail: pys@pybook.co.kr

정 가 33,000원 ISBN 978-89-6454-220-0